Dirk Schilling

# Der Ausschluss von Minderheitsaktionären

# GABLER EDITION WISSENSCHAFT

## Ökonomische Analyse des Rechts



Die ökonomische Analyse des Rechts untersucht Rechtsnormen auf ihre gesellschaftlichen Folgewirkungen und bedient sich dabei des methodischen Instrumentariums der Wirtschaftswissenschaften, insbesondere der Mikroökonomie, der Neuen Institutionen- und Konstitutionenökonomie. Sie ist ein interdisziplinäres Forschungsgebiet, in dem sowohl Rechtswissenschaftler als auch Wirtschaftswissenschaftler tätig sind und das zu wesentlichen neuen Erkenntnissen über Funktion und Wirkungen von Rechtsnormen geführt hat.

Die Schriftenreihe enthält Monographien zu verschiedenen Rechtsgebieten und Rechtsentwicklungen. Sie behandelt Fragestellungen aus den Bereichen Wirtschaftsrecht, Vertragsrecht, Haftungsrecht, Sachenrecht und verwaltungsrechtliche Regulierung.

Dirk Schilling

# Der Ausschluss von Minderheitsaktionären

## Eine sozialökonomische und rechtswissenschaftliche Analyse

Mit einem Geleitwort von Prof. Dr. Lothar F. Neumann

Deutscher Universitäts-Verlag

Bibliografische Information Der Deutschen Bibliothek
Die Deutsche Bibliothek verzeichnet diese Publikation in der Deutschen Nationalbibliografie; detaillierte bibliografische Daten sind im Internet über <http://dnb.ddb.de> abrufbar.

Dissertation Ruhr-Universität Bochum, 2006

1. Auflage Mai 2006



Lektorat: Brigitte Siegel / Sabine Schöller

Der Deutsche Universitäts-Verlag ist ein Unternehmen von Springer Science+Business Media.
www.duv.de



Umschlaggestaltung: Regine Zimmer, Dipl.-Designerin, Frankfurt/Main
Druck und Buchbinder: Rosch-Buch, Scheßlitz
Gedruckt auf säurefreiem und chlorfrei gebleichtem Papier
Printed in Germany

ISBN-10 3-8350-0403-4
ISBN-13 978-3-8350-0403-0

**Geleitwort**

Mit der Privatisierung der Deutschen Telekom (ab 1996) und der feindlichen Übernahme von Mannesmann durch Vodafone (1999) beginnt in Deutschland der Marsch in den Shareholder-Kapitalismus anglo-amerikanischer Prägung. Wie geht dieser Shareholder-Kapitalismus in Deutschland und in anderen Ländern, im Besonderen in den Ländern der EU, mit den Minderheitsaktionären um? Diese Frage bearbeitet *Dirk Schilling* in seiner Dissertation im Fall des Ausschlusses von Minderheitsaktionären unter besonderer Berücksichtigung des Squeeze-out im Sinne der §§ 327 a ff. Aktiengesetz.

Minderheitsaktionäre müssen vor den kontrollierenden Mehrheitsaktionären in mancherlei Hinsicht geschützt werden – wie das zum Beispiel im Falle von Übernahmen nach der EU-Übernahmerichtlinie aus dem Jahre 2004 durch umfangreiche Offenlegungspflichten vorgesehen ist. Aber umgekehrt soll auch der kontrollierende Mehrheitsaktionär grundsätzlich die Möglichkeit haben, Minderheitsaktionäre via Squeeze-out gegen eine Abfindung aus ihrer Beteiligung zu drängen. Bei der bevorstehenden Umsetzung der Richtlinie in deutsches Recht wird man sehen, wie der deutsche Gesetzgeber seinen Gestaltungsspielraum nach der EU-Übernahmerichtlinie ausschöpft. Der Autor macht einen „Vorschlag eines Verfahrensgerechtigkeit gewährleistenden Minderheitsaktionärsausschlusses de lege ferenda“, der die parlamentarische Diskussion befruchten könnte.

Hiermit verbunden ist die grundsätzliche Frage, ob es im Rahmen des Shareholder-Kapitalismus zu einer formalen und funktionellen Konvergenz kommt. Nach *Schillings* Systemkomparatistik vermuten wir, dass die Vereinigten Staaten den Minderheitsaktionärsschutz differenzierter wahrnehmen als die Europäische Union.

Beim Squeeze-out geht es letztlich um die Höhe der Abfindung der auszuschließenden Minderheitsaktionäre. Das einschlägige Schrifttum zu dieser Frage ist derart umfangreich, dass man vorschnell meinen könnte, es sei hierzu alles gesagt. Es gelingt *Schilling* dennoch, mit seinem „Alternativen Lösungsansatz zur Gewährleistung einer angemessenen Abfindung“ originell und innovativ zu sein: Er stellt nämlich die Einräumung von Genussrechten zur Diskussion, wenn über eine Barabfindung keine Einigung erreicht werden kann.

Die Fakultät für Sozialwissenschaft der Ruhr-Universität Bochum hat den Autor mit dieser Arbeit promoviert.

Professor Dr. Lothar F. Neumann

## Vorwort

Jede wissenschaftliche Arbeit hat ihre eigene Entstehungsgeschichte. Ausgangspunkt der vorliegenden Dissertationsschrift war die im Jahre 2001 vehement geführte rechtspolitische Debatte über die Vor- und Nachteile einer Squeeze-out-Regelung, die schließlich in der Verabschiedung der §§ 327 a ff. AktG kulminierte, welche ihrerseits nunmehr seit Anfang 2002 geltendes Recht sind. Als interessierter Beobachter dieses legislativen Prozesses und insbesondere des ihn begleitenden Konzerts des juristischen Schrifttums regte sich in mir, und so viel Offenheit sei an dieser Stelle erlaubt, zunächst persönliche Betroffenheit über die überbordende Art und Weise der vorgebrachten Argumente für die Kodifizierung eines Aktionärsausschlussrechts. Die persönliche Betroffenheit, weil selbst an der einen oder anderen Stelle in der Vergangenheit als Kleinstaktionär beteiligt, erreichte schließlich ihren Höhepunkt bei der Lektüre der Gesetzesbegründung der Bundesregierung, die sich flugs und möglicherweise ungeprüft der Argumentation des Schrifttums bediente und feststellte, dass es ökonomisch keinen Sinn mache, Kleinstbeteiligungen an Aktiengesellschaften aufrechtzuerhalten. Das Gefühl der eigenen ökonomischen Nutzlosigkeit wich jedoch schnell dem Reflex des wissenschaftlichen Tatendrangs.

Anliegen dieser Arbeit ist es, die grundsätzliche Notwendigkeit eines Aktionärsausschlussrechts aus sozialökonomischer Sicht zu beurteilen. Dabei gilt es insbesondere aber nicht nur, die seinerzeit vorgebrachten Rechtfertigungsschemata, die Ausdruck eines gewissen Mainstream-Ökonomismus, das heißt einer implizit Kaldor-Hicks-basierten Wirtschafts- und Rechtspolitik sind, auf den sozialökonomischen Prüfstand zu stellen.

Gute Tradition ist es, im Rahmen eines Vorworts jenen Menschen Dank auszusprechen, die an der Verfassung der gegenständlichen Arbeit Anteil nahmen. Zuallererst ist an dieser Stelle Herr *Prof. Dr. Lothar F. Neumann* zu nennen, der nicht nur das Erstgutachten verfasste, sondern mir auch während der Bearbeitung durch seine kritische sowie konstruktive Art wertvolle Anregungen gab und mir nicht zuletzt in einer schwierigen Phase wie selbstverständlich größtmögliche Unterstützung zuteil werden ließ. Auf diesem Wege möchte ich ihm gegenüber meine tiefste Dankbarkeit zum Ausdruck bringen. Ferner danke ich Herrn *Prof. Dr. Uwe Jens*, MdB a.D., für die reibungslose Übernahme des Zweitgutachtens.

Herzlich danken möchte ich an dieser Stelle meinen Freunden *RA Gernot Dresch E.M.L.E., Nikolai Neumann, M.A. Anja Seipp* und *Prof. Dr. Mario Stoffels*. Ihnen schulde ich Dank nicht nur für ihre wertvollen Anregungen, die das Gelingen der Arbeit akzentuierten, sondern auch für ihre stets aufmunternde und geduldige Art im

Umgang mit einem von den Höhen und Tiefen des Dissertations-Lebenszyklus gezeichneten und daher bisweilen eigenartigen Menschen.

Den allergrößten Anteil nicht nur an meinem akademischen Werdegang hat meine Familie. Ohne den Rückhalt und die Unterstützung meiner Eltern, meiner Schwester und meiner Großeltern wäre das Gelingen dieser Arbeit nicht möglich gewesen. Ihnen widme ich diese Arbeit.

Köln, im Mai 2006 Dirk Schilling

**Inhaltsverzeichnis**

## Abbildungs- und Tabellenverzeichnis

*Abbildungen:*



*Tabellen:*

## Abkürzungsverzeichnis

| | |
|---|---|
| Abs. | Absatz |
| AG | Aktiengesellschaft(en) |
| AktG | Aktiengesetz |
| AO | Abgabenordnung |
| ARD | Arbeitsgemeinschaft der öffentlich-rechtlichen Rundfunkanstalten der Bundesrepublik Deutschland |
| Art. | Artikel |
| BaFin | Bundesanstalt für Finanzdienstleistungsaufsicht |
| BayObLG | Bayerisches Oberlandesgericht |
| BegrRegE | Begründung zum Regierungsentwurf |
| BEHG | Bundesgesetz über die Börsen und den Effektenhandel |
| BGB | Bürgerliches Gesetzbuch |
| BGBl. | Bundesgesetzblatt |
| BGH | Bundesgerichtshof |
| BGHZ | Entscheidungen des Bundesgerichtshofes in Zivilsachen |
| BilReG | Bilanzrechtsreformgesetz |
| BörsG | Börsengesetz |
| BR-Drucks. | Bundesratsdrucksache |
| BStBl. | Bundessteuerblatt |
| BT-Drucks. | Bundestagsdrucksache |
| BVerfG | Bundesverfassungsgericht |
| BVerfGE | Entscheidungen des Bundesverfassungsgerichts |
| bzw. | beziehungsweise |
| CAPM | Capital Asset Pricing Model |
| CDAX® | Composite Aktienindex der Deutsche Börse AG |
| CMF | Conseil des Marchés Financiers |
| CONSOB | Commissione Nazionale per le Società e la Borsa |
| Corp. | Corporation |
| d. h. | das heißt |

| | |
|---|---|
| DAX® | Deutsche Aktienindex der Deutsche Börse AG |
| DCF | Discounted Cashflow |
| DRS | Deutsche Rechnungslegungs Standard |
| e. V. | eingetragener Verein |
| ed. | edited |
| EFG | Entscheidungen der Finanzgerichte |
| EG | Europäische Gemeinschaft |
| EStG | Einkommenssteuergesetz |
| et al. | et alii |
| EU | Europäische Union |
| f. | folgende |
| FAZ-Aktienindex | Aktienindex der Frankfurter Allgemeine Zeitung |
| ff. | fortfolgende |
| FG | Finanzgericht |
| GE | Geldeinheit(en) |
| GG | Grundgesetz |
| GmbH | Gesellschaft(en) mit beschränkter Haftung |
| GmbHG | Gesetz betreffend die Gesellschaften mit beschränkter Haftung |
| HDAX® | Bluechip Aktienindex der Deutsche Börse AG |
| HFA | Hauptfachausschuss des Instituts der Wirtschaftsprüfer e. V. (IDW) |
| HGB | Handelsgesetzbuch |
| hrsg. | herausgegeben |
| i. V. m. | in Verbindung mit |
| IAS | International Accounting Standard |
| IDW | Institut der Wirtschaftsprüfer e. V. |
| IFRS | International Financial Reporting Standard |
| Inc. | Incorporated |
| Jg. | Jahrgang |
| k. A. | keine Angabe |
| KG | Kammergericht |
| KGaA | Kommanditgesellschaft auf Aktien |
| KSchG | Kündigungsschutzgesetz |
| KStG | Körperschaftssteuergesetz |

| | |
|---|---|
| L.C.S.C. | Lois consolidèes sur les sociétés commerciales |
| LG | Landgericht |
| m. w. N. | mit weiteren Nennungen |
| MDAX® | Midcap Aktienindex der Deutsche Börse AG |
| Mio. | Million(en) |
| Mrd. | Milliarden |
| n. F. | neue Fassung |
| No. | Number |
| Nr. | Nummer |
| o. J. | ohne Jahresangabe |
| o. V. | ohne Verfasser |
| OLG | Oberlandesgericht |
| RegE | Regierungsentwurf |
| RG | Reichsgericht |
| RGBl. | Reichsgesetzblatt |
| RGZ | Entscheidungen des Reichsgerichts in Zivilsachen |
| RMBCA | Revised Model Business Corporation Act |
| Rn. | Randnummer(n) |
| S. | Seite(n) |
| SDAX® | Small Caps Aktienindex der Deutsche Börse AG |
| SEA | Securities Exchange Act |
| SEC | Securities and Exchange Commission |
| Sp. | Spalte(n) |
| SpaltG | Spaltungsgesetz |
| SPD | Sozialdemokratische Partei Deutschlands |
| SpruchG | Gesetz zur Neuordnung des gesellschaftsrechtlichen Spruchverfahrens |
| TecDAX® | Technologiewerte Aktienindex der Deutsche Börse AG |
| u. a. | unter anderem |
| UmwG | Umwandlungsgesetz |
| ÜRL | Richtlinie des Europäischen Parlaments und des Rates betreffend Übernahmeangebote |

| | |
|---|---|
| USA | United States of America |
| v. | von |
| VB-BEHG | Verordnung des Bundesrates über die Börsen und den Effektenhandel |
| Vgl. | Vergleiche |
| Vol. | Volume |
| vs. | versus |
| WpHG | Wertpapierhandelsgesetz |
| WpÜG | Wertpapiererwerbs- und Übernahmegesetz |
| WpÜG-AV | WpÜG-Angebotsverordnung |
| z. B. | zum Beispiel |
| ZPO | Zivilprozessordnung |

## Symbolverzeichnis

| | |
|---|---|
| $A$ | Anzahl der Zielgesellschaftsaktien |
| $a$ | Anteil der im Rahmen des Übernahmeangebots angedienten Aktien bezogen auf die Gesamtanteilsanzahl |
| $A_i$ | Risiko-Arbitrageur $i$ |
| $AU$ | Unsichere künftige Ausschüttungen |
| $B$ | Börsenkurs je Aktie vor Bekanntmachung der Unternehmensübernahme |
| $b$ | Anteil der Aktien, die der Bieter im Rahmen eines beschränkten Übernahmeangebots maximal aufkauft |
| $B_A$ | Börsenkurs der A-Aktie |
| $B_B$ | Börsenkurs der B-Aktie |
| $c$ | Informationsbeschaffungskosten eines Risiko-Arbitrageurs im Vorfeld seiner Handelsaktivität |
| $COV(.)$ | Kovarianz |
| $d_j$ | Dividendenrendite der Alternativanlage $j$ |
| $d_M$ | Dividendenrendite des Marktportfolios |
| $E$ | Erwartungswert |
| $E_B$ | Erwartungswert des Bieters aus dem Übernahmeangebot |
| $EK$ | Marktwert des Eigenkapitals |
| $EK_i$ | Marktwert des Eigenkapitals des Bewertungsobjekts $i$ |
| $EK_j$ | Marktwert des Eigenkapitals des Vergleichsobjekts $j$ |
| $EK_t$ | Marktwert des Eigenkapitals in Periode $t$ |
| $EW$ | Ertragswert |
| $F$ | Freeze-out-Abfindung pro Aktie |
| $f$ | Beteiligungsquote, mit der ein Mehrheitsaktionär Minderheitsaktionäre ausschließen kann |
| $FCF$ | *Free Cashflow* |
| $FCF_t$ | *Free Cashflow* der Periode $t$ |
| $FK$ | Marktwert des Fremdkapitals |
| $FK_i$ | Marktwert des Fremdkapitals des Bewertungsobjekts $i$ |
| $FK_j$ | Marktwert des Fremdkapitals des Vergleichsobjekts $j$ |

| | |
|---|---|
| $FK_t$ | Marktwert des Fremdkapitals in Periode $t$ |
| $G$ | Gewinnende Koalition mit $j$ als Drehpunkt (minimal gewinnende Koalition des Spielers $j$) |
| $g$ | Anzahl der Mitglieder der gewinnenden Koalition $G$ |
| $G_B$ | Gewinn des Übernehmers |
| $GK$ | Marktwert des Gesamtkapitals |
| $GP_a$ | Grenzpreis des bisherigen Kontrollaktionärs je gehaltener Aktie |
| $GP_n$ | Grenzpreis des Bieters je Aktie |
| $i$ | Typisierungsindex |
| $I_0$ | Investitionsauszahlung zu Beginn der Periode |
| $j$ | Typisierungsindex |
| $K$ | Transaktionskosten bei Unternehmensübernahmen |
| $k$ | Aktienanzahl des Kontrollblockveräußerers |
| $k_{WACC}$ | Durchschnittlicher gewogener Kapitalkostensatz |
| $M$ | Klasse sämtlicher Mitglieder |
| $m$ | Gesamtzahl der Gesellschafter |
| $N$ | Anzahl aller Risiko-Arbitrageure |
| $n$ | Anzahl Aktien kaufender Risiko-Arbitrageure |
| $O$ | Optionspreis |
| $P$ | Übernahmeangebot pro Aktie |
| $P(.)$ | Preissetzungsfunktion auf dem Aktienmarkt |
| $P_E$ | Emissionspreis |
| $P_{E_{S-A}}$ | Emissionspreis, der unter einer Gleichbehandlungsregel mit Freeze-out-Option zum *Stand-alone*-Wert realisierbar ist |
| $P_{E_0}$ | Emissionspreis, der unter einer Gleichbehandlungsregel mit Freeze-out-Option zum Übernahmepreis realisierbar ist |
| $q$ | Nettohandelsvolumen, das uninformierte wertorientierte Investoren beobachten ($A\omega - x$) |
| $Q$ | Ausschüttungsquote der Alternativanlage |
| $r_{EK}$ | Risikoangepasster Eigenkapitalkostensatz |

| | |
|---|---|
| $P_{E_U}$ | Emissionspreis, der unter einer Gleichbehandlungsregel mit Freeze-out-Option zum Übernahmepreis realisierbar ist |
| $q$ | Nettohandelsvolumen, das uninformierte wertorientierte Investoren beobachten ($A\omega - x$) |
| $Q$ | Ausschüttungsquote der Alternativanlage |
| $r_{EK}$ | Risikoangepasster Eigenkapitalkostensatz |
| $r_{EK_i}$ | Risikoangepasster Eigenkapitalkostensatz des Bewertungsobjekts $i$ |
| $r_{EK_j}^{nSt}$ | Risikoangepasster Eigenkapitalkostensatz nach persönlichen Steuern der Alternativanlage $j$ |
| $r_{EK_j}^{u}$ | Risikoangepasster Eigenkapitalkostensatz des fiktiv unverschuldeten Vergleichsunternehmens $j$ |
| $r_{EK_j}^{vSt}$ | Risikoangepasster Eigenkapitalkostensatz vor persönlichen Steuern der Alternativanlage $j$ |
| $r_{EK_{t+1}}^{v}$ | Risikoangepasster Eigenkapitalkostensatz des verschuldeten Unternehmens in Periode $t+1$ |
| $r_f$ | Sicherer Basiszinssatz |
| $r_{FK}$ | Fremdkapitalkostensatz |
| $r_i$ | Rendite des Bewertungsobjekts $i$ |
| $r_M$ | Erwartete Rendite aus dem Marktportfolio |
| $r_M^{vSt}$ | Rendite des Marktportfolios vor persönlichen Steuern |
| $s$ | Unternehmenssteuersatz |
| $S_a$ | In Geldeinheiten ausgedrückte private Sondervorteile des alten Kontrollaktionärs pro Aktie, die auch zulasten seiner eigenen Aktien gehen |
| $SÄ$ | Sicherheitsäquivalent |
| $S_j$ | *Shapely*-Index des $j$-ten Gesellschafters |
| $S_n$ | In Geldeinheiten ausgedrückte private Sondervorteile des neuen Kontrollaktionärs pro Aktie, die auch zulasten seiner eigenen Aktien gehen |

| | |
|---|---|
| $u$ | Ex-ante-Beteiligung des Bieters an der Zielgesellschaft |
| $\ddot{u}$ | Normalverteilte Ergebnis- und Ausschüttungsgröße |
| $v$ | Wahrscheinlichkeit, dass Investitionsprojekt erfolgreich ist |
| $\Delta V$ | Anreizbedingung für den Unternehmensgründer zur Durchführung eines Investitionsprojekts |
| $VAR(.)$ | Varianz |
| $W$ | Wert der Zielgesellschaft pro Aktie vor dem Übernahmeangebot unter dem bisherigen Management |
| $x$ | Vom informierten Großinvestor in der Handelsrunde nachgefragte Anzahl an Zielgesellschaftsaktien |
| $X(\omega)$ | Vom informierten Großinvestor in der Handelsrunde nachgefragte Anzahl an Zielgesellschaftsaktien in Abhängigkeit von dem beobachteten *Noise-traders*-Handelsvolumen |
| $X_0$ | Vom Bieter vor der Handelsrunde gehaltene Zielgesellschaftsaktien |
| $y$ | Gesamthandelsvolumen, ausgedrückt als Anteil am gesamten Aktienkapital |
| $y^*$ | Maximales Handelsvolumen, ausgedrückt als Anteil am gesamten Aktienkapital, bei dem die Gewinnerwartung der Risiko-Arbitrageure nicht negativ ist |
| $Y_t$ | Wert eines nicht börsennotierten Finanztitels im Zeitpunkt $t$ |
| $Z$ | Detailplanungshorizont |
| $z$ | Risikozuschlag |
| $\alpha$ | Zur Unternehmenskontrolle berechtigender Aktienanteil |
| $\beta_i$ | Betafaktor des Bewertungsobjekts $i$ |
| $\beta_j$ | Betafaktor des risikoäquivalenten Alternativanlageobjekts $j$ |
| $\beta_{u_j}$ | Betafaktor des fiktiv unverschuldeten Vergleichsobjekts $j$ |
| $\beta_{v_i}$ | Betafaktor des verschuldeten Bewertungsobjekts $i$ |

| | |
|---|---|
| $Y_t$ | Wert eines nicht börsennotierten Finanztitels im Zeitpunkt $t$ |
| $Z$ | Detailplanungshorizont |
| $z$ | Risikozuschlag |
| $\alpha$ | Zur Unternehmenskontrolle berechtigender Aktienanteil |
| $\beta_i$ | Betafaktor des Bewertungsobjekts $i$ |
| $\beta_j$ | Betafaktor des risikoäquivalenten Alternativanlageobjekts $j$ |
| $\beta_{u_j}$ | Betafaktor des fiktiv unverschuldeten Vergleichsobjekts $j$ |
| $\beta_{v_i}$ | Betafaktor des verschuldeten Bewertungsobjekts $i$ |
| $\beta_{v_j}$ | Betafaktor des verschuldeten Vergleichsobjekts $j$ |
| $\gamma$ | Vermögensverwässerungspotenzial des Übernehmers pro Aktie, das nicht zu seinen Lasten geht |
| $\delta$ | Wertsteigerung pro Aktie bei erfolgreicher Übernahme |
| $\zeta_i$ | Anteil, den der Risiko-Arbitrageur $A_i$ im Rahmen des Übernahmeangebots bezogen auf seine in der Handelsphase erworbenen Wertpapiere andient |
| $\eta$ | Anteil der Aktien, die der Unternehmensgründer im Falle einer Erstemission nicht veräußert, sondern bis zum Übernahmezeitpunkt selber hält. $(1 - \eta)$ ist die Emissionsquote |
| $\theta(\pi)$ | Privater Sondervorteil des Hauptaktionärs in Abhängigkeit von $\pi$, ausgedrückt als Anteil je Aktie |
| $\lambda$ | Mindesteigenkapitalanteil, den der Unternehmensgründer zur Finanzierung des Investitionsprojekts selber aufbringen muss. $(1 - \lambda)$ ist der Anteil der Investitionsauszahlung, den der Unternehmensgründer via Aktienemission vereinnahmen muss |

| | |
|---|---|
| $\pi$ | Vom Hauptaktionär gewählter Anteil je Aktie, den er bezogen auf die gesamten Unternehmungsressourcen für private Zwecke vereinnahmt |
| $\rho$ | Wahrscheinlichkeit einer erfolgreichen Unternehmensübernahme |
| $\Sigma$ | Summenzeichen |
| $\tau$ | Durchschnittliche Übernahmewahrscheinlichkeitseinschätzung aller Kleinanleger |
| $\tau^a$ | Durchschnittliche Übernahmewahrscheinlichkeitseinschätzung aller Risiko-Arbitrageure |
| $\upsilon$ | Wahrscheinlichkeit, mit der ein unterbreitetes Übernahmeangebot scheitert |
| $\varphi$ | Beteiligungsquote des Unternehmenskäufers im Anschluss an das Übernahmeangebot |
| $\varphi^*$ | Erwartungswert der Zielgesellschaftsaktionäre über die finale Beteiligungsquote des Unternehmenskäufers |
| $\chi$ | Gewinn je Aktie, den informierter Großinvestor ohne Teilnahme an der Handelsrunde durch die Unternehmensübernahme erzielt |
| $\psi$ | Verhandlungsstärke des Kontrollblockveräußerers; $(1 - \psi)$ ist analog die Verhandlungsstärke des Kontrollerwerbers |
| $\Omega(.)$ | Wahrscheinlichkeit, mit der die uninformierten Investoren von einem Übernahmeangebot ausgehen |
| $\omega$ | Anteil des Handelsvolumens der *noise traders* am gesamten Aktienkapital |
| $\phi_i$ | Der von dem Risik-Arbitrageur $A_i$ erworbene Anteil des stimmberechtigten Grundkapitals an der Zielgesellschaft |

# I. Einleitung

## I.1. Problemstellung

Mit Wirkung zum 1.1.2002 ist das am 20.12.2001 vom Bundesrat endgültig beschlossene „Gesetz zur Regelung von öffentlichen Angeboten zum Erwerb von Wertpapieren und von Unternehmensübernahmen“ in Kraft getreten.[1] Kernbestandteile des 12 Artikel umfassenden Gesetzes sind das „Wertpapiererwerbs- und Übernahmegesetz“ (WpÜG) (Art. 1) und die „Änderung des Aktiengesetzes“ (Art. 7).

Mit Art. 7 des Gesetzes führte der Normgeber erstmals ein Rechtsinstitut in das Aktiengesetz ein, das dem Hauptgesellschafter einer Aktiengesellschaft (AG) sowie einer Kommanditgesellschaft auf Aktien (KGaA) bei Erreichen einer Mindestkapitalbeteiligung von 95% die Möglichkeit einräumt, die Anteile der verbliebenen Gesellschafter auch gegen deren Willen aufzukaufen. In der deutschen rechtswissenschaftlichen Literatur wird die Ausschlussmöglichkeit von Aktionärsminderheiten seit geraumer Zeit vehement gefordert, sodass die vom Gesetzgeber verabschiedeten §§ 327 a ff. AktG konsequenterweise von der überwiegenden Mehrheit im Schrifttum positiv aufgenommen wurden.[2]

Die im Vorfeld und während des Gesetzgebungsverfahrens zum Teil gebetsmühlenartig vorgetragenen Argumente für die Kodifizierung eines Ausschlussrechts, die u. a. in so unbelegten Pauschalurteilen mündeten, wie der Feststellung, „dass es ökonomisch keinen Sinn mache, sehr kleine Minderheiten in Aktiengesellschaften zu belassen,“[3] zielen insbesondere auf die Reduzierung des durch Publizitäts- und Beschlussfassungsvorschriften entstehenden Formalaufwands[4] sowie auf die Verhinderung aktien-

---

[1] Vgl. *BGBl.* (2001) I, S. 3822. Für eine Chronologie vgl. *Pluskat* (2001), S. 897 ff.; *Hirte* (2003), Rn. 35 ff.

[2] Vgl. u. a. *Forum Europaeum Konzernrecht* (1998); *Börsensachverständigenkommission* (1999); *Handelsrechtsausschuss des Deutschen Anwaltvereins* (1999); *Kallmeyer* (1999); *Kossmann* (1999); *Schiessl* (1999); *Land/Hasselbach* (2000); *Pötzsch/Möller* (2000); *Handelsrechtsausschuss des Deutschen Anwaltvereins* (2001a); *Sieger/Hasselbach* (2002); *Hasselbach* (2003). Mit kritischen Anmerkungen, die sich allerdings eher auf die konkrete Ausgestaltung der Regelung denn auf die tatsächliche Ausschlussmöglichkeit beziehen, vgl. *Fleischer* (2000); *Vetter* (2001a); *Hüffer* (2002), § 327 a.

[3] *BegrRegE*, BT-Drucks. 14/7034, S. 31; so ähnlich vgl. *Forum Europaeum Konzernrecht* (1998), S. 732 f.; *Sieger/Hasselbach* (2002), S. 124.

[4] Vgl. *BegrRegE*, BT-Drucks. 14/7034, S. 31; *Handelsrechtsausschuss des Deutschen Anwaltvereins* (1999), S. 850; *Kossmann* (1999), S. 1199; *Baums* (2001), S. 26; *Sieger/Hasselbach* (2002), S. 123 f.

rechtlicher Missbrauchsmöglichkeiten ab.[5] Weiterhin gerechtfertigt wird das Squeeze-out-Recht mit dem Verweis auf das gemäß § 35 WpÜG gültige Pflichtangebot, das einen die Kontrolle[6] über eine börsennotierte Gesellschaft erlangenden Aktionär verpflichtet, den restlichen Anteilseignern ein Kaufangebot für ihre Aktien zu unterbreiten;[7] ein solches Pflichtangebot induziere, so die Argumentation, umgekehrt ein Recht auf den Erwerb sämtlicher Anteile, legitimiere mithin den Zwangsausschluss.[8] Schließlich wird die Einführung der §§ 327 a ff. AktG noch mit der internationalen Verbreitung des Squeeze-out-Rechts begründet.[9]

Die bis heute bisweilen im Schrifttum lapidar vorgetragenen, im Wesentlichen allerdings nicht belegten (ökonomischen) Vorzüge eines gesellschaftsrechtlichen Zwangsausschlusses sind mit Vorsicht zu betrachten, stellt der Squeeze-out doch einen fundamentalen, wenn nicht den gravierendsten Eingriff in die der Verbandsmitgliedschaft entsprungenen Aktionärsrechte dar. Durch die dem Hauptaktionär einseitig in die Hand gegebene Möglichkeit, unter bestimmten Voraussetzungen über das Aktieneigentum einer Aktionärsminderheit zu verfügen, kann die Vermutung einer Übervorteilung der betroffenen Anleger nicht als ideologisches Gedankenspiel bzw. Gezänk abgetan werden.

Wenngleich die einzelnen Untersuchungsziele der Arbeit miteinander korrespondieren, so muss sie dennoch in methodischer Hinsicht in einen rechtswissenschaftlichen und einen sozialökonomischen Teil untergliedert werden.

Ziel des rechtlichen Teils der Arbeit ist es, die Squeeze-out-Regelung sowohl in verbands- als auch in verfassungsrechtlicher Hinsicht einer Würdigung zuzuführen. Eine dergestaltige rechtswissenschaftliche Untersuchung bietet sich an, weil es sich bei dem Squeeze-out um ein gesellschaftsrechtliches Institut handelt, das in seinem Zwangscharakter eigentumsrechtliche und somit gemäß Art. 14 GG verfassungsrechtliche Bedeutung hat.

---

[5] Vgl. *BegrRegE*, BT-Drucks. 14/7034, S. 31 f.; *Handelsrechtsausschuss des Deutschen Anwaltvereins* (1999), S. 850; *Kossmann* (1999), S. 1199; *Ehricke/Roth* (2001), S. 1120; *Baums* (2001), S. 26; *Krieger* (2002), S. 53.

[6] Gemäß § 29 Abs. 2 WpÜG liegt die Kontrollausübung über eine börsennotierte Gesellschaft vor, wenn ein Aktionär mindestens 30% der Stimmrechte hält. § 1 WpÜG begrenzt den Anwendungsbereich des WpÜG auf börsennotierte Unternehmen.

[7] Hat der Hauptaktionär die Kontrollmehrheit im Rahmen eines Übernahmeangebots im Sinne des WpÜG erworben, ist er gemäß § 35 Abs. 3 WpÜG von der Abgabe eines Pflichtangebots befreit.

[8] Vgl. *BegrRegE*, BT-Drucks. 14/7034, S. 32.

[9] Vgl. *BegrRegE*, BT-Drucks. 14/7034, S. 32; *Handelsrechtsausschuss des Deutschen Anwaltvereins* (1999), S. 850; *Land/Hasselbach* (2000), S. 562.

Aus verbandsrechtlicher Perspektive gilt es insbesondere, eine Einordnung der §§ 327 a ff. AktG in den Kanon bisheriger Ausschlussmöglichkeiten vorzunehmen, um möglicherweise Regelungsredundanzen und somit -unnötigkeiten zu identifizieren. Weiterhin von Bedeutung ist in diesem Zusammenhang die Frage, ob der den Ausschluss motivierende Großaktionär möglicherweise gegen eine seiner mitgliedschaftlichen Pflichten, insbesondere seine gegenüber den Mitaktionären geschuldete Treupflicht verstößt. Damit zusammenhängend gilt es zu klären, ob der von der Hauptversammlung gefasste Ausschließungsbeschluss einer sachlichen Rechtfertigung, mithin einer materiellen Beschlusskontrolle bedarf. Aus verfassungsrechtlicher Sicht ist der Squeeze-out gemäß §§ 327 a ff. AktG sowohl auf formelle als auch auf materielle Übereinstimmung hin zu untersuchen.

Der den rechtlichen Untersuchungsteil beschließende Rechtsvergleich soll insbesondere die Frage beantworten, ob die in Deutschland eingeführte Squeeze-out-Regel tatsächlich, wie in der Regierungsbegründung insinuiert, auf internationale Übereinstimmung trifft. Den Schwerpunkt dieser Komparatistik bildet dabei das in den USA gültige Ausschlussrecht. Obwohl sich das in Kontinentaleuropa aus der römischen Rechtstradition abgeleitete (geschriebene) Rechtssystem fundamental von dem angloamerikanischen (Richter-)Rechtssystem des *common law* unterscheidet, bietet sich der Schwerpunkt auf die US-amerikanischen Ausschlussvorschriften deshalb an, weil sie im internationalen Vergleich über die längste Tradition verfügen. Weiterhin von großem Interesse ist, inwiefern sich durch die in 2004 verabschiedete EU-Übernahmerichtlinie[10] (ÜRL) Änderungsbedarf für den deutschen Gesetzgeber ergeben hat.

Ziel der den Kern der Arbeit bildenden sozialökonomischen Analyse ist es, zum einen die grundsätzliche (sozialökonomische) Notwendigkeit des Ausschlusses von Minderheitsaktionären zu beurteilen; zum anderen soll, da es die Squeeze-out-Regelung nun einmal de lege lata gibt, die den ausgeschlossenen Aktionären idealiter zu zahlende „angemessene" Abfindung einer Würdigung unterzogen werden.

Obwohl die Squeeze-out-Regelung der §§ 327 a ff. AktG sowohl für börsen- als auch für nicht börsennotierte AG und KGaA gilt, beschränkt sich die sozialökonomische Analyse der vorliegenden Arbeit auf Aktionärsausschlüsse bei börsennotierten Korporationen. Diese Eingrenzung wird deswegen vorgenommen, weil bei nicht börsennotierten Gesellschaften das Verhältnis zwischen Mehrheitsaktionär und Minderheitsak-

10 Richtlinie 2004/25/EG des Europäischen Parlaments und des Rates vom 21.4.2004 betreffend Übernahmeangebote. Vgl. Amtsblatt Nr. L 142 vom 30.4.2004, S. 12-23.

tionären durch andere Spezifika gekennzeichnet ist,[11] deren separate Würdigung den Rahmen dieser Untersuchung sprengen würde.

Die die grundsätzliche (sozialökonomische) Notwendigkeit des Squeeze-out beurteilende Analyse dem Grunde nach widmet sich zunächst unter Zuhilfenahme der *Agency*-Theorie der Frage, ob und inwiefern die Interessenkonflikte zwischen Hauptaktionär und Minderheitsaktionären durch einen möglichen Zwangsausschluss Letzterer überwunden werden können. Interessenkonflikte zwischen den beiden Parteien werden insbesondere auf dem Markt für Unternehmenskontrolle durch mögliches Trittbrettfahrerverhalten der Zielgesellschaftsaktionäre und einem Annahmedruck bei öffentlichen Übernahmeangeboten, welcher auf die Angebotsadressaten ausstrahlt, sowie, wie bereits in der Regierungsbegründung erwähnt, in einer möglichen, auf Blockade von unternehmerischen Strukturmaßnahmen ausgerichteten Minderheitsaktionärsstrategie gesehen. Den Schwerpunkt dieser Betrachtung bildet dabei die Fragestellung, ob durch die Einführung einer Ausschlussoption die Funktionsfähigkeit des Markts für Unternehmenskontrolle im Sinne einer *Agency*-Kosten minimierenden Transaktionsgestaltung verbessert werden kann.

Aus Sicht einer funktionsfähigen Corporate Governance, die sich im Übrigen u. a. *agency*-theoretisch fundieren lässt, wird ferner die Frage aufgeworfen, ob der Zwangsausschluss von Minderheitsaktionären, wie in der Literatur gemutmaßt,[12] für den bei börsennotierten Korporationen im Anschluss an einen Squeeze-out regelmäßig angestrebten Börsenrückzug von Bedeutung ist oder ob es sich dabei möglicherweise „lediglich" um eine die Aktionärsminderheit benachteiligende, als, um die griechische Mythologie zu bemühen, Trojanisches Pferd getarnte Maßnahme handelt.

Ferner gilt es zu klären, ob durch die Einführung des Squeeze-out gemäß §§ 327 a ff. AktG neben den Aktionärsinteressen die Ansprüche weiterer Unternehmenskoalitionäre tangiert werden. Dabei werden die Arbeitnehmer, die Gläubiger sowie der Staat als die in Deutschland neben den Aktionären wichtigsten Stakeholders als Beurteilungssubjekte herausgefiltert.[13]

In einem letzten Schritt der sozialökonomischen Analyse dem Grunde nach gilt es schließlich, den Ausschluss der Minderheitsaktionäre einer auf Gerechtigkeitsziele abstellenden Betrachtung zugänglich zu machen. Die Einbeziehung von Gerechtig-

---

[11] Vgl. *Bennedsen/Wolfenzon* (2000), S. 113 ff.; *Gomes/Novaes* (2001), S. 1 ff.

[12] Vgl. u. a. *Land/Hasselbach* (2000), S. 561; *Kemper/Schiereck* (2002), S. 222; *Helmis/Kemper* (2002), S. 521.

[13] Vgl. Kapitel III.3.

keitskriterien, die sich bei der Analyse dem Grunde nach auf Aspekte der Verfahrensgerechtigkeit konzentrieren, ist deshalb unausweichlich, weil es sich bei dem in §§ 327 a ff. AktG verankerten Rechtsinstitut um einen gezwungenen Tauschvorgang handelt, dessen Bedingungen, wie z. B. die Abfindungshöhe und der Ausschließungszeitpunkt, im Wesentlichen durch den Hauptaktionär diktiert werden, weshalb trotz etwaiger Rechtsbehelfsverfahren Vermögensumverteilungen zulasten der Ausgeschlossenen zu befürchten sind. Hierbei wird zunächst geprüft, ob das dem Aktionärsausschluss zugrunde liegende Prozedere aus Gerechtigkeitsperspektive Legitimation beanspruchen darf; des Weiteren wird ein Vorschlag de lege ferenda unterbreitet, der den Gerechtigkeitszielen einerseits sehr nahe kommt und der andererseits aus Transaktionskostengesichtspunkten nicht unverhältnismäßig zu sein scheint.

Im Rahmen der die Abfindungsermittlung in den Mittelpunkt stellenden sozialökonomischen Analyse der Höhe nach gilt es zunächst, die vom Gesetzgeber in § 327 a AktG geforderte Angemessenheit der Abfindungszahlung durch den Hauptaktionär zu spezifizieren, die sich im Übrigen keiner gesetzesrechtlichen Konkretisierung erfreut. Im Mittelpunkt der Überlegung steht hier die Frage nach der Einbeziehung von mit dem Zwangsausschluss zusammenhängenden Wertbeiträgen. Dabei sollen mit Hilfe einer kapitalmarkttheoretischen Analyse die Auswirkungen alternativer Abfindungsregeln auf die Anlagebereitschaft der Kapitalmarktakteure, die ihrerseits Einfluss auf die in einer Volkswirtschaft aufzubringenden Kapitalkosten nehmen, untersucht werden. Den identifizierten Schwierigkeiten bei der Ermittlung und Verteilung etwaiger Wertbeiträge soll ein eigens entwickelter Lösungsansatz de lege ferenda Rechnung tragen, der, zumindest bei Vernachlässigung von Transaktionskosten, zu einer ökonomisch sinnvollen und gerechten Verteilung des gesamten ‚Kuchens' führt.

In einem letzten Analyseschritt werden die zur Abfindungsermittlung verwendeten Unternehmensbewertungsverfahren präzisiert. Dabei werden die Abfindungsbewertungen sowohl auf Basis etablierter Zukunftserfolgswertverfahren (Kapitalwertkalküle) als auch auf Grundlage von Marktpreisen jeweils einzeln gewürdigt und anschließend mit einer vergleichenden modelltheoretischen Gegenüberstellung konfrontiert.

## I.2. Begriffsabgrenzung

In der in Deutschland geführten Diskussion über den schließlich in §§ 327 a ff. AktG verankerten Aktionärszwangsausschluss wurde und wird dieses Rechtsinstitut begrifflich häufig mit den Anglizismen „Squeeze-out" und „Freeze-out" gleichgesetzt.[14] Die-

---

[14] Vgl. *Rühland* (2003), S. 25, m. w. N.

ser Synonymisierung wird in der vorliegenden Arbeit auch gefolgt. Der Vollständigkeit halber sei allerdings auf die im US-amerikanischen Gesellschaftsrechtsschrifttum bisweilen zu verzeichnende differenzierte Begriffsverwendung hingewiesen: Während der „Freeze-out" regelmäßig das positivrechtliche Ausschlussrecht vertritt, wird unter „Squeeze-out" das faktische bzw. wirtschaftliche Herausdrängen von Anteilseignern verstanden.[15]

[15] Vgl. *Clark* (1986), S. 500; *Merkt* (1991), S. 578; *Fleischer* (2002a), S. 772.

# II. Ausschluss von Minderheitsaktionären in der rechtspolitischen Diskussion

## II.1. Squeeze-out nach deutschem Recht de lege lata

### II.1.1. Regelungsgegenstand der §§ 327 a - 327 f AktG

#### II.1.1.1. Übertragung der Aktien auf den Hauptaktionär nach § 327 a AktG

Gemäß § 327 a AktG kann die Hauptversammlung einer AG oder einer KGaA auf Betreiben eines Aktionärs, dem mindestens 95% des Grundkapitals gehören (Hauptaktionär[16]), die Übertragung der Aktien der restlichen Anteilseigner (Minderheitsaktionäre) auf den Hauptaktionär beschließen. Die Übertragung dieser Restanteile erfolgt gegen Gewährung einer angemessenen Barabfindung und ist mit der Eintragung in das Handelsregister abgeschlossen. Bei der Wahl der maximal möglichen auszuschließenden Minderheitskapitalbeteiligung von 5% orientiert sich der Gesetzgeber an bereits etablierten aktienrechtlichen Minoritätsregeln.[17]

Die Regelungen der §§ 327 a - 327 f AktG gelten sowohl für börsennotierte als auch für nicht börsennotierte AG und KGaA. Im juristischen Schrifttum wird über die Frage, ob die Squeeze-out-Vorschrift sinnvollerweise sowohl für börsennotierte als auch für nicht börsennotierte oder vielmehr ausschließlich für kapitalmarktnotierte AG und KGaA gelten solle, kontrovers debattiert. Diejenigen, die eine Gültigkeit der Vorschrift für nicht börsennotierte Gesellschaften ablehnen, begründen ihre Ansicht mit deren personalistischem Charakter sowie der damit verbundenen Bedeutung des Vertrauensschutzes ihrer Mitglieder.[18] Die Befürworter einer sowohl für börsen- als auch

---

16 Im Folgenden wird hier auch synonym von Mehrheitsaktionär die Rede sein.

17 So gehen beispielsweise der Antrag auf Bekanntmachung von Hauptversammlungsbeschlüssen gemäß § 122 Abs. 2 AktG, der Antrag auf Sonderprüfung wegen unzulässiger Unterbewertung im Jahresabschluss gemäß § 258 Abs. 2 AktG, der Antrag auf gerichtliche Entscheidung über die abschließende Feststellung des Sonderprüfers gemäß § 260 AktG, der Antrag bei Gericht auf Abwicklung aus wichtigem Grund gemäß § 265 Abs. 3 AktG sowie die Eingliederung durch Mehrheitsbeschluss gemäß § 320 Abs. 1 AktG von einer Minderheitskapitalbeteiligung in Höhe von mindestens 5% aus.

18 *Fleischer* (2002a), S. 770 f., kritisiert die Gültigkeit der §§ 327 a ff. AktG für nicht börsennotierte AG und KGaA zum einen mit dem Hinweis auf geltendes GmbH-Recht, wonach gesellschaftsvertragliche Hinauskündigungsklauseln nichtig sind, sofern sie nicht aufgrund besonderer Umstände sachlich gerechtfertigt sind; zum anderen haben die ausgeschlossenen Aktionäre einer nicht kapitalmarktnotierten AG oder KGaA geringere Umschichtungsmöglichkeiten ihres frei gewordenen Kapitals. Vgl. hierzu auch *Drygala* (2001), S. 291; *Habersack* (2001), S. 1235. Schließlich sei die Einbeziehung nicht börsennotierter AG und KGaA in den Regelungsbereich des Squeeze-out in rechtsvergleichender Hinsicht nicht nachvollziehbar. Vgl. hierzu auch die Ausführungen der Kapitel II.2.2 und II.2.3

für nicht börsennotierte AG und KGaA geltenden Squeeze-out-Regel argumentieren, dass bei, wie im Squeeze-out-Fall üblich, hoher Anteilskonzentration die Minderheitsaktionäre auch bei börsennotierten Kapitalgesellschaften Schwierigkeiten haben werden, ihre Anteile auf dem für diese illiquiden Kapitalmarkt zu veräußern und eine analoge Anwendung auf nicht kapitalmarktnotierte Korporationen somit die logische Konsequenz sei.[19] Da sich, wie eingangs dargelegt, die vorliegende Arbeit nur mit Ausschlüssen aus börsennotierten Unternehmen beschäftigt, soll diese Frage hier nicht weiter thematisiert werden.

Des Weiteren sind entgegen der sonst als Vorbild dienenden Eingliederungsvorschriften der §§ 319 ff. AktG sowohl die Herkunft als auch die Rechtsform des den Squeeze-out auslösenden Mehrheitsgesellschafters unerheblich. Ebenfalls besteht die Möglichkeit, dass sich mehrere Aktionäre der Gesellschaft zur Erreichung der geforderten 95%igen Grundkapitalbeteiligung zusammenschließen. Hierzu ist allerdings die dauerhafte Übertragung der Aktien auf das Gesamthandeigentum des Konsortiums erforderlich.[20]

Für die Beurteilung, ob der Mehrheitsaktionär tatsächlich zu mindestens 95% am Grundkapital der Gesellschaft beteiligt ist, gelten gemäß § 327 a Abs. 2 AktG die Regelungen des § 16 Abs. 2 und 4 AktG. Demnach gilt als Berechnungsgrundlage das gesamte nominelle Grundkapital; von dem nominellen Grundkapital sind die eigenen Aktien der Gesellschaft sowie die Aktien, die von einem Dritten für Rechnung der Gesellschaft gehalten werden, abzuziehen. Kapitalmaßnahmen, wie z. B. Kapitalerhöhungen, sind bei der Berechnung des Grundkapitals nur dann zu berücksichtigen, wenn die Handelsregistereintragung und somit die formelle Grundkapitalerhöhung erfolgt ist.[21] Zu den Anteilsrechten, die dem Mehrheitsaktionär zuzurechnen sind, zählen die im Eigentum des Hauptaktionärs befindlichen Anteile. Berücksichtigt werden gemäß § 327 a Abs. 2 i. V. m. § 16 Abs. 4 AktG noch die Aktien, die sich im Eigentum von ihm abhängiger Unternehmen im Sinne von § 17 AktG befinden, die von Dritten für seine Rechnung gehalten werden, bzw. für den Fall, dass der Mehrheitsaktionär ein einzelkaufmännisches Unternehmen betreibt, jene Anteile, die er in seinem

---

19 Vgl. *Schiessl* (1999), S. 451; *Ehricke/Roth* (2001), S. 1120; *Gesmann-Nuissl* (2002), S. 1205; *Hopt* (2002), S. 392; *Rühland* (2003), S. 185.

20 Vgl. *Hüffer* (2002), § 327 a Rn. 13; *Mertens* (2002), S. 379 f.; *Hasselbach* (2003), § 327 a Rn. 24; *Rühland* (2003), S. 189. Anderer Auffassung ist *Krieger* (2002), S. 62, der auch die kurzfristige Einbringung von Aktien in ein Gesamthandeigentum zulassen möchte.

21 Ausgenommen hiervon sind jene bedingten Kapitalerhöhungen, bei denen die Ausgabe der Bezugsaktien gemäß § 200 AktG bereits erfolgte und die Handelsregistereintragung lediglich deklaratorischen Charakter hat. Vgl. u. a. *Hüffer* (2002), § 327 a Rn. 14; *Hasselbach* (2003), § 327 a Rn. 34.

Privatvermögen hält. Dieser Zurechnungsregel zufolge kommt es hier auf die wirtschaftlich-faktische und nicht auf die formal-eigentumsrechtliche Sichtweise an, sodass das tatsächliche Aktieneigentum des Hauptaktionärs entbehrlich wird, was insbesondere für verschachtelte Konzernstrukturen von Bedeutung sein kann, in denen der Mehrheitsaktionär (Konzernmutter) möglicherweise selbst gar keine Aktien der Zielgesellschaft hält.[22] Bei der Ermittlung der notwendigen Beteiligungsquote wird nicht zwischen stimmberechtigten und stimmrechtslosen Aktien unterschieden, sodass der Hauptaktionär keinen mit seiner 95%igen Grundkapitalbeteiligung korrespondierenden Stimmrechtsanteil vorweisen muss.[23] Die im Zeitpunkt des Squeeze-out-Beschlusses bereits emittierten, jedoch noch nicht ausgeübten Wandel- und Optionsanleihen sind im Übrigen, der Literaturmeinung[24] und einer aktuellen Entscheidung des *LG Düsseldorf*[25] zufolge, sowohl bei der Ermittlung des gesamten, als Berechnungsgrundlage dienenden Grundkapitals als auch bei der Gewinnung der Hauptaktionärsbeteiligung einzubeziehen.[26]

### II.1.1.2. Barabfindung nach § 327 b AktG

Der den Squeeze-out auslösende Mehrheitsgesellschafter verpflichtet sich gemäß § 327 a Abs. 1 AktG, den ausgeschlossenen Minderheitsaktionären für die Andienung ihrer Aktien eine angemessene Barabfindung zu zahlen. Die Höhe der Abfindung wird dabei gemäß § 327 b Abs. 1 Satz 1 AktG vom Hauptaktionär einseitig festgelegt und muss den wirtschaftlichen Wert der Minderheitsaktionärsbeteiligung im Moment der Hauptversammlungsbeschlussfassung widerspiegeln. Um eine den tatsächlichen Verhältnissen entsprechende Wertfestsetzung zu gewährleisten, sind dem Mehrheitsaktionär auf Verlangen die notwendigen Informationen vom Vorstand der Gesellschaft zu

---

[22] Vgl. *Fleischer* (2002a), S. 774 f.; *Sieger/Hasselbach* (2002), S. 134. Anderer Auffassung ist *Grzimek* (2002), § 327 a Rn. 50, der eine direkte Beteiligung des Hauptaktionärs an der Gesellschaft als Squeeze-out-Zulassungsvoraussetzung fordert.

[23] Vgl. *Grzimek* (2002), 327 a Rn. 41; *Hasselbach* (2003), § 327 a Rn. 33.

[24] Vgl. *Sieger/Hasselbach* (2002), S. 158; *Hasselbach* (2003), § 327 a Rn. 34. Anderer Auffassung sind dagegen *Krieger* (2002), S. 61; *Grunewald* (2002), S. 18; *Gesmann-Nuissl* (2002), S. 1206. Sie lehnen eine Berücksichtigung von Bezugsrechten (auch aus Wandel- und Optionsanleihen) bei der Ermittlung der 95%-Schwelle ab.

[25] Vgl. *LG Düsseldorf*, Beschluss vom 4.3.2004 – 31 O 144/03, S. 1, 5.

[26] Durch die Einbeziehung von Wandel- und Optionsanleihen wird verhindert, dass der Mehrheitsaktionär den Ausschluss einer potenziell 5% des Grundkapitals übersteigenden Minderheitsbeteiligung betreiben kann. Die hierin zum Ausdruck kommende Ausübungshypothese hält allerdings der Empirie nicht stand: Bezogen auf eine Stichprobe von 163 Wandelanleiheemissionen auf dem europäischen Kapitalmarkt im Zeitraum von 1995 bis 2004 lässt sich lediglich eine mittelwertige Ausübungswahrscheinlichkeit von 40% konstatieren. Vgl. *Schulz* (2004), S. 16.

übermitteln.[27] Zwar enthalten weder der Gesetzestext noch die korrespondierende Regierungsbegründung Hinweise auf Angemessenheit gewährleistende Bewertungsverfahren. Der herrschenden Meinung zufolge sollen jedoch bei der Abfindungsbewertung mit dem Ertragswert- bzw. den Discounted-Cashflow-Verfahren (DCF-Verfahren) einschlägige, in der Finanz- und Wirtschaftsprüfungspraxis etablierte Bewertungsmethoden zur Anwendung kommen.[28] Ergänzend können als Untergrenze des Weiteren auch Liquidationswerte herangezogen werden. Sofern es sich um ein börsennotiertes Unternehmen handelt, soll darüber hinaus, so ein Beschluss des *BVerfG*,[29] der Börsenkurs als Untergrenze mit in die Wertermittlung einbezogen werden. Die Rekurrierung auf Börsenkurse ist jedoch nur dann zulässig und geboten, wenn dieser den tatsächlichen Wert der Unternehmung widerspiegelt.[30]

Nicht zu berücksichtigen bei der Abfindungsbemessung sind im Übrigen, verbreiteter Literaturmeinung und der Rechtsprechung zufolge, so genannte Vorerwerbspreise, die der Hauptaktionär binnen eines bestimmten Zeitraums vor dem Zwangsausschluss für den Kauf von Aktien aufwendete.[31] Insbesondere scheide, so die Meinung, eine analoge Anwendung der für öffentliche Übernahmeangebote sowie für Pflichtangebote geltenden Vorschrift des § 4 WpÜG-AV aus, wonach für die Angebotsbemessung der innerhalb der letzten drei Monate höchste, im Rahmen von Vorerwerben bzw. Paralleltransaktionen gezahlte Preis maßgeblich ist.[32]

Der Hauptaktionär hat auf der beschlussfassenden Hauptversammlung gemäß § 327 c Abs. 2 Satz 1 AktG u. a. die Angemessenheit der Abfindungszahlung zu erläutern. Zudem hat ein sachverständiger Prüfer[33] auf Antrag des Hauptaktionärs gemäß § 327 c

---

[27] Bei der KGaA ist dies analog die Aufgabe der Geschäftsführung, die im Übrigen gemäß § 278 Abs. 2 AktG i. V. m. §§ 114-118 HGB von den Komplementären wahrgenommen wird. Im Folgenden wird der Einfachheit halber stets von der Rechtsform der AG ausgegangen, sofern nicht ausdrücklich auf Gegenteiliges verwiesen wird.

[28] Vgl. *Grzimek* (2002), § 327 b Rn. 13 ff.; *Hüffer* (2002), § 327 b Rn. 5; *Fleischer* (2002a), S. 781; *Hasselbach* (2003), § 327 b Rn. 17. Zu den genannten Bewertungsverfahren vgl. Kapitel V.4.1.

[29] Vgl. *BVerfG*, Beschluss vom 27.4.1999 – 1 BvR 1613/94, S. 1693 ff.

[30] Ausführlich zur de lege lata geltenden Berücksichtigung von Marktpreisen sowie deren Eignung im Zusammenhang mit einer Angemessenheit gewährleistenden Abfindungsermittlung vgl. Kapitel V.4.2.

[31] Vgl. *Vetter* (2002), S. 188; *Hasselbach* (2003), § 327 b Rn. 24; *OLG Düsseldorf*, Beschluss vom 31.1.2003 – 19 W 9/00, S 331. Differenzierter vgl. *Fleischer* (2002a), S. 782.

[32] Vgl. *Hasselbach* (2003), § 327 b Rn. 24, m. w. N. Für eine Beurteilung der Einbeziehung von Vorerwerbspreisen vgl. Kapitel V.4.2.4.

[33] Bei der Angemessenheitsprüfung handelt es sich um eine Vorbehaltsaufgabe des wirtschaftsprüfenden Berufsstands gemäß § 327 c Abs. 2 Satz 4 i. V. m. § 293 d Abs. 1 Satz 1 AktG i. V. m. § 319 Abs. 1 Satz 1 HGB.

Abs. 2 Sätze 2, 3 AktG die Angemessenheit der Gegenleistung zu untersuchen, und der dabei zu erstellende Prüfbericht ist gemäß § 327 c Abs. 3 Nr. 4 AktG von dem Tag der Einberufung der Hauptversammlung an in den Geschäftsräumen der Gesellschaft zur Einsicht auszulegen.

### II.1.1.3. Rechtsbehelfe der Minderheitsaktionäre

*a) Anfechtungsklage*

§ 327 f Abs. 1 Satz 1 AktG legt zum einen fest, dass eine Anfechtung des Squeeze-out-Beschlusses nicht auf § 243 Abs. 2 AktG gestützt werden kann, wonach die Ausübung des Stimmrechts (durch den Hauptaktionär) zur Erzielung von Sondervorteilen, welche der Gesellschaft schaden, angefochten werden kann. Zum anderen kann eine Anfechtungsklage nicht auf die Unangemessenheit der Barabfindung gestützt werden. Ist die Höhe der Barabfindung unangemessen, verweist der Gesetzestext auf das Spruchstellenverfahren.[34] Anfechtbar bleibt der Übertragungsbeschluss in jenen Fällen, in denen eine Verletzung der Verfahrensvorschriften[35] vorliegt oder, wie dem Wortlaut des § 327 f Abs. 1 Satz 3 AktG zu entnehmen ist, in denen keine Barabfindung angeboten wird oder Verfahrensfehler im Zusammenhang mit der Kompensationszahlung begangen werden.[36] Weiterhin erscheint eine Anfechtung gemäß § 243

[34] Siehe unter *b)*. Sind die Aktien der Minderheit auf den Mehrheitsaktionär übertragen, reduzieren sich die Rechte der Kleinanleger auf den Abfindungsanspruch, den sie dann im Spruchstellenverfahren geltend machen können. Vgl. *OLG Koblenz*, Urteil vom 27.1.2005 – 6 U 342/04, S. 879; *LG Mainz*, Urteil vom 17.2.2004 – 10 HK O 79/97, S. 807; sich dieser Ansicht anschließend vgl. *Bungert* (2005), S. 1345 ff. Dagegen richten sich allerdings Teile der Literatur, die in erweiterter Auslegung des § 265 Abs. 2 ZPO die Anfechtungsklagebefugnis auch sowohl nach freiwilliger als auch nach erzwungener Veräußerung der Aktien gewahrt sehen. Für die freiwillige Aktienübertragung vgl. u. a. *Zöllner* (1976), § 245 Rn. 23; *Hüffer* (2001), § 245 Rn. 24; *Hüffer* (2002), § 245 Rn. 8, jeweils m. w. N.; für die zwangsweise erfolgende Veräußerung via Squeeze-out vgl. *Dreier* (2004), S. 808; *Heise/Dreier* (2004), S. 1126 ff.

[35] Hierbei kann es sich z. B. um Fehler bei der Einberufung der Hauptversammlung oder um Ankündigungsfehler handeln. Vgl. *Hüffer* (2002), § 327 f Rn. 2.

[36] Umstritten ist der Geltungsbereich der Anfechtungsklage bei abfindungswertbezogenen Informationsmängeln: Der überwiegenden Literaturmeinung sowie der Rechtsprechung zufolge führen bewertungsrelevante Informationsmängel nicht zu einer Anfechtbarkeit des Übertragungsbeschlusses; sie sind vielmehr Gegenstand der Angemessenheitsprüfung im Rahmen eines Spruchstellenverfahrens. Vgl. *Vetter* (2001a), S. 745 f.; *Vetter* (2002), S. 189; *Wilsing/Kruse* (2002), S. 1540 ff.; *Sieger/Hasselbach* (2002), S. 160; *Hasselbach* (2003), § 327 f Rn. 3 f.; *OLG Köln*, Beschluss vom 6.10.2003 – 18 W 35/03, S. 2307; *LG Bonn*, Urteil vom 4.2.2004 – 16 O 49/03, S. 4; *LG Düsseldorf*, Beschluss vom 4.3.2004 – 31 O 144/03, S. 1. Anderer Auffassung sind dahingegen *Hüffer* (2002), § 327 f Rn. 2, und *Gesmann-Nuissl* (2002), S. 1210, für die Literatur sowie für die Rechtsprechung *OLG Celle*, Urteil vom 29.9.2003 – 9 U 55/03, S. 207; *LG Frankfurt am Main*, Beschluss vom 14.5.2003 – 3-13 O 22/03, S. 1727; *LG Wuppertal*, Beschluss vom 6.11.2003 – 12 O 119/03, S. 161. Für eine Einzelfallbeurteilung plädiert *Grzimek* (2002), § 327 f Rn. 5.

Abs. 1 AktG in den Fällen gerechtfertigt, in denen eine Verletzung der gesellschaftsrechtlichen Treupflicht vorliegt.[37] Darüber hinaus kommt die Nichtigkeit des Übertragungsbeschlusses gemäß § 241 Abs. 1 Nr. 3 AktG in Betracht, wenn z. B. die notwendige Kapitalbeteiligungsquote durch eine nur für diesen Zweck gebildete Holding mit anschließender Auflösung erreicht wird.[38]

*b) Spruchstellenverfahren*

Für den Fall, dass ein ausgeschlossener Minderheitsaktionär Einwände gegen die Höhe der vom Hauptaktionär festgesetzten Abfindungszahlung hat, kann er deren Angemessenheit mit Hilfe eines Spruchstellenverfahrens gemäß dem am 01.09.2003 in Kraft getretenen Gesetz zur Neuordnung des gesellschaftsrechtlichen Spruchverfahrens (SpruchG)[39] gerichtlich überprüfen lassen. Gemäß Art. 1 § 4 i. V. m. §§ 1, 2 SpruchG müssen die Antragsteller ihre Einwendungen gegen die Wertfestsetzung des Hauptaktionärs binnen drei Monaten nach dem Eintrag des Übertragungsbeschlusses in das Handelsregister bei dem Landgericht, in dessen Bezirk die Zielgesellschaft ihren Sitz hat, mit einem begründeten Antrag geltend machen. Die Auswahl eines unabhängigen Prüfers, der mit der Ermittlung des angemessenen Abfindungswerts beauftragt wird, erfolgt gemäß Art. 2 - 4 SpruchG analog zu § 327 c Abs. 2 Satz 3 AktG. Das von diesem erstellte Gutachten dient dann im weiteren Verfahren als Verhandlungsgrundlage, zu der alle Prozessbeteiligten ihre schriftlichen Stellungnahmen vor dem Verfahren bzw. ihre mündlichen Beiträge während der Verhandlung abgeben können.[40]

---

[37] Vgl. *BGH*, Urteil vom 5.7.1999 – II ZR 126/98, S. 1450. Zur gesellschaftsrechtlichen Treupflicht vgl. Kapitel II.1.2.4.3.2.

[38] Vgl. *Grzimek* (2002), § 327 f Rn. 12.

[39] Das SpruchG bündelt die vormals in Einzelgesetzen verankerten Möglichkeiten der gerichtlichen Angemessenheitsprüfung von Abfindungszahlungen bei unternehmerischen Strukturmaßnahmen und strebt zudem gegenüber den Vorgängerregelungen eine Verfahrensbeschleunigung an. Vgl. hierzu u. a. *Kann/Hirschmann* (2003), S. 1488 ff.; *Meilicke/Heidel* (2003), S. 2267 ff.

[40] Vgl. *Neye* (2002), S. 2098.

## II.1.2. Rechtsdogmatische Einordnung

### II.1.2.1. Grundlagen

Vorab einer rechtsdogmatischen[41] Würdigung der Ausschlussmöglichkeit von Kleinstbeteiligungen via Squeeze-out erscheint zunächst ein kurzer Exkurs in die rechtswissenschaftliche Methodik unausweichlich, handelt es sich doch weder bei der Begriffsabgrenzung noch bei dem Aufgaben- und Funktionsbereich der *Rechtsdogmatik* um einen eindeutig und unstrittig verwendeten Term.[42] Der Reigen der unterschiedlichen Meinungen reicht von der Auffassung, Rechtsdogmatik sei mit der Rechtsordnung bzw. der Jurisprudenz gleichzusetzen und entspreche wertorientiertem Denken,[43] über die Ansicht, es handele sich um eine Summe oder ein in sich geschlossenes System von Begriffen und Lehrsätzen,[44] bis hin zu der Anschauung, man habe es mit einem Erkenntnisverfahren zu tun.[45]

Für die im Folgenden durchzuführenden Betrachtungen erscheint es arbeitshypothetisch sinnvoll, Rechtsdogmatik abzugrenzen als eine zusammenhängende Ordnung von juristischen Begriffen, Institutionen sowie Regeln, die eine allgemeine Akzeptanz und Einhaltung fordern.[46] So wird im Anschluss zu klären sein, ob es sich bei dem er-

---

41 Das Wort Dogma ist griechischen Ursprungs und bezeichnet den philosophischen Lehrsatz, das religiöse Gebot oder die Satzung. Vgl. *Menge* (1962), S. 187, siehe unter δογμα. Dogma wurde dann auch von der lateinischen Sprache übernommen und hat dort die gleiche Bedeutung wie in der griechischen Ursprungssprache. Vgl. *Menge* (1960), S. 236.

42 Für eine Übersicht der gegensätzlichen Meinungen vgl. *Struck* (1975), S. 84 ff. *Bydlinski* (1988), S. 477, stellt in diesem Zusammenhang fest, dass die bisherigen Definitionsversuche allesamt wenig zweckvoll seien, und man im Übrigen nicht alles definieren müsse; es gebe vielmehr unzählige Begriffe und Gegenstände, die nicht genau abzugrenzen seien.

43 Vgl. *Larenz/Canaris* (1995), S. 45 ff. So ähnlich auch *Creifelds* (2000), S. 1066, und *Tilch/Arloth* (2001), S. 3465, die unter Rechtsdogmatik die wissenschaftliche Behandlung bzw. Lehre vom geltenden Recht der jeweiligen Rechtsordnung verstehen.

44 Vgl. *Esser* (1972), S. 98. *Esser* (1972), S. 103, versteht unter dogmatischem Denken wertungsneutrale Begriffsarbeit.

45 Vgl. *Bydlinski* (1988), S. 477. *Luhmann* hingegen bezeichnet die Rechtsdogmatik als höchste sowie abstrakteste Ebene denkbarer „Sinnbestimmung des Rechts im Rechtssystem selbst"; sie definiere somit auf der höchsten Ebene des Rechtssystems „die Bedingungen des juristisch Möglichen". *Luhmann* (1974), S. 19 (Hervorhebungen im Original nicht übernommen). Hierbei besteht das zentrale Charakteristikum einer Dogmatik in der „Nichtnegierbarkeit der Ausgangspunkte von Argumentationsketten". Vgl. *Luhmann* (1974), S. 15. Weiterhin könne die Rechtsdogmatik, so *Luhmann*, als die Subsumierung (oder als Oberbegriff) der Notwendigkeiten „begrifflichen Argumentierens im Recht" bzw. als Schutz der Begriffe gegen ausschweifende Infragestellungen in der rechtspolitischen Diskussion aufgefasst werden. *Luhmann* (1993), S. 387, spricht in diesem Zusammenhang von einer „Stoppregel für Begründungen suchendes Räsonieren".

46 So ähnlich *Starck* (1989), S. 106; *Seiler* (1990), S. 111.

zwungenen Auskauf bestimmter Aktionärsminderheiten nach deutschem Recht um einen legislativen Eingriff handelt, der sich mit der verbandsrechtlichen Dogmatik vereinbaren lässt.[47] Im Mittelpunkt der Untersuchung stehen hier die mit dem Aktionärsausschluss verbundenen verbandsrechtlichen Eingriffe in das Rechtsinstitut Mitgliedschaft. In diesem Zusammenhang gilt es zunächst, die Rechte und Pflichten von Aktionären im Allgemeinen und von Minderheitsaktionären im Speziellen zu beleuchten; im Zentrum der Betrachtung stehen hier zum einen die Diskussion über eine mögliche Treupflichtverletzung des Mehrheitsaktionärs gegenüber der Aktionärsminderheit und zum anderen die Frage nach einer materiellen gerichtlichen Kontrolle des Squeeze-out-Beschlusses.

Um die Besonderheiten des neuen Squeeze-out-Rechts vor dem Hintergrund einer Einordnung in das verbandsrechtliche Dogmengebäude zu würdigen, erscheint zunächst ein Vergleich mit den bisherigen Ausschluss-Normbeständen sinnvoll, um eventuelle Regelungsredundanzen und somit -ineffizienzen zu identifizieren.

### II.1.2.2. Morphologie des Aktionärsausschlusses vor der Squeeze-out-Einführung

Gängiger Systematisierung folgend wird auch in dieser Arbeit eine Differenzierung in mittelbare und unmittelbare Ausschlussmöglichkeiten vorgenommen.[48]

Unter den unmittelbaren Ausschluss von Minderheitsaktionären werden Verfahren subsumiert, die final auf die Entfernung eines oder mehrerer Gesellschaftsmitglieder gerichtet sind. Die Rechtshandlungen werden also gezielt mit der Absicht ausgeführt, den oder die Gesellschafter aus der Mitgliedschaft zu drängen, wobei andere Zwecke als der Ausschluss keine Rolle spielen.[49]

Im Gegensatz hierzu wird bei dem mittelbaren Mitgliederausschluss ein anderer Zweck verfolgt bzw. vorgegeben. Die Ausschließung des Gesellschafters ist hier lediglich ein Nebenprodukt oder die Folge der durchgeführten Rechtsanwendung. Dem tatsächlich zugrunde liegenden Ausschlusswillen des aktiven Mehrheitsaktionärs kommt

---

[47] Das Verbandsrecht bzw. – genauer – das Recht der privatrechtlichen Zweckverbände ist Teil des Gesellschaftsrechts. Der Vollständigkeit halber ist noch das Recht der kooperativen Vertragsverhältnisse als Betätigungsfeld des Gesellschaftsrechts zu nennen. Vgl. *Schmidt* (2002), S. 3 f.

[48] Vgl. *Wiedemann* (1980a), S. 383 ff.; *Grunewald* (1987), S. 3; *Reinisch* (1992), S. 13 ff.; *Baums* (2001), S. 34 ff.

[49] Vgl. *Grunewald* (1987), S. 291. *Reinisch* (1992), S. 13, stellt hier auf die Sanktionierung ab, wonach der unmittelbare Ausschluss als Sanktionierung von Störungen bei der Verfolgung des Gesellschaftszwecks zu verstehen ist bzw. allgemein bei Verletzung der Mitgliedschaftspflichten eintritt.

bei jener Differenzierung keine besondere Bedeutung mehr zu. Somit kann festgehalten werden, dass es sich bei den mittelbaren Ausschlusstechniken eben nicht um zielorientierte Aktionen gegen die Position der betroffenen Aktionäre handelt.[50]

### II.1.2.2.1. Mittelbare Ausschlussmöglichkeiten

In Deutschland beschränken sich die de lege lata existierenden Möglichkeiten mittelbarer Aktionärsausschlüsse auf zwei kodifizierte Verfahren: Es handelt sich dabei um die Mehrheitseingliederung gemäß §§ 319, 320 AktG sowie die übertragende Auflösung gemäß § 179 a i. V. m. § 262 AktG. In beiden Fällen ist die Entfernung der Mitglieder lediglich *mittelbare Folge* der getroffenen Maßnahme.

*a) Die Mehrheitseingliederung*

Bei der in §§ 319 - 327 AktG geregelten Eingliederung handelt es sich um eine Form des Unternehmenszusammenschlusses, durch die es zu einer „organisatorische[n] Einordnung einer Gesellschaft in eine andere“[51] kommt. Ein abhängiges Unternehmen wird hierbei wirtschaftlich vollständig in eine herrschende Korporation integriert, ohne jedoch seine rechtliche Selbstständigkeit zu verlieren.[52] Gemäß § 323 AktG erhält die Hauptgesellschaft umfassende Weisungsrechte, die der abhängigen Unternehmung den Charakter einer rechtlich selbstständigen Betriebsabteilung verleihen und beide Gesellschaften unter eine einheitliche Leitung stellen.[53] In systematischer Hinsicht steht die Eingliederung somit zwischen den Rechtsinstituten Unternehmensvertrag und Verschmelzung.[54]

Die Mehrheitseingliederung gemäß § 320 AktG, bei der es sich um einen Sonderfall des in § 319 AktG geregelten Grundtatbestands der Eingliederung handelt, wurde be-

---

50 Vgl. *Wiedemann* (1980a), S. 383; *Grunewald* (1987), S. 291.

51 *Schmidt* (2002), S. 922.

52 Während die abhängige Gesellschaft im Innenverhältnis ihre Selbstständigkeit einbüßt, behält sie im Außenverhältnis ihre Rechtspersönlichkeit; Hauptgesellschaft und eingegliederte Unternehmung bilden gemäß § 18 Abs. 1 Satz 2 AktG einen Konzern. Vgl. *Kübler* (1998), S. 372; *Emmerich/Habersack* (2001), S. 542; *Schmidt* (2002), S. 922. *Rodloff* (1991), S. 1, spricht hier von einer „abgeschwächten Fusion auf Zeit“.

53 Vgl. *Kropff* (1965), S. 429, 431.

54 Ausführlich zu Unternehmensverträgen, zu denen der Gewinnabführungs- und der Beherrschungsvertrag zählen, vgl. *Emmerich/Habersack* (2001), S. 90-539. Für einen gesellschaftsrechtlichen Überblick über Verschmelzungen vgl. *Picot/Müller-Eising* (1998), S. 236-294.

reits 1965 mit Erlass des AktG eingeführt.[55] Während die Eingliederung nach § 319 AktG nur möglich ist, wenn sich das gesamte Grundkapital in den Händen der herrschenden Gesellschaft befindet, zeichnet sich die Mehrheitseingliederung gemäß § 320 AktG dadurch aus, dass die abhängige Unternehmung über Minderheitsaktionäre verfügt. Sofern auf die Hauptgesellschafterin mindestens 95% des Grundkapitals der beherrschten Korporation entfällt, kann die Hauptversammlung der abhängigen Gesellschaft die Eingliederung mit einfacher Mehrheit beschließen.[56] Die Mehrheitseingliederung ist nur möglich, wenn sowohl die beherrschende als auch die einzugliedernde Unternehmung die Rechtsform der AG vorweisen und ihren Sitz im Inland haben.[57] Gemäß § 320 a AktG gehen mit Handelsregistereintragung alle Aktien, die nicht von der Hauptgesellschaft gehalten werden, auf diese über.

Als Ausgleich für die Aktienübertragung erhalten die ausscheidenden Anteilseigner gemäß § 320 b AktG im Regelfall Aktien der Hauptgesellschaft. Sofern es sich bei der Hauptgesellschafterin allerdings ebenfalls um eine gemäß § 17 AktG abhängige Unternehmung handelt, muss den ausgeschlossenen Minderheitsaktionären gemäß § 320 b Abs. 1 Satz 3 AktG neben der Abfindung in Aktien alternativ ein Barabfindungsangebot unterbreitet werden. Dieses Wahlrecht soll verhindern, dass die verlustigen Gesellschafter gezwungenermaßen erneut in die Mitgliedschaft einer abhängigen AG gedrängt werden.[58] Im Ergebnis muss es also nicht zwangsläufig zum Ausschluss aller Minderheitsaktionäre kommen.

*b) Übertragende Auflösung*

Der Ausschluss von Minderheitsaktionären kann des Weiteren durch die Übertragung des gesamten Gesellschaftsvermögens auf einen Dritten gemäß § 179 a AktG und die anschließende Auflösung der AG gemäß § 262 AktG erwirkt werden. Jene Ausschlusstechnik ist unter dem Begriff „übertragende Auflösung" bekannt.[59]

Notwendige Voraussetzung hierfür ist gemäß § 179 a Abs. 1 i. V. m. § 179 Abs. 2 AktG und § 262 Abs. 1 Nr. 2 AktG, dass die Hauptversammlung Beschlüsse sowohl

---

55 Eine nicht unerhebliche Umgestaltung erfuhr die Vorschrift dann durch das Gesetz zur Bereinigung des Umwandlungsrechts im Jahre 1994. Vgl. hierzu u. a. *Emmerich/Habersack* (2001), S. 558.

56 Vgl. *Hüffer* (2002), § 320 Rn. 5. Weitere Voraussetzung ist gemäß § 319 Abs. 2 AktG, dass auch die Hauptversammlung der eingliedernden Korporation mindestens mit 75%iger Mehrheit der Eingliederung zustimmt.

57 Vgl. *Emmerich/Habersack* (2001), S. 543 f., 559.

58 Vgl. *Kropff* (1965), S. 425.

59 Erstmalig dazu vgl. *Lutter/Drygala* (1997), S. 193.

zur Vermögensübertragung als auch zur Auflösung mit einer mindestens 75%igen Mehrheit des bei der Beschlussfassung anwesenden Grundkapitals trifft; es sei denn, die Unternehmenssatzung bestimmt eine höhere Quote. Die Vorschrift zur Vermögensübertragung durch Hauptversammlungsbeschluss nach § 179 a AktG hat vor allem die Aufgabe, die Aktionäre vor der Gestaltungsfreiheit des Managements bei der Vermögensübertragung zu schützen.[60]

Mit dem Verfahren der übertragenden Auflösung haben sich sowohl die Literatur als auch die Rechtsprechung in den letzten Jahren intensiv auseinandergesetzt.[61] Im Mittelpunkt der bisherigen Debatte über die Vermögensübertragung mit anschließender Auflösung im Sinne von § 179 a AktG stand nicht der vom Gesetzgeber intendierte Normalfall[62] der Übertragung des Gesellschaftsvermögens auf einen gesellschaftsexternen Dritten, sondern vielmehr der Fall des Vermögenstransfers auf den Mehrheitsgesellschafter selbst. Sofern der Hauptaktionär unmittelbar oder mittelbar[63] Käufer des Gesellschaftsvermögens ist, kommt es wirtschaftlich bei dieser Transaktion zu dem gleichen Ergebnis wie bei dem Abschluss eines Unternehmensvertrags, einer Eingliederung oder einer Verschmelzung auf den Hauptaktionär.[64] Anders als bei den genannten Konzernierungsmaßnahmen hat der Mehrheitsaktionär mit der übertragenden Auflösung indes die Möglichkeit, sich von den Minderheitsgesellschaftern endgültig zu trennen. Im Gegensatz zur Eingliederung, Verschmelzung und dem Abschluss von Unternehmensverträgen stehen den ausgeschiedenen Aktionären keine explizit kodifizierten Schutzmaßnahmen zur Verhinderung einer möglichen Übervorteilung durch den Großaktionär zur Verfügung.[65] Die Kleinaktionäre werden vielmehr anteilig an dem einseitig von dem Hauptaktionär festgelegten Liquidationserlös gemäß § 271 AktG beteiligt.[66]

---

60 Vgl. *Hüffer* (2002), § 179 a Rn. 1; *Schmidt* (2002), S. 927.

61 Vgl. u. a. *Timm* (1987); *Lutter/Drygala* (1997); *Willms* (1999); *Wiedemann* (1999); *BVerfG*, Beschluss vom 23.8.2000 – 1 BvR 68/95 und 1 BvR 147/97; *BGH*, Urteil vom 1.2.1988 – II ZR 75/87; *OLG Stuttgart*, Urteil vom 21.12.1993 – 10 U 48/93; *BayObLG*, Beschluss vom 17.9.1997 – 3 Z BR 37/98; *LG Karlsruhe*, Beschluss vom 6.11.1997 – O 43/97 KfH I.

62 Vgl. *Lutter/Leinekugel* (1999), S. 263.

63 Mittelbar kann der Erwerb durch eine vom Hauptaktionär beherrschte Gesellschaft erfolgen.

64 Vgl. *Lutter/Drygala* (1997), S. 196.

65 So steht den Minderheitsaktionären bei der Verschmelzung (gemäß § 29 Abs. 1 UmwG), der Eingliederung (gemäß § 320 b AktG) und dem Abschluss von Unternehmensverträgen (gemäß § 305 AktG) ausdrücklich eine angemessene Abfindung zu.

66 Der Hauptaktionär legt den Liquidationserlös dabei implizit über den Gegenwert des übertragenen Gesamtvermögens fest.

Der Mehrheitsaktionär kann somit durch die übertragende Auflösung nicht nur das gleiche wirtschaftliche Ergebnis erzielen wie bei einer Eingliederung, einer Verschmelzung bzw. dem Abschluss eines Unternehmensvertrags, sondern gleichzeitig die entsprechenden umwandlungs- bzw. aktienrechtlichen Schutzbestimmungen umgehen.[67] Ein ausgeschlossener Aktionär kann lediglich im Rahmen des § 243 AktG den Hauptversammlungsbeschluss über die übertragende Auflösung anfechten; dabei kann er seine Anfechtung auf einen den Hauptaktionär einseitig begünstigenden Kaufpreis für das Vermögen und die damit verbundene unangemessene Abfindung (Liquidationserlös) stützen. Das Gericht hat dann die Abfindung auf Angemessenheit hin zu überprüfen. Bei Unmöglichkeit einer derartigen Prüfung muss die Vermögensübertragung im Interesse der Minderheitsaktionäre unterbleiben. Eine in der Literatur[68] zum Teil geforderte richterliche Kontrolle der Abfindungshöhe wie bei dem Spruchstellenverfahren nach SpruchG ist, dem *BVerfG* zufolge, nicht möglich.[69]

#### II.1.2.2.2. Unmittelbare Ausschlussmöglichkeiten

Neben dem Squeeze-out existieren in Deutschland de lege lata vier Vorschriften für einen unmittelbaren Aktionärsausschluss. Hierbei handelt es sich um das Kaduzierungsverfahren gemäß § 64 AktG, die Einziehung von Aktien gemäß § 237 AktG, die Zusammenlegung von Aktien sowie den Ausschluss aus wichtigem Grund.

*a) Kaduzierungsverfahren*

Sofern ein Aktionär trotz einer gesetzten Nachfrist und Ausschließungsandrohung seine geforderte Geldeinlage nicht leistet, kann die AG gemäß § 64 AktG das Kaduzierungsverfahren einleiten.[70] Im Rahmen des Kaduzierungsverfahrens werden sowohl die Aktien als auch die bereits vom Aktionär geleisteten Einlagen durch Bekanntmachung in den Gesellschaftsblättern für verlustig erklärt. Obwohl im Gesetz nicht ausdrücklich erwähnt, ist es, systematischer Auslegung zufolge, Aufgabe des Vorstands, das Verfahren im Sinne von § 64 AktG einzuleiten.[71]

---

[67] Vgl. *Timm* (1987), S. 434 f.; *Lutter/Drygala* (1997), S. 198.

[68] Vgl. *Wiedemann* (1978), S. 492; *Lutter/Leinekugel* (1999), S. 266.

[69] Vgl. *BVerfG*, Beschluss vom 23.8.2000 – 1 BvR 68/95 und 1 BvR 147/97; *Küting* (2003), S. 842.

[70] Die aktienrechtliche Vorschrift ist eng angelehnt an den § 21 GmbHG. In der Praxis spielte das *aktienrechtliche* Kaduzierungsverfahren bislang keine Rolle; zu den Gründen seiner Unbeachtlichkeit vgl. *Reinisch* (1992), S. 19; *Baums* (2001), S. 79 f.

[71] Vgl. *Cöster* (1994), S. 23, m. w. N.; *Hüffer* (2002), § 64 Rn. 2.

Konsequenz des Kaduzierungsverfahrens ist, dass die betroffenen Aktionäre ihre Mitgliedschaft an der Gesellschaft verlieren. Erwähnenswert ist an dieser Stelle noch, dass der ausgeschlossene Aktionär gemäß § 64 Abs. 4 Satz 2 AktG Ausfallschuldner der Gesellschaft bleibt und so für die auf die kaduzierten Aktien entfallenden Einlagenverbindlichkeiten gemäß § 65 Abs. 2 AktG maximal noch zwei weitere Jahre haftet.

*b) Einziehung der Aktien*

Als zweite Möglichkeit unmittelbaren Aktionärsausschlusses ist die in § 237 AktG geregelte Einziehung von Aktien, auch Amortisation genannt, hervorzuheben. Bei dieser Form der Ausschließung handelt es sich stets um eine Kapitalherabsetzung. Die Aktieneinziehung kann, da im Gesetz nichts Gegenteiliges bestimmt ist, allen Zwecken, zu denen eine Kapitalherabsetzung erlaubt ist, dienen; so ist eben insbesondere auch der Ausschluss einzelner Aktionäre aus der AG als zulässiges Motiv zu qualifizieren.[72] Wesensmerkmale der Einziehung von Aktien durch Kapitalherabsetzung sind zum einen die vollständige Eliminierung der betroffenen Mitgliedschaftsrechte in ihrer rechtlichen Substanz.[73] Zum anderen bezieht sie sich nicht auf die Gesamtheit aller Aktien, sondern nur auf bestimmte Anteilsrechte, deren Eigentümer die Einziehung entweder dulden müssen oder sich ihrer Anteile freiwillig entledigen.[74]

Im Gesetz (§ 237 Abs. 1 AktG) werden zwei Einziehungsarten unterschieden: Hierbei handelt es sich zunächst um die Zwangseinziehung, die sich wiederum in angeordnete und zugelassene Einziehung unterteilen lässt; des Weiteren regelt der Gesetzestext noch die Einziehung eigener Aktien, welche sich aufgliedern lässt in Einziehung früher erworbener und noch zu erwerbender eigener Anteilsrechte.[75]

Die Zwangseinziehung von Aktien, die nicht der AG selbst gehören, ist gemäß § 237 Abs. 1 Satz 2 AktG nur bei einer entsprechenden Satzungsregelung zulässig. Der konkrete Wille des betroffenen Aktionärs ist hierbei unbeachtlich. Erlaubt ist der Ausschluss allerdings nur dann, wenn die legitimierende Satzungsvorschrift bereits ursprünglich vorhanden war oder aber vor der Übernahme oder Zeichnung der Aktien

---

72 Vgl. *Reinisch* (1992), S. 20; *Lutter* (1993a), § 237 Rn. 13.

73 Hierin ist auch der wesentliche Unterschied zur Kaduzierung gemäß § 64 AktG zu sehen, bei der das Mitgliedschaftsrecht in seiner Substanz nicht untergeht. Vgl. *Hefermehl* (1994), § 237 Rn. 3.

74 Vgl. *Lutter* (1993a), § 237 Rn. 6; *Hefermehl* (1994), § 237 Rn. 2.

75 Aufgrund der Tatsache, dass der Erwerb eigener Aktien mit anschließender Einziehung durch die AG das Einverständnis der betroffenen Gesellschafter voraussetzt, kann diese Einziehungsform nicht als Gesellschafterausschluss bezeichnet werden und fällt hier somit aus der weiteren Betrachtung heraus. Vgl. *Reinisch* (1992), S. 21; *Baums* (2001), S. 82.

eingeführt wurde.[76] Sofern die Zwangseinziehung explizit in der Satzung *angeordnet* ist, bedarf es gemäß § 237 Abs. 6 AktG zu ihrer Durchführung keines Hauptversammlungsbeschlusses; die Einziehung erfolgt hier auf Verlangen des Vorstands sofort nach Erfüllung der in der Satzung explizit genannten Voraussetzungen, wobei dem gesetzlichen Vertreter hier kein Ermessenspielraum zusteht.[77] Wird die Zwangseinziehung in der Satzung lediglich *gestattet* (zugelassen), ist ein Hauptversammlungsbeschluss vonnöten;[78] bei lediglich gestatteten Zwangseinziehungen sind im Gegensatz zur angeordneten Version nicht alle Einziehungsbedingungen explizit in der Satzung geregelt.[79]

Nicht gesetzlich geregelt ist die Frage nach der Abfindungsermittlung. Bei der Festlegung der Entgelthöhe ist stets auf den Einzelfall abzustellen,[80] wobei hier insbesondere auf den Einziehungsgrund, den Kapitalherabsetzungszweck sowie auf etwaige Satzungsregelungen betreffend die Abfindung abzustellen ist.[81] Grundsätzlich gilt, dass die Abfindung der ausgeschlossenen Aktionäre in der Satzung festgelegt werden kann; eine Verpflichtung zur satzungsmäßigen Bestimmung besteht lediglich in den Fällen einer angeordneten Zwangseinziehung, wobei eindeutige Regelungen geboten sind.[82]

Wurden die formalen Kriterien einer gestatteten Zwangseinziehung nicht erfüllt, so können die betroffenen Aktionäre den Hauptversammlungsbeschluss gemäß § 243

---

76 Sofern eine ursprüngliche, das heißt mit Gründung der AG, festgelegte Satzungsregelung vorliegt, sind alle Mitgliedschaften, inklusive der zukünftig durch Kapitalerhöhung entstehenden, grundsätzlich von dieser Vorschrift betroffen. Nachträgliche Satzungsänderungen betreffend die Zwangseinziehung umfassen nur jene Aktien, die nach Wirksamwerden der Satzungsregelung durch eine Kapitalerhöhung gegen Einlagen gezeichnet werden. Vgl. *Reinisch* (1992), S. 21 f.; *Lutter* (1993a), § 237 Rn. 24 f.

77 Vgl. u. a. *Oechsler* (2001), § 237 Rn. 13; *Hüffer* (2002), § 237 Rn. 10.

78 Da die Voraussetzungen, zu denen eine gestattete Einziehung schließlich durchgeführt wird, für die Aktionäre schwer kalkulierbar sind, muss die von der Gestattung Gebrauch machende Hauptversammlung bei ihrer Beschlussfassung den Satzungszweck und das Gleichbehandlungsgebot beachten. Vgl. *Oechsler* (2001), § 237 Rn. 16.

79 Vgl. u. a. *Hüffer* (2002), § 237 Rn. 15 f.

80 *Lutter* (1993a), § 237 Rn. 67, unterscheidet bei der Abfindung zwischen personalistisch geführten, nicht börsennotierten und offenen, möglicherweise börsennotierten AG. Für Erstere gelte analog das für GmbH einschlägige Abfindungsrecht, wonach auch Buchwerte und somit unterhalb eines eventuellen Marktwerts liegende Kompensationen zulässig sind. Bei offenen AG sei dahingegen, so *Lutter*, ein unterhalb des Marktwerts liegender Abfindungsbetrag je Aktie nicht mit dem Anlegerschutz vereinbar und damit unzulässig. Dieser Meinung schloss sich jüngst *Rühland* (2003), S. 37 f., an.

81 Vgl. *Lutter* (1993a), § 237 Rn. 57.

82 Vgl. *Lutter* (1993a), § 237 Rn. 61, 69.

AktG anfechten. Liegen dahingegen die Voraussetzungen für eine angeordnete Zwangseinziehung nicht vor, ist die Einziehung nichtig im Sinne von § 241 AktG.

### c) *Zusammenlegung von Aktien*

Die Aktienzusammenlegung stellt eine weitere, wenngleich sehr restriktiv anwendbare Option für den Ausschluss von Minderheitsaktionären dar. Bei der Zusammenlegung von Aktien wird eine bestimmte Anzahl von Aktien gegen eine neue eingetauscht; sie ist nur in Verbindung mit einer Kapitalherabsetzung[83] gemäß § 222 AktG möglich. Sofern einzelne Anteilseigner nicht über die für den Eintausch in eine Aktie benötigte Anzahl von Anteilspapieren verfügen, müssen sie entweder die noch fehlenden Aktien zwecks Umtausch erwerben oder sich von ihren Aktien trennen.[84] Durch die Festsetzung eines möglichst hohen Umtauschverhältnisses per Hauptversammlungsbeschluss[85] sind Kleinaktionäre möglicherweise wegen fehlenden Vermögens nicht in der Lage, ihre Beteiligung an der AG aufrechtzuerhalten; sie verlieren dann durch die Veräußerung auch ihre Mitgliedschaft an der Korporation.[86]

Vor Zusammenlegung der Aktien im Rahmen einer ordentlichen oder vereinfachten Kapitalherabsetzung sind allerdings zunächst die Nennbeträge der Aktien auf den Mindestbetrag im Sinne von § 8 Abs. 2 Satz 1 AktG zu reduzieren, der bei einem Euro je Aktie liegt.[87] Erst wenn der Betrag des herabgesetzten Grundkapitals, der auf die jeweilige Aktie entfällt, unterhalb des Mindestbetrags liegt, können die Aktien gemäß § 222 Abs. 4 Satz 2 AktG zusammengelegt werden.[88]

### d) *Ausschluss aus wichtigem Grund*

Die Basis für einen Ausschluss aus wichtigem Grund liefert der Grundsatz, dass auf persönlicher Kooperation der Beteiligten basierende Dauerrechtsverhältnisse jederzeit aus wichtigem Grund kündbar sind, sofern den involvierten Parteien eine weitere Zu-

---

83 Hierbei sind sowohl die ordentliche als auch die vereinfachte Kapitalherabsetzung denkbar. Vgl. hierzu *Kübler* (1998), S. 220.

84 Die Differenz zwischen der zum Umtausch benötigten Anzahl von Aktien und der sich tatsächlich im Besitz des Anlegers befindenden Aktien wird als „Spitze" bezeichnet.

85 Gemäß § 222 Abs. 1 Satz 1 AktG bedarf es hier einer Mehrheit, die mindestens 75% des vertretenen Grundkapitals entspricht.

86 Vgl. *Richard/Weinheimer* (1999), S. 1615; *Hüffer* (2002), § 222 Rn. 23.

87 Bei Stückaktien darf der auf eine Aktie entfallende Anteil am Grundkapital gemäß § 8 Abs. 3 Satz 3 AktG einen Euro nicht unterschreiten.

88 Vgl. *BGH*, Urteil vom 5.7.1999 – II ZR 126/98, S. 1449, wonach das Umtauschverhältnis so zu wählen ist, dass möglichst alle Anteilseigner Mitglieder des Verbands bleiben können. Der *BGH* begründet dies mit Gültigkeit der mitgliedschaftlichen Treupflicht. Zur Treupflicht im Gesellschaftsrecht vgl. Kapitel II.1.2.4.3.2.

sammenarbeit nicht zugemutet werden kann. Der herrschenden Meinung folgend lässt sich die dem Gesellschaftsrecht zugrunde liegende Konzeption der Verbandsmitgliedschaft als dauerhaftes Schuldverhältnis einordnen.[89] Zentrales Merkmal der Lösung eines Dauerschuldverhältnisses ist die Zerstörung des zwischen den involvierten Akteuren existierenden Vertrauensverhältnisses. Da ein Vertrauensverhältnis persönliche Verflechtungen der Parteien voraussetzt, sind nur jene auf Dauer angelegten Rechtsverhältnisse kündbar, die sich durch ein Mindestmaß an persönlicher Bindung der beteiligten Akteure auszeichnen.

Dem Gesellschaftsrecht ist das Rechtsinstitut des Ausschlusses aus wichtigem Grund bekannt: Im Personengesellschaftsrecht findet sich in § 140 HGB für offene Handelsgesellschaften, in § 161 i. V. m. § 140 HGB für Kommanditgesellschaften und in § 737 BGB für BGB-Gesellschaften die Möglichkeit des Mitgliederausschlusses aus wichtigem Grunde wieder. Obwohl nicht gesetzlich kodifiziert, wird der Ausschluss aus wichtigem Grund auch für die GmbH sowohl in der Literatur als auch von der Rechtsprechung anerkannt.[90]

Umstritten ist allerdings die Ausschließung aus wichtigem Grund bei der AG: Fraglich ist hierbei, ob die spezifischen Merkmale eines Dauerrechtsverhältnisses auf sämtliche Verbandsformen des Gesellschaftsrechts und somit auch auf die AG übertragbar sind. So wird auf der einen Seite argumentiert, dass die AG rein kapitalistisch ausgerichtete und nur auf das Anlageinteresse fokussierte Mitgliedschaften konstituiere. Diese Sichtweise orientiert sich an dem traditionellen Leitbild der AG als große Publikumsgesellschaft.[91] Bei einer derartigen, nur an dem organisationsrechtlichen Leitbild der AG orientierten Sichtweise würde die Anwendbarkeit des Grundsatzes der Kündbarkeit von Dauerrechtsverhältnissen und somit auch die Kündigung aus wichtigem Grund scheitern.[92] Ebenfalls gegen die Übertragbarkeit dieses Ausschließungsrechts ist bis dato die höchstrichterliche Rechtsprechung.[93]

Eine andere Auffassung, die auch in dieser Arbeit vertreten wird, bejaht die Ausschließung aus wichtigem Grunde auch bei der AG mit der Anmerkung, dass es bei der Beurteilung der Mitgliedschaftsrechtsverhältnisse nicht so sehr auf die Legalform

---

89 Vgl. *Heinsheimer* (1913), S. 18; *Müller-Erzbach* (1948), S. 22; *Schmidt* (2002), S. 4.

90 Vgl. *BGH*, Urteil vom 1.4.1953 – II ZR 235/52, S. 157; *Soufleros* (1983), S. 23 ff.; *Grunewald* (1987), S. 45 ff.

91 Vgl. *Kropff* (1965), S. 14; *Schmidt* (2002), S. 759.

92 Vgl. *Reinisch* (1992), S. 36 f.; *Cöster* (1994), S. 26 f.

93 Vgl. *BGH*, Urteil vom 1.4.1953 – II ZR 235/52, S. 163; *BGH*, Urteil vom 27.10.1955 – II ZR 310/53, S. 365.

des Verbands ankomme, sondern vielmehr auf dessen tatsächliche Struktur.[94] So zeichnen sich Familien-AG bzw. AG mit einem kleinen Gesellschafterkreis regelmäßig durch eine enge Kooperation und unternehmerische Beteiligung der einzelnen Aktionäre aus, was schließlich dem geforderten Kriterium der persönlichen Mitgliederbindung entspreche. Aus diesem Blickwinkel heraus plädieren einige Autoren für eine – auch aus ökonomischer Sicht sinnvolle – Anerkennung des Ausschlusses aus wichtigem Grund bei personalistisch geprägten AG.[95]

Schwierigkeiten bereitet die Abgrenzung bzw. Konkretisierung des Erfordernisses „wichtiger Grund“. In Anlehnung an das Kaduzierungsverfahren des § 64 AktG[96] ist das gemeinsame Strukturelement sämtlicher Ausschließungsgründe in der Störung der Verfolgung des Unternehmenszwecks durch das entsprechende Mitglied zu sehen.[97] Von Nebenpflichten des § 55 AktG abgesehen, handelt es sich bei der Einlagenleistung gemäß § 54 AktG um die einzige aktienrechtlich explizit genannte Zweckförderungspflicht des Aktionärs. Die Leistung der Einlage ist allerdings nur ein Teil der im Allgemeinen von jedem Aktionär zu verfolgenden Zweckförderung. Vielmehr ist jeder Aktionär verpflichtet, alles ihm Mögliche zur Zweckerreichung beizusteuern, zumindest aber schädigendes Verhalten zu vermeiden.[98] Beispiele können in diesem Zusammenhang eine kontinuierliche, den Unternehmenszweck konterkarierende Blockadepolitik sowie die Weitergabe wichtiger Unternehmensgeheimnisse an die Konkurrenz sein;[99] mithin unterliegen die Aktionäre untereinander sowie gegenüber der AG einer Loyalitäts- bzw. Treupflicht, deren Verstoß gemäß §§ 117, 317 AktG sanktioniert werden kann.[100] Für den Fall, dass es den übrigen Gesellschaftern nicht zugemutet werden kann, den die Zweckverfolgung verhindernden Aktionär mittels Anfechtungsklagen bzw. durch die Abschreckungswirkung von Schadensersatzklagen zu ge-

---

[94] Vgl. *Lutter* (1980), S. 105 ff.; *Becker* (1986), S. 402 f.; *Reinisch* (1992), S. 37.

[95] Vgl. *Becker* (1986), S. 383 ff.; *Grunewald* (1987), S. 57, m. w. N.; *Reinisch* (1992), S. 39.

[96] Vgl. Punkt *a)* dieses Kapitels.

[97] Vgl. *Becker* (1986), S. 398; *Grunewald* (1987), S. 61. Die Gründe sind nach *Grunewald* (1987), S. 62 ff., stets im Einzelfall in Relation zur tatsächlichen Zweckstörung zu bewerten.

[98] Vgl. *Becker* (1986), S. 391, der auf die gemäß §§ 33 Abs. 1 Satz 2, 705 BGB geltende Verpflichtung zur Verfolgung des im Gesellschaftsvertrag bzw. der Satzung bestimmten gemeinsamen Zwecks verweist.

[99] Vgl. *Baums* (2001), S. 105.

[100] Zur Treupflicht vgl. Kapitel II.1.2.4.3.2.

sellschaftstreuem Handeln zu bewegen, wird als ultima ratio die Ausschließung gestattet.[101]

Emanzipiert man sich von dem formal-juristischen Diktat und lässt den Ausschluss aus wichtigem Grund auch bei personalistischen AG zu, wird das Verfahren in Anlehnung an die Regelung des § 140 HGB durch einen Beschluss der Hauptversammlung ausgelöst. So kann die Hauptversammlung gemäß § 179 AktG mit einer qualifizierten Mehrheit von 75% des bei der Beschlussfassung vertretenen Grundkapitals die AG ermächtigen, bei Gericht eine Ausschließungsklage gegen jene Aktionäre einzureichen, die gegen den Unternehmenszweck verstoßen.[102]

Kraft einer Gestaltungsbefugnis hat die AG dann die Möglichkeit, die von dem Ausschluss tangierten Aktien gemäß § 237 AktG einzuziehen oder aber selbst bzw. über einen Dritten zu erwerben.[103]

Für die Hingabe der Anteilspapiere ist den ausgeschlossenen Aktionären eine Abfindung zu gewähren. Die an den verlustigen Gesellschafter zu zahlende Kompensation hat sich an den Grundsätzen der aktienrechtlichen Vermögensbindung zu orientieren: Sofern hier keine Abfindungsleistung aus dem Bilanzgewinn bzw. den entsprechenden Rücklagen möglich ist, hat eine Grundkapitalherabsetzung zu erfolgen. Ist das vorhandene Eigenkapital nicht ausreichend für die Leistung der Kompensationszahlung, ist die Ausschließung nicht möglich. Die Abfindungszahlung ist notwendige Bedingung für die Vollendung des Ausschlusses.[104] Bei Verfahrensfehlern können die betroffenen Anteilseigner den Hauptversammlungsbeschluss anfechten.

Nichtsdestotrotz wird im Ergebnis schließlich abzuwarten bleiben, ob sich die Rechtsprechung einer Übertragbarkeit des Ausschlusses aus wichtigem Grund auf AG öffnen wird.[105]

### II.1.2.3. Ergebnis der morphologischen Untersuchung

Die Gegenüberstellung der in §§ 327 a ff. AktG enthaltenen Vorschriften und der bereits seit längerer Zeit im deutschen Aktienrecht bekannten Ausschließungsoptionen

---

[101] Vgl. *Soufleros* (1983), S. 40 ff.; *Becker* (1986), S. 399; *Grunewald* (1987), S. 79 ff.; *Reinisch* (1992), S. 94 ff; kritisch hierzu vgl. *Scheifele* (1989), S. 792 ff.

[102] Vgl. *Becker* (1986), S. 403 ff.; *Grunewald* (1987), S. 116 ff.; *Reinisch* (1992), S. 113 ff. Der vom Ausschluss betroffene Aktionär hat dabei kein Stimmrecht. Vgl. *Becker* (1986), S. 405.

[103] Vgl. *Becker* (1986), S. 403 ff.; *Reinisch* (1992), S. 118 ff.; *Baums* (2001), S. 108 ff.

[104] Vgl. *Becker* (1986), S. 413 f.

[105] Vgl. *Rühland* (2003), S. 106.

lässt den Schluss zu, dass es sich bei dem jüngst eingeführten Squeeze-out um ein bis dato unbekanntes Rechtsinstitut im deutschen Gesellschaftsrecht handelt. Insofern können auch keine Regelungsredundanzen und somit -ineffizienzen des Gesetzgebers reklamiert werden.

Vor der Squeeze-out-Kodifizierung bereits gültige Ausschlussmöglichkeiten zielen entweder nicht zwangsläufig auf alle Minderheitsanteile ab, wie z. B. die Aktieneinziehung gemäß § 237 AktG, das Kaduzierungsverfahren gemäß § 64 AktG sowie der Ausschluss aus wichtigem Grund, dessen Gültigkeit im Aktienrecht ohnehin umstritten ist, oder führen nicht unbedingt zu dem Ausschluss der verbliebenen Aktionärsminderheit, wie z. B. die Mehrheitseingliederung gemäß § 320 AktG sowie die Aktienzusammenlegung. Bezogen auf die Ausschlusseffektivität ähnelt die übertragende Auflösung gemäß § 179 a Abs. 1 i. V. m. §§ 179 Abs. 2, 262 Abs. 1 Nr. 2 AktG dem Squeeze-out gemäß §§ 327 a ff. AktG noch am meisten; allerdings ist sie im Vergleich zum Squeeze-out nur unter Inkaufnahme hoher Transaktionskosten und darüber hinaus mit möglichen steuerlichen Nachteilen, die im Zusammenhang mit der Vermögensveräußerung entstehen können, verbunden. Ferner führt die übertragende Auflösung im Gegensatz zum Squeeze-out zu einer Veränderung des Unternehmensgegenstands.[106]

### II.1.2.4. Squeeze-out im Lichte verbandsrechtlicher Dogmatik

Sowohl die AG als auch die KGaA, für die die Ausschließungsregeln der §§ 327 a ff. AktG gleichermaßen gelten, sind privatrechtliche Zweckverbände.[107] Charakteristische Merkmale privatrechtlicher Verbände sind ihre gesellschaftsvertragliche bzw. satzungsmäßige Verfassung, eine mitgliedschaftliche Organisation, die Verselbstständigung gegenüber ihren Mitgliedern sowie „last but not least“ die Verfolgung eines Verbandszwecks (gemeinsamer Zweck der Mitglieder).[108]

Mit dem durch einen Ausschluss erzwungenen Entzug seiner Aktien verliert der Anteilseigner als Verbandsmitglied alle an das Eigentum der Aktie gekoppelten Mitgliedschaftsrechte. Die untrennbar mit der Aktie verbundenen Mitgliedschaftsrechte entstehen durch die Übernahme der Anteilspapiere bei Gründung, im Zuge einer späteren Kapitalerhöhung bzw. durch nachträglichen Erwerb.[109]

---

[106] Vgl. *Hüffer* (2002), § 179 a Rn. 8. Zum Unternehmensgegenstand allgemein vgl. *Schmidt* (2002), S. 848 f.

[107] Vgl. *Schmidt* (2002), S. 3 f.

[108] Vgl. *Schmidt* (2002), S. 167 f.

[109] Vgl. *Schmidt* (2002), S. 797 f.

### II.1.2.4.1. Morphologie der Mitgliedschaftsrechte und -pflichten

Unter Mitgliedschaft wird allgemein die Stellung einer Person infolge ihrer Verbandszugehörigkeit verstanden. Genauer betrachtet, handelt es sich hierbei um die Summe aller Rechte und Pflichten, die einer Person kraft ihrer Mitgliedschaft im Verband erwachsen.[110] Hinsichtlich ihrer Rechtsnatur kann die Mitgliedschaft als *Rechtsverhältnis* und als *subjektives Recht* eingeordnet werden,[111] entsteht doch über die Teilhabe an einem Verband sowohl ein mitgliedschaftliches Rechtsverhältnis als auch eine subjektivrechtliche Position des einzelnen Mitglieds.[112] Das als Dauerrechtsbeziehung[113] angelegte Rechtsverhältnis der Mitgliedschaft legitimiert die einzelnen Rechte und Pflichten der Mitglieder und des Verbands. Zudem ist die Mitgliedschaft als subjektives Recht ein Herrschaftsrecht und absolutes Recht, das jedem Verbandsmitglied zusteht; es handelt sich hierbei weder lediglich um eine Rechtsposition noch um ein bloßes Bündel von subjektiven Rechtsbeziehungen, sondern es bildet vielmehr eine gesamtheitliche Einheit, über die bei Kapitalgesellschaften[114] (§§ 10, 68 AktG, § 15 GmbHG) einerseits als Ganzes verfügt werden kann und die andererseits (ganzheitlichen) deliktsrechtlichen Schutz genießt.[115]

Als Rechtsverhältnis begründet die Mitgliedschaft eine zivilrechtliche Sonderrechtsbeziehung sowohl zwischen Mitglied und Verband als auch zwischen einzelnen Mitgliedern. Die durch eine Verbandszugehörigkeit vermittelten Rechtsbeziehungen lassen sich unterteilen in Sozialrechts-, Individualrechts- und Drittrechtsbeziehungen. Während die Sozialrechtsbeziehung die aus der Mitgliedschaft selbst entstehenden Rechte und Pflichten des Mitglieds gegenüber dem Verband sowie des Verbands gegenüber dem Mitglied charakterisiert, bezeichnet die Individualrechtsbeziehung die mitgliedschaftlichen Rechte und Pflichten der Mitglieder untereinander. Bei der Drittrechtsbeziehung handelt es sich um die Ansprüche und Verpflichtungen zwischen Verband und

---

[110] Vgl. *Müller-Erzbach* (1948), S. 23 ff.; *Lutter* (1980), S. 86; *Wiedemann* (1980a), S. 382 f.

[111] Im Schrifttum wurden traditionell zwei Sichtweisen vertreten: Während die eine Richtung in der Mitgliedschaft ein Rechtsverhältnis sah, aus dem subjektive Rechte und Pflichten des Mitglieds erwachsen, betrachtete der andere Argumentationszweig die Mitgliedschaft sowohl als Rechtsverhältnis als auch als subjektives Recht. Beide Betrachtungsweisen sind indes, der aktuell herrschenden Literaturmeinung zufolge, richtig. Vgl. dazu *Schmidt* (2002), S. 549, m. w. N.

[112] Vgl. *Lutter* (1980), S. 97 f., 101 f.; *Schmidt* (2002), S. 549. Anderer Auffassung ist *Hadding* (1990), S. 38, der die Mitgliedschaft nicht als subjektives Recht erachtet.

[113] Vgl. *Müller-Erzbach* (1948), S. 22.

[114] Auch bei Personengesellschaften ist die Verfügbarkeit über die Mitgliedschaft als Ganzes nach herrschender Auffassung möglich. Vgl. *Schmidt* (1991), S. 158.

[115] Vgl. *Schmidt* (1991), S. 157 f.; *Schmidt* (2002), S. 549, m. w. N.

Mitglied sowie zwischen einzelnen Mitgliedern, die ihren Ursprung nicht in der Mitgliedschaft selbst haben.[116]

In den nun folgenden Abschnitten werden die einzelnen Rechte und Pflichten, die mit der Mitgliedschaft an einer AG verbunden sind, erörtert. Dies geschieht mit der Zielsetzung, einerseits eine Sensibilisierung auf die mit einem Aktionärsausschluss untergehenden Aktionärsrechte zu gewährleisten; andererseits gilt es zu klären, ob der Ausschluss von Minderheitsaktionären via Squeeze-out möglicherweise mit einschlägigen Aktionärspflichten kollidiert.

### II.1.2.4.2. Aktionärsrechte

Die dem Aktionär als Verbandsmitglied zustehenden Rechte lassen sich in Anlehnung an die gängige mitgliedschaftstheoretische Systematisierung in Vermögensrechte, Teilhaberechte (Mitwirkungsrechte) sowie Schutzrechte unterteilen.[117] Eine weitere gängige Differenzierung lässt sich in eigennützige und uneigennützige Mitgliedschafts- bzw. Aktionärsrechte vornehmen.[118] Durch die Ausübung eigennütziger Mitgliedschaftsrechte strebt der Aktionär die Verwirklichung eigener Interessen in der Gesellschaft an.[119] Die Wahrnehmung uneigennütziger Mitgliedschaftsrechte dient der Förderung des Gesellschaftsinteresses, das durch den Verbandszweck, die Satzung bzw. das Unternehmensziel präzisiert wird.[120] Grundrechtlich werden die Mitgliedschafts- bzw. Aktionärsrechte durch die in Art. 14 GG begründeten Eigentumsrechte geschützt.

---

[116] Vgl. *Schmidt* (2002), S. 556.

[117] Vgl. *Lutter* (1980), S. 86; *Schmidt* (2002), S. 557 f.

[118] Vgl. *Zöllner* (1963), S. 344 ff.; *Henze* (1996), S. 492, m. w. N.

[119] Hierzu zählen z. B. die Vermögensrechte, das Rederecht sowie das Recht auf Teilnahme an der Hauptversammlung. Vgl. *Henze* (1996), S. 492.

[120] Zu den uneigennützigen Rechten gehören die organschaftlichen Rechte des Aktionärs, wie z. B. das Stimmrecht bei Hauptversammlungsbeschlüssen über den Gesellschaftszweck betreffende Maßnahmen (z. B. Beschluss über Geschäftsführungsangelegenheiten des Vorstands). Vgl. *Henze* (1996), S. 492; *Hüffer* (2002), § 53 a Rn. 16. Nach *Zöllner* (1984), Rn. 107, umfasst das Verbandsinteresse „alles das, was den Bestand, die Funktionsfähigkeit und die Aufgabenerfüllung des Verbands im Hinblick auf den Zweck des Verbands begünstigt und gewährleistet. Genau genommen stellt es damit einen durch den Zweck des Verbands umschriebenen Ausschnitt aus den Mitgliederinteressen dar. Die Mitglieder schließen sich zur Verfolgung des Verbandszwecks zusammen, sie bündeln ihre zweckbezogenen Interessen und umschreiben mit dem Verbandszweck, welche ihrer oft vielfältigen Interessen sie als gemeinsame zu gemeinsamer Verfolgung deklarieren." Zur Bedeutung und den Eigenschaften des gemeinsamen Zwecks als überindividueller Verbandszweck vgl. *Wiedemann* (1980a), S. 9 ff., 154 ff.; *Schmidt* (2002), S. 57 ff. Verbandszweck kann z. B. das Erzielen von Gewinn und seine Weitergabe an seine Gesellschafter sein. Vgl. *Wiedemann* (1980a), S. 155.

#### II.1.2.4.2.1. Vermögensrechte

In vermögensrechtlicher Hinsicht kommen dem Dividendenrecht gemäß § 58 Abs. 4 AktG, dem Recht auf Beteiligung am Liquidationserlös gemäß § 271 AktG sowie dem Bezugsrecht bei Kapitalerhöhungen gemäß § 186 AktG entscheidende Bedeutung zu.[121]

*a) Dividendenrecht*

Der Anspruch auf Dividende ist das bedeutendste vermögensrechtliche Mitgliedschaftsrecht, da, abgesehen von altruistisch oder anderweitig idealistisch motivierten Anteilseignern, jeder Aktionär ein Interesse an der Verzinsung seines in der AG gebundenen Kapitals hat.[122] Der Anspruch auf Gewinnbeteiligung ist auf die Dauer der Mitgliedschaft begrenzt.

Das Recht auf Gewinnbeteiligung bzw. der Ausschüttungsanspruch ist beschränkt auf den tatsächlich erwirtschafteten und formell festgestellten Bilanzgewinn, sofern dieser nicht von der Verteilung ausgenommen ist.[123] Auf die Ausschüttung des gesamten Bilanzgewinns hat der Aktionär allerdings zunächst keinen direkten Anspruch.

Das allgemeine Mitgliedschaftsrecht auf Gewinnbeteiligung kann von Beginn an durch die Satzung ausgeschlossen werden. Ein späterer Ausschluss ist ebenfalls per Satzungsänderung möglich; es bedarf hierzu jedoch gemäß § 33 BGB der Zustimmung aller Gesellschafter.[124] Ebenfalls ruhen kann das allgemeine Recht auf Gewinnbeteiligung durch Gesetzesvorschrift; dies gilt insbesondere z. B. für eigene Aktien gemäß §§ 71 b, 71 d Satz 4 AktG.[125]

*b) Beteiligung am Liquidationserlös*

Bei dem Recht auf den Liquidationserlös handelt es sich um ein zunächst nicht selbstständig durchsetzbares mitgliedschaftliches Vermögensrecht; vielmehr wandelt sich

---

[121] Vgl. *Kraft* (1988), § 11 Rn. 11; *Schmidt* (2002), S. 797; *Kübler* (1998), S. 181 f., der das Bezugsrecht bei Kapitalerhöhungen hier nicht erwähnt.

[122] Vgl. *Lutter* (1988a), § 58 Rn. 79; *Bayer* (2003), § 58 Rn. 96.

[123] Vgl. *Lutter* (1988a), § 58 Rn. 82; *Hüffer* (2002), § 58 Rn. 26; *Bayer* (2003), § 58 Rn. 97.

[124] Für die Anerkennung z. B. der Gemeinnützigkeit im Sinne der §§ 55, 59 AO ist ein Ausschluss des mitgliedschaftlichen Gewinnanspruchs notwendig. Mit dem nachträglichen Ausschluss ist regelmäßig eine Zweckänderung der AG verbunden (z. B. von der Gewinnmaximierung hin zur Gemeinnützigkeit). Vgl. *Lutter* (1988a), § 58 Rn. 92 f.; *Bayer* (2003), § 58 Rn. 121.

[125] Vgl. *Bayer* (2003), § 58 Rn. 122, der noch weitere gesetzliche Ausschlussgründe nennt.

dieses Vermögensrecht erst bei Erfüllung bestimmter Verteilungsvoraussetzungen[126] in ein Gläubigerrecht um.[127] Der bezogen auf die Grundkapitalbeteiligung zwischen den Aktionären zu teilende Abwicklungsüberschuss entspricht dabei gemäß § 271 Abs. 1 AktG dem Gesellschaftsvermögen abzüglich der Verbindlichkeiten.[128]

Der Ausschluss von der Beteiligung am Liquidationserlös kann, der herrschenden Meinung folgend, von Beginn an durch die Satzung festgelegt werden, sofern es sich um die Unterstützung bzw. Errichtung einer gemeinnützigen oder wohltätigen Institution handelt.[129] Nachträglich kann der Ausschluss nur durch eine Satzungsänderung erwirkt werden, der alle Gesellschafter zuzustimmen haben.[130] Sobald sich das allgemeine Mitgliedschaftsrecht auf Beteiligung am Liquidationserlös in ein konkretes Gläubigerrecht verwandelt hat, ist es unentziehbar.[131]

*c) Bezugsrecht bei Kapitalerhöhung*

§ 186 Abs. 1 AktG gewährt jedem Aktionär das subjektive Recht auf den Bezug junger Aktien aus einer Kapitalerhöhung.[132] Mit Hilfe dieser Vorschrift ist jeder Aktionär in der Lage, seine mitgliedschaftliche Stellung (Schutz vor Stimmrechts- und Vermögensverwässerung) an der AG nach einer Kapitalerhöhung aufrechtzuerhalten.[133]

Das Bezugsrecht kann gemäß § 186 Abs. 3 AktG von der Hauptversammlung mit qualifizierter Mehrheit ausgeschlossen werden.[134] An den Ausschluss des Bezugsrechts sind wegen der damit verbundenen fundamentalen Eingriffe in die mitgliedschaftlichen Vermögensrechte des Aktionärs enge Voraussetzungen geknüpft. Die im Gesetz

---

126 Um die Vermögensverteilung auszulösen, muss die AG zunächst aufgelöst werden. Zu den möglichen Auflösungstatbeständen einer AG vgl. *Kübler* (1998), S. 205 f.; *Raiser* (2001), S. 355 ff.; *Schmidt* (2002), S. 930. Für die weiteren formalen Vermögensverteilungsvoraussetzungen vgl. *Kraft* (1976), § 271; *Hüffer* (2002), § 271.

127 Vgl. *Kraft* (1976), § 271 Rn. 2; *Kübler* (1998), S. 206; *Raiser* (2001), S. 358; *Hüffer* (2002), § 271 Rn. 2.

128 Vgl. *Hüffer* (2001), § 271 Rn. 9; *Hüffer* (2002), § 271 Rn. 3.

129 Vgl. *Kraft* (1976), § 271 Rn. 3; *Hüffer* (2002), § 271 Rn. 2. Für eine zweckunabhängige Ausschließungsmöglichkeit durch die Satzung vgl. *Sethe* (1998), S. 483 ff.

130 Vgl. *Hüffer* (2001), § 271 Rn. 5; *Hüffer* (2002), § 271 Rn. 2.

131 Vgl. *Kraft* (1976), § 271 Rn. 3; *Hüffer* (2002), § 271 Rn. 2.

132 *Zöllner* (1994), S. 341, bezeichnet das Bezugsrecht als „Grundrecht des Aktionärs".

133 Vgl. *Hefermehl/Bungeroth* (1989), § 186 Rn. 1; *Lutter* (1990), § 186 Rn. 7; *Hüffer* (2002), § 186 Rn. 2; *Peifer* (2005), § 186 Rn. 1.

134 Dabei müssen gemäß § 186 Abs. 3 Sätze 2, 3 AktG mindestens 75% des bei der Beschlussfassung anwesenden Grundkapitals bzw. eine in der Satzung festgelegte höhere Quote dem Bezugsrechtsausschluss zustimmen.

geregelten formellen Anforderungen an den Bezugsrechtsausschluss werden durch richterrechtlich entwickelte materielle Voraussetzungen ergänzt.[135]

### II.1.2.4.2.2. Mitwirkungsrechte (Verwaltungsrechte)

Zu den Mitwirkungsrechten des Aktionärs gehören vor allem das Stimmrecht gemäß § 134 AktG, das Recht auf Teilnahme an der Hauptversammlung gemäß § 118 Abs. 1 AktG und das Auskunftsrecht gemäß § 131 AktG.

*a) Teilnahmerecht an Hauptversammlungen und Stimmrecht*

Jedem Aktionär steht das grundsätzlich unentziehbare[136] Recht zu, an den Hauptversammlungen der AG gemäß § 118 AktG teilzunehmen; bei dem Teilnahmerecht handelt es sich um ein verfahrensrechtlich geschütztes Aktionärsrecht, das nicht an das Stimmrecht des Verbandsmitglieds gebunden ist.[137]

Mit dem Stimmrecht wird das Recht bezeichnet, mit dem der Aktionär an dem Zustandekommen von Hauptversammlungsbeschlüssen mitwirken kann.[138] Wie alle Verbände muss auch die AG in der Lage sein, einen kollektiven Willensbildungsprozess zu gewährleisten, wobei die Mitglieder die Träger jenes Willens sind. Das Stimmrecht stellt einen Bestandteil der Mitgliedschaft dar und ist mit dieser untrennbar verbunden.[139] Der Inhaber des Stimmrechts ist demnach der Inhaber der Mitgliedschaft, also der Aktionär. Grundsätzlich steht jedem Aktionär, der seine Einlage vollumfänglich geleistet hat, gemäß §§ 12, 134 AktG das Stimmrecht zu.[140] Die Stimmkraft[141] orien-

---

[135] Allgemein zum Diskurs über den Bezugsrechtsausschluss vgl. *Hefermehl/Bungeroth* (1989), § 186 Rn. 83 ff.; *Lutter* (1990), § 186 Rn. 50 ff.; *Kindler* (1998), S. 35 ff.; *Bayer* (1999), S. 505 ff.; *Raiser* (2001), S. 330 ff.; *Hüffer* (2002), § 186 Rn. 20 ff.; *Peifer* (2005), § 186 Rn. 55 ff. Zu den materiellen richterrechtlichen Voraussetzungen und somit zur inhaltlichen Beschlusskontrolle vgl. Kapitel II.1.2.4.4.

[136] Das Teilnahmerecht ist nur in Ausnahmefällen, z. B. bei Missbrauch, ad hoc entziehbar. Vgl. *Schmidt* (2002), S. 840.

[137] Vgl. *Kübler* (1998), S. 197; *Schmidt* (2002), S. 840.

[138] Vgl. *Zöllner* (1973), § 134 Rn. 4.

[139] Hierbei handelt es sich um das so genannte Abspaltungsverbot. Vgl. *Schmidt* (2002), S. 560 ff.

[140] Ausgenommen von dieser Regelung sind stimmrechtslose Vorzugsaktien gemäß §§ 12 Abs. 1 Satz 2, 139 ff. AktG sowie eigene Aktien der Gesellschaft gemäß § 71 b AktG. Nicht mit Stimmrechten ausgestattete Vorzugsaktien vermitteln darüber hinaus gemäß § 140 Abs. 1 AktG die gleichen mitgliedschaftlichen Rechte und Pflichten wie Stimmrechtsaktien. Stimmrechtslose Vorzugsaktien sind Aktien, die zwar kein Stimmrecht haben, dafür aber mit einer Vorzugsdividende ausgestattet sind. Vgl. u. a. *Schmidt* (2002), S. 849. Gemäß § 139 Abs. 2 AktG dürfen stimmrechtslose Vorzugsaktien nur bis zur Hälfte des gesamten Grundkapitals emittiert werden.

[141] Bei der Stimmkraft handelt es sich um das Gewicht, welches der Stimme eines Mitglieds (Aktionärs) bei einer Abstimmung zukommt. Vgl. *Schmidt* (2002), S. 606.

tiert sich gemäß § 134 Abs. 1 Satz 1 AktG an den Nennbeträgen, bei Stückaktien an der Anzahl der Aktien.[142]

Die Stimmrechtsausübung kann nur dann ausgeschlossen werden, wenn Befangenheit in der Person des Inhabers der Mitgliedschaft begründet ist; dies ist regelmäßig dann zu vermuten, wenn das Eigeninteresse des Mitglieds und das Verbandsinteresse einander ausschließen.[143]

### *b) Informationsrecht*

Das Informationsrecht ist mit jeder Personenverbandsmitgliedschaft untrennbar verbunden und gehört genauso wie die Vermögens- und Stimmrechte zu den Grundmitgliedschaftsrechten.[144] In rechtsdogmatischer Hinsicht kann das Informationsrecht als rechtsinstitutionell begründetes allgemeines Mitgliedschaftsrecht sowie als aus diesem „von Fall zu Fall resultierenden Informationsansprüchen" begriffen werden.[145] Rechtsinstitutionell ist das Informationsrecht nicht dem Gutdünken bzw. der Willkür der Legislative ausgesetzt. Jene sich hieraus ableitbaren Informationsansprüche werden durch die Informationsbedürfnisse der Verbandsmitglieder begründet und limitiert. In Zweifelsfragen setzen sich die aus den Informationsbedürfnissen abgeleiteten Informationsansprüche sogar über einzelne Gesetze hinweg. Für den umgekehrten Fall einer über die eigentlichen Informationsbedürfnisse hinausgehenden Kodifizierung von Informationsrechten bedarf es im Rahmen einer auf die Informationsbedürfnisse abstellenden teleologischen Reduktion[146] der Begrenzung jener Rechte.[147]

---

[142] Mehrstimmrechte, die einem Mitglied im Allgemeinen als Sonderrecht eingeräumt werden können, sind aktienrechtlich gemäß § 12 Abs. 2 AktG nicht zulässig. Sofern einem Aktionär einer nicht börsennotierten AG mehrere Aktien gehören, kann die Satzung gemäß § 134 Abs. 1 Satz 2 AktG das Stimmrecht durch die Festsetzung eines Höchstbetrags beschränken; bei kapitalmarktnotierten AG ist eine derartige Einschränkung der Stimmmacht nicht erlaubt. Vgl. u. a. *Volhard* (2004), § 134 Rn. 5 f.

[143] Um zu verhindern, dass bei sämtlichen widerstreitenden Interessengelagen ein Stimmverbot greift, wird das Befangenheitserfordernis für das Verbandsrecht durch zwei Tatbestände konkretisiert: Hernach greift ein Stimmrechtsausschluss, wenn das Mitglied entweder selber in das zu beschließende Geschäft bzw. in den Rechtsstreit involviert ist oder bei der Abstimmung als Richter in eigener Sache agieren würde. Vgl. *Schmidt* (2002), S. 850 f.

[144] Vgl. *Wiedemann* (1980a), S. 374; *Schmidt* (2002), S. 624. Der grundrechtliche Schutz des Informationsrechts wurde verfassungsrichterlich bestätigt. Vgl. dazu *BVerfG*, Beschluss vom 20.9.1999 – 1 BvR 168/93, Rn. 18 ff.; *BVerfG*, Beschluss vom 20.9.1999 – 1 BvR 636/95, Rn. 15 ff.

[145] Vgl. *Schmidt* (2002), S. 624 (auch für das wörtliche Zitat).

[146] Zur teleologischen Reduktion vgl. *Larenz/Canaris* (1995), S. 210-213.

[147] Vgl. *Schmidt* (2002), S. 625.

Im deutschen Aktienrecht ist das Informationsrecht in § 131 AktG geregelt.[148] Das Auskunftsrecht nach § 131 AktG ergänzt die im Rahmen der Rechnungslegung gemäß §§ 264 ff. AktG und der Mitteilungen zur Vorbereitung der Hauptversammlung gemäß §§ 121 ff. AktG gewährten Informationsmöglichkeiten.[149] Nach § 131 AktG hat jeder Aktionär in seiner Eigenschaft als Hauptversammlungsteilnehmer einen Anspruch auf Auskunft über die Angelegenheiten der Gesellschaft; das Informationsrecht gilt auch für die Inhaber stimmrechtsloser Vorzugsaktien, da auch diese Entscheidungen über die Disposition von Risikokapital treffen müssen. Die Auskunft ist zeitlich auf die Dauer der Hauptversammlung und gegenständlich auf einen der Tagesordnungspunkte begrenzt; befriedigt werden kann das Auskunftsbegehren der Aktionäre nur durch den Vorstand. Weder die zeitliche Beschränkung auf den Hauptversammlungszeitraum noch die gegenständliche Reduzierung auf einen Tagesordnungspunkt der Versammlung werden verfassungsrechtlich beanstandet; es handele sich hierbei um eine zulässige Inhalts- und Schrankenbestimmung des Eigentums im Sinne des Art. 14 Abs. 1 Satz 2 GG.[150] Verweigert werden darf die Auskunft nur in den von § 131 Abs. 3 AktG genannten Fällen.[151]

#### II.1.2.4.2.3. Schutzrechte (Klagerechte)

Gegen rechtswidriges Verhalten des Verbandes wird jede Mitgliedschaft durch Abwehr- und Klagerechte geschützt. So sieht das AktG für fehlerhafte, das heißt für nichtige, unwirksame und anfechtbare Hauptversammlungsbeschlüsse in den §§ 241 ff. AktG einen detaillierten Regelungskatalog vor. Als eng mit der Mitgliedschaft bzw. der Aktionärsstellung verbundene Abwehrrechte sind die Nichtigkeitsklage gemäß § 249 AktG sowie die Anfechtungsklage gemäß § 246 AktG hervorhebenswert. Aufgrund der verbandsrechtlich institutionellen Legitimation der Klagebefugnisse bedarf es eigentlich keiner expliziten Kodifizierung jener Schutzrechte; sie dienen vielmehr der Klärung partikularer Fragen sowie der Konkretisierung des Instrumentariums.[152]

---

148 Zur Chronologie des aktionärsrechtlichen Auskunfts- bzw. Informationsrechts vgl. *Joussen* (2000), S. 241 ff.

149 Vgl. *Kübler* (1998), S. 198.

150 Vgl. *BVerfG*, Beschluss vom 20.9.1999 – 1 BvR 636/95, Rn. 19.

151 Zur Auskunftsverweigerung ausführlich vgl. *Kubis* (2004), § 131 Rn. 94-124.

152 Vgl. *Schmidt* (2002), S. 647.

### II.1.2.4.3. Aktionärspflichten

Allgemeiner mitgliedschaftsrechtlicher Dogmatik folgend[153] sind auch im Aktienrecht die Beitragspflichten als wichtigste *vertragliche* bzw. *satzungsmäßige* Pflichten und die Treupflicht als wichtigste *gesetzliche* Mitgliedschaftspflicht hervorzuheben.[154] In den anschließenden Unterabschnitten sollen zunächst die grundsätzlichen Pflichten der Aktionäre herausgestellt werden. Hierbei wird auch ein Augenmerk darauf gelegt, ob es zwischen Mehrheits- und Minderheitsaktionären Unterschiede im Hinblick auf die Anzahl und Intensität der obliegenden Mitgliedschaftspflichten gibt und ob bzw. inwiefern der Squeeze-out nach §§ 327 a ff. AktG selbst als Mitgliedschaftspflichtsverletzung zu betrachten ist.

#### II.1.2.4.3.1. Beitragspflichten

Die Beitragspflicht zählt zu den Primärpflichten des Verbandsrechts. Unter diesem Begriff werden alle sachlichen und persönlichen Leistungen aus der Privatsphäre des Mitglieds zur Förderung des Verbandszwecks verstanden.[155] Hierbei handelt es sich u. a. um die Einbringung oder Überlassung von Sachen, die Erbringung von Dienstleistungen, die Zahlung von Geld sowie die Herstellung bzw. Verschaffung von Vermögensgegenständen.[156] Aktienrechtliche Haupt(-beitrags-) pflicht ist die in § 54 AktG geforderte Einlagenleistung gegen die Gewährung der Aktien. Im Allgemeinen reduziert sich die Verpflichtung zur Einlage auf den Nominalbetrag der Aktie bzw. den höheren Ausgabekurs gemäß §§ 54 Abs. 1, 9 AktG. Darüber hinausgehende Einlagenpflichten existieren in der Regel nicht.

Der Frage, ob ein Verstoß des Minderheitsaktionärs gegen die Einlagenleistungspflicht durch einen Squeeze-out nach §§ 327 a ff. AktG zu sanktionieren ist, ist mit klarer Ablehnung zu begegnen: Erstens kann der Squeeze-out nicht gezielt gegen einzelne Aktionäre eingesetzt werden, und nur dies wäre in Anbetracht einer beabsichtigten Sanktionierung wegen unterlassener Einlagenleistung akzeptabel; der Squeeze-out ist eben kein auf die Individualität des einzelnen Aktionärs abzielendes Ausschlussverfahren. Vielmehr erfolgt mit Hilfe des Squeeze-out die Ausschließung einer maximal 5% des Grundkapitals ausmachenden Aktionärsminderheit. Zweitens existiert mit dem Kaduzierungsverfahren gemäß § 64 AktG bereits ein genau diesen Sachverhalt erfassendes

---

153 Vgl. Kapitel II.1.2.4.1.

154 Vgl. *Schmidt* (2002), S. 566, 799.

155 Vgl. *Wiedemann* (1980a), S. 393; *Schmidt* (2002), S. 567 f.

156 Vgl. *Kübler* (1998), S. 45; *Schmidt* (2002), S. 569 ff.

Rechtsinstitut.[157] Drittens ist zu konstatieren, dass die Verletzung der Einlagenpflicht unabhängig von der Eigentümerstruktur der Gesellschaft ist; sofern nun ein Aktionär seine geschuldete Einlage nicht darbringt und eine nicht dem Squeeze-out genügende Mehrheitskonstellation vorliegt, kann der Ausschluss nach §§ 327 a ff. AktG nicht vollzogen werden.

### II.1.2.4.3.2. Treupflichten

Die Treupflicht stellt eine weitere Primärpflicht im Kanon der Aktionärsgebote dar. Wie jedes Rechtsverhältnis sind auch die gesellschaftsrechtlichen Mitgliedschaftsverhältnisse umspannt von dem in § 242 BGB zum Ausdruck gebrachten Grundsatz von Treu und Glauben.[158] Mit der Treupflicht[159] werden, der herrschenden Meinung zufolge, die über die allgemeine Loyalitätspflicht des § 242 BGB hinausgehenden aktiven Förder- und passiven Loyalitätspflichten ummantelt.[160] Mit Hilfe der Treupflicht soll zum einen das gegenseitige Vertrauen der Mitglieder (Gesellschafter) untereinander im Hinblick auf ihre Loyalität bei der gemeinsamen Zweckverfolgung sowie in Bezug auf ihre sich aus der Mitgliedschaft ergebenden Beziehungen gestärkt werden; zum anderen soll sie die konkreten wechselseitigen Mitgliedschaftseingriffe der Gesellschafter untereinander eingrenzen.[161] Somit entfaltet die Treupflicht ihre Schutzwirkung sowohl auf die Sonderrechtsbeziehung zwischen Gesellschafter und Verband als auch auf das Verhältnis der Mitglieder untereinander.[162]

---

[157] Zum Kaduzierungsverfahren vgl. Kapitel II.1.2.2.2.

[158] Vgl. *Hueck* (1947), S. 13 ff.; *Zöllner* (1963), S. 335 ff.; *Immenga* (1970), S. 261 ff.; *Lutter* (1980), S. 103; *Kübler* (1998), S. 46.

[159] Das Meinungsspektrum über die Rechtsgrundlagen der Treupflicht ist mannigfaltig: Es reicht von der Überzeugung, die Treupflicht sei eine Verdichtung des allen Rechtsverhältnissen zugrunde liegenden allgemeinen *schuldrechtlichen* Gebots von Treu und Glauben des § 242 BGB, über die Annahme, es handele sich um eine aus dem *Mitgliedschaftsrecht* entspringende, auf § 705 BGB zurückzuführende aktive Förder- und Unterlassungs- sowie Loyalitätspflicht, bis hin zu einer je nach Einzelfall auf die eine oder andere Begründung abstellende Legitimationsgrundlage. Schließlich wird in der Treupflicht ein stabilisierender Rechtssatz gesehen, der sich in Form einer richterrechtlichen Fortbildung zu einer Generalklausel entwickelt hat, die ihren Ursprung in verschiedenen Regelungsgrundsätzen hat. Vgl. *Lutter* (1980), S. 102 ff.; *Lutter* (1989), S. 454; *Hüffer* (1990), S. 68 ff.; *Wiedemann* (1991), S. 950; *Hennrichs* (1995), S. 228 ff.; *Henze* (1996), S. 491 f.; *Henze* (1998), S. 191; *Hüffer* (2002), § 53 a Rn. 15; *Janke* (2003), S. 30.

[160] Vgl. *Lutter* (1980), S. 102 ff.; *Lutter* (1989), S. 452; *Schmidt* (2002), S. 588.

[161] Vgl. *Lutter* (1998), S. 167; *Zöllner* (1998), S. 237.

[162] In puncto Kompetenzverteilung kann eine Systematisierung in organschaftliche, mitgliedschaftliche sowie mehrheitsbezogene Treupflicht vorgenommen werden: Mitgliedschaftliche Treupflicht verlangt von dem Gesellschafter, die Verfolgung des Unternehmensinteresses aktiv zu fördern und all jene Handlungen zu unterlassen, die der Gesellschaft sowie den anderen Mitgliedern Schaden

Grundsätzlich gilt, dass die Treupflicht unabhängig von der Rechtsform für jeden Verband und somit auch für die AG ihre Gültigkeit beansprucht.[163] Dabei hängt ihre tatsächliche Schutzrichtung, Ausprägung sowie Ausgestaltung von der Realstruktur und nicht von der Legalform des Verbands ab.[164] Während die Treupflicht der Aktionäre untereinander zunächst lange abgelehnt und nur im Vertikalverhältnis zwischen Aktionär und Gesellschaft anerkannt wurde,[165] setzte sich spätestens mit dem *Linotype*-Urteil des *BGH*[166] die in der Literatur zum Teil vorbereitete Auffassung[167] einer zwischen den Anteilseignern existierenden wechselseitigen Pflichtenbindung durch. Das Treugebot ist dabei allerdings nicht als ausschließlich dem Minderheitsaktionärsschutz dienendes Rechtsinstitut zu qualifizieren; vielmehr bindet die Treupflicht seit dem *Girmes*-Urteil des *BGH*[168] auch ausdrücklich die Minderheitsaktionäre in ihrem Verhalten gegenüber dem Mehrheitsaktionär einerseits und gegenüber den anderen Klein- bzw. Minderheitsaktionären andererseits.[169]

---

zuführen. Die organschaftliche Treupflicht verlangt von den Organmitgliedern der Gesellschaft (z. B. Vorstand und Aufsichtsrat), die ihnen (gesetzlich) angetragenen Aufgaben mit größtem Einsatz zu erfüllen sowie sich stets am Gesellschaftszweck auszurichten. Schließlich fordert die mehrheitsbezogene Treupflicht von dem Mehrheitsgesellschafter, seine Macht nicht zulasten der übrigen Gesellschafter zu missbrauchen, sondern vielmehr die Interessen der Mitgesellschafter sogar angemessen zu würdigen. Vgl. *Wiedemann* (1991), S. 950; *Weber* (1999), S. 53 ff.; *Janke* (2003), S. 31 f., 55 ff.

163 Vgl. *Schilling* (1972), S. 226; *Lutter* (1976), S. 226; *Lutter* (1980), S. 102 ff.; *Henze* (1990), S. 141 ff.; *Hüffer* (1990), S. 62 f.; *Kort* (1990), S. 294 ff; *Marsch-Barner* (1993), S. 172 f.; *Henze* (1996), S. 489 ff.; *Zöllner* (1998), S. 235 ff.; *Schmidt* (2002), S. 799 ff. Kritisch hierzu vgl. *Martens* (1990), S. 251 ff., der vor einer undifferenzierten Übertragung der Treupflicht auf das Aktienrecht warnt und die Treupflicht pointiert „als rechtspolitische Allzweckwaffe" bezeichnet, die „mehr oder weniger beliebige Ergebnisse" produziere. (Zitat auf S. 266).

164 Vgl. *Lutter* (1980), S. 105 ff.; *Wiedemann* (1991), S. 950 f.; *Henze* (1996), S. 490; *Schmidt* (2002), S. 592.

165 Vgl. *Fechner* (1942), S. 52 f., 83 ff.; *Mestmäcker* (1958), S. 350 f.; *Zöllner* (1963), S. 350; *Immenga* (1970), S. 271; *Lutter* (1989), S. 452. *Hueck* (1947), S. 14 f.; *Hueck* (1968), § 1 Rn. 3, Vorbemerkung zu § 54 Rn. 11, verneinte gar die grundsätzliche Existenz einer Treupflicht im Aktienrecht.

166 Vgl. *BGH*, Urteil vom 1.2.1988 – II ZR 75/87, S. 595.

167 Vgl. *Lutter* (1976), S. 225 ff.; *Wiedemann* (1980a), S. 95, 431 ff.; *Zöllner* (1984), Rn. 160.

168 Vgl. *BGH*, Urteil vom 20.3.1995 – II ZR 205/94, S. 1064.

169 Vgl. *Henze* (1991), S. 151 f.; *Werner* (1993), S. 419 ff.; *Bungert* (1995), S. 1750, 1756, der von einem „hochentwickelte[n] Geflecht über Kreuz bestehender Treupflichten in der Gesellschaft" spricht; *Hennrichs* (1995), S. 255 ff.; *Henze* (1996), S. 490; *Henze* (1998), S. 191 f.; *Schmidt* (2002), S. 801. Für eine einzelfallabhängige Treubindung der Kleinaktionäre vgl. *Dreher* (1993), S. 156 ff.

Wie in anderen Mitgliedschaftsverhältnissen wird die Treubindung auch im Aktienrecht durch Handlungs- und Unterlassungspflichten einerseits und durch die Schrankenfunktion andererseits determiniert.[170]

Zu den aktiven Handlungspflichten bzw. aktiven Förderpflichten eines Aktionärs zählt zuallererst die Leistung seiner Einlage.[171] Weiters kann noch in (sehr) vereinzelten Fällen die Pflicht zur positiven Stimmabgabe bestehen.[172] Für die Qualifizierung als positive Stimmpflicht wird jedoch vorausgesetzt, dass ein übergeordnetes Verbandsinteresse die Handlung notwendig macht und diese dem Aktionär zugemutet werden kann.[173]

In allen anderen Fällen dominiert im Aktienrecht die Unterlassungspflicht des Aktionärs, wonach er all jene Handlungen zu unterlassen hat, die den Gesellschaftszweck verletzen.[174]

Unter die Schrankenfunktion der Treubindung werden die Verpflichtung des Aktionärs sowohl zur Loyalität gegenüber der AG als auch zur Berücksichtigung der mit der Mitgliedschaft verbundenen Interessen der übrigen Aktionäre subsumiert:[175] Bei der Wahrnehmung *uneigennütziger* Aktionärsrechte hat sich der Gesellschafter an dem Verbandszweck zu orientieren; die Verfolgung eigener Interessen darf hierbei nur insoweit eine Rolle spielen, als dass sie sich nicht gegen den Gesellschaftszweck richtet.[176] Sofern der Aktionär *eigennützige* Rechte wahrnimmt, muss er zwar grundsätzlich nicht die eigenen Belange hinter die der Gesellschaft einordnen; er darf allerdings auch nicht *willkürlich* gegen die Verbandsinteressen verstoßen.[177] Verfolgt der Aktionär mit der Ausübung seines Mitgliedschaftsrechts eigene Interessen, ist er grundsätzlich zur Rücksichtnahme auf die Belange seiner Mitgesellschafter verpflichtet. Eine Beeinträchtigung der Interessen der Mitgesellschafter darf nur dann stattfinden, wenn der Eingriff auch wirklich erforderlich ist, das heißt der Verwirklichung des Verbands-

---

170 Vgl. *Kort* (1990), S. 295; *Henze* (1996), S. 493.

171 Vgl. Kapitel II.1.2.4.3.1.

172 Hierunter fällt z. B. die Zustimmungspflicht bei der Übertragung vinkulierter Namensaktien gemäß § 68 Abs. 2 AktG sowie bei Sanierungsvorhaben. Vgl. *Lutter* (1989), S. 467 f.; *Schmidt* (2002), S. 616.

173 Vgl. *Henze* (1996), S. 493.

174 Vgl. *Kort* (1990), S. 296; *Henze* (1996), S. 493.

175 Vgl. *BGH*, Urteil vom 1.2.1988 – II ZR 75/87.

176 Vgl. *Lutter* (1980), S. 110 ff.

177 Vgl. *Henze* (1996), S. 494, m. w. N.

zwecks dient, mit den schonendsten Mitteln erfolgt und darüber hinaus der Grundsatz der Verhältnismäßigkeit gewahrt bleibt.[178]

Kann einem Anteilseigner die Verletzung der Treupflicht nachgewiesen werden, ist er dem oder den Geschädigten zu Schadensersatz verpflichtet.[179]

Im Zusammenhang mit der inzwischen auch auf das Aktionärsverhältnis ausgedehnten Treupflicht stellt sich unweigerlich und insbesondere die Frage, ob der Mehrheitsaktionär, der für den Squeeze-out der Minderheitsaktionäre bekanntlich den (pro forma) Hauptversammlungsbeschluss mit einfacher Mehrheit benötigt, seine aus dem Grundsatz von Treu und Glauben abgeleiteten Pflichten gegenüber der betroffenen Aktionärsminderheit verletzt. Bei der Klärung dieses Sachverhalts kommen insbesondere die materielle Beschlusskontrolle und die Rechtsmissbrauchskontrolle zum Einsatz. Des Weiteren kommt dem mitgliedschaftsrechtlichen Gleichbehandlungsgrundsatz neben der Treupflicht eine hervorgehobene Rolle bei der materiellen, das heißt inhaltlichen Bewertung des von dem Hauptaktionär auf der Hauptversammlung beschlossenen Squeeze-out zu.[180]

### II.1.2.4.4. Materielle Beschlusskontrolle

Die materielle Beschlusskontrolle, auch inhaltliche Sachkontrolle genannt, schärft ihren Blick auf den einer Mehrheitsentscheidung zugrunde liegenden sachlichen Grund, der in Bezug auf das Gesellschaftsinteresse und im Hinblick auf die mit dem Beschlussergebnis verbundenen Nachteile der Aktionärsminderheit verhältnismäßig sein muss.[181] Dem herrschenden juristischen Schrifttum zufolge[182] fungiert die Treupflicht

178 Vgl. *Zöllner* (1963), S. 318 ff.; *Lutter* (1981), S. 173; *Zöllner* (1984), Rn. 55.

179 Vgl. u. a. *Schmidt* (2002), S. 595; *BGH*, Urteil vom 5.6.1975 – II ZR 23/74, S. 1450 f. Die *Infineon Technologies AG* beabsichtigte, die Treu- und Schadensersatzpflicht der Aktionäre ausdrücklich in ihrer Satzung zu verankern. Vgl. *o. V.* (2004d), S. 16. Dabei handelt es sich allerdings um eine lupenreine Redundanz, da die Verletzung der Treupflicht ohnehin eine Schadensersatzverpflichtung auslöst. Vielmehr kann die inzwischen verworfene Umsetzung als psychologische Abschreckung vor etwaigen Klagen gegen die Gesellschaft bzw. die Geschäftsleitung interpretiert werden.

180 Das Verhältnis von Gleichbehandlungsgebot und Treupflicht ist in der Literatur nicht abschließend geklärt. Beide haben, der herrschenden Literaturmeinung folgend, rechtsgeschäftlichen Ursprung und sind in ihrer Funktionalität miteinander vergleichbar. Vgl. *Hüffer* (2002), § 53 a Rn. 2, m. w. N. Die Rechtsprechung sieht in der Treupflicht gar die Quelle des Gleichbehandlungsgebots. Vgl. *OLG Stuttgart*, Urteil vom 12.5.1999 – 20 U 62/98, S. 230.

181 Vgl. *Lutter/Drygala* (1997), S. 216; *Krieger* (2000), S. 887 f.; *Hüffer* (2001), § 243 Rn. 47 f.

182 Vgl. ausführlich dazu *Wiedemann* (1980a), S. 431-453, sowie *Wiedemann* (1991), S. 960-964; *Lutter* (1980), S. 124; *Timm* (1987), S. 408 f.

als rechtsdogmatische Grundlage für die inhaltliche bzw. sachliche Überprüfung von auf Hauptversammlungen getroffenen Beschlüssen.[183]

Bei Gesellschaftsformen, die, wie die AG,[184] der mehrheitsprinzipiellen Beschlussfassung unterliegen, können sich auf Dauer angelegte Mehrheitsstrukturen verfestigen, die dazu führen, dass einmal etablierte Majoritäten der Gesellschaft dauerhaft ihren „Stempel" im Hinblick auf Geschäftsführungsangelegenheiten sowie Struktur- und Grundlagenentscheidungen aufdrücken.[185] Die auch dem AktG nicht anders zu entnehmende Formel, wonach eine formale Mehrheit gleichsam eine materiell und somit inhaltlich richtige Mehrheit sei,[186] fand zunächst ungeprüft Eingang in die Rechtsprechung.[187] Inzwischen übersieht aber weder die Rechtsprechung noch die herrschende Literaturmeinung die Gefahr, mit der verfestigte Mehrheitsstrukturen dazu genutzt werden, individuelle Interessen zulasten des Gesellschaftsinteresses einerseits und der Mitaktionäre andererseits zu verfolgen. Diese Erkenntnis führte schließlich sowohl in der Literatur[188] als auch in der Rechtsprechung zu einer grundsätzlichen, allerdings nicht uneingeschränkten Anerkennung der inhaltlichen Sachkontrolle von Mehrheitsbeschlüssen; da die Gerichtsbarkeit nur in konkreten Fallkonstellationen tätig wird und urteilt, bestätigte der *BGH* die materielle Beschlusskontrolle bis dato nur in Fällen des Bezugsrechtsausschlusses,[189] der Stimmrechtsbeschränkung[190] sowie der Befreiung von einem Wettbewerbsverbot.[191]

---

183 Diese in der Rechtsprechung lange Zeit bestrittene Auffassung (*BGH*, Urteil vom 27.10.1955 – II ZR 310/53, S. 365) wurde erst mit dem *Linotype*-Urteil des *BGH* judikativ etabliert. Vgl. *BGH*, Urteil vom 1.2.1988 – II ZR 75/87, S. 594 f.

184 Die Willensbildung in Verbänden erfolgt entweder nach dem Grundsatz der Einstimmigkeit oder dem Mehrheitsprinzip. In AG, wie im Übrigen in allen Körperschaften, orientiert sich die Beschlussfassung der Mitglieder gemäß § 133 Abs. 1 AktG an dem Mehrheitsprinzip. Vgl. *Schmidt* (2002), S. 451.

185 Vgl. *Wiedemann* (1980a), S. 408 f.; *Hüffer* (1984), § 243 Rn. 40 ff.

186 Vgl. *Schmidt* (2002), S. 436 f., 461.

187 Vgl. *RG*, Urteil vom 8.4.1908 – I 595/07, S. 246: „Dies [die schrankenlose Mehrheitsherrschaft] ist eine unabwendbare Folge des im Gesetze zur Anerkennung gelangten Grundsatzes, daß die Mehrheit des Aktienbesitzes über die Verwaltung der Gesellschaft und darüber entscheidet, was im Interesse der Gesellschaft und ihrer Aktionäre zu tun und zu lassen ist. Mit dieser Tatsache muß sich jeder abgefunden haben, der Aktien erwirbt." [Einfügung durch den Verfasser] Im Laufe der Zeit änderte das *RG* seine Meinung über den Minderheitsschutz kontinuierlich. Den Höhepunkt (zugunsten des Minderheitenschutzes) markiert dabei dessen Urteil vom 31.3.1931 – II 222/30, S. 163.

188 Stellvertretend für die Literaturmeinung vgl. statt vieler *Lutter* (1979), S. 401 ff.; *Lutter* (1980), S. 123; *Wiedemann* (1980b), S. 156; *Schmidt* (1995), § 243 Rn. 45.

189 Vgl. *BGH*, Urteil vom 13.3.1978 – II ZR 142/76, S. 975; *BGH*, Urteil vom 19.4.1982 – II ZR 55/81, S. 1313 f.; *BGH*, Urteil vom 7.3.1994 – II ZR 52/93, S. 246-251; *BGH*, Urteil vom 23.6.1997 – II ZR 132/93, S. 1762.

Ist sich die Literaturmeinung über den Aktionsradius der materiellen Beschlusskontrolle nach wie vor uneins,[192] besteht über die einzusetzenden Kontrollmaßstäbe, sofern es denn zu einer sachlichen Überprüfung kommt, weitestgehend Einigkeit.[193] Die dabei zur Anwendung gelangenden Kriterien sind mit dem öffentlich-rechtlichen Kontrollmaßstab des Übermaßverbots[194] bei Ermessensentscheidungen vergleichbar;[195] das Übermaßverbot zieht seine verfassungsrechtliche Legitimation aus dem Rechtsstaatsprinzip sowie aus den Grundrechten und gilt grundsätzlich für jede staatliche Maßnahme.[196]

Ein Mehrheitsentscheid ist sachlich nicht zu rechtfertigen, wenn er in die Mitgliedschaftsrechte der Aktionärsminderheit eingreift und sich gleichzeitig nicht mit Argumenten des Gesellschaftsinteresses vereinbaren lässt und somit, aus Sicht des Gesellschaftsinteresses, nicht *erforderlich* ist. Der Eingriff muss demzufolge dem Prinzip des schonendsten Mittels genügen; aus einer Menge das gleiche Ziel erreichender Maßnahmen ist dabei diejenige zu wählen, welche die Mitgliedschaftsrechte der Minderheit am geringsten berührt.

---

190 Vgl. *BGH*, Urteil vom 19.12.1977 – II ZR 136/76, S. 244 f.

191 Vgl. *BGH*, Urteil vom 16.2.1981 – II ZR 168/79, S. 74. Für die eine Kapitalherabsetzung und übertragende Auflösung legitimierenden Mehrheitsentscheidungen verneinte der *BGH* dahingegen grundsätzlich die Einschlägigkeit der materiellen Beschlusskontrolle. Vgl. *BGH*, Urteil vom 1.2.1988 – II ZR 75/87, S. 594; *BGH*, Urteil vom 9.2.1998 – II ZR 278/96, S. 918 f. Für eine Gesamtschau der Kernaussagen der zitierten sowie weiterer Urteile vgl. *Hamann* (2003), S. 69-95.

192 Siehe unten.

193 Vgl. *Lutter* (1979), S. 404; *Wiedemann* (1980a), S. 435; *Hüffer* (1984), § 243 Rn. 51; *Zöllner* (1984), Rn. 55; *Timm* (1987), S. 409 f. So auch explizit *BGH*, Urteil vom 13.3.1978 – II ZR 142/76, S. 975. Ebenso, allerdings in zum Teil etwas abgeänderter Form, sieht dies die höchste Gerichtsbarkeit in weiteren Fällen. Vgl. dazu die in FN 189-191 genannten Gerichtsurteile.

194 In diesem Kontext ist auch von Verhältnismäßigkeitsprinzip die Rede. Vgl. z. B. *Arndt/Rudolf* (2000), S. 39; *Tipke/Lang* (2002), S. 117.

195 Vgl. *Zöllner* (1976), § 243 Rn. 202; *Timm* (1987), S. 410. Gegen das öffentlich-rechtliche Übermaßverbot verstößt eine staatliche Maßnahme dann nicht, wenn sie *geeignet* ist, den angestrebten Zweck zu erreichen; zudem muss sie *erforderlich* sein, das heißt von mehreren geeigneten Mitteln ist das zu wählen, das den Betroffenen am wenigsten belastet; schließlich muss die erforderliche Maßnahme zumutbar (*verhältnismäßig im engeren Sinne*) sein, indem der Verhältnismäßigkeitsgrundsatz gewahrt wird. Zum Übermaßverbot vgl. *Arndt/Rudolf* (2000), S. 39-44. Zum Verhältnismäßigkeitsgrundsatz aus verfassungsrechtlicher Sicht sowie zum Verhältnis zwischen Aktien- und Verfassungsrecht vgl. *von Falkenhausen* (1967), S. 121.

196 Vgl. dazu u. a. *Arndt/Rudolf* (2000), S. 39 f.; *Tipke/Lang* (2002), S. 117.

Weiterhin beachtlich für die materielle Beschlusskontrolle ist der Grundsatz der *Verhältnismäßigkeit*:[197] Kann dem mehrheitlich beschlossenen Sachverhalt *Unverhältnismäßigkeit* von Mittel und Zweck nachgewiesen werden, wird ebenfalls von einer nicht zu legitimierenden Ausnutzung der Mehrheitsmacht ausgegangen. Im Rahmen der Verhältnismäßigkeitsbeurteilung werden die an der Maßnahme bestehenden Interessen der Betroffenen gegenübergestellt und abgewogen; hierbei kommen den Interessen der den Beschluss herbeiführenden Mehrheit und der tangierten Minderheit entscheidende Bedeutung zu. Unverhältnismäßig ist ein Eingriff dann, wenn seine Auswirkungen in einem krassen Missverhältnis zu dem angestrebten Erfolg stehen und somit das Übermaßverbot verletzen.

Während die Rechtsprechung in den oben bereits genannten Sachverhalten die Gültigkeit der materiellen Beschlusskontrolle einfordert, ist sich die Literaturmeinung über den Geltungsbereich indes (noch) nicht einig.

Die beiden Extrempositionen betreffend die Beurteilung der Notwendigkeit, Mehrheitsentscheidungen einer inhaltlichen Sachkontrolle zu unterziehen, werden auf der einen Seite von *Wiedemann*[198] und auf der anderen Seite von *Mülbert*[199] markiert. Zwischen den Eckpositionen existieren weitere, differenzierende Ansätze, die einer materiellen Beschlusskontrolle weder kategorisch abgeneigt sind noch eine für sämtliche Mehrheitsentscheidungen geltende Inhaltskontrolle fordern.[200]

Nach *Wiedemann* sind sämtliche Mehrheitsbeschlüsse, die einen Eingriff in die Mitgliedschaftsrechte der übrigen Aktionäre zur Folge haben können, einer materiellen Kontrolle zu unterziehen.[201] Er differenziert hier zwischen *zweckgebundenen* und *zweckneutralen* bzw. *zweckändernden* Mehrheitsbeschlüssen.

Zweckgebundene Entscheidungen (hierzu zählen insbesondere Beschlüsse, die den Gesellschaftszweck konkretisieren, wie z. B. Strukturmaßnahmen) unterliegen zunächst der Kontrolle durch den Verbandszweck, das heißt sie müssen objektiv geeignet

---

[197] In Anlehnung an die aus dem öffentlichen Recht bekannte Verhältnismäßigkeitsprüfung (Übermaßverbot) ist hierunter die Verhältnismäßigkeit im engeren Sinne zu verstehen. Vgl. dazu FN 195.

[198] Vgl. *Wiedemann* (1980b), S. 157 ff.; *Wiedemann* (1980a), S. 435; *Wiedemann* (1991), S. 965.

[199] Vgl. *Mülbert* (1996), S. 303 ff.

[200] Besonders hervorgetan haben sich hier *Lutter* (1981), S. 176 ff., und *Schmidt* (1995), § 243 Rn. 46 f.

[201] Vgl. *Wiedemann* (1980b), S. 157; *Wiedemann* (1980a), S. 445 f.; *Wiedemann* (1991), S. 963. Nach *Martens* korreliert die Intensität der Sachkontrolle anhand der Kriterien Erforderlichkeit und Verhältnismäßigkeit mit der Schwere des Eingriffs in die Mitgliedschaftsrechte der Minderheit. Vgl. *Martens* (1979), S. 445.

sein, den Gesellschaftszweck zu fördern. Ist dieses Erfordernis erfüllt und wird durch diese Maßnahme bzw. Entscheidung die Aktionärsminderheit belastet, so hat eine gegenseitige Interessenabwägung zwischen Verbandsinteresse auf der einen und dem Minderheitsaktionärsinteresse auf der anderen Seite stattzufinden; der Mehrheitsgesellschafter ist angehalten, das schonendste unter allen verfügbaren, das gleiche Ziel verwirklichenden Mitteln zu wählen.[202]

Im Gegensatz zu den zweckgebundenen Beschlüssen unterliegen die zweckneutralen bzw. zweckändernden Entscheidungen und Maßnahmen (hierzu gehören insbesondere Beschlüsse über die Gesellschaftsauflösung oder jene, die das Verhältnis der Mitglieder untereinander verändern, wie z. B. der Gesellschafterausschluss) einer Beurteilung nach den grundlegenden Rechtsprinzipien Erforderlichkeit, Verhältnismäßigkeit sowie dem Gebot der Gleichbehandlung.[203] *Zöllner* fordert explizit und konsequenterweise eine materielle Beschlusskontrolle, ebenfalls anhand der Kriterien Erforderlichkeit und Verhältnismäßigkeit, für Mehrheitsentscheidungen, deren Umsetzung zu einem Entzug der Mitgliedschaftsrechte der Minderheitsaktionäre führt.[204]

Die diametral entgegengesetzte Position betreffend den Geltungsbereich einer inhaltlichen Sachkontrolle von Mehrheitsbeschlüssen vertritt *Mülbert:*[205] Er lehnt für sämtliche Mehrheitsentscheidungen eine materielle Beschlusskontrolle anhand der Erforderlichkeits- und Verhältnismäßigkeitskriterien ab. *Mülbert* begründet seine Haltung mit der grundsätzlichen Ausrichtung des AktG von 1965: Seiner Ansicht nach betrachte das heutige AktG den Kleinanleger als ein lediglich an Vermögensinteressen orientiertes Wirtschaftssubjekt.[206] Diese Denaturierung des Minderheitsaktionärs zum Wertpapiersparer leitet der Autor aus den §§ 243 Abs. 2 Satz 2, 255 Abs. 2 AktG sowie den umwandlungsrechtlichen Ausgleichs- und Abfindungsregeln ab, aus denen ein grundsätzliches Prinzip deduziert werden könne, wonach bei entsprechender Geldkompensation für entzogene bzw. beeinträchtigte Mitgliedschaftsrechte eine materielle Beschlusskontrolle nur noch in seltenen Ausnahmefällen Platz greife.[207] Sofern nun den

---

202 Vgl. *Wiedemann* (1980a), S. 434 f.

203 Vgl. *Wiedemann* (1980a), S. 435.

204 Vgl. *Zöllner* (1984), Rn. 55.

205 Vgl. *Mülbert* (1996), S. 303 ff.

206 Zur Begründung der rein auf Vermögensinteressen basierenden Konzeption des AktG von 1965 vgl. *Mülbert* (1996), S. 97 ff. So gibt er zu verstehen, dass „[...] für den normtypischen Kleinaktionär die Vermögensrechte ganz im Vordergrund stehen und die Herrschafts- bzw. Mitverwaltungsrechte für ihn einen unselbständigen Annex dieser Vermögensrechte bilden." *Mülbert* (1996), S. 302.

207 Vgl. *Mülbert* (1996), S. 97 ff., 259 ff.

in ihren Mitgliedschaftsrechten verletzten Minderheitsaktionären vermögensrechtliche Abfindungs- bzw. Ausgleichszahlungen gewährt würden, müssen die Betroffenen, so die Argumentation, ohne den Schutz einer inhaltlichen Sachkontrolle Eingriffe in ihre verbandsrechtliche Position hinnehmen. Demzufolge habe sich eine Mehrheitsentscheidung lediglich an den Gesellschaftsinteressen auszurichten und unterliege „nur" einer Rechtsmissbrauchskontrolle.[208]

Zwischen diesen beiden Positionen von *Wiedemann* und *Mülbert* existieren in der Literatur weitere, differenzierende Ansätze, die allesamt positivistisch Bereichsausnahmen konstituieren, in denen von einer inhaltlichen Kontrolle des Mehrheitsentscheids Abstand genommen wird.[209] Besondere Erwähnung und Hervorhebung sei an dieser Stelle dem Zwei-Stufen-Modell von *Lutter* gewidmet, das der *Kali-und-Salz-*Entscheidung des *BGH* entlehnt ist:[210] Auf einer *ersten Stufe* sind, so *Lutter*, alle Mehrheitsentscheidungen nach den Kriterien Ermessensüberschreitungen (Missbrauch) und Gleichbehandlung einer Kontrolle zu unterziehen.[211] Im nächsten Schritt, auf der *zweiten Stufe*, sollen alle die Minderheitsaktionäre belastenden Mehrheitsbeschlüsse unter den Gesichtspunkten Erforderlichkeit, Eignung und geringste Last überprüft werden. Abgesehen wird von einer materiellen Beschlusskontrolle allerdings dann, wenn das Gesetz die Abwägung der gegenläufigen beteiligten Interessen bereits selber vorgenommen hat oder aber den Mehrheitsaktionär allgemein von einem Begründungszwang freigestellt hat.[212]

Neben der Zwei-Stufen-Theorie hebt *Lutter* drei Bereichsausnahmen explizit hervor:

Ausdrücklich ausgenommen von einer Inhaltskontrolle sind demnach Beschlüsse, für deren Zustandekommen das Gesetz eine sehr hohe Beschlussmehrheit fordere.[213] Wei-

---

[208] Vgl. *Mülbert* (1996), S. 324 ff., 344 f. Diese Extremposition blieb in der Literatur nicht unkommentiert. Die bloße Möglichkeit der Mehrheit, Hauptversammlungsbeschlüsse grundsätzlich „nur" an dem Verbandsinteresse zu messen und einer Rechtsmissbrauchskontrolle zu unterziehen, käme einem allgemeinen Kündigungsrecht ohne wichtigen Grund sehr nahe. Vgl. *Hamann* (2003), S. 107, m. w. N.

[209] Vgl. *Lutter* (1981), S. 171 ff.; *Hirte* (1986), S. 138 ff.; *Timm* (1987), S. 403 ff.; *Schmidt* (1995), § 243 Rn. 46 f. Eine Nachzeichnung aller Beschlusskontrollkonzepte kann an dieser Stelle nicht erfolgen. Für eine Übersicht vgl. *Timm* (1987), S. 410 ff.; *Mülbert* (1996), S. 306 ff.; *Hamann* (2003), S. 101 ff.

[210] Vgl. *Lutter* (1981), S. 178; *BGH*, Urteil vom 13.3.1978 – II ZR 142/76.

[211] Zur Rechtsmissbrauchskontrolle vgl. Kapitel II.1.2.4.5.

[212] So auch *Schmidt* (1995), § 243 Rn. 46. *Schmidt* (2002), S. 460 f., weist an anderer Stelle im Übrigen darauf hin, dass schon deshalb nicht jede Mehrheitsentscheidung einer inhaltlichen (sachlichen) Kontrolle durch die Gerichte unterzogen werden dürfe, weil nicht der Wille des Richters „an die Stelle des Mitgliederwillens" gesetzt werden kann.

[213] *Lutter* (1981), S. 177, bezieht sich auf eine 90%ige Mehrheit.

terhin nicht einer inhaltlichen Beschlusskontrolle zu unterziehen seien zweckändernde bzw. zweckneutrale Mehrheitsentscheidungen insbesondere dann, wenn deren Zulassung bereits im Gesetz geregelt werde.[214] Schließlich sei eine materielle Beschlusskontrolle dann entbehrlich, wenn Eingriffe in die Mitgliedschaftsrechte der Minderheitsaktionäre durch angemessene Ausgleichs- bzw. Abfindungsregelungen kompensiert würden.[215]

Zwar haben sich in der Literatur, anknüpfend an *Lutter*, diverse Konzepte materieller Beschlusskontrollen *mit Bereichsausnahmen* herausgebildet, die im Wesentlichen der Kritik an dem allgemein alle Mehrheitsbeschlüsse umfassenden Kontrollkonzept von *Wiedemann* entsprungen sind. Der Forderung *Wiedemanns* nach einer alle Mehrheitsentscheidungen umfassenden Beschlusskontrolle wird entgegengehalten, dass zweckneutrale bzw. zweckändernde Mehrheitsvoten gar nicht an dem Kriterium der Erforderlichkeit messbar seien, da sie, wie im Falle des Auflösungsbeschlusses, einerseits alternativlos sind und andererseits nie mit dem Verbandszweck in Einklang stehen können.[216] Während diesem Einwand noch zugestimmt werden kann, erscheint die Unmöglichkeit einer Verhältnismäßigkeitsbeurteilung zweckneutraler bzw. zweckändernder Beschlüsse nicht wasserdicht: So ist entgegen der Auffassung von *Lutter*[217] auch ein zweckneutraler bzw. zweckändernder Mehrheitsbeschluss einer Verhältnismäßigkeitsbeurteilung zugänglich. In diesem Falle sind dann die Interessen der Mehrheitsaktionäre an der Umsetzung der beschlossenen Maßnahme den hierdurch tangierten Interessen der betroffenen Minderheitsaktionäre gegenüberzustellen. Stehen die beiden Interessen in einem inakzeptablen Missverhältnis zueinander, muss die Durchführung der per Mehrheitsentscheid beschlossenen Maßnahme abgelehnt werden.

Auch mit dem Argument einer bereits im Gesetz vorweggenommenen Legitimation und Abwägung der beteiligten Interessen kann die materielle Beschlusskontrolle von Mehrheitsentscheidungen nicht ohne weiteres ad absurdum geführt werden. *Wiedemann* gibt zurecht zu bedenken, dass ein Beschluss, der aufgrund eines gesetzlich legitimierten qualifizierten Mehrheitserfordernisses zustande gekommen ist, noch lange

[214] Bei zweckneutralen Mehrheitsbeschlüssen sei eine am Verbandszweck orientierte Überprüfung erst überhaupt nicht möglich, während zweckändernde Mehrheitsentscheidungen per se nicht mit dem Unternehmenszweck im Einklang stehen könnten. Vgl. *Lutter* (1981), S. 177.

[215] Vgl. *Lutter* (1981), S. 177.

[216] Vgl. *Lutter* (1981), S. 179.

[217] Vgl. *Lutter* (1981), S. 179; so auch *Hamann* (2003), S. 104.

nicht eine Richtigkeitsgewähr im Sinne des Verhältnismäßigkeitsgrundsatzes erfährt.[218]

Weiterhin vermag auch das Abstellen auf potenzielle Ausgleichs- und Abfindungszahlungen als „Blankoscheck" für die Abwehr materieller Beschlusskontrollen nicht zu überzeugen. Die Zahlung einer Abfindung oder eines Ausgleichs setzt vielmehr stets einen rechtmäßigen Beschluss erst voraus, das heißt eine sowohl dem Erforderlichkeits- als auch dem Verhältnismäßigkeitsgrundsatz entsprechende Entscheidung.[219]

Die Frage, ob ein Squeeze-out-Beschluss einer materiellen Rechtmäßigkeitskontrolle zu unterziehen ist, wurde kürzlich unter zum Teil expliziter Anwendung der Zwei-Stufen-Theorie von *Lutter* verneint.[220] Begründet wurde die Ablehnung einer Inhaltskontrolle zunächst mit der vorweggenommenen legislativen Abwägung und Legitimation des Zwangsausschlusses in §§ 327 a ff. AktG.[221] Ein weiteres Argument für die Ablehnung einer Sachkontrolle von Squeeze-out-Beschlüssen liege in der Unmöglichkeit einer Kontrolle zweckneutraler Beschlüsse nach den Kriterien Erforderlichkeit und Verhältnismäßigkeit.[222] Schließlich gewährleisten, so die eine Squeeze-out-Beschlusskontrolle ablehnende Fraktion, die in §§ 327 a ff. AktG normierten Minderheitsschutzbestimmungen, wie die Informationspflichten gemäß § 327 c AktG, die Abfindungsregelungen gemäß § 327 a Abs. 1 Satz 1 i. V. m. § 327 b Abs. 1 Satz 1 AktG, die mögliche richterliche Überprüfung im Spruchstellenverfahren gemäß § 327 f AktG i. V. m. SpruchG sowie die gemäß § 327 a Abs. 1 AktG vorgeschriebene 95%ige Kapitalbeteiligung, einen umfassenden Schutz gegenüber dem erzwungenen Verlust der Mitgliedschaftsrechte.[223]

Der ausdrücklichen Legitimation des Squeeze-out durch den Gesetzgeber und der damit verbundenen spezialgesetzlichen Dominanz gegenüber allgemeinen Generalklauseln wie der Treupflicht kann und will an dieser Stelle nicht widersprochen werden.

---

218 Nach *Wiedemann* (1991), S. 961: „Eine qualifizierte Beschlußmehrheit erhöht die Richtigkeitschance, verbürgt sie indes nicht." Vgl. auch *Wiedemann* (1999), S. 870.

219 Vgl. *Wiedemann* (1991), S. 962.

220 Vgl. *Bolte* (2001), S. 2588 f.; *Fleischer* (2002a), S. 784 f.; *Grunewald* (2002), S. 21; *Krieger* (2002), S. 55; *Sieger/Hasselbach* (2002), S. 143; *Vetter* (2002), S. 186; *Hamann* (2003), S. 161 ff.; *Hasselbach* (2003), § 327 a Rn. 49.

221 So führt *Fleischer* (2002a), S. 784, aus, dass „[...] der Gesetzgeber ebendiesen Freibrief in Form der §§ 327 a ff AktG nunmehr ausgestellt hat und sich dessen spezialgesetzliche Wertung gegen eine generalklauselartige Beschlusskontrolle durchsetzt." Vgl. zu diesem Argument auch die anderen in FN 220 genannten Autoren. Vgl. hierzu auch jüngst *LG Stuttgart*, Urteil vom 29.9.2004 – 39 O 49/03 KfH, S. 328.

222 So etwa bei *Bolte* (2001), S. 2588, und *Hamann* (2003), S. 163.

223 Vgl. *Hamann* (2003), S. 162 f.

Allerdings muss die Auffassung derer, die durch die bloße gesetzgeberische Kodifizierung des Squeeze-out reflexartig auf eine bereits sorgsam durchgeführte Abwägung der beteiligten Interessen schließen,[224] entschieden zurückgewiesen werden. Zwar sind die vereinzelt in den §§ 327 a ff. AktG geregelten Minderheitsschutzvorkehrungen als Indiz für eine erfolgte gesetzgeberische Abwägung zu bewerten; die Suche nach einer transparenten und nachvollziehbaren gesetzgeberisch bzw. rechtspolitisch motivierten, ausgewogenen sozialökonomischen Analyse des Squeeze-out muss der interessierte Beobachter allerdings erfolglos beenden.

Zweifellos repräsentiert der Squeeze-out-Beschluss einen zweckneutralen Mehrheitsentscheid und entzieht sich somit im Rahmen des Erforderlichkeitsgrundsatzes dem Kontrollmaßstab des Verbandszwecks.[225] Warum allerdings, wie geschlussfolgert,[226] eine dem Verhältnismäßigkeitsprinzip folgende Abwägung der an dem Squeeze-out-Beschluss beteiligten Interessen nicht erfolgen kann, bleibt unklar. So ist nach wie vor die Interessenabwägung der beteiligten Gruppen, namentlich der Mehrheits- und Minderheitsaktionäre, möglich.

Ob schließlich die mit dem Ausschlussrecht des §§ 327 a ff. AktG eingeführten Minderheitsschutzrechte Ausfluss einer gründlichen Interessenabwägung des Gesetzgebers sind, kann zunächst nur als erster Anhalts- und Ausgangspunkt einer fundierten Analyse gewertet werden und verharrt bis dahin als toter Buchstabe.[227]

Trotz der hier angeführten und angebrachten Kritik an der *pauschalen Ablehnung* einer materiellen Squeeze-out-Beschlusskontrolle darf allerdings auch nicht außer Acht gelassen werden, dass jüngst sowohl das *OLG Köln* als auch das *OLG Düsseldorf* die sachliche Rechtfertigungspflicht bei Squeeze-outs gemäß §§ 327 a ff. AktG ausdrücklich verneinten;[228] eine Sichtweise, die der *BGH* in seiner *Linotype*-Entscheidung, in der es um eine – dem Squeeze-out ähnliche[229] – übertragende Auflösung ging, ebenfalls bereits judikativ zementierte.[230]

---

[224] Vgl. hierzu *Sieger/Hasselbach* (2002), S. 143; *Hasselbach* (2003), § 327 a Rn. 49.

[225] So auch *Hamann* (2003), S. 163.

[226] Vgl. *Bolte* (2001), S. 2588; *Hamann* (2003), S. 162.

[227] Vgl. Kapitel IV und V.

[228] Vgl. *OLG Köln*, Beschluss vom 6.10.2003 – 18 W 35/03, S. 2309; *OLG Düsseldorf*, Beschluss vom 16.1.2004 – I-16 W 63/03, S. 590 f.

[229] Vgl. u. a. *Fleischer* (2002a), S. 764.

[230] Vgl. *BGH*, Urteil vom 1.2.1988 – II ZR 75/87, S. 593 f.

Festzuhalten ist an dieser Stelle zunächst nur, dass die in weiten Teilen der juristischen Literatur verhaftete Überzeugung, dass der Squeeze-out-Beschluss nicht einer materiellen Beschlusskontrolle zu unterziehen ist, zumindest solange nicht gehalten werden kann, bis eine transparente abschließende Abwägung der beteiligten Interessen zu einem bestätigenden Ergebnis gekommen ist.

### II.1.2.4.5. Rechtsmissbrauchskontrolle

Eine Beschlussungültigkeit wegen Rechtsmissbrauchs kommt im Allgemeinen bei einer Zweckentfremdung des eingeschlagenen Hauptversammlungsbeschlusses durch die Mehrheit in Betracht. Da die Minderheitsaktionäre der grundsätzlichen Gefahr ausgesetzt sind, dass der Mehrheitsaktionär ein durch das Gesetz nicht ausdrücklich legitimiertes und sie selbst benachteiligendes Ziel verfolgt und dieses unter dem Schleier eines zulässigen Hauptversammlungsbeschlusses verhüllt, bedarf es einer Kontrolle jener potenziellen Umgehungsgefahr.[231] So liegt ein Rechtsmissbrauch stets dann vor, wenn sich der von dem Gesetz intendierte Zweck der von dem Mehrheitsaktionär gewählten Beschlussmöglichkeit nicht mit dem de facto von der Majorität angestrebten Ziel deckt.[232] Durch diese Rechtsmissbrauchskontrolle soll die Aktionärsminderheit vor Umwegspressionen geschützt werden.

Der Zweck der Squeeze-out-Regelungen der §§ 327 a ff. AktG liegt einzig und allein in dem endgültigen Ausschluss einer vorhandenen, maximal 5%igen (Rest-)Beteiligung. Zwar sind auch noch andere Möglichkeiten des unmittelbaren Ausschlusses[233] denkbar; keine dieser alternativen Ausschließungsmöglichkeiten vermag jedoch eine derart voraussetzungslose Trennung von den Minderheitsaktionären zu gewährleisten. Von einer Umgehung einer andernfalls nicht legitimierten Maßnahme kann hier also nicht die Rede sein, sodass eine rechtsmissbräuchliche Anwendung des Squeeze-out grundsätzlich ausscheidet. Rechtsmissbräuchlichkeit bei der Anwendung der §§ 327 a ff. AktG liegt, der Rechtsprechung zufolge, nur in Ausnahmefällen, wie z. B. bei diversen Absprachen im Zusammenhang mit der Anteilsquotenermittlung bzw. -bildung, vor.[234]

---

231 Vgl. *Hirte* (1986), S. 151.

232 Vgl. *Wiedemann* (1978), S. 490; *Wiedemann* (1980a), S. 445; *Wiedemann* (1980b), S. 157; *Hirte* (1986), S. 151; *Hamann* (2003), S. 121.

233 Vgl. hierzu Kapitel II.1.2.2.2.

234 Vgl. *OLG Celle*, Urteil vom 29.9.2003 – 9 U 55/03, S. 207; *LG Stuttgart*, Urteil vom 29.9.2004 – 39 O 49/03 KfH, S. 328. Ein rechtsmissbräuchlicher Einsatz des Squeeze-out wäre u. a. bei der Bildung einer Mehrheitskoalition denkbar, das heißt bei einem Zusammenschluss von mehreren

Der Vollständigkeit halber sei an dieser Stelle noch auf den Missbrauch des Anfechtungsrechts durch die Minderheitsaktionäre verwiesen. Wie eingangs der Arbeit dargelegt,[235] wurde bzw. wird das Squeeze-out-Recht u. a. mit der Überwindung von durch Minderheitsaktionären ausgelösten Blockaden mehrheitspflichtiger unternehmerischer Entscheidungen gerechtfertigt.[236] Dabei kommt der Ausnutzung des Anfechtungsrechts[237] eine zentrale Bedeutung zu. Eine Anfechtungsklage ist stets dann missbräuchlich, wenn sie gegenüber der Gesellschaft und den Mitaktionären von Illoyalität und purem Eigennutz getragen wird. Der herrschenden Meinung folgend verstößt ein seine Anfechtungsbefugnis missbrauchender Aktionär gegen seine Treupflicht.[238]

### II.1.2.4.6. Gleichbehandlungsgebot

Bei der Gleichbehandlungspflicht, das heißt dem Verbot vergleichbare Sachverhalte ohne sachlich rechtfertigenden Grund unterschiedlich zu behandeln, handelt es sich um einen allgemeinen verbandsrechtlichen Grundsatz, der in dem Diskriminierungsverbot sein zentrales Wesensmerkmal hat, und der mit dem § 53 a in klarstellender Form in das AktG eingeführt wurde.[239] Bezogen auf das Aktienrecht besagt der Gleichbehandlungsgrundsatz nichts anderes, als dass Aktionäre unter gleichen Voraussetzungen gleich zu behandeln sind. Materiell wird die verbandsrechtliche Pflicht zur Gleichbehandlung mit der als notwendig erachteten Kontrolle der Verbandsmacht begründet:[240] Immer dann, wenn eine Person oder eine Institution qua ihrer Herrschaftsmacht in der Lage ist, ihren Willen ohne Rücksichtnahme auf die Belange aller Betroffenen durchzusetzen, ruft die Gleichbehandlungspflicht eine Überprüfung auf mögliche Ungleichbehandlung auf den Plan. Das Gleichbehandlungsgebot dient somit einer Grenzziehung legitimer Herrschaftsmacht.[241]

---

Aktionären zur Erreichung der für den Ausschluss notwendigen 95%igen Beteiligungsquote, die nach dem Ausschluss der Kleinaktionäre wieder aufgelöst wird. Vgl. *Hamann* (2003), S. 163 ff.

[235] Vgl. Kapitel I.1.

[236] Zu einer ausführlichen ökonomischen Bewertung dieser Begründung vgl. Kapitel IV.1.4.

[237] Zum Anfechtungsrecht vgl. II.1.2.4.2.3.

[238] Vgl. *Schmidt* (1995), § 245 Rn. 52; *Henze* (1996), S. 494; *Hüffer* (2001), § 245 Rn. 52.

[239] Der Gleichbehandlungsgrundsatz basiert auf der Zweiten gesellschaftsrechtlichen EG-Richtlinie, die 1978 in das deutsche AktG eingeführt wurde. Vgl. *Schmidt* (2002), S. 462, m. w. N.

[240] Die materielle Begründung der Gleichbehandlungspflicht ist nicht unumstritten; so wird sie nach *Hueck* (1958), S. 222 ff., auf die Existenz des Gemeinschaftsverhältnisses sowie nach *Cohn* (1930), S. 154 f., auf den Willen der beteiligten Gruppen zurückgeführt.

[241] Vgl. *Wiedemann* (1980a), S. 428-431; *Schmidt* (2002), S. 462 f.

Die Verpflichtung zur Gleichbehandlung entfaltet ihre Schutzrichtung sowohl im Verhältnis zwischen der Gesellschaft (Verband)[242] und ihren Mitgliedern als auch im Verhältnis der Aktionäre untereinander.[243] Zwischen den einzelnen Mitgliedern spielt der Gleichbehandlungsgrundsatz insbesondere bei Hauptversammlungsbeschlüssen eine zentrale Rolle, da es hier durch gefestigte Mehrheitsstrukturen zu Entscheidungen kommen kann, die eine ungleiche Behandlung von Mehrheits- und Minderheitsaktionären zur Folge haben, weil sie beispielsweise einseitig die Interessen der Mehrheit begünstigen. Das Gebot der Gleichbehandlung besagt nicht, dass im Gesellschaftsrecht keine Ungleichbehandlung möglich ist: So können einerseits die Satzung bzw. der Gesellschaftsvertrag einzelnen Verbandsmitgliedern Vorzugsrechte einräumen sowie bestimmte Rechte entziehen; andererseits kann das positive Gesellschaftsrecht auch solche Mehrheitsbeschlüsse legitimieren, die zu einer Ungleichbehandlung zwischen den einzelnen Mitgliedern führen können.[244] § 53 a AktG blockiert eine ungleiche Behandlung einzelner Mitglieder dann nicht, wenn sie sachlich gerechtfertigt ist, das heißt nicht gegen das Willkürverbot verstößt.[245]

Bei einem gegen das Gebot der Gleichbehandlung verstoßenden Hauptversammlungsbeschluss handelt es sich um einen rechtswidrigen und gemäß § 243 Abs. 1 AktG anfechtbaren Rechtsakt.[246]

Grundsätzlich ist zu konstatieren, dass es bei dem einen Squeeze-out legitimierenden Hauptversammlungsbeschluss zu einer objektiven Ungleichbehandlung zwischen der den Beschluss fassenden Mehrheit und den in ihren Mitgliedschaftsrechten betroffenen Minderheitsaktionären kommt. Von einem Verstoß gegen das Gleichbehandlungsgebot ist jedoch nicht auszugehen, da der Gesetzgeber den Zwangsausschluss einer Restminderheit von maximal 5% des Grundkapitals ausdrücklich durch §§ 327 a ff. AktG legitimiert. Somit kann festgehalten werden, dass die Legislative ein ausdrückliches Bedürfnis für den Squeeze-out anerkannt hat. Die Regelung selbst ist in ihrem Zustandekommen auch nicht willkürbehaftet, da der Gesetzgeber eine, wenn auch nicht unproblematische und vor allem intransparente Abwägung der Interessen der Mehrheitsaktionäre und der Minderheitsaktionäre durchgeführt hat und zu dem Ergebnis gekommen ist, dass die Interessen der Mehrheit an Struktur- und Konzernierungsmaßnahmen hö-

---

242 § 53 a AktG bezieht sich ausdrücklich nur auf das Verhältnis zwischen AG und ihren Mitgliedern.

243 Vgl. *Müller-Erzbach* (1948), S. 68 ff. Zur Gleichbehandlungspflicht der Aktionäre untereinander vgl. *Reul* (1991), S. 270 ff.

244 Vgl. *Schmidt* (2002), S. 463.

245 Vgl. *Schmidt* (2002), S. 799.

246 Vgl. Kapitel II.1.2.4.2.3; *Schmidt* (2002), S. 799.

her zu bewerten seien als die auf die Vermögensinteressen reduzierten Belange der Minderheit,[247] eine im Übrigen auch grundrechtlich legitimierte Sichtweise.[248]

Insbesondere liegt bei dem Zwangsausschluss auch keine Ungleichbehandlung der einzelnen auszuschließenden Kleinaktionäre vor, weil sämtliche Minderheitsaktionäre von einem Squeeze-out betroffen sein werden.[249]

Somit kann insgesamt festgehalten werden, dass der Ausschluss der Aktionärsminderheit gemäß §§ 327 a ff. AktG keinen Verstoß gegen die aktienrechtliche Gleichbehandlungspflicht darstellt.

### II.1.3. Verfassungsrechtliche Bewertung des Squeeze-out nach §§ 327 a ff. AktG

#### II.1.3.1. Grundlagen

Im Rahmen der verfassungsrechtlichen Beurteilung des aktienrechtlichen Squeeze-out kommt in *formeller* Hinsicht der Überprüfung der Gesetzgebungszuständigkeit und in *materieller* Hinsicht der Eigentumsgarantie aus Art. 14 GG sowie der aus Art. 20 GG abgeleiteten Rechtssicherheit die zentrale Aufmerksamkeit zu.

#### II.1.3.2. Formelle Verfassungsmäßigkeit

*Formell* betrachtet fällt die Squeeze-out-Regelung als Teil des Gesetzes zur Regelung von öffentlichen Angeboten zum Erwerb von Wertpapieren und von Unternehmensübernahmen gemäß Art. 72 Abs. 2, 74 Abs. 1 Nr. 11 GG in die konkurrierende Gesetzgebungszuständigkeit des Bundes.[250] In Ermangelung entgegenstehender Anhaltspunkte kann die Verfassungskonformität hier also nur bestätigt werden.

---

[247] Vgl. *BegrRegE*, BT-Drucks. 14/7034, S. 32.

[248] Vgl. *BVerfG*, Urteil vom 7.8.1962 – 1 BvL 16/60, S. 1075, sowie ausführlich zur (materiellen) Verfassungsmäßigkeit Kapitel II.1.3.3.

[249] Vgl. *Hamann* (2003), S. 160 f.

[250] Gemäß Art. 74 Abs. 1 Nr. 11 GG regelt der Bund in konkurrierender Zuständigkeit das Recht der Wirtschaft, unter die das Übernahmerecht und somit auch der Squeeze-out zu subsumieren sind. Zudem ist das bundesgesetzliche Übernahmerecht gemäß Art. 72 Abs. 2 GG zur Wahrung der Rechts- und Wirtschaftseinheit im gesamtstaatlichen Interesse geeignet und notwendig. Vgl. hierzu ausführlich *Baums* (2001), S. 169 ff.; *LG Osnabrück*, Urteil vom 5.7.2002 – 13 O 177/02, S. 527.

### II.1.3.3. Materielle Verfassungsmäßigkeit

Bei der Aktie als verbrieftes Anteilseigentum an AG oder KGaA handelt es sich um gemäß Art. 14 GG geschütztes Eigentum; der Eigentumsschutz erstreckt sich hierbei sowohl auf die mit dem Aktieneigentum verbundenen Vermögensrechte als auch auf die Mitverwaltungsrechte.[251] Der Zwangsausschluss der Minderheitsaktionäre nach §§ 327 a ff. AktG tangiert dabei die eigentumsrechtlich geschützten Vermögens- und Mitverwaltungsrechte. Der Aktienentzug stellt keine Enteignung im Sinne des Art. 14 Abs. 3 GG dar, weil eine verfassungsrechtliche Enteignung stets von einem Träger der öffentlichen Gewalt ausgehen muss.[252] Vielmehr erteilt der Gesetzgeber mit den §§ 327 a ff. AktG der Hauptversammlung die Befugnis, die Minderheitsaktionäre bei entsprechend nachzuweisenden Mehrheitsverhältnissen auszuschließen, mithin, um die Terminologie des *BVerfG* zu verwenden, die „privatrechtlichen Beziehungen zwischen den Aktionären“[253] umzugestalten. Auch die Vorschrift selbst konstituiert keine Enteignung durch Gesetz, da durch die Rechtsetzung zunächst kein Zwangsausschluss einzelner (konkreter) Aktionärsminderheiten begründet wird; es bedarf hierzu vielmehr der Hauptversammlungsentscheidung.[254]

Verfassungsrechtsdogmatisch ist die aktienrechtliche Einführung des Squeeze-out als Inhalts- und Schrankenbestimmung im Sinne des Art. 14 Abs. 1 Satz 2 GG einzuordnen.[255] Durch Inhalts- und Schrankenbestimmungen regelt und gestaltet der Gesetzgeber die Eigentumsrechte, wobei er trotz großer Gestaltungsspielräume an die grundlegenden Werte des grundrechtlich geschützten Privateigentums sowie an die übrigen Verfassungsnormen, wie z. B. den Gleichheitsgrundsatz, den Verhältnismäßigkeitsgrundsatz bzw. das Grundrecht auf freie Entfaltung der Persönlichkeit sowie die Prinzipien der Rechts- und Sozialstaatlichkeit, gebunden ist.[256]

---

[251] Vgl. *BVerfG*, Urteil vom 7.8.1962 – 1 BvL 16/60, S. 1074; *BVerfG*, Beschluss vom 27.4.1999 – 1 BvR 1613/94, S. 1694; *BVerfG*, Beschluss vom 23.8.2000 – 1 BvR 68/95 und 147/97, S. 42. Zu den einzelnen mit dem Aktieneigentum verbundenen Rechten vgl. Kapitel II.1.2.4.2.

[252] Bei der Enteignung im verfassungsrechtlichen Sinne handelt es sich um den gezielten staatlichen Zugriff auf das Eigentum eines Einzelnen, an dessen Ende die vollständige bzw. teilweise Entziehung subjektiver Rechtspositionen steht. Vgl. *Papier* (2003), Art. 14 Rn. 532.

[253] *BVerfG*, Urteil vom 7.8.1962 – 1 BvL 16/60, S. 1074. Bei diesem Urteil handelt es sich um eine Entscheidung im Zusammenhang mit der bis 1994 umwandlungsrechtlich zulässigen Mehrheitsumwandlung (so genannte *Feldmühle*-Entscheidung).

[254] Vgl. *BVerfG*, Urteil vom 7.8.1962 – 1 BvL 16/60, S. 1074.

[255] Grundlegend zu Inhalts- und Schrankenbestimmungen vgl. *Arndt/Rudolf* (2000), S. 120.

[256] Vgl. *BVerfG*, Urteil vom 7.8.1962 – 1 BvL 16/60, S. 1074.

Inhalts- und Schrankenbestimmungen können mitunter, wie im Falle des Squeeze-out, den Betroffenen – wirtschaftlich gesehen – genauso heftig tangieren wie die Enteignung, da es für den Minderheitsaktionär im Ergebnis keinen Unterschied macht, ob seine mit den Aktien verbundenen Rechte von der öffentlichen Gewalt direkt entzogen (enteignet) werden oder auf dem indirekten Wege durch einen Mehrheitsbeschluss auf der Hauptversammlung. Der Eingriff in das Aktieneigentum durch eine Inhalts- und Schrankenbestimmung ist analog zur Enteignung zielgerichtet (final).

Zwar handelt es sich beim Squeeze-out nicht um eine Enteignung im verfassungsrechtlichen Sinne. Da der Hauptversammlungsbeschluss aber maßgeblich und unmissverständlich vom Mehrheitsaktionär bestimmt wird und bis auf den Nachweis der gebotenen 95%igen Grundkapitalbeteiligung ein voraussetzungsloser Ausschluss der Minderheit möglich ist, kann zweifelsohne der Begriff der *privatrechtlichen Enteignung* in diesem Kontext verwendet werden.

Die Frage, ob der Gesetzgeber in Ausübung seines Gestaltungsspielraums bei der Einführung der §§ 327 a ff. AktG eine gebotene Abwägung der beteiligten Interessen durchgeführt hat und somit verfassungskonform vorgegangen ist, ist bis dato noch nicht verfassungsrichterlicher Bewertung zugänglich gemacht worden. Aus diesem Grund bietet sich ein Rekurs auf drei frühere Entscheidungen des *BVerfG* an, in denen sich das Verfassungsgericht ebenfalls mit dem Ausschluss von Minderheitsaktionären auseinandersetzte, wobei es sich dabei um Ausschließungen im Zusammenhang mit einer Mehrheitsumwandlung, einer Mehrheitseingliederung bzw. einer übertragenden Auflösung handelte.

In seiner *Feldmühle*-Entscheidung von 1962 hatte das *BVerfG* erstmals über die Verfassungsmäßigkeit eines Minderheitsaktionärsausschlusses zu entscheiden. Im Zusammenhang mit einer Mehrheitsumwandlung stellte das *BVerfG* damals fest, dass die gesetzliche Regelung des § 15 UmwG in der Fassung von 1956 nicht gegen das Grundgesetz verstoße; der Gesetzgeber könne es aus gewichtigen Gründen des Gemeinwohls für angezeigt halten, den Eigentumsschutz der Minderheitsaktionäre hinter die Interessen der Allgemeinheit an der freien Entfaltung der unternehmerischen Initiative im Konzern zurückzustellen.[257] Der Eingriff in den Eigentumsschutz der Aktionärsminderheit wird auch damit begründet, dass sich die Interessen der Minderheitsaktionäre im Wesentlichen auf die der Aktie immanente Vermögenskomponente reduzieren ließen und der Aktionärsminderheit somit qua ihrer geringen Beteiligung jedwedes

[257] Vgl. *BVerfG*, Urteil vom 7.8.1962 – 1 BvL 16/60, S. 1075. Kritisch zur unreflektierten Fokussierung auf die Konzerninteressen vgl. *Fechner* (1962), S. 229 ff.; *von Falkenhausen* (1963), S. 178; *Wiedemann* (1980a), S. 703 ff.

unternehmerische Interesse abgesprochen werden könne.[258] Voraussetzung für die im Rahmen einer Mehrheitsumwandlung stattfindende Aktionärsausschließung ist allerdings die Gewährung einer angemessenen Entschädigung der Betroffenen.[259]

In einem weiteren, 1999 vom *BVerfG* entschiedenen Fall (*DAT-/Altana*-Fall) ging es um den mittelbaren Ausschluss einer Minderheit im Rahmen einer Mehrheitseingliederung gemäß § 320 AktG.[260] Auch hier griff das *BVerfG* seine 1962 eingeschlagene Begründungslinie auf und bestätigte, dass es sich bei dem Ausschluss einer Minderheit im Zuge einer Mehrheitseingliederung nicht um eine Verletzung des Art. 14 Abs. 1 GG handele, sofern ein angemessener Ausgleich an die betroffenen Aktionäre geleistet werde.[261]

Zuletzt äußerte sich das *BVerfG* im Jahre 2000 über den Ausschluss von Minderheitsaktionären im Zuge einer übertragenden Auflösung (so genannter *MotoMeter*-Fall).[262] Zwar nahm das Gericht den Fall nicht zur Entscheidung an (so genannter Nichtannahmebeschluss); dennoch ging es in seiner Nichtannahmebegründung dezidiert auf den Ausschluss der Aktionärsminderheit im Lichte grundrechtlicher Wertvorstellungen ein. Auch hier brachte das Gericht mit Verweis auf seinen früheren, im Zusammenhang mit der Mehrheitseingliederung ergangenen Beschluss[263] dem Verlust der mitgliedschaftlichen Position des Minderheitsaktionärs keine verfassungsrechtlichen Bedenken im Sinne des Art. 14 Abs. 1 GG entgegen. Bedenkenlos, so das *BVerfG*, sei die Durchführung der übertragenden Auflösung und der damit verbundene Eingriff in die Mitgliedschaftsrechte der Minderheitsaktionäre auch dann, wenn die Maßnahme gezielt (final) auf die Ausschließung der Restbeteiligungen gerichtet sei.[264] Lediglich auf die mit der Aktie verbundenen Vermögensrechte abstellend, sei der Ausschluss der Minderheitsaktionäre verfassungsrechtlich nicht zu beanstanden, solange den Betroffenen eine Abfindung gewährt werde, die dem Wert ihres Beteiligungsbesitzes entspreche.[265] Im Übrigen, so das *BVerfG* weiter, sei die „existentielle Betroffenheit" des Verfassungsbeschwerdeführers nicht erkennbar, da er im Zeitpunkt der die Liquidation

---

258 Vgl. *BVerfG*, Urteil vom 7.8.1962 – 1 BvL 16/60, S. 1075.

259 Vgl. *BVerfG*, Urteil vom 7.8.1962 – 1 BvL 16/60, S. 1076.

260 Zur Mehrheitseingliederung vgl. Kapitel II.1.2.2.1.

261 Vgl. *BVerfG*, Beschluss vom 27.4.1999 – 1 BvR 1613/94, S. 1694.

262 Vgl. *BVerfG*, Beschluss vom 23.8.2000 – 1 BvR 68/95 und 147/97, S. 42 ff. Zur übertragenden Auflösung vgl. Kapitel II.1.2.2.1.

263 Vgl. *BVerfG*, Beschluss vom 27.4.1999 – 1 BvR 1613/94, S. 1693 ff.

264 Vgl. *BVerfG*, Beschluss vom 23.8.2000 – 1 BvR 68/95 und 147/97, S. 42.

265 Vgl. *BVerfG*, Beschluss vom 23.8.2000 – 1 BvR 68/95 und 147/97, S. 43.

beschließenden Hauptversammlung lediglich mit zwei Aktien an der Gesellschaft beteiligt gewesen wäre, sodass hier, analogisierend, nicht von einer den Schutzbereich des Art. 14 GG verletzenden Maßnahme die Rede sein könne.[266] Völlig zurecht wurde in der Literatur das dieser Aussage innewohnende ökonomische Unverständnis zum Ausdruck gebracht, wonach schließlich derjenige von der Gerichtsbarkeit bestraft werde, der nach ökonomisch rationalen Erwägungen seine Vermögensanlage diversifiziere.[267]

Sowohl die *Feldmühle-* als auch die *DAT-/Altana*-Entscheidung und der *MotoMeter*-Beschluss beziehen sich auf mit Konzernierungsmaßnahmen zusammenhängende Aktionärsausschlüsse; somit erscheint ein Transfer der in den genannten Rechtsprechungsfällen einheitlich verwendeten Begründungslinie auf den Squeeze-out problematisch, handelt es sich doch bei den Vorschriften der §§ 327 a ff. AktG nicht um eine gesellschaftsrechtliche Konzernierungsmaßnahme. Da das *BVerfG* aber in dem *MotoMeter*-Beschluss ausdrücklich den Ausschluss von Minderheitsbeteiligungen als an sich anerkennenswerte und grundrechtskonforme Transaktion bewertete und außerdem durch die §§ 327 a ff. AktG i. V. m. SpruchG eine angemessene vermögensrechtliche Abfindung der Betroffenen gewährleistet sei, schließt die herrschende Literaturmeinung und neuerdings auch die Rechtsprechung auf eine verfassungsrechtliche Unbedenklichkeit des Squeeze-out.[268] Dem Interesse der Mehrheit an unternehmerischer

266 Vgl. *BVerfG*, Beschluss vom 23.8.2000 – 1 BvR 68/95 und 147/97, S. 44.

267 Im Ergebnis werden die aus Kapitalanlagegesichtspunkten „besonders Dummen“ von den Gerichten ganz besonders geschützt. Vgl. *Wenger/Kaserer/Hecker* (2001), S. 327.

268 Vgl. *Fleischer* (2000), S. 879; *Land/Hasselbach* (2000), S. 562; *Vetter* (2000), S. 1819, 1821; *Baums* (2001), S. 169 ff.; *Vetter* (2001a), S. 746 f.; *Hüffer* (2002), § 327 a Rn. 4; *Vetter* (2002), S. 180 ff.; *Fleischer* (2002a), S. 763 f.; *Krieger* (2002), S. 54; *Sieger/Hasselbach* (2002), S. 126 f.; *Hamann* (2003), S. 20 ff.; *Hasselbach* (2003), § 327 a Rn. 11. Jüngst bestätigte das *KG Berlin* die Verfassungsmäßigkeit der Squeeze-out-Regelungen nach §§ 327 a ff. AktG mit der Begründung, dass es sich dabei lediglich um eine Vereinfachung der von dem *BVerfG* als verfassungskonform eingestuften übertragenden Auflösung handele. Vgl. *KG Berlin*, Urteil vom 25.11.2004 – 2 U 44/03, S. 2774 f. Ebenfalls die Verfassungskonformität bestätigend vgl. *OLG Oldenburg*, Beschluss vom 30.9.2002 – 1 W 45/02; *OLG Hamburg*, Urteil vom 11.4.2003 – 11 U 215/02, S. 1502; *OLG Hamburg*, Urteil vom 8.8.2003 – 11 U 45/03, S. 979; *OLG Köln*, Beschluss vom 6.10.2003 – 18 W 35/03, S. 2309; *OLG Stuttgart*, Beschluss vom 3.12.2003 – 20 W 6/03, S. 63; *OLG Düsseldorf*, Beschluss vom 16.1.2004 – I-16 W 63/03, S. 590; *OLG Düsseldorf*, Urteil vom 14.1.2005 – I – 16 U 59/04, S. 294; *LG Osnabrück*, Urteil vom 5.7.2002 – 13 O 177/02, S. 527 ff., mit Anmerkungen von *Wirth/Arnold* (2002), S. 503 ff.; *LG Berlin*, Urteil vom 17.2.2003 – 99 O 111/02, S. 707 f.; *LG Bonn*, Urteil vom 4.2.2004 – 16 O 49/03, S. 3. Die überschwänglich anmutende Formulierung, der *MotoMeter*-Beschluss sei eine „verfassungsrechtliche Unbedenklichkeitsbescheinigung“ für den Squeeze-out, kann bei *Fleischer* (2000), S. 879, nachgelesen werden.

Entfaltung komme aus Sicht des Gemeinwohls eine größere Bedeutung zu als den ausschließlich auf die Kapitalanlage gerichteten Belangen der Kleinanleger.[269]

Auch die in § 327 a AktG geforderte mindestens 95%ige Kapitalquote stimme, so die Begründung, durchaus mit der grundsätzlich dem Kleinanleger zugedachten „Sparerrolle" überein. So werden als Begründung einschlägige gesetzliche Mitwirkungsbefugnisse der Aktionäre genannt, für deren Ausübung eine Mindestbeteiligung von 5% gefordert wird.[270]

Ebenso bediente sich die Regierung in ihrer Gesetzesbegründung des verfassungsgerichtlichen Argumentationsmusters: „Der Gesetzgeber geht hier davon aus, dass es ein beachtenswertes unternehmerisches Interesse an Konzernierungs- und Strukturmaßnahmen und in diesem Zusammenhang ein Bedürfnis nach Beschränkung von Missbrauchsmöglichkeiten von Minderheitsaktionären bei besonderen Mehrheitsverhältnissen gibt."[271]

Festzuhalten bleibt die Vermutung, dass das *BVerfG* bei der grundrechtlichen Bewertung der §§ 327 a ff. AktG nicht von seiner Begründung betreffend den Ausschluss von Minderheitsaktionären abweichen wird, die es in den einschlägigen Fällen, insbesondere im *MotoMeter*-Fall, anstrengte. Somit wird auch hier aus eigentumsrechtlicher Sicht die Grundrechtskonformität der aktienrechtlichen Squeeze-out-Regelung angenommen.

Weiterhin erscheint in diesem Zusammenhang die Prüfung der in Rede stehenden Ausschlussvorschrift aus der Perspektive einer Rechtssicherheit gewährenden Verfassung angezeigt. Die Rechtssicherheit ist dem aus Art. 20 Abs. 3 GG abgeleiteten Rechtsstaatsprinzip entlehnt und wird, gängiger Auffassung zufolge, durch die Unterprinzipien der Rechtsklarheit, der Rechtsbestimmtheit sowie des Vertrauensschutzes konkretisiert bzw. operationalisiert.[272] Von besonderem Interesse bei der Beurteilung der Squeeze-out-Vorschrift vor dem Hintergrund der Rechtssicherheit erscheint hier der Blickwinkel des Vertrauensschutzes.[273] Dieser manifestiert sich im Wesentlichen

---

[269] Vgl. *BVerfG*, Beschluss vom 23.8.2000 – 1 BvR 68/95 und 147/97, S. 43. *Vetter* (2002), S. 182, degradiert die Minderheitsaktionäre gar zu reinen „Wertpapiersparern", wie vor ihm bereits *Mülbert* (1996), S. 303 ff.

[270] Vgl. *Vetter* (2002), S. 182; *Hamann* (2003), S. 27.

[271] *BegrRegE*, BT-Drucks. 14/7034, S. 32.

[272] Vgl. u. a. *Tipke/Lang* (2002), S. 102; *Herzog* (2003), VII. Art. 20 Rn. 61-64.

[273] Auch das *BVerfG* sieht ganz grundsätzlich in dem Vertrauensschutz das zentrale Charakteristikum der Rechtssicherheit. Für eine umfangreiche, allerdings nicht abschließende Aufzählung von entsprechenden Verfassungsgerichtsurteilen vgl. *Herzog* (2003), VII. Art. 20 Rn. 65.

in der Formel, wonach das Vertrauen eines Bürgers, das er in den Fortbestand der geltenden Rechtsordnung investiert, schutzwürdig ist. Jenes schutzwürdige Vertrauen der Bürger bindet die Legislative im Zusammenhang mit rückwirkenden Gesetzen, in dem es den Grundsatz des Verbots rückwirkender Gesetze begründet. Bei der Beantwortung der Frage, wann ein Gesetz rückwirkenden Charakter hat, hat das *BVerfG* keinen eindeutigen Weg eingeschlagen.

Das *BVerfG* hat die Möglichkeiten des Gesetzgebers, rückwirkende Gesetze zu beschließen, bereits recht früh beschränkt und differenziert in diesem Kontext zwischen der grundsätzlich unzulässigen[274] „echten", in der Terminologie des Zweiten Senats „Rückbewirkung von Rechtsfolgen", und der grundsätzlich zulässigen „unechten" Rückwirkung („tatbestandliche Rückanknüpfung").[275]

Echte Rückwirkung entfaltet ein Gesetz demnach, wenn es nachträglich verändernd in bereits abgewickelte, in der Vergangenheit liegende Sachverhalte eingreift. Von unechter Rückwirkung ist dahingegen immer dann die Rede, wenn das Gesetz auf gegenwärtige, noch nicht abgeschlossene Sachverhalte bzw. Rechtsbeziehungen für die Zukunft einwirkt und dabei die Rechtsposition gleichzeitig nachträglich entwertet.[276]

Die Regelungen der §§ 327 a ff. AktG, wonach Minderheitsaktionäre gegen ihren Willen ausgeschlossen werden können, entfalten keine echte, sondern vielmehr unechte Rückwirkung auf jene ausgeschlossenen Anteilseigner, die bereits vor dem Gesetzesbeschluss des Bundestages[277] vom 20.12.2001[278] Mitglieder des entsprechenden Verbands waren. Unecht ist die Rückwirkung deshalb, weil sich die Aktionäre, die ihre Aktien vor diesem Zeitpunkt erwarben und nicht bereits freiwillig veräußerten, in einer fortbestehenden Verbandsmitgliedschaft befinden, sodass der Sachverhalt Mitgliedschaft als noch nicht abgeschlossen bewertet werden kann. In Fällen unechter Rückwirkung kommt es im Allgemeinen zu einer individuellen Güterabwägung zwischen dem Verlangen und der Pflicht des Staates, seine Gesetzgebung neu zu gestalten auf

---

274 Für die Ausnahmen der Unzulässigkeit echt rückwirkender Gesetze vgl. *BVerfG*, Urteil vom 19.12.1961 – 2 BvL 6/59, S. 271 f.

275 Vgl. *BVerfG*, Beschluss vom 31.5.1960 – 2 BvL 4/59, S. 145; *BVerfG*, Urteil vom 19.12.1961 – 2 BvL 6/59, S. 270 f.

276 Vgl. *BVerfG*, Beschluss vom 31.5.1960 – 2 BvL 4/59, S. 146. Zudem vgl. *Herzog* (2003), VII. Art. 20 Rn. 69 f.

277 Der herrschenden Rechtsprechung zufolge ist der für die Rückwirkung, das heißt für die Beendigung des Vertrauensschutzes maßgebliche Zeitpunkt der Moment des Gesetzesbeschlusses des Bundestages über die Neuregelung. Vgl. *BVerfG*, Urteil vom 19.12.1961 – 2 BvL 6/59, S. 272; *BVerfG*, Beschluss vom 3.12.1997 – 2 BvR 882/97, S. 655.

278 Vgl. *BGBl.* (2001) I, S. 3822.

der einen Seite sowie dem durch die Gesetzesänderung bewirkten Vertrauensschaden auf der anderen Seite,[279] wobei hier regelmäßig auf einschlägige Grundrechtsverletzungen der Betroffenen hin geprüft wird. Diese Interessenabwägung wurde in der Vergangenheit von dem *BVerfG* regelmäßig zugunsten des Gesetzgebers entschieden, und nur in seltenen Fällen wurde eine Unzulässigkeit aufgrund einer unechten Rückwirkung festgestellt.[280]

Da die neue Rechtslage, wie gezeigt, keinen grundrechtsverletzenden Eingriff aus Sicht der Minderheitsaktionäre darstellt, wird davon auszugehen sein, dass die Verfassungsgerichtsbarkeit auch für den Squeeze-out gemäß §§ 327 a ff. AktG von einer unbedenklichen unechten Rückwirkung ausgehen wird.

### II.1.3.4. Abfindungszahlung aus verfassungsrechtlicher Sicht

Da auch zur Bemessung der Abfindungszahlung bei Squeeze-outs noch keine verfassungsrichterliche Stellungnahme erfolgte, kann auch hier nur auf ähnliche Sachverhalte betreffende Entscheidungen zurückgegriffen werden.

In § 327 a Abs. 1 AktG wird eine angemessene Abfindung der ausscheidenden Minderheitsaktionäre gefordert. Zur Angemessenheit einer zu leistenden Abfindung in Ausschließungstatbeständen hat das *BVerfG* bereits in seiner *Feldmühle*-Entscheidung Stellung bezogen. Das *BVerfG* versteht unter einer angemessenen Abfindung die „volle" Abfindung.[281] Nur die Auslegung, dass der Aktionär das erhalten müsse, was seine gesellschaftsrechtliche Beteiligung an dem arbeitenden Unternehmen wert sei, ist mit Art. 14 GG vereinbar.

Darauf aufbauend hat das *BVerfG* dann in seinem *DAT-/Altana*-Beschluss vom 27.4.1999 erstmals festgestellt, dass die im Rahmen der Ausgleichszahlung bei Unternehmensverträgen sowie bei der Eingliederung geforderte volle Abfindung nicht unterhalb des Verkehrswerts liegen dürfe. Dieser wiederum könne unmöglich ohne die Berücksichtigung des Börsenkurses festgelegt werden. Das Gericht hat nicht entschieden, dass Unternehmensbewertungen in Abfindungsfällen zukünftig notwendig auf der Basis von Börsenkursen vorgenommen werden müssen. Im Gegenteil, es hat ausdrücklich darauf hingewiesen, dass der wahre Wert des Unternehmens zu ermitteln und die

---

279 Vgl. u. a. *BVerfG*, Beschluss vom 14.5.1986 – 2 BvL 2/83, S. 253.

280 Vgl. u. a. *Hey* (1998), S. 1446, mit Angabe von Urteilen, die eine Unzulässigkeit wegen unechter Rückwirkung feststellen.

281 Vgl. *BVerfG*, Urteil vom 7.8.1962 – 1 BvL 16/60, S. 1073.

Ertragswertmethode[282] eine verfassungsrechtlich unbedenkliche Methode zur Feststellung dieses Wertes sei.[283] Der Börsenkurs ist schließlich nur dann zu berücksichtigen, wenn er geeignet erscheint, den Verkehrswert zu repräsentieren.[284] Außer dem Liquiditätserfordernis werden von dem *BVerfG* keine weiteren Parameter zur Beurteilung der Eignung des Börsenkurses als Abfindungsmaßstab postuliert. Somit bleibt die Anwendung bzw. Umsetzung des Urteils weitestgehend den Gerichten überlassen.[285]

## II.2. Systemkomparatistik

### II.2.1. Squeeze-out nach US-amerikanischem Recht

#### II.2.1.1. Ursachen für den Ausschluss von Minderheitsaktionären

Der Ausschluss von Minderheitsaktionären ist ein im US-amerikanischen Gesellschaftsrecht seit etwa acht Jahrzehnten bekanntes Rechtsinstitut.[286] Den damaligen Gesetzgebungsverfahren lag bei der Kodifizierung der Freeze-out-Option insbesondere die Intention zugrunde, die Durchführung von Unternehmensübernahmen zu unterstützen und nicht an dem Veto der Kleinaktionäre scheitern zu lassen. Auch die heute geltenden Regeln für die Umsetzung von Aktionärsausschlüssen sind diesem Motiv erkennbar treu geblieben; sie sind, wie noch zu zeigen sein wird, beinahe ausschließlich im Zusammenhang mit Unternehmensübernahmen bzw. Fusionen möglich. Als Ausgangssituationen bzw. Ursachen für Minderheitsaktionärsausschlüsse haben sich dabei damals wie heute folgende Transaktionen herausgestellt: *two-step-mergers*, Going Privates und *parent-subsidiary-mergers*. Gemein ist diesen Transaktionen der von dem Hauptaktionär angestrebte 100%ige Anteilsbesitz.[287]

---

282 Zur Ertragswertmethode vgl. Kapitel V.4.1.2.

283 Vgl. *BVerfG*, Beschluss vom 27.4.1999 – 1 BvR 1613/94, S. 1696.

284 Zur Eignung des Börsenkurses als Abfindungswert aus sozialökonomischer Perspektive vgl. Kapitel V.4.2.3.

285 Ausführlich zum Stand der Rechtsprechung und der Betriebswirtschaftslehre zur Abfindungsbewertung im Allgemeinen sowie zur Berücksichtigung von Marktpreisen im Besonderen vgl. Kapitel V.4.

286 New York war der erste Bundesstaat, der 1936 explizit einen *short-form-merger-statute* und somit den Ausschluss von Minderheitsaktionären autorisierte. Vgl. *Weiss* (1981), S. 641. Zu *short-form-mergers* vgl. Kapitel II.2.1.2. Für eine elaborierte Chronologie der dortigen Freeze-out-Legislatur vgl. *Weiss* (1981), S. 626-657.

287 Vgl. *Borden* (1974), S. 989 ff.; *Greene* (1976), S. 491 ff.; *Brudney/Chirelstein* (1978), S. 1356.

### a) *Two-step-merger*

Im Rahmen eines *two-step-merger* erfolgt, wie der Name vermuten lässt, die Komplettierung aller Kapital- und Stimmrechtsanteile an einer Gesellschaft in zwei Schritten. Zunächst erlangt die Bietergesellschaft, es kann sich hier auch um eine natürliche Person handeln, die zur Kontrollausübung notwendige Anteilsmehrheit an der Zielgesellschaft. Vorausgesetzt die Bietergesellschaft hat in dem ersten Schritt noch nicht die angestrebte 100%ige Kontrolle über die Zielgesellschaft erworben, wird sie in einem zweiten Schritt die Minderheitsaktionäre mit Hilfe einer Verschmelzung ausschließen.[288]

In intentionaler Hinsicht lassen sich *two-step-mergers* unterscheiden zwischen solchen, bei denen die Bietergesellschaft bereits auf der ersten Stufe eine vollständige Herrschaft über das Zielunternehmen anstrebte aber scheiterte, und solchen, bei denen die Bietergesellschaft die 100%ige Kontrolle von vornherein erst in einem zweiten Schritt durch die Verschmelzung erreichen will.

### b) *Going Private*

Die zweite nennenswerte Unternehmenstransaktion, in der es regelmäßig zu einem Ausschluss von Minderheitsaktionären kommen kann, ist ein Going Private. Der Börsenrückzug einer AG dient entweder der kurzfristigen Überbrückung von Ineffizienzen oder stellt einen Wendepunkt in dem Lebenszyklus einer Unternehmung dar.[289] Dem Rückzug von den organisierten Eigenkapitalmärkten zeitlich vorgelagert ist dabei in der Regel die Konzentration der Gesellschaftsanteile in den Händen einer geschlossenen Eigentümergruppe, die entweder durch ein an die außenstehenden Aktionäre gerichtetes Übernahmeangebot erreicht oder, wenn die Minderheitsaktionäre dies nicht annehmen, durch einen Zwangsausschluss der Restbeteiligungen erzielt werden kann.[290]

### c) *Parent-subsidiary-merger*

Die dritte wichtige Ausgangssituation für einen Freeze-out ist der *parent-subsidiary-merger*. Beabsichtigt die Muttergesellschaft, die 100%ige Kontrolle über eine ihrer Tochtergesellschaften zu erlangen, kann sie dies, bei verkaufsunwilligen Minderheitsaktionären, mit Hilfe eines Zwangsausschlusses erreichen.[291]

---

288 Vgl. *Greene* (1976), S. 491 f.; *Brudney/Chirelstein* (1978), S. 1360; *Toms* (1978), S. 548.

289 Vgl. hierzu ausführlich Kapitel IV.1.3.3.

290 Vgl. *Brudney/Chirelstein* (1978), S. 1365; *DeAngelo/DeAngelo/Rice* (1984), S. 370; *Herkenroth* (1994), S. 232.

291 Vgl. *Greene* (1976), S. 491 f.; *Brudney/Chirelstein* (1978), S. 1370 f.; *Merkt* (1991), S. 579.

### II.2.1.2. Freeze-out-Techniken

Während bis vor ca. 25 Jahren in den USA Freeze-outs gegen Barabfindungen nicht zulässig waren, besteht heutzutage diese Abfindungsform in den meisten Bundesstaaten.[292] Grundsätzlich lassen sich mit dem *cash-out-merger*, *short-form-merger* und dem *reverse-stock-split* drei Ausschlusstechniken identifizieren.

*a) Cash-out-merger*

Bei dem *cash-out-merger* handelt es sich um eine in nahezu allen US-Bundesstaaten zulässige Ausschlussform.[293] Im Rahmen eines *cash-out-merger* wird zunächst eine Holding bzw. Mantelgesellschaft gegründet, auf die anschließend die operative Gesellschaft durch Aufnahme verschmolzen wird. Die Minderheitsaktionäre erhalten für die erzwungene Andienung ihrer Anteile Bargeld und scheiden somit aus der Gesellschaftsbeteiligung aus.[294]

*b) Short-form-merger*

Als weitere Technik zur Durchführung des Ausschlusses von Restbeteiligungen dient der *short-form-merger*. Sofern der Mehrheitsgesellschafter eine bestimmte Beteiligungsquote (in der Regel 90%) an der Tochtergesellschaft hält, kann er diese ohne die Befragung der Zielgesellschaftsaktionäre auf sich verschmelzen und dabei gleichzeitig die außenstehenden Aktien zwangsweise erwerben. Bei der hier gegenständlichen Transaktionsform ist lediglich die Zustimmung des Verwaltungsrats (*board of directors*) der Hauptgesellschaft vonnöten. Beim *short-form-merger* besteht fakultativ die Möglichkeit der Abfindung in Bargeld oder in Schuldtiteln.[295]

---

[292] Stellvertretend für viele vgl. Delaware Code Title 8, § 252 b. Vgl. *Cary/Eisenberg* (1988), S. 1168; *Merkt* (1991), S. 581.

[293] Exemplarisch sind hier die Bundesstaaten Delaware (Delaware Code Title 8, § 252 b), New York (§ 902 a (3) New York Business Corporation Law) und Kalifornien (§ 1101 d California Corporation Code) zu nennen; darüber hinaus ist diese Ausschlusstechnik noch in § 11.01 a i. V. m. § 11.01 b (3) *RMBCA* vorgesehen. Bei dem *RMBCA* handelt es sich um ein in dieser Form seit 1984 gültiges gesellschaftsrechtliches Musterstatut, das von der *American Bar Association* entworfen wurde. Die *American Bar Association* strebt mit dem *RMBCA* keine Homogenisierung der einzelstaatlichen Gesellschaftsrechtssysteme an, sondern gewährt in Form einer Hilfestellung zahlreiche Gestaltungsmöglichkeiten, von denen die Einzelstaaten in unterschiedlichem Umfang Gebrauch gemacht haben. Der *RMBCA* wurde von 24 Bundesstaaten vollständig und von 11 weiteren zumindest in Teilen übernommen. In diesem Musterstatut sind ebenfalls Regelungen betreffend die Legitimation von Freeze-outs verankert. Delaware, New York und Kalifornien sind die bedeutendsten Vertreter, die dieses Musterstatut überhaupt nicht in ihrem Gesellschaftsrecht verankert haben. Vgl. *Merkt* (1991), S. 153; *Bainbridge* (2002), S. 16.

[294] Vgl. *Cary/Eisenberg* (1988), S. 1169; *Merkt* (1991), S. 581.

[295] In Delaware sind *short-form-mergers* durch Delaware Code Title 8, § 253 legitimiert. Vgl. auch § 11.05 *RMBCA*.

*c) Reverse-stock-split*

Als letztes, allerdings weniger bewährtes Instrument ist der *reverse-stock-split* zu nennen. Sofern nach einem Aktiensplitting bei Minderheitsaktionären nur mehr Bruchteile von Aktien übrig bleiben, erlauben es einzelne Bundesstaaten, diese gegen Zahlung eines Geldbetrages abzufinden.[296]

Im Ergebnis kann festgehalten werden, dass Aktionärsausschlüsse in den USA in der Regel im Zusammenhang mit einer zeit- und kostenintensiven Verschmelzung einhergehen, so zumindest bei den *cash-out-* und *short-form-mergers*. Ohne die explizite Einbeziehung von Verschmelzungen ist der Ausschluss lediglich in Form eines *reverse-stock-split* möglich.

### II.2.1.3. Schutz der Minderheitsaktionäre

Grundsätzlich wird das Gesellschaftsrecht in den USA auf Ebene der Bundesstaaten geregelt, wobei hier, wie im *case law* üblich, dem Richterrecht auf Einzelstaatenebene die zentralen Weichenstellungen vorbehalten sind.[297] Aufgrund der Tatsache, dass eine Vielzahl der bedeutenden US-amerikanischen Unternehmen in dem Bundesstaat Delaware registriert sind, kommt dem *Delaware General Corporation Law* sowie der hiesigen Rechtsprechung eine exponierte Bedeutung zu.[298] Neben den einzelstaatlichen (richterrechtlichen) Regelungen sind – wenngleich in geringerem Ausmaß – bundesrechtliche, den Kapitalmarkt betreffende Vorschriften bei der Abwicklung von Zwangsausschlüssen beachtlich.

#### II.2.1.3.1. Bundesrecht

##### II.2.1.3.1.1. Grundlagen

Bei der gerichtlichen Überprüfung des Freeze-out stehen zwei Bestimmungen des *federal securities law* bereit. Es handelt sich hierbei um die Offenlegungspflichten der

---

296 Vgl. *Merkt* (1991), S. 582.

297 Da die den Ausschluss von Minderheitsaktionären betreffende Rechtsprechung fast ausnahmslos auf Einzelstaatenebene stattfand und stattfindet, erfolgt die Darstellung der einschlägigen Präzedenzurteile in dem Abschnitt zu den einzelstaatlichen Regelungen in Kapitel II.2.1.3.2.

298 Etwa 50% aller an der New York Stock Exchange notierten Unternehmen sind in Delaware registriert. Maryland belegt mit 5% den zweiten Platz. Vgl. *Subramanian* (2001), S. 7 f., 17.

*Securities and Exchange Commission* (*SEC*), zum einen die Rule 10b-5 und zum anderen die Rule 13e-3.[299]

### II.2.1.3.1.2. SEC Rule 10b-5

Rule 10b-5 wurde 1942 unter die als *general antifraud provision* bekannte Section 10(b) des *Securities Exchange Act* (*SEA*) von 1934 gefasst. Aus Section 10(b) ist die Rule 10b-5 hervorgegangen, die als allgemeine Blankettvorschrift zum Schutz der Anleger dient.[300]

Zwar werden in der Rule 10b-5 keine konkreten Offenlegungspflichten kodifiziert, sondern es wird vielmehr die umfassende und wahre Berichterstattung von Unternehmensinformationen vorgeschrieben. Falsche und fehlende Publizitätsinhalte, die für eine Gesamtbeurteilung wesentlich sind, sind dabei unter den Betrugstatbestand zu subsumieren. Ein Verstoß gegen Rule 10b-5 kann auch nur im Zusammenhang mit einer Transaktion in dem betreffenden Wertpapier vorliegen.[301]

Entsprechend der Vorgehensweise der *Common-law*-Vorschriften gelten für den Kläger die Grundsätze der *materiality, reliance, causation* und *damages*.[302]

Ein Verstoß gegen die Rule 10b-5 kommt bei einem Freeze-out dann in Betracht, wenn das Management oder der Mehrheitsaktionär die Publizitätsvorschriften nicht angemessen berücksichtigt haben. Keine Rolle spielt hierbei, ob die ausscheidenden Minderheitsaktionäre eine angemessene Abfindung erhalten haben oder ob die Geschäftsleitung gegen die sie bindende Treupflicht (*fiduciary duty*)[303] verstoßen hat.

---

[299] Vgl. hierzu allgemein *Merkt* (1991), S. 586 ff.

[300] "The [Securities and Exchange] Commission has utilized this rulemaking power in a number of instances, with regard to a wide variety of manipulative and deceptive acts and practices and in Rule 10b-5 it fashioned its most encompassing antifraud prohibition." *Hazen* (2002), S. 570 [Einfügung durch den Verfasser]. Ausführlich zur Rule 10b-5 vgl. *Hazen* (2002), S. 560-698.

[301] „There are five principal elements for stating a claim under Rule 10b-5: the plaintiff must show (1) fraud or deceit (2) by any person (3) in connection with (4) the purchase or sale (5) of any security." *Hazen* (2002), S. 574. Die Rule 10b-5 entfaltet so auch als Insiderhandelsvorschrift ihre Wirkung; im Sinne einer *disclose-or-abstain-rule* darf in den Aktien eines Unternehmens nur dann gehandelt werden, wenn die der Transaktion zugrunde liegenden Informationen vorab dem Kapitalmarkt zugänglich gemacht worden sind. Vgl. *Hazen* (2002), S. 642.

[302] Vgl. *Hazen* (2002), S. 574-577.

[303] Zur *fiduciary duty* vgl. Kapitel II.2.1.3.2.2.

Vielmehr greift Rule 10b-5 stets bei irreführendem (*deceptive*) oder manipulierendem (*manipulative*) Verhalten der Unternehmensinsider ein.[304]

Von Relevanz bei der Beurteilung eines etwaigen Verstoßes gegen Rule 10b-5 ist somit nicht die bloße Schädigung der Kleinaktionäre, sondern vielmehr die *arglistige* Schädigung der ausgeschlossenen Mitglieder.[305] Wohlgemerkt beinhaltet die hier besprochene Regelung keine Feststellung betreffend die Angemessenheit bzw. Fairness der zu zahlenden Abfindung. Da aber Kleinaktionäre, sofern die für die jeweilige Ausschlusstechnik geforderten Kriterien erfüllt sind, den Ausschluss nicht verhindern können, wird es ihnen umso schwerer fallen, einen erlittenen Schaden mit von dem Mehrheitsaktionär vorenthaltenen oder falsch übermittelten Informationen zu begründen.[306] Ein denkbarer, nicht unrealistischer Fall für eine Rule 10b-5-Verletzung im Zuge eines Freeze-out läge dann vor, wenn der Mehrheitsaktionär im Vorfeld eines geplanten, aber noch nicht öffentlich bekannten Ausschlussverfahrens gezielt „schlechte", nicht der Wahrheit entsprechende Unternehmensnachrichten auf dem Kapitalmarkt streut, um so den Börsenkurs als einen nicht unwesentlichen Parameter für die anschließende Abfindungswertermittlung zu drücken.[307]

Der Klage gegen eine Rule 10b-5-Verletzung ist, der bundesrichterlichen Leitentscheidung[308] zufolge, immer dann stattzugeben, wenn die Wahrscheinlichkeit, mit der die ausscheidenden Kleinaktionäre mit ihrem Rechtsbegehren[309] gegen den Freeze-out in dem jeweiligen Bundesstaat Aussicht auf Erfolg gehabt hätten, hinreichend groß ist.[310]

---

304 So verbietet Rule 10b-5 ausdrücklich: (1) in betrügerischer Absicht gewählte Kommunikationsformen (*fraudulent schemes*); (2) die Falschangabe bzw. das Verschweigen wesentlicher Informationen (*misstatements and omissions of material facts*) sowie (3) alle betrügerischen Vorgehensweisen bzw. Handlungen (*acts which operate as a fraud or deceit*). Vgl. *Hazen* (2002), S. 570.

305 Vgl. *Merkt* (1991), S. 586.

306 Eine gegen das Gebot der Fairness verstoßende unangemessene Abfindung kann nicht unter Berufung auf Rule 10b-5 der Gerichtsbarkeit zugänglich gemacht werden, sondern ist, wie noch zu zeigen sein wird, in dem *appraisal remedy* (Rechtsbehelfsverfahren) bzw. dem *entire-fairness-test* streitbar. Vgl. dazu die Ausführungen in Kapitel II.2.1.3.2.2, II.2.1.3.2.3.

307 Zu diesem Punkt ausführlich vgl. Kapitel V.4.2.3.2.

308 Vgl. *Santa Fe Industries, Inc. vs Green* (430 *US Supreme Court* 462 (1977)).

309 Vgl. zu der bundesstaatlichen Gerichtsbarkeit Kapitel II.2.1.3.2.2, II.2.1.3.2.3.

310 Vgl. *Merkt* (1991), S. 586.

#### II.2.1.3.1.3. SEC Rule 13e-3

Neben der Rule 10b-5 ist im Rahmen eines Going Private die von der *SEC* im Jahre 1979 erlassene *SEC* Rule 13e-3 zum Schutze der Minderheitsaktionäre zu beachten. Die Rule 13e-3 basiert auf der Section 13(e) des *SEA* von 1934. Aufgabe der Section 13(e) ist die Regelung des Erwerbs eigener Anteile. Unter dieser Section sind dann im Laufe der Zeit von der *SEC* Rules erlassen worden, die es von Seiten der Emittenten zu berücksichtigen gilt.[311] Mit der Rule 13e-3 sind konkrete Offenlegungspflichten verbunden, die allesamt in der Schedule 13E-3 vermerkt sind. Im Wesentlichen handelt es sich hierbei um Angaben über den Sinn und Zweck des Going Private, um Auskünfte über die der gewählten Ausschlusstechnik zugrunde liegenden Motive, um eine präzise Erörterung der Vor- und Nachteile des Zwangsausschlusses aus Sicht der außenstehenden Aktionäre sowie um eine Gewähr, dass die Minderheitsaktionäre durch den Freeze-out nicht unangemessen benachteiligt werden.

#### II.2.1.3.2. Einzelstaatliches Recht

Im Gegensatz zum Bundesrecht umfasst das einzelstaatliche Recht konkrete Normen zum Schutze der Anleger. Bedeutung erlangt das einzelstaatliche Recht für den Freeze-out einerseits, allerdings in untergeordnetem Ausmaß, durch die in den *statutes* (Gesetzen) eines jeden Bundesstaates verankerten Vorschriften und andererseits, in weitaus bedeutenderem Umfang, durch die Rechtsprechung der bundesstaatlichen Gerichte.[312]

Während bezogen auf das Gesetzesrecht den Statuten Delawares und dem Musterrahmenstatut des *RMBCA* eine dominante Rolle zukommen, haben sich richterrechtlich differenzierte Prüfungsmaßstäbe etabliert, die sich unter die Begriffe des *business-purpose-test* sowie des *entire-fairness-test* subsumieren lassen und die bei der gesellschaftsrechtlichen Bewertung von Zwangsausschlüssen, dem *Case-law*-System entsprechend, von übergeordneter Bedeutung sind.

---

[311] Vgl. *Hazen* (2002), S. 512 f.

[312] So wäre hier auch eine Untergliederung des Einzelstaatenrechts in Gesetzesregelungen und Richterrecht möglich gewesen; da dem bundesstaatlichen Gesetzesrecht eine gegenüber dem Richterrecht untergeordnete Rolle zukommt, wird von einer derartigen Strukturierung Abstand genommen.

### II.2.1.3.2.1. Business-purpose-test

Nach dem *business-purpose-test*, der auf ein Urteil des *Delaware Supreme Court* aus dem Jahre 1977 zurückzuführen ist,[313] müssen das Management bzw. der Mehrheitsgesellschafter mit dem Freeze-out einen eigenen und anerkennenswerten Zweck verfolgen, der über die bloße Eliminierung der Minderheitsbeteiligungen hinausgeht.[314] Ein mit reiner Ausschließungsabsicht durchgeführter Aktionärsausschluss deute im Umkehrschluss auf eine Verletzung der *fiduciary duty* (dem US-amerikanischen Pendant zur Treupflicht)[315] hin und sei somit abzulehnen. Die Pflicht zur Darlegung eines mit dem Squeeze-out zu verfolgenden Unternehmenszwecks obliege dabei, so das Gericht, dem Mehrheitsaktionär.[316] Da der Nachweis einer Zweckgebundenheit aus Sicht der Muttergesellschaft, so die Kritik, durch den Verweis auf mit der Transaktion zusammenhängende finanzielle Nutzenbeiträge leicht zu erbringen sei, verlangte das zuständige Gericht, dass der mit dem Freeze-out intendierte und offengelegte (Unternehmens-)Zweck im guten Glauben („bona-fide-Klausel") des Managements sein müsse und nicht dem Verdacht eines reinen Umgehungstatbestands ausgesetzt sein dürfe.[317]

Aufgrund der Tatsache, dass die Beantwortung der Frage, ob der von dem Mehrheitsaktionär dargebrachte *business purpose* im guten Glauben des Managements stehe, im Ermessen unterer Gerichte (z. B. des *Delaware Court of Chancery*) liegt, kam es zu sehr heterogenen und wenig konsistenten Urteilen in diesem Zusammenhang, was seinerseits nicht gerade zu einer Stärkung der Rechtssicherheit beitrug.[318]

### II.2.1.3.2.2. Entire-fairness-test

Im Jahre 1983 konkretisierte der *Delaware Supreme Court* mit der Entscheidung im Fall *Weinberger vs. UOP, Inc.*[319] den bereits 1952 gerichtlich eingeführten *entire-*

---

[313] Der *business-purpose-test* wurde 1977 von dem *Delaware Supreme Court* im Fall *Singer vs. Magnavox Co.*, 380 A.2d 969, eingeführt. Vgl. *Weiss* (1981), S. 658 ff.; *Hobart* (1984), S. 707; *Silver* (1984), S. 394; *Thompson* (1984), S. 420.

[314] Vgl. *Carney* (1980), S. 97 ff.; *Booth* (1984), S. 525 f.

[315] Vgl. dazu Kapitel II.2.1.3.2.2.

[316] Vgl. *Singer vs. Magnavox Co.*, 380 A.2d 980 (*Delaware Supreme Court* 1977); *Tanzer vs. International General Industries, Inc.*, 379 A.2d 1124 (*Delaware Supreme Court* 1977).

[317] Vgl. *Tanzer vs. International General Industries, Inc.*, 379 A.2d 1124 (*Delaware Supreme Court* 1977).

[318] Vgl. *Weiss* (1981), S. 670 f.; *Hobart* (1984), S. 711.

[319] Vgl. *Weinberger vs. UOP, Inc.*, 457 A.2d 701 (*Delaware Supreme Court* 1983).

*fairness-test*[320] und schuf somit, zumindest für den Bundesstaat Delaware, eine neue richterrechtliche Formel zur Beurteilung von Freeze-out-mergers.[321] Die Rechtsprechung im Fall *Weinberger* bewirkte eine abrupte Abkehr von dem Beurteilungsmaßstab des *business purpose,* der sich auch andere Bundesstaaten anschlossen. Begründet wurde die Abschaffung des *business-purpose-test* damit, dass er den ausscheidenden Aktionären wegen der einfachen Beweisführung durch den Mehrheitsgesellschafter keinen hinreichenden Schutz biete.[322] In einigen Staaten kommt der *business-purpose-test* indes weiterhin neben dem *entire-fairness-test* zur Anwendung.[323]

Die gegenständliche Freeze-out-Transaktion muss sowohl den Grundsatz des *fair dealing* als auch die *Fair-price*-Doktrin erfüllen, um den *fairness test* zu bestehen.[324] Vorab einer gerichtlichen Überprüfung der *entire fairness* eines Freeze-out-merger müssen die klagenden Aktionäre jedoch darlegen, dass der Verschmelzung gezielte betrügerische Maßnahmen, Falschdarstellungen oder sonstiges Fehlverhalten des Mehrheitsgesellschafters zugrunde liegen.[325]

### *a) Fair dealing*

Der Grundsatz des *fair dealing* richtet seine Aufmerksamkeit auf den Zeitpunkt der Verschmelzung, auf die Art und Weise, wie die Transaktion eingeleitet, ausgehandelt und den Aufsichtsgremien (*board of directors*) mitgeteilt wurde, sowie auf das Zustandekommen der Genehmigung sowohl durch die *directors* als auch durch die Aktionäre. Weiterhin wird bei der Informationsübermittlung an die *directors* und an die Aktionäre der von der Verschmelzung betroffenen Zielgesellschaft eine lückenlose Offenheit gefordert.[326]

---

320 Da der Mehrheitsaktionär in einem *parent-subsidiary-merger*, so das Gericht im Fall *Sterling vs. Mayflower Hotel Corp.*, 93 A.2d 107 (*Delaware Supreme Court* 1952), auf beiden Seiten der Transaktion stehe, müssen die Bedingungen der Verschmelzung den Grundsätzen der „*entire fairness*" entsprechen.

321 Vgl. *Booth* (1984), S. 536 ff.; *Herzel/Colling* (1984), S. 1532 ff.; *Phillips* (1986), S. 840 ff.; *Torres* (1986), S. 368 ff.; *Brudney/Chirelstein* (1974), S. 297 ff., die bereits vor diesem Urteil die Installation einer gerichtlichen Fairness-Doktrin forderten.

322 Vgl. *Weinberger vs. UOP, Inc.*, 457 A.2d 715 (*Delaware Supreme Court* 1983).

323 Immerhin üben mit New York und Massachusetts zwei im Hinblick auf die Anzahl der inkorporierten Unternehmen nicht unbedeutende Bundesstaaten den *business-purpose-test* nach wie vor aus. Vgl. *Merkt* (1991), S. 591.

324 Vgl. *Weinberger vs. UOP, Inc.*, 457 A.2d 711 (*Delaware Supreme Court* 1983).

325 Vgl. *Weinberger vs. UOP, Inc.*, 457 A.2d 703 (*Delaware Supreme Court* 1983).

326 Vgl. *Weinberger vs. UOP, Inc.*, 457 A.2d 711 (*Delaware Supreme Court* 1983).

Zur Gewährleistung von Planungssicherheit für die Mehrheitsgesellschafter im Zusammenhang mit dem *fairness test* präzisiert der *Delaware Supreme Court* in der *Weinberger*-Entscheidung Gestaltungshinweise für Freeze-out-mergers, die eine faire Verfahrensdurchführung (*fair dealing*) indizieren.

Hat die von dem Freeze-out-merger betroffene Gesellschaft ein unabhängiges Verhandlungskomitee (*independent negotiating committee*) installiert, das eine marktgerechte Transaktionsverhandlung (*at arm's length*) gewährleisten kann und somit jede Vertragsseite in der Lage ist, die Verschmelzung abzulehnen, deute dies, so das Gericht, auf ein *fair dealing* hin.[327] Um die Unabhängigkeit des Komitees zu erreichen, sollte es sich sowohl aus so genannten *outside directors*[328] als auch aus weiteren externen Beratern zusammensetzen, die weder wirtschaftliche noch persönliche Beziehungen zu einem der Kontraktpartner sowie der die Unternehmensbewertung durchführenden Investmentbank unterhalten. Trotz der bloßen Existenz eines unabhängigen Verhandlungsgremiums können die Gerichte im jeweiligen Einzelfall die Entscheidungen der Komiteemitglieder einer Untersuchung unterziehen, um sicherzustellen, dass deren Meinungsbildung im guten Glauben (bona fide) zustande gekommen ist.[329]

Eine zum Verhandlungsgremium alternative, die Fairness eines Freeze-out-merger gewährleistende strukturelle Maßnahme ist die Einführung einer Abstimmungsregel: Sollte die Mehrheit der von dem Ausschluss betroffenen Minderheitsaktionäre die Verschmelzung in Kenntnis aller für die Entscheidung notwendigen Informationen genehmigen, kehre dies bei einer Fairness-Überprüfung, so der *Delaware Supreme Court*, zumindest die Beweislast auf möglicherweise dissentierende Minderheitsaktionäre um.[330] Die Installation einer derartigen Abstimmungsregel ist für den Mehrheitsaktionär mit unkalkulierbaren Risiken verbunden, da er sich in Fällen einer nur knap-

---

[327] „[T]he result here could have been entirely different if UOP had appointed an independent negotiating committee of its outside directors to deal with Signal at arm's length. Since fairness in this context can be equated to conduct by a theoretical, wholly independent, board of directors acting upon the matter before them, it is unfortunate that this course apparently was neither considered nor pursued. Particularly in a parent-subsidiary context, a showing that the action taken was as though each of the contending parties had in fact exerted its bargaining power against the other at arm's length is strong evidence that the transaction meets the test of fairness." *Weinberger vs. UOP, Inc.*, 457 A.2d 709 (*Delaware Supreme Court* 1983).

[328] Zentrales Merkmal der *outside directors* ist, dass sie nicht der Geschäftsleitung angehören, sondern diese vielmehr überwachen. Vgl. *Merkt* (1991), S. 80 ff.

[329] Vgl. *Steinberg/Lindahl* (1984), S. 369 ff., die eine unbedingte Überprüfung des Komitees ausdrücklich fordern. So habe das zuständige Gericht insbesondere die Unabhängigkeit der Mitglieder, die Einhaltung des Grundsatzes von Treu und Glauben sowie die Angemessenheit der zur Verfügung gestellten Informationen zu beurteilen.

[330] Vgl. *Weinberger vs. UOP, Inc.*, 457 A.2d 703, 707 f. (*Delaware Supreme Court* 1983).

pen mehrheitlichen Entscheidung zugunsten der Fusion auf eine sehr gründliche und langwierige Überprüfung des zuständigen Gerichts einstellen muss.

Da auch trotz der Dekretierung der genannten, allgemeine Fairness suggerierenden strukturellen Maßnahmen nicht ausgeschlossen werden kann, dass der Freeze-out-merger einzig und allein auf die Machtkonservierung bzw. -erhaltung des Mehrheitsgesellschafters abzielt, leistet der *Delaware Supreme Court* bereits in dem *Weinberger*-Urteil Vorschub, indem er auf die Treupflicht (*fiduciary duty*) des Mehrheitsgesellschafters gegenüber den Minderheitsaktionären verweist.

Die Treupflicht bzw. *fiduciary duty* greift im Gesellschaftsrecht stets dort ein, wo die gegenseitigen Rechte und Pflichten zwischen einzelnen Anspruchsberechtigten vertraglich entweder bewusst nicht geregelt oder vertraglich einfach nicht konkretisierbar sind.[331] Diese sich in die *duty of care*[332] (Sorgfaltspflicht) und *duty of loyalty*[333] (Loyalitätspflicht) untergliedernde *fiduciary duty* gilt in den USA grundsätzlich für geschäftsführend tätige Personen. Darüber hinaus ist aber auch ausdrücklich der Mehrheitsgesellschafter, als so genannter *controlling shareholder*, an die *duty of loyalty* sowohl gegenüber der Gesellschaft als auch gegenüber den Minderheitsaktionären gebunden, die sich insbesondere bei der Veräußerung der eigenen Kontrollmehrheit an einen Dritten sowie bei der Zwangsausschließung von Minderheitsgesellschaftern entzündet.[334] Daher schlussfolgert der *Delaware Supreme Court*, dass eine rein auf Machterhaltung gerichtete Ausschließung der Restbeteiligung gegen das Treugebot und somit das *fair dealing* verstoße.[335]

---

331 „The corporate fiduciary duty [...] is a principle that fills gaps in the corporate contract.“ *Smith* (1999), S. 216; vgl. auch *Easterbrook/Fischel* (1998), S. 90-93.

332 Die *duty of care* verpflichtet den Geschäftsleiter, die ihm obliegenden Aufgaben sorgfältig nach Treu und Glauben und im besten Interesse für die Gesellschaft auszuüben. Die wohl prominenteste Konkretisierung der *duty of care* ist die *business judgment rule*. Der Handelnde (der Manager) wird von der Haftung seiner Entscheidung befreit, wenn er (1) kein eigenes Interesse an der Entscheidung hatte, (2) sich in angemessener Art und Weise über den zu entscheidenden Sachverhalt informiert hat und (3) den Glauben hat, im besten Interesse der Gesellschaft gehandelt zu haben. Vgl. *American Law Institute* (1985), § 4.01 (c).

333 Die *duty of loyalty* verpflichtet den Beauftragten, im bestmöglichen Interesse seines Auftraggebers zu handeln und dabei eigene Interessen hintanzustellen. Vgl. *Easterbrook/Fischel* (1998), S. 104. Sie kommt regelmäßig dann zum Einsatz, wenn klassische Missbrauchstatbestände vorliegen, wie z. B. bei der Selbstkontrahierung (*self dealing*), dem Eintritt in den Wettbewerb mit der zu vertretenden Gesellschaft bzw. bei der Geschäftschancenwahrung der Unternehmung. Vgl. *American Law Institute* (1985), § 5.

334 Der Mehrheitsgesellschafter unterliegt hingegen nicht der *duty of care*. Vgl. *American Law Institute* (1985), §§ 5.10 ff.

335 Vgl. *Weinberger vs. UOP, Inc.*, 457 A.2d 710 (*Delaware Supreme Court* 1983).

In einem 1994 ergangenen Urteil[336] präzisierte der *Delaware Supreme Court* noch einmal, dass in Fällen, in denen ein unabhängiges Verhandlungskomitee eingesetzt würde *oder* eine Zustimmung seitens der Minderheitsaktionäre vorliege, nicht zwangsläufig ein *fair dealing* unterstellt werden könne. Vielmehr wechsele in solchen Situationen, so das Gericht noch einmal die *Weinberger*-Entscheidung bestätigend, lediglich die Beweislast von dem Mehrheitsaktionär auf den Minderheitsaktionär.[337] In der Berufungsentscheidung desselben Falles änderte eben jener *Delaware Supreme Court* ein Jahr später seine Auffassung. Solange gewährleistet sei, so der *Supreme Court*, dass die Minderheitsaktionäre bei ihrer Entscheidung über den Freeze-out-merger von dem Kontrollaktionär nicht unter Druck gesetzt bzw. genötigt würden, wäre das Kriterium des *fair dealing* erfüllt.[338]

*b) Fair price*

Ein weiterer Bestandteil des *entire-fairness-test* besteht in der Forderung, dass die den ausgeschlossenen Minderheitsaktionären zu gewährende Abfindung ihrer Höhe nach „fair" sein muss. Zu trennen ist die Beurteilung der *Fair-price*-Bedingung im Rahmen des *entire-fairness-test* von einem allgemeinen, das heißt grundsätzlichen Einwand der ausscheidenden Mitgesellschafter gegen die Höhe der Abfindung. Bei einer Abfindungsbeurteilung nach dem *entire-fairness-test* muss der Beschwerde einreichende Minderheitsaktionär nachweisen, dass ein Fehlverhalten oder gar betrügerische Absichten des Mehrheitsgesellschafters vorliegen, wohingegen bei einer „einfachen" Unzufriedenheit über die in Aussicht gestellte Abfindung das gewöhnliche Rechtsbehelfsverfahren (so genanntes *appraisal remedy*) zur Verfügung steht.[339]

---

[336] Hierbei handelt es sich um den Fall *Kahn vs. Lynch Communications Systems, Inc.*, 638 A.2d 1110 (*Delaware Supreme Court* 1994), in dem die *Alcatel USA Corp.* als Mehrheitsaktionärin der *Lynch Communications Systems, Inc.* einen Ausschluss der Minderheitsaktionäre letzterer Gesellschaft bewirkte.

[337] "The controlling stockholder relationship has the potential to influence, however subtly, the vote of minority stockholders in a manner that is not likely to occur in a transaction with a noncontrolling party." Somit gelte, dass "[the] approval of the transaction by an independent committee of directors or an informed majority of minority shareholders shifts the burden of proof on the issue of fairness from the controlling or dominating shareholder to the challenging shareholder-plaintiff. Nevertheless, even when an interested cash-out merger transaction receives the informed approval of a majority of minority stockholders or an independent committee of disinterested directors, an entire fairness analysis is the only proper standard of judicial review." *Kahn vs. Lynch Communications Systems, Inc.*, 638 A.2d 1116 f. (*Delaware Supreme Court* 1994) [Einfügung durch den Verfasser].

[338] Vgl. *Kahn vs. Lynch Communications Systems, Inc.*, 669 A.2d 86 (*Delaware Supreme Court* 1995).

[339] Vgl. *Weinberger vs. UOP, Inc.*, 457 A.2d 715 (*Delaware Supreme Court* 1983). Zum *appraisal remedy* vgl. Kapitel II.2.1.3.2.3.

Sowohl in den gesellschaftsrechtlichen *statutes* der Bundesstaaten als auch in der Rechtsprechung haben sich Abgrenzungen für den *Fair-value*-Begriff herausgebildet:

Der *RMBCA* versteht unter dem *fair value* "[t]he value of the shares immediately before the effectuation of the corporate action to which the dissenter objects, excluding any appreciation or depreciation in anticipation of the corporate action unless exclusion would be inequitable."[340]

In der Rechtsprechung wurde der *fair price* bzw. *fair value* in Abfindungsfällen erstmals von dem *Delaware Supreme Court* in einem 1950 ergangenen Urteil präzisiert. Demzufolge gilt, dass,

„[T]he stockholder is entitled to be paid for that which has been taken from him, viz., his proportionate interests in a going concern. By value of the stockholder's proportionate interest in the corporate enterprise is meant the true or intrinsic value of his stock which has been taken by the merger. In determining what figure represents this true or intrinsic value, the appraiser and the courts must take into consideration all factors and elements which reasonably might enter into the fixing of value. Thus, market value, asset value, dividends, earning prospects, the nature of the enterprise and any other facts which were known or which could be ascertained as of the date of merger and which throw any light on future prospects of the merged corporation are not only pertinent to an inquiry as to the value of the dissenting stockholders' interest, but must be considered by the agency fixing the value."[341]

Während vor der Rechtsprechung im Fall *Weinberger* sowohl in Delaware als auch in weiteren Bundesstaaten der Abfindungswert ohne die Berücksichtigung der mit der Transaktion (*merger*) verbundenen Gewinne ermittelt wurde,[342] hebt der *Delaware Supreme Court* die Einbeziehung zukünftiger Erwartungen („future prospects") des fusionierten Unternehmens ausdrücklich hervor, wodurch auch die mit der Maßnahme verbundenen Wertbeiträge einzubeziehen sein würden. Sofern der Mehrheitsaktionär dem Gericht allerdings glaubhaft machen kann, dass der Freeze-out-Transaktion eine Verhandlungssituation zwischen den beteiligten Gesellschaftergruppen vorausgegan-

---

[340] § 13.01 (4) *RMBCA*. Analog hierzu ist dem *statute* Delawares in § 262 h zu entnehmen, dass der *fair value* der das Angebot ablehnenden Minderheitsanteile ermittelt werden soll unter Ausschluss von „[...] any element of value arising from the accomplishment or expectation of the merger."

[341] *Tri-Continental vs. Battye*, 74 A.2d 72 (*Delaware Supreme Court* 1950). Diese Aussage wurde von dem *Delaware Supreme Court* auch in den Urteilen *Weinberger vs. UOP, Inc.*, 457 A.2d 713 (*Delaware Supreme Court* 1983) und *In re Shell Oil Corp.*, 607 A.2d 1218 (*Delaware Supreme Court* 1992) im Wortlaut zitiert.

[342] Aus sozialökonomischer Sicht vgl. hierzu Kapitel V.3.2.

gen ist, in der die Minderheitsaktionäre ihre Ansprüche hätten geltend machen können, bedarf es keiner gerichtlich verfügten Gewinnverteilung.[343]

Bis zur Entscheidung im Fall *Weinberger* fand in Delaware und auch in weiteren Bundesstaaten bei der Ermittlung der „fairen" Abfindungshöhe ausschließlich die *Delaware-Block-Method* Anwendung.[344] Bei der *Delaware-Block-Method* werden zunächst der Marktwert des Unternehmens (market value), der Durchschnittswert des Jahresergebnisses der letzten x Jahre (historical earnings) sowie der Wert des Unternehmensvermögens (asset value) separat ermittelt; anschließend werden die drei gewonnenen Größen mit von dem Gutachter festzulegenden Gewichten multipliziert und zu einem einzigen Wert, dem *fair value*, verdichtet.[345] In der *Weinberger*-Entscheidung stellte der *Delaware Supreme Court* allerdings fest, dass die *Delaware-Block-Method* nicht mehr als die ausschließlich zulässige bzw. gültige Bewertungskonzeption in gerichtlichen Abfindungsfällen angesehen werde.[346]

Um den Minderheitsaktionären die geforderte „faire" Abfindung zu gewährleisten, beschloss der *Delaware Supreme Court* nunmehr bei der Wertermittlung die Anwendung von „[...] any techniques or methods which are generally considered applicable in the financial community."[347] Das Gericht hat sich hier auf kein konkretes Verfahren festlegen wollen, um einerseits voranschreitenden Entwicklungen der Kapitalmarkt- und Unternehmensbewertungstheorie Platz zu lassen und um andererseits unternehmensindividuelle Spezifika bei der Wahl des Bewertungsverfahrens berücksichtigen zu können. Dennoch identifizierte der *Delaware Court of Chancery* die DCF-Methoden als „the preeminent valuation methodology", die in den meisten Bewertungssituationen „the single best technique to estimate the value of an economic asset" sind.[348] Trotz der großen Bedeutung, die den DCF-Methoden in einschlägigen Ge-

---

343 Vgl. *Thompson* (1984), S. 428. Dieses Ergebnis ist auch konsistent mit der oben zitierten *Fairvalue*-Abgrenzung des *RMBCA*, wonach in Ausnahmesituationen nicht der Wert vor Transaktionsdurchführung angesetzt werden darf, sondern eine Einbeziehung unmittelbar mit der Fusion verbundener Gewinne vonnöten ist.

344 "[T]he Block Method was the only valuation technique permitted at that time [1976]." *Rosenblatt vs. Getty Oil Corp.*, 493 A.2d 940 (*Delaware Supreme Court* 1985).

345 Ausführlich zur *Delaware-Block-Method* vgl. *Calio* (1994), S. 30 ff.; *Easterbrook/Fischel* (1998), S. 154 ff.; *Pratt/Reilly/Schweihs* (2000), S. 791 f.

346 Vgl. *Weinberger vs. UOP, Inc.*, 457 A.2d 713 (*Delaware Supreme Court* 1983).

347 *Weinberger vs. UOP, Inc.*, 457 A.2d 713 (*Delaware Supreme Court* 1983).

348 Beide Zitate: *Neal vs. Alabama By-Products Corp.*, C.A. No. 8282 (*Delaware Court of Chancery* 1990). Dasselbe Gericht bezeichnete in einem späteren Urteil die DCF-Methoden erneut als „increasingly the model of choice for valuations in this court." *Charles L. Grimes vs. Vitalink Communications Corp.*, C.A. No. 12334 (*Delaware Court of Chancery* 1997).

richtsurteilen zukommt, stellen sie bei weitem nicht die einzigen Bewertungskonzepte zur Abfindungswertermittlung in der US-amerikanischen Rechtsprechung dar. Weitere von der Gerichtsbarkeit anerkannte Verfahren sind die *Comparable-Company-Method*,[349] das Substanzwertverfahren (net asset valuation)[350] sowie – immer noch – die *Delaware-Block-Method*.[351]

Durch die sehr vage gehaltene Umschreibung der zum Einsatz kommenden Bewertungsmethode ist es den Gerichten gestattet, sowohl auf die unternehmerischen Besonderheiten als auch auf die transaktionsindividuellen Spezifika Rücksicht zu nehmen. Jene Formulierung des *Delaware Supreme Court*, so einige Kommentatoren, ermögliche den Gerichten, den geforderten *fair value* der zwangsweise abgegebenen Aktien auf der Grundlage einer hypothetischen Markttransaktion (*at arm's length*) mit einem unabhängigen Dritten zu ermitteln.[352]

### II.2.1.3.2.3. Appraisal remedy

Sofern die ausgeschlossenen Minderheitsaktionäre kein spezifisches Fehlverhalten des Mehrheitsgesellschafters nachweisen können, sie aber dennoch mit der Höhe der offerierten Abfindung nicht einverstanden sind, können sie die Angemessenheit der Höhe der ihnen angebotenen Kompensation durch die Anstrengung eines *appraisal remedy* gerichtlich prüfen lassen. Das *appraisal remedy* ist nahezu in jedem bundesstaatlichen Gesellschaftsrechtsstatut verankert. Hierdurch soll insbesondere gewährleistet werden, dass im Rahmen von Unternehmenstransaktionen ein solcher Preis für die Aktien der Minderheitsaktionäre zustande kommt, der niemanden schlechter stellt als vor der Transaktion.[353] Während das *appraisal remedy* ursprünglich eine Liquiditätsfunktion, wonach jeder Aktionär, der eine unternehmerische Strukturveränderung ablehnt, gegen die freiwillige Hingabe seiner Aktien eine Abfindung erhält,[354] einnahm, steht nun-

---

[349] Vgl. *Rapid American Corp. vs. Harris*, 603 A.2d 800 f. (*Delaware Supreme Court* 1992). Die Bewertung auf Grundlage der *Comparable-Company-Method* wird in der Regel bei nicht börsennotierten Unternehmen angewendet, indem auf vergleichbare börsennotierte Unternehmen zurückgegriffen wird und auf deren Börsenkurs eine üblicherweise für derartige Gesellschaften gezahlte Übernahmeprämie hinzugerechnet wird. Vgl. hierzu ausführlich *Calio* (1994), S. 54 ff.

[350] Vgl. *Kahn vs. Household Acquisition Corp.*, 591 A.2d 175 (*Delaware Supreme Court* 1991).

[351] Auch im Anschluss an die *Weinberger*-Entscheidung wurde die *Delaware-Block-Method* noch in einzelnen Fällen angewendet. Vgl. z. B. *Pinson vs. Campbell-Taggart, Inc.*, No. 7499 (*Delaware Court of Chancery* 1989). Zu den in Deutschland etablierten Verfahren der Abfindungsbewertung vgl. V.4.

[352] Vgl. *Steinberg/Lindahl* (1984), S. 377 f.; *Thompson* (1984), S. 426.

[353] Vgl. *Herkenroth* (1994), S. 236; *Easterbrook/Fischel* (1998), S. 145.

[354] Es kommt somit einem mittelbaren Austrittsrecht gleich.

mehr die Schutzfunktion im Vordergrund; insbesondere in Fällen, in denen Minderheitsaktionäre gegen ihren Willen aus der Beteiligung gedrängt werden.[355]

Das Gesellschaftsrecht in Delaware z. B. ermöglicht Aktionären, die durch bestimmte Verschmelzungstypen sowie Konsolidierungsmaßnahmen fundamentale Eingriffe in ihr Aktieneigentum hinnehmen müssen, das Recht auf gerichtliche Feststellung des *fair value* ihrer Anteile.[356]

Bei der Ermittlung des *fair value* im Rahmen des *Appraisal*-Verfahrens gelten für die Gerichte exakt die gleichen Vorgaben wie bei der *Fair-price*-Bestimmung des *entire-fairness-test*.[357]

Die Auslösung eines *Appraisal*-Verfahrens in Delaware ist jedoch im Vergleich zum *entire-fairness-test* an andere, striktere, kumulativ zu erfüllende prozedurale Voraussetzungen geknüpft: Der unzufriedene Aktionär muss vor der konstitutiven Wirksamkeit der Fusion sein Bedürfnis auf Rechtsbehelf schriftlich artikulieren (Delaware Code Title 8, § 262 d); der klagende Gesellschafter muss in dem Abstimmungsverfahren entweder gegen die Verschmelzung gestimmt oder sich der Teilnahme an der Beschlussfassung verweigert haben (Delaware Code Title 8, § 262 a); der dissentierende Aktionär muss schließlich spätestens 120 Tage nach der Transaktion einen Antrag auf ein *Appraisal*-Verfahren bei dem *Delaware Court of Chancery* stellen (Delaware Code Title 8, § 262 e).

Weiterhin erwähnenswert ist die Tatsache, dass im Gegensatz zu einer auf Treupflichtverstoß gerichteten Klage im Rahmen des *entire-fairness-test* das *appraisal remedy* nicht im Wege einer Sammelklage (*class action*) angestrengt werden darf.[358] So kann nämlich eine Anklage, die auf die Verletzung der Loyalitätspflicht des Mehrheitsgesellschafters (und somit gegen den Grundsatz des *fair dealing*) gerichtet ist, auch im Namen aller übrigen Aktionäre, unabhängig davon, wie diese abgestimmt ha-

---

[355] Vgl. *Wertheimer* (1998), S. 616. Für einen historischen Überblick über die Entwicklung des *appraisal remedy* vgl. *Manning* (1962), S. 226 ff.; *Carney* (1980), S. 77 ff.; *Cohen* (1985), S. 119 ff.; *Calio* (1994), S. 7 ff. Noch auf die eher veraltete Funktion abstellend vgl. jüngst *Gampenrieder* (2004), S. 70 f.

[356] Nach Delaware Code Title 8, § 262 b, c ist das *Appraisal*-Verfahren beschränkt auf *merger or consolidation of domestic corporations* (§ 251); *merger or consolidation of domestic and foreign corporations* (§ 252); *merger of parent corporation and subsidiary* (§ 253); *merger or consolidation of domestic corporation and joint-stock or other association* (§ 254); *merger or consolidation of domestic stock and nonstock corporations* (§ 257); *merger or consolidation of domestic and foreign stock and nonstock corporations* (§ 258); *merger or consolidation of domestic corporation and limited partnership* (§§ 263, 264).

[357] Vgl. *Gilson/Gordon* (2003), S. 799.

[358] Vgl. Delaware Code Title 8, § 262 a.

ben bzw. ob jene bereits Zahlungen von dem Hauptaktionär angenommen haben, eingereicht werden. Sofern also die Preisauseinandersetzung zwischen Minderheitsaktionären und Mehrheitsgesellschafter auf das *Appraisal*-Verfahren limitiert ist, reduziert sich das Risiko des Mehrheitsaktionärs auf die Zahlung eines höheren als ursprünglich vorgesehenen Abfindungspreises lediglich auf jene Aktien, deren Inhaber die strikten prozeduralen Voraussetzungen vorweisen können. Hierbei handelt es sich erfahrungsgemäß um eine verhältnismäßig kleine Anzahl betroffener Anteile. Demgegenüber sind bei einem durch eine *class action* angestrengten *entire-fairness-test* alle Aktien betroffen, die der Mehrheitsgesellschafter durch den Freeze-out-merger erworben hat.[359]

Werden die Aktionäre nicht in bar, sondern in Aktien der börsennotierten Muttergesellschaft bzw. in Aktien eines anderen kapitalmarktnotierten Unternehmens abgefunden, steht ihnen das Recht auf richterliche Feststellung der Kompensation im Wege eines *Appraisal*-Verfahrens nicht zu; lediglich bei einem *short-form-merger*[360] haben die betroffenen Aktionäre unabhängig von der Abfindungsart einen Rechtsbehelfsanspruch.[361]

#### II.2.1.3.2.4. Neueste Entwicklungen in der Rechtsprechung

Die Ausführungen über die einzelstaatlich geltenden Rechtsregeln haben gezeigt, dass Freeze-outs in den USA grundsätzlich den strengen Kriterien des *entire-fairness-test* unterzogen werden. Darüber hinaus haben die betroffenen Kleinaktionäre unter bestimmten Voraussetzungen die Möglichkeit, die ihnen gewährte Abfindungshöhe im Rahmen eines *appraisal remedy* einer gerichtlichen Überprüfung unterziehen zu lassen. Dass der vom *Delaware Supreme Court* etablierte *entire-fairness-test* nicht für alle Aktionärsausschlüsse Wirkung entfaltet, wurde, für außenstehende Beobachter überraschend, erst jüngst von der Rechtsprechung des Bundesstaates Delaware betont.

So entschied der *Delaware Court of Chancery* im Jahre 2001 *In re Siliconix, Inc., Shareholders Litigation*,[362] dass der *entire-fairness-test* für einen Freeze-out-merger (*short-form-merger*), dem ein öffentliches Übernahmenangebot eines bereits die Kon-

---

[359] Vgl. *Gilson/Gordon* (2003), S. 799.

[360] Vgl. Kapitel II.2.1.2.

[361] Delaware Code Title 8, § 262 b.

[362] Vgl. *In re Siliconix, Inc., Shareholders Litigation*, No. 18700, 2001 WL 716787 (*Delaware Court of Chancery* 2001). Ausführlich zu diesem Urteil vgl. *Cannon* (2003), S. 230-233; *Resnick* (2003), S. 263-268; *Pritchard* (2004), S. 12-15.

trolle innehabenden Gesellschafters vorausging,[363] nicht einschlägig sei.[364] Dem Gericht zufolge musste der Kontrollaktionär also keinen Nachweis der *entire fairness* seines Übernahmeangebots erbringen, obwohl sich der Offerte schließlich ein Ausschluss der dissentierenden Aktionäre zu denselben Konditionen anschloss. Des Weiteren habe auch das *board of directors* der Zielgesellschaft weder gegen seine gegenüber den Minderheitsaktionären bestehende *duty of care* noch *duty of loyalty* verstoßen, indem es versäumte, die Offerte der Bieterin zu beurteilen und den Aktionären eine Handlungsempfehlung auszusprechen.[365] Das Gericht begründete seine Entscheidung mit der unterschiedlichen gesellschaftsrechtlichen Bedeutung von Fusionen und Übernahmeangeboten.[366] Wenn der Kontrollaktionär ohne vorheriges Übernahmeangebot einen Freeze-out-merger initiiert hätte, wäre die Transaktion einem *entire-fairness-test* unterzogen worden.

In einem weiteren Fall, *Glassman vs. Unocal Exploration Corp.*,[367] ging der *Delaware Supreme Court*, ebenfalls in 2001, sogar noch weiter, indem er konstatierte, dass ein *short-form-merger*[368] auch ohne vorheriges Übernahmeangebot nicht dem *entire-fairness-test* unterliege. Den Minderheitsaktionären bleibe einzig die Möglichkeit, ihre Unzufriedenheit über die Abfindungshöhe im Wege eines an strikte Kriterien gebundenen *appraisal remedy* gerichtlich überprüfen zu lassen.[369]

---

363 Dem Übernahmeangebot lagen Aktien als Gegenleistung zugrunde.

364 Den Angebotsunterlagen war dabei explizit zu entnehmen, dass sich der Offerte möglicherweise ein Aktionärsausschluss zu den Übernahmeangebotskonditionen anschließen werde.

365 In einem den gleichen Sachverhalt betreffenden Urteil, *In re Aquila, Inc., Shareholders Litigation*, No. 19237, 2002 WL 27815 (*Delaware Court of Chancery* 2002), bestätigte dasselbe Gericht im Jahre 2002 die in dem *Siliconix*-Fall getroffene Entscheidung und stellte gar die Rechtmäßigkeit der *Board*-Passivität noch prägnanter heraus. Ausführlich zu dem *Aquila*-Fall vgl. *Cannon* (2003), S. 233-235; *Resnick* (2003), S. 269-271; *Pritchard* (2004), S. 15 f.

366 „The first [concept] is that accepting or rejecting a tender is a decision to be made by the individual shareholder, and at least as to the tender itself, he will, if he rejects the tender, still own the stock of the target company following the tender. The second concept is that the acquired company in the merger context enters into a merger agreement, but the target company in the tender context does not confront a comparable corporate decision because the actual target of a tender is not the corporation [...], but is its shareholders. Indeed, the board of the tender target is not asking its shareholders to approve any corporate action by the tender target." *In re Siliconix, Inc., Shareholders Litigation*, No. 18700, 2001 WL 716787 (*Delaware Court of Chancery* 2001) [Einfügung durch den Verfasser].

367 Vgl. *Glassman vs. Unocal Exploration Corp.*, 777 A.2d 242 (*Delaware Supreme Court* 2001). Ausführlich zu dem Urteil vgl. *Resnick* (2003), S. 268 f.; *Pritchard* (2004), S. 11 f.

368 Zu *short-form-mergers* vgl. Kapitel II.2.1.2.

369 Zu den Voraussetzungen eines *appraisal remedy* vgl. Kapitel II.2.1.3.2.3.

Die klare judikative Dichotomie zwischen öffentlichen Übernahmeangeboten und Verschmelzungen im Zusammenhang mit dem Ausschluss von Minderheitsaktionären, die insbesondere in den Fällen *Siliconix* und *Aquila*[370] von dem *Delaware Court of Chancery* manifestiert wurde, erfuhr im Jahre 2002 durch dasselbe Gericht eine Korrektur.[371] Das Gericht anerkannte in seiner Entscheidung den Zwangscharakter, der von Übernahmeangeboten eines bereits die Kontrolle innehabenden Gesellschafters auf die Minderheitsaktionäre ausgeht. Aus diesem Grunde stellte die Rechtsprechung Kriterien für Übernahmeofferten eines Kontrollaktionärs auf, deren kumulative Erfüllung den nicht-zwanghaften Charakter des Angebots indiziert.

Demnach wird angenommen, dass das Übernahmeangebot eines Kontrollaktionärs keinen Zwangscharakter entfaltet, wenn (a) mindestens 50% der Minderheitsaktionäre die Angebotskonditionen akzeptieren; (b) der Kontrollaktionär die unverzügliche Umsetzung eines *short-form-merger* versichert, sofern er im Anschluss an das Übernahmeverfahren mindestens 90% der Aktien hält; (c) der Kontrollaktionär die Verhandlungspartner, insbesondere das möglicherweise installierte neutrale Verhandlungskomitee, nicht mit Vergeltungsmaßnahmen bedroht.[372] Kann der Bieter für sein Angebot die kumulative Erfüllung dieser Kriterien nachweisen, ist der sich der Übernahmeofferte anschließende Minderheitsaktionärsausschluss nicht dem *entire-fairness-test* zu unterziehen.

Die Frage, ob jene aufgestellten Kriterien einen ausreichenden Schutz der Minderheitsaktionäre gewährleisten, wird im US-amerikanischen Schrifttum kontrovers diskutiert. Auf der einen Seite wird bemängelt, dass insbesondere das Mehrheitsvotum (Kriterium (a)) nur einen minimalen Schutz für die Publikumsaktionäre bereithält. Realiter werden, sollte kein unabhängiges Verhandlungskomitee eingerichtet sein, Übernahmen bereits dann erfolgreich sein, wenn der Bieter den niedrigstmöglichen Preis je

---

370 Für die Fundstelle des *Aquila*-Entscheids vgl. FN 365.

371 Vgl. *In re Pure Resources, Inc., Shareholder Litigation*, 808 A.2d 421 (*Delaware Court of Chancery* 2002). In dieser Angelegenheit ging es um einen 65%igen Mehrheitsaktionär (*Unocal*), der die restlichen 35% an der Zielgesellschaft (*Pure Resources*) im Wege eines auf Aktientausch basierenden Übernahmeangebots erwerben wollte, und für den Fall, dass er im Anschluss an das Übernahmeangebot mindestens 90% der Aktien besitzt, einen *short-form-merger*, das heißt einen Minderheitsaktionärsausschluss, zu den Übernahmeangebotskonditionen ankündigte. *Pure Resources* setzte daraufhin ein unabhängiges Verhandlungskomitee ein, dessen Autorität allerdings auf Verhandlungsführung sowie Berichterstattung begrenzt war; insbesondere durfte es keine die Verhandlungsposition der Zielgesellschaft stärkenden Abwehrinstrumente, wie z. B. *poison pills*, einsetzen. Ausführlich zu diesem Urteil vgl. *Cannon* (2003), S. 235-240; *Resnick* (2003), S. 272-276; *Pritchard* (2004), S. 16-22. Für eine Definition von *poison pills* vgl. ausführlich *Gaughan* (2002), S. 170-180, sowie *Kuhner/Schilling* (2002), S. 446.

372 Vgl. *In re Pure Resources, Inc., Shareholder Litigation*, 808 A.2d 445 (*Delaware Court of Chancery* 2002).

Aktie offeriert, zu dem 50% der Kleinaktionäre ihre Aktien andienen werden. Sofern nämlich die Minderheitsaktionäre über kein ihre Interessen wahrnehmendes Verhandlungskomitee verfügen, werden sie bereit sein, ihre Anteile zu einer geringen Prämie auf den Marktpreis zu veräußern. Insbesondere wegen dieser unzureichenden Schutzvorkehrungen wird eine strikte Anwendung des *entire-fairness-test* auf Übernahmeangeboten folgende Aktionärsausschlüsse gefordert, um eine Konvergenz zwischen *tender offers* und *mergers* zu erreichen.[373]

Dem strikten Konvergenzansatz entgegnen die Protagonisten der Dichotomie zwischen Übernahmeangeboten und Fusionen, dass Minderheitsaktionäre regelmäßig über angemessene Schutzvorkehrungen bei vom Kontrollaktionär unterbreiteten Übernahmeangeboten verfügen. Sie verweisen anekdotisch auf drei nach dem *Siliconix*-Urteil ergangene Freeze-out-Fälle, die im Anschluss an ein Übernahmeangebot erfolgten, und in denen jeweils ein eingerichtetes unabhängiges Verhandlungskomitee den offerierten Preis in die Höhe treiben konnte.[374] Zudem handele es sich bei der Regelungsdifferenz auch „lediglich" um einen einmaligen Vermögenstransfer zulasten der Minderheitsaktionäre und zugunsten der Mehrheitsaktionäre, der ex ante durch die geringere Zahlungsbereitschaft der Kleinaktionäre ausgeglichen werde.[375]

Schließlich sei noch auf die einen Mittelweg propagierenden Vertreter hingewiesen. Demnach soll von dem *entire-fairness-test* bei von Kontrollaktionären unterbreiteten Übernahmeangeboten Abstand genommen werden, wenn die Offerte die Kriterien aus dem *Pure-Resources*-Fall erfüllt und darüber hinaus ein neutrales Verhandlungskomitee einberufen wurde, das ein Vetorecht über den Erfolg der Übernahmeofferte besitzt. Sollte sich der kontrollierende Bieter mit seinem Angebot direkt, ohne Einschaltung eines unabhängigen Verhandlungskomitees, an die Zielgesellschaftsaktionäre wenden, ist die Offerte einem *entire-fairness-test* zu unterziehen.[376]

Im Anschluss an das *Siliconix*-Urteil hat sich, so der empirische Befund, die Struktur der Freeze-out-Transaktionen gewandelt. In der ersten und bis dato einzigen empirischen Untersuchung über die Ausgestaltung von Freeze-out-Transaktionen *nach* dem *Siliconix*-Urteil des *Delaware Court of Chancery* ermittelt *Subramanian* für eine 96

---

[373] Vgl. *Cannon* (2003), S. 241-243, der auf S. 242 fordert, dass „[…] the Delaware Supreme Court should reject the distinction made in *Siliconix* and *Aquila* between mergers and tender offers and recognize the heightened standard applied in *Pure Resources* to controlling-party led tender offers." (Hervorhebungen im Original). Ebenfalls für eine Konvergenz der Beurteilungskriterien für Übernahmeangebote und Fusionen ist *Resnick* (2003), S. 278-283.

[374] Vgl. *Pritchard* (2004), S. 25-38.

[375] Vgl. *Pritchard* (2004), S. 3.

[376] Vgl. *Gilson/Gordon* (2003), S. 827-840.

Squeeze-outs umfassende Stichprobe in Delaware, dass trotz der vermeintlich rigideren richterrechtlichen Anforderungen für Verschmelzungen 69 (72%) Aktionärsausschlüsse im Gefolge einer Fusion und 27 (28%) Ausschlüsse im Anschluss an ein Übernahmeangebot durchgeführt wurden.[377] Die 27 auf Übernahmeofferten folgenden Freeze-outs stellen einen rapiden relativen Anstieg gegenüber der Zeit vor dem durch das *Siliconix*-Urteil konstituierten Regimewechsel dar: So stellt *Subramanian* für die 111 Squeeze-out-Transaktionen, welche binnen 30 Monaten vor dem Rechtsspruch durchgeführt wurden, fest, dass lediglich neun (8%) im Gefolge von Übernahmeangeboten lanciert wurden.[378] Somit kann festgehalten werden, dass sich das Ausschlussprozedere durch die neue Rechtsprechung – relativ betrachtet – zuungunsten der Minderheitsaktionäre verändert hat.

### II.2.2. Squeeze-out nach britischem Recht

#### II.2.2.1. Grundlagen

Das britische Gesellschaftsrecht hält zwei bedeutende Möglichkeiten für den Mehrheitsgesellschafter bereit, die Aktionärsminderheit im Zuge einer unternehmerischen Kontrollübernahme zwangsweise auszuschließen: Hierbei handelt es sich um die Regelungen der Sections 428 ff. Companies Act 1985, wonach ein Zwangsausschluss nach einem Übernahmeangebot möglich ist, sowie um die Vorschriften der Sections 425 ff. Companies Act 1985, die eine Aktieneinziehung im Zuge einer *scheme of arrangement* gestatten.

#### II.2.2.2. Zwangsausschluss nach Sections 428 ff. Companies Act 1985

Unabdingbare Voraussetzung für den Zwangsausschluss nach Sections 428 ff. Companies Act 1985 ist ein vorausgehendes Übernahmeangebot, das sich auf alle Aktien bzw. auf alle Anteilspapiere einer bestimmten Aktiengattung bezieht. Sofern nun dem Erwerber binnen vier Monaten nach Veröffentlichung des Angebots mindestens 90% der außenstehenden Aktien der jeweiligen Gattung im Zuge des Übernahmeangebots angedient worden sind, kann er die restlichen, nicht angedienten Aktien gemäß Section 429 Companies Act 1985 zu den Konditionen des Übernahmeangebots auch gegen den

---

[377] Vgl. *Subramanian* (2004a), S. 11-13. Die Stichprobe bezieht sich auf die in der Zeit von dem 19.6.2001 bis zum 31.12.2003 in Delaware angekündigten Freeze-outs. Vgl. *Subramanian* (2004a), S. 11.

[378] Vgl. *Subramanian* (2004a), S. 14.

Willen der verbliebenen Aktionärsminderheit einziehen.[379] Bereits vorab des Übernahmeangebots von dem Hauptaktionär über die Börse bzw. anderweitig erworbene Aktien dürfen bei der Berechnung der für den Ausschluss geforderten Schwelle nicht berücksichtigt werden.[380]

Die von dem Squeeze-out betroffenen Minderheitsaktionäre können gemäß Section 430 C Companies Act 1985 innerhalb von sechs Wochen nach der offiziellen Ausschlussanzeige durch den Hauptaktionär den Rechtsweg einschlagen, um sowohl die formalen Voraussetzungen des Zwangsausschlusses als auch die Angemessenheit der Abfindungshöhe gerichtlich überprüfen zu lassen. Das zuständige Gericht kann nach eingehender Prüfung die Nichtigkeit bzw. die Änderung der Bedingungen des Zwangserwerbs anordnen. Während der gerichtlichen Überprüfung ist die Möglichkeit des Ausschlusses gemäß Section 430 C (2) Companies Act 1985 ausgesetzt. Das Gesetz hält keine Anhaltspunkte für die richterliche Überprüfung bereit. Es ist jedoch davon auszugehen, dass dem Antrag der Aktionärsminderheit stattzugeben ist, wenn das Gericht die „Unfairness" des Übernahmeangebots für die Zielgesellschaftsaktionäre im Allgemeinen feststellt; unerheblich ist hierbei, ob die auszuschließenden Aktionäre die Aktien mit Verlust an den Hauptaktionär verkaufen müssen.[381] Die Beweislast betreffend die „Unfairness" des Übernahmeangebots obliegt dabei grundsätzlich den Antragstellern.[382] Die Tatsache, dass mindestens 90% der Anteilsinhaber das in Rede stehende Übernahmeangebot angenommen haben, sowie eine über dem Börsenkurs liegende Abfindung begründen regelmäßig einen *Prima-facie*-Beweis für die Fairness der Offerte.[383]

Section 430 A Companies Act 1985 hält mit dem so genannten Andienungsrecht der Minderheitsaktionäre ein zum Zwangsausschluss spiegelbildliches Rechtsinstitut bereit. So können Aktionäre, die ihre Aktien im Zuge des Übernahmeangebots nicht dem Erwerber angedient haben, von dem Erwerber, der mindestens 90% aller Aktien bzw. sämtlicher Anteilspapiere gleicher Gattung erworben hat, innerhalb von drei Monaten den Erwerb ihrer Aktien verlangen. Für das Andienungsrecht gelten dann die Konditi-

---

379 Regelmäßig enthält bereits das Übernahmeangebot den Hinweis, dass der Bieter von der Möglichkeit des Zwangsausschlusses Gebrauch machen wird. Vgl. *Than* (1997), S. 412.

380 Vgl. *Than* (1997), S. 413.

381 "The test is whether the offer is fair to the shareholders as a body without reference to the particular circumstances of the applicant to the court, so it will not be relevant that the dissenting shareholders will be forced to sell at a loss." *Farrar/Hannigan/Furey/Wylie* (1998), S. 608.

382 Vgl. *Charlesworth/Morse* (1991), S. 873; *Than* (1997), S. 415; *Farrar/Hannigan/Furey/Wylie* (1998), S. 608; *Hamann* (2003), S. 42.

383 Vgl. *Than* (1997), S. 415; *Farrar/Hannigan/Furey/Wylie* (1998), S. 608.

onen des Übernahmeangebots. Im Gegensatz zu dem Zwangsausschluss ist es hier unerheblich, ob der Erwerber seine mindestens 90%ige Beteiligung alleine durch die Übernahmeofferte erreicht oder z. B. vorab über die Börse erstanden hat.[384] Die Andienungsoption erlischt erst dann, wenn der Hauptaktionär von seiner Kaufoption (dem Zwangsausschluss) Gebrauch macht. Gemäß Section 430 C (2) Companies Act 1985 gilt auch für das Andienungsrecht die analoge gerichtliche Nachprüfung, wobei sich die Kontrolle im Gegensatz zum Zwangsausschluss lediglich auf die Konditionen des Austritts beschränkt.

### II.2.2.3. Zwangsausschluss nach Sections 425 ff. Companies Act 1985

Im Zuge einer *scheme of arrangement*, das heißt einer Vereinbarung zwischen den Aktionären, können die Minderheitsgesellschafter gemäß Sections 425 ff. Companies Act 1985 ebenfalls ihrer Anteile zwangsweise entledigt werden. Sections 425 ff. Companies Act 1985 umschließen grundsätzlich eine Vielzahl von Kontrollübernahmen, wie z. B. Verschmelzungen und Vermögensübertragungen. Die *scheme of arrangement* muss auf einer von dem Gericht einberufenen Gesellschafterversammlung beschlossen werden; der Beschluss unterliegt strikten Mehrheitserfordernissen: So muss für jede Aktienklasse eine Mehrheit der anwesenden Aktionäre nach Köpfen erzielt werden, die zudem mindestens 75% des in der Gesellschafterversammlung anwesenden Kapitals der jeweiligen Aktienklasse repräsentieren muss.[385] Die beschlossene Vereinbarung über z. B. eine Verschmelzung kann nunmehr vorsehen, jene Aktionäre, die dem Unternehmenszusammenschluss widersprechen, auszuschließen. Voraussetzung für die Gültigkeit der *scheme of arrangement* ist allerdings die Zustimmung des Gerichts. Als Grundformel des Gerichts bei der Entscheidung über seine Zustimmung über die von der Versammlung getroffene Vereinbarung gilt, „[...] whether the proposal is such that an intelligent and honest man, a member of the class concerned and acting in respect of his interest, might reasonably approve."[386]

Fraglich und höchstrichterlich noch nicht abschließend geklärt ist, ob bei dem Aktionärsausschluss nach Sections 425 ff. Companies Act 1985 ebenfalls eine Bindung an

---

384 Vgl. *Than* (1997), S. 413.

385 Eine Aktienklasse setzt sich zusammen aus „[...] those persons whose rights are not so dissimilar as to make it impossible for them to consult together with a view to their common interest." *Farrar/Hannigan/Furey/Wylie* (1998), S. 604, zitieren so aus einem einschlägigen Gerichtsurteil.

386 Vgl. das Zitat aus einem Gerichtsurteil bei *Farrar/Hannigan/Furey/Wylie* (1998), S. 604.

die mindestens 90%ige Annahmequote, wie in Sections 428 ff. Companies Act 1985 verlangt, notwendig ist.[387]

### II.2.3. Weitere in Europa geltende Squeeze-out-Regelungen

Neben Großbritannien verfügen noch weitere Staaten in Europa über Regeln, die den Zwangsausschluss von Minderheitsaktionären ermöglichen.

In *Frankreich* besteht gemäß Art. 5-7-1 bis 5-7-3 des Règlement Général Conseil des Marchés Financiers für den Hauptaktionär einer an der *cote officielle* oder dem *second marché*[388] gehandelten Unternehmung die Möglichkeit, die außenstehenden Aktien gegen den Willen ihrer Eigentümer zu erwerben, wobei der Ausschluss nur im Anschluss an ein vorausgehendes freiwilliges Kaufangebot durchgeführt werden kann: Sofern der Hauptaktionär mindestens 95% der Stimmrechte an der Zielgesellschaft hält, kann er bei dem Conseil des Marchés Financiers (CMF)[389] einen Antrag stellen, um die restlichen Anteile durch ein öffentliches Kaufangebot (*offre publique de retrait*) zu erwerben; in diesem Antrag kann er sich vorbehalten, die das Angebot ablehnenden Aktionäre im Anschluss auch gegen ihren Willen auszuschließen. Die im Rahmen des Ausschlusses zu zahlende Abfindung entspricht dabei mindestens dem Gegenwert, den er in dem *offre publique de retrait* geboten hat.[390] Umgekehrt haben auch die Minderheitsaktionäre bei gleichen Stimmrechtsverhältnissen die Möglichkeit, bei dem CMF einen Antrag auf ein *offre publique de retrait* zu stellen, wodurch der Mehrheitseigner verpflichtet wird, ihnen ein öffentliches Kaufangebot zu unterbreiten und somit die Gelegenheit des Verbandsaustritts zu ermöglichen. Der Gegenwert des öffentlichen Kaufangebots wird von dem CMF in puncto Angemessenheit gewürdigt.[391] Schließt sich ein Zwangsausschluss an, wird die sich an diesem Gegenwert orientierende Abfindung im Auftrag des Mehrheitsaktionärs einer gutachterlichen Prüfung unterzogen;[392] Eingang in die Bewertung finden dabei gemäß Art. 5-7-1 Abs. 3 Règlement Général Conseil des Marchés Financiers die Aktivawerte, die realisierten

---

[387] Zu den Argumenten für und wider eine Kopplung an die Annahmequote von 90% vgl. *Farrar/Hannigan/Furey/Wylie* (1998), S. 609 f.; *Hecker* (2000), S. 50.

[388] Die *cote officielle* entspricht dem amtlichen Handel und die *second marché* dem geregelten Markt der Deutschen Börse AG.

[389] Der CMF entscheidet u. a „über die Zulassung, den Handel oder den Rückzug von Wertpapieren vom Finanzmarkt und ist in jedem Stadium eines öffentlichen Angebotsverfahrens beteiligt." *Helms* (2001), S. 74.

[390] Vgl. *Helms* (2001), S. 93 f.

[391] Vgl. *Helms* (2001), S. 93.

[392] Vgl. *Helms* (2001), S. 94; *Rühland* (2003), S. 155 f.

Gewinne, der Börsenkurs, die künftigen Erfolgsaussichten sowie die Existenz von Tochterunternehmen.[393] Das auf dieser Grundlage ermittelte Bewertungsgutachten ist dem CMF vorzulegen, der seinerseits die gutachterlich vorgeschlagene Gegenleistung durch einen unabhängigen Experten untersuchen lassen muss. Bei Einwänden gegen die Entscheidung des CMF über u. a. die Abfindungshöhe steht ein Rechtsbehelfsverfahren zu dem *Cour d' Appel de Paris* bereit.[394]

Das *belgische* Gesellschaftsrecht (Lois Consolidées sur les Sociétés Commerciales (L.C.S.C.))[395] hält seit der Gesellschaftsrechtsnovelle im Jahre 1995 mit Art. 190 quinquies für einen mindestens 95% der Stimmrechte haltenden Aktionär die Option bereit, die restlichen Anteile zwangsweise zu erwerben.[396] Ausgelöst wird der Ausschluss durch einen Antrag bei der Banken- und Finanzkommission (Commission Bancaire et Financière).[397] Zwar gilt der Zwangsausschluss sowohl für börsen- als auch für nicht börsennotierte AG; die Ausschließungsvoraussetzungen, die im Übrigen durch königliche Erlasse konkretisiert wurden, sind allerdings bei nicht kapitalmarktnotierten Gesellschaften im Gegensatz zu den an der Börse zugelassenen Korporationen restriktiver.[398] Schließlich können Aktionäre nicht börsennotierter Gesellschaften, die einzeln bzw. zusammen über mindestens 30% des Grundkapitals verfügen, gemäß Art. 190ter L.C.S.C. durch einen Antrag bei Gericht und bei Nachweis eines wichtigen Grundes (z. B. Missachtung von Aktionärspflichten) verlangen, dass die übrigen Gesellschafter ihre Aktien an diese veräußern müssen.[399] Die Entgelthöhe für die Anteilspapiere wird grundsätzlich von einem Experten ermittelt, wobei im Falle einer Kapitalmarktnotierung dem Börsenkurs regelmäßig Wertrelevanz zukommt. Ein Andienungsrecht der Minderheitsaktionäre ist dem belgischen Gesellschaftsrecht nicht bekannt.

In den *Niederlanden* legitimiert Art. 92 a Abs. 1, Buch 2 Burgerlijk Wetboek einen oder mehrere Anteilseigner, die alleine oder zusammen mindestens 95% des Grundkapitals an der börsennotierten bzw. nicht börsennotierten Gesellschaft halten, einen Antrag bei Gericht zu stellen, wonach die restlichen außenstehenden Aktien zwangsweise

---

393 Vgl. *Rühland* (2003), S. 156.

394 Vgl. *Rühland* (2003), S. 157.

395 Vgl. *Blaurock/Jung* (1999), S. 235 f.

396 Vgl. *Wymeersch* (2001), S. 24 f.

397 Vgl. *Rühland* (2003), S. 157.

398 Vgl. *Forum Europaeum Konzernrecht* (1998), S. 736; *Hamann* (2003), S. 47.

399 Vgl. *Wymeersch* (2001), S. 25; *Rühland* (2003), S. 158, der zudem weitere Ausschlussgründe nennt.

gegen Entgelt erworben werden können. Das Gericht[400] darf gemäß Art. 92 a Abs. 4, Buch 2 Burgerlijk Wetboek dem Antrag u. a. dann nicht stattgeben, wenn ein oder mehrere Minderheitsaktionäre trotz Abfindung durch den Ausschluss einen nicht unerheblichen materiellen Schaden erleiden. Gibt der zuständige Richter dem Ausschlussantrag statt, ist es gemäß Art. 92 a Abs. 5, Buch 2 Burgerlijk Wetboek seine Aufgabe, die Höhe der Kompensation festzulegen.[401] Geht dem Ausschluss ein öffentliches Übernahmeangebot voraus, wird der dort gezahlte Gegenwert bei der Kompensationsermittlung regelmäßig einbezogen; gleiches gilt für den Fall eines feststellbaren Börsenkurses. Ein Andienungsrecht ist dem niederländischen Gesellschaftsrecht grundsätzlich unbekannt und nur in Ausnahmefällen auf nicht börsennotierte Gesellschaften begrenzt.[402] Ebenfalls möglich ist der Zwangsausschluss bei GmbH gemäß Art. 201 a, Buch 2 Burgerlijk Wetboek.

In *Schweden* existiert gemäß Kapitel 14 §§ 31 - 35 Aktiebolagslag ein Ausschlussrecht des Hauptgesellschafters, wenn dieser mehr als 90% sowohl des Grundkapitals als auch der Stimmrechte der börsennotierten bzw. nicht börsennotierten Gesellschaft hält. Umgekehrt haben die Minderheitsaktionäre bei analogen Kapital- und Stimmrechtsverhältnissen die Möglichkeit, ihre Anteile an den Mehrheitseigner zu veräußern. Sofern die Minderheitsaktionäre mit der angebotenen Abfindung nicht einverstanden sind, entscheidet ein Schiedsgericht über deren Höhe; dabei werden etwaige Vorerwerbspreise bzw. Börsenkurse miteinbezogen.[403] Auf Grundlage des schwedischen Rechts wurden im Übrigen weitestgehend die Regelungen in *Island*, *Dänemark*, *Finnland* sowie *Norwegen* gefasst.[404]

In *Italien* ist zunächst jeder Aktionär, der eine Beteiligung von mehr als 90% an einer börsennotierten Gesellschaft hält, gemäß Art. 108 des italienischen Kapitalmarktgesetzes (Testo Unico delle disposizioni in materia di mercati finanziari) verpflichtet, ein öffentliches Übernahmeangebot (*offerta totalitaria*) für die restlichen Aktien abzugeben, was de facto einem Austrittsrecht der Minderheitsaktionäre gleichkommt. Der Preis für die außenstehenden Aktien wird dabei von der italienischen Börsenauf-

---

400 Zuständig ist hier der Gerichtshof in Amsterdam gemäß Art. 92 a Abs. 2, Buch 2 Burgerlijk Wetboek. Gegen die Entscheidung des Gerichtshofs kann die so genannte Kassationsbeschwerde beim Obersten Gerichtshof in Den Haag gemäß Art. 92 a Abs. 2, Buch 2 Burgerlijk Wetboek angestrengt werden. Vgl. *Rühland* (2003), S. 159.

401 Vgl. u. a. *Hamann* (2003), S. 48; *Rühland* (2003), S. 159.

402 Vgl. *Timmermann* (2001), S. 175.

403 Vgl. *Skog* (2001), S. 225.

404 Vgl. *Andersen* (2002), S. 114.

sichtsbehörde CONSOB[405] festgelegt. Hält der Hauptaktionär im Anschluss an das Übernahmeangebot mindestens 98% der Aktien, kann er binnen vier Monaten nach dem Übernahmeangebot die restlichen Anteile gemäß Art. 111 des italienischen Kapitalmarktgesetzes zwangsweise erwerben.[406] Für die Bestimmung der Gegenleistung sowohl beim Austrittsrecht als auch beim Zwangsausschluss kommen insbesondere der durchschnittliche Börsenkurs der letzten sechs Monate sowie Vorerwerbspreise ins Blickfeld.[407] Die ausgeschlossenen Minderheitsaktionäre können sowohl die Voraussetzungserfüllung als auch die gewährte Gegenleistung zivilrechtlich prüfen lassen.[408]

Das *österreichische* Gesellschaftsrecht hält für Hauptgesellschafter von Kapitalgesellschaften, die mindestens 90% des Grundkapitals halten, mit § 2 UmwG die Möglichkeit bereit, im Wege einer verschmelzenden Umwandlung,[409] die restlichen Anteile gegen eine Barabfindung unter Berücksichtigung eines etwaigen Börsenkurses zu übernehmen.[410] Ferner besteht noch die jüngst gerichtlich legitimierte Möglichkeit, die Minderheitsaktionäre im Wege einer nicht verhältniswahrenden Spaltung auszuschließen, für die gemäß § 8 Abs. 3 SpaltG eine mindestens 90%ige Grundkapitalbeteiligung des Mehrheitsaktionärs vorliegen muss. Demnach werden die Minderheitsaktionäre in eine regelmäßig ausschließlich mit Barwerten ausgestattete Gesellschaft „herausgespalten"; die Gesellschaft ist von der Gründung an auf ihre Zerschlagung ausgerichtet, wobei die eingelegten Barmittel als Abfindung der Minderheitsaktionäre dienen.[411] Eine dem Squeeze-out ähnliche Vorschrift, wonach der Hauptaktionär bei Vorliegen einer bestimmten Mindestbeteiligung die außenstehende Minderheit per Hauptversammlungsbeschluss auskaufen kann, existiert im österreichischen Gesellschaftsrecht allerdings nicht. Auch der Austritt der Minderheitsaktionäre in Form eines Andienungsrechts ist dem österreichischen Gesellschaftsrecht unbekannt.

In der *Schweiz* ist das Ausschlussrecht gemäß Art. 33, 54 Börsen- und Effektenhandelsgesetz (BEHG) i. V. m. Art. 54, 55 VB-BEHG auf börsennotierte Gesellschaften beschränkt und nur binnen drei Monaten nach einem erfolgreichen Übernahmeangebot

---

[405] Commissione Nazionale per le Società e la Borsa.

[406] Vgl. *Kindler* (2001), S. 154.

[407] Vgl. *Kindler* (2001), S. 154.

[408] Vgl. *Rühland* (2003), S. 160, m. w. N.

[409] Bei einer verschmelzenden Umwandlung kommt es zu einer Gesamtvermögensübertragung im Wege einer Gesamtrechtsnachfolge bei gleichzeitigem Rechtsformwechsel. Vgl. *Doralt/Kalss* (2001), S. 204 f.; *Kalss/Zollner* (2004), S. 238.

[410] Vgl. *Rühland* (2003), S. 153, m. w. N.

[411] Vgl. *Rühland* (2003), S. 154; *Kalss/Zollner* (2004), S. 238.

sowie nach vorheriger Bekanntmachung möglich. Voraussetzung ist weiterhin, dass der Hauptaktionär mindestens 98% der Stimmrechte hält und bei dem zuständigen Gericht einen Antrag auf Kraftloserklärung der außenstehenden Anteile stellt. Für die Feststellung der Abfindung ist der im Rahmen des Übernahmeangebots gezahlte Preis beachtlich, der seinerseits mindestens dem Börsenkurs entsprechen muss und den höchsten innerhalb der letzten zwölf Monate gezahlten Vorerwerbspreis um maximal 25% unterschreiten darf. Ein Austrittsrecht im herkömmlichen Sinne kennt das schweizerische Gesellschaftsrecht nicht. Eine 10% des Grundkapitals besitzende Minderheit kann lediglich auf Gesellschaftsauflösung klagen und eine Barabfindung für die mit einem Austritt verbundene Abwendung dieses Rechtsbegehrens vereinnahmen.[412]

In *Spanien* schließlich existieren weder ein Squeeze-out- noch ein Andienungsrecht.[413]

### II.2.4. Squeeze-out nach neuem EU-Recht

Die am 30.3.2004 vom Ministerrat für Inneres und Justiz verabschiedete, am 30.4. im Amtsblatt der EU veröffentlichte,[414] am 20.5.2004 in Kraft getretene und bis zum 20.5.2006[415] in nationales Recht zu transformierende EU-Übernahmerichtlinie[416] (ÜRL) enthält mit Art. 15 ebenfalls die Möglichkeit des Zwangsausschlusses von Minderheitsaktionären.[417] Der zwangsweise Erwerb der außenstehenden Aktien ist gemäß Art. 1 Abs. 1 i. V. m. Art. 15 ÜRL nur bei börsennotierten AG möglich. Zudem muss dem Squeeze-out gemäß Art. 15 Abs. 1 ÜRL ein an alle Aktionäre gerichtetes Angebot zum Erwerb sämtlicher Anteilspapiere vorausgegangen sein. Art. 15 Abs. 2 ÜRL hält für die Mitgliedsstaaten wahlweise zwei Optionen bei der Festlegung der einen Squeeze-out ermöglichenden Beteiligungsquote bereit:

Art. 15 Abs. 2 a) ÜRL: Der Hauptgesellschafter hält mindestens 90% des stimmberechtigten Kapitals plus 90% der Stimmrechte der Gesell-

---

412 Vgl. *Forum Europaeum Konzernrecht* (1998), S. 736.

413 Vgl. *Peris* (2001), S. 278.

414 Amtsblatt Nr. L 142 vom 30.4.2004, S. 12-23.

415 Vgl. Art. 21 der EU-Übernahmerichtlinie (ÜRL). Die Umsetzung in deutsches Recht ist bis jetzt noch nicht erfolgt.

416 Für einen umfassenden Überblick über die ÜRL vgl. *Maul/Muffat-Jeandet* (2004), S. 225 ff., S. 306 ff.

417 Für eine Chronologie des Jahrzehnte währenden Tauziehens um ein EU-weit geltendes Übernahmerecht vgl. ausführlich *Maul/Muffat-Jeandet* (2004), S. 223-225, sowie kurz zusammenfassend *Kindler/Horstmann* (2004), S. 866.

schaft. Die Mitgliedsstaaten können die Schwelle hier wahlweise bis auf maximal 95% erhöhen.

Art. 15 Abs. 2 b) ÜRL: Der Hauptgesellschafter hat durch die Annahme seines Übernahmeangebots Aktien erworben, die mindestens 90% des stimmberechtigten Kapitals und 90% der vom Angebot betroffenen Stimmrechte ausmachen, bzw. er hat sich fest vertraglich gebunden, diese zu erwerben.

In zeitlicher Hinsicht muss der Squeeze-out gemäß Art. 15 Abs. 4 ÜRL innerhalb von drei Monaten nach Ablauf der Frist für die Annahme des öffentlichen Übernahmeangebots gemäß Art. 7 ÜRL erfolgen.

Art. 15 Abs. 3 Satz 2 ÜRL hält für die Mitgliedsstaaten ferner ein Wahlrecht bereit, wonach sie, dem britischen Vorbild folgend, für jede Aktiengattung einer Korporation ein separates Ausschlussrecht vorsehen können, was dazu führt, dass im Falle eines Squeeze-out für jede einzelne Gattung die entsprechenden Ausschlussvoraussetzungen zu erfüllen sind.

Art. 15 Abs. 5 ÜRL schreibt vor, dass die den Minderheitsaktionären zu gewährende Abfindung entweder dieselbe Form haben muss wie die Gegenleistung des Übernahmeangebots oder aber in Bargeld erfolgen muss. Des Weiteren haben die Mitgliedsstaaten gemäß Art. 15 Abs. 5 ÜRL sicherzustellen, dass die den ausgeschlossenen Minderheitsaktionären zu zahlende Abfindung angemessen ist.

Eine genaue Berechnungsarithmetik für die Abfindungsbewertung gibt die ÜRL nicht vor. Vielmehr enthält sie zwei Angemessenheitsvermutungen, die sich auf sowohl im Rahmen von freiwilligen öffentlichen Übernahmeangeboten als auch im Zusammenhang mit Pflichtangeboten gezahlte Vorerwerbspreise stützen.

Geht dem Squeeze-out ein freiwilliges Übernahmeangebot voraus, gilt die dort gezahlte Gegenleistung als angemessen, wenn der Hauptaktionär im Rahmen dieser Offerte mindestens 90% des stimmberechtigten Aktienkapitals erworben hat, auf das sich das Übernahmeangebot bezog.

Für die im Rahmen eines Pflichtangebots[418] gewährte Gegenleistung gilt stets die Angemessenheitsvermutung. Bei der Bestimmung des Angemessenheit gewährleistenden Pflichtangebots wird gemäß Art. 5 Abs. 4 ÜRL auf Vorerwerbe des Bieters abgestellt. Dabei gilt der höchste vom Bieter innerhalb der letzten sechs bis zwölf Monate vor

---

418 Gemäß Art. 5 Abs. 1 ÜRL ist eine natürliche oder juristische Person zur Abgabe eines Angebots zum Erwerb sämtlicher Aktien verpflichtet, wenn diese Anteilspapiere hält, die sie aufgrund ihrer Stimmrechtsmacht zur Ausübung der Kontrolle über die Gesellschaft berechtigen.

dem Angebot gezahlte Preis als angemessen.[419] Für den Fall, dass der Bieter nach Veröffentlichung des Pflichtangebots und vor Ende dessen Annahmefrist weitere Aktien zu einem höheren Preis erwirbt, ist das Pflichtangebot, dem Grundsatz der Gleichbehandlung folgend, mindestens auf den höchsten in dieser Zeit gezahlten Preis zu erhöhen. Der Richtliniengeber erkennt die Problematik der möglichen Unangemessenheit von Vorerwerbspreisen an, indem er den Mitgliedsstaaten die Möglichkeit einräumt, unter bestimmten Voraussetzungen den Gegenwert nach festgelegten Kriterien abweichend von der Vorerwerbsregel zu bestimmen.[420]

Art. 16 ÜRL sieht darüber hinaus auch ein Andienungsrecht (Sell-out-Recht) der Minderheitsaktionäre vor, wonach diese, spiegelbildlich zum Squeeze-out, einzeln von dem Hauptaktionär verlangen können, ihre Anteile zu erwerben. Diese Regelung ist weitestgehend an die des Squeeze-out des Art. 15 ÜRL angelehnt. Das Andienungsrecht ist somit auch nur innerhalb von drei Monaten im Anschluss an den Ablauf der Frist zur Annahme eines Übernahmeangebots möglich. Hinsichtlich der Beteiligungsschwellen, der Angemessenheit der Abfindung sowie der Abfindungsform gelten gemäß Art. 16 Abs. 2, 3 ÜRL die gleichen Bedingungen wie bei der Squeeze-out-Vorschrift. Die Einführung der Andienungsoption erfolgt, der Expertengruppe der Europäischen Kommission zufolge, um einer möglichen Ausbeutungsgefahr der Minderheitsaktionäre im Anschluss an eine erfolgreiche Unternehmensübernahme zu begegnen, deren Intensität in einem negativen Verhältnis zu der Gesamtminderheitsbeteiligung steht. Des Weiteren wird das Sell-out-Recht damit begründet, dass die verbliebene geringe Minderheitsbeteiligung möglicherweise auf einem dann illiquiden Markt kaum mehr veräußerbar sei. Schließlich erhofft sich die Expertengruppe eine Überwindung des Annahmezwangs der Zielgesellschaftsaktionäre[421] bei Übernahmeangeboten, die den Adressaten einen Preis je Aktie offerieren, der niedriger als der Ex-ante-Unternehmenswert, aber immer noch höher als der – um eine eventuelle Vermögensverwässerung bereinigte – Ex-post-Wert ist.[422]

---

[419] Die Mitgliedsstaaten haben hier gemäß Art. 5 Abs. 4 ÜRL ein Wahlrecht bezüglich der Referenzperiode.

[420] Als wohl nicht abschließend gedachte Beispiele für Voraussetzungen, die eine Unangemessenheit des Vorerwerbspreises indizieren können, nennt Art. 5 Abs. 4 ÜRL folgende Fälle: (a) Höchstpreis (Vorerwerbspreis) ist bilateral zwischen Käufer und Verkäufer gemeinsam festgelegt worden; (b) Marktpreismanipulation; (c) allgemeine bzw. besondere Marktpreisbeeinflussung durch z. B. Börsencrashs bzw. durch Aufdeckung von bilanziellen Fehlbeträgen; (d) Rettung eines existenzbedrohten Unternehmens.

[421] Zum Annahmezwang ineffizienter Übernahmeangebote vgl. im Allgemeinen Kapitel IV.1.2.2.4 sowie im Zusammenhang mit dem Andienungsrecht im Besonderen vgl. Kapitel IV.1.2.2.9.

[422] Vgl. *Bericht der Expertengruppe* (2002), S. 72 f.

### II.2.5. Regierungsentwurf eines Übernahmerichtlinie-Umsetzungsgesetzes

Am 19. Dezember 2005 legte das Bundesfinanzministerium einen Referentenentwurf eines Übernahmerichtlinie-Umsetzungsgesetzes vor, der am 15. Februar 2006 von der Bundesregierung als Gesetzesentwurf verabschiedet wurde.[423]

Wie nicht anders zu erwarten war, beabsichtigt die Bundesregierung die Verankerung der Art. 15 und 16 ÜRL in dem WpÜG. Während die Regelungen betreffend den Aktionärsausschluss in den §§ 39 a und b WpÜG-RegE platziert werden, konkretisiert § 39 c WpÜG-RegE das in der ÜRL geforderte Andienungsrecht.

Verfügt ein Bieter im Anschluss an ein erfolgreiches Übernahme- bzw. Pflichtangebot über mindestens 95% des stimmberechtigten Grundkapitals und über mindestens 95% der Stimmrechte an einer börsennotierten Gesellschaft, hat er gemäß § 39 a WpÜG-RegE die Möglichkeit, die verbliebenen Minderheitsaktionäre gegen Gewährung einer angemessenen Kompensation aus der Beteiligung zu drängen.[424] Die Bundesregierung stellt in ihrer Begründung zum Gesetzesentwurf klar, dass eine Squeeze-out-Möglichkeit dann nicht besteht, wenn der Bieter lediglich ein Aufstockungsangebot aus einer bereits vorhandenen Kontrollbeteiligung heraus unterbreitet.[425] Dabei ist die Art und Weise, wie der Bieter die benötigten Mehrheiten erzielt, unerheblich; so kann der Erwerber die erforderlichen Beteiligungsquoten auch durch Transaktionen mit einzelnen Anteilseignern, z. B. durch Aktienpaketgeschäfte, erreichen, sofern jene Geschäfte gemäß § 39 a Abs. 4 WpÜG-RegE „in engem zeitlichen Zusammenhang mit dem Angebot stehen."

Im Gegensatz zu §§ 327 a ff. AktG benötigt der Hauptaktionär gemäß § 39 a WpÜG-RegE keinen Hauptversammlungsbeschluss; vielmehr hat er gemäß § 39 a Abs. 4 und 5 WpÜG-RegE bei dem *LG Frankfurt* innerhalb von drei Monaten nach Beendigung der Übernahmeangebotsannahmefrist einen Antrag auf Squeeze-out zu stellen. Stellt der Hauptaktionär einen solchen Antrag, finden gemäß § 39 a Abs. 6 WpÜG-RegE für die Zeit zwischen Antragstellung und rechtskräftigem Aktionärsausschluss die §§ 327 a ff. AktG keine Anwendung.

---

[423] Terminologisch handelt es sich dabei um den Entwurf eines Gesetzes zur Umsetzung der Richtlinie 2004/25/EG des Europäischen Parlaments und des Rates vom 21. April 2004 betreffend Übernahmeangebote (Übernahmerichtlinie-Umsetzungsgesetz). Für einen Überblick über den Referentenentwurf vgl. *Schüppen* (2006), S. 165 ff.

[424] Hält der Bieter auch mindestens 95% des gesamten Grundkapitals, hat er auch die Möglichkeit, etwaige stimmrechtslose Vorzugsaktien einzuziehen. Gemäß § 39 a Abs. 2 WpÜG-RegE sind für die Berechnung der Beteiligungsvoraussetzungen, analog zu den §§ 327 a ff. AktG, die §§ 16 Abs. 2 und 4 AktG einschlägig.

[425] Vgl. *BegrRegE*, S. 23.

Per begründetem Beschluss entscheidet das *LG Frankfurt* gemäß § 39 b Abs. 3 WpÜG-RegE über den Antrag des Hauptaktionärs; gegen diesen Beschluss steht die sofortige Beschwerde beim *OLG Frankfurt* offen. Weitere Einreden sind nicht möglich. Der Ausschluss ist mit der rechtskräftigen Entscheidung gemäß § 39 b Abs. 5 WpÜG-RegE wirksam.

Die *Art* der den ausscheidenden Aktionären zu gewährende Kompensation hat gemäß § 39 a Abs. 3 WpÜG-RegE „der Gegenleistung des Übernahme- oder Pflichtangebots zu entsprechen." Fakultativ kann eine Barabfindung angeboten werden. Hat der Übernehmer im Rahmen des Übernahme- bzw. Pflichtangebots mindestens 90% des von der Offerte betroffenen Grundkapitals erworben, gilt die dort gezahlte Gegenleistung je Aktie *unwiderlegbar* als angemessene Kompensation.[426]

Schließlich erfolgt mit § 39 c WpÜG-RegE die Umsetzung des in Art. 16 ÜRL geforderten Andienungsrechts im deutschen Übernahmerecht. Sofern der Bieter im Anschluss an ein Übernahme- bzw. Pflichtangebot berechtigt ist, die restlichen Minderheitsaktionäre gemäß § 39 a WpÜG-RegE auszuschließen, haben jene Restaktionäre die Möglichkeit, ihre Anteile binnen drei Monaten nach Ablauf der Angebotsannahmefrist an den Bieter zu veräußern. Zwar nicht explizit erwähnt, so ist dennoch davon auszugehen, dass die Konditionen des Übernahme- bzw. Pflichtangebots auch die Bedingungen des Andienungsrechts prägen.[427]

### II.2.6. Ergebnis des Rechtsvergleichs

Der angestellte Rechtsvergleich verdeutlicht, dass, die US-amerikanischen Vorschriften zunächst außen vor lassend, innerhalb Europas zum Teil große Regelungsunterschiede bestehen bezüglich der Merkmale Börsennotierung als Ausschlussvoraussetzung, Mindestkapital- bzw. Mindeststimmrechtsanteil des Hauptaktionärs, Berücksichtigung des Börsenkurses bei der Abfindungsermittlung sowie Bindung an ein vorangehendes Übernahmeangebot. Des Weiteren haben nicht alle Regime ein Andienungsrecht in ihren Kodifizierungen verankert. Dem in §§ 327 a ff. AktG verankerten deutschen Ausschlussrecht am nächsten kommt dabei noch die niederländische Regelung.

Die nunmehr gültige ÜRL sowie die damit verbundene Verpflichtung zur Umsetzung in nationales Recht bis spätestens Mai 2006 stellt den deutschen Gesetzgeber, bei zunächst flüchtiger Betrachtung, vor neue (große) Aufgaben. Ein genaueres Besehen ins-

---

[426] Die Unwiderlegbarkeit der Angemessenheit wird in der korrespondierenden *Begründung zum WpÜG-RegE*, S. 25, betont.

[427] Dieser Meinung ist auch *Schüppen* (2006), S. 169.

besondere der Begründung des europäischen Richtliniengebers relativiert den Handlungsauftrag an den deutschen Gesetzgeber allerdings auf ein überschaubares Maß; so heißt es in Rn. 24 der Begründung: „Diese Ausschluss- und Andienungsverfahren sollten nur unter bestimmten Bedingungen im Zusammenhang mit Übernahmeangeboten gelten.“ Und jetzt wird es für die Legislative interessant: „Die Mitgliedstaaten können unter anderen Umständen auf Ausschluss- und Andienungsverfahren weiterhin ihre nationalen Vorschriften anwenden.“[428]

Konkret bedeutet dies für den nationalen Gesetzgeber, dass er die bisherige Ausschlussvorschrift lediglich für *börsennotierte* Unternehmen ändern muss. Genau diesen Weg schlug die Bundesregierung mit ihrem jüngst vorgelegten Gesetzesentwurf, wie zuvor geschildert, auch ein, indem sie die Umsetzung der ÜRL in das WpÜG delegierte. Dabei orientierte sich die Bundesregierung, in Ausübung ihres Wahlrechts, hinsichtlich der zum Zwangsausschluss legitimierenden Beteiligungsschwelle an der Variante des Art. 15 Abs. 2 a) ÜRL. Anders als in § 327 a AktG ist nicht nur das Erreichen von mindestens 95% des Grundkapitals, sondern sowohl mindestens 95% des stimmberechtigten Grundkapitals als auch mindestens 95% der Stimmrechte, wie von der ÜRL gefordert, in den § 39 a WpÜG-RegE aufgenommen worden. Überraschenderweise hat der deutsche Normgeber von dem Wahlrecht des Art. 15 Abs. 3 Satz 2 ÜRL Gebrauch gemacht, wonach für jede Aktiengattung ein separates Ausschlussrecht vorgesehen ist.[429]

Eingeführt werden muss des Weiteren ein Austrittsrecht, das den Zielgesellschaftsaktionären im Anschluss an eine erfolgreiche Unternehmensübernahme einer börsennotierten Gesellschaft zu den geltenden Squeeze-out-Bedingungen die Liquidation ihrer Anteile ermöglicht, was die deutsche Bundesregierung mit dem § 39 c WpÜG-RegE umzusetzen gedenkt. Darüber hinaus hat der deutsche Gesetzgeber, anders als noch in §§ 327 a ff. AktG, ausdrücklich zu gewährleisten, dass bei der Bemessung der Angemessenheit gewährleistenden Abfindungszahlung unter den in Kapitel II.2.4 vorgestellten Voraussetzungen auf die Vorerwerbspreise abgestellt wird.

Darüber hinaus wird es, dem obigen Zitat aus der Richtlinienbegründung folgend, zu keinen weiteren Anpassungen kommen müssen, sodass der Ausschluss von Minderheitsaktionären börsennotierter und nicht börsennotierter Gesellschaften auch nach wie vor unabhängig von einem vorausgehenden erfolgreichen freiwilligen Übernahmeangebot bzw. Pflichtangebot möglich sein wird. Fraglich sein wird, ob der Gesetzgeber

---

428 Beide Zitate: *Amtsblatt der Europäischen Union*, L 142, S. 14, vom 30.4.2004.

429 *Maul/Muffat-Jeandet* (2004), S. 316, äußerten noch die Vermutung, dass die deutsche Legislative dieses Wahlrecht nicht wahrnehmen werde.

auch für Ausschlüsse aus börsennotierten sowie nicht börsennotierten Korporationen, denen kein Übernahmeangebot vorausging, den zu erfüllenden Schwellenwert auch auf die Stimmrechte ausdehnen und des Weiteren ein korrespondierendes Andienungsrecht kodifizieren wird.

Im Ergebnis kann der deutsche Gesetzgeber theoretisch also die im Aktienrecht bis heute vorgesehene Ausschlussregel der §§ 327 a ff. AktG beibehalten und in das WpÜG eine Ausschließungs- und Andienungsoption im Anschluss an erfolgreiche Unternehmensübernahmen in Anlehnung an die von der ÜRL geforderten Bedingungen kodifzieren.

Die unmittelbare Gegenüberstellung der deutschen Squeeze-out-Regelung gemäß §§ 327 a ff. AktG mit den US-amerikanischen Ausschlussmöglichkeiten fördert gravierende Unterschiede zutage:

Während der Ausschluss von Minderheitsaktionären in Deutschland gemäß §§ 327 a ff. AktG bis auf die geforderte Mindestkapitalbeteiligung von 95% nahezu voraussetzungslos angestrengt werden kann, ist die Ausschließung von Aktionärsminderheiten in den USA nur im Zusammenhang mit einer unternehmerischen Konzernierungsmaßnahme, vornehmlich im Zuge einer Fusion, möglich. Der bloße Ausschluss per Hauptversammlungsbeschluss ist dem US-amerikanischen Gesellschaftsrecht unbekannt. Festgehalten werden kann somit, dass es im US-amerikanischen Gesellschaftsrecht keine dem deutschen Squeeze-out vergleichbare und so weitreichende Ausschlussmöglichkeit gibt, mit der ein Mehrheitsaktionär sich der Minderheitsaktionäre auf einfache Weise entledigen kann. Diese offenkundige Divergenz wird jedoch dadurch relativiert, dass in den meisten Bundesstaaten, an dieser Stelle sei insbesondere auf Delaware verwiesen, der *business-purpose-test* seit 1983 keine Anwendung mehr findet; dies bedeutet, dass, zumindest unter den strengen Voraussetzungen des *entire-fairness-test*, die Möglichkeit besteht, Minderheitsaktionäre auch ohne einen unternehmerisch anerkennenswerten Zweck aus ihrer Beteiligung zu drängen. Sofern also die strengen Anforderungen des *fair dealing* und des *fair price* bei der Durchführung der Freeze-out-Transaktion eingehalten werden, kann der Mehrheitsgesellschafter in den USA im Endeffekt das gleiche Ergebnis erzielen wie mit einer unmittelbaren Ausschließung im Sinne der §§ 327 a ff. AktG. Er muss sich allerdings dabei an die dargelegten Gestaltungsformen halten, die regelmäßig mit einer Verschmelzung verbunden sind und dementsprechende Kosten verursachen.

Im Zusammenhang mit den Vorkehrungen zum Schutz der von einem Zwangsausschluss tangierten Aktionäre ist zu konstatieren, dass es in Deutschland ein mit dem *entire-fairness-test* vergleichbares Rechtsinstitut, das insbesondere einen fairen Verfahrensablauf im Sinne einer hypothetischen, auf Marktgesetzen basierenden Verhandlungssituation gewährleistet, nicht gibt (*fair dealing*). Dem deutschen Gesetzgeber reicht offenbar die Möglichkeit des Minderheitsaktionärs, im Rahmen eines Spruchstellenverfahrens die vom Mehrheitsgesellschafter festgelegte und für zu niedrig befundene Abfindungszahlung gerichtlich überprüfen zu lassen. Insgesamt wird durch die Gültigkeit des *entire-fairness-test* die in den USA stärkere Akzentuierung des Anlegerschutzes sichtbar. Der durch das Spruchstellenverfahren zur Verfügung gestellte Schutz entspricht weitestgehend dem US-amerikanischen *appraisal remedy*.

# III. Untersuchungskriterien der sozialökonomischen Analyse

## III.1. Grundlagen

Bei der ökonomischen Analyse des Rechts handelt es sich um einen vor ca. 40 Jahren in den USA entstandenen Forschungsansatz, der als Teildisziplin der Ökonomik sowohl einen *normativen* als auch einen *positiven* Zweig hat.[430]

In ihrer *positiven* Variante untersucht die ökonomische Analyse des Rechts, welche Auswirkungen einzelne rechtliche Regelungen auf das Verhalten der Rechtssubjekte in der Realität haben. Hierbei wird unterstellt, dass sämtliche in die Betrachtung einzubeziehenden Rechts- bzw. Wirtschaftssubjekte entsprechend den Annahmen des ökonomischen Verhaltensmodells des *homo oeconomicus* agieren und somit den Postulaten der Rationalität und Eigennützigkeit genügen.[431]

In ihrer *normativen* Variante[432] beschäftigt sich die ökonomische Analyse des Rechts sowohl mit der Bewertung bereits existierender Rechtsarrangements als auch mit der Beantwortung der Frage, ob und, wenn ja, wie die Interaktion von Rechtssubjekten normiert werden soll. Die Bewertung bestehender Rechtssätze sowie die Beurteilung der grundsätzlichen Notwendigkeit und der konkreten Ausgestaltung von Rechtsvorschriften erfolgen anhand eines oder mehrerer definierter ökonomischer Kriterien.[433]

---

430 Vgl. *Eidenmüller* (1998), S. 21; *Posner* (2002), S. 24-26.

431 Zum Verhaltensmodell des *homo oeconomicus* vgl. ausführlich *Kirchgässner* (2000), S. 12-27. Bezogen auf ein Handlungssystem versteht *Parsons* (1949), S. 79, positive Theorie wie folgt: „A theory of action is positivistic in so far as, explicitly or implicitly, it treats scientifically valid empirical knowledge as the actor's sole theoretically significant mode of subjective orientation to his situation."

432 *Parsons* (1949), S. 75, definiert den wissenschaftlichen Term „normativ" im Kontext eines Handlungssystems: „[T]he term normative will be used as applicable to an aspect, part or element of a system of action if, and only in so far as, it may be held to manifest or otherwise involve a sentiment attributable to one or more actors that something is an end in itself, regardless of its status as a means to any other end (1) to the members of a collectivity, (2) for some portion of the members of a collectivity or (3) for the collectivity as a unit." Als Ziel in diesem Zusammenhang betrachtet er: „An end [...] is a future state of affairs to which action is oriented by virtue of the fact that it is deemed desirable by the actor(s) but which differs in important respects from the state which they would expect to supervene by merely allowing the predictable trend of the situation to take their course without active intervention."

433 So lässt sich mit der ökonomischen Analyse des Rechts insbesondere untersuchen, ob die zu analysierende Norm die von dem Gesetzgeber beabsichtigte Zwecksetzung erfüllt, inwiefern die zu betrachtende Rechtsnorm einen Beitrag zur gesamtwirtschaftlichen Effizienz leistet, bis hin zu der Analyse der Auswirkungen einer Rechtsnorm auf gebräuchliche, in der Ökonomie etablierte Zielvariablen. Vgl. *Kuhner* (2004b), Sp. 957 f.

Bei den der ökonomischen Analyse zugrunde gelegten Kriterien handelt es sich um Effizienzkriterien, die ganz überwiegend der Wohlfahrtsökonomie entlehnt sind.[434]

Ausgangspunkt für die Bildung geeigneter (Effizienz-)Untersuchungskriterien ist die konkrete Vorstellung über einen bzw. den optimalen gesellschaftlichen Gesamtzustand, der in Anlehnung an die Wohlfahrtsökonomie mit dem gesellschaftlichen Wohlfahrtsoptimum gleichzusetzen ist. Die Bildung bzw. nähere Definition des Wohlfahrtsoptimums zur Beurteilung wirtschafts- oder rechtspolitischer Maßnahmen ist nicht unproblematisch, weil hier nicht nur ein einziger Bewertungsmaßstab zugrunde gelegt werden kann, sondern vielmehr verschiedene Kriterien zu berücksichtigen sind, die darüber hinaus noch miteinander konfligieren können.

Aus der Knappheit der einer Volkswirtschaft zur Verfügung stehenden Ressourcen ergeben sich aus Sicht einer Gesellschaft drei für die Ableitung des Wohlfahrtsoptimums zentrale Zielvorstellungen:[435] Zum einen gilt es, mit den insgesamt vorhandenen Ressourcen die für den Konsum benötigte Gütermenge zu maximieren; da das alleinige Abstellen auf die Menge insgesamt produzierter Güter bei knapper Ressourcenverfügbarkeit zu Unterversorgungsproblemen mit anderen Gütern führen kann, ist die Güterangebotsstruktur die zweite zu verfolgende ökonomische Zielvariable; schließlich kommt der Verteilung des verfügbaren Güterangebots als drittes eine zentrale Bedeutung bei der Überwindung gravierender Knappheitsprobleme zu.[436] Somit lassen sich mit dem Allokations- und Verteilungsoptimum die beiden bedeutendsten wohlfahrtsökonomischen Zielvorstellungen benennen, die in der ökonomischen Analyse des Rechts ebenfalls zum Einsatz kommen.[437]

Nicht außer Acht bleiben darf im Rahmen einer Analyse des *Rechts* das in der Jurisprudenz Gravitationskraft ausstrahlende Postulat der *Gerechtigkeit*.[438] Die Einbeziehung von Gerechtigkeitsmaßstäben in die Analyse von Rechtsarrangements stellt eine zentrale Erweiterung bzw. Flankierung der ökonomischen Analyse des Rechts in Bezug auf die ihr zugrunde liegende mikroökonomische Modellwelt sowie die ihr imma-

---

434 Vgl. *Krüsselberg* (1983), S. 46.

435 Ausführlich hierzu vgl. *Külp* (1975), S. 1 ff.

436 *Sohmen* (1976), S. 3, nennt zur Illustration des verteilungsimmanenten Knappheitsproblems das Beispiel von dem Hunger leidenden Kind auf der einen und dem „steinreichen Nichtstuer" auf der anderen Seite.

437 Unter das Allokationsoptimum lassen sich die Maximierung des Güterangebots bei gegebenen Ressourcen und die Optimierung der Angebotsstruktur subsumieren. Das Verteilungsoptimum soll eine „angemessene" Verteilung des in einer Volkswirtschaft vorhandenen Wohlstands auf die einzelnen Wirtschaftssubjekte gewährleisten. Vgl. *Behrens* (1986), S. 82.

438 Vgl. *Neumann* (1983), S. 11 f.; *Larenz/Canaris* (1995), S. 168.

nenten rigiden Prämissen dar, wie z. B. strikte Rationalität und Eigennützigkeit der Wirtschaftssubjekte. Durch die neuerdings vorgebrachte Schule der *Law and Socio-Economics*[439] erfährt die traditionelle (positive) ökonomische Analyse des Rechts insbesondere eine beachtliche, realen Erfordernissen entsprechende Erweiterung bzw. Öffnung des (neo-) klassischen ökonomischen Modells um verhaltenswissenschaftliche Erkenntnisse. Für die vorliegende Arbeit bietet sich die Einbeziehung von noch zu präzisierenden Gerechtigkeitsmaßstäben[440] und somit die Abkehr von strikten ökonomischen Kosten-/Nutzenerwägungen an, weil es sich bei dem Squeeze-out um einen fundamentalen Eingriff in die Dispositionsfreiheit Einzelner handelt, der dem Verdacht einer Umverteilung von Vermögen ausgesetzt ist.[441] Durch die Berücksichtigung von Gerechtigkeitsmaßstäben bei der Analyse der durch den Zwangsausschluss von Minderheitsaktionären begründeten Veränderung der Eigentümerstruktur einer Kapitalgesellschaft wird eine umfassende (sozial-)wirtschafts- und rechtspolitische Beurteilung der Notwendigkeit einer Squeeze-out-Vorschrift ermöglicht.

## III.2. Allokationsziele

### III.2.1. Maßstäbe wirtschaftlicher Effizienz

Eine effiziente Allokation liegt dann vor, wenn die in einer Gesellschaft vorhandenen knappen Ressourcen dergestalt alternativen Verwendungsmöglichkeiten zugeführt werden, dass auf der Grundlage gegebener Präferenzen das Wohlfahrtsoptimum erreicht wird. Da die Messung dieses Zielerreichungsgrads (Gesellschaftswohlstands) nicht einfach durch die Aggregation der individuellen Nutzwerte ermittelt werden kann,[442] werden in der neueren Wohlfahrtsökonomie die auf ordinalen Nutzenkonzeptionen basierenden Effizienzkriterien von *Pareto* und *Kaldor/Hicks* zugrunde gelegt.

---

[439] Für einen Überblick über den Ansatz der *Law and Socio-Economics* vgl. u. a. *Stern* (1993) und *Dallas* (2003).

[440] Zur Bedeutung der Gerechtigkeit im Rahmen einer sozialökonomischen Analyse von Rechtsregeln vgl. *Dallas* (2003), S. 11 f., 28.

[441] *Dobb* sieht in der Ausbeutung die Grundlage bzw. Begründung sozialökonomischer Beziehungen: „"Exploitation" is neither something „metaphysical" nor simply an ethical judgment (still less „just a noise") as has sometimes been depicted: it is a factual description of a socio-economic relationship [...]" *Dobb* (1973), S. 145.

[442] Die Aggregation der Individualnutzen zur Ermittlung des gesamtgesellschaftlichen Nutzens ist nicht möglich, da die individuellen Nutzen nicht interpersonell vergleichbar sind. Vgl. *Little* (1957), S. 52; *Arrow* (1963a), S. 9. Auch die kardinale Messbarkeit von Nutzen war lange Zeit umstritten. Vgl. *Robbins* (1935), S. 137 ff.; erst *von Neumann/Morgenstern* (1947), S. 17 ff., konnten die kardinale Messbarkeit von Nutzwerten nachweisen.

### a) *Pareto-Kriterium*

Nach dem von *Vilfredo Pareto*[443] entwickelten Entscheidungskriterium ist der soziale Zustand X dem sozialen Zustand Y dann vorzuziehen, wenn mindestens ein Gesellschaftsmitglied X gegenüber Y präferiert und kein Individuum Y vorzieht; alle anderen Gesellschaftsmitglieder bevorzugen entweder auch den Zustand X oder sind zumindest zwischen X und Y indifferent. Der Terminologie *Paretos* folgend ist der soziale Zustand X in diesem Falle gegenüber dem Zustand Y *Pareto*-superior. Sofern es gegenüber X keinen weiteren *Pareto*-superioren sozialen Zustand Z gibt, wird der Zustand X als *Pareto*-optimal bzw. -effizient bezeichnet.

Die Anwendung des *Pareto*-Kriteriums als Lackmustest für wirtschafts- und rechtspolitische Maßnahmen des Staates ist jedoch nicht unumstritten: Kritisiert wird zunächst das dem *Pareto*-Prinzip zugrunde liegende Einstimmigkeitserfordernis. Da staatliche Maßnahmen, bildlich gesprochen, nicht selten das Porzellan einzelner Individuen zerschlagen, würde eine ganz überwiegende Anzahl von rechts- und wirtschaftspolitischen Interventionen an dem Veto einzelner Gesellschaftsmitglieder scheitern.[444] Eine Gesellschaft bliebe so bei einer durch das *Pareto*-Kriterium geleiteten Wirtschafts- und Rechtspolitik nahezu vollständig in ihrem Status quo verhaftet.[445] Des Weiteren wird das *Pareto*-Kriterium wegen der Vernachlässigung von Verteilungszielen kritisch beäugt. So bezieht sich ein erreichtes *Pareto*-Optimum immer nur auf *eine* ex ante gegebene Verteilung;[446] für alternative Ausgangsverteilungen (z. B. des gesamten Vermögens einer Gesellschaft) ergeben sich somit auch jeweils unterschiedliche *Pareto*-Optima. Durch dieses Phänomen lassen sich mit Hilfe des *Pareto*-Kriteriums Aussagen über die Verteilungsgerechtigkeit einer beliebigen Handlung nicht treffen. Unter der neoklassischen Annahme einer vollkommenen Teilbarkeit der verfügbaren Ressourcen gibt es nicht nur unendlich viele Verteilungssituationen, sondern ebenfalls unendlich viele *Pareto*-Optima. Da die einzelnen Optimalzustände nicht miteinander vergleichbar sind, ist auch die Bestimmung „des“ *Optimum Optimorum* unmöglich. Das Kriterium der *Pareto*-Optimalität repräsentiert somit keinen Wohlfahrtsbegriff, der gleichzeitig Aussagen über die Verteilungs- bzw. Einkommensgerechtigkeit zulässt.

---

443 Grundlegend dazu vgl. monografisch *Pareto* (1971).

444 Beispielhaft seien hier die Einkommens- und Vermögensumverteilungen durch das Steuerrecht genannt.

445 Vgl. hierzu u. a. *Külp* (1975), S. 109; *Coleman* (1980b), S. 512 f.; *Calabresi* (1991), S. 1216.

446 Vgl. *Coleman* (1980a), S. 225.

Für die ökonomische Beurteilung des Squeeze-out entfaltet das *Pareto*-Kriterium allerdings eine – wenngleich begrenzte – Brauchbarkeit. So wird die Zwangseinziehung der Minderheitsanteile ohne die Zahlung einer Abfindung an die ausgeschlossenen Gesellschafter gegen das *Pareto*-Kriterium verstoßen. Sofern der den Zwangsausschluss auslösende Mehrheitsaktionär verpflichtet ist, den verlustigen Minderheitsaktionären eine Abfindung für ihre Gesellschaftsanteile zu zahlen, hängt die grundsätzliche Bewertung des Ausschlusses von der Abfindungshöhe ab: Für den Fall, dass den ausgeschlossenen Minderheitsaktionären für den Verlust ihrer Aktien ein Betrag zu gewähren ist, zu dem sie indifferent sind gegenüber dem Status quo ante, und sich der Mehrheitsaktionär durch den Zwangsausschluss darüber hinaus besser stellt als vorher, würde der Squeeze-out dem *Pareto*-Kriterium genügen und in diesem Sinne eine Wohlfahrtsverbesserung bewirken; im umgekehrten Fall wäre es aus *Pareto*-Sicht wohlfahrtsschädigend, wenn der Mehrheitsaktionär den Zwangsausschluss auch gegen die Leistung einer Abfindung unterhalb des Indifferenzniveaus des/der Minderheitsaktionäre veranlassen könnte. Unbeantwortet lässt das *Pareto*-Kriterium indes die Konkretisierung des Indifferenzniveaus.

### *b) Kaldor-Hicks-Kriterium*

*Kaldor* und *Hicks* knüpfen in ihren Arbeiten an die dem *Pareto*-Kriterium anhaftende Kritik einer mangelnden Operationalisier- bzw. Anwendbarkeit an.[447] Dem *Kaldor-Hicks*-Kriterium entsprechend, ist eine wirtschafts- bzw. rechtspolitische Maßnahme stets dann wohlfahrtsfördernd, wenn die aus der Intervention resultierenden Vorteile der begünstigten Gesellschaftsmitglieder mindestens ausreichen, um die Einbußen der benachteiligten Bevölkerungsgruppen vollständig kompensieren zu können. Bei der Beurteilung der Maßnahme kommt es allerdings nicht auf die tatsächliche Kompensation an; vielmehr reicht es aus, wenn der gesamte Nutzenzuwachs der „Gewinner" ausreichen würde, um die Verluste der „Verlierer" aufzufangen.[448] Eine Verpflichtung zur Kompensationszahlung wird ausdrücklich nicht gefordert.[449] In der Tat lässt sich durch das von *Kaldor* und *Hicks* eingeführte Effizienzkriterium eine im Vergleich zum *Pareto*-Kriterium erweiterte Anwendbarkeit konstatieren. Es lassen sich hernach auch für solche Maßnahmen Wohlfahrtssteigerungen ermitteln, durch die nicht alle Gesellschaftsmitglieder eine Status-quo-Verbesserung bzw. -Wahrung erfahren.

---

447 Vgl. *Kaldor* (1939), S. 549 ff.; *Hicks* (1939), S. 696 ff.

448 Wegen der nicht notwendigerweise zu leistenden Kompensation wird eine Maßnahme, die das *Kaldor-Hicks*-Kriterium erfüllt, auch als potenzielle *Pareto*-Verbesserung bezeichnet. Vgl. u. a. *Coleman* (1980a), S. 239 ff.; *Posner* (1980), S. 491; *Calabresi* (1991), S. 1221 f.; *Varian* (1992), S. 405; *Posner* (2002), S. 13.

449 Vgl. *Kaldor* (1939), S. 550; *Hicks* (1939), S. 700 ff.

In der wirtschaftspolitischen Praxis hat das *Kaldor-Hicks*-Kriterium bei der Beurteilung staatlicher Maßnahmen eine nicht unbeachtliche Bedeutung erlangt. Die Bewertung einzelner hoheitlicher Interventionen erfolgt hier auf der Basis von Kosten-Nutzen-Evaluierungen; demnach ist eine staatliche Handlung dann zu rechtfertigen, wenn der in Geldeinheiten bewertete Gesamtnutzen die ebenfalls in Geldeinheiten transformierten Gesamtkosten der zu betrachtenden Transaktion übersteigt.[450] Darüber hinaus hat sich das *Kaldor-Hicks*-Kriterium auch in der ökonomischen Analyse des Rechts als Maßstab für die ökonomische Beurteilung rechtlicher Regeln und Gerichtsentscheidungen etabliert und wegen seiner pragmatischeren Handhabung gegenüber dem *Pareto*-Kriterium durchgesetzt.[451] Auf *Posner* ist das so genannte *wealth maximization principle* zurückzuführen, wonach eine wirtschafts- bzw. rechtspolitische Maßnahme ausschließlich auf ihre Eignung, das Nettovermögen zu erhöhen, untersucht wird. Da auch hier keine tatsächliche Kompensation der Transaktionsbenachteiligten durchgeführt werden muss, führt das *wealth maximization principle* zu dem gleichen Ergebnis wie das *Kaldor-Hicks*-Kriterium.[452] Dem Vermögensmaximierungsprinzip folgend orientiert sich die Zuordnung einzelner Rechtspositionen nach der Höhe der Zahlungsbereitschaft; das Gesellschaftsmitglied, das für das betreffende Recht am meisten bietet (ähnlich einer Auktion), erhält den Zuschlag und somit die angestrebte Rechtsposition.[453]

Die Kritik an dem *Kaldor-Hicks*-Kriterium entzündet sich zum einen an auftretenden möglichen Inkonsistenzen und zum anderen an der zwar hypothetisch gedachten, tatsächlich aber unterbleibenden Kompensation der benachteiligten Bevölkerungsgruppe.

In Einzelfällen sind, so hat *Scitovszky* festgestellt, nicht eindeutige und somit inkonsistente Rangfolgen zwischen zwei alternativen sozialen Zuständen möglich: So kann

---

450 Vgl. *Kübler* (1990), S. 695; *Varian* (1992), S. 405 ff.; *Eidenmüller* (1998), S. 51 f.; *Schäfer/Ott* (2000), S. 35.

451 „When an economist says that free trade or competition or the control of pollution or some other policy or state of the world is efficient, nine times out of ten he means Kaldor-Hicks-efficient, [...] as shall this book." *Posner* (2002), S. 13. Vgl. auch *Kübler* (1990), S. 695; *Eidenmüller* (1998), S. 52. Dem widersprechend vgl. *Dworkin* (1980a), S. 194, der in der Pareto-Effizienz das von Ökonomen präferierte Wohlfahrtskonzept sieht.

452 Vgl. *Posner* (1979), S. 119 ff.; *Posner* (2002), S. 13, 15 f. Über die grundsätzliche Eignung und ethische Vertretbarkeit einer rein an ökonomischen (Effizienz-)Zielen ausgerichteten Rechtspolitik ist insbesondere in den späten 70er und frühen 80er Jahren heftig debattiert worden. Vgl. hierzu u. a. *Baker* (1975), S. 3 ff.; *Bebchuk* (1980), S. 671 ff.; *Coleman* (1980a), S. 221 ff.; *Coleman* (1980b), S. 509 ff.; *Dworkin* (1980a), S. 196 ff.; *Dworkin* (1980b), S. 563 ff.; *Kronman* (1980), S. 227 ff.; *Veljanovski* (1981), S. 5 ff.

453 Vgl. *Posner* (2002), S. 16.

sowohl die Durchführung als auch die Rückgängigmachung einer rechts- oder wirtschaftspolitischen Maßnahme effizient im Sinne des *Kaldor-Hicks*-Kriteriums sein.[454]

Einer weitaus heftigeren Kritik ausgesetzt ist der *Kaldor-Hicks*-Effizienzmaßstab aufgrund der nur hypothetisch geforderten Kompensation der Benachteiligten. Eine an dem *Kaldor-Hicks*-Kriterium ausgerichtete Wirtschafts- und Rechtspolitik würde demnach auch solche Maßnahmen befürworten, durch die sich die Wohlhabenden einer Gesellschaft auf Kosten der Armen bereichern, solange nur der Reichtumszuwachs der Begünstigten ausreiche, um den Verlust der Benachteiligten hypothetisch auszugleichen.[455] Besonders deutlich wird dieser so genannte Einkommenseffekt an der von *Posner* propagierten Regel, wonach sich die Rechtszuteilung nach der Zahlungsbereitschaft richtet: Mit steigendem Vermögen erhöht sich über den sinkenden Grenznutzen des Geldes die grundsätzliche Zahlungsbereitschaft eines Individuums, was seinerseits zu einer Privilegierung der Wohlhabenden einer Volkswirtschaft führen würde.[456]

Der u. a. von *von Weizsäcker* unternommene Versuch, das *Kaldor-Hicks*-Kriterium mit Hilfe des Generalkompensationsarguments als grundsätzliche Richtschnur rechts- und wirtschaftspolitischer Aktivitäten zu rechtfertigen, muss als gescheitert bewertet werden: So geht *von Weizsäcker* davon aus, dass eine ausschließlich an dem *Kaldor-Hicks*-Kriterium orientierte Rechts- und Wirtschaftspolitik allgemeinem gesellschaftlichen Konsens entspreche, da, den Gesetzmäßigkeiten der Wahrscheinlichkeit folgend, die Verlierer des einen Regelungsbereichs zu den Gewinnern einer anderen Regel gehören werden.[457] Im Ergebnis führe, so *von Weizsäcker*, eine derart ausgerichtete Wirtschaftspolitik dazu, dass „jedes einzelne Perzentil der Wohlstandsverteilung" besser gestellt werde.[458] Kritisiert und verworfen wird dieses Rechtfertigungsschema zum einen wegen seiner empirisch nicht überprüfbaren Validität;[459] zum anderen führe eine mit dem Argument der Generalkompensation gerechtfertigte, ausschließlich an dem *Kaldor-Hicks*-Test ausgerichtete staatliche Interventionspolitik wegen des Vermögens-

---

454 Dieses Phänomen wird auch als *Scitovszky*-Paradoxon bezeichnet. Vgl. *Scitovszky* (1941), S. 77 ff. Der so genannte *Scitovszky*-Doppeltest dient der Überwindung derartiger Inkonsistenzen. Vgl. *Scitovszky* (1941), S. 86 f.

455 Vgl. *Stigler* (1943), S. 356 f.; *Baker* (1975), S. 18 ff.

456 Vgl. *Baker* (1975), S. 16 ff.; *Bebchuk* (1980), S. 682; *Kronman* (1980), S. 227.

457 Vgl. *von Weizsäcker* (1983), S. 129 ff.; *von Weizsäcker* (1988), S. 28 ff. Ihm folgend vgl. u. a. *Schäfer/Ott* (2000), S. 36. Der Ansatz der Generalkompensation wurde bereits früher formalisiert von *Polinsky* (1972), S. 407 ff.

458 Vgl. *von Weizsäcker* (1983), S. 129; *von Weizsäcker* (1988), S. 29 (auch für das wörtliche Zitat).

459 Vgl. u. a. *Kübler* (1990), S. 699 f.; *Eidenmüller* (1993), S. 27; *Eidenmüller* (1998), S. 245.

und Einkommenseffekts zu einer systematischen Umverteilung von den „armen“ hin zu den „reichen“ Bevölkerungsgruppen.[460]

Zwar fordert das *Kaldor-Hicks*-Kriterium lediglich die *Möglichkeit* einer Kompensation der von der konkreten Maßnahme Benachteiligten; auf die damit verbundene systematische Benachteiligung der sozial schwächeren Individuen wurde bereits hingewiesen. Ein Kompensations*verbot* postuliert dieser Effizienzmaßstab allerdings nicht.[461] Angenommen der Schaden, den die von wirtschafts- oder rechtspolitisch motivierten Maßnahmen Betroffenen erleiden, werde kompensiert, sodass die Benachteiligten indifferent sind gegenüber der Situation ex ante, kommen *Pareto*- und *Kaldor-Hicks*-Kriterium, bei Ausblendung von Transaktionskosten, zu einem identischen Ergebnis.[462]

Im Rahmen der anzustellenden ökonomischen Analyse des Ausschlusses von Minderheitsaktionären gilt es zunächst, das *Pareto*-Prinzip bzw. das *Kaldor-Hicks*-Kriterium unter Berücksichtigung einer Kompensation der Minderheitsaktionäre zu operationalisieren.[463] Die Abfindung der ausscheidenden Gesellschafter muss dabei mindestens dem Betrag entsprechen, zu dem die Ausgeschlossenen indifferent gegenüber der Situation ex ante sind. Aus ökonomischer Sicht vorteilhaft ist ein Ausschluss von Minderheitsaktionären somit dann, wenn nach Abfindung der ausgeschlossenen Anteilseigner insgesamt ein durch die Transaktion ausgelöster Gewinn verbleibt, den es schließlich zwischen dem Hauptaktionär und den Minderheitsgesellschaftern zu verteilen gilt. Zur Identifizierung von mit dem Squeeze-out zusammenhängenden Wertbeiträgen (Gewinne/Verluste) bedarf es der Konkretisierung des *Pareto*- bzw. *Kaldor-Hicks*-Kriteriums mit Kompensationserfordernis, indem den Sachverhalt betreffende, geeignete wirtschaftliche Untersuchungskriterien abgeleitet werden, die sich ihrerseits unter das Oberziel der Allokationseffizienz subsumieren lassen.

---

[460] Bezogen auf die Vermögensmaximierungsdoktrin sagt *Bebchuk* (1980), S. 701 f.: „It has been demonstrated that the [wealth maximization criterion], when applied in the presence of wealth inequality, is biased against the poor. That is, when affected by the [wealth maximization] policy, poor individuals have, in general, greater chances of being on the losing side than wealthy individuals." [Einfügung durch den Verfasser]. *Rizzo* (1980), S. 657, weist seinerseits auf die konzeptionellen Defizite hin, die durch die bloße Aggregation der Gewinne und Verluste entstehen: „That analysis demonstrated that nonmarginal aggregations of legal rules cannot be unambiguously compared with one another on wealth-maximization grounds. Aside from this objection, the aggregation argument is seriously incomplete, even on its own terms." Für eine ausführliche Würdigung des Generalkompensationsarguments vgl. *Eidenmüller* (1998), S. 244 ff., m. w. N.

[461] Vgl. *Külp* (1975), S. 111 f.

[462] Vgl. *Calabresi* (1991), S. 1221 f.; *Eidenmüller* (1998), S. 49 f.; *Posner* (2002), S. 15.

[463] Die Operationalisierung erfolgt in den Kapiteln III.2.2-III.3.

Etwaige Bedenken im Zusammenhang mit entstehenden Ungerechtigkeiten in der Vermögens- bzw. Einkommens(um)verteilung werden flankiert von in Kapitel III.4 zu entwickelnden, auf Gerechtigkeitserwägungen basierenden Maßstäben.

### III.2.2. Theorie der Verfügungsrechte

In der klassischen sowie der neoklassischen Wirtschaftstheorie spielt die Eigentumsordnung für den Allokationsprozess knapper Ressourcen keine Rolle.[464] So gibt es auf den auf strikten Annahmen beruhenden Gleichgewichtsmärkten im Sinne von *Arrow/Debreu*[465] keinen Markt für Eigentumsrechte an produktiven Ressourcen.

Die Theorie der Verfügungsrechte, auch bekannt unter dem Anglizismus Property-Rights-Theorie,[466] bezieht dahingegen auch die mit unterschiedlichen Eigentumsstrukturen einer Volkswirtschaft verbundenen ökonomischen Auswirkungen in ihre Untersuchung mit ein. Ihren Ursprung verdankt die Property-Rights-Theorie der Tatsache, dass Nutzenbeiträge knapper Ressourcen von mehreren Individuen beansprucht werden können. Das sich hieraus ergebende Problem der Überwachung der Güternutzung sowie der Allokation der aus der Ressourcenverwendung resultierenden Erträge ist der zentrale Anknüpfungspunkt der Property-Rights-Theorie.[467]

Der herrschenden Literatur folgend lassen sich Property Rights definieren als sanktionsimmanente Verhaltensregeln für die Beziehungen zwischen einzelnen Personen bezüglich der Nutzung knapper Güter. Diese Verhaltensvorschriften konkretisieren die von jedermann zu beachtenden Spielregeln der täglichen zwischenmenschlichen Interaktionen bezogen auf den Umgang mit Gütern und legen darüber hinaus die Kosten fest, die bei einer Nichtbeachtung dieser Regeln zu tragen sind.[468]

---

464 Vgl. *Meyer* (1983), S. 43.

465 Es handelt sich hierbei um die Theorie vollständiger Märkte. Vgl. *Arrow/Debreu* (1954), S. 265 ff., sowie monografisch *Debreu* (1959).

466 Der Anglizismus „Property Rights" wird in der deutschsprachigen Literatur in Anlehnung an *Alchian/Demsetz* (1973), S. 17, mit Handlungsrechten („socially recognized rights of action"), Eigentumsrechten sowie Verfügungsrechten übersetzt. Vgl. z. B. *Hesse* (1983), S. 79 ff.

467 Die Property-Rights-Theorie widmet sich vornehmlich der Beantwortung folgender Fragen: (a) welche Strukturen und damit verbundenen ökonomischen Konsequenzen haben die Verfügungsrechte in einer Volkswirtschaft?; (b) wie ist jene existente Verfügungsrechtsstruktur entstanden?; und (c) welchen Kriterien sollte die Verfügungsrechtsordnung entsprechen, um optimale ökonomische Ergebnisse zu produzieren? Vgl. *Furubotn/Pejovich* (1972), S. 1139; *Alchian/Demsetz* (1973), S. 17; *Gotthold* (1980), S. 546; *Richter/Furubotn* (1999), S. 83.

468 Vgl. *Fisher* (1923), S. 27; *Furubotn/Pejovich* (1974), S. 3; *Pejovich* (1990), S. 27; *Richter/Furubotn* (1999), S. 83.

Property Rights sind dabei nicht gleichzusetzen mit dem Eigentum im privatrechtlichen Sinne; vielmehr umfassen sie noch weitere Berechtigungen bzw. Handlungsmöglichkeiten an knappen Gütern, wie z. B. Wegerecht, Jagdrecht, Gemeinschaftseigentum, Patente und Urheberrechte. Gegenstand von Verfügungsrechten sind somit sowohl materielle als auch immaterielle Güter. Eigentumsrechte im privatrechtlichen Sinne repräsentieren somit eher eine, wenngleich auch die bedeutendste, Unterkategorie der Property Rights.[469]

Ausgangspunkt der Property-Rights-Theorie ist die Primärzuordnung von Verfügungsrechten an knappen Gütern in einer Volkswirtschaft. Die so zugeordneten, sich durch *Exklusivität* und *Übertragbarkeit* auszeichnenden Eigentumsrechte werden von der Verfügungsrechtstheorie in Bezug auf ihre Einflussnahme auf das ökonomische Verhalten der Wirtschaftssubjekte untersucht, um daraus wiederum Aussagen über die eigentumsstrukturimmanenten wohlfahrtsökonomischen Konsequenzen zu gewinnen.[470]

Durch die Ausschließlichkeit der Property Rights besteht für das Individuum, das die Verfügungsrechte an einem knappen Gut innehat, die Möglichkeit, Dritte von der Nutzung, Veränderung und Veräußerung jener Ressource auszuschließen. Je konzentrierter die Verfügungsrechte an einem Gegenstand in den Händen eines Individuums zusammenlaufen, desto eindeutiger lassen sich der Nutzen und die Kosten der Ressourcenverwendung dem Rechteinhaber zuordnen et vice versa. Der Inhaber von Verfügungsrechten über eine knappe Ressource hat somit einen Anreiz, den Gegenstand seiner nutzenmaximierenden Verwendungsmöglichkeit zuzuführen. Für den Fall, dass ein anderer das knappe Gut mehr schätzt bzw. dessen Produktivität erhöhen kann, kann es der Rechteinhaber auf diesen durch eine Markttransaktion übertragen.[471]

---

[469] Vgl. *Furubotn/Pejovich* (1972), S. 1139; *Furubotn/Pejovich* (1974), S. 3; *Mayer-Maly* (1983), S. 26; *Pejovich* (1990), S. 27 f.; *Richter/Furubotn* (1999), S. 87 f.; *Schäfer/Ott* (2000), S. 515. Verfügungsrechte an einem Gut lassen sich in Anlehnung an das traditionelle römische Recht wie folgt systematisieren: (a) das Recht der Nutzung eines Guts (*usus*); (b) das Recht der Fruchtziehung aus dem Gut (*usus fructus*); (c) das Recht der formalen und materialen Veränderung des Guts (*abusus*); sowie (d) das Recht der vollständigen oder partiellen Übertragung des Guts (*ius abutendi*). Vgl. u. a. *Alchian/Demsetz* (1972), S. 783; *Furubotn/Pejovich* (1972), S. 1139 f.; *Furubotn/Pejovich* (1974), S. 4; *Eggertsson* (1990), S. 34 f.; *Pejovich* (1990), S. 28; *Richter/Furubotn* (1999), S. 82 ff. Da die Eigentumsrechte im Kanon der Verfügungsrechte den zentralen Stellenwert innehaben, werden die Begriffe Eigentumsrechte und Verfügungsrechte in dieser Arbeit synonym verwendet.

[470] Sowohl Exklusivität als auch Übertragbarkeit eines Eigentumsrechts können eingeschränkt sein. Die Einschränkung, auch Verdünnung genannt, kann allerdings nur durch ausdrückliches Gesetzesrecht erfolgen. Als Beispiele können Preiskontrollen oder das Verbot des Organhandels genannt werden. Vgl. *Eggertsson* (1990), S. 38 ff.; *Pejovich* (1990), S. 28, 41.

[471] Vgl. *Pejovich* (1990), S. 28.

Bei *jeder beliebigen* Primärzuordnung exklusiver und übertragbarer Verfügungsrechte an den knappen Ressourcen einer Volkswirtschaft werden bei einer unterstellten individuellen Nutzenmaximierungsabsicht der Wirtschaftssubjekte, bei Transaktionskosten von null, bei umfassend spezifizierten Verfügungsrechten und dem Ausbleiben von Einkommenseffekten sämtliche Gegenstände jeweils ihrer besten Verwendungsmöglichkeit zugeführt. Die sich nach Durchführung aller freiwilligen Tauschvorgänge ergebende Verteilung der Verfügungsrechte an knappen Gütern in einer Gesellschaft ist unabhängig von der originären Distribution immer gleich (so genannte *Invarianzthese*), und der erreichte gleichgewichtige Zustand ist stets effizient im Sinne des *Pareto*-Kriteriums (so genannte *Effizienzthese*).[472] Die im theoretischen Idealfall durch den Markt gewährleistete optimale Allokation knapper Güter ist dann erreicht, wenn die durch die Ressourcennutzung entstehenden externen Effekte[473] komplett in den Preismechanismus des Markts integriert sind und somit interpersonell verrechnet, das heißt internalisiert werden können.[474]

Die in der Realität allerdings beobachtbaren Abweichungen von den *Pareto*-effizienten Gleichgewichtszuständen werden regelmäßig mit der Existenz prohibitiv hoher Transaktionskosten erklärt, die dazu führen, dass bestimmte Tauschgeschäfte nicht stattfinden und somit einzelne knappe Güter nicht zu dem jeweils „besten Wirt" wandern.[475]

Die durch eine Transaktion bewirkte Neukombination von Verfügungsrechten[476] liegt nach *Williamson* immer dann vor, wenn ein Gut oder eine Leistung „über eine technisch trennbare Schnittstelle hinweg übertragen wird."[477] Eine derartige physische Gü-

---

472 Diesen Effekt beschreibt das *Coase*-Theorem. Vgl. *Coase* (1960), S. 1 ff. Für einen guten Überblick über das *Coase*-Theorem und dessen ökonomischen Implikationen vgl. *Eidenmüller* (1998), S. 59 ff.

473 Externe Effekte entstehen immer dann, wenn die durch die Produktion oder den Konsum eines knappen Guts entstehenden Kosten und Nutzen nicht vollständig in die private Kosten- und Leistungsrechnung des Produzenten bzw. Konsumenten eingestellt werden. Diese Eigenschaft führt zu einem ineffizienten Ergebnis, da entweder zu viel (bei negativen externen Effekten) oder zu wenig (bei positiven externen Effekten) von dem betreffenden Gut produziert bzw. konsumiert wird. Vgl. *Pigou* (1924), S. 182 ff.

474 *Demsetz* (1967), S. 350, führt die Entwicklung von Verfügungsrechten auf die Überwindung, das heißt Internalisierung, externer Effekte zurück. Solange die Internalisierungsgewinne die Internalisierungskosten übersteigen, bilden sich durch die Marktkräfte stets neue Verfügungsrechte über die jeweiligen betroffenen Ressourcen.

475 Vgl. *Coase* (1960), S. 15 f.; *Eidenmüller* (1998), S. 61 f.

476 Vgl. *Meyer* (1983), S. 35.

477 *Williamson* (1990), S. 1.

terübertragung kann entweder auf dem Markt („extern") oder innerhalb von Unternehmen („intern") erfolgen.

Der gesamte Güterverbrauch (Kosten), der durch den Austauschprozess verursacht wird, entspricht den *Transaktionskosten.* Zu den Transaktionskosten *ex ante*, hierbei handelt es sich um die bis zur tatsächlichen physischen Gutübertragung entstehenden Kosten, gehören somit z. B. die Kosten der für den Tausch notwendigen Informationsgewinnung, die Kosten der Verhandlungsführung sowie die Kosten der Ausgestaltung des Vertrags.[478] Im Anschluss an die tatsächliche Güterübertragung fallen zudem, da unmittelbar mit der Transaktion im Zusammenhang stehend, Transaktionskosten *ex post* an: Hierzu zählen beispielsweise die Kosten der Überwachung, Rechtsdurchsetzung sowie Anpassung.[479]

Weiterhin zu den Transaktionskosten gerechnet werden die so genannten Opportunitätskosten, die den Vertragsparteien zahlungsunwirksam im Rahmen der Tauschaktion im Vergleich zu einer reibungsfreien Marktlösung entstehen können.[480] Schließlich ist noch auf die politischen Transaktionskosten eines Tauschvorgangs hinzuweisen, die insbesondere auf der Nutzung der von dem Gemeinwesen zur Verfügung gestellten Rechtsordnung basieren.[481]

Immer dort, wo freiwillige Transaktionen kein effizientes Marktgleichgewicht zutage fördern, entsteht Marktversagen, das, so die Forderung, durch wirtschafts- bzw. rechtspolitische Maßnahmen verhindert bzw. gelöst werden soll, um eine – gewünschte – wohlfahrtsoptimale Zuordnung von Verfügungsrechten zu gewährleisten.[482] Die rechts- und wirtschaftspolitische Instanz kann dieses Ziel zum einen durch eine Politik der Transaktionskostensenkung, die der Wiederherstellung des marktmäßigen Allokationsprozesses gewidmet ist, erzielen; zum anderen kann sie dort, wo die Transakti-

---

478 Die Güterübertragung selbst verursacht natürlich auch Kosten.

479 Vgl. hierzu umfassend *Picot* (1982), S. 270 ff., sowie *Richter/Furubotn* (1999), S. 49 ff.; kurz dazu vgl. *Furubotn/Pejovich* (1974), S. 2; für einen Überblick über die zum Teil uneinheitlichen Definitionsversuche des Transaktionskostenbegriffs vgl. *Allen* (1991), S. 3-6.

480 Vgl. u. a. *Barzel* (1985), S. 8; *Goldberg* (1989), S. 22; *Collins/Fabozzi* (1991), S. 27 ff.; *Wang* (2003), S. 3. *Buchanan* (1987), S. 719, definiert Opportunitätskosten trefflich wie folgt: "Opportunity cost is the anticipated value of "that which might be" if choice were made differently. Note that it is not the value of "that which might have been" without the qualifying reference to choice. In the absence of choice, it may be sometimes meaningful to discuss values of events that might have occurred but did not. It is not meaningful to define these values as opportunity costs, since the alternative scenario does not represent a lost or sacrificed opportunity."

481 Vgl. *Coase* (1960), S. 17 f.; *Richter/Furubotn* (1999), S. 50.

482 Vgl. *Coase* (1960), S. 17 f.; *Posner* (1979), S. 130; *Eidenmüller* (1998), S. 66 f.; *Posner* (2002), S. 16.

onskosten prohibitiv hoch sind, das wohlfahrtsökonomisch wünschenswerte Ergebnis mit Hilfe einer (hypothetischen) Marktsimulation (*mimic the market*) herbeiführen.[483]

Nicht verheimlicht werden soll die Schwierigkeit einer Transaktionskostenquantifizierung, die im Ergebnis nur relativierte komparatistische Aussagen über alternative Verfügungsrechtszuordnungen bzw. deren Transfer ermöglichen. Für die Beurteilung einer Regulierungsalternative wie dem Squeeze-out sind derart relativierte Aussagen über die Transaktionskosten indes brauchbarer als auf absolute Werte abstellende Angaben, während Letztere sich besser für individuelle und situationsspezifische Verfügungsrechtstransfers eignen.[484]

Für die Gestaltung einer wohlfahrtsökonomisch sinnvollen Zuordnung von Verfügungsrechten über knappe Güter kommt der Ausgestaltung des Schutzregimes, durch das die Eigentumsrechte an den betreffenden Ressourcen gesichert sind, eine wichtige Bedeutung zu. *Calabresi/Melamed* unterscheiden in diesem Zusammenhang drei verschiedene Schutzvorkehrungen: Es handelt sich hier um die *property rule* (Unterlassungsanspruch),[485] die *liability rule* (Schadensersatzanspruch)[486] sowie die *inalienability rule* (Unübertragbarkeit)[487].

---

483 Vgl. *Eidenmüller* (1998), S. 63-68; *Posner* (2002), S. 16.

484 Vgl. *Williamson* (1990), S. 24 f. *Eidenmüller* (1998), S. 103 ff., moniert die einer transaktionskostenbasierten Rechtspolitik immanente Willkürgefahr.

485 Nach der *property rule* kann der Eigentümer aus seinem Rechtebündel einen Anspruch ableiten, der einem Dritten verbietet, in diese Rechte einzugreifen; er hat somit einen Unterlassungsanspruch auf unfreiwillige Eingriffe in sein Eigentum. Sofern ein Dritter die betreffende knappe Ressource nutzen möchte, muss er vorher die Zustimmung des Rechteinhabers einholen. Der Übergang der Verfügungsrechte erfolgt hier also stets im Konsens, sodass, wie bei freiwilligen Tauschvorgängen üblich, eine Verbesserung beider Vertragsparteien im Sinne des *Pareto*-Kriteriums gewährleistet ist. Zwar kann gefolgert werden, dass unter dem Regime der *property rules* alle durchgeführten Tauschvorgänge ökonomisch effizient sind; allerdings bedeutet dies noch lange nicht, dass alle ökonomisch effizienten Tauschgeschäfte auch tatsächlich ausgeführt werden. Sind nämlich die dem potenziell *Pareto*-superioren Tauschvorgang zugrunde liegenden Transaktionskosten prohibitiv hoch, kommt es nicht zu einem an sich wohlfahrtserhöhenden Güteraustausch. Vgl. *Calabresi/Melamed* (1972), S. 1106-1115.

486 An dem Punkt prohibitiv hoher Transaktionskosten, die zu einer Verhinderung ökonomisch effizienter Tauschvorgänge führen, setzt die *liability rule* an. Die *liability rule* basiert auf einem erzwungenen Austausch von Verfügungsrechten, da sie für den Transfer der Eigentums- bzw. Nutzungsrechte nicht die Zustimmung des Rechteinhabers voraussetzt. Dieser Schutzregel zufolge darf neben dem Eigentümer jeder die knappe Ressource nutzen, der sowohl bereit als auch in der Lage ist, den von einer außenstehenden Instanz festgelegten Schadensersatz zu leisten. Vgl. *Calabresi/Melamed* (1972), S. 1106-1115.

487 Während die *property* und die *liability rule* die Übertragung von Gütern und somit die Neuordnung von Verfügungsrechtsstrukturen ermöglichen, erfolgt durch die *inalienability rule* eine Fixierung der ursprünglich getroffenen Distribution der jeweiligen Handlungsrechte; der Transfer von Verfügungsrechten ist hier von vornherein untersagt, unabhängig davon, ob es sich um einen erzwungenen oder freiwilligen Güteraustausch handelt. Da die praktische, das heißt tatsächliche

Bezogen auf den (Zwangs-)Ausschluss von Minderheitsaktionären würde eine ökonomische Analyse auf Basis der Property-Rights-Theorie die Legitimität des unfreiwilligen Aktieneinzugs dann befürworten, wenn prohibitiv hohe Transaktionskosten einen an sich effizienten Anteilstransfer verhindern. Ökonomisch effizient ist eine Anteilsübertragung auf den Mehrheitsaktionär dann, wenn dieser die betreffenden Aktien höher bewertet als die Minderheitsaktionäre. Unter Berücksichtigung der beiden Schutzregime *property rule* und *liability rule* sind alternative Rechtsansprüche betreffend die Verfügungsmacht über die in Rede stehende Kleinstbeteiligung auf ihre ökonomische Effizienz hin zu untersuchen. Grundsätzlich denkbar sind zumindest vier unterschiedliche Anspruchszuordnungsstrukturen:[488]

a) Die Minderheitsaktionäre können einen ungewollten Zugriff Dritter auf ihre Verfügungsrechte über die Unternehmensanteile verhindern (*property rule*).

b) Die Minderheitsaktionäre können einen ungewollten Zugriff Dritter auf ihre Verfügungsrechte über die Unternehmensanteile zwar nicht verhindern; sie erhalten allerdings von dem Mehrheitsaktionär eine von einer außenstehenden Instanz (z. B. durch ein Gericht) festgesetzte Kompensation (*liability rule*).

c) Der Mehrheitsaktionär erhält ein Zugriffsrecht auf die Aktien der Minderheitsaktionäre, die ihrerseits diesen Vorgang nicht verhindern können (*property rule*).

d) Der Mehrheitsaktionär erhält ein Zugriffsrecht auf die Aktien der Minderheitsaktionäre; die Minderheitsaktionäre können dies jedoch verhindern, indem sie an den Mehrheitsaktionär eine von einer außenstehenden Instanz (z. B. durch ein Gericht) festgesetzte Kompensation leisten (*liability rule*).

Von praktischer Relevanz, auch für diese Arbeit, sind die Regelungsvarianten a) und b), weil sich weder c) noch d) grundrechtlich legitimieren lassen.[489] Im Rahmen einer ökonomischen Beurteilung des Ausschlusses von Minderheitsaktionären gilt es schließlich dasjenige Rechtsarrangement zu identifizieren, das im Idealfall eine rei-

---

Anwendung der *inalienability rule* im Zivilrecht keine große Rolle spielt, sie vielmehr im Zusammenhang mit den Menschenrechten von tragender Bedeutung ist, wird im weiteren Verlauf dieser Arbeit von dieser Regel abstrahiert. Vgl. *Calabresi/Melamed* (1972), S. 1111, 1113; *Rose-Ackerman* (1985), S. 945 ff.; *Krauss* (2000), S. 786 f. Für eine elaborierte ökonomische Analyse der *inalienability rule* vgl. *Rose-Ackerman* (1985), S. 931 ff.

488 Die hier auf das Verhältnis Mehrheitsaktionär und Minderheitsaktionär angewendeten Rechtsansprüche sind in ihrer ursprünglichen Form auf *Calabresi/Melamed* (1972), S. 1115-1124, zurückzuführen. Andere Autoren haben diese Schutzregeln ebenfalls, allerdings in einem anderen Zusammenhang, übernommen. Vgl. u. a. *Kaplow/Shavell* (1996), S. 715 ff.; *Bebchuk* (2001), S. 609 ff.

489 Zur verfassungsrechtlichen Betrachtung des Aktionärsausschlusses vgl. Kapitel II.1.3.3.

bungslose bzw. transaktionskostenminimale Verfügungsrechtszuordnung über die betreffenden Unternehmensanteile gewährleistet bzw. dieser am nächsten kommt. Da die Transaktionskosten in Form einer Sammelgröße all jene Wohlfahrtsverluste einer Rechtskonstellation auffangen, die im Vergleich zu einer anderen[490] anfallen, bedarf es zu deren Beurteilung einer transaktionsspezifischen Ableitung bzw. Konkretisierung geeigneter Wertvorstellungen. Im Folgenden sollen zunächst transaktionskostenrelevante Einflussgrößen erörtert werden, die für die Beurteilung des Ausschlusses von Minderheitsaktionären und somit für die Zuordnung von Verfügungsrechten über die gegebenen Minderheitsanteile von Bedeutung sind; für jede individuelle Einflussgröße sind alsdann geeignete Maßstäbe zu bilden, mit deren Hilfe die ökonomische Effizienz des Minderheitsausschlusses bewertet werden kann. Die Effizienzbeurteilung erfolgt hier zunächst auf Basis der einzelnen für die Einflussgrößen entwickelten Maßstäbe, um schließlich zu einem verdichteten bzw. aggregierten Gesamtergebnis zu gelangen.

### III.2.3. Senkung von Agency-Kosten und Sicherung einer funktionsfähigen Corporate Governance

#### III.2.3.1. Agency-theoretische Grundlagen

Die Prinzipal-Agenten-Theorie[491] hat ihren Ursprung in der Vertragstheorie. Im Kern beschäftigt sie sich mit den einem Vertragsverhältnis zugrunde liegenden und im Extremfall Marktversagen auslösenden asymmetrischen Informationen der Kontraktbeteiligten. In einer Prinzipal-Agenten-Beziehung beauftragt der Prinzipal einen Vertreter (den Agenten) gegen die Gewähr einer ex ante festgelegten Vergütung mit der Ausführung einer bestimmten Leistung in seinem Namen und in seinem Interesse. Für die Durchführung des Auftrags überlässt der Auftraggeber dem Auftragnehmer eine gewisse Entscheidungskompetenz. Die Handlungen des Agenten beeinflussen dabei sowohl das eigene Nutzenniveau als auch dasjenige des Prinzipals.[492] In einer weiter gefassten Abgrenzung wird das Prinzipal-Agenten-Verhältnis dadurch charakterisiert, dass ein Wirtschaftssubjekt Entscheidungen trifft, die sowohl seine eigene als auch die

---

[490] Dabei muss es sich nicht zwangsläufig um die so genannte *first-best-solution* handeln.

[491] Die Prinzipal-Agenten-Theorie umfasst sowohl einen normativen als auch einen positiven Zweig. Zwar fokussieren beide Ausprägungen auf die Vertragsproblematik zwischen Eigennutz maximierenden Parteien; während sich die normative Prinzipal-Agenten-Theorie jedoch mit der Hilfe von rein mathematisch-mikroökonomischen Modellen der Maximierung individueller Nutzenfunktionen anzunähern versucht, unternimmt die positive Prinzipal-Agenten-Theorie den Versuch, insbesondere die Überwachungs- und Selbstbindungsmechanismen von Vertragsbeziehungen zu erklären. Vgl. *Jensen* (1983), S. 334.

[492] Vgl. u. a. *Ross* (1973), S. 134; *Jensen/Meckling* (1976), S. 308.

Wohlfahrt eines anderen Akteurs betreffen.[493] Für die Konstruktion einer *Agency*-Beziehung ist die Existenz eines expliziten Vertrags zwar hinreichende aber nicht notwendige Bedingung;[494] im hier verstandenen Sinne liegt eine *Agency*-Beziehung dann vor, wenn die dem wechselseitigen Erfüllungsverhältnis zugrunde liegenden Ansprüche in irgendeiner Form rechtlich durchsetzbar sind, was, wie in Kapitel II.1.2.4.3.2 gezeigt, zwischen Mehrheits- und Minderheitsaktionären durch die wechselseitige Treupflichtbindung gewährleistet ist.[495] Weiterhin ist zu konstatieren, dass innerhalb einer *Agency*-Beziehung die Rollenverteilung des Prinzipals und des Agenten keine statische ist; ein Akteur kann innerhalb einer Leistungsbeziehung beide bzw. wechselnde Rollen einnehmen,[496] was bezogen auf das hier gegenständliche Aktionärsverhältnis zutreffend ist.

In der Prinzipal-Agenten-Theorie wird nun zwischen asymmetrischen Informationen *vor* und *nach* Vertragsabschluss unterschieden:

- Informationsasymmetrien *vor* Vertragsabschluss: Zwischen Prinzipal und Agent existiert zugunsten Letzteren vor Vertragsabschluss ein ungleicher Informationsstand über das Transaktionsobjekt (*hidden characteristics*), z. B. die Managementfähigkeiten eines potenziellen Geschäftsführers.
- Informationsasymmetrien *nach* Vertragsabschluss: Der Prinzipal kann während der Vertragslaufzeit weder den nutzenimmanenten *Informationsstand (hidden information)* noch das ebenfalls nutzenimmanente *Verhalten* des Agenten beobachten (*hidden action*).[497]
- Informationsasymmetrien *vor* oder *nach* Vertragsabschluss: Die Absichten des Agenten sind für den Prinzipal solange nicht beobachtbar, bis der Agent sich intentional opportunistisch verhält und seine Absicht offenbart (*hidden intention*).

Sämtliche hier genannten asymmetrischen Informationsverteilungen vor und nach Vertragsabschluss können im Extremfall zu Marktversagen führen. So nutzt die eine, besser informierte Vertragsseite ihren Informationsvorsprung in nutzenmaximierender Absicht und opportunistisch motiviert zulasten der schlechter informierten Seite aus.

---

[493] Vgl. *Pratt/Zeckhauser* (1985), S. 2, die diese Beziehung wie folgt beschreiben: „Whenever one individual depends on the action of another, an agency relationship arises. The individual taking the action is called the agent. The affected party is the principal."

[494] Vgl. *Neus* (1989), S. 20.

[495] Dies kann z. B. auch im Rahmen gesetzlich fixierter Anspruchsgrundlagen erfolgen.

[496] Vgl. *Neus* (1989), S. 20; *Dietl* (1991), S. 116.

[497] Vgl. *Arrow* (1985), S. 38 f.

Dies kann dann bekanntlich *vorvertraglich*, ausgelöst durch die *hidden characteristics*, über den Prozess einer adversen Selektion zu einem Marktzusammenbruch führen.[498]

Nachvertraglich repräsentiert die *hidden action*, bei der es nach dem Treffen einer Entscheidung des Agenten zu einem ungleichen Informationsstand der Kontraktpartner kommt, den bedeutendsten Anwendungsfall.[499] Zwar kann das von der *Hidden-action*-Strategie betroffene Wirtschaftssubjekt das Resultat der Entscheidung beobachten; aufgrund existierender exogener Umwelteinflüsse kann der Prinzipal allerdings nicht auf die Entscheidung selbst bzw. das Aktivitätsniveau des Handelnden schließen. Im Gegensatz dazu lassen sich im Fall der *hidden information* die Entscheidungen bzw. das angewendete Aktionsniveau zwar beobachten, das eigennutzenmaximierende Entscheidungssubjekt verfügt allerdings im Moment der Entscheidung über einen Informationsvorsprung, den es zu seinen Gunsten und zulasten des Kontraktpartners (opportunistisch) ausnutzen kann (so genanntes *moral hazard*).[500] Dies hier skizzierte Anreizproblem führt *Stiglitz* nicht nur auf unvollständige bzw. ungleich verteilte Informationen, sondern auf die koexistente Unsicherheit und Risikoaversion zurück.[501]

Die *hidden intention* nimmt eine Zwischenstellung zwischen den *hidden characteristics* auf der einen und den *hidden information* auf der anderen Seite ein. Im Gegensatz zu *hidden information* handelt es sich bei der *hidden intention* nicht alleine um einen Wissensvorsprung hinsichtlich der entscheidungsrelevanten Information, sondern um die einer Vertragspartei bis zu dem Zeitpunkt der Entscheidung verborgenen Verhaltensmerkmale der anderen Vertragspartei; anders als bei den *hidden characteristics* basieren die verdeckten Verhaltensmerkmale allerdings auf dem Willen der diese „verbergenden" Partei.[502] Im Unterschied zur *hidden action*, bei der die Anstrengungen und somit das opportunistische Verhalten des Agenten für den Prinzipal nicht beobachtbar ist, wird die *hidden intention* im Moment der Entscheidung sichtbar. Die hierdurch möglicherweise entstehenden *Hold-up*-Probleme basieren auf den irreversiblen Investitionen bzw. Entscheidungen des Prinzipals, die diesen in ein Abhängig-

---

498 Vgl. *Akerlof* (1970), S. 488 ff.; *Picot* (1991), S. 152.

499 Vgl. *Holmström* (1979), S. 74 ff.; *Holmström* (1982), S. 324 ff.; *Arrow* (1985), S. 38 f.; *Picot* (1991), S. 151 f.

500 Vgl. *Arrow* (1985), S. 39 f.; *Alchian/Woodward* (1988), S. 68 f. Der Begriff des *moral hazard* geht ursprünglich zurück auf die Versicherungswirtschaft. Vgl. *Arrow* (1963b), S. 961 f.

501 Vgl. *Stiglitz* (1983), S. 6.

502 Vgl. *Alchian/Woodward* (1988), S. 67 f.; *Dietl* (1991), S. 121 f.; *Spremann* (1996), S. 628 ff.

keitsverhältnis bringen können, ohne dass er in der Lage ist, den Agenten zu interessekonformem Handeln zu zwingen.[503]

Jene Informationsasymmetrien sind verglichen mit einer idealtypischen Welt vollständiger Märkte der Ursprung ökonomisch suboptimaler Wohlfahrtspositionen; sie können im Extremfall zu Marktversagen führen und somit ein Bedürfnis nach staatlichen, regulierenden Eingriffen wecken. Dessen ungeachtet, können sich die potenziellen oder gegenwärtigen Vertragsparteien durch geeignete Überwachungsmaßnahmen bzw. eine wechselseitige Anreizsetzung vor individuellen Wohlfahrtsverlusten schützen. Die hierbei anfallenden Wohlfahrtseinbußen lassen sich in folgende, so genannte *Agency*-Kosten aufschlüsseln, wobei auch hier eine gedankliche Unterteilung in Vor- und Nachvertraglichkeit möglich ist:

- Die vorvertraglichen Wohlfahrtsverluste sind auf die Ressourcenverzehrung der so genannten *Signaling- und Screening*-Aktivitäten zurückzuführen: Während beim *signaling* die *besser informierte* Seite ex ante Maßnahmen ergreift, um die schlechter informierte Partei über die Qualität des Transaktionsgegenstands in Kenntnis zu setzen (*Signaling*-Kosten), unternimmt beim *screening* der *schlechter Informierte* ex ante Vorkehrungen, um sich einen Eindruck über die Qualität des Tauschobjekts zu verschaffen (*Screening*-Kosten).[504]
- Zu den nachvertraglichen Wohlfahrtseinbußen zählen zum einen die Aufwendungen, die auf den so genannten *Bonding*-Aktivitäten der Vertragspartner basieren: Um jeweils die Transaktions*gegenseite* vor eigenem opportunistischen Verhalten nach Vertragsabschluss zu schützen, treffen, je nach Sachverhalt, der eine oder beide Kontraktpartner Regelungen, die gewährleisten, dass die jeweils andere Vertragspartei nicht durch die Entscheidungen oder Aktivitäten ausgebeutet wird (*Bonding*-Kosten).[505]

503 *Hold-up*-Probleme, auch *Hold-out*-Probleme genannt, entstehen in Situationen, in denen ein Käufer eine bestimmte Menge eines Gutes von diversen Eigentümern erwerben möchte und der Nutzenbeitrag für den Erwerber von der angestrebten zu erwerbenden Menge abhängt; in einer derartigen Konstellation ist es für jeden einzelnen (potenziellen) Verkäufer vorteilhaft, als letzter ein Verkaufsangebot zu unterbreiten, um somit den vollständigen, der Transaktion zugrunde liegenden Gewinn abzuschöpfen. Der Anreiz jeweils der Letzte in der Verhandlungskette zu sein (sequenzielle Verhandlungsrunden vorausgesetzt), kann dazu führen, dass im Extremfall keiner der potenziellen Verkäufer in Verhandlungen mit dem Kaufinteressenten tritt. Vgl. *Goldberg* (1976), S. 439 ff.; *Spremann* (1996), S. 700 ff.

504 Vgl. hierzu grundlegend *Spence* (1973), S. 355 ff.

505 Vgl. hierzu und zu den folgenden Punkten *Jensen/Meckling* (1976), S. 308; *Fama/Jensen* (1983b), S. 327.

- Zum anderen zählen zu den nachvertraglichen Wohlfahrtsminderungen jene Ressourcenverwendungen, die auf das so genannte *monitoring* zurückzuführen sind: Um *sich selbst* vor der Gefahr zu schützen, Ausbeutungsopfer des opportunistischen Vertragspartners zu werden, werden die Handlungen der Gegenpartei überwacht (*Monitoring*-Kosten).
- Trotz der vor- und nachvertraglich getroffenen Regelungen zur Verhinderung opportunistischen Verhaltens ist eine vollständig interessenhomogene Verhaltensweise der beteiligten Parteien regelmäßig nicht erzielbar: Die Differenz zwischen dem Ergebnis, das unter Berücksichtigung der genannten Schutzmechanismen idealtypisch zustande käme, und dem Ergebnis, welches realiter erzielt wird,[506] entspricht in der *agency*-theoretischen Terminologie den Restkosten (*residual loss*).

Aus *agency*-theoretischer Sicht gilt es, das typisierte Prinzipal-Agenten-Verhältnis so zu gestalten, dass die dabei entstehenden *Agency*-Kosten minimal sind.

So stellt sich bezogen auf den Squeeze-out nunmehr die Frage, ob die mit dieser Transaktion verbundene 100%ige Anteilskonzentration zu einer Senkung der *Agency*-Kosten führt. Im Zusammenhang mit dem Ausschluss von Minderheitsaktionären sind aus *agency*-theoretischer Sicht vier Interessenkonflikte bzw. Spannungsverhältnisse voneinander abzugrenzen, wobei eine Überschneidung dieser potenziellen Beziehungskrisen nicht zu leugnen ist.[507] Es handelt sich hierbei zum einen um die Delegationsbeziehung zwischen der unternehmerischen Geschäftsleitung und den Aktionären; zum anderen lassen sich aus dem Verhältnis der Aktionäre untereinander zwei Konfliktpotenziale ableiten, wobei hier eine Differenzierung nach der den Konflikt auslösenden Partei vorgenommen wird. Ein Spannungsverhältnis besonderer Art kann sich schließlich auf dem Markt für Unternehmenskontrolle zwischen Bieter- und Zielgesellschaftsaktionären ergeben.

---

[506] Hierbei muss es sich nicht notwendigerweise um die „zweitbeste Lösung“ handeln.

[507] *Barnea/Haugen/Senbet* (1985), S. 31 ff., nehmen eine Unterscheidung der *Agency*-Theorie in einen ökonomischen und finanzierungstheoretischen Zweig vor. Zu den finanzierungstheoretischen *Agency*-Beziehungen zählen sie das Verhältnis zwischen Eigentümern und Management einer Unternehmung sowie das Verhältnis zwischen Eigen- und Fremdkapitalgebern.

### a) *Verhältnis zwischen der Unternehmensleitung und den Unternehmenseigentümern*

Bereits *Adam Smith*[508] und etwa 150 Jahre später *Berle/Means*[509] erkannten das auf Interessenheterogenität beruhende Konfliktpotenzial zwischen den Managern und den Eigentümern einer Unternehmung. Die Eigentümer (Prinzipale) beauftragen ein auf Unternehmensführungsaufgaben spezialisiertes Management (Agenten) gegen Entgelt mit der Verfolgung des von den Prinzipalen festgelegten Unternehmenszwecks.[510] Da das Verhältnis zwischen Unternehmenseigentümern und Management ebenfalls durch Informationsasymmetrien zugunsten des Letzteren geprägt ist, können hier ebenfalls die oben skizzierten vor- und nachvertraglichen Konsequenzen aus den *hidden characteristics, hidden information* sowie *hidden action* resultieren.[511] So hat der Manager durchaus einen Anreiz, von dem Prinzipal unbeobachtet, außervertragliche Nebeneinnahmen aus dem Unternehmen zu generieren sowie nicht seine volle Arbeitskraft zur Verfolgung des Unternehmenszwecks einzusetzen.[512] Die durch den Einsatz von Maßnahmen zur Überwindung dieses Konflikts verbrauchten Ressourcen stellen *Agency*-Kosten dar. Im Ergebnis könnte bezogen auf den hier gegenständlichen Inte-

---

508 „The directors of such companies, however, being the managers rather of other people's money than of their own, it cannot well be expected, that they should watch over it with the same anxious vigilance with which the partners in a private copartnery frequently watch over their own. Like the stewards of a rich man, they are apt to consider attention to small matters as not for their master's honour, and very easily give themselves a dispensation from having it. Negligence and profusion, therefore, must always prevail, more or less, in the management of the affairs of such a company." *Smith* (1937), S. 700.

509 Vgl. *Berle/Means* (1991), S. 112 ff., stellten in ihrer empirischen Arbeit fest, dass sich ein beachtlicher Teil des Anteilsbesitzes an US-amerikanischen börsennotierten Unternehmen im Streubesitz befindet. So prägten sie das Verhältnis zwischen Eigentümern und Geschäftsleitung unter der Überschrift „separation of ownership and control". *Fama/Jensen* (1983a), S. 303 ff., charakterisierten jene Beziehung als Trennung von Entscheidungsmanagement und Entscheidungskontrolle, wobei sie unter das Entscheidungsmanagement sowohl die Erarbeitung von Entscheidungsvorschlägen als auch die Ratifizierung von Entscheidungen subsumieren, während sie unter die Entscheidungskontrolle die Entscheidungsausführung und -überwachung fassen. Die personelle Zuordnung des Entscheidungsmanagements und der Entscheidungskontrolle machen die Autoren dabei von der Komplexität der zu betrachtenden unternehmerischen Organisation abhängig.

510 Zum Begriff des Unternehmenszwecks vgl. FN 120.

511 Das Problem der *hidden intention* ist für die *Agency*-Beziehung zwischen Management und Eigentümern nicht von Bedeutung, da es hier nicht zu einer irreversiblen *Hold-up*-Situation zugunsten der Unternehmensleitung kommen kann; sieht man von Kündigungsschutzklauseln ab, können die Eigentümer den Anstellungsvertrag mit der Geschäftsleitung jederzeit kündigen.

512 „We shall continue to characterize the agency conflict between the owner-manager and outside shareholders as deriving from the manager's tendency to appropriate perquisites out of the firm's resources for his own consumption. [...] Indeed, it is likely that the most important conflict arises from the fact that [...] his incentive to devote significant effort to creative activities such as searching out new profitable ventures falls." *Jensen/Meckling* (1976), S. 313.

ressenkonflikt der Ausschluss der Minderheitsaktionäre und die damit verbundene Konzentration der Anteile in den Händen eines Gesellschafters, der möglicherweise die Geschäftsleitung in Personalunion ausübt, zu einer Eliminierung der *Agency*-Kosten zwischen Management und Anteilseignern führen. Aufgrund der Offensichtlichkeit dieses Zusammenhangs wird dieser Aspekt auch in der in Kapitel IV.1 folgenden Analyse eine untergeordnete Rolle spielen.

*b) Verhältnis der Aktionäre untereinander*

Interessenkonflikte zwischen einzelnen Anteilseignern treten – in aus *agency*-theoretischer Sicht bedeutsamer Weise – dann auf, wenn das Eigentum an der Gesellschaft, wie im Fall des Squeeze-out ex ante üblich, in stark konzentrierter Form unter einzelnen Aktionären verteilt ist.[513] Die hohe Konzentration des Anteilseigentums ist charakteristisch für kontinentaleuropäische börsennotierte Kapitalgesellschaften,[514] aber auch in den angelsächsischen Ländern ist entgegen der *Berle/Means*-Studie[515] eine, wenngleich nicht in kontinentaleuropäischem Ausmaß, sichtbare Konzentration des Anteilseigentums börsennotierter Gesellschaften zu konstatieren.[516] Zwar ist das Verhältnis der Aktionäre untereinander nicht durch eine Delegationsbeziehung dergestalt geprägt, dass die eine Partei (die Minderheitsaktionäre) die andere Partei (die Mehrheitsaktionäre) beauftragt, in ihrem Namen und Interesse bestimmte Aufgaben wahrzunehmen; vielmehr können, der hier gegenständlichen weiten *agency*-theoretischen Abgrenzung folgend, die aktionärsindividuellen Entscheidungen das Nutzenniveau der anderen Verbandsmitglieder beeinflussen. In rechtlicher Hinsicht wird die Beziehung und wechselseitige Anspruchsgrundlage der einzelnen Aktionäre oder Aktionärsgruppen untereinander durch die gesetzlich (in Deutschland) bzw. richterrechtlich (in den USA) verankerte Treupflicht bestimmt.[517]

---

513 Unter konzentriertem Aktienbesitz versteht *Stützel* (1960), S. 910, „Vorgänge, die zur Konzentration der Ansprüche auf die in Aktiengesellschaften gebundenen Privatvermögen in den Händen vergleichsweise weniger natürlicher Personen führen." *Flume* (1958), S. 34, definiert die Anteilskonzentration als „[...] Verengung des Anteilsbesitzes an Unternehmen, die in der Form der Kapitalgesellschaft, insbesondere der Aktiengesellschaft, organisiert sind, indem an die Stelle einer Vielzahl von Publikumsaktionären wenige Großaktionäre oder ein beherrschender Mehrheitsaktionär tritt."

514 Vgl. u. a. *Schmidt/Tyrell* (1997), S. 344 f.; *Becht/Röell* (1999), S. 1052; *Franks/Mayer* (2001), S. 947.

515 Vgl. FN 509.

516 Vgl. *Holderness/Sheehan* (1988), S. 318 f.; *La Porta/Lopez-de-Silanes/Shleifer* (1999), S. 491 ff.

517 Zur Treupflicht in Deutschland vgl. Kapitel II.1.2.4.3.2 sowie in den USA Kapitel II.2.1.3.2.2.

#### *aa) Opportunistisches Verhalten des Mehrheitsaktionärs*

Da der Mehrheitsaktionär annahmegemäß einen kontrollierenden Einfluss auf die Geschäftsleitung ausüben kann, sofern er sie nicht ohnehin in Personalunion wahrnimmt, besteht für ihn die Möglichkeit, sich durch gezielte, das Management bindende unternehmerische Entscheidungen Sondervorteile aus seiner Beteiligung zu verschaffen, die über die allen Aktionären zustehende Gewinnausschüttung hinausgehen.[518] Die Möglichkeit des Mehrheitsaktionärs, Sondervorteile (so genannte *private benefits*) zu erzielen, ist vielgestaltig. Einer gängigen Systematisierung folgend kann zunächst unterschieden werden zwischen monetären und nicht-monetären Sondervorteilen.[519] Weiterhin differenzieren lassen sich *private benefits* in solche, die anteilig zulasten des Hauptaktionärs gehen, und solche, die lediglich die Anteile der Minderheitsaktionäre (negativ) tangieren.[520] Sondervorteile, die auch anteilig zulasten des Hauptaktionärs gehen, wie z. B. der Griff in die Unternehmenskasse,[521] mindern über den Unternehmenswert den Wert einer jeden Aktie. Dabei sind die Anreize zur Realisierung derartiger *private benefits* eine inverse Funktion der Beteiligungsquote des Mehrheitsgesellschafters, sodass er stets den aus der Maßnahme erzielbaren Nutzen mit den selbst internalisierten Kosten abwägen muss. Gesamtwirtschaftlich betrachtet ist die Realisierung privater Sondervorteile, neben sich aufdrängenden Ungerechtigkeitsgefühlen, ineffizient, weil die diese veursachenden Kosten (inklusive Transaktionskosten) regelmäßig größer als die erzielbaren (privaten) Vorteile sind. Zu den monetären, nur die Minderheitsaktien berührenden privaten Sondervorteilen kann insbesondere der Squeeze-out gezählt werden. Über eine gezielte, niedrige Abfindungswertgestaltung kann der Hauptaktionär einen Vorteil erzielen, der lediglich zulasten der Minderheitsanteile geht. Darüber hinaus kann der Mehrheitseigner den Freeze-out auch nur deswegen anstrengen, um die Minderheitsaktionäre von der Beteiligung an z. B. aus zukünftigen Restrukturierungsmaßnahmen resultierenden Gewinnen auszuschließen.

Der potenziell ausbeutungsoffenen Aktionärsminderheit entstehen nun insbesondere durch die Überwachung des Mehrheitsaktionärs wohlfahrtsschädliche *Agency-*

---

518 Vgl. *Bebchuk* (1999); *Holderness/Sheehan* (2000), S. 139 f.

519 Vgl. *Jensen/Meckling* (1976), S. 312; *Ehrhardt/Nowak* (2001), S. 5.

520 Diese Differenzierung wird in der Literatur bis heute nicht vorgenommen. Zu den ebenfalls von dem Hauptaktionär anteilig internalisierten Sondervorteilen können z. B. der Griff in die Unternehmenskasse sowie der Abschluss von Geschäftsbeziehungen mit einer 100% im Eigentum des Mehrheitsaktionärs befindlichen Korporation zu für die betroffene Gesellschaft unlukrativen Verrechnungspreisen gezählt werden. Hier gehen die Unternehmenswertminderungen auch anteilig zulasten des Hauptaktionärs. Der Mehrheitsgesellschafter vereinnahmt den vollen Sondervorteil, muss aber entsprechend seinem Anteil an der Korporation die damit verbundenen Kosten tragen.

521 Für weitere Beispiele dazu vgl. *Jensen/Meckling* (1976), S. 312.

Kosten. Die Frage, ob durch einen Ausschluss der Minderheitsaktionäre ein Einsparpotenzial von durch die Minorität zu tragenden *Agency*-Kosten besteht, ist rein hypothetischer, ja sogar zynischer Natur: So haben die Minderheitsaktionäre einer börsennotierten Gesellschaft grundsätzlich selbst die Möglichkeit, sich durch einen Verkauf freiwillig von ihren Anteilen zu trennen und somit Kosten zu reduzieren. Bedeutungsvoll erscheint dieser hier skizzierte Interessenkonflikt vielmehr dann, wenn sich weder der Mehrheitsaktionär noch ein potenzieller Dritter bereit erklärt, die Restanteile entgeltlich zu erwerben, wie es z. B. bei illiquiden Marktsituationen oder bei nicht börsennotierten Korporationen der Fall sein kann.[522] Zur Lösung derartiger Konfliktsituationen ist zumindest eine – ökonomische – Diskussion über ein zum Squeeze-out reziprokes Rechtsinstitut, die so genannte Sell-out-Option, zu führen. Eine Sell-out-Option räumt den Minderheitsaktionären das einseitige Recht ein, unterhalb einer näher zu bestimmenden Beteiligungsquote ihre Anteile an den Mehrheitsaktionär zu verkaufen.[523]

Problematischer ist dahingegen die Verhinderung bzw. Minimierung des infolge eines Squeeze-out möglicherweise resultierenden Vermögenstransfers zulasten der Minderheitsaktionäre und zugunsten des Haupteigners. Handelt es sich bei dem Zwangsausschluss um einen rein opportunistisch motivierten Vorgang, deutet vieles auf einen gesamtwirtschaftlichen Nettoverlust dieser Maßnahme, einen so genannten *dead-weight-loss*,[524] hin.

### *bb) Opportunistisches Verhalten des Minderheitsaktionärs*

Schließlich muss auch umgekehrt die Frage erlaubt sein, inwiefern sich Minderheitsaktionäre möglicherweise aus ökonomischer Sicht ineffizient verhalten, wenn sie ihre *Hold-up*-Position im Sinne eines Renten suchenden Verhaltens[525] ausnutzen, um ihren Anteil an der Ex-post-Verteilung der Quasi-Renten[526] zu erhöhen, indem sie den

---

522 So kann der Mehrheitsaktionär ein Interesse daran haben, weiterhin Sondervorteile zulasten der Minderheitsaktionäre zu vereinnahmen. Aufgrund der ausbeutungsoffenen Position der Minderheitsaktionäre erklärt sich des Weiteren kein außenstehender Dritter dazu bereit, die Anteile zu einem angemessenen Preis zu übernehmen.

523 Zum Sell-out-Recht vgl. Kapitel IV.1.2.2.9.

524 Generell zu *dead-weight-losses* vgl. *Samuelson/Nordhaus* (1992), S. 191.

525 Renten suchendes Verhalten beschreibt die Verwendung knapper Ressourcen durch ein Wirtschaftssubjekt in der Erwartung, zukünftig daraus eine ökonomische Rente zu erzielen. Eine ökonomische Rente repräsentiert dabei den Ertrag, den ein Eigentümer eines knappen Guts über seine Opportunitätskosten, das heißt über den Ertrag seiner nächstbesten Verwendung hinaus erzielen kann. Vgl. hierzu *Tollison* (1982), S. 575, 577 f.

526 Ausführlich zu Quasi-Renten vgl. Kapitel III.2.3.2 sowie insbesondere die zu FN 541 gehörenden Ausführungen.

Mehrheitseigner zu finanziellen Zugeständnissen veranlassen. Hierbei handelt es sich um einen klassischen Fall der oben dargelegten *hidden intention*: Der Minderheitsaktionär hat vor Zeichnung bzw. Erwerb der Aktien[527] bereits die für den Kontrolle innehabenden Mehrheitsaktionär nicht beobachtbare Absicht, sich opportunistisch zu verhalten; im Gegensatz zur *hidden action* wird das opportunistische Anlegerverhalten für den Hauptaktionär verifizierbar.

*c) Markt für Unternehmenskontrolle*

Weiterhin kommt dem Zwangsausschluss von Minderheitsaktionären im Zusammenhang mit Unternehmensübernahmen Bedeutung zu. So belegt die empirische Evidenz, dass auf 90% aller Unternehmenskontrollwechsel in den USA, dem wohl größten nationalen Markt für Unternehmensübernahmen, ein Ausschluss der noch verbliebenen Minderheits(-zielgesellschafts-) aktionäre im Wege eines *second-step freeze-out-merger* folgt.[528] Hier gilt es zu untersuchen, ob der Investor nur deshalb das Unternehmen übernommen hat, weil er erst durch die möglicherweise mit dem Squeeze-out verbundene Vermögensverschiebung von der Aktionärsminderheit zu sich selbst einen Nutzen aus der unternehmerischen Kontrollerlangung erzielt. Wäre dies der Fall, würde die Möglichkeit des Zwangsausschlusses dazu führen können, dass ökonomisch ineffiziente und somit wertvernichtende Unternehmensübernahmen gefördert würden. Auf der anderen Seite könnte es aber auch sein, dass durch die Squeeze-out-Option ökonomisch effiziente und somit wertschaffende Unternehmensübernahmen erst ermöglicht werden, da der Käufer sich sonst einem möglichen *hold-up* durch die Minderheitsaktionäre ausgesetzt sieht und somit von der Transaktion Abstand nimmt. In diesem letzten Fall wird die *agency*-theoretische Motivation deutlich, da der Markt für Unternehmenskontrolle seine ihm zugedachte Managementdisziplinierungsfunktion[529] möglicherweise nicht vollständig entfalten kann, mit dem Ergebnis, dass eine ineffiziente Geschäftsleitung nicht durch eine effiziente ausgetauscht wird.

### III.2.3.2. Corporate-Governance-theoretische Grundlagen

Die Forderung nach einer funktionsfähigen Corporate Governance lässt sich zwar, wie noch zu zeigen sein wird, unter das Ziel der *Agency*-Kostenminimierung subsumieren; sowohl die in den letzten 20 Jahren zu verzeichnende, weltweit zunehmende Aufmerk-

---

[527] Möglich ist allerdings auch, dass der Minderheitsaktionär die Absicht opportunistischen Verhaltens erst später entwickelt.

[528] Vgl. u. a. *Gomes* (2001), S. 1. Zu *second-* bzw. *two-step freezeout-mergers* vgl. Kapitel II.2.1.1.

[529] Ausführlich zum Markt für Unternehmenskontrolle als Disziplinierungsinstrument vgl. Kapitel IV.1.2.1.

samkeit[530] auf Corporate Governance relevante Themen als auch deren Bedeutung für den vorliegenden Themenkomplex des Aktionärsausschlusses empfehlen jedoch eine isolierte Betrachtung.

Sowohl Entstehung als auch ökonomische Notwendigkeit von Corporate Governance lässt sich mit Hilfe der neueren Ansätze der „Theorie der Unternehmung"[531] verdeutlichen.[532]

---

530 Für die in den letzten 20 Jahren zu verzeichnende, weltweit zunehmende Aufmerksamkeit und Bedeutung der Corporate Governance lassen sich mit *Becht/Bolton/Röell* (2002), S. 10-14, sechs Gründe identifizieren: So führen die Autoren (i) weitreichende Privatisierungsmaßnahmen vormals staatlicher Unternehmen in den OECD-Ländern; (ii) die wachsende Rolle institutioneller Anleger, wie z. B. Pensionsfonds, als Kapitalmarktakteure; (iii) die insbesondere in den 80er Jahren in den angelsächsischen Ländern zu beobachtende wachsende Anzahl von Unternehmensakquisitionen und -fusionen; (iv) die stetige Deregulierung und Integration des Kapitalmarktes und die damit verbundene Zunahme länderübergreifender Börsennotierungen großer Kapitalgesellschaften (so genanntes cross-listing); (v) die 1998 einsetzende ost-asiatische Wirtschaftskrise sowie (vi) eine Serie von Unternehmenskrisen und -skandalen, insbesondere in den USA, an. Spiegelbildlich zu der Zunahme der Börsennotierungen kristallisiert sich in jüngster Zeit allerdings ein umgekehrter Trend heraus, der immer mehr Unternehmen dazu veranlasst, die organisierten Kapitalmärkte wieder zu verlassen. Zu den US-amerikanischen Unternehmenskrisen bzw. -skandalen sei hier beispielhaft auf den Zusammenbruch der *Enron Corp.* sowie der *WorldCom, Inc.* verwiesen. Vgl. u. a. *Brickey* (2003); *Ribstein* (2002), S. 4-7; *Sidak* (2003); *Thompson* (2003). In Deutschland sorgten die Unternehmenszusammenbrüche von *EM TV*, *Holzmann* sowie jüngst die kurzfristig abgewendeten Insolvenzfälle von *Max Bahr* sowie *KarstadtQuelle* für eine Belebung der Corporate-Governance-Diskussion.

531 Unter den Begriff „Theorie der Unternehmung" werden all jene ökonomisch motivierten (sowohl volkswirtschaftlichen als auch betriebswirtschaftlichen) Forschungsaktivitäten subsumiert, die sich mit Fragen wie z. B. der Existenz und der Struktur von Unternehmungen sowie deren Marktaktivitäten auseinandersetzen. Vgl. *Valcárcel* (2002), S. 7, m. w. N. Als Ausgangspunkt der Theorie der Unternehmung dient die Arbeit von *Coase* (1937), S. 386 ff., der die Existenz von Unternehmen auf die so genannten *marketing costs* (hierbei handelt es sich um die Transaktionskosten) zurückführt; verhindern prohibitiv hohe Transaktionskosten eine reibungslose Marktkoordination, kann der entsprechende Tauschvorgang möglicherweise durch eine hierarchische Unternehmensstruktur substituiert werden.

532 Die traditionellen, älteren, auf *Alchian/Demsetz* (1972), S. 777 ff., und *Jensen/Meckling* (1976), S. 305 ff., zurückzuführenden Ansätze beschreiben das Unternehmen als Geflecht vollständiger Verträge, wonach sämtliche Unternehmenskoalitionäre, auch die residualgewinnanspruchsberechtigten Eigentümer, die Möglichkeit haben, ihre Ansprüche ex ante durch den Abschluss vollständiger Verträge zu sichern. Wenn aber nun, wie in dem Standard-Prinzipal-Agenten-Modell üblich, das Verhältnis zwischen den Aktionären und der Geschäftsleitung durch vollständige Verträge determiniert ist ("[...] the typical asymmetric information contract found in the principal-agent or implicit contract literatures [...] is complete." *Hart* (1989), S. 177.), erweisen sich Governance-Strukturen als irrelevant, weil sämtliche unternehmensrelevanten Entscheidungen ex ante durch vollständige Verträge getroffen und umgesetzt werden und somit auch das Überwachungsrecht der Aktionäre nach Vertragsabschluss entbehrlich ist. *Hart* (1995), S. 679, bringt dies wie folgt auf den Punkt: "However, the [principal-agent-] theory does not by itself provide a role for governance structure. The reason is that optimal principal-agent contracts, although second-best, [...], are 'comprehensive' in the sense that a contract specifies all parties' obligations in all future states of the world, to the fullest extent possible (i.e. to the extent that these obligations are observable and verifiable). [...] Since optimal principal-agent contracts are comprehensive, it is hard to find a role

Die unternehmenstheoretischen Ansätze von *Grossman/Hart* (1986), *Hart/Moore* (1990) sowie von *Rajan/Zingales* (1998) lösen sich im Gegensatz zu den älteren, auf *Alchian/Demsetz* (1972) sowie *Jensen/Meckling* (1976) zurückzuführenden Abhandlungen von der Annahme vollständiger Verträge. Individuelle Kooperationsbeziehungen einer Unternehmung sind demzufolge stets unvollständiger Natur, da nicht alle zukünftigen Unsicherheiten ex ante kontrahier*bar* sind oder aufgrund prohibitiv hoher Transaktionskosten nicht kontrahiert werden. Unvollständigkeit in Verträgen heißt nicht, dass die Informationen zwischen den Kontraktpartnern asymmetrisch verteilt sind;[533] vielmehr geht die Theorie unvollständiger Verträge von einer asymmetrischen Informationsverteilung zwischen den Vertragspartnern auf der einen und einer außenstehenden Partei (z. B. einem Gericht) auf der anderen Seite aus.[534]

Nach *Grossman/Hart* und *Hart/Moore* besteht ein Unternehmen aus der Bündelung von physischen Vermögenswerten, deren Eigentumsrechte es hält.[535] Ausgehend von der Unmöglichkeit des Abschlusses vollständiger Verträge definieren die Autoren Eigentum als residuales Entscheidungs- und Kontrollrecht an physischen Vermögenswerten; der Eigentümer darf dabei alle jene Dispositionen und Kontrollmaßnahmen

for governance structure [...]. The reason is that governance structure matters when some actions have to be decided in the future that have not been specified in an initial contract: governance structure provides a way for deciding these actions. However, in a comprehensive contracting world, everything has been specified in advance, i.e. there are no 'residual' decisions." [Einfügung durch den Verfasser]. Aus den Erkenntnissen der traditionellen Unternehmenstheorien lassen sich folglich weder Rückschlüsse auf die ökonomische Notwendigkeit noch Aussagen über geeignete Abgrenzungsversuche von Corporate-Governance-Strukturen ableiten. Zum Idealtypus des vollständigen Vertrags vgl. *Arrow/Debreu* (1954), S. 265 ff.; *Debreu* (1959). Vollständige Verträge zeichnen sich grundsätzlich durch ihre explizite Vereinbarkeit, durch ihre symmetrische Informationsverteilung der beteiligten Parteien, durch ihre Überprüfbarkeit durch Dritte (z. B. Gerichte) sowie durch die Möglichkeit der Risikoabsicherung auf funktionierenden Finanz- oder Terminmärkten aus; es lassen sich alle zukünftigen Kontingenzen vertraglich absichern. So versteht *Hart* hierunter: „[A] complete contract means one that specifies each party's obligations in every conceivable eventuality, rather than a contract that is fully contingent in the Arrow-Debreu-sense." *Hart* (1989), S. 177.

533 Die Theorie unvollständiger Verträge geht dabei davon aus, dass die Vertragspartner ganz bewusst Lücken in ihrer Verabredung lassen, weil es entweder zu teuer oder schier unmöglich ist, alle zukünftigen Eventualitäten ex ante zu kontrahieren. Vgl. u. a. *Richter* (1991), S. 407. Andere Autoren sprechen in diesem Zusammenhang auch von relationalen Verträgen. Vgl. u. a. *Goldberg* (1976), S. 427 f.; *Richter/Furubotn* (1999), S. 173 ff., m. w. N.

534 „To use the jargon, incompleteness arises because states of the world, quality and actions are *observable* (to the contractual parties) but not *verifiable* (to outsiders)." *Hart* (1989), S. 168 (Hervorhebungen durch den Verfasser). Vgl. hierzu auch *Salanié* (2002), S. 177-179; beide Autoren übertragen dieses Setting in einem modelltheoretischen Kontext auf das aus der *Agency*-Theorie bekannte *moral hazard*.

535 So formulieren *Grossman/Hart* (1986), S. 692: "We define the firm as being composed of the assets (e.g., machines, inventories) that it owns[;]" sowie *Hart/Moore* (1990), S. 1121: „Hence, this view of the firm as a collection of physical assets [...]."

den Vermögensgegenstand betreffend vornehmen, die *nicht* bereits *explizit* in dem ursprünglichen Vertrag anders geregelt worden sind.[536] Das Unternehmen selbst ist wiederum von den residualen Entscheidungs- und Kontrollrechten seiner eigenen Eigentümer abhängig. Das Wesensmerkmal der Unternehmung lässt sich somit in Abgrenzung zu der traditionellen Unternehmenstheorie nicht durch explizite, vollständige Vertragsansprüche der Kooperationspartner (Stakeholders[537]) charakterisieren, sondern es stellt vielmehr auf die nicht explizit kontrahierten Anspruchskomponenten wie das Eigentum ab.

Diese sehr enge, weil ausschließlich auf physisches Eigentum abstellende Unternehmens- und Corporate-Governance-Sicht[538] ist insbesondere wegen ihrer Vernachlässigung von Humankapital als Determinante und Erfolgskomponente eines unternehmerischen Beziehungsgeflechts kritisiert worden.[539]

Ausgehend von der Kritik an der ausschließlich auf physischen Vermögenswerten beruhenden Unternehmenseigenschaft sowie basierend auf dem Konzept unvollständiger Verträge beschreiben *Rajan/Zingales* das Unternehmen als Geflecht spezifischer Investitionen.[540] Diese erweiterte Unternehmensdefinition ermöglicht die gezielte Einbeziehung von Humankapital, sodass die Charakterisierung des Unternehmens als Bün-

---

536 Vgl. *Grossman/Hart* (1986), S. 695; *Hart/Moore* (1990), S. 1120. Eine dieser Vorstellung entgegengesetzte Sichtweise definiert Eigentum als residualen Gewinnanspruch; derjenige, der den residualen Ertrag aus einem Vermögenswert einstreichen darf, wird als deren Eigentümer bezeichnet. Bei dem Residualgewinn handelt es sich um den Betrag, der nach Bedienung aller vertraglich fixierten Zahlungsverpflichtungen an die übrigen Stakeholders übrig bleibt. In Kapitalgesellschaften fungieren deren Anteilseigner als Eigentümer. „[T]he residual claims are rights in net cash flows for the life of the organization. Because of the unrestricted nature of the residual claims of open corporations, there is generally almost complete separation and specialization of decision functions and residual risk bearing.“ *Fama/Jensen* (1983b), S. 328. Vgl. auch *Hansmann* (1988), S. 269.

537 Stakeholders sind all jene Individuen, Institutionen und Gruppen, die die Ziele und Aktionen einer Unternehmung durch ihre Ansprüche beeinflussen können, zugleich aber auch selbst durch das korporative Handeln beeinflusst werden. Vgl. m. w. N. *Eberhardt* (1998), S. 146.

538 So auch *Hart* (1995), S. 388: „Governance structure can be seen as a mechanism for making decisions that have not been specified in the initial contract. More precisely, governance structure allocates *residual rights of control over the firm's nonhuman assets*; that is, the right to decide how these assets should be used, given that a usage has not been specified in an initial contract." (kursiv im Original).

539 „[T]his definition [of corporate governance] has the drawback of excluding any other stakeholder, other than the owner of physical assets, from being important to our understanding of the firm." *Zingales* (1998), S. 498 [Einfügung durch den Verfasser]. Vgl. auch *Rajan/Zingales* (1998), S. 388, die bemängeln, dass die „[...] property rights view does not consider employees part of the firm because, given that employees cannot be owned, there is no sense in which they are any different from agents who contract with the firm at arm's length."

540 Vgl. *Rajan/Zingales* (1998), S. 388 f.

delung all jener *spezifischen* Sach- und Humankapitalinvestitionskombinationen, die über den Markt nicht oder nur mit im Vergleich dazu hohen Transaktionskosten durchführbar sind, umschrieben werden kann. Die Spezifität einer Ressource liegt dann vor, wenn der Wertbeitrag des eingesetzten Kapitals in der Binnenstruktur der Unternehmung größer ist als seine unternehmensexterne Verwendung. Bei der in monetarisierten Nutzeneinheiten ausgedrückten positiven Differenz zwischen der unternehmensinternen (so genannten erstbesten) und der unternehmensexternen (so genannten zweitbesten) Verwendungsmöglichkeit der Ressource handelt es sich um eine Quasi-Rente.[541] Durch den spezifischen Ressourceneinsatz im Unternehmen binden sich die beteiligten Akteure sowohl untereinander als auch an die entsprechende Verwendungsmöglichkeit (so genannter Lock-in-Effekt). Sind nun, wie angenommen, die einzelnen Kooperationsverhältnisse nicht durch einen vollständigen Vertrag ex ante fixiert, besteht für die Interaktionspartner Unsicherheit in Bezug auf die Höhe ihres Anteils an der ex post zu verteilenden Quasi-Rente bzw. an dem Kooperationsgewinn.

Corporate-Governance-Strukturen übernehmen nun nach *Zingales* die Funktion, die jeweilige Position der einzelnen Kooperationsparteien bei der Ex-post-Distribution der Quasi-Renten zu determinieren. Synonym unter dem Wort „Governance“ versteht *Zingales* in definitorischer Hinsicht die Ausübung von Autoritäten, Richtungsweisungen und Kontrollen, während er ein „Governance-System“ zusammenfasst als „[...] the complex set of constraints that shape the ex-post bargaining over the quasi-rents generated in the course of a relationship.“[542] Bei der *Corporate* Governance handelt es sich demnach um alle jene Beschränkungen, Mechanismen und Regelungen, welche die Ex-post-Verhandlungen über die Aufteilung der von der Unternehmung generierten Quasi-Renten festlegen. Andere Autoren äußern sich in definitorischer Absicht über Corporate Governance zwar konkreter, indem sie auf die der Corporate Governance inhärenten Mechanismen fokussieren; sie sprechen allerdings ökonomisch das gleiche Verteilungsproblem an: „*Corporate governance* relates to the internal organization and power structure of the firm, the functioning of the board of directors both in the one-tier and the two-tier system, the ownership structure of the firm, and the interrelation-

---

541 “The quasi-rent value of the asset is the excess of its value over its salvage value, that is, its value in its next best *use* to another renter. The potentially appropriable specialized portion of the quasi rent is that portion, if any, in excess of its value to the second highest-valuing *user*.” *Klein/Crawford/Alchian* (1978), S. 298 (kursiv im Original). Quasi-Renten und die so genannten irreversiblen Investitionen (*sunk costs*) weisen gewisse Ähnlichkeiten auf: Beide sind bei anderen Verwendungen bzw. bei Nichteintreten der Investitionsvoraussetzungen verloren. Im Gegensatz zu den *sunk costs* zielen Quasi-Renten allerdings nicht auf die Kosten, sondern auf den verlorenen, zukünftig erwarteten Nutzen bzw. Gewinn ab.

542 *Zingales* (1998), S. 497.

ships among management board, shareholders, and other stakeholders, in particular the company's workforce and its creditors."[543]

Die von *Zingales* getroffene, abstrakte begriffliche Abgrenzung fördert die zwei für die Existenz eines Corporate-Governance-Systems kumulativ zu erfüllenden Kriterien zutage: Es handelt sich hierbei zum einen um das Vorhandensein einer Prinzipal-Agenten-Beziehung und zum anderen um die Unvollständigkeit von Verträgen.[544] Im Zusammenhang mit der Prinzipal-Agenten-Beziehung lassen sich unterschiedliche von der Corporate Governance zu erfassende Interessenkonflikte konstatieren: Während einerseits Autoren wie z. B. *Shleifer/Vishny* ausschließlich auf die Konflikte zwischen den Financiers (sowohl Eigen- als auch Fremdkapitalgeber) als Prinzipale und dem Management als Agent abstellen,[545] zielen andere Beiträge auf das gesamte mit dem Unternehmen zusammenhängende Beziehungsgeflecht aller beteiligten Stakeholders ab.[546] Nur in einer Welt, in der bestimmte zukünftig beobachtbare Eventualitäten aus Kostengründen oder aufgrund technischer Probleme ex ante nicht vertraglich fixiert

---

543 *Hopt/Prigge* (1998), S. v (kursiv im Orginal). So ähnlich auch *Schmidt* (2003), S. 3, wonach „[...] corporate governance denotes the entire range of mechanisms and arrangements that shape the way in which key decisions are made in (large) corporations. Corporate governance takes in legal regulations and arrangements regarding the way in which the highest-level decision-making rights are distributed in a company; it also encompasses other aspects of company law, the product markets, the markets for capital and labour, and finally, both the formal organisational structure of a company and any informal organisational arrangements which may exist and function alongside the formal structures."

544 Vgl. *Hart* (1995), S. 678-680; *Schmidt* (2003), S. 5.

545 Vgl. *Shleifer/Vishny* (1997), S. 738: „Our perspective on corporate governance is a straightforward agency perspective, sometimes referred to as separation of ownership and control. We want to know how investors get the managers to give them back their money." Die Fokussierung der Corporate Governance auf den Interessenkonflikt zwischen Investoren und Management basiert im Wesentlichen auf der von *Jensen/Meckling* (1976), S. 310, entwickelten Unternehmenseigenschaft, wonach Unternehmen als „[...] legal fictions which serve as a nexus for a set of contracting relationships among individuals" angesehen werden. Während sie nun die Investitionen der Eigenkapitalgeber wegen deren Irreversibilität (so genannte *sunk costs*) als besonders schutzbedürftig einstufen, sind die übrigen Stakeholders (Unternehmensbeteiligte), wie z. B. Lieferanten und Arbeitnehmer, in der Lage, sich gegen Übervorteilungen durch das Management abzusichern, in dem sie von der *exit-option* Gebrauch machen. Vgl. *Shleifer/Vishny* (1997), S. 751 f. Eine noch engere Abgrenzung des Betätigungsfelds skizziert *Herzel*, der die Corporate Governance im Wesentlichen auf den Markt für Unternehmenskontrolle reduziert und somit implizit auf den Interessenkonflikt zwischen den Aktionären und der Geschäftsleitung als alleiniges relevantes Problemfeld der Corporate Governance fokussiert. Vgl. *Herzel* (1992), S. 472 ff.

546 Vgl. u. a. *Schmidt/Tyrell* (1997), S. 342, wonach „[...] corporate governance refers to the totality of the institutional and organisational mechansims, and the corresponding decision-making, intervention and control rights, which serve to resolve conflicts of interest between the various groups which have a stake in the firm." Vgl. hierzu auch *Schmidt* (1997), S. 2 ff.; *Hopt/Prigge* (1998), S. v; *Hoshi* (1998), S. 848; *Becht/Bolton/Röell* (2002), S. 14 f.; *Schmidt* (2003), S. 3. Für eine Übersicht weiterer Abgrenzungen des Corporate-Governance-Betätigungsspektrums vgl. *Prigge* (1998), S. 945-947.

bzw. versichert werden können, besteht ex post ein Bedürfnis nach Corporate Governance, um eine Verteilung der hier entstehenden Quasi-Renten zu ermöglichen.[547]

Ein einmal installiertes funktionsfähiges Corporate-Governance-System darf indes nicht statisch interpretiert werden. So können Umwelt- sowie Unternehmensveränderungen eine dynamische Weiterentwicklung bzw. Revision der ursprünglich getroffenen Regelungen erforderlich machen. Für die vorliegende Arbeit von zentraler Bedeutung in diesem Zusammenhang ist die sich im Lebenszyklus eines börsennotierten Unternehmens möglicherweise ändernde Vorteilhaftigkeit der Inanspruchnahme organisierter Eigenkapitalmärkte. Mit der Frage der Teilnahme an organisierten Eigenkapitalmärkten sind automatisch die Art und die Modalitäten, wie z. B. die Überwachung des Managements, die Finanzierungsbeziehungen und somit auch – abstrakt gesprochen – die Regeln zur Verteilung der beziehungsinhärenten Quasi-Renten vorgeprägt. Vor diesem Hintergrund ist von Interesse, ob durch eine Squeeze-out-Regelung die infolge eines sich möglicherweise ändernden Vorteilhaftigkeitsvorzeichens der Börsennotiz notwendig gewordene Anpassung der Corporate Governance gefördert werden kann.

### III.2.4. Kapitalmarkteffizienz

Im weiteren Sinne handelt es sich bei dem Kapitalmarkt um den Ort, auf dem einerseits Anleger die Dispositionen ihrer langfristig ausgerichteten Geldvermögensbildung treffen und auf dem andererseits langfristige Mittel in Form von Darlehen und Beteiligungskapital zu Finanzierungszwecken aufgenommen werden können.[548] Eine Definition im engeren Sinne, welche für die hier anstehende Analyse brauchbarer erscheint, beschreibt den Kapitalmarkt als organisierten Markt, der von Institutionen des finanziellen Sektors getragen wird, und der in seiner höchstorganisierten und somit engsten Form gleichzusetzen ist mit dem Wertpapiermarkt, welcher sich seinerseits aus dem Aktienmarkt und dem Anleihenmarkt zusammensetzt.[549]

Aus funktionalistischer Sicht lassen sich die Segmente des organisierten Kapitalmarkts in Primär- und Sekundärmarkt einteilen: Während der Primärmarkt der Markt für die neu emittierten Wertpapiere und demnach dafür verantwortlich ist, dass das in einer Volkswirtschaft verfügbare, anlagebereite Kapital jenen Unternehmen bereitgestellt

---

[547] Vgl. *Zingales* (1998), S. 499.

[548] Vgl. *Tuchtfeldt* (1978), S. 433; *Büschgen* (1998), S. 196.

[549] Vgl. *Häuser* (1976), Sp. 1058; *Büschgen* (1998), S. 196-198.

wird, die es am dringendsten benötigen,[550] repräsentiert der Sekundärmarkt den (organisierten) Handelsplatz für bereits platzierte fungible Wertpapiere.[551] Zwar übt der Sekundärmarkt keine Kapitalbeschaffungsfunktion aus, sondern dient vielmehr der Umschichtung bereits existenten Anlagekapitals; er ist aber dennoch, wenngleich nur mittelbar, für die Gewinnung finanzieller Mittel auf dem Primärmarkt bedeutsam. So stellen die Kursentwicklung auf der einen sowie die auf dem Sekundärmarkt entstehenden Transaktionskosten auf der anderen Seite wichtige Bestimmungsgrößen für die Emissionsvoraussetzungen auf dem Primärmarkt, insbesondere im Hinblick auf die Kapitalkosten, dar.[552] Dabei reduzieren eine hohe Transparenz, eine schnelle Informationsverarbeitung sowie minimale Handelskosten in Kombination mit einer hohen Marktgängigkeit der auf dem Sekundärmarkt gehandelten Papiere die Kapitalkosten der (potenziellen) Kapitalnehmer.[553] Bei der Beurteilung der Effizienz des Kapitalmarkts sind ergo die Abläufe auf dem Sekundärmarkt zu berücksichtigen. Dabei stellt das Konzept des vollkommenen Kapitalmarkts[554] das idealtypische Bild eines funktionsfähigen Kapitalmarkts dar. Die Börse[555] als die höchstorganisierte Form eines Markts kommt dieser Konzeption vergleichsweise nahe,[556] da sie sowohl die Treffpunktfunktion für Angebot und Nachfrage wahrnimmt als auch der Risiken-, Fristen- sowie Losgrößentransformation dient.[557] Dank des hohen Organisationsgrads der Wertpapierbörsen können die auf unorganisierten Märkten üblichen Friktionen bzw. Marktversagen verhindert werden, da sie es den Marktakteuren ermöglichen, ihre Transaktionen bei minimalen Such-, Verhandlungs- und Prüfungskosten, bei einer insgesamt hohen Rechts-

---

550 Vgl. *Ekkenga* (1998), S. 31, m. w. N.

551 Vgl. *Franke/Hax* (2004), S. 30 f.

552 Vgl. *Süchting* (1989), S. 155; *Perridon/Steiner* (1995), S. 158; *Mülbert* (1996), S. 120; *Ekkenga* (1998), S. 31; *Franke/Hax* (2004), S. 53.

553 Vgl. *Engels* (1980), S. 59 f.

554 Der vollkommene Kapitalmarkt ist durch folgende Eigenschaften determiniert: (a) keine Transaktionskosten und Steuern; (b) beliebige Handel- und Teilbarkeit aller Güter; (c) vollkommener Wettbewerb; (d) Marktpreise spiegeln die verfügbaren Informationen korrekt wider (Informationseffizienz); (e) Marktakteure sind Erwartungsnutzenmaximierer. Vgl. *Perridon/Steiner* (1995), 443; *Hartmann-Wendels/Pfingsten/Weber* (2000), S. 21; *Franke/Hax* (2004), S. 153 f.

555 Bisher ist keine eindeutige Abgrenzung des Begriffs „Börse“ durch die Legislative erfolgt, da es große Abgrenzungsschwierigkeiten zu anderen hochorganisierten Märkten gibt. In der Praxis haben sich allerdings materielle Kriterien für eine durch die oberste Landesbehörde genehmigungspflichtige Börse (gemäß § 1 Abs. 1 Satz 1 BörsG) herauskristallisiert: Dazu gehören die zeitliche Regelmäßigkeit der Marktveranstaltung, der gleiche Ort, der Abschluss von großen Handelsvolumina von nicht zum Standort gebrachten Gütern sowie die konkrete Bestimmung der am Handel teilnehmenden Personen und Objekte. Vgl. *Engels* (1980), S. 56 f.; *Kress* (1996), S. 31.

556 Vgl. *Baumol* (1968), S. 4.

557 Vgl. *von Rosen* (2001), Sp. 357.

sicherheit, durchzuführen.[558] Je näher es den rechts- und wirtschaftspolitischen Entscheidungsträgern gelingt, den Kapitalmarkt dem Idealbild eines friktionslosen und somit vollkommenen Markts anzunähern, desto besser kann er seinen Funktionen gerecht werden.

Der gängigsten Systematisierung folgend werden mit der Allokationsfunktion der Koordinationsfunktion sowie der Preissetzungs- bzw. Bewertungsfunktion drei voneinander abzugrenzende Kapitalmarktfunktionen genannt.[559]

Aufgabe der *Allokationsfunktion*, die im Übrigen als wichtigste der Kapitalmarktfunktionen erachtet wird,[560] ist es, auf Basis eines funktionierenden Informationsaustauschs der Kapitalmarktakteure über die geplanten unternehmerischen Investitionsvorhaben, das in einer Volkswirtschaft anlagebereite Geldkapital an den Ort seiner ökonomisch besten Verwendung zu lenken, mithin Allokationseffizienz zu gewährleisten. Den Ort bester ökonomischer Verwendung repräsentiert dabei jene Anlagealternative, die unter Beachtung vergleichbarer Risiken die höchste Rendite verspricht. Da nur die Kapitalnehmer die höchsten Renditen anbieten können, die auch auf den Gütermärkten den größten Erfolg erzielen, und weniger erfolgreiche bzw. verlustbringende Unternehmen umgekehrt nur vergleichsweise geringe Renditen für aufzunehmendes Kapital bieten können, navigiert der Kapitalmarkt das anlagebereite Geldkapital in seine produktivsten Verwendungen. Somit trägt der Kapitalmarkt in Erfüllung seiner Allokationsfunktion zu einem gesamtwirtschaftlichen Wachstum bei.[561]

Im Rahmen der *Koordinationsfunktion* übernimmt der Kapitalmarkt die Aufgabe, Angebot und Nachfrage nach langfristigen Finanzierungsmitteln in Übereinstimmung zu bringen, was seinerseits wiederum unbedingte Voraussetzung für die Erfüllung der Allokationsfunktion ist. Der Aktionsradius der Koordinationsfunktion erstreckt sich sowohl auf den Primär- als auch auf den Sekundärmarkt. Aufgrund der Schwierigkeit, die gesamte geplante Kapitalanlage und -aufnahme in einer Volkswirtschaft ex ante zu determinieren, ist die Ermittlung des Zielerreichungsgrads der Koordinationsfunktion kaum möglich.[562]

---

558 Vgl. *Kress* (1996), S. 31 f.

559 Vgl. *Tuchtfeldt* (1978), S. 434 f.; *Büschgen* (1998), S. 198 f.

560 Vgl. statt vieler *Schwark* (1979), S. 368.

561 Vgl. *Franke/Hax* (2004), S. 365 f.

562 Als quantitatives Merkmal zur Bestimmung der Koordinationsfähigkeit des Kapitalmarkts kommt das gesamte Volumen der aufzunehmenden und anzulegenden Finanzmittel in Betracht; als qualitative Kriterien sind die Dauer der Kapitalüberlassung, die Rentabilität der Anlage und die damit einhergehenden Kosten des Emittenten zugrunde zu legen. Vgl. *Büschgen* (1971), S. 1-13.

Schließlich ist es die Aufgabe des Kapitalmarkts, über die Feststellung des aktuellen Marktpreises die gehandelten Finanztitel zu bewerten. Effizient vor dem Hintergrund der *Bewertungs-* bzw. *Preissetzungsfunktion* ist ein Markt stets dann, wenn er eingehende Informationen entsprechend ihrer ökonomischen Bedeutung verarbeitet, indem er sie in einem nachvollziehbaren Preisvektor abbildet,[563] der gleichzeitig Basis und Ergebnis der Bewertung von Zahlungsströmen unter Unsicherheit ist.[564] Der Prozess der Bewertung bzw. Preissetzung von Wertpapieren spiegelt dabei gesamtheitlich die aktuelle Marktlage unabhängig von der Meinung einzelner Marktakteure wider und fungiert des Weiteren als Knappheitsindikator. Durch die Bekanntmachung von Wertpapierpreisen und Handelsvolumina verbessert sich der Informationsstand der Gesamtwirtschaft und signalisiert den Kapitalmarktakteuren für die Bewertung und Auswahl von Investitionsobjekten wichtige Erkenntnisse. Daher vermag die Erreichung einer Bewertungs- bzw. Preissetzungseffizienz[565] die Effizienz der Spar- und Investitionstätigkeit und somit die Allokationseffizienz einer Volkswirtschaft zu fördern. Bewertungseffizienz ist verbunden mit einer Arbitragefreiheit, wonach die Preise, die sich für ein homogenes Gut an den unterschiedlichen Börsenplätzen eines Systems bilden, nicht oder nur gering voneinander abweichen.[566] Aufgrund der Tatsache, dass in der Realität die Voraussetzungen des vollkommenen Markts nicht vollends erreicht werden, drückt der Kurs eines Wertpapiers nicht dessen wahren, das heißt inneren Wert[567] aus. Der Marktpreis eines Finanztitels entspricht dabei um so mehr dessen innerem Wert, je mehr entscheidungsrelevante Informationen die Investoren ihrer Ent-

---

563 Vgl. *Gerke/Rapp* (1994), S. 12.

564 Vgl. *Nabben/Rudolph* (1994), S. 3.

565 Die Bewertungs- bzw. Preissetzungseffizienz ist ihrerseits wiederum maßgeblich geprägt von der Informationseffizienz. Vgl. hierzu Punkt a) (Externe Kapitalmarkteffizienz) dieses Abschnitts.

566 Arbitragefreiheit ist eine notwendige Bedingung für den Idealtyp des vollkommenen Kapitalmarkts, da hier jeder Marktakteur über sämtliche Informationen verfügt und somit weder Arbitragegewinne noch Arbitrageverluste erzielbar sind. Arbitragegewinne sind dann realisierbar, wenn der Arbitrageur ein Gut von einem Vertragspartner erwirbt und es zur gleichen Zeit zu einem höheren Preis an einen anderen verkauft. Vgl. *Perridon/Steiner* (1995), S. 460; *Büschgen* (1998), S. 475; *Franke/Hax* (2004), S. 368.

567 Der innere Wert einer Aktie entspricht dem Barwert der zukünftig an den Aktionär fließenden Zahlungsströme (Dividenden und Liquidationserlös). Dabei werden sämtliche prognostizierten Zahlungsströme, die der Eigentümer durch die Aktie realisiert, mit einem risikoadjustierten Zinssatz auf die Gegenwart diskontiert. Vgl. *Perridon/Steiner* (1995), S. 191 f.; *Brealey/Myers* (2000), S. 61-71. Die Marktwertermittlung einzelner risikobehafteter Wertpapiere innerhalb eines Marktportefeuilles erfolgt bei Erfüllung bestimmter (rigider) Voraussetzungen mit Hilfe des *Capital Asset Pricing Model* (*CAPM*). Dies ist möglich, da jeder einzelne Finanztitel Bestandteil des Marktportefeuilles ist und dessen Wert somit im Verhältnis zu diesem dargestellt werden kann. Zum *CAPM* vgl. erstmals *Sharpe* (1964), S. 425 ff.; *Lintner* (1965), S. 13 ff.; *Mossin* (1966), S. 768 ff.

scheidungsfindung zugrunde legen.[568] Inkorporiert der festgestellte Kurs mithin alle verfügbaren Informationen, lassen sich die Transaktionskosten und die Informationsrisiken für die Kapitalmarktakteure auf ein Minimum reduzieren.[569]

Dem Konzept des inneren Werts, auch Fundamentalwert genannt,[570] wonach für jeden Finanztitel ein über den Markt objektivierter, wahrer Wert existiert, kommt bei der Beurteilung der Informationseffizienz[571] entscheidende Bedeutung zu. Weicht der tatsächliche Marktpreis eines Finanztitels von dessen innerem Wert ab, ist dies Ausdruck einer Marktineffizienz. Obwohl das *Intrinsic-value*-Konzept wegen seines subjektiven Charakters lange Zeit verworfen wurde,[572] wird diese Wertfigur in neueren Beiträgen als Maßstab für die Informationseffizienz des Kapitalmarkts akzeptiert.[573]

Sich die Bedeutung der Sekundärmärkte in puncto Ressourcenallokation bzw. Vermögensumverteilung vergegenwärtigend, wird intuitiv klar, dass es in gesamtwirtschaftlichem Interesse ist, wenn die Wertpapierpreise sämtliche verfügbaren Informationen korrekt abbilden und somit ihrer Kommunikations- und Transmissionsfunktion über die alternativen Nutzungsoptionen der knappen Ressourcen einer Volkswirtschaft nachkommen.[574] Im umgekehrten Falle, einer schwachen Informationsreflexion durch

---

[568] Die den Entscheidungen der Wirtschaftssubjekte zugrunde liegenden Informationen lassen sich mit *Wittmann* (1959), S. 14, als „zweckorientiertes Wissen" definieren. Vgl. dazu auch *Wessling* (1991), S. 26. Dabei repräsentiert die Entscheidungsvorbereitung bzw. Entscheidungsverbesserung den Zweck. Somit ist die Entscheidungsrelevanz das zentrale Charakteristikum zweckorientierten Wissens und fundamentaler Bestandteil der Informationsdefinition. Vgl. u. a. *Hirshleifer* (1973), S. 33. Mit *Hirshleifer* lässt sich Information definieren als Nachricht, die geeignet ist, die subjektive Wahrscheinlichkeitsverteilung des Wirtschaftssubjekts über die potenziellen zukünftigen Umweltzustände zu verändern. Eine Nachricht ist dabei jede dem Entscheidungsträger zukommende Sammlung von Zeichen oder Signalen, unabhängig davon, welchen Einfluss diese auf ihn ausüben. Vgl. *Hirshleifer* (1973), S. 31. Für eine semiotische Analyse von Informationen vgl. ausführlich *Wessling* (1991), S. 13-18.

[569] Vgl. *Hamann* (1993), S. 16.

[570] Vgl. *Beaver* (1981), S. 25-27, m. w. N.; *LeRoy* (1989), S. 1586 f. Zur Definition des inneren Werts vgl. bereits FN 567.

[571] Zur Informationseffizienz siehe unten.

[572] Vgl. u. a. *Beaver* (1981), S. 25 f.

[573] Vgl. u. a. *Bienert* (1996), S. 19 f., m. w. N., der zeigt, dass Informationseffizienz nicht stets gleichzusetzen ist mit Bewertungseffizienz. Bewertungseffizienz liegt hier dann vor, wenn der Marktpreis dem Fundamentalwert, das heißt inneren Wert des Finanztitels, entspricht, während die Informationseffizienz lediglich auf die Verarbeitung von Nachrichten auf dem Kapitalmarkt abzielt. Fokussiert die Bewertungseffizienz somit neben der Vollständigkeit auch auf die Richtigkeit der verarbeiteten Informationen, ist für die Informationseffizienz die Richtigkeit einer Nachricht von untergeordneter Bedeutung.

[574] Bereits *von Hayek* (1945), S. 519 ff., weist auf die Informations- und Koordinationsfunktion von Preisen hin sowie auf deren Eignung, Komplexität zu reduzieren, da sie nur die tatsächlich relevanten Informationen transportieren: „Fundamentally, in a system where the knowledge of the

die Marktpreise, steigt das Ausmaß aus gesamtwirtschaftlicher Sicht suboptimaler Investitionen.[575]

Hinsichtlich des Zielerreichungsgrads der jeweiligen Kapitalmarktfunktionen haben sich diverse Effizienzmaßstäbe herausgebildet, die in der Literatur in externe und interne Kapitalmarkteffizienz unterteilt werden.[576] Während die externe Kapitalmarkteffizienz die Bewertung von Wertpapieren auf Kapitalmärkten untersucht, beschäftigt sich das Konzept der internen Kapitalmarkteffizienz mit der Organisation, den Kosten und der Geschwindigkeit von Markttransaktionen.[577] Zwar ist in systematischer Hinsicht keine überschneidungsfreie Zuordnung der externen und internen Kapitalmarkteffizienz zu den Kapitalmarktfunktionen möglich; dennoch kann die externe Kapitalmarkteffizienz, wie sogleich zu zeigen sein wird, im Wesentlichen als Indikator für die Bewertungs- bzw. Preissetzungsfähigkeit interpretiert werden. Schwieriger ist dahingegen eine Einordnung der internen Kapitalmarkteffizienz. Diese beschreibt zum einen die infrastrukturelle Qualität des Kapitalmarkts und somit dessen Koordinationsfähigkeit; zum anderen sind die Höhe der Transaktionskosten sowie die Geschwindigkeit von Markttransaktionen fundamental für die Bewertung, das heißt für die Preissetzung auf Grundlage der Informationsverarbeitung.

#### a) *Externe Kapitalmarkteffizienz*

Die externe Kapitalmarkteffizienz zielt auf die Preisbildung ab.[578] Während in mikroökonomischen Gleichgewichtsmodellen von asymmetrischen Informationen abstrahiert und vielmehr von vollkommenen Informationen ausgegangen wird,[579] kommt dem Preissystem realiter die Funktion zu, die unvollkommenen und ungleich im Markt

relevant facts is dispersed among many people, prices can act to coordinate the separate actions of different people in the same way as subjective values help the individual to coordinate the parts of his plan." So nachzulesen bei *von Hayek* (1945), S. 526.

575 Vgl. hierzu u. a. *Beck-Dudley/Stephens* (1989), S. 450. Relativiert wird die Aussage, wonach die Informationsfunktion von Preisen einen positiven gesamtwirtschaftlichen Effekt auslöst dadurch, dass sie von der Elastizität der Investitionsfunktion bezüglich neuer Informationen abhängt. Vgl. u. a. *Dennert* (1991), S. 192 f.

576 Vgl. *West/Tinic* (1974), S. 15; *West* (1975), S. 30-34.

577 Sofern von Markteffizienz gesprochen wird, ist regelmäßig die externe Effizienz bzw. Preiseffizienz gemeint.

578 Insofern ist das externe Effizienzmaß Ausdruck der Preissetzungs- bzw. Bewertungsqualität eines Kapitalmarkts. Vgl. zur Preissetzungs- bzw. Bewertungsfunktion die unmittelbar vorangehenden Ausführungen.

579 Vgl. *Grossman* (1981), S. 541.

verteilten Informationen zu bündeln und darüber eine effiziente Koordination der asymmetrisch informierten Marktteilnehmer zu gewährleisten.[580]

Für eine Beurteilung der (externen) Funktionsfähigkeit des Kapitalmarkts gilt es zunächst, die Frage zu beantworten, welchen Grad an Informationseffizienz der Kapitalmarkt aufweist und wie sich dieser erklären lässt: Ein Markt ist bezüglich eines Informationsbündels immer dann effizient, wenn die Wertpapierpreise jene Informationen *sofort* und *vollständig* berücksichtigen.[581] Im Ergebnis lassen sich auf informationseffizienten Märkten im Gleichgewicht mit Handelsstrategien, die auf verfügbaren Informationen beruhen, keine Überrenditen[582] mehr erzielen, da die Informationen bereits im Wertpapierpreis inkorporiert und somit bekannt sind.[583] Da jene für die Investitionsdispositionen benötigten Informationen realiter nicht kostenlos akquiriert werden können, reflektieren die Wertpapierpreise tatsächlich nicht sämtliche verfügbaren Informationen.[584] Aufgrund der Unschärfe der Effizienzdefinition („prices always „fully reflect" available information"[585]) sowie der Schwierigkeit der empirischen Überprüfung des Effizienzniveaus, sind in Anlehnung an *Fama* drei Stufen der Informationseffizienz zu benennen, die sich jeweils bezüglich der einzubeziehenden Informationen unterscheiden:[586]

---

580 Vgl. *von Hayek* (1945), S. 526; *Grossman/Stiglitz* (1976), S. 248.

581 Nach *Fama* (1970), S. 383: "A market in which prices always "fully reflect" available information is called "efficient." Kritisch zu dieser Abgrenzung vgl. *LeRoy* (1976), S. 139-141, mit dem Vorwurf der Tautologie, sowie *Beaver* (1981), S. 23-37; *Schneider* (1992), S. 544.

582 Unter Überrenditen sind Renditen aus Anlagestrategien zu verstehen, die systematisch über den durchschnittlich im Gleichgewicht zu erzielenden Renditen liegen. Vgl. *Brealey/Myers* (2000), S. 370-372; *Wagenhofer/Ewert* (2003), S. 106.

583 Um die vollständige Verarbeitung verfügbarer Informationen in den Kursen sowie die Identität von Informations- und Allokationseffizienz zu gewährleisten, müssen vier Bedingungen hinreichend erfüllt sein: (a) alle allokationsrelevanten Informationen stehen den Marktteilnehmern unverzüglich und kostenlos zu Verfügung; (b) homogene Erwartungen der Investoren; (c) alle Marktteilnehmer verhalten sich rational und sind im Besitz aller preisrelevanten Informationen; (d) keine Transaktionskosten. Vgl. *Fama* (1970), S. 387.

584 An dieser Stelle sei allerdings mit der Nennung externer Effekte, des Trittbrettfahrerverhaltens sowie von Informationsasymmetrien der Vollständigkeit halber auch noch auf weitere Ursachen kurz verwiesen, die aus ökonomisch-theoretischer Sicht zu einer unvollkommenen Informationsberücksichtigung in den Kursen beitragen.

585 *Fama* (1970), S. 383.

586 Vgl. *Fama* (1970), S. 383, 388; *Schneider* (1992), S. 541-545; *Perridon/Steiner* (1995), S. 237; *Beaver* (1998), S. 126-129; *Brealey/Myers* (2000), S. 357 f.; *Wagenhofer/Ewert* (2003), S. 108-110; *Franke/Hax* (2004), S. 398-400.

1. Informationseffizienz der schwachen Form, nach der alle in den historischen Wertpapierkursen enthaltenen Informationen jederzeit im aktuellen Kurs enthalten sind.

2. Informationseffizienz der halbstrengen Form, nach der alle öffentlich verfügbaren Informationen zu jedem Zeitpunkt in den aktuellen Wertpapierkursen enthalten sind.

3. Informationseffizienz der strengen Form, nach der sämtliche Informationen, sowohl öffentlich verfügbare als auch private bzw. Insiderinformationen, jederzeit in den aktuellen Wertpapierkursen verarbeitet sind.

Neben der bereits dargelegten Kritik[587] an der Definition des Informationseffizienzkonzepts wird die Aussagekraft des Weiteren durch die jener Theorie zugrunde liegenden rigiden und realitätsfernen Prämissen eingegrenzt.[588] Auf vergleichbar strengen Annahmen beruhen die auf *Famas* Konzept basierenden Modellerweiterungen, wie z. B. bei *Grossman.*[589] Bereits durch die Einbeziehung von Informationsbeschaffungskosten verändert sich die Informationseffizienzthese in ein Informationsparadoxon: Inkorporiert der Marktpreis alle verfügbaren Informationen, dann besteht bei Kostenpflichtigkeit der Informationsakquisition kein Anreiz, Informationen zu beziehen. Bei ausbleibender Informationsbeschaffung kann der Wertpapierkurs aber auch keine Informationen reflektieren.[590] Sofern aber, so *Grossman*, das Preissystem „rauschend" (*noisy*) ist und die Marktakteure somit ihre beschafften Informationen vor anderen Teilnehmern verbergen können, dann bestehen auch wieder Anreize zur Informationsgewinnung, allerdings auf einem Markt der eben nicht effizient im Sinne *Famas* ist.[591]

Für die später anstehende Analyse von auf Marktpreisen basierenden Abfindungszahlungen erscheint die *Fama-Rubinstein*-Effizienzthese hilfreich, da diese, wie im Folgenden zu zeigen sein wird, gerechtigkeitsimmanente, das heißt auf Gleichbehandlungserwägungen abzielende Merkmale aufweist.[592] Ein Markt ist demzufolge hin-

---

[587] Vgl. FN 581.

[588] Für die Prämissen vgl. FN 583.

[589] Vgl. *Grossman* (1976), S. 573 ff.

[590] Vgl. *Grossman* (1976), S. 584.

[591] Vgl. *Grossman* (1976), S. 585. Des Weiteren vermag die Informationseffizienzhypothese auch empirischen Studien zufolge keine uneingeschränkte Validität zu beanspruchen. Für einen profunden Überblick über den Stand der empirischen Literatur vgl. *Kress* (1996), S. 48-59; *Beaver* (1998), S. 129-132.

[592] Vgl. hierzu ursprünglich *Rubinstein* (1975), S. 812 ff.; *Verrechia* (1979), S. 957 f.; *Verrechia* (1980), S. 874 f. In einem anderen Zusammenhang vgl. hierzu auch *Hitz* (2005), S. 198 f.

sichtlich einer bestimmten Informationsmenge informationseffizient, wenn die realisierbaren Marktpreise genau denjenigen Preisen entsprechen, die sich auf einem vergleichbaren hypothetischen Markt unter der Voraussetzung bilden würden, dass alle Marktakteure über die Informationsmenge verfügen. Der sich auf der Grundlage der als homogene Konsens-Erwartungen (*consensus beliefs*) interpretierbaren Informationsmenge ergebende Preis und der Preis, der sich für die tatsächliche, inhomogene Erwartungsverteilung der Marktteilnehmer einstellt, entsprechen sich im informationseffizienten Zustand.[593] Im Ergebnis pendeln sich die Marktpreise schließlich auf jenem Niveau ein, das sich ergeben würde, wenn alle Akteure den gleichen Informationsstand hätten, das heißt über die in Rede stehende Informationsmenge verfügen würden. Das bedeutet, dass für jeden denkbaren Gleichgewichtspreis, der sich auf Basis der Anlageentscheidungen der heterogen informierten, ökonomisch rational agierenden Marktteilnehmer ergibt, jeweils ein Bündel von Konsens-Erwartungen existiert. Kritisch anzumerken ist an diesem Effizienzkonzept allerdings, dass es weder imstande ist, Auskunft über die tatsächliche Informationsmenge zu geben, noch in der Lage ist, Angaben über den Informationsgehalt zu machen.[594]

*b) Interne Kapitalmarkteffizienz*

Interne Kapitalmarkteffizienz ermöglicht die jederzeitige Liquidierbarkeit bzw. Veräußerbarkeit von Finanztiteln zu den bestmöglichen Konditionen.[595] Zwischen der Liquidität und Informationseffizienz (externe Effizienz) des Kapitalmarkts bestehen diverse Interdependenzen. So schützt eine hohe Liquidität die Marktakteure vor orderinduzierten Kursschwankungen (Auftragsungleichgewichte), die nicht auf Bewertungskomponenten des Titels zurückzuführen sind (so genannte transitorische bzw. liquiditätsinduzierte Kursveränderungen).[596] Sofern der Kapitalmarkt in diesem Sinne liquide ist, hat auch keine Transaktionspartei die Möglichkeit, den Marktpreis zu manipulieren und durch jene transitorischen Kursbewegungen die Informationseffizienz zulasten anderer zu beeinflussen. Für die Beurteilung der internen Kapitalmarkteffizienz spielen zunächst die strukturellen Grundlagen zur Gewährleistung der Sicherheit und Funktionsfähigkeit des Kapitalmarkts eine Rolle, da hierdurch das für die Kapitalüberlassung essentielle Vertrauen der Investoren in die Integrität des Markts langfristig erhalten bzw. geschaffen wird. Wichtig für die interne Effizienz ist des Weiteren die Vielfalt des Marktangebots (Marktbreite), das Volumen des investierten und investiti-

---

[593] Vgl. *Rubinstein* (1975), S. 818.

[594] Vgl. *Verrechia* (1979), S. 961.

[595] Vgl. *West* (1975), S. 31 f.

[596] Vgl. m. w. N. *Krog* (2000), S. 281.

onsbereiten Kapitals (Markttiefe), die Leistungsfähigkeit im Sinne der Finanzierungsfunktion, die langfristige Preisstabilität sowie die Ausgestaltung des Handelssystems. Schließlich gilt es bei der Verfolgung eines intern effizienten Kapitalmarkts, die Transaktionskosten, welche bei Handelsgeschäften entstehen und die Rendite schmälern, zu minimieren.

Besondere Bedeutung kommen dabei der Markttiefe und Marktbreite zu, die beide als notwendige, nicht aber hinreichende Dimensionen für die Liquidität des Kapitalmarkts fungieren und die Voraussetzung dafür sind, dass die Finanzierbarkeit des Kapitalbedarfs durch ausreichendes Sparvolumen gewährleistet ist. Neben der durch die Marktbreite und -tiefe beschriebenen Preisdimension ist für die Liquidität die Zeitdimension bedeutsam, wonach ein Finanztitel jederzeit veräußerbar sein muss.[597] Somit kann für die Liquidität folgende Definition festgehalten werden: Ein Wertpapier ist stets dann liquide, wenn es zu jeder Zeit und in beliebiger Menge ohne Kursaufschlag erworben und ohne Kursabschlag veräußert werden kann.[598] Da die Kursausschläge eines Finanztitels durch Angebots- und Nachfrageüberschüsse mit abnehmender Liquidität[599] zunehmen, verringert sich für die Marktteilnehmer die Attraktivität dieses Marktes aufgrund der damit einhergehenden erhöhten Liquiditätskosten, die ihrerseits von der Kurzfristigkeit des Handelsabschlusses abhängen.[600]

Sowohl Marktbreite als auch Markttiefe sind Indikatoren für den in einem Markt vorherrschenden Informationsasymmetriegrad. Mit steigender Liquidität des Markts nimmt der Diffusionsgrad privater Informationen zu, in dessen Gefolge die sich einstellenden Preise sich dem Fundamentalwert der gehandelten Titel nähern.

Als Bewertungsmaßstab des Liquiditätsgrads fungiert regelmäßig die Geld-Briefspanne.[601] Bei der Geld-Briefspanne, auch *bid-ask-spread* genannt, handelt es

---

597 Während z. B. *Garbade* (1982), S. 420 ff., ausschließlich auf die Preisdimension (Markttiefe und -breite) abstellt, berücksichtigt *Kempf* (1999), S. 16-21, zusätzlich noch die Zeitdimension.

598 Vgl. *Kempf* (1999), S. 13.

599 Das Verhältnis zwischen Liquidität auf der einen und Markttiefe bzw. Marktbreite auf der anderen Seite ist positiv; das heißt mit abnehmender Markttiefe und/oder Marktbreite sinkt die Liquidität eines Markts bzw. eines Finanztitels et vice versa.

600 Des Weiteren ist ein inverser Zusammenhang zwischen Volatilität und Liquidität zu konstatieren, da eine große Liquidität zu einer Glättung von Kursschwankungen beiträgt. Vgl. *Kress* (1996), S. 65.

601 Der Liquiditätsgrad kann zudem mit *Cooper/Groth/Avera* (1985), S. 19-33, ausgedrückt werden als das Verhältnis des täglichen Umsatzes einer Aktie zu dem absoluten Betrag der prozentualen Preisveränderung der Aktie an diesem Tag. Ferner kommen dem Markteffizienzkoeffizienten, der dem Quotient aus der Kursvarianz auf einem hypothetisch vollkommenen und informationseffizienten Markt und dessen tatsächlicher Varianz entspricht, sowie dem Handelsvolumen bei der Messung des Liquiditätsgrads eines auf dem Kapitalmarkt gehandelten Papiers Bedeutung zu.

sich um die in einem Zeitpunkt feststellbare Differenz zwischen An- und Verkaufspreis für einen (homogenen) Vermögenswert. Modellen der Marktmikrostruktur zufolge lässt sich ein *bid-ask-spread agency*-theoretisch auf Basis von adversen Selektionseffekten erklären:[602] Demnach versichern sich Händler vor möglichen Verlusten aus Geschäften mit besser informierten Insidern, indem sie die An- und Verkaufspreise mit einer entsprechenden Spreizung quotieren. Mit zunehmendem Insiderhandel nimmt ceteris paribus die Differenz zwischen Geld- und Briefkurs zu. Somit kann der *bid-ask-spread* als Maßstab für die auf einem Markt vorherrschende Informationsasymmetrie dienen. Jene Zu- und Abschläge lassen sich allgemeiner gefasst also auch als implizite Transaktionskosten begreifen, die neben den explizit anfallenden Kosten der Auftragsabwicklung, wie z. B. Courtagen und Provisionen, bewältigt werden müssen.[603]

Aus gesamtwirtschaftlicher Perspektive kommt der internen Effizienz als notwendige Bedingung für die externe Effizienz und somit, wie bereits gezeigt, für jene die Allokationseffizienz gewährleistende, ungehinderte und korrekte Informationsverarbeitung der Wertpapierkurse eine große Relevanz zu.

Ein weiteres und im Zusammenhang mit dem Aktionärszwangsausschluss bedeutsames konstituierendes Merkmal eines funktionsfähigen Kapitalmarkts ist der Anlegerschutz. Der Begriff „Anleger“ umspannt dabei eine heterogene Menge von Marktakteuren, die, unterteilt in homogene Gruppen, unterschiedliche Schutzbedürftigkeiten ausstrahlen.[604] Ausgangspunkt eines Anlegerschutzes aus kapitalmarkttheoretischer Sicht ist die Einflussnahme auf die Bedingungen des individuellen Investitions- bzw. Desinvestitionsentscheidungsprozesses dergestalt, dass Voraussetzungen dafür geschaffen werden sollen, die es dem individuellen Anleger ermöglichen, die aus seiner Sicht *ex ante* optimale Handelsstrategie zu treffen.[605] Darüber hinaus kommt aus der Perspektive der Kapitalsammelfunktion der AG dem Anlegerschutz auch *ex post* und somit der Investitions- bzw. Desinvestitionsentscheidung nachgelagert eine beachtliche Bedeutung zu.[606]

---

Zum Markteffizienzkoeffizienten vgl. *Hasbrouck/Schwartz* (1988), S. 10-16; zum Handelsvolumen als Liquiditätsindikator vgl. *Krog* (2000), S. 283.

602 Vgl. *Bagehot* (1971), S. 12-22. Ursprünglich zur Geld-Brief-Spanne als Maßstab für das Informationsasymmetrierisiko vgl. *Callahan/Lee/Yohn* (1997), S. 51-54.

603 Vgl. *Gerke/Rapp* (1994), S. 12; *Bienert* (1996), S. 29.

604 Vgl. *Fleischer* (2002b), S. F 21.

605 Vgl. *Mülbert* (1996), S. 109; *Möllers* (1997), S. 337.

606 Vgl. zu diesem Punkt die zu FN 552 gehörenden Textpassagen und angegebenen Literaturquellen.

Begreift man den Anlegerschutz als ein verfassungsrechtlich manifestiertes, rechtsethisch legitimiertes Sozialschutzprinzip, zielen seine Maßnahmen auf die Kompensierung der zwischen den Marktteilnehmern herrschenden Machtungleichgewichte ab, die im Wesentlichen aus der wirtschaftlichen und fachlichen Unterlegenheit einzelner Anleger resultieren.[607] Die dabei idealiter zu erreichende, auf Gerechtigkeitserwägungen basierende Chancengleichheit soll verhindern, dass der individuelle Anleger im Zusammenhang mit Wertpapiergeschäften auf unlautere Art und Weise übervorteilt, das heißt durch ausbeutungsmotivierte Vermögensverschiebungen benachteiligt wird.[608] Aufgrund der Fokussierung auf den einzelnen Marktteilnehmer ist hier auch regelmäßig von dem Individualschutz die Rede.[609] Bei dem Minderheitenschutz handelt es sich allerdings nicht „nur", die Terminologie von *Wiedemann* nutzend, um „eine rechtsethisch notwendige Ergänzung des Mehrheitsprinzip[s]"[610]; vielmehr lässt sich die Notwendigkeit des Minderheitsaktionärsschutzes auch funktionalistisch rechtfertigen, da durch entsprechende Schutzvorkehrungen über die Senkung von Transaktionskosten die Funktionsfähigkeit des Kapitalmarkts verbessert werden kann:[611]

Anleger werden nämlich nicht um ihrer selbst willen geschützt; denn ungeschützt bauen sie kein oder ein nur unzureichendes Vertrauen in die Kapitalmärkte bzw., genauer, in die Verwalter ihrer Ersparnisse auf, mit dem Ergebnis, dass sie ihr anlagebereites Kapital den Kapitalsuchenden vorenthalten und in alternative Objekte investieren.[612] Neben den Individualschutz tritt somit der Schutz der Funktionsfähigkeit des Kapitalmarkts als mindestens gleichberechtigtes Institut hinzu.[613] Der Funktionenschutz stellt im Gegensatz zu dem Individualschutz nicht auf die wirtschaftlichen bzw. fachlichen

---

607 Vgl. hierzu insbesondere *Hopt* (1975), S. 89, 345, sowie *Mülbert* (1996), S. 110.

608 Gundlegend zur Gerechtigkeit im Zusammenhang mit Markttransaktionen vgl. Kapitel III.4.

609 Vgl. *Hopt* (1975), S. 51; *Mülbert* (1996), S. 111; *Möllers* (1997), S. 338-340; *Hommelhoff* (2000), S. 771-773; *Hopt* (2001), Sp. 118 f. *Fleischer* (2002b), S. F 25, spricht in diesem Kontext von dem „Vertrauensindividualschutz".

610 *Wiedemann* (1980a), S. 405.

611 Vgl. hierzu exemplarisch *Brinkmann/Kübler* (1981), S. 684. „Die ungleiche Verteilung von Einflüssen auf und Informationen über das unternehmensinterne Geschehen beeinträchtigt die Funktionsfähigkeit des Kapitalmarkts über *Transaktionskosten*, die entweder die Rendite des Anlegers und damit das Potential allozierbarer Ressourcen beschneiden oder (auch) das Unternehmensvermögen belasten, also die Kapitalnutzung im Unternehmen beeinträchtigen." *Ekkenga* (1998), S. 34 (kursiv im Original). *Kübler* (1998), S. 165, verdeutlicht den Funktionsschutz anhand des Gläubigerschutzes.

612 Vgl. *Hopt* (2001), Sp. 118 f.

613 Vgl. grundlegend hierzu *Assmann* (1989), S. 49, der den Funktionenschutz als „Ausweitung vertriebsorientierter Regelungssätze zum Zwecke der Verhinderung informationsbedingten Marktversagens" umschreibt. Vgl. auch *Hopt* (1975), S. 51 f., der den Funktionen- und Individualschutz als untrennbar bezeichnet, sowie *Mülbert* (1996), S. 110-112; *Hopt* (2001), Sp. 118 f.

Potenziale einzelner Akteure ab, sondern beschäftigt sich mit kapitalmarktstrukturinhärenten, Marktversagen[614] begünstigenden Informationsasymmetrien zwischen Nachfragern und Anbietern auf dem Kapitalmarkt.[615] Aufgrund der Tatsache, dass der Anleger, so die Argumentation, im Zeitpunkt seiner Anlageentscheidung unter Berücksichtigung aller Risiken sämtliche Informationen benötigt, die eine rationale Investitions- bzw. Desinvestitionsentscheidung voraussetzt, ist es Aufgabe der Rechtsordnung, jene knappen und heterogen verteilten Informationen über die Kapitalanlagerisiken im Sinne einer die Allokationseffizienz fördernden Funktionsfähigkeit des Kapitalmarkts zu verbreiten. Nur bei einer ausreichenden Informationsausstattung der Anleger kann gewährleistet werden, dass die Wertpapierpreise sowohl die Ertragserwartungen als auch die Knappheitsverhältnisse widerspiegeln, um im Ergebnis dem Idealfall einer optimalen Kapitalallokation sehr nahe zu kommen.

Die Bedeutung des Minderheitsaktionärsschutzes bzw. – allgemeiner – des Anlegerschutzes lässt sich somit doppelt fundieren, was seiner Legitimation eine größere Durchschlagskraft verleiht: Er entfaltet somit nicht nur als ethisch begründbare Antipode des Mehrheitsprinzips im Allgemeinen seine Beachtlichkeit, sondern ebenso als Zwischenziel bei der Erreichung einer auf Transaktionskostensenkung ausgerichteten Politik der Verbesserung von Marktfunktionen.

Die kapitalmarkttheoretische Perspektive spielt insbesondere im Rahmen der sozialökonomischen Analyse des Squeeze-out der Höhe nach eine tragende, in dreifacher Hinsicht bedeutende Rolle. Zum einen gilt es zu klären, ob und, wenn ja, inwiefern Börsenkurse bei der Abfindungsbewertung zugrunde zu legen sind. Dabei ist das Hauptaugenmerk dem Preisbildungsprozess auf den organisierten Eigenkapitalmärkten gewidmet. Eng damit zusammenhängend ist zum anderen von Interesse, wie tatsächlich gezahlte Abfindungen in Squeeze-out-Fällen im Vergleich zu den auf dem Markt festgestellten Kursen in dem betreffenden Titel zu beurteilen sind. Schließlich wird der Einfluss zu hinterfragen sein, den eine Ausschlussregelung in Abhängigkeit von der ihr zugrunde liegenden Abfindungsregel auf das Verhalten der Kapitalmarktakteure in Bezug auf ihre Anlagebereitschaft nimmt und inwiefern dies möglicherweise die Funktionsfähigkeit des Kapitalmarkts beeinflusst.

Bei der sozialökonomischen Analyse des Squeeze-out dem Grunde nach bietet sich keine eigenständige und abgegrenzte Untersuchung vor dem Hintergrund einer auf Kapitalmarkteffizienz bzw. -funktionsfähigkeit ausgerichteten Zielsetzung an. Die

[614] Zu Marktversagen, das auf adverse Selektion auslösenden Informationsasymmetrien beruht, vgl. Kapitel III.2.3.1.

[615] Vgl. *Assmann* (1989), S. 56; *Mülbert* (1996), S. 111; *Hopt* (2001), Sp. 119 f.

Frage, ob durch die Zwangsausschlussregelung die Durchschnittsliquidität des Kapitalmarkts und somit dessen durchschnittlicher „Effizienzgrad" erhöht werden kann, wird aufgrund des Kontextbezugs in der Analyse der Höhe nach (kurz) erörtert.

### III.3. Unternehmensinteresse als rechtspolitisches Ziel

Eine weitere, die Berücksichtigung partikularer Interessen überlagernde Untersuchungsperspektive zielt auf die insgesamt von gesellschaftsrechtlichen Regelungen im Allgemeinen und dem Aktienrecht im Besonderen zu verfolgenden Ziele ab. Vor diesem Hintergrund gilt es zunächst zu klären, ob die AG in ihrer Eigenschaft als Kapitalgesellschaft eigenständige, von ihren Mitgliedern abstrahierende Interessen verfolgt. Einen Aufschluss über die einer AG obliegenden Ziele liefert die Diskussion über die von dem Vorstand als gesetzlichem Vertreter des Verbands zu verfolgenden Interessen.[616]

In diesem Zusammenhang lässt sich zunächst ausgehend von der Regierungsbegründung zum Entwurf des AktG 1965 noch folgende, heutzutage im Rahmen der Shareholder-Value-Debatte reüssierende,[617] die Aktionärsinteressen privilegierende Richtschnur aktienrechtlicher Wertungen konstatieren:

„Richtlinie aller aktienrechtlichen Regelungen muß daher die Fragestellung sein, ob die einzelne Regelung der Stellung der Aktionäre als der wirtschaftlichen Eigentümer des Unternehmens entspricht und ob sie die Befugnis der Aktionäre nur solchen Bindungen und Beschränkungen unterwirft, die wegen der Besonderheiten des aktienrechtlichen Mitgliedschaftsrechts als einer auf die Großwirtschaft und den Kapitalmarkt zugeschnittenen Erscheinungsform wirtschaftlichen Eigentums oder aus vorrangigen wirtschafts- und gesellschaftspolitischen Gründen gerechtfertigt sind."[618]

Sowohl die herrschende aktienrechtliche Kommentierungsmeinung als auch die einschlägige Rechtsprechung verweisen die interessenmonistische Ausrichtung der Unternehmensführung zugunsten der Anteilseigner jedoch in ihre Schranken: So habe, der herrschenden Meinung folgend, die Geschäftsleitung der AG unter Berücksichtigung der gemäß Art. 14 Abs. 2 GG in der Aktie zum Ausdruck kommenden Sozialgebundenheit des gesellschaftsrechtlichen Eigentums, sämtliche mit der AG verbunde-

---

616 Für einen Überblick über die alternativen Leitmaxime des aktienrechtlichen Vorstandshandelns vgl. m. w. N. *Kuhner* (2004a), S. 246-252.

617 So wohl *Mülbert* (1997), S. 156, nach dem „[...] Vorstand und Aufsichtsrat bei ihrer Tätigkeit allein dem Verbandszweck und damit typischerweise dem Formalziel der Gewinnmaximierung verpflichtet sind, nicht aber einem wie auch immer zu bestimmenden Unternehmensinteresse."

618 *Kropff* (1965), S. 14.

nen Interessen der diversen Unternehmenskoalitionäre (Stakeholders) zum Ausgleich zu bringen; mithin wird in diesem Kontext von der Verwirklichung des *Unternehmensinteresses* gesprochen.[619] Schließlich fand die Beachtlichkeit jener interessenpluralistischen Sichtweise einer auf das Unternehmensinteresse fixierten, aktienrechtlich legitimierten Leitmaxime auch Eingang in den jüngst von der durch das Bundesjustizministerium beauftragten Regierungskommission verabschiedeten Deutschen Corporate Governance Kodex.[620]

Die Bindung des Vorstandshandelns an das Unternehmensinteresse bedeutet im Umkehrschluss, dass der aktienrechtliche Gesetzgeber im Zuge seiner Legislativvorhaben ebenso die pluralistischen Interessen an der AG zum Ausgleich bringen muss, sie zumindest aber in angemessener Weise gegeneinander abwägen sollte. Aus dem Kranz der zahlreichen Stakeholders ragen neben den Eigenkapitalgebern insbesondere die Arbeitnehmer, die Gläubiger sowie der Staat hervor: Ihre herausgehobene Stellung wird zunächst durch einen Blick auf die Zusammensetzung des Aufsichtsrats deutscher Großunternehmen deutlich: So besteht der Aufsichtsrat führender deutscher Großunternehmen regelmäßig aus Vertretern der Gläubiger, der Anteilseigner und der Arbeitnehmer.[621] Zudem zeigt das deutsche Gesellschaftsrecht mit dem Mitbestimmungsgesetz und der starken Ausprägung des Gläubigerschutzes die ordnungspolitische Wertung und Bedeutung dieser beiden Stakeholdersgruppen in Ergänzung zu den Anteilseignern auf. Dem Staat kommt als Koalitionär einer Unternehmung insbesondere im Zusammenhang mit der Steuerhoheit Relevanz zu. Aufgabe des Staates ist es hier, die Besteuerung nach den Prinzipien der Gleichmäßigkeit[622] und der Gesetzmäßigkeit[623] sowie der sozialstaatlich gerechten Besteuerung zu gewährleisten.[624]

Für die Bewertung des Squeeze-out bedeutet dies, dass hier nicht nur die Interessen der Mehrheits- und Minderheitsaktionäre gegeneinander abgewogen werden dürfen;

---

[619] Vgl. *Mertens* (1988), § 76 Rn. 23; *Hüffer* (2002), § 76, Rn. 12; *Hefermehl/Spindler* (2004), § 76 Rn. 56 f.; *Kuhner* (2004a), S. 247, m. w. N. Für eine strukturierte Gegenüberstellung des Shareholder-Value- und Stakeholder-Value-Modells vgl. jüngst *Neumann* (2006), S. 122-124, der in diesem Kontext von „Alternativ-Radikalismus" spricht.

[620] Vgl. Corporate Governance Kodex, Abschnitte 4.1.1, 4.3.3, 5.5.1. Auch die kürzlich zum Corporate Governance Kodex erschienene Kommentierung legt sich unmissverständlich auf das Unternehmensinteresse fest. Vgl. *von Werder* (2003), Rn. 237-239.

[621] Vgl. u. a. *Schmidt/Weiß* (2003), S. 108.

[622] Die Gleichmäßigkeit der Besteuerung wird gewährleistet durch den Grundsatz der Gleichbehandlung sowie durch eine Besteuerung nach dem Leistungsfähigkeitsprinzip.

[623] Die Gesetzmäßigkeit der Besteuerung wird insbesondere durch die Rechtssicherheit erreicht.

[624] Ausführlich zu den systemtragenden Säulen des deutschen Steuerrechts vgl. *Tipke/Lang* (2002), S. 74-123.

vielmehr ist die Analyse um die Einbeziehung der Belange weiterer Stakeholders zu erweitern. So gilt es zu klären, inwiefern sich durch einen Squeeze-out die Zahlungsfähigkeit des betreffenden Unternehmens verändern und wie sich der Ausschluss von Minderheitsaktionären zudem auf die Arbeitsplatzsicherheit auswirken kann. Schließlich sind die mit einem Zwangsausschluss verbundenen Steuerwirkungen einer Untersuchung zu unterziehen.

## III.4. Gerechtigkeit als rechtspolitisches Ziel

Neben dem ökonomischen Effizienzziel sowie dem Ziel der Verfolgung des Unternehmensinteresses existieren selbstverständlich weitere in der rechtspolitischen Diskussion über zivilrechtliche Regelungen[625] angeführte Zielvorstellungen: Im Mittelpunkt stehen hierbei Fragen betreffend die *Rechtssicherheit*[626] sowie die *Gerechtigkeit* der zur Debatte stehenden Rechtsregeln. Bei der hier gegenständlichen sozialökonomischen Analyse der (gesellschaftsrechtlichen) Squeeze-out-Regelung bietet sich insbesondere eine Einbeziehung von auf Gerechtigkeitsvorstellungen basierenden rechtspolitischen Zielen an; sie scheint gar unumgänglich. Da es sich bei dem zwangsweise erfolgenden Ausschluss der Minderheitsaktionäre und der damit verbundenen Übertragung der Aktien auf den Mehrheitsaktionär um nichts anderes als eine Maßnahme zur Umverteilung (knapper) ökonomischer Ressourcen[627] handelt, kommt der Bestimmung der durch das Gesetz in §§ 327 a ff. AktG geforderten *angemessenen* Kompensation genauso wie den das Verfahren vorschreibenden Regeln Bedeutung zu.[628]

Bei der Beurteilung der Angemessenheit der von dem Hauptaktionär zu leistenden Abfindungszahlung kann deshalb nicht singulär auf rein ökonomische Rechtfertigungs-

---

625 Die einer rechtspolitischen Diskussion bzw. Analyse zugrunde liegenden Zielkriterien sind dabei in Abhängigkeit von dem jeweiligen Rechtsgebiet verschieden. So ist beispielsweise das Familienrecht nach anderen Grundsätzen zu gestalten als das Strafrecht. Vgl. u. a. *Eidenmüller* (1998), S. 273.

626 Zur Rechtssicherheit in diesem Kontext vgl. Kapitel II.1.3.3.

627 Nach *Hume* ist Gerechtigkeit eine künstliche Tugend (*circumstances of justice*), die von menschlichen Konventionen abhängig ist und nur unter bestimmten Bedingungen Relevanz entfaltet: Zu diesen Bedingungen zählt neben den begrenzten intellektuellen und emotionalen menschlichen Fähigkeiten die Existenz knapper ökonomischer Ressourcen. Vgl. *Hume* (1973), Buch II, S. 41, 219 ff.

628 Bereits die Ausführungen zu den US-amerikanischen Squeeze-out-Regelungen in Kapitel II.2.1.3.2.2 haben im Übrigen gezeigt, dass es den Gerichten dort insbesondere auf die Gewährleistung eines *fair dealing* (Ausschlussverfahren) und die Bestimmung eines *fair price* (Gegenleistung) ankommt. Da weder in nationalen noch internationalen Rechtsvorschriften die kompensationslose Aktienübertragung zulässig ist, wird diese in der weiteren Betrachtung ausgeblendet. Somit wird auch die grundsätzliche Kompensations*notwendigkeit* keiner sozialökonomischen Analyse unterzogen.

schemata zurückgegriffen werden, weil hier einer möglichen Übervorteilungsgefahr für die Minderheitsaktionäre Vorschub zu leisten ist.[629] Während nämlich eine an ökonomischen Effizienzzielen orientierte Rechtspolitik, vereinfacht gesagt, lediglich die Maximierung der Differenz zwischen (monetarisierten) Vor- und Nachteilen anstrebt, beschäftigt sich eine Gerechtigkeitsziele verfolgende Rechtspolitik im Wesentlichen mit der Frage, *bei wem* der erzielbare Nutzen sowie die korrespondierenden Kosten anfallen.

### III.4.1. Der Begriff *Gerechtigkeit*

In der Debatte über gesellschaftspolitische Probleme, wie z. B. die (zunehmende) Differenz zwischen arm und reich, nimmt der Begriff „Gerechtigkeit" sehr häufig *den* fokalen Ausgangspunkt ein.[630] Als Ganzes betrachtet stellt Gerechtigkeit eine Teilmenge moralischer bzw. ethischer Postulate dar,[631] welche die gegenseitigen Rechte und Pflichten zwischenmenschlicher Interaktionen, regelmäßiger sozialer Beziehungen bzw. dauerhafter gesellschaftlicher Verhältnisse umfassen und von denen geglaubt wird, dass sie in ihrem Geltungsbereich Allgemeingültigkeit beanspruchen und somit von jedem Individuum sowohl akzeptiert als auch befolgt werden sollten;[632] sie zielen regelmäßig darauf ab, einen allgemein akzeptablen Ausgleich der verschiedenen Interessen der beteiligten Akteure herzustellen.[633]

Grundsätzlich lassen sich zwei Grundtypen von Gerechtigkeitsnormen unterscheiden: Es handelt sich hierbei einerseits um metaphysische und andererseits um rationale Postulate. Metaphysische Gerechtigkeitsnormen abstrahieren von menschlichen Erfahrungswerten und werden von einer transzendent existierenden Instanz vorgegeben. Die hierbei von der Instanz abgeleiteten Normen sind dem menschlichen Verstand rational unzugänglich, sie bedürfen vielmehr des Glaubens der jeweils betroffenen Individuen.

---

629 „Ungerecht scheint zu sein: […] der *Habsüchtige*, der andere übervorteilt […]." *Aristoteles* (1985), S. 101 (kursiv im Original).

630 Vgl. *Pies* (1995), S. 1 f.

631 Vgl. u. a. *Kelsen* (1960), S. 357.

632 Moralische bzw. ethische Handlungsanweisungen zeichnen sich nach *Koller* durch drei Charakteristika aus: Sie sind 1.) autonom dergestalt, dass sie nur gelten, wenn ihre Akzeptanz auf Freiwilligkeit beruht; sie sind 2.) allgemeingültig, haben also einen objektiven Sinn; sie beanspruchen 3.) einen kategorischen Charakter, indem sie (oft) gar einen Vorrang vor anderweitigen Normen, wie z. B. der Verfolgung des individuellen Selbstinteresses, genießen. Vgl. *Koller* (2001), S. 4 f. Auf die Bedeutung des Sozialbezugs von Gerechtigkeitsurteilen verweisen u. a. *Del Vecchio* (1950), S. 45, und *Kelsen* (1960), S. 357.

633 Vgl. u. a. *Koller* (2001), S. 7.

Von ihrem Charakter her sind sie absolut und schließen demnach darüber hinaus gehende Gerechtigkeitsnormen kategorisch aus.[634]

Dahingegen setzen Gerechtigkeitsnormen des rationalen Typus keine übersinnlich agierende Instanz voraus; die aufgestellten Normen zeichnen sich vielmehr dadurch aus, dass sie der menschlichen Vernunft zugänglich und rational verständlich sind.[635]

Die wohl gebräuchlichste Gerechtigkeitsnorm[636] verlangt, dass jede Person das erhalten solle, was ihr zustehe („Jedem das Seine"). Diese Beschreibung ist auf die aus dem Lateinischen bekannte, *Marcus Tullius Cicero* zuzuschreibende Formel „*suum cuique*"[637] bzw. „*iustitia in suo cuique tribuendo cernitur*"[638] zurückzuführen, die dann später von dem oströmischen Kaiser *Justitian* in seinen Pandekten im Jahre 533 nach Christi Geburt als Rechts- und Gerechtigkeitsprinzipien verankert wurden. Die durch die Römer zur Leitfigur erhobene Gerechtigkeitsformel, nach der „jeder das Seine" erhalten solle, hat ihre historischen Wurzeln allerdings im Altgriechischen.[639]

Problematisch bei der Abgrenzung eines Gerechtigkeitsbegriffes sind die verschiedenen Gegenstände, auf die sich die Gerechtigkeitsurteile beziehen können: So kommen Gesetze, Institutionen, Verfahren sowie Verteilungsergebnisse etc. infrage.[640] Im Ergebnis lassen sich aber, so *Tschentscher*, sämtliche Gerechtigkeitsurteile auf einen einzigen Gegenstand, die Gerechtigkeit des *Handelns*, transponieren.[641] Mit Hilfe der Fokussierung auf den Gegenstand ‚Handlung' definiert *Tschentscher* Gerechtigkeit mit „Richtigkeit und Pflichtigkeit eines Handelns in bezug auf andere unter dem Gesichts-

---

634 Vgl. *Kelsen* (1960), S. 365 f.

635 Dennoch können auch rationale Gerechtigkeitsnormen von einer transzendenten Instanz gesetzt werden, solange sie sich ihrem Inhalt nach nicht der menschlichen Rationalität entziehen können. Vgl. *Kelsen* (1960), S. 365 f. Im weiteren Verlauf dieses Abschnitts werden aufgrund ihrer Bedeutung in der allgemeinen Diskussion die rational fundierten Gerechtigkeitsnormen kurz vorgestellt. Für einen Überblick über die vornehmlich auf die Existenz von Gott zurückzuführenden metaphysischen Gerechtigkeitspostulate vgl. *Kelsen* (1960), S. 387 ff.

636 Vgl. u. a. *Brunner* (1943), S. 20; *Tschentscher* (2000), S. 45 f.

637 *Cicero* (1987), Buch I, V, Rn. 15.

638 *Cicero* (1998), Buch V, XXIII, Rn. 67.

639 So war es bereits *Aristoteles*, der in seinem Werk „Rhetorik", das ca. 340 bis 355 vor Christi Geburt entstand, auf dieses Gerechtigkeitsmaß hinwies: „Die Gerechtigkeit aber ist eine Tugend, durch die jeder das Seine erhält, [...]" *Aristoteles* (1993), S. 48. Ebenso *Platon*, der sich auf *Simonides* beruft und *Sokrates* sagen lässt: „[...] es sei gerecht, jedem zu geben, was ihm gebührt; das aber nannte er >das, was man schuldig ist<." Vgl. *Platon* (2000), S. 23.

640 Vgl. *Tschentscher* (2000), S. 48 f., m. w. N.

641 *Tschentscher* spricht hier von der Transponierbarkeitsthese. Vgl. *Tschentscher* (2000), S. 49.

punkt der Gleichheit."[642] Die hier angeführte Definition erfüllt die bereits genannten Gerechtigkeitskriterien des Sozialbezugs und beansprucht zudem den geforderten Verbindlichkeitscharakter.[643] Neu sind an dieser Stelle der *Richtigkeit*sanspruch und der *Gleichheit*saspekt. Durch die Einbeziehung der Richtigkeit als konstitutives Element der Gerechtigkeit wird von vornherein ausgeschlossen, dass eine Handlung zwar falsch, aber gerecht sein kann.[644] Es handelt sich mithin bei der Gerechtigkeit um einen Spezialfall der Richtigkeit.[645] Eine Präzisierung, das heißt inhaltliche Auffüllung der ‚Richtigkeit', liefert obige Definition nicht. Vielmehr bedarf es einer (normativen) Richtschnur, mit deren Hilfe materielle, prozedurale bzw. formale Präzisierungen vorgenommen werden.

Das der Begriffsabgrenzung zugrunde liegende und dem *Aristotelischen* Verständnis[646] entsprungene Gleichheitspostulat entspricht breitem Konsens[647] und wird unten bei der Behandlung der partikularen Gerechtigkeitserwägungen wieder aufgegriffen.[648]

Trotz ihrer moralischen Unbestrittenheit vermag die *Suum-cuique*-Formel, genauso wie im Übrigen die von *Tschentscher* abgeleitete Gerechtigkeitsdefinition, keine Auskunft darüber zu geben, was das „Seine" bzw. das „Richtige" ist und vor allem, nach welchen Kriterien diese unbestimmten Begriffe zu ermitteln sind.[649] *Kelsen* bezichtigt das *Suum-cuique*-Postulat gar der Tautologie, „[d]a das einem jeden Gebührende das ist, was ihm zugeteilt werden soll, läuft die Formel [Jedem das Seine] auf die Tautologie hinaus, daß jedem zugeteilt werden soll, was ihm zugeteilt werden soll."[650] Zur Konkretisierung der Gerechtigkeitsformel bedarf es vielmehr einer normativen Ord-

---

642 *Tschentscher* (2000), S. 50.

643 Vgl. hierzu FN 632.

644 Umgekehrt gilt aber nicht, dass eine richtige Handlung zwangsläufig gerecht ist.

645 Vgl. *Alexy* (1978), S. 242.

646 „Das Ungerechte zerfällt in das Ungesetzliche und das der Gleichheit Widerstreitende, das Gerechte in das Gesetzliche und das der Gleichheit Entsprechende." *Aristoteles* (1985), S. 105.

647 Vgl. *Perelman* (1967), S. 22, 27 f.: „[S]o sind sich doch alle darin einig, dass gerecht sein eine gleiche Behandlung für alle Wesen bedeutet, die in bestimmter Hinsicht gleich sind, die dasselbe Charakteristikum aufweisen, welches als einziges in der Rechtspraxis zu berücksichtigen sei." Ebenfalls *Kelsen* (1960), S. 390 ff.; *Engisch* (1971), S. 153; *Rawls* (1975), S. 81 ff.; *Ake* (1975), S. 71; *Buchanan/Mathieu* (1986), S. 15 ff.; *Tschentscher* (2000), S. 56 ff. *Kaufmann* unterscheidet zwischen Gerechtigkeit im weiteren und Gerechtigkeit im engeren Sinne; Letztere setzt er mit dem Gleichheitsprinzip gleich. Vgl. *Kaufmann* (1977), S. 274 f.

648 Vgl. Kapitel III.4.2 und III.4.3.

649 Die *Suum-cuique*-Formel lässt sich im Übrigen nahtlos in die Gerechtigkeitsdefinition von *Tschentscher* überführen.

650 *Kelsen* (1960), S. 366.

nung, im Speziellen einer positiven Rechtsordnung, die festlegt, was das „Seine" ist und wie es zu ermitteln ist. Im Umkehrschluss bedeutet dies, dass eine jede positive Rechtsordnung, die es schließlich zu befolgen gilt, gerecht ist im Sinne des *suum cuique*.[651]

Einen ersten, die Antwort auf diese entscheidende Frage vorbereitenden Anhaltspunkt liefert die Unterscheidung zwischen *formaler* und *materieller* Gerechtigkeit.[652]

Der formalen Gerechtigkeit genügen eine Aktion bzw. Handlung stets dann, wenn sie nicht gegen *allgemeingültige* Regeln verstoßen; durch die Befolgung jener Regeln soll gewährleistet werden, dass alle Individuen bei identischen Voraussetzungen gleich zu behandeln sind. Entspricht ein Handeln ergo dieser Forderung nach Beachtung *inhaltlich unpräzisierter* Regeln, erfüllt es das formale Gerechtigkeitskriterium.[653] Die formale Gerechtigkeit kann somit auch als Platzhalter für die Rechtssicherheit, welche die Gültigkeit und Durchsetzbarkeit positiven Rechts gewährleisten soll, interpretiert werden.[654] Bei der grundsätzlichen Einhaltung von Regeln handelt es sich um eine notwendige, nicht jedoch hinreichende Bedingung für gerechtes Handeln. Die bloße Erfüllung von Regeln sagt nämlich noch nichts über die Gerechtigkeit jener Regeln selbst aus und führt in den bekannten, von *Radbruch* identifizierten Trade-off zwischen (formaler) Rechtssicherheit und Gerechtigkeit ein.[655] *Radbruch* will dieses

---

651 Eine weitere etablierte Gerechtigkeitsnorm, die aus dem Alten und Neuen Testament abgeleitete goldene Regel, besagt: „Was dir selbst verhaßt ist, das mute auch einem anderen nicht zu!" *Tobit* (1980), Kapitel 4, Vers 15. Im Neuen Testament ist dem *Lukas*-Evangelium, Kapitel 6, Vers 31, folgender Satz, der *Tobits* Variante positiv formuliert, zu entnehmen: „Was ihr von anderen erwartet, das tut ebenso auch ihnen." *Lukas* (1980). Zur Verbreitung der goldenen Regel sowie ihren Ausprägungen vgl. *Maihofer* (1965), S. 78. Um diese Vorschrift einer allgemeinen (Rechts-)Ordnung zugänglich zu machen, darf nicht auf das subjektive Kriterium einer jeden Person abgestellt werden, nach der diese behandelt werden *möchte*; vielmehr wäre in Form einer abstrahierenden Verallgemeinerung danach zu fragen, wie der Einzelne nach einer für alle geltenden Regel behandelt werden *soll*. Die inhaltliche Präzisierung, wie denn alle Gemeinschaftsmitglieder behandelt werden sollen, kann genauso wie die Formel *„suum cuique"* nur mit Hilfe einer normativen Rechtsordnung gelöst werden; im Umkehrschluss bedeutet dies somit, dass jede Rechtsordnung mit der goldenen Regel kompatibel ist. Vgl. *Kelsen* (1960), S. 368. Auf die goldene Regel ist wiederum *Kants* kategorischer Imperativ zurückzuführen: „Handle nur nach derjenigen Maxime, durch die du zugleich wollen kannst, daß sie ein allgemeines Gesetz werde." *Kant* (1965), Rn. 421 (Hervorhebung aus dem Original nicht übernommen).

652 Vgl. u. a. *Perelman* (1967), S. 22 ff.; *Engisch* (1971), 153.

653 Vgl. *Brunner* (1943), S. 29-36.; *Rawls* (1975), S. 78 f., 268 f.; *Brennan/Buchanan* (1993), S. 128 f.; *Tschentscher* (2000), S. 62 f.; *Perelman* (1967), S. 28, definiert die formale bzw. abstrakte Gerechtigkeit als „ein Handlungsprinzip, nach welchem die Wesen derselben Wesenskategorie auf dieselbe Art und Weise behandelt werden." (Hervorhebungen im Original nicht übernommen).

654 Vgl. *Neumann* (1983), S. 11, mit Verweis auf *Nelson* (1924), S. 85.

655 Vgl. *Radbruch* (1963), S. 352 f.; *Neumann* (1983), S. 12. *Perelman* (1967), S. 28, bringt dieses Spannungsverhältnis wie folgt auf den Punkt: „Diese Definition [der formalen Gerechtigkeit] be-

Spannungsverhältnis stets dann zugunsten der Gerechtigkeit auflösen, wenn das geltende positive Recht in unverhältnismäßigem Ausmaße gegen die Gerechtigkeit, deren Wesen er im Übrigen in der Gleichheit begründet sieht, verstoße. In allen anderen Fällen dominiere die Gültigkeit des positiven Rechts im Sinne der Rechtssicherheit.[656]

Aufgabe der materiellen Gerechtigkeit ist es nun, Kriterien festzulegen, die gerechtes Handeln inhaltlich präzisieren.[657] Da, wie gezeigt, moralische Normen, und um nichts anderes handelt es sich bei Gerechtigkeitserwägungen, die vollständige Akzeptanz aller Individuen einer Gesellschaft voraussetzen, erscheint die Festlegung allgemeingültiger, für *alle* zwischenmenschlichen Interaktionen und Sachverhalte geltender (inhaltlicher) Gerechtigkeitsmaße unmöglich. Zur Komplexitätsreduzierung bietet sich an dieser Stelle eine Differenzierung alternativer Gerechtigkeitsmaßstäbe in Abhängigkeit von der zu betrachtenden Handlungsform an;[658] *Helmstädter* spricht hier von der Entwicklung von Partial(-gerechtigkeits-)regeln im Gegensatz zu allumfassenden General-(gerechtigkeits-)regeln.[659]

---

sagt nämlich weder, wann *zwei* Wesen derselben Wesenskategorie angehören, noch wie sie zu behandeln sind.“ [Einfügung durch den Verfasser] (kursiv im Original).

656 In der nach *Radbruch* benannten Formel heißt es da: „Der Konflikt zwischen der Gerechtigkeit und der Rechtssicherheit dürfte dahin zu lösen sein, daß das positive, durch Satzung und Macht gesicherte Recht auch dann den Vorrang hat, wenn es inhaltlich ungerecht und unzweckmäßig ist, es sei denn, daß der Widerspruch des positiven Gesetzes zur Gerechtigkeit ein so unerträgliches Maß erreicht, daß das Gesetz als >> unrichtiges Recht << der Gerechtigkeit zu weichen hat.“ *Radbruch* (1963), S. 353.

657 „Der entscheidende Beitrag, nämlich die inhaltliche Bestimmung des „Gerechten“, wird von der Theorie der materialen Gerechtigkeit geleistet. [...] Die Kriterien der Gerechtigkeit sind die Grundsätze, welche die Grundlage für die Entscheidung bilden, was das einem Gerechtigkeitssubjekt zukommensollende Seine darstellt.“ *Tammelo* (1971), S. 55. Ebenso *Perelman* (1967), S. 53: „Die Formulierung der konkreten Gerechtigkeit wird das Kriterium liefern, das uns ermöglicht zu bestimmen, wann zwei Wesen zu derselben Wesenskategorie gehören.“

658 Vgl. *Helmstädter* (1997), S. 41 f.; *Helmstädter* (1999), S. 8; *Koller* (2001), S. 10.

659 Vgl. *Helmstädter* (1999), S. 8. Die Schwierigkeit bei der Ableitung bzw. Entwicklung von allgemeinen Gerechtigkeitspostulaten erkannte bereits *Aristoteles*, der eine Zweiteilung der Gerechtigkeit in *Aufteilungsgerechtigkeit* (*iustitia distributiva*) und *Verkehrs- bzw. Tauschgerechtigkeit* (*iustitia commutativa*) unternahm: „Von der *partikularen Gerechtigkeit* aber und dem ihr entsprechenden Rechte ist eine Art die, die sich bezieht auf die *Zuerteilung* von Ehre oder Geld oder anderen Gütern, die unter die Staatsangehörigen zur Verteilung gelangen können – denn hier kann der eine ungleich viel und gleich viel erhalten wie der andere –; eine andere ist die, die *den Verkehr* der einzelnen untereinander *regelt*.“ *Aristoteles* (1985), S. 106. Es handelt sich dabei im Grunde genommen um eine Differenzierung nach Ergebnis- und Verfahrensgerechtigkeit. Die Verkehrsgerechtigkeit teilt *Aristoteles* auf: „Es gibt nämlich einen freiwilligen Verkehr und einen unfreiwilligen.“ *Aristoteles* (1985), S. 106. Zu dem freiwilligen Verkehr rechnet er u. a. den Kauf und Verkauf, die Vergabe und Aufnahme von Darlehen und die Miete, während er für den unfreiwilligen Verkehr als Beispiele u. a. den Diebstahl und die Sklavenhaltung anführt.

Materielle Gerechtigkeitspostulate lassen sich einteilen in Kriterien der Verfahrens- bzw. prozeduralen Gerechtigkeit auf der einen Seite sowie Kriterien der Ergebnisgerechtigkeit auf der anderen Seite.[660] Während Ergebnisregeln sich auf das unter dem Aspekt der Gerechtigkeit wünschenswerte Resultat beziehen, zielt die Verfahrensgerechtigkeit darauf ab, mit Hilfe des eingeschlagenen Prozederes die Ergebnisgerechtigkeit zu fördern.[661] Bezieht sich der Schwerpunkt der Verkehrs- oder Tauschgerechtigkeit (*iustitia commutativa*) auf Aspekte der Verfahrensgestaltung, überwiegt bei der Aufteilungsgerechtigkeit (*iustitia distributiva*) die Erzielung eines „gerechten" Ergebnisses.[662]

Da die Verfahrensgerechtigkeit eine wichtige Voraussetzung für die Ergebnisgerechtigkeit ist, kann eine – der Squeeze-out-Thematik angemessene – getrennte Behandlung dieser Kategorien nicht vollends redundanzfrei bleiben.

### III.4.2. Verfahrensgerechtigkeit

Wie bereits oben dargelegt, dient die prozedurale Gerechtigkeit der Unterstützung bzw. Erreichung gerechter Ergebnisse. Um diesem Ziel näher zu kommen, lassen sich mit *Barry* und *Leventhal* zunächst drei konstitutive Merkmale der Verfahrensgerechtigkeit aufstellen: So setzt die Verfahrensgerechtigkeit zunächst eine Hintergrundfairness (*background fairness*) voraus, die eine Applikation des in Rede stehenden Verfahrens erst ermöglicht.[663] Zudem bedarf es einer konsequenten Einhaltung der gültigen Verfahrensregeln (*procedural fairness*), um ein ‚faires' Procedere zu gewährleis-

---

660 Vgl. *von Hayek* (1976), S. 62 ff. So auch *Buchanan/Mathieu* (1986), S. 21 f.

661 Vgl. u. a. *Tschentscher* (2000), S. 119.

662 Im Folgenden werden daher die Begriffe Verkehrs- bzw. Tauschgerechtigkeit und Verfahrensgerechtigkeit auf der einen sowie Verteilungs- und Ergebnisgerechtigkeit auf der anderen Seite synonym verwendet. Während *von Hayek* die Verfahrens- oder prozedurale Gerechtigkeit für zivilisationskompatibel hält, da sie der Steigerung der Erwartungssicherheit förderlich sei und somit die dezentrale Wissensverarbeitung unterstütze, verweigert er der Ergebnisgerechtigkeit in einer freiheitlichen Wirtschaftsordnung die Existenzberechtigung, weil sie dem sozialen Prozess ein abstraktes, das heißt von diesem Prozess unabhängiges Distributionsmuster vorschreibe und somit prozessinhärente Ungleichheiten verhindere, die ihrerseits notwendige Voraussetzung für individuelle Leistungsanreize seien. Vgl. *von Hayek* (1976), S. 75 f.; *von Hayek* (1977), S. 24.

663 „While still concentrating on the way the procedure works, some evaluations in terms of ‚'fairness' dig a little deeper and ask whether the background conditions are satisfactory. [...] Procedural fairness rules out one boxer having a piece of lead inside his gloves, but background fairness would also rule out any undue disparity in the weight of the boxers [...]" *Barry* (1965), S. 98 f.

ten.[664] Schließlich muss das zur Anwendung gelangende Verfahren auch tatsächlich der Erreichung der Ergebnisgerechtigkeit förderlich sein (*fairness of the procedure*).[665]

Bei der Erläuterung der die Verfahrensgerechtigkeit konstituierenden Kriterien wurde gleichzeitig ein weiterer, mit Fragen der Gerechtigkeit eng zusammenhängender Begriff eingeführt: die ‚*Fairness*'. Der herrschenden Meinung folgend handelt es sich bei Fairness um eine ausschließlich auf Handlungen bzw. Verfahren bezogene Tugend; sie ist somit unabhängig von zugrunde liegenden Inhalten sowie Lösungszuständen[666] und kann mit *Tschentscher* definiert werden als „der Inbegriff der Verfahrensrichtigkeit bei solchen Prozeduren und ihrer Durchführung (Prozeß), die selbst richtigkeitsorientiert sind [...]"[667]; somit steht die Fairness mit der prozeduralen Gerechtigkeit in einem direkten, diese begünstigenden Zusammenhang, da sie genau das ist, „was in der prozeduralen Gerechtigkeit die Förderung der Richtigkeit des Ergebnisses ausmacht."[668]

Die Gerechtigkeit eines Verfahrens wird ganz überwiegend als *Chancengleichheit* der betroffenen Individuen charakterisiert.[669] Chancengleichheit zielt dabei auf die Äquivalenz der ex ante geltenden Startbedingungen der Subjekte ab. Problematisch bei der Gewährleistung gleicher Voraussetzungen ist allerdings die Bestimmung des Startpunkts, das heißt die Festlegung der für alle gleich geltenden Ausgangsbedingungen.[670]

---

664 „To say that a procedure is being fairly operated is to say that the formalities which define the procedure have been correctly adhered to. A fair race, for example, is one in which the competitors start together (nobody 'jumps the gun'), do not elbow one another or take short cuts, and in which the first person past the line and not disqualified is recognized as the winner [...]" *Barry* (1965), S. 97.

665 Vgl. *Leventhal* (1980), S. 34-37.

666 Vgl. u. a. *Helmstädter* (1999), S. 31; *Tschentscher* (2000), S. 122, verweist allerdings kontrastierend auf die Bedeutung des Begriffs ‚*fairness*' in der englischen Umgangssprache, der sich dort durchaus auch auf die Richtigkeit von Resultaten bezieht.

667 *Tschentscher* (2000), S. 122.

668 *Tschentscher* (2000), S. 123.

669 Vgl. hierzu z. B. *Okun* (1975), S: 76: "Basically it [the equality of opportunity] is rooted in the notion of a fair race [...]." [Einfügung durch den Verfasser]. So auch *Radbruch* (1963), S. 353, der allgemein von der Gleichheit als dem Kern der Gerechtigkeit spricht, sowie *Neumann* (1983), S. 12.

670 „[I]t is hard to find the starting line. Differences in natural abilities are generally accepted as relevant characteristics that are being tested in the race rather than as unfair headstarts and handicaps. [...] What aspects of the proverbial silver spoon should be regarded as creating inequality of opportunity? Does the line begin at differences in prenatal influences? Or at the benefits of better childhood health care, achievement-oriented training, educational attainment, family assistance in job placement, inheritance of physical property?" *Okun* (1975), S. 76.

Besonderes Gewicht kommt der Verfahrensgerechtigkeit bzw. Chancengleichheit bei der Präzisierung von Tausch- bzw. Verkehrsregeln zu,[671] die ihrerseits auch für den Ausschluss von Minderheitsaktionären Geltung beanspruchen, bei dem es zum Austausch von Unternehmensanteilen und Bargeld kommt: Hernach sind Tauschvorgänge stets dann gerecht, wenn sie die beteiligten Personen mit gleichen Rechten und Freiheiten ausstatten, sie hinsichtlich des Vermögens über in etwa vergleichbare Anfangsausstattungen verfügen und sie freiwillig in die Transaktion eingewilligt haben unter Voraussetzungen, die eine gegenseitige Vorteilhaftigkeit des Vorgangs ermöglichen. Zu den eine wechselseitige Vorteilhaftigkeit gewährleistenden Tauschbedingungen zählen nach *Koller* insbesondere, dass [1] keiner der beteiligten Akteure gewaltsam oder durch Irreführung zu der Transaktion veranlasst wurde; weiterhin müssen alle Tauschpartner [2] mit den für ihre Entscheidung benötigten Informationen ausgestattet sein; darüber hinaus verfügen die Tauschakteure [3] über das für ihre rationale Selbstbestimmung benötigte Vermögen; schließlich existieren zwischen den Tauschpartnern [4] keine derartigen Machtdivergenzen, die es einer Partei ermöglichen würden, die Bedingungen des Tauschs zu diktieren.[672] Bei den hier zu erfüllenden Kriterien zur Gewährleistung wechselseitig vorteilhafter Transaktionen handelt es sich im Grunde genommen um die Simulation eines vollständigen (Wettbewerbs-)Markts ohne Finanzierungsrestriktionen.

### III.4.3. Ergebnisgerechtigkeit

Die Ergebnisgerechtigkeit betrachtet im Gegensatz zur Verfahrensgerechtigkeit den durch die in Rede stehende Transaktion herbeigeführten Lösungszustand. Im Zentrum steht hier regelmäßig die Frage nach der ‚gerechten' Verteilung eines Gesamtprodukts (Verteilungs- oder Aufteilungsgerechtigkeit).[673] Aus der Ergebnisgerechtigkeit können des Weiteren Anhaltspunkte für die Formulierung der Tauschgerechtigkeit (*iustitia commutativa*) gewonnen werden.

Mit Verweis auf *Aristoteles* verlangt die Ergebnisregel für die *Tauschgerechtigkeit*, dass die ausgetauschten Güter bzw. Dienstleistungen einen äquivalenten Wert haben,

---

[671] Vgl. *Helmstädter* (1999), S. 9; *Koller* (2001), S. 15.

[672] Vgl. *Koller* (2001), S. 15.

[673] Vgl. *Brennan/Buchanan* (1993), S. 150. Die Begriffe Verteilungsgerechtigkeit und Ergebnisgerechtigkeit werden häufig synonym verwendet; im Englischen ist hier regelmäßig die Rede von ‚distributive justice', ‚substantive justice' oder ‚outcome justice'. Vgl. *Tschentscher* (2000), S. 58. Für *Kaufmann* (1977), S. 285, ist die distributive Gerechtigkeit „die Urform der Gerechtigkeit."

das heißt *absolut* gleich sind.[674] Lässt sich diese Forderung für auf Freiwilligkeit basierende Tauschvorgänge, symmetrische Informations- und Vermögensausstattung der Interakteure vorausgesetzt,[675] in der Regel bejahen, kann dies jedoch für unfreiwillige Transaktionen, wie z. B. bei dem Squeeze-out, nicht ohne weiteres angenommen werden. Im Falle unfreiwilliger Tauschhandlungen kann es in Analogie zur Preissetzung auf einem monopolistischen Markt zu gegen die Wertäquivalenz verstoßenden Transaktionen kommen, die somit nicht dem Postulat der (Tausch-)Gerechtigkeit genügen. Es bedarf hier also, ähnlich wie schon bei der Verfahrensgerechtigkeit erörtert, der Simulation einer hypothetischen Marktlösung.

Bei der *Aufteilungsgerechtigkeit* handelt es sich um die zweite, für die Bewertung der Squeeze-out-Vorschrift bedeutende Kategorie der Ergebnisgerechtigkeit. Der Aufteilungsgerechtigkeit kommt insbesondere in Gemeinschaftsverhältnissen eine große Bedeutung zu, das heißt immer dann, wenn Individuen *gemeinsam* Ansprüche auf konkrete Vermögenswerte und/oder *gemeinsam* bestimmte Verpflichtungen zu tragen haben. Aus moralischer Sicht stellt sich bei Gemeinschaftsbeziehungen die Frage nach der gerechten Verteilung jener Ansprüche und Lasten auf die beteiligten Akteure; von einer (aufteilungs-)gerechten Situation kann immer dann ausgegangen werden, wenn das Endergebnis für alle Gemeinschaftsmitglieder akzeptabel ist.[676]

Als Ergebnisregel fordert die Aufteilungsgerechtigkeit in Anlehnung an *Aristoteles'* Postulat („Jedem das Seine") die Anwendung des Proportionalitätsgrundsatzes und somit eine *verhältnismäßige* Gleichheit bei der Behandlung einer Vielzahl von Personen.[677]

Wie unschwer zu erkennen ist, stehen Ergebnisgerechtigkeit und Verfahrensgerechtigkeit in einem wechselseitigen Abhängigkeitsverhältnis, was eine begriffliche bzw. definitorische Abgrenzung erschwert: Zum einen lassen sich aus der Ergebnisgerechtigkeit Rückschlüsse auf die Ausgestaltung des Gerechtigkeit gewährleistenden Verfah-

---

[674] „Daher muß alles, was untereinander ausgetauscht wird, gewissermaßen quantitativ vergleichbar sein […]." *Aristoteles* (1985), S. 112.

[675] Weiter ist hier noch die Ausnutzung von Notlagen auszugrenzen, zu der es auch bei freiwilligen Tauschgeschäften kommen kann, denkt man beispielsweise an die Bereitstellung von Grundnahrungsmitteln durch einen Monopolisten.

[676] Vgl. *Koller* (2001), S. 12 f.

[677] „Denn darin, dass eine gewisse Würdigkeit das Richtmaß der distributiven Gerechtigkeit sein müsse, stimmt man allgemein überein […]." *Aristoteles* (1985), S. 107. So auch *Hart* (1961), S. 155: „Hence justice is traditionally thought of as maintaining or restoring a *balance* or *proportion*, and its leading precept is often formulated as ‚Treat like cases alike'; though we need to add to the latter, and treat different cases differently'." (kursiv im Original). Vgl. hierzu auch *Kelsen* (1960), S. 379 ff.

rens ziehen; zum anderen ist die Verfahrensgerechtigkeit unabdingbar für das Erreichen eines gerechten Ergebnisses.

### III.4.4. Konsenstheoretischer Ansatz

Einen neuen Denkanstoß bei der Entwicklung von Gerechtigkeitserwägungen liefert *Rawls'* konsenstheoretischer Ansatz, der sich in die Tradition arrivierter, aufklärerischer Gesellschaftsvertragstheoretiker[678] wie *Locke, Hobbes, Rousseau* und *Kant* einreiht.[679] *Rawls* geht in seiner Theorie der Gerechtigkeit von einer arbeitsteiligen gesellschaftlichen Kooperation aus, die sowohl durch eine Interessenidentität als auch durch einen Interessenkonflikt gekennzeichnet ist: Interessenidentität herrscht hier in puncto Kooperation, da diese für jedes Gesellschaftsmitglied vorteilhaft ist; Interessenkonflikte entstehen bei der Verteilung der insgesamt durch Kooperation erwirtschafteten Outputs sowie bei der Aufteilung der innerhalb einer Gesellschaft entstehenden Lasten.[680] Die Lösung des skizzierten Verteilungsproblems vor Augen, entwickelte *Rawls* mit Hilfe der Vertragstheorie zwei Gerechtigkeitsprinzipien. Bei dem seiner Theorie zugrunde liegenden Vertrag handelt es sich zunächst um eine im hypothetischen Urzustand,[681] der durch Freiheit und Gleichheit gekennzeichnet ist, von rational agierenden Individuen getroffene Übereinkunft zur Akzeptanz konkreter Grundregeln, die sowohl die Grundrechte und -pflichten als auch die gerechte Verteilung der in Kooperation produzierten (knappen) Güter sowie der damit verbundenen Lasten regeln. Der hypothetische Urzustand ist durch den bekannten ‚Schleier der Unwissenheit' gekennzeichnet, wonach kein Gesellschaftsmitglied seinen sozialen Status und politischen Einfluss, seine persönlichen Fähigkeiten, seine Ziele und seinen Charakter kennt und zudem nicht einmal weiß, in welcher Generation es schließlich zur Welt gekommen

---

678 Gegenstand der Gesellschafts- bzw. Sozialvertragstheorien sind hypothetische Übereinstimmungen. Die Gesellschaftsvertragstheoretiker schaffen dabei unterschiedliche (Vertrags)-Situationen, in denen sich sämtliche Beteiligten deshalb einigen *müssten*, weil der Kontraktinhalt für alle Akteure vorteilhaft wäre.

679 So orientiert sich *Rawls* ausdrücklich an den Arbeiten von *Locke* (1967), *Rousseau* (1795), *Kant* (1965) und *Hobbes* (1966). Vgl. *Rawls* (1975), S. 27 f. Allerdings ist hier zu konstatieren, dass sich der Kontraktualismus bei *Locke*, *Hobbes* und *Rousseau* auf die Legitimation von Staatsmacht bzw. staatlicher Herrschaft bezieht, während sich die politische Philosophie der Gegenwart, und dazu zählt *Rawls*, vornehmlich mit Fragen der politischen Ethik beschäftigt. Vgl. *Kersting* (1994), S. 262 f.

680 Vgl. *Rawls* (1975), S. 20 f.

681 Der Urzustand spielt hierbei die gleiche Rolle wie der Naturzustand in der klassischen Gesellschaftsvertragstheorie. Vgl. *Rawls* (1975), S. 28; *Kersting* (1994), S. 269 f.

ist.[682] Die von den Gesellschaftsmitgliedern zu treffenden Entscheidungen sind somit frei von persönlichen Neigungen und demzufolge in ihrer Art autonom.

Ein derartiger hypothetischer Urzustand fördert, so *Rawls*, Entscheidungen zutage, durch die die zwei folgenden Gerechtigkeitsprinzipien verwirklicht werden:[683] So habe [1] jede Person das gleiche Recht auf das umfangreichste System äquivalenter Grundfreiheiten, das für alle möglich ist. Zudem müssen [2] soziale und wirtschaftliche Ungleichheiten derart ausgestattet sein, dass sie dem am wenigsten Begünstigten den größtmöglichen Vorteil bringen und darüber hinaus mit Ämtern und Positionen verbunden sein, die allen unter Beachtung der Chancengleichheit zugänglich sind.[684]

*Rawls* selbst stellt die Anwendbarkeit seiner Gerechtigkeitstheorie auf alle Einzelfälle infrage.[685] Seine Theorie bezieht sich vielmehr auf die so genannte *Grundstruktur* einer Gesellschaft; hierbei handelt es sich um die Art und Weise, wie einzelne Grundrechte und -pflichten sowie die durch Kooperation gewonnenen Erträge von den Institutionen der Gesellschaft aufgeteilt werden. Zu den wichtigsten Institutionen zählt *Rawls* die „Verfassung und die wichtigsten wirtschaftlichen und sozialen Verhältnisse."[686] Diese Grundstrukturen können unterschiedliche soziale Positionen (Klassen) hervorbringen, was wiederum über ungleiche Ausgangssituationen Einfluss auf die individuellen Lebenschancen eines Menschen haben kann, die sich allerdings nicht aufgrund von Verdiensten rechtfertigen lassen. Genau diese Ungleichheiten gelte es, so *Rawls*, mit Hilfe von sozial gerechten Grundsätzen zu überwinden.[687]

---

682 Vgl. *Rawls* (1975), S. 29, 159 ff.

683 Vgl. *Rawls* (1975), S. 81, 336.

684 *Harsanyi* (1976), S. 3 f., 11 ff., geht ebenfalls von einer hypothetischen Unwissenheit der Individuen aus. Er propagiert das so genannte Gleichwahrscheinlichkeitstheorem, wonach jedes Gesellschaftsmitglied in dem Ausgangszustand die gleiche Wahrscheinlichkeit besitzt, eine der denkbar möglichen sozialen Positionen innerhalb der Gesellschaft innezuhaben. *Harsanyi* gelangt allerdings zu einem anderen Ergebnis als *Rawls*: Bei ihm einigen sich die Individuen in der Ausgangssituation auf eine Maximierung des Durchschnittsnutzens.

685 So „gibt es keinen Grund, dass die für die Grundstruktur richtigen Grundsätze auch für alle Einzelfälle gelten sollten. Sie sind vielleicht für private Vereinbarungen oder für weniger umfassende gesellschaftliche Gruppen nicht brauchbar. Sie sind vielleicht für die informellen Konventionen und Sitten des täglichen Lebens ohne Belang; sie besagen vielleicht nichts über die Gerechtigkeit, oder vielleicht besser Fairneß, freiwilliger Zusammenschlüsse oder Regeln für Vertragsabschlüsse." *Rawls* (1975), S. 24.

686 *Rawls* (1975), S. 23.

687 Vgl. *Rawls* (1975), S. 23 f. *Rawls'* Theorie der Gerechtigkeit wurde insbesondere von Vertretern des Kommunitarismus vehement ins Kreuzfeuer genommen. Vgl. *Walzer* (1987), S. 13 f., 27 f.; *Walzer* (1992), S. 128 f., der bei *Rawls* insbesondere die fehlende historische, kulturelle und religiöse Einbettung der Individuen als Ursprung für die Herausbildung von Gerechtigkeit in einer Gemeinschaft bemängelt.

Konzeptionell eignet sich die von *Rawls* entwickelte Gerechtigkeitstheorie nicht für die Beurteilung des Ausschlusses von Minderheitsaktionären: So ließe sich, wenn überhaupt, mit Hilfe der hier kurz vorgestellten Theorie „nur" untersuchen, wie das gesamte, in einer Gesellschaft verfügbare Aktieneigentum gerecht auf ihre Mitglieder aufgeteilt werden sollte. Nichtsdestotrotz liegt die Versuchung nahe, sich vorzustellen, wie im konkreten Squeeze-out-Fall sowohl der Hauptgesellschafter als auch die Minderheitsaktionäre im Urzustand und unter dem Schleier der Unwissenheit zum einen über die Notwendigkeit des Ausschlusses, zum anderen über die Modalitäten (insbesondere die Abfindung) abstimmen würden. Ein Gedankenspiel, das sich mit Hilfe einer hier nicht verfolgten experimentellen Untersuchung verwirklichen ließe.

## III.5. Zusammenfassung der Untersuchungskriterien

Die für die sozialökonomische Analyse des Zwangsausschlusses von Minderheitsaktionären entwickelten Untersuchungskriterien lassen sich systematisieren in Allokations- und Gerechtigkeitsziele.

Aufgrund der Tatsache, dass die der etablierten neueren Wohlfahrtsökonomik entlehnten Effizienzmaßstäbe wie das *Pareto*- und das *Kaldor-Hicks*-Kriterium unter Beachtung einer Kompensation der Geschädigten nur schwerlich operationalisiert werden können, bedarf es der Ableitung bzw. Konkretisierung weiterer Zwischenziele. Den Ausgangspunkt für die Deduktion jener Zwischenziele markiert dabei die auf der Transaktionskostentheorie basierende Property-Rights-Theorie. Die das Allokations- und Verteilungsoptimum knapper Ressourcen oftmals verhindernden Transaktionskosten repräsentieren dabei in Form einer Sammelgröße die aus ökonomischer Sicht zu minimierende Variable.

Als die für den hier gegenständlichen Sachverhalt zentrale, unter das Transaktionskostenargument subsumierbare Zielvorgabe wurde die Senkung von *Agency*-Kosten herausgefiltert. So gilt es im Zuge der sozialökonomischen Analyse dem Grunde nach, die Frage zu klären, ob durch die Kodifizierung einer Squeeze-out-Regel wohlfahrtsschädliche *Agency*-Kosten minimiert werden können. Aus *agency*-theoretischer Sicht bedeutsame und für die Analyse des Squeeze-out dem Grunde nach relevante Spannungsverhältnisse lassen sich dabei insbesondere auf dem Markt für Unternehmenskontrolle sowie in der Blockadepolitik einzelner Minderheitsaktionäre ausmachen. Ebenfalls unter die *Agency*-Theorie fassen lässt sich die Gewährleistung einer funktionsfähigen Corporate Governance. Dabei ist von Interesse, ob durch eine Squeeze-out-Regelung die infolge eines sich möglicherweise ändernden Vorteilhaftigkeitsvorzeichens der Börsennotiz notwendig gewordene Anpassung der Corporate Governance gefördert werden kann.

Für die drei festgemachten einschlägigen (*agency*-theoretischen) Spannungsverhältnisse gilt es zu klären, ob durch eine Squeeze-out-Vorschrift die jeweiligen identifizierten Ineffizienzen behoben werden können, oder ob es sich bei dem Zwangsausschluss möglicherweise um ein das Renten suchende Verhalten des Hauptaktionärs unterstützendes Instrumentarium handelt.

Als neben den Anteilseignern weitere – in Deutschland bedeutsame – Unternehmenskoalitionäre werden die Arbeitnehmer, die Gläubiger sowie der Staat als Steuergläubiger erblickt, deren Sensibilitäten in Bezug auf eine Ausschlussregelung im Rahmen der Analyse dem Grunde nach untersucht werden.

Flankiert werden die aus dem Allokationsziel abgeleiteten Zwischenziele der Analyse dem Grunde nach durch Kriterien der Verfahrensgerechtigkeit. Der Verfahrensgerechtigkeit genügt eine Transaktion stets dann, wenn keiner der beteiligten Akteure gewaltsam oder durch Irreführung zu der Transaktion veranlasst wurde, alle Tauschpartner mit den für ihre Entscheidung benötigten Informationen ausgestattet sind, die Tauschakteure über das für ihre rationale Selbstbestimmung benötigte Vermögen verfügen und zwischen den Tauschpartnern keine Machtdivergenzen bestehen, die es einer Partei ermöglichen würden, die Bedingungen des Tauschs zu diktieren. Für den Squeeze-out stellt sich nunmehr die Frage, ob dieser überhaupt gerecht in dem hier verstandenen Sinne ist; wie bereits hier unschwer erkennbar, erfüllt der Zwangsausschluss im Sinne der §§ 327 a ff. AktG nicht diese Erfordernisse, sodass es in Form eines Kompromisses ein Verfahren de lege ferenda zu entwickeln gilt, das zumindest gegenüber dem de lege lata geltenden Recht aus dieser Perspektive überlegen ist.

Die hier hergeleiteten kapitalmarkttheoretischen Zielsetzungen, wie die Herstellung von Kapitalmarkteffizienz sowie insbesondere die Gewährleistung der Funktionsfähigkeit des Kapitalmarkts, lassen sich ebenfalls transaktionskostentheoretisch begründen und somit unter das Allokationsziel subsumieren. Dabei kommt der kapitalmarkttheoretischen Perspektive im Wesentlichen bei der sozialökonomischen Analyse des Squeeze-out der Höhe nach eine wichtige Rolle zu. So gilt es zunächst zu klären, ob und, wenn ja, inwiefern Marktpreise bei der Abfindungsbewertung beachtlich sein sollen. Dabei ist das Hauptaugenmerk dem Preisbildungsprozess auf den organisierten Eigenkapitalmärkten gewidmet. Eng damit zusammenhängend ist zum anderen von Interesse, wie tatsächlich gezahlte Abfindungen in Squeeze-out-Fällen im Vergleich zu den auf dem Markt festgestellten Kursen in dem betreffenden Titel zu beurteilen sind. Schließlich wird der Einfluss zu hinterfragen sein, den eine Ausschlussregelung in

Abhängigkeit von der ihr zugrunde liegenden Kompensationsregel auf das Verhalten der Kapitalmarktakteure in Bezug auf ihre Ex-ante-Anlagebereitschaft nimmt und inwiefern dies möglicherweise die Funktionsfähigkeit des Kapitalmarkts betrifft.

Flankierend bei der sozialökonomischen Analyse der Höhe nach wirkt die Ergebnisgerechtigkeit, die eine *verhältnismäßige* Gleichheit bei der Behandlung einer Vielzahl von Individuen fordert.

# IV. Sozialökonomische Analyse des Ausschlusses von Minderheitsaktionären dem Grunde nach

## IV.1. Agency-theoretische Analyse

### IV.1.1. Grundlagen

Da der Ausschluss von Minderheitsaktionären einen fundamentalen Eingriff in das *Verhältnis* der Aktionäre untereinander darstellt, drängt sich eine *agency*-theoretische Untersuchung dieses Rechtsinstituts nahezu auf.[688] Bei der Beurteilung des Squeeze-out aus *agency*-theoretischer Sicht kommen drei separierbare Untersuchungsfelder in Betracht: Hierbei handelt es sich um den Einfluss des Squeeze-out auf den Markt für Unternehmenskontrolle, den Mitgliedschaftsausschluss als Mittel zur Neuordnung der Corporate Governance unter besonderer Berücksichtigung eines Börsenrückzugs und schließlich die Nutzung des Freeze-out zur Überwindung potenzieller Blockaden der Minderheitsaktionäre gegen Restrukturierungsmaßnahmen.

### IV.1.2. Agency-theoretische Analyse aus Sicht des Markts für Unternehmenskontrolle

#### IV.1.2.1. Grundlagen des Markts für Unternehmenskontrolle

Auf dem Markt für Unternehmenskontrolle,[689] im Folgenden auch Übernahmemarkt genannt, der begrifflich (*market for corporate control*) auf *Manne*[690] und *Marris*[691] zurückgeht, werden die Kontrolle begründende Unternehmensanteile gehandelt mit dem Ziel, die Unternehmenspolitik bzw. -führung der betroffenen Gesellschaft neu zu ordnen bzw. zu bestimmen.[692] Ausgehend von einer Kapitalgesellschaft, bei der das Management aufgrund einer zersplitterten Anteilseignerstruktur in seinen Eigennutz-

---

688 Zur *Agency*-Theorie vgl. Kapitel III.2.3.1.

689 Der in der Vergangenheit diskutierten Frage, ob es einen *Markt* für die Unternehmenskontrolle überhaupt gibt, wird hier keine Aufmerksamkeit geschenkt. Z. B. gibt es *Lenel* (1992), S. 9 f., zufolge einen solchen Markt nicht.

690 Vgl. *Manne* (1965), S. 110 ff.

691 Vgl. *Marris* (1963), S. 185 ff.

692 Nach *Jensen/Ruback* (1983), S. 5, wird der Begriff "Unternehmenskontrolle" benutzt „[...] to describe many phenomena ranging from the general forces that influence the use of corporate resources (such as legal and regulatory systems and competition in product and input markets) to the control of a majority of seats on a corporation's board of directors. We define corporate control as the rights to determine the management of corporate resources – that is, the rights to hire, fire and set the compensation of top-level managers." Vgl. hierzu auch *Jensen* (1988a), S. 23 f.

bestrebungen nur schwerlich zu disziplinieren ist,[693] trägt der Markt für Unternehmenskontrolle, so die Protagonisten, zu einer Konfliktlösung bei. Die Konzeption des Markts für Unternehmenskontrolle basiert dabei auf den freiwilligen Tauschgeschäften zugrunde liegenden neoklassischen Implikationen, wonach sowohl der Verkäufer als auch der Käufer von dem Wechsel der Verfügungsmacht über die Unternehmenskontrolle profitieren. Ist ein potenzieller Investor der Meinung, die Rentabilität des in Rede stehenden Unternehmens durch den Einsatz einer neuen Geschäftsleitung zu erhöhen, wird er bereit sein, für eine die Kontrolle konstituierende Mehrheitsbeteiligung einen Betrag zu zahlen, der oberhalb des unter dem aktuellen Management realisierten Unternehmenswerts liegt. Die aktuellen Unternehmenseigner werden umgekehrt in Verfolgung rein monetärer Interessen zum Verkauf ihrer Anteile bereit sein. Aus *agency*-theoretischer Sicht bedeutet dies, dass die Unternehmensleitung in Anbetracht einer potenziellen Übernahme und dem damit verbundenen Arbeitsplatzverlust bestrebt ist, konsequent die Interessen der Aktionäre zu verfolgen und sich somit dem Diktat einer auf Unternehmenswertmaximierung zielenden Geschäftspolitik zu verpflichten. Im Ergebnis führe der Markt für Unternehmenskontrolle über den Wettbewerbsdruck für das Management und der damit verbundenen weitestgehenden Interessenharmonisierung zwischen Geschäftsleitung (dem Agenten) einerseits und den Eigenkapitalgebern (den Prinzipalen) andererseits zu einer Reduzierung der *Agency*-Kosten: „Only the take-over scheme provides some assurance of competitive efficiency among corporate managers and thereby affords strong protection to the interests of vast numbers of small, non-controlling shareholders."[694] Pointierter und prägnanter drückt sich *Jensen* aus, wonach „[...] the external takeover market serves as a court of last resort that plays an important role in [...] protecting shareholders when the corporation's internal controls and board level control mechanisms are slow, clumsy, or break down."[695]

---

[693] Da die Überwachung des Managements Kosten verursacht, die der Kontrolleur selber zu tragen hat, er aber gleichzeitig den Nutzen seiner Überwachungstätigkeit mit allen anderen Aktionären teilen muss, hat kein Investor einen Anreiz, die Geschäftsleitung zu kontrollieren. „A fundamental problem with this delegation is that no individual has a large enough incentive to devote resources to ensuring that the representatives are acting in the interest of the represented. Since the representatives serve the Public Good, the social benefit to monitoring their activities is far larger than the private benefit to any individual. That is, the Public Good is a public good and each person attempts to be a free rider in its production." *Grossman/Hart* (1980), S. 42.

[694] *Manne* (1965), S. 113.

[695] *Jensen* (1988b), S. 319. So ähnlich auch *Kini/Kracaw/Mian* (1995), S. 383 ff.

Dass Unternehmensübernahmen geeignet sein *können*, *Agency*-Kosten zu senken, ist in der einschlägigen wissenschaftlichen Literatur gemeinhin anerkannt.[696] Die Disziplinierung der Geschäftsleitung potenzieller Zielgesellschaften erfolgt dabei sowohl aus einer *Ex-ante-* als auch aus einer *Ex-post*-Perspektive. *Ex ante* führt die schiere Möglichkeit einer eventuellen Übernahme zu einer Reduzierung der bekannten Managementanreize, Verfügungsmacht über ökonomische Ressourcen opportunistisch auszunutzen; *ex post* wird dann tatsächlich ineffizientes Managementhandeln durch die erfolgte Übernahme bestraft; wertvolle ökonomische Ressourcen wandern zum ‚besseren Wirt'.[697] Die Aktionäre sollten aus diesem Grund ein originäres Interesse an einem aktiven und funktionsfähigen Übernahmemarkt haben.

Unternehmensübernahmen werden in Abhängigkeit von der Zustimmungsbereitschaft der Geschäftsleitung des Zielunternehmens in „freundliche" und „unfreundliche" Transaktionen unterteilt. Während freundlichen Übernahmen die Einwilligung des Zielgesellschaftsmanagements zugrunde liegt, sind unfreundliche bzw. feindliche Unternehmensübernahmen durch eine ablehnende Haltung der Geschäftsleitung gekennzeichnet.[698] In Anlehnung an die Systematisierung in freundliche und feindliche Übernahmen existieren, je nach Regelkreis, diverse Möglichkeiten, die Kontrolle über eine Unternehmung zu erwerben. Während freundlich gesinnte Kontrolltransaktionen regelmäßig in Form von Verschmelzungen (Fusionen)[699] umgesetzt werden,[700] hat der potenzielle Bieter darüber hinaus und in Abhängigkeit von der Eigentümerstruktur des Kaufobjekts grundsätzlich drei Möglichkeiten, die Unternehmenskontrolle zu erlangen.

---

696 Vgl. *Jensen/Ruback* (1983), S. 5 ff.; *Jensen* (1986), S. 323 ff.; *Jensen* (1988a), S. 21 ff.; *Jensen* (1988b), S. 316 ff.; *Scharfstein* (1988), S. 185 ff.; *Easterbrook/Fischel* (1982), S. 698 ff.; *Borner* (1999), S. 203 f. Während durch eine Übernahme *Agency*-Kosten gesenkt werden *können*, kann dieser aus ökonomischer Sicht positive Effekt aber auch relativiert werden durch die Selbstüberschätzung des Managements der Bietergesellschaft. Diese auf *Roll* zurückzuführende Hybris-Hypothese besagt, dass die Geschäftsleitung der Bieterin ihre Fähigkeiten, den Wert des Zielunternehmens nach einer Übernahme zu steigern, einfach überbewertet, und daher zulasten der Bietergesellschaftsaktionäre einen überhöhten Preis für die Zielgesellschaft zahlt. Somit komme es, *Roll* zufolge, im Ergebnis lediglich zu einer Vermögensumverteilung von den Bietergesellschaftsaktionären zu den Zielgesellschaftsaktionären. Vgl. *Roll* (1986), S. 197 ff.

697 Vgl. *Kuhner/Schilling* (2002), S. 461; *Schmidt/Prigge* (2002), S. 226.

698 Vgl. anstatt vieler *Assmann/Bozenhardt* (1990), S. 1 ff.

699 Ausführlich zu Verschmelzungen und deren Rechtsrahmen in Deutschland vgl. u. a. *Schmidt* (2002), S. 384-394.

700 Vgl. *Fischel* (1978), S. 5.

So kann er zunächst durch ein *öffentliches Übernahmeangebot* die Eigner der Zielgesellschaft zur Veräußerung ihrer Anteile auffordern.[701] Öffentliche Übernahmeangebote werden regelmäßig dann eingesetzt, wenn die Aktionärsstruktur der Zielgesellschaft breit gestreut ist und es keinen die Kontrolle ausübenden Anteilseigner gibt. Grundsätzlich hat der Bieter die Möglichkeit, an seine Offerte Bedingungen zu knüpfen. Bei einem *bedingten* Übernahmeangebot macht der Bieter das Zustandekommen des Geschäfts vorab davon abhängig, dass er die von ihm anvisierte Kontrollmehrheit über das Unternehmen erzielt. Erreicht er nicht die angestrebte Mehrheit, erhalten die das Angebot akzeptierenden Zielgesellschaftsaktionäre ihre Anteile zurück.[702] Im Gegensatz zu bedingten Offerten zeichnen sich unbedingte Übernahmeangebote dadurch aus, dass der Bieter die erworbenen Aktien unabhängig davon kauft, ob er die kontrollierende Mehrheit über die Gesellschaft erlangt.

Weiterhin denkbar, in Deutschland allerdings gemäß § 32 WpÜG unzulässig, ist die *Beschränkung* sowohl von bedingten als auch von unbedingten Übernahmeangeboten.[703] Bei einer *beschränkten* Offerte erwirbt der Bieter lediglich jene vorher festgelegte Anzahl an Aktien, die ihm die angestrebte Kontrollmehrheit sichert. Werden dem Bieter mehr Anteile zum Erwerb angeboten als erwünscht, erfolgt in der Regel eine *pro rata* Berücksichtigung der Verkaufsinteressenten. Ist ein Übernahmeangebot *unbeschränkt*, bedeutet dies, dass der Bieter im Erfolgsfalle auch alle jene angedienten Aktien erwirbt, die über die anvisierte Beteiligungsschwelle hinausgehen.

Ist die Aktionärsstruktur der Zielgesellschaft dergestalt konzentriert, dass die Kontrolle von einem oder einigen wenigen Eignern ausgeübt wird, kann ein potenzieller Übernahmeinteressent die Mehrheit der Anteile und somit die Kontrolle über die Gesellschaft nur durch „private" (bilaterale) Kaufverhandlungen erzielen.[704]

Bei börsennotierten Zielgesellschaften kann der potenzielle Übernehmer die Herrschaft über das Kaufobjekt theoretisch auch durch den Aktienkauf über die Börse er-

---

701 Vgl. anstatt vieler *Bittlingmayer* (2000), S. 727.

702 Allerdings ist der Käufer nicht verpflichtet, die erworbenen Anteile dann auch tatsächlich zurückzugeben. Dem deutschen Übernahmerecht ist die Festlegung von Mindestannahmeschwellen keine Unbekannte und wird durch § 18 WpÜG legitimiert. Vgl. hierzu z. B. *Geibel* (2002), § 18 Rn. 21; *Hasselbach* (2003), § 18 Rn. 23 f. Ebenso zulässig sind bedingte Übernahmeangebote z. B. in den USA und in Großbritannien. Vgl. für die USA *Merkt* (1991), S. 596 f.; für Großbritannien vgl. *Rule 13 City Code.*

703 Für die restriktiven Zulässigkeitsbedingungen von Teilangeboten in Deutschland vgl. *Geibel* (2002), § 18 Rn. 22; *Hasselbach* (2003), § 19 Rn. 13. In den USA ist die Beschränkung von bedingten und unbedingten Übernahmeangeboten zulässig. Vgl. z. B. *Merkt* (1991), S. 596.

704 Vgl. anstatt vieler *Fischel* (1978), S. 5; *Bittlingmayer* (2000), S. 727 f.

reichen.[705] Diese Möglichkeit des Kontrollerwerbs ist wegen der umfangreichen Mitteilungspflichten des § 21 WpHG sowie der damit verbundenen Transaktionskosten in Deutschland von eher untergeordneter Bedeutung.[706]

Der Vollständigkeit halber sei an dieser Stelle noch auf den in den USA gebräuchlichen, in Deutschland jedoch unzulässigen[707] *proxy contest* verwiesen. Bei einem *proxy contest* konkurrieren einzelne Aktionäre bzw. Aktionärsgruppen um die Stimmen der übrigen Anteilseigner bei Mehrheitsentscheidungen auf der Gesellschafterversammlung. Ein die Kontrolle anvisierender Akteur versucht, die Zielgesellschaftsaktionäre davon zu überzeugen, dass er in der Lage ist, das Unternehmen profitabler zu führen als das gegenwärtige Management. Dadurch erhofft er sich in den *board of directors*[708] gewählt zu werden, um schließlich über den Austausch des Managements Einfluss auf die Geschäftsleitung nehmen zu können.[709]

Für die Beantwortung der Frage, ob durch die Möglichkeit eines Squeeze-out im Anschluss an eine (nicht 100%ige) Unternehmensübernahme die Funktionsfähigkeit des Markts für Unternehmenskontrolle verbessert werden kann, gilt es zunächst zu klären, wann eine Unternehmensübernahme ökonomisch effizient und somit wünschenswert ist. Hier wird stets dann von einer effizienten Unternehmensübernahme die Rede sein, wenn der neue kontrollierende Gesellschafter in der Lage ist, den Wert des Eigenkapitals der gekauften Korporation zu erhöhen und darüber hinaus die ihm dabei entstehenden Transaktionskosten diesen Wertzuwachs nicht aufzehren. Unter dem Wert des Eigenkapitals wird, der herrschenden Meinung folgend, die Summe der mit einem risikoadjustierten Kapitalisierungszinssatz diskontierten zukünftigen Nettozahlungsströme verstanden, welche die Anteilseigner aus ihrer Unternehmenseigentümerschaft realisieren werden und die dem inneren Wert entspricht.[710]

---

705 Vgl. hierzu *Gaughan* (2002), S. 261-263.

706 So muss gemäß § 21 Abs. 1 WpHG das Über- bzw. Unterschreiten einschlägiger Stimmrechtssperrminoritäten (5%, 10%, 25%, 50% und 75%) an börsennotierten Gesellschaften sowohl der betroffenen Unternehmung als auch der Bundesanstalt für Finanzdienstleistungsaufsicht (BaFin) mitgeteilt werden.

707 Vgl. *Rieckers/Spindler* (2004), S. 378.

708 Der *board of directors* ist das Überwachungsorgan US-amerikanischer Unternehmungen. Vgl. u. a. *Merkt* (1991), S. 290.

709 Vgl. hierzu ausführlich *Gaughan* (2002), S. 265-285. Für eine ökonomische Analyse von *proxy contests* vgl. jüngst *Bebchuk/Hart* (2001), S. 12-22. Kritisch über die Eignung von *proxy contests* als Übernahmeinstrument äußert sich *Bainbridge* (2002), S. 652 ff., der zudem eine abnehmende Bedeutung konstatiert.

710 Zum inneren Wert vgl. FN 567.

Auf informationseffizienten Kapitalmärkten[711] entspricht der innere Wert der Gesellschaft ihrem Marktpreis. Da die Informationseffizienz allerdings erfahrungsgemäß nicht ständig gewährleistet ist, weichen *intrinsic value* und Börsenkurs häufig voneinander ab. Geht man nun von einem Effizienzkriterium aus, wonach Übernahmen stets dann effizient sind, wenn der neue Kontrollinhaber den inneren Wert der Gesellschaft gegenüber dem alten Haupteigner steigern kann, und wird dieser Beurteilungsmaßstab auf die Bewertung eines Zwangsausschlusses übertragen, dann besteht die Gefahr, dass Unternehmensübernahmen, die möglicherweise dank eines Squeeze-out zustande gekommen sind, auch dann als „effizient" und wünschenswert beurteilt werden, wenn der Bieter einen Preis je Aktie zahlt, der niedriger ist als der Aktienkurs unter dem alten Management. Dieses Risiko einer negativen Übernahmeprämie besteht immer dann, wenn der Aktienkurs vor der Kontrolltransaktion höher ist als der innere Anteilswert. Um zu verhindern, dass Unternehmensübernahmen zustande kommen, wenn der Aktienkurs vor der Kontrolltransaktion höher ist als der innere Anteilswert und der Übernahmepreis unterhalb dieses Marktwerts liegt, wird hier ein eingeschränktes Effizienzkriterium berücksichtigt, wonach der Übernehmer nicht nur in der Lage sein muss, den inneren Unternehmenswert zu steigern, sondern sein individueller Grenzpreis[712] muss für den Fall einer kapitalmarktnotierten Gesellschaft und eines feststellbaren Marktpreises vielmehr auch den Börsenkurs vor dem Kontrollwechsel übersteigen.

Somit stehen hier unmittelbar die Interessen der Anteilseigner im Vordergrund. Da es in diesem Teil der Arbeit nicht darum geht, die gesamtgesellschaftlichen Konsequenzen von Unternehmensübernahmen zu analysieren, sondern vielmehr die Betrachtung der Auswirkungen des Zwangsausschlusses auf den Übernahmemarkt im Fokus steht, ein Zwangsausschluss nun einmal das Verhältnis der Aktionäre untereinander maßgeblich beeinflusst, stellt diese vereinfachende Annahme hier eine sinnvolle Komplexitätsreduktion dar. Die Konsequenzen, die ein Squeeze-out möglicherweise auf weitere Stakeholders, wie z. B. die Arbeitnehmer, die Gläubiger sowie den Staat, ausstrahlt, werden in Kapitel IV.2 einer näheren Betrachtung unterzogen.

---

711 Vgl. hierzu Kapitel III.2.4.

712 Der Grenzpreis beschreibt dabei denjenigen maximalen (minimalen) Betrag, zu dem der Käufer (Verkäufer) noch zum Kauf (Verkauf) der Anteile bereit wäre, ohne dabei die eigene Vermögensposition zu verschlechtern. Vgl. *Moxter* (1983), S. 9; *Mandl/Rabel* (1997), S. 17; *Drukarczyk* (2003), S. 132.

### IV.1.2.2. Öffentliche Übernahmeangebote

#### IV.1.2.2.1. Grundlagen

Ziel der folgenden Analyse ist es, den Wirkungsmechanismus von auf öffentlichen Unternehmensübernahmeangeboten basierenden Unternehmenskontrollwechseln zu untersuchen, um darauf aufbauend unter Effizienzwirkungsaspekten die ökonomische Notwendigkeit einer Ausschlussregelung wie dem Squeeze-out zu beurteilen.

Zur Nachvollziehbarkeit des Wirkungsmechanismus sowie der durch diesen zutage geförderten Ergebnisse von öffentlichen Übernahmeangeboten bietet sich ein Rückgriff auf modelltheoretische Abhandlungen an, weil hierdurch die sich zwischen den beteiligten Akteuren, dem Bieter und den Zielgesellschaftsaktionären, abspielenden Interaktionen und somit das dadurch erzielte Übernahmeergebnis am besten verdeutlicht werden können. Die in diesem Kapitel verarbeiteten Modelle bedienen sich des spieltheoretischen Instrumentariums, wobei hier insbesondere nicht-kooperative Spiele sowohl in strategischer als auch – vereinzelt – in extensiver Form Eingang in die Untersuchung finden.[713]

Wie bei modelltheoretischen Betrachtungen üblich, unterliegen auch die hier gegenständlichen Arbeiten zum Teil strikten Annahmen. Dabei handelt es sich insbesondere um das Rationalitätspostulat, wonach jedes Individuum versucht, seinen Nutzen bzw. seinen Gewinn zu maximieren und sein ganzes Handeln innerhalb des betrachteten Spiels diesem Ziel unterordnet.[714] Zurecht weist *Albert* auf die grundsätzlich den ökonomisch-modelltheoretischen Abhandlungen häufig innewohnende Realitätsferne hin,

---

713 Grundsätzliche Aufgabe der Spieltheorie ist die Analyse strategischer Entscheidungssituationen, die sich dadurch auszeichnen, dass das Ergebnis der Entscheidungen von mehreren Personen abhängt, ein einzelner Akteur das Resultat also regelmäßig nicht alleine determinieren kann; dabei ist sich weiterhin jeder Spieler der Ergebnisabhängigkeit bewusst und geht ferner davon aus, dass alle übrigen Teilnehmer ebenfalls Kenntnis von dieser Interdependenz haben. Vgl. *Holler/Illing* (2003), S. 1. Während bei nicht-kooperativen Spielen in strategischer Form die Akteure jeweils gleichzeitig ihre Handlungsstrategien festlegen, ohne dass sie sich absprechen können, zeichnen sich extensive Spielformen dadurch aus, dass die Spieler mehrere Züge machen müssen und bei der Wahl ihrer Züge jeweils die Information über die bereits beobachteten Entscheidungen der anderen Teilnehmer berücksichtigen. Vgl. *Holler/Illing* (2003), S. 12 f. *Schelling* (1984), S. 240 f., weist auf die etwas unglückliche Begrifflichkeit der Spieltheorie hin: „The name of this discipline, „game theory" [...] has frivolous connotations. [...] If we had a more general name for the subject now known as „game theory", it would be found that a great many parlor games fit the definition."

714 Bei dieser Theoriefigur handelt es sich, der ökonomischen Terminologie zufolge, um den *homo oeconomicus*. Vgl. dazu Kapitel III.

wobei er hier im Speziellen auf die der Neoklassik[715] entlehnten Annahmen der Nutzenmaximierung (Rationalitätspostulat) sowie der Vollkommenheit der den Entscheidungsträgern zur Verfügung stehenden Informationen abzielt.[716] So spricht er in diesem Zusammenhang von einem „Modell-Platonismus", der durch stringenten Annahmendeterminismus, *Albert* spricht hier von „konventionalistischen Strategien", gewollt oder ungewollt zu einer Immunisierung gegen die Empirie führe.[717] Insbesondere bemängelt er die bis heute unzureichende Würdigung soziologischer bzw. sozialpsychologischer Erkenntnisse bei der Gewinnung ökonomischer Erklärungsansätze, deren Einbeziehung, der Evidenz zufolge, unerlässlich für die Erläuterung individuellen Verhaltens in ökonomischen Situationen ist.[718]

Der berechtigten Kritik *Alberts* an modelltheoretisch motivierten Betrachtungen wird in der vorliegenden Arbeit dadurch Rechnung getragen, dass zunächst ausgehend von einem der neoklassischen Welt sehr nahe kommenden Unternehmensübernahmemodell[719] eine schrittweise Anpassung der dort getroffenen, strikten und realitätsfernen Annahmen an die Wirklichkeit erfolgt. Einzig dem rationalen Akteur wird in der folgenden Auswertung durchgängig die Treue gehalten. So werden die dem neoklassischen Ausgangsmodell zugrunde liegenden strengen Annahmen relativiert durch die Einbeziehung von Unsicherheit, asymmetrischen Informationen, unterschiedlichen Aktionärsstrukturen der Zielgesellschaft, Fremdkapital, Aktionärsdemokratie, Risiko-Arbitrageuren, *noise traders* sowie ex post opportunistischem Verhalten. Zugegebenermaßen handelt es sich hierbei um eine die Analyse vereinfachende Maßnahme. Allerdings bedeutet die Annahme rationalen Verhaltens per se keine zwangsläufige Widersprüchlichkeit gegenüber der Realität. So kann durchaus davon ausgegangen werden, dass sich bei Einführung von Unsicherheit, asymmetrischen Informationen sowie

[715] Die ökonomische Neoklassik geht insbesondere von der Existenz homogener Güter, von vollständigen Informationen, fehlenden Transaktionskosten, vollständiger Transparenz sowie dem Verhalten aller Wirtschaftssubjekte als Mengenanpasser aus.

[716] Vgl. *Albert* (1998), S. 114, 154-160. Ebenfalls kritisch hierzu äußert sich *Frank* (1987), S. 602, der seine Kritik pointiert auf den Punkt bringt: „People of the sort [rational man] who inhabit economic models surely do exist; but most of us (economists included!) make every effort to steer clear of them." [Einfügung durch den Verfasser].

[717] Vgl. ausführlich dazu *Albert* (1998), S. 114-142.

[718] Vgl. *Albert* (1998), S. 133 f., mit Verweis auf *Weisser* (1949). Konzilianter drückt sich hier *Kirchgässner* (2000), S. 30, aus, der auf die Vereinbarkeit des ökonomischen Verhaltensmodells in der Form des *homo oeconomicus* und des psychologischen Verhaltenskonzepts hinweist. Allerdings ist in diesem Kontext wichtig, dass *Kirchgässner* im Gegensatz zu *Albert* nicht von dem der Neoklassik zugrunde liegenden ‚vollen' Rationalitätspostulat ausgeht, sondern von einem Verhaltenskonzept unter Unsicherheit, asymmetrischer Informationsausstattung sowie unter Berücksichtigung von Transaktionskosten.

[719] Dabei handelt es sich um die Arbeit von *Grossman/Hart* (1980).

Transaktionskosten das typische Wirtschaftssubjekt rational dergestalt verhält, dass es unter Beachtung bzw. Abwägung der Restriktionen und individuellen Präferenzen jene bekannte und verfügbare Handlungsalternative wählt, die ihm am ‚günstigsten' erscheint.[720] Durch die Einführung von Unsicherheit, Informationsasymmetrien sowie Transaktionskosten nähert man sich im Übrigen dem auf *Simon* zurückzuführenden Konzept der ‚eingeschränkten Rationalität' (*bounded rationality*) an, nach dem sich das Individuum eben nicht mehr als Optimierer, sondern vielmehr als ‚Befriediger' offenbart, das unter den verfügbaren Handlungsalternativen und unter Abwägung der dabei entstehenden Transaktionskosten solange sucht, bis es die aus seiner Sicht hinreichend akzeptable findet. Für den Fall, dass das Individuum nach langer Suche keine passende Alternative entdeckt, reduziert es sein Anspruchsniveau, um schließlich eine diesem genügende Alternative zu finden.[721]

Die Einschränkung der Rationalität hängt maßgeblich von den institutionellen Rahmenbedingungen des betrachteten Sachverhalts ab.[722] So ist insbesondere bei der Abbildung wirtschaftsaffiner Handlungssituationen, wie z. B. Marktentscheidungen im Allgemeinen sowie Kapitalmarkttransaktionen im Speziellen,[723] von einer nur geringfügigen Rationalitätsbeschränkung der Akteure auszugehen, weil in diesen Bereichen der Anreiz für rationales Verhalten regelmäßig größer sein wird als in anderen gesellschaftlichen Entscheidungsprozessen, wie z. B. in der Sozialpolitik bzw. im Rahmen bürokratisch-administrativer Entscheidungen.[724]

Im Ergebnis erscheint somit gerade bei der Beurteilung des Unternehmensübernahmeprozesses die Annahme rationalen Verhaltens der beteiligten Akteure vertretbar, ja sogar geboten. Eine uneingeschränkte und vorbehaltlose Übertragbarkeit der modelltheoretisch gewonnenen Erkenntnisse auf die Realität käme indes einem Euphemismus gleich, weil es sich bei den gegenständlichen Betrachtungen lediglich um eine Vereinfachung der komplexen Wirklichkeit handelt, sodass hier im Ergebnis lediglich tendenzielle Aussagen möglich sind. Nichtsdestotrotz liefern die hier zugrunde gelegten

---

720 So in etwa auch *Kirchgässner* (2000), S. 15.

721 Paradigmatisch zur *bounded rationality* vgl. *Simon* (1955), S. 99-118, insbesondere S. 103-110, sowie *Simon* (1979), S. 499-503.

722 So auch allgemein *Parsons* (1949), S. 19: „The central fact – a fact beyond all question – is that in certain aspects and to certain degrees, under certain conditions, human action is rational. That is, men adapt themselves to the conditions in which they are placed and adapt means to their ends in such a way as to approach the most efficient manner of achieving these ends."

723 Die Einbeziehung verhaltenswissenschaftlicher Erkenntnisse bei der Erklärung von Kapitalmarktergebnissen wird neuerdings durch die Behavioral-Finance-Theorie vorgebracht. Vgl. hierzu die Ausführungen in Kapitel V.4.2.3.5.

724 Vgl. hierzu auch *Kirchgässner* (2000), S. 32.

modelltheoretischen Arbeiten einen profunden Überblick über die einer Unternehmensübernahme regelmäßig vorausgehende Interaktion zwischen Bieter und Verkäufer der Unternehmenskontrolle und können durchaus als gute (typisierte) Approximation an die Realität verstanden werden. Die durch die jeweiligen Modelle generierten Übernahmeergebnisse geben möglicherweise Auskunft darüber, ob durch die Einführung einer Zwangsausschlussregel etwaige Ineffizienzen auf dem Markt für Unternehmenskontrolle behoben werden können. Da die Zielsetzung dieses Kapitels darin besteht, die grundsätzliche Notwendigkeit einer Squeeze-out-Regel aus dem Blickfeld des Unternehmensübernahmeprozesses zu beurteilen, kommt den in Deutschland de lege lata geltenden Squeeze-out-Voraussetzungen, insbesondere der 95%igen Mindestbeteiligungsquote, zunächst keine Bedeutung zu. Vielmehr wird hier, sofern im Speziellen nicht explizit darauf hingewiesen wird, davon ausgegangen, dass der Unternehmenskäufer dann in der Lage ist, die Minderheitsaktionäre auszuschließen, sobald er die Kontrolle über die Kapitalgesellschaft erzielt hat.[725] Ferner erfolgt der Transparenz wegen eine Vereinheitlichung der Notation der ausgewerteten modelltheoretischen Arbeiten.

Aufgrund der Tatsache, dass die meisten der folgenden Untersuchungen nicht explizit die Börsennotierung miteinbeziehen bzw. implizit einen im halbstrengen Sinne effizienten Kapitalmarkt unterstellen, wird, wenn nicht besonders hervorgehoben, immer dann von einem effizienten Kontrollwechsel ausgegangen, wenn der Käufer in der Lage ist, den inneren Wert der Zielgesellschaft zu steigern, der im Falle einer Kapitalmarktnotierung mit dem Börsenkurs identisch ist.

### IV.1.2.2.2. Trittbrettfahrerverhalten der Zielgesellschaftsaktionäre

*Grossman/Hart* zeigen in ihrem Grundmodell, welches als Ausgangspunkt für eine Vielzahl sich anschließender modelltheoretischer Untersuchungen von Unternehmensübernahmen diente,[726] dass die Kontrollfunktion des Markts für Unternehmensübernahmen wegen des Trittbrettfahrerverhaltens der Zielgesellschaftsaktionäre versagt:[727] Das *Free-riding*-Verhalten der ein wertsteigerndes Übernahmeangebot ablehnenden

---

[725] Entgegen des § 29 Abs. 2 WpÜG, wonach die Kontrolle über eine Gesellschaft regelmäßig bereits bei dem Besitz von mindestens 30% der Stimmrechte unterstellt wird, wird hier von einer mindestens 50%igen Stimmrechtsquote ausgegangen. Ferner wird hier die Existenz der *One-share-one-vote*-Regel unterstellt. Zur ökonomischen Rechtfertigung der *One-share-one-vote*-Regel vgl. grundlegend *Grossman/Hart* (1988), S. 175 ff., sowie *Harris/Raviv* (1988), S. 203 ff.

[726] So z. B. bei *Grossman/Hart* (1981), S. 253 ff.; *Scharfstein* (1988), S. 185 ff.; *Fishman* (1988), S. 88 ff.; *Bebchuk* (1994), S. 957 ff.

[727] Vgl. *Grossman/Hart* (1980), S. 44 ff.

Zielgesellschaftsaktionäre führe dazu, dass Unternehmensübernahmen nicht mehr zustande kommen würden, und der Markt für Unternehmenskontrolle somit seine das Management disziplinierende Wirkung nicht entfalten könne. Insbesondere von *Easterbrook/Fischel* wurde in diesem Zusammenhang vorgebracht, dieses Trittbrettfahrerverhalten durch den Einsatz eines Squeeze-out im Anschluss an eine erfolgreiche Unternehmensübernahme zu überwinden: „The freezeout of minority shareholders may create gains when it facilitates a takeover. [...] Although the purchaser benefits if the share prices of the target firm appreciate after the transfer in control, this gain accrues equally to shareholders who did not sell to the purchaser. By eliminating free-riding shareholders in a freezeout, the purchaser may recoup the costs of the acquisition by appropriating the gains from the transfer of control."[728]

Bevor die Modellergebnisse von *Grossman/Hart* kurz skizziert werden, ist der Hinweis auf die ihrer Analyse zugrunde liegenden strengen Annahmen unerlässlich:[729] Die Zielgesellschaft verfügt über eine atomistische Aktionärsstruktur, sodass jeder einzelne Anteilseigner davon ausgeht, dass seine Entscheidung über die Annahme oder Ablehnung des Übernahmeangebots für den Erfolg der Transaktion nicht entscheidend ist. Wie oben bereits erwähnt, ist jene zersplitterte Aktionärsstruktur dafür verantwortlich, dass die Überwachung und Disziplinierung der gesetzlichen Unternehmensvertreter die Eigenschaft eines öffentlichen Guts hat und somit ein aus *agency*-theoretischer Sicht effizientes *monitoring* unterbleibt. Auf jede Aktie entfällt der gleiche Anteil am Unternehmenswert. Sowohl der Bieter als auch die Zielgesellschaftsaktionäre kennen im Zeitpunkt der Übernahme mit Sicherheit den Unternehmenswert, der nach einer erfolgreichen Unternehmensakquisition erzielt wird. Der Übernehmer hält vor Abgabe des Übernahmeangebots keine Anteile an der Zielgesellschaft. Durch den Übernahmeprozess entstehen dem Akquisiteur Kosten. Ist ein Aktionär indifferent zwischen der Annahme oder Ablehnung des Übernahmeangebots wird angenommen, dass der Investor seine Anteile andient. Bieter und Zielgesellschaftsaktionäre haben rationale Erwartungen betreffend den Erfolg des Übernahmeangebots. Dies bedeutet, dass nur jene Offerten zustande kommen werden, deren Erfolg mit Sicherheit erwartet wird; im umgekehrten Falle, das heißt bei Unsicherheit des Übernahmeerfolgs, würde der Bieter ex ante erst gar keine Offerte unterbreiten. Der Bieter ist schließlich in der Lage, den Wert der Zielgesellschaft nach einer erfolgreichen Übernahme zu steigern, was seinerseits im Übernahmeerfolgsfalle zu einer Erhöhung des Werts je Aktie führen würde.

---

[728] *Easterbrook/Fischel* (1982), S. 705.

[729] Vgl. *Grossman/Hart* (1980), S. 44 f.

*Grossman/Hart* kommen unter den strikten Annahmen zu der Erkenntnis, dass ein Aktionär der Zielgesellschaft in der Absicht, an den mit der Übernahme zusammenhängenden Gewinnen zu partizipieren, nur dann ein Übernahmeangebot annehmen wird, wenn der offerierte Preis je Aktie mindestens dem Wert je Aktie entspricht, der *nach* einer erfolgreichen Unternehmenstransaktion realisiert wird.[730] Da jeder Aktionär annahmegemäß davon ausgeht, dass seine Ablehnung der Offerte keine Konsequenzen für den Erfolg der Übernahme haben wird, ist es somit für jeden Zielgesellschaftsaktionär rational, das Angebot nicht zu akzeptieren. Unter Berücksichtigung der durch das Übernahmeverfahren entstehenden Kosten wird der gewinnmaximierende Bieter allerdings nur bereit sein, einen Preis je Aktie anzubieten, der höchstens dem Wert je Aktie nach der Transaktion abzüglich der anteiligen Übernahmekosten entspricht. Schließlich komme es wegen des *Free-riding*-Verhaltens der Zielgesellschaftsaktionäre zu einem Zusammenbruch des Markts für Unternehmenskontrolle mit der Konsequenz, dass ein ineffizientes, nicht gewinnmaximierendes Management nicht gegen ein effizientes, profitmaximierendes ausgetauscht werden kann.[731]

Zur Verdeutlichung des *Free-riding*-Verhaltens bei Unternehmenskontrolltransaktionen soll folgendes Beispiel dienen: Die Zielgesellschaft hat vor dem Übernahmeangebot einen Eigenkapitalwert ($AW$) in Höhe von 150,00 GE, wobei $W$ den inneren Unternehmenswert je Aktie vor der Transaktion und $A$ die Gesamtzahl der emittierten Aktien darstellt. Der potenzielle Bieter ist in der Lage, den Eigenkapitalwert der Übernahmekandidatin um $A\delta = 200{,}00$ GE auf $AT$ zu steigern, mit $T$ als dem nach der erfolgreichen Übernahme realisierbaren inneren Unternehmenswert je Aktie und $\delta$ als dem je Aktie erzielten Wertzuwachs; der Eigenkapitalwert nach der Transaktion ist somit $AT = 350{,}00$ GE.[732] Zur Umsetzung dieser Wertsteigerung benötigt er einen die

---

730 Vgl. *Grossman/Hart* (1980), S. 45.

731 Vgl. *Grossman/Hart* (1980), S. 45. Während *Grossman/Hart* das Trittbrettfahrerverhalten der Zielgesellschaftsaktionäre in einem statischen Übernahmemodell, in dem der Bieter lediglich eine Übernahmeofferte unterbreiten darf, ermitteln, beziehen *Harrington/Prokop* in ihrem dynamischen Modell die Möglichkeit des Bieters ein, nach einem gescheiterten Übernahmeangebot weitere Offerten zu unterbreiten, um schließlich die angestrebte Kontrollmehrheit zu erlangen. Mit Hilfe eines symmetrischen, perfekten *Markov*-Gleichgewichts zeigen die Autoren, dass das *Free-riding*-Verhalten der Zielgesellschaftsaktionäre intensiviert wird, sofern sie damit rechnen können, dass der Bieter nach einer gescheiterten Übernahmeofferte solange weitere Übernahmeversuche unternehmen wird, bis er die zur Kontrolle berechtigende Anzahl an Aktien erworben hat. Vgl. *Harrington/Prokop* (1993), S. 851 ff. Bei einem *Markov*-Gleichgewicht erfolgt eine endliche bzw. unendliche Wiederholung des Spiels, wobei die Interakteure die Erkenntnisse, die sie in der Vergangenheit erlangt haben, in ihre Strategie einbeziehen. Für eine ausführliche Explikation des perfekten *Markov*-Gleichgewichtes vgl. *Fudenberg/Tirole* (1998), S. 513 ff.

732 Aus Vereinfachungsgründen wird hier davon ausgegangen, dass der innere Unternehmenswert identisch ist mit dem Marktpreis der Korporation. Für diesen Zusammenhang vgl. Kapitel III.2.4.

Kontrolle legitimierenden Aktienanteil $\alpha$ von mindestens 50%. Aus Vereinfachungsgründen sei an dieser Stelle angenommen, dass die Zielgesellschaft nicht über eine atomistische, das heißt sehr breit gestreute Aktionärsstruktur verfügt; vielmehr gibt es 200 Aktionäre, die jeweils eine Aktie halten, aber nach wie vor von der Irrelevanz ihrer Entscheidung ausgehen.[733] Macht der Bieter den Zielgesellschaftsaktionären ein Angebot, entstehen ihm Transaktionskosten in Höhe von $K$ = 30,00 GE. Der Bieter unterbreitet den Zielgesellschaftsaktionären ein *bedingtes* und *unbeschränktes* Übernahmeangebot. Ansonsten gelten die bereits oben vorgestellten Annahmen des Modells von *Grossman* und *Hart*.

Zunächst kann an dieser Stelle festgehalten werden, dass die Übernahme der hier skizzierten Zielgesellschaft ökonomisch effizient im hier verstandenen Sinne wäre,[734] da der potenzielle Übernehmer eine Steigerung des Eigenkapitalwerts erreichen könnte und zudem die Transaktionskosten diesen Wertzuwachs nicht kompensieren.[735] Ist der Bieter mit seinem Übernahmeangebot schließlich erfolgreich, hält ein das Angebot ablehnender Minderheitsaktionär einen Anteil, der einen Wert hat von $W + \delta$ = 1,75 GE.[736] Um zu gewährleisten, dass die rational agierenden Zielgesellschaftsaktionäre im Gleichgewicht[737] jeweils ihre Aktie verkaufen, muss der Bieter ihnen ein Angebot unterbreiten, bei dem sie indifferent sind zwischen der Annahme und der Ablehnung der Offerte, da die Aktionäre annahmegemäß bei Indifferenz ihre Anteile andienen. Dieser Wert entspricht genau den 1,75 GE für eine Aktie.[738] Bei einem Angebot je Aktie von 1,75 GE gibt der Bieter auf der einen Seite Bargeld in Höhe von 1,75 GE * $a$ * 200, mit $a$ als dem Anteil der tatsächlich angedienten Papiere bezogen auf die Gesamtzahl der Aktien $A$, für die ihm angetragenen Aktien $aA$ aus,[739] und er erhält im Gegenzug Anteile im Wert von 1,75 GE * $a$ * 200. Durch die entstehenden Transaktionskos-

733 Somit entspricht die Vorgehensweise dem von *Grossman/Hart* gewählten Annahmenkranz.

734 Vgl. Kapitel IV.1.2.1.

735 *Grossman/Hart* (1980) gehen zwar nicht explizit darauf ein, unterstellen aber implizit wohl einen im halbstrengen Sinne effizienten Kapitalmarkt. Vgl. FN 732.

736 Der Wert einer Aktie vor der Übernahme beträgt $W$ = 0,75 GE.

737 Im Gleichgewicht hat kein beteiligter Spieler einen Anreiz, als einziger von der gewählten Strategiekombination abzuweichen. Vgl. *Rieck* (1993), S. 25. Zu dem hier genannten Preis werden ergo alle Zielgesellschaftsaktionäre ihre Aktien andienen.

738 Ist das Übernahmeangebot nicht erfolgreich, spielt es keine Rolle, ob sie andienen oder nicht; ihre Aktie behält dann ihren Ausgangswert von $W$ = 0,75 GE. Bei einer erfolgreichen Offerte sind die Aktionäre erst bereit, ihre Aktie abzugeben, wenn sie einen Gegenwert von mindestens 1,75 GE je Stück erhalten, das heißt den Wert, den jede Aktie nach erfolgreicher Transaktion erreicht.

739 Annahmegemäß entspricht der Anteil angedienter Aktien $a$ mindestens 50% des Grundkapitals.

ten in Höhe von $K$ = 30,00 GE bedeutete dies für ihn ein Verlustgeschäft, sodass er von der Übernahme Abstand nehmen wird.

Im Folgenden wird untersucht, ob durch die Einführung einer Squeeze-out-Möglichkeit die Erfolgswahrscheinlichkeit wertsteigernder Unternehmensübernahmen erhöht werden und der Unternehmenskontrollmarkt somit die ihm zugedachte Disziplinierungsfunktion entfalten kann. Zwar beziehen die im Anschluss vorzustellenden, ausgewählten modelltheoretischen Abhandlungen nicht explizit die ökonomischen Möglichkeiten und Grenzen eines Squeeze-out in die Beurteilung der Funktionsfähigkeit des Markts für Unternehmenskontrolle mit ein; sie liefern allerdings wichtige Implikationen für eine Einschätzung der Notwendigkeit einer der Unternehmenskontrollerlangung folgenden Squeeze-out-Option.

#### IV.1.2.2.3. Überwindung des Trittbrettfahrerverhaltens durch den Ausschluss von Minderheitsaktionären

Zur Überwindung des in Kapitel IV.1.2.2.2 skizzierten Übernahmemarktversagens unterbreiten *Grossman/Hart* einen Lösungsvorschlag:[740] Um zu gewährleisten, dass effiziente Übernahmen durchgeführt würden, müsste der Erwerber der Zielgesellschaft die Möglichkeit haben, das in den Aktien der das Angebot ablehnenden Anteilseigner gebundene Vermögen im Anschluss an die erfolgreiche Unternehmensübernahme zu seinen Gunsten zu verwässern. Diese Vermögensverwässerung müsse statutarisch in der Satzung des Unternehmens verankert werden und könne auf vielfältige Art und Weise geschehen. Die Autoren nennen hier beispielsweise an den Erwerber gerichtete Barzahlungen aus dem Unternehmensvermögen, über dem Marktdurchschnitt liegende Gehaltszahlungen an den Eigentümermanager, den Verkauf von Unternehmensvermögen unterhalb des Marktwerts an eine andere, im Eigentum des Erwerbers befindliche Gesellschaft sowie diverse Verrechnungspreisgestaltungen. Keine Erwähnung, aber ebenfalls als Vermögensverwässerungsinstrument denkbar, findet der Ausschluss der die Offerte ablehnenden Aktionäre zu einem Preis je Aktie, der unterhalb seines Werts nach erfolgreicher Übernahme liegt.[741] Im Gegensatz zu den vorgenannten Maßnahmen geht die Vermögensverwässerung via Squeeze-out nicht anteilig zulasten des Hauptaktionärs.[742]

---

[740] Vgl. *Grossman/Hart* (1980), S. 46 f.

[741] *Easterbrook/Fischel* (1982), S. 698, 705, heben explizit die „übernahmefreundlichen" Eigenschaften eines Squeeze-out hervor.

[742] Vgl. die Systematisierung privater Sondervorteile in Kapitel III.2.3.1.

Die genannten Verwässerungstechniken würden sich über eine Reduzierung des Unternehmensvermögens anteilig auf den Anteilswert der das Übernahmeangebot dissentierenden Aktionäre auswirken. Da die Zielgesellschaftsaktionäre das Verwässerungspotenzial kennen und rational agieren, werden sie eine Übernahmeofferte somit auch dann annehmen, wenn der von dem Bieter gebotene Preis mindestens dem Wert je Aktie nach erfolgreicher Akquisition abzüglich dem maximalen Vermögensverwässerungspotenzial je Aktie entspricht.[743] Ausgehend von *Grossmans* und *Harts* unrealistischen Annahmen, dass die Zielgesellschaftsaktionäre das Übernahmeangebot nicht akzeptieren werden, wenn der gebotene Preis $P$ je Aktie unterhalb des Anteilswerts vor der Transaktion liegt,[744] und sie außerdem sowohl den Wert je Aktie nach der Transaktion als auch das Verwässerungspotenzial des Bieters kennen, repräsentiert das *Maximum* aus dem Wert je Aktie nach Transaktion abzüglich des Verwässerungspotenzials $\gamma$[745] einerseits sowie dem Wert je Aktie vor der Übernahme andererseits den niedrigsten möglichen und gleichgewichtigen Übernahmepreis[746] $P$ je Aktie = $(\max[T - \gamma; W])$, wobei $(T - \gamma)$ den Abfindungsbetrag $F$ je Aktie der Minderheitsaktionäre repräsentiert. Daraus folgt, dass die Minderheitsaktionäre im Falle eines Zwangsausschlusses in dem Modell von *Grossman* und *Hart* mindestens den anteiligen Unternehmenswert vor der Unternehmensübernahme als Gegenleistung erhalten und sie ihre Wohlfahrtsposition durch das Ausscheiden somit zumindest nicht verschlechtern.[747]

---

743 Vgl. *Grossman/Hart* (1980), S. 47.

744 Die Schlussfolgerung, dass die Aktionäre die Offerte nicht annehmen, wenn der Preis unterhalb des Eigenkapitalwerts vor der Transaktion liegt, wird insbesondere von *Bebchuk* (1987), S. 911 ff., und *Yarrow* (1985), S. 9, widerlegt. Vgl. hierzu Kapitel IV.1.2.2.4.

745 Das Verwässerungspotenzial $\gamma$ repräsentiert den Abschlag auf den Wert $T$ je Aktie nach erfolgreicher Übernahme, den der Mehrheitsaktionär bei der Abfindung der Minderheitsaktionäre ansetzt. Formal: $\gamma = T - F$, mit $F$ als Abfindungspreis je Aktie.

746 Vgl. *Grossman/Hart* (1980), S. 47. Sollte der Wert je Aktie vor der Transaktion höher sein als der Wert je Aktie nach der Übernahme abzüglich der Vermögensverwässerung, also $P = W$, sind die Zielgesellschaftsaktionäre indifferent zwischen der Annahme und Ablehnung der Offerte. Annahmegemäß dienen sie allerdings bei Indifferenz ihre Anteile an.

747 Ist $W$ der Wert je Aktie, der unter dem alten Management bzw. Haupteigentümer realisierbar ist, $T$ der unter der neuen Geschäftsleitung respektive dem neuen Hauptgesellschafter erzielbare Anteilswert, repräsentiert $K$ die durch das Übernahmeangebot entstehenden Transaktionskosten, $\upsilon$ die Wahrscheinlichkeit, mit der ein unterbreitetes Übernahmeangebot scheitert, und $\rho$ die Wahrscheinlichkeit einer erfolgreichen Unternehmensübernahme, dann gilt für den ex ante erwarteten Unternehmenswert $U$: $U = (1 - \rho - \upsilon)W + \upsilon(W - K/A) + \rho E[T - K/A|\text{Übernahmeerfolg}]$. Aus Sicht des als Wohlfahrtsindikator dienenden erwarteten Unternehmenswerts $U$ vor einer möglichen Unternehmensübernahme gelangen die Autoren zu der Einsicht, dass jener Wert bei einem Vermögensverwässerungspotenzial $\gamma = \infty$ zulasten der Minderheitsaktionäre maximal ist. Eine maximale Vermögensverschiebung ist zum einen, so die Befürworter, deshalb effizient, weil für jeden gegebenen Wert $W$ mit zunehmender Verwässerungsmöglichkeit $\gamma$ die Anzahl der Unternehmensübernahmen steigt; zum anderen könne eine maximale Verwässerungsmöglichkeit auch dann positive Effekte entfalten, wenn keine Übernahme zustande kommt, weil die bisherige Geschäftsleitung in

Im Ergebnis kommt es allerdings erst gar nicht zu einem Ausschluss; vielmehr reicht die bloße „Drohung“ eines möglichen Squeeze-out zu $(T - \gamma)$ aus, um die Übernahme erfolgreich abzuschließen, da die Zielgesellschaftsaktionäre ihre Anteile bei der im Gleichgewicht geltenden Indifferenz andienen werden. Demzufolge führt, wie im konkreten Modell von *Grossman/Hart* beschrieben, eine (angedrohte) Vermögensverwässerung aus Sicht des Mehrheitseigners, die ebenfalls zulasten des Hauptaktionärs gehen würde, zum gleichen Resultat wie ein Squeeze-out, der „nur“ die Zielgesellschaftsaktionäre belastet.

Für den Akquisiteur ergibt sich auf der anderen Seite ein mit der Unternehmensübernahme verbundener Gewinn, der dem *Minimum* aus dem Vermögensverwässerungspotenzial zu seinen Gunsten abzüglich der Transaktionskosten einerseits sowie der Differenz aus dem neuen und alten Unternehmenswert abzüglich der Übernahmekosten andererseits entspricht $(\min[(A\gamma - K; A(T - W) - K])$. Danach lasse sich, so *Grossman/Hart*, das *Free-riding*-Verhalten der Zielgesellschaftsaktionäre in Bezug auf die Wertsteigerungsmaßnahmen des Unternehmenserwerbers reduzieren. Im Ergebnis könne, den Verfassern zufolge, der Markt für Unternehmenskontrolle seine Funktionsfähigkeit in puncto Managementdisziplinierung aufrechterhalten. *Grossman/Hart* bringen die Idee ihres Verwässerungsvorschlags schließlich auf den Punkt: „The only way to create proper incentives for the production of a public good is to exclude nonpayers from enjoying the benefits of the public good.“[748]

Bezogen auf obiges Beispiel ergibt sich folgendes Ergebnis: Bei einer unterstellten Verwässerungsmöglichkeit von $A\gamma = 70{,}00$ GE, die sich z. B. durch einen Ausschluss der Minderheit zu einem Preis je Aktie von 1,40 GE realisieren ließe, und einer erfolgreichen Unternehmensübernahme ist der das Angebot ablehnende Anteilseigner im Besitz einer Aktie im Wert von $(W + \delta - \gamma) = 1{,}40$ GE. Somit muss der Bieter den Zielgesellschaftsaktionären für jede Aktie 1,40 GE anbieten, damit diese im Gleichgewicht ihre Aktien andienen. Der Übernehmer erzielt so im Erfolgsfalle aus der Unternehmensübernahme einen Gewinn in Höhe von 1,40 GE * 200 + 70 – 200 * 1,40 GE – 30 = 40,00 GE. Es kommt im Ergebnis zur Verwirklichung einer ökonomisch

Anbetracht des mit steigendem $\gamma$ zunehmenden Übernahmedrucks und dem damit verbundenen Arbeitsplatzrisiko den Unternehmenswert $W$ maximieren wird. Zwar verweisen *Grossman/Hart* auch auf den für jeden gegebenen Unternehmenswert $W$ mit steigender Vermögensverwässerung sinkenden Übernahmepreis $P$; sie blenden allerdings lapidar diesen aus Aktionärssicht negativen Effekt mit dem Hinweis aus, dass Umverteilungseffekte hier nicht vergegenständlicht würden. Vgl. *Grossman/Hart* (1980), S. 50, 54 f.

748 *Grossman/Hart* (1980), S. 59.

effizienten Unternehmensübernahme, da alle Zielgesellschaftsaktionäre bei Indifferenz annahmgemäß ihre Aktien veräußern werden.

### IV.1.2.2.4. Gefahren des Aktionärsausschlusses

Der Vorschlag von *Grossman/Hart*, Unternehmensübernahmen durch die Verwässerung der Minderheitsaktionärsanteile zu fördern, kann zu unerwünschten Nebeneffekten führen. Bei nach wie vor unterstellter atomistischer Aktionärsstruktur und der Möglichkeit einer Vermögensverwässerung dergestalt, dass der Mehrheitsaktionär die Minderheitsaktionäre z. B. zu einem Wert $F = (T - \gamma)$, mit $\gamma > 0$, je Aktie ausschließen kann, der niedriger ist als der zuvor gezahlte Übernahmepreis $P$ je Aktie, der Wert im Anschluss an den Kontrollwechsel $T$ sowie der Wert vor der Übernahme $W$ und wenn folgende Relationen gelten: $F < P < T < W$, werden die Zielgesellschaftsaktionäre, die von einer erfolgreichen Übernahme ausgehen,[749] ihre Aktien andienen, weil sie fürchten, im Übernahmeerfolgsfalle zu dem für sie unlukrativeren Wert $F$ ausgeschlossen zu werden. Im Ergebnis können dann auch Unternehmensübernahmeversuche erfolgreich sein, obwohl der Bieter selbst bzw. ein von ihm beauftragtes Management nicht in der Lage ist, den Wert der Zielgesellschaft zu steigern, die Übernahme also ökonomisch ineffizient ist. Für den Bieter sind derartige Übernahmeversuche also immer dann lohnend, wenn er die Chance hat, das Unternehmen zu einem Preis zu erwerben, der niedriger ist als der unter seiner Regie erzielbare Wert $T$ je Aktie abzüglich der Transaktionskosten $K$.

Solange also der Erfolg des Übernahmeangebots mit einer gewissen Wahrscheinlichkeit eintreten wird, sind die Zielgesellschaftsaktionäre in jener Konstellation „genötigt", ihre Aktien dem Bieter anzudienen (so genannter Annahmezwang): „Thus, as long as the bid has some chance of success, the prospect of a takeover will pressure the shareholder to tender his shares."[750] Die Frage, warum Aktionäre einem Angebot, das unterhalb des Werts je Aktie bei Scheitern der Übernahme liegt ($P < W$), eine positive Erfolgswahrscheinlichkeit zuordnen, kann zum einen an der unterschiedlichen Erwartungsbildung betreffend den Wert bei Übernahmemisserfolg liegen, und zum anderen kann es in einer differierenden Einschätzung der Übernahmewahrscheinlichkeit begründet sein. Darüber hinaus sind die Minderheitsaktionäre wohl auch nicht in der La-

[749] In Abhängigkeit von dem *erwarteten* Ausgang der Offerte kommt es zu unterschiedlichen Gleichgewichtsstrategien der Gesellschafter: Geht die Mehrheit der Zielgesellschaftsaktionäre von einer erfolgreichen Übernahme aus, stellt die Annahme des Angebots die gleichgewichtige Strategie dar; erwartet die Mehrheit der betroffenen Aktionäre allerdings ein Scheitern der Übernahme, repräsentiert die Ablehnung der Offerte die optimale Handlungsoption.

[750] *Bebchuk* (1987), S. 923.

ge, ihre Aktivitäten und Interessen zu organisieren, um im Rahmen einer konzertierten Aktion das Übernahmeangebot abzulehnen.

Das von *Bebchuk*[751] für unbeschränkte Übernahmeangebote gewonnene Ergebnis bestätigt *Yarrow*[752] ebenfalls für beschränkte Offerten bei nach wie vor atomistisch verstreuten Anteilseignern.[753] Sofern der Bieter ein bedingtes und beschränktes Übernahmeangebot unterbreitet, für das folgendes Verhältnis gilt: $F = (T - \gamma) < P < W$, repräsentiert die Annahme des Angebots aus Sicht der Zielgesellschaftsaktionäre eine dominierende Gleichgewichtsstrategie.[754] Für unbedingte beschränkte Offerten existieren in diesem Szenario indes zwei Gleichgewichtsstrategien in Abhängigkeit von dem erwarteten Übernahmeergebnis:[755] Scheitert die Übernahme, würden die Zielgesellschaftsaktionäre die Ablehnung der Offerte bevorzugen, während sie bei einem Übernahmeerfolg die Andienung präferieren würden.

Ist der potenzielle Bieter nicht in der Lage, den Wert der Zielgesellschaft nach Transaktionskosten im Anschluss an eine erfolgreiche Übernahme zu steigern ($AT - K < AW$), kann er dennoch einen Anreiz haben, das Unternehmen für einen Preis je Aktie zu erwerben, der höher ist als der Wert je Aktie vor der Unternehmensübernahme $W$:

Wenn $b$ der von dem Bieter im Rahmen seines beschränkten Übernahmeangebots maximal aufgekaufte Aktienanteil ist, ergibt sich für den Gewinn des Akquisiteurs folgender Ausdruck: $bA(T - P) + (1 - b)A\gamma - K$.[756] Da der angebotene Preis $P$ je Aktie annahmegemäß größer ist als der Abfindungsbetrag $F = (T - \gamma)$ nach einer erfolgreichen Übernahme und daher $\gamma$ größer ist als die Differenz $(T - P)$, steigt der Gewinn des potenziellen Übernehmers mit sinkendem $b$. Benötigt der Bieter mindestens 50% der Anteile, um die Kontrolle über die Zielgesellschaft auszuüben, wird er sein Angebot auf $b = 0{,}5$ beschränken. Hernach ergibt sich – durch Umformungen – für den Akquisiteur dann ein Gewinn, wenn gilt: $P < T + \gamma - 2K/A$.[757]

---

751 Vgl. *Bebchuk* (1987), S. 922 ff.

752 Vgl. *Yarrow* (1985), S. 7 ff., der zunächst ebenfalls den Fall einer atomistischen Aktionärssturktur betrachtet.

753 Zu beschränkten und unbeschränkten Übernahmeangeboten vgl. Kapitel IV.1.2.1.

754 Vgl. *Yarrow* (1985), S. 8. Für den Fall, dass die Übernahme scheitert, sind die Zielgesellschaftsaktionäre indifferent zwischen der Annahme und Ablehnung der Offerte. Gelingt dem Bieter aber die Übernahme, dann werden die Zielgesellschaftsaktionäre die Andienung bevorzugen.

755 Vgl. *Yarrow* (1985), S. 9.

756 Vgl. *Yarrow* (1985), S. 8.

757 Vgl. *Yarrow* (1985), S. 8.

Ausgehend von der Bedingung für profitable Angebote, wonach der offerierte Preis je Aktie sowohl über dem Wert je Aktie vor der Übernahme $W$ als auch über dem Wert je Minderheitsaktie nach der Übernahme $(T - \gamma)$ liegen muss, ergibt sich unter Einbeziehung von Transaktionskosten für eine rentable Unternehmensübernahme folgende zu erfüllende Ungleichung: $\max [W; T - \gamma] < T + \gamma - 2K/A$.[758]

Übersteigt nun die Verwässerungsmöglichkeit $\gamma$ je Aktie das Zweifache der Transaktionskosten je Anteil, kann es sich für einen potenziellen Übernehmer auch lohnen, die Zielgesellschaft zu einem Preis $P$ je Aktie zu übernehmen, der größer ist als der Wert je Aktie vor der Transaktion $W$, obwohl er nicht in der Lage ist, den Wert des Unternehmens zu steigern, es vielmehr zu einer Wertvernichtung kommt. Sind die Verwässerungsmöglichkeit $\gamma$ und das Zweifache der Transaktionskosten identisch, würde es sich für einen „ineffizienten" Bieter nicht lohnen, die Zielunternehmung zu akquirieren, da in diesem Fall folgende Beziehung gelten müsste: $W < T$.[759]

*Bagnoli/Lipman*[760] betrachten den Einfluss einer Verwässerungsmöglichkeit auf das Ergebnis bedingter Übernahmeangebote bei einer *begrenzten Eigentümerzahl* und kommen auch hier zu dem Ergebnis, dass ein beschränktes bedingtes Übernahmeangebot in Kombination mit einer Vermögensverwässerung erfolgreich sein kann, wenn der Bieter nicht zu einer Wertsteigerung des Zielunternehmens beitragen kann $(AT - K < AW)$.[761] Unterbreitet der potenzielle Unternehmenskäufer den Zielgesellschaftsaktionären ein Angebot je Aktie, das marginal höher ist als der Wert je Aktie vor der Transaktion, und stellt er an den Erfolg der Übernahme die Bedingung, dass mindestens eine bestimmte Anzahl von Aktien angedient werden, repräsentiert die Andienung aller Aktien durch die Zielgesellschaftsaktionäre ein striktes *Nash*-Gleichgewicht. Da im Gleichgewicht die Anzahl der angedienten Aktien den angestrebten Schwellenwert übersteigt, erfolgt hier eine *pro rata* Berücksichtigung aller verkaufswilligen Anleger. Der Bieter macht dann trotz der Tatsache einer mit der Übernahme verbundenen Wertvernichtung einen Gewinn, wenn die Vermögensverwässerung der nicht gekauften Anteile höher ist als der Verlust, den er auf die erworbenen Aktien erleidet. Da der von dem Bieter angebotene Wert je Aktie (Wert vor der Transaktion plus einer marginalen Erhöhung) größer ist als der Wert je Aktie nach der Transaktion abzüglich der Vermögensverwässerung durch Squeeze-out, wird die Unternehmensübernahme mit

---

758 Vgl. *Yarrow* (1985), S. 9; *Hecker* (2000), S. 517.

759 Vgl. *Yarrow* (1985), S. 9 f.; *Hecker* (2000), S. 517.

760 Vgl. *Bagnoli/Lipman* (1988), S. 89 ff.

761 Der Wert je Aktie vor der Übernahme, der identisch ist mit dem Wert bei scheiternder Übernahme, ist somit höher als der Wert je Aktie nach der Transaktion.

einer Wahrscheinlichkeit von eins erfolgreich abgeschlossen werden.[762] Es kommt somit, wie bereits hervorgehoben, zu einer ökonomisch ineffizienten, weil wertvernichtenden Unternehmensübernahme.

## IV.1.2.2.5. Beurteilung der Notwendigkeit des Aktionärsausschlusses

### IV.1.2.2.5.1. Berücksichtigung von Unsicherheit

Bei Vernachlässigung der von *Grossman* und *Hart* getroffenen Annahme, dass nur solche Übernahmeangebote erfolgreich sein können, bei denen der Erfolg mit Sicherheit erwartet werden kann, lässt sich im Ergebnis ein kategorisches Versagen des Markts für Unternehmenskontrolle nicht bestätigen.

So zeigt *Bebchuk,*[763] dass bei unterstellter Unsicherheit über den Erfolg einer Übernahmeofferte[764] grundsätzlich auch solche Angebote erfolgreich sein können, bei denen das Gebot je Aktie $P$ zwischen dem Wert je Aktie vor ($W$) und nach ($T$) der Akquisition liegt, für die $W < T$ gilt, und somit das *Free-rider*-Verhalten der Zielgesellschaftsaktionäre nicht unbedingt zu einem Marktversagen führen muss. *Bebchuk* differenziert zwischen *bedingten* und *unbedingten* Übernahmeofferten und untersucht, inwieweit der Markt für Unternehmenskontrolle in der Lage ist, das Trittbrettfahrerverhalten der Minderheitsaktionäre zu lösen.

Macht der Bieter nun ein *bedingtes* Angebot je Aktie, das unterhalb des erwarteten Werts je Aktie nach erfolgreicher Übernahme liegt und besteht keine mit einem Squeeze-out verbundene Verwässerungsoption, wird die Ablehnung des Angebots die dominierende Strategie der Zielgesellschaftsaktionäre sein: So werden die Anteilseigner, die mit einer erfolgreichen Übernahme rechnen, das Angebot ablehnen, da der Wert je Aktie nach der erfolgten Akquisition höher ist als das vom Käufer unterbreitete Gebot. Zudem sind jene Aktionäre, die von einem Misserfolg der Übernahme ausgehen, indifferent zwischen der Ablehnung und Annahme des Angebots; denn gelingt es dem Bieter nicht, die benötigte Kontrollmehrheit zu erlangen, erhalten die das Angebot akzeptierenden Anteilseigner ihre Aktien zurück.[765] Im Ergebnis werden jene

[762] Vgl. *Bagnoli/Lipman* (1988), S. 106-108.

[763] Vgl. *Bebchuk* (1989), S. 171 ff.

[764] Im Übrigen geht *Bebchuk* (1989) von den gleichen Annahmen aus wie *Grossman/Hart* (1980) in ihrem Grundmodell. So geht *Bebchuk* von einer sehr großen Zielgesellschaftsaktionärsanzahl aus, die dazu führt, dass jeder Gesellschafter von der individuellen Bedeutungslosigkeit bezüglich des Übernahmeerfolgs ausgeht. Vgl. zu den weiteren Annahmen Kapitel IV.1.2.2.2.

[765] Vgl. *Bebchuk* (1989), S. 174.

*bedingten* Offerten also scheitern, in denen der potenzielle Unternehmenskäufer einen Wert je Aktie anbietet, der niedriger ist als der erwartete Aktienwert nach der Übernahme.

Unterbreitet der Bieter den Aktionären der Zielgesellschaft dahingegen ein *unbedingtes* Übernahmeangebot zu einem Preis je Aktie, der unterhalb des erwarteten Werts nach erfolgreicher Akquisition liegt und besteht zudem keine Verwässerungsmöglichkeit, ergibt sich aus der Sicht der Anteilseigner keine dominante Strategie. Sofern nämlich die Übernahme zustande kommen sollte, wäre es für den rational agierenden Aktionär besser, das Angebot abzulehnen, da der Wert je Aktie nach der Transaktion höher ist als das Gebot des Käufers. Lehnt die Mehrheit der Aktionäre das Angebot ab mit der Folge, dass der Bieter die Kontrollmehrheit nicht erzielt, würde es der rationale Anleger vorziehen, das Angebot anzunehmen, da der zu vereinnahmende Kaufpreis je Aktie höher ist als der Wert je Aktie bei einer erfolglosen Unternehmensübernahme. Es kommt somit an dieser Stelle nicht zu einem Gleichgewicht in reinen Strategien.[766] Vielmehr weist *Bebchuk* nach, dass hier ein symmetrisches Gleichgewicht in gemischten Strategien existiert.[767] Somit gibt es für jedes Übernahmeangebot eine *Wahrscheinlichkeit*, mit der die rational agierenden und somit erwartungswertmaximierenden Aktionäre die Offerte akzeptieren müssen, sowie eine entsprechende Gegenwahrscheinlichkeit, mit der sie es ablehnen müssen. Die Wahrscheinlichkeit, mit der die Zielgesellschaftsaktionäre das Angebot annehmen müssen, entspricht dabei genau dem Anteil der durch die Übernahme bewirkten Wertsteigerung je Aktie, den der Bieter in Form einer Übernahmeprämie an die Zielgesellschaftsaktionäre weiterreicht. Je umfangreicher die Aktionäre also an den Wertsteigerungen beteiligt werden, desto größer ist auch die Wahrscheinlichkeit, dass die Aktionäre das Angebot annehmen werden und die Übernahme erfolgreich sein wird.[768]

*Bebchuk* führt zudem den Beweis, dass auch der Bieter einen positiven Erwartungswert hat, wenn er den Zielgesellschaftsaktionären ein unbedingtes Übernahmeangebot unterbreitet, das zwischen dem Wert je Aktie vor und nach der Übernahme liegt

---

766 Vgl. *Bebchuk* (1989), S. 175.

767 Vgl. *Bebchuk* (1989), S. 175 f. Im Gegensatz zu einer reinen Strategie wählt der Spieler bei einer gemischten Strategie nicht genau eine Strategie aus, sondern der Akteur benutzt einen Zufallsmechanismus, um zwischen vielen reinen Strategien auszuwählen. Er wählt dabei eine Wahrscheinlichkeitsverteilung über die reinen Strategien, indem er einen konkreten Zufallsmechanismus nutzt; von dem Ergebnis dieses Mechanismus hängt ab, welche Züge er schließlich tätigt. Vgl. u. a. *Holler/Illing* (2003), S. 34. Ein symmetrisches Gleichgewicht liegt vor, wenn im Gleichgewicht alle Akteure die gleiche Strategie spielen, was voraussetzt, dass die Spieler identische Strategiemengen haben. Vgl. *Rieck* (1993), S. 195.

768 Vgl. *Bebchuk* (1989), S. 176.

$(W < P < T)$.[769] Als Optimum leitet *Bebchuk* schließlich einen Angebotspreis ab, durch den die Zielgesellschaftsaktionäre genau zur Hälfte an der potenziellen Wertsteigerung beteiligt werden ($P = (W + T)/2$). Übersteigt der von dem Bieter erwartete Gewinn schließlich die Transaktionskosten des Kontrollwechsels, wird er ein Übernahmeangebot abgeben.[770]

*Bebchuk* kann mit Hilfe seines Modells nachweisen, dass unter den gewählten Prämissen zumindest unbedingte Übernahmeangebote erfolgreich sein *können*, bei denen der potenzielle Unternehmenskäufer einen Preis je Aktie bietet, der niedriger ist als der Wert je Anteil nach einer erfolgreichen Transaktion. Diese Erkenntnis relativiert die von *Grossman/Hart* noch vertretene kategorische Auffassung, dass das Trittbrettfahrerverhalten der Zielgesellschaftsaktionäre zu einem Zusammenbruch des Markts für Unternehmenskontrolle führen würde. Allerdings ermittelt *Bebchuk* für unbedingte Übernahmeangebote „lediglich" Gleichgewichte in gemischten Strategien und somit stochastische Ergebnisse. So wie mit einer bestimmten Wahrscheinlichkeit effiziente unbedingte Übernahmeversuche erfolgreich sein werden, existiert eben auch eine Gegenwahrscheinlichkeit, mit der wertsteigernde Transaktionen scheitern werden.

Umgekeht sind ökonomisch ineffiziente Transaktionen vor dem Hintergrund der von *Bebchuk* getroffenen Annahmen nicht denkbar, weil ein Käufer dann ebenfalls einen Verlust erleiden und ex ante erst gar kein Angebot unterbreiten würde.

Bezogen auf die Beurteilung der Squeeze-out-Notwendigkeit lassen sich anhand der hier gewonnenen Erkenntnisse keine eindeutigen Schlussfolgern ziehen. Zumindest für die bedingten Übernahmeangebote würde, vom jetzigen Standpunkt der Analyse aus betrachtet, ein Zwangsausschluss zur Bewältigung effizienter Unternehmensübernahmen beitragen können.

### IV.1.2.2.5.2. Berücksichtigung nicht-atomistischer Eigentümerstrukturen

Sowohl *Grossman/Hart*[771] als auch *Bebchuk*[772] setzen in ihren Untersuchungen für die in Rede stehende Zielgesellschaft eine atomistische Eigentümerstruktur voraus.

---

[769] Bei einem unbedingten Übernahmeangebot ist dies nicht unbedingt intuitiv einleuchtend: Da annahmegemäß der angebotene Preis je Aktie höher ist als der Wert vor der Übernahme des Unternehmens, erleidet der Bieter bezogen auf die ihm angedienten Aktien einen Verlust in Höhe der Differenz des für die Anteile gezahlten Preises und dem Wert vor der Übernahme, der sich ja bei einem erfolglosen Angebot nicht verändert.

[770] Vgl. *Bebchuk* (1989), S. 176-178.

[771] Vgl. *Grossman/Hart* (1980), S. 44 f.

[772] Vgl. *Bebchuk* (1989), S. 174.

*Bagnoli/Lipman*[773] tragen in ihrer Arbeit dem Umstand Rechnung, dass die Annahme atomistischer Gesellschafterstrukturen unrealistisch ist. Insbesondere in Deutschland sind Eigentümerstrukturen zu konstatieren, die sich eben nicht durch eine Vielzahl von Kleinanlegern auszeichnen, sondern vielmehr geprägt sind durch Überkreuz- und Blockbeteiligungen.[774] *Bagnoli/Lipman* zeigen in ihrer modelltheoretischen Abhandlung, dass der Markt für Unternehmenskontrolle ebenfalls seine Funktionsfähigkeit nicht einbüßt, wenn anstelle einer atomistischen Aktionärsstruktur von der empirisch bestätigten Annahme ausgegangen wird, dass sich jene die Kontrolle über die Zielgesellschaft begründenden Anteile in den Händen weniger Gesellschafter befinden.

*Bagnoli/Lipman* verwenden bis auf die Annahme einer begrenzten Anzahl von Unternehmenseigentümern die gleichen Modellprämissen, die auch bereits in der Ausarbeitung von *Bebchuk*[775] Gültigkeit beanspruchen.

Für den Fall unbedingter Übernahmeangebote und einer begrenzten Anzahl von Zielgesellschaftsaktionären kommen sie genauso wie *Bebchuk* zu dem Ergebnis, dass ökonomisch effiziente Unternehmensübernahmen auch ohne Verwässerungsmöglichkeit zustande kommen *können*. Bei einer limitierten Anzahl von Unternehmenseigentümern gibt es stets Gleichgewichte, in denen die Entscheidung einzelner Anteilseigner über die Annahme oder Ablehnung der Offerte entscheidend ist für das Gelingen der Unternehmenstransaktion.[776]

---

773 Vgl. *Bagnoli/Lipman* (1988), S. 89 ff.

774 Vgl. hierzu *Becht/Böhmer* (1999), S. 77, die u. a. herausfanden, dass in einer Stichprobe von 430 börsennotierten AG 64,65% einen mindestens 50%igen Mehrheitsgesellschafter haben. Zu ähnlichen Ergebnissen gelangen *Adams* (1994), S. 148-152; *Köke* (2001), S. 268-272; *Franks/Mayer* (2001), S. 946-952; *Edwards/Weichenrieder* (2003), S. 5-8. Für eine tabellarische Übersicht weiterer ausgewählter Studien vgl. *Bott* (2002), S. 36. Auch für die USA stellten u. a. *Demsetz/Lehn* (1985), S. 1155 ff., sowie *Demsetz/Villalonga* (2001), S. 217-220, eine konzentrierte Eigentümerstruktur börsennotierter Unternehmen fest.

775 Vgl. *Bebchuk* (1989), S. 173 f.; Kapitel IV.1.2.2.5.1.

776 Als Beispiel führen *Bagnoli/Lipman* zunächst den Fall von Gleichgewichten in reinen Strategien an, in denen die Aktionäre genau die Anzahl an Aktien verkaufen, die der Übernehmer benötigt, um die Kontrolle über die Zielgesellschaft zu erlangen. In dieser Situation ist die Entscheidung eines jeden Aktionärs maßgeblich für den Erfolg des Übernahmeangebots. Bei einem Scheitern der Übernahme würde sich der Wert je Aktie auf seinem Ausgangsniveau wiederfinden; somit hat kein Anleger einen Anreiz, weniger Aktien anzudienen. Es wird allerdings auch kein Aktionär bereit sein, mehr Anteile zu veräußern als nötig, da der Preis, den der Bieter für eine Aktie zahlt, niedriger ist als der Wert je Aktie nach erfolgreicher Übernahme. Weiterhin geben *Bagnoli/Lipman* für den Fall unbedingter Übernahmeangebote als Beispiel das Zustandekommen von symmetrischen Gleichgewichten in gemischten Strategien an, in denen die Zielgesellschaftsaktionäre alle die gleiche Anzahl an Aktien halten. Vgl. *Bagnoli/Lipman* (1988), S. 94-96. Für definitorische Abgrenzungen von symmetrischen Gleichgewichten und gemischten Strategien vgl. FN 767. Zu dem gleichen Ergebnis gelangen auch *Holmström/Nalebuff* (1992), S. 37 ff.

Im Gegensatz zu *Bebchuk*[777] gelangen *Bagnoli/Lipman* indes für bedingte Übernahmeangebote zu einem eindeutigen und stabilen Gleichgewicht.[778] Ein potenzieller Bieter, der in der Lage ist, den Unternehmenswert der Zielgesellschaft zu steigern, wird seinen Gewinn maximieren, indem er einen Preis je Aktie bietet, der nur marginal höher ist als der Wert je Aktie unter dem alten Management. Knüpft er schließlich die Kontrollübernahme an die sehr hypothetische und unrealistische Bedingung einer vollständigen, das heißt 100%igen Annahme durch die Zielgesellschaftsaktionäre, ist die Entscheidung eines jeden Aktionärs für den Erfolg oder Misserfolg der Unternehmenstransaktion maßgeblich. Da der gebotene Preis je Aktie marginal größer ist als der bei Misserfolg der Übernahme stagnierende Aktienwert, werden alle rational agierenden Aktionäre sämtliche Aktien an den Bieter verkaufen.[779]

Im Unterschied zu den modelltheoretischen Untersuchungen von *Grossman/Hart* und *Bebchuk* erfolgt bei *Bagnoli/Lipman* des Weiteren eine *formale* Einbeziehung atomistischer Aktionärsstrukturen. Sie operationalisieren die formelmäßige Berücksichtigung atomistischer Anteilseignerstrukturen, indem sie ausgehend von einer begrenzten Aktionärsanzahl die Streuung der Anteile sequenziell erhöhen und schließlich untersuchen, gegen welche Resultate diese sukzessive ermittelten Gleichgewichtslösungen tendieren.[780] Für unbedingte Übernahmeofferten ermitteln die Autoren gegen die Ergebnisse von *Grossman/Hart* konvergierende vereinzelte Gleichgewichtssequenzen,[781] in denen die potenziell wertsteigernde Übernahme nicht zustande kommt und die auf den gegen null gehenden Profit des Bieters zurückzuführen sind.[782] Übertragen auf die Realität folgern *Bagnoli/Lipman* aus diesem Ergebnis, dass die Modellierung des Übernahmemarkts mit Gesellschaften, deren Kontrolle sich in den Händen einer begrenzten Anzahl von Eigentümern befindet, plausibler und angemessen erscheint.[783]

---

777 Vgl. *Bebchuk* (1989), S. 174.

778 Im Gegensatz zu *Bagnoli/Lipman* ist das Gleichgewicht bei *Bebchuk*, in dem die Zielgesellschaftsaktionäre das Angebot ablehnen, nicht eindeutig; so besteht zumindest die positive Wahrscheinlichkeit, dass die Anteilseigner, die von einem Misserfolg der Offerte ausgehen und indifferent sind, ihre Aktien mehrheitlich andienen und somit den Erfolg des Kontrollwechsels sichern.

779 Vgl. *Bagnoli/Lipman* (1988), S. 99 ff.

780 Vgl. *Bagnoli/Lipman* (1988), S. 101-106. Bei der Erweiterung der Aktionärsbasis gehen sie sowohl von einem konstanten Börsenkurs aus, was zu einer unendlichen Marktwertsteigerung des Unternehmens führen würde, als auch von einem konstanten Marktwert des Unternehmens, was eine sukzessive Annäherung des Börsenkurses gegen null bedeuten würde.

781 Dies auch nur für den Fall eines konstant gehaltenen Marktwerts des Unternehmens. Vgl. *Bagnoli/Lipman* (1988), S. 105.

782 Vgl. *Bagnoli/Lipman* (1988), S. 105.

783 Vgl. *Bagnoli/Lipman* (1988), S. 106.

Die Untersuchung bedingter Übernahmeofferten bei sequenziell erweiterten Eigentümerstrukturen führt *Bagnoli/Lipman* zu dem gleichen Ergebnis wie in dem Fall begrenzter Aktionärsstrukturen und somit zu einem die Erkenntnisse von *Grossman/Hart* konterkarierenden Resultat.[784]

*Bagnoli/Lipman* haben somit aufgezeigt, dass der Markt für Unternehmenskontrolle auch ohne die Möglichkeit einer Verwässerung der Minderheitsanteile ökonomisch effiziente Unternehmensübernahmen zutage fördern kann. Die Forderung von *Grossman/Hart*, dem Mehrheitsaktionär einseitige Eingriffsmöglichkeiten in das Vermögen der das Übernahmeangebot ablehnenden Aktionärsminderheit einzuräumen, kann unter Auswertung der bisherigen Untersuchungen zumindest keine eindeutige Unterstützung beanspruchen. Im Übrigen gelangen *Bagnoli/Lipman* für unbedingte Übernahmeangebote bei breit gestreuter Aktionärsstruktur, ebenso wie *Bebchuk*, im Ergebnis „nur“ zu Gleichgewichten in gemischten Strategien; somit gibt es auch hier eine entsprechende Gegenwahrscheinlichkeit, mit der effiziente Unternehmenstransaktionen nicht zustande kommen werden.

Besteht keine Möglichkeit der Vermögensverwässerung, sind ökonomisch ineffiziente Kontrollwechsel schließlich auch unter den hier getroffenen Annahmen nicht möglich, da in diesem Falle der Bieter auch einen Verlust erleiden würde.

### IV.1.2.2.5.3. Berücksichtigung eines Ex-ante-Großaktionärs als Bieter

Während die von *Grossman/Hart*, *Bebchuk* und *Bagnoli/Lipman* gewonnenen Erkenntnisse über die Funktionsfähigkeit des Markts für Unternehmenskontrolle unter der Annahme gewonnen wurden, dass der potenzielle Bieter und Übernehmer im Moment der Angebotsabgabe noch nicht im Besitz von Aktien der Zielgesellschaft ist, untersuchen *Shleifer/Vishny*[785] den Einfluss der von dem Bieter bereits vor Veröffentlichung seiner Übernahmeofferte gehaltenen Beteiligung an dem Zielunternehmen auf die Wirkungsweise des Unternehmenskontrollmarkts.

*Shleifer/Vishny* gehen von einem Unternehmen aus, das sich im Eigentum eines großen Minderheitsaktionärs[786] sowie atomistischer Anteilseigner befindet.[787] Der große Minderheitsaktionär übernimmt keine Managementaufgaben und verfügt dabei über

[784] Vgl. *Bagnoli/Lipman* (1988), S. 106.

[785] Vgl. *Shleifer/Vishny* (1986), S. 461 ff.

[786] Im Folgenden wird hier auch von Großaktionär die Rede sein.

[787] Sowohl der große Minderheitsaktionär als auch die atomistischen Kleinanleger sind risikoneutral.

einen Anteil, der kleiner als 50% des Grundkapitals ist.[788] Die Autoren betrachten nun die Möglichkeiten des Großaktionärs, ein im Amt befindliches ineffizientes Management mit Hilfe eines Übernahmeangebots auszuwechseln. Zunächst wird angenommen, dass der Großaktionär in der Lage ist, durch gezielte Überwachungs- und Suchaktivitäten Wertsteigerungspotenzial zu identifizieren. Dem potenziellen Bieter bei seinen Such- und Überwachungstätigkeiten entstehende Kosten steigen überproportional mit zunehmender Intensität seines Engagements, während die Kosten der Übernahmetransaktion konstant sind. Ferner besteht zwischen dem übernahmewilligen Aktionär und den restlichen Anlegern eine asymmetrische Informationsausstattung über das Wertsteigerungspotenzial; nur der Großaktionär kennt die exakte mit der Übernahme verbundene Wertsteigerung.[789] Die restlichen Aktionäre haben lediglich Kenntnis von der Wahrscheinlichkeitsverteilung der potenziellen Wertsteigerung.[790] Der übernehmende Aktionär unterbreitet eine bedingte Offerte für den Kauf von Aktien, die ihm für eine genau 50%ige Beteiligung fehlen.[791] Bei Indifferenz zwischen der Annahme und der Ablehnung des Übernahmeangebots gehen *Shleifer/Vishny* von einer Andienung durch die Minderheitsaktionäre aus.[792] Des Weiteren definieren die Autoren den Marktwert der Zielunternehmung als Summe aus dem Barwert der zukünftigen Gewinne der Gesellschaft unter dem bisherigen Management und dem Erwartungswert einer zukünftigen Wertsteigerung infolge einer potenziellen Übernahme.[793]

Sofern der übernahmewillige Aktionär Wertsteigerungspotenzial identifiziert hat, wird er nur dann ein Übernahmeangebot abgeben, wenn die Wertsteigerung, die er bezogen auf seine Aktien vereinnahmen kann, mindestens seine Kosten deckt. Ist $u$ die Beteiligungsquote des Bieters vor dem Übernahmeangebot, dann wird er stets dann eine Offerte unterbreiten, wenn gilt:[794]

$$0{,}5\delta A - (0{,}5 - u)(P - W)A - K \geq 0$$

---

[788] Es wird davon ausgegangen, dass zur Kontrollausübung mindestens 50% des Grundkapitals benötigt werden und zudem die *One-share-one-vote*-Regel gilt. Zu Letzterer vgl. FN 725.

[789] Bei der Wertsteigerung handelt es sich um die Differenz zwischen dem Barwert künftiger Gewinne nach der Übernahme und dem Barwert der künftigen Gewinne unter der aktuellen Geschäftsleitung.

[790] Vgl. *Shleifer/Vishny* (1986), S. 465 f.

[791] Vgl. *Shleifer/Vishny* (1986), S. 466.

[792] Vgl. *Shleifer/Vishny* (1986), S. 467.

[793] Vgl. *Shleifer/Vishny* (1986), S. 469.

[794] Vgl. *Shleifer/Vishny* (1986), S. 466.

Die atomistischen Zielgesellschaftsaktionäre, die davon ausgehen, dass ihre Entscheidung über die Offerte für den Übernahmeerfolg unerheblich ist, sind nur bereit, das Angebot anzunehmen, wenn der im gebotenen Übernahmepreis inkorporierte Zuschlag auf den Barwert der künftigen Gewinne unter dem bisherigen Management (*P* – *W*) mindestens ihrem Erwartungswert betreffend die Wertsteigerung des Übernehmers entspricht. Unter Berücksichtigung der Angebotsabgabebedingung des Bieters ergibt sich somit:[795]

$$E[\delta | 0{,}5\delta A - (0{,}5 - u)(P - W)A - K \geq 0] \leq (P - W)$$

Das Andienen der Aktien ist aus Sicht der Zielgesellschaftsaktionäre dann die optimale Strategie, wenn gilt:[796]

$$(P - W) - E[\delta | \delta \geq (1 - 2u)(P - W) + \frac{2K}{A}] \geq 0$$

Es spielen hier allerdings nur jene Wertsteigerungen eine Rolle, bei denen der Bieter bei vorausgesetzten Übernahmekosten, angenommenen vorab erworbenen Aktienanteilen und ausgewähltem Übernahmepreis keinen Verlust erzielt.[797] Daher wird der Bieter einen Preis wählen, der gerade ausreicht, einerseits die Übernahmekosten und andererseits den Teil der Wertsteigerung zu decken, den er an die Verkäufer der Aktien zu zahlen hat sowie mit den Besitzern der nicht angedienten Anteile teilen muss. Je größer nunmehr der Aktienanteil *u* des Übernehmers vor Abgabe der Offerte ist, desto niedriger ist die mindestens benötigte Wertsteigerungshöhe, ab der sich die Übernahme für den Großaktionär lohnt. Mit steigender Ausgangsbeteiligung sinkt nämlich der Teil der Wertsteigerung, den der Akquisiteur über den Kaufpreis an die Verkäufer der Anteile weiterreichen muss.[798] Es besteht somit ein Zusammenhang zwischen der Höhe der Ausgangsbeteiligung und dem im Gleichgewicht zu gewährenden Preisaufschlag auf den Barwert der künftigen Gewinne unter dem alten Management dergestalt, dass mit steigendem ursprünglichen Aktienanteil des übernehmenden Aktionärs die Übernahmeprämie je Aktie sinkt; im Ergebnis ist die gleichgewichtige Übernahmeprämie (*P* – *W*) eine in *u* fallende Funktion. Dem Bieter gelinge es, so die Begründung von *Shleifer/Vishny*, mit zunehmender Ausgangsbeteiligung eine höhere Glaubwürdigkeit zu erwerben, die es ihm leichter ermöglicht, die Zielgesellschaftsaktionäre davon zu überzeugen, dass sein eher niedrig anmutendes Gebot für die Aktien Aus-

---

795 Vgl. *Shleifer/Vishny* (1986), S. 466.

796 Vgl. *Shleifer/Vishny* (1986), S. 467.

797 Vgl. *Shleifer/Vishny* (1986), S. 466 f.

798 Vgl. *Shleifer/Vishny* (1986), S. 469.

druck einer nur geringen Wertsteigerungschance ist und er sich nicht etwa zu ihren Lasten bereichern möchte.[799] Die höhere Glaubwürdigkeit kann z. B. darauf zurückgeführt werden, dass die Zielgesellschaftsaktionäre wissen, dass der Großaktionär mit steigendem $u$ ein insgesamt niedrigeres Wertsteigerungspotenzial $\delta$ identifizieren muss, damit sich die Übernahme für ihn lohnt und die niedrige offerierte Prämie somit Ausdruck eines geringeren $\delta$ ist.

Tendiert die Beteiligung des übernehmenden Aktionärs vor der Übernahme gegen 50%, entspricht der Preisaufschlag, den der Bieter im Gleichgewicht auf den Barwert der erwarteten Gewinne zahlen muss, genau der Hälfte der von den atomistischen Aktionären erwarteten Wertsteigerung, unter der Bedingung, dass dieser Wert ausreicht, die Übernahmekosten zu decken.[800] Bei fixen Übernahmekosten und gegebener Such- und Überwachungsaktivität steigt die Wahrscheinlichkeit einer Übernahme mit zunehmender Ausgangsbeteiligung des Großaktionärs, weil mit wachsender Ursprungsbeteiligung das minimale Wertsteigerungspotenzial sinkt, das ausreicht, um einen Verlust des Käufers aus der Übernahme zu verhindern. Der Großaktionär wird somit bereit sein, mehr in Such- und Überwachungsaktivitäten zu investieren, damit er eine identifizierte Wertsteigerungsmöglichkeit unter den gegebenen Bedingungen mit Hilfe einer Kontrollerlangung umsetzen kann. Ausgehend von einem Grenzkosten-/Grenznutzenkalkül[801] des Bieters, wird dieser seine Such- und Überwachungsaktivitäten mit zunehmender Ausgangsbeteiligung sukzessive erhöhen, da sich mit steigender Ursprungsbeteiligung sein Anteil an den zu realisierenden Wertsteigerungen erhöht.[802]

Im anderen Extremfall, sofern der übernehmende Aktionär ex ante keine Anteile an der Zielgesellschaft hält, wird es analog zu *Grossman/Hart* wegen des *Free-riding*-Verhaltens der atomistischen Anteilseigner zu keiner Übernahme kommen; für den Bieter würde sich nämlich die Kontrollerlangung nur dann lohnen, wenn der auf die von ihm angestrebte 50%ige Beteiligung entfallende Gewinn, die Differenz zwischen Wertsteigerungspotenzial und Preisaufschlag, die Kosten der Übernahme mindestens

[799] Vgl. *Shleifer/Vishny* (1986), S. 468.

[800] Vgl. *Shleifer/Vishny* (1986), S. 468. Der Preisaufschlag entspricht deshalb genau der erwarteten hälftigen Wertsteigerung, da die nach der Übernahme verbliebenen atomisierten Anteile genau 50% des Grundkapitals entsprechen.

[801] Wie bereits dargelegt, steigen die Kosten der Überwachungs- und Suchaktivitäten mit zunehmender Intensität überproportional an. Der Grenznutzen des Großaktionärs entspricht dem Produkt aus der Wahrscheinlichkeit, dass die für eine Übernahme notwendige minimale Wertsteigerung vorliegt, und dem aus der Übernahme schließlich erwarteten Gewinn des Akquisiteurs. Der erwartete Gewinn des Bieters bezieht sich auf den Teil der prognostizierten Wertsteigerung, der auf seine Ausgangsbeteiligung entfällt, abzüglich der Übernahmekosten.

[802] Vgl. *Shleifer/Vishny* (1986), S. 469.

deckt. Auf der anderen Seite sind die Zielgesellschaftsaktionäre aber nur dann bereit, ihre Aktien anzudienen, wenn sie über den gebotenen Preis je Aktie vollständig an den mit der Übernahme verbundenen erwarteten Wertsteigerungen partizipieren können. Da der Bieter im Ergebnis dann aber in Höhe der Übernahmekosten einen Verlust machen würde, wird es zu keiner Unternehmensübernahme kommen.[803]

Wie die Ausführungen über die modelltheoretischen Erkenntnisse von *Shleifer/Vishny* gezeigt haben, kann das Trittbrettfahrerverhalten der Zielgesellschaftsaktionäre auch dann ohne die Möglichkeit eines vermögensverwässernden Squeeze-out überwunden werden, wenn der Bieter bereits vor Abgabe seiner Übernahmeofferte über eine Beteiligung an der Zielgesellschaft verfügt. Je höher dabei sein Anteil ex ante bereits ist, desto größer ist, wie gezeigt, seine Bereitschaft, in die Suche nach Wertsteigerungsmöglichkeiten zu investieren. Es darf allerdings nicht verkannt werden, dass sich der Anteil des übernehmenden Aktionärs an den eigens identifizierten und schließlich umgesetzten Wertsteigerungspotenzialen nur auf die Aktien bezieht, die er vor der Übernahme besessen hat; den übrigen Gewinn muss er an die Zielgesellschaftsaktionäre abgeben, sowohl in Form des zu zahlenden Übernahmepreises als auch über die Gewinnbeteiligung, die auf die nicht angedienten Aktien entfällt. Dies führt dazu, dass nicht alle Unternehmensübernahmen durchgeführt werden können, die ökonomisch effizient sind und somit zu einem positiven Saldo aus Wertsteigerung und Übernahmekosten führen. Es können mithin nur jene Kontrollwechsel abgeschlossen werden, bei denen der potenzielle Wertzuwachs, der auf die Ausgangsbeteiligung des Bieters entfällt, mindestens die Transaktionskosten deckt.

Eine weitere Relativierung der von *Shleifer/Vishny* generierten Ergebnisse beruht auf den asymmetrischen Informationen bezüglich des Wertsteigerungspotenzials im Anschluss an eine erfolgreiche Unternehmensübernahme. So verfügen die Kleinaktionäre im Gegensatz zum Bieter, wie geschildert, nur über einen Erwartungswert der mit einer neuen Geschäftsleitung verbundenen Wertzuwächse. Da die Minderheitsaktionäre ihre Entscheidung über die Annahme oder Ablehnung des Angebots von eben diesem Erwartungswert abhängig machen, kann es bei in der Realität zu vermutenden Abweichungen der tatsächlichen von der erwarteten Werterhöhung zu unerwünschten Ergebnissen kommen. Angenommen der Übernahmeinteressent ist in der Lage, den Wert der Zielgesellschaft unter Berücksichtigung aller ihm dabei entstehender Kosten zu erhöhen $(\delta A > K)$, und die Aktionäre haben einen Erwartungswert $E[\delta | \delta \geq (1-2u)(P-W) + 2K/A]$, der größer ist als die Differenz zwischen dem angebote-

[803] Vgl. *Shleifer/Vishny* (1986), S. 468.

nen Übernahmepreis $P$ und dem Wert je Aktie unter dem bisherigen Management $(P-W)$; dann werden sie das Angebot ablehnen, um in den Genuss der *erwarteten* Wertsteigerung zu kommen. Ist aber schließlich der *tatsächliche* Wertzuwachs $\delta$ unter der neuen Geschäftsleitung kleiner als die Differenz $(P-W)$ bzw. genauso groß,[804] dann hätte die ökonomisch effiziente Strategie der Zielgesellschaftsaktionäre in der Andienung ihrer Aktien bestanden. Es kann somit wegen der Informationsasymmetrie über das Wertsteigerungspotenzial zu einer Verhinderung ökonomisch effizienter Unternehmensübernahmen kommen.

Umgekehrt besteht nicht die Gefahr, dass ökonomisch ineffiziente Unternehmensübernahmen $(\delta A < K)$ durchgeführt werden. In diesem Fall wird der Bieter erst gar kein Übernahmeangebot unterbreiten, da er, anders als im Fall mit Verwässerungsmöglichkeit,[805] einen Verlust erleiden würde.

### IV.1.2.2.5.4. Berücksichtigung von Fremdkapital

Die bisher einer Würdigung unterzogenen Ausarbeitungen von *Bebchuk*, *Bagnoli/Lipman* und *Shleifer/Vishny* gehen implizit von mit Eigenkapital finanzierten Unternehmensübernahmen aus und zeigen, dass das Trittbrettfahrerverhalten der Zielgesellschaftsaktionäre nicht nur, wie von *Grossman/Hart* vorgeschlagen, durch eine Vermögensverwässerungsoption gelöst werden kann, sondern vielmehr bereits durch eine Einbeziehung „realitätsgerechterer" Annahmen.

Eine weitere in der Literatur[806] vorgebrachte Möglichkeit, jene *Free-riding*-Strategien der Zielgesellschaftsaktionäre zu verhindern, besteht in der Einbeziehung von Fremdkapital in die Finanzierung des Kaufobjekts und eine schrittweise Akquisition durch die Einschaltung einer neu gegründeten, beschränkt haftenden Kapitalgesellschaft. Die von dem Kaufinteressenten gegründete Gesellschaft verfügt über keine Vermögenswerte und nimmt zur Finanzierung der Übernahme auf dem Kapitalmarkt Fremdkapital auf,[807] wobei der zu leistende Kapitaldienst aus den künftigen Cashflows der Zielgesellschaft zu bezahlen ist. Als Sicherheit für die Gläubiger fungieren die Vermö-

---

804 Bei Indifferenz zwischen Angebotsannahme und -ablehnung dienen die Zielgesellschaftsaktionäre annahmegemäß ihre Anteile an. Vgl. *Shleifer/Vishny* (1986), S. 467.

805 Gesetzt den Fall, der Bieter hätte eine Verwässerungsoption, dann könnte er durch eine Vermögensumverteilung zu seinen Gunsten auch dann von einer Unternehmensübernahme profitieren, wenn er den Unternehmenswert nicht erhöhen könnte.

806 Vgl. *Müller/Panunzi* (2004), S. 1217 ff.

807 Weiterhin dient das aufgenommene Fremdkapital regelmäßig zur Zahlung einer Prämie an den kaufinteressierten Unternehmer.

genswerte des Kaufobjekts; die Zugriffsrechte auf das Vermögen werden dadurch gewährleistet, dass die akquirierte Unternehmung in einem späteren Schritt, sofern die hierfür benötigte Kontrollmehrheit erzielt wurde, auf die vom Bieter gegründete Gesellschaft verschmolzen wird. Durch die Verschmelzung verlieren die ursprünglichen Anteilspapiere der Zielgesellschaft ihre Gültigkeit, und die das Angebot ablehnenden Aktionäre erhalten als Gegenleistung nunmehr Anteilsrechte an der neuen, fusionierten Gesellschaft.[808]

Zur Illustration soll das in Kapitel IV.1.2.2.2 angeführte Beispiel fortgesetzt werden, in dem zunächst für ein rein mit Eigenmitteln finanziertes Übernahmeangebot das Marktversagen auslösende Trittbrettfahrerverhalten der Zielgesellschaftsaktionäre identifiziert wurde.

Berücksichtigt man die Aufnahme von Fremdkapital (*FK*) durch eine eigens für die Unternehmensakquisition gegründete, beschränkt haftende Gesellschaft, ergibt sich ein vollständig anderes Bild: Angenommen die neu inkorporierte Unternehmung nimmt ein Darlehen in Höhe von $FK = 150$ GE auf,[809] und bei einer erfolgreichen Kontrollerlangung wird die Zielgesellschaft auf die neue Korporation verschmolzen, dann ergibt sich für die das Angebot ablehnenden Minderheitsaktionäre nach der Transaktion ein Wert je Aktie in Höhe von $(WA + \delta A - FK)/200 =$ 1,00 GE. Um zu gewährleisten, dass die Zielgesellschaftsaktionäre indifferent sind zwischen der Annahme und Ablehnung des Übernahmeangebots, muss der Bieter ihnen ein Angebot in Höhe von 1,00 GE je Aktie unterbreiten. Im Falle der Indifferenz werden annahmegemäß mindestens die angestrebten $\alpha = 50\%$ der Aktien angedient.

Der von dem Bieter erzielte Gewinn[810] ergibt sich aus dem Fremdkapitalzufluss abzüglich der Barzahlung an die andienenden Aktionäre sowie abzüglich der mit der Übernahme verbundenen Transaktionskosten, zuzüglich des auf die erworbenen Aktien entfallenden Eigenkapitalwerts. Im Ergebnis realisiert er schließlich bezogen auf das Beispiel einen Profit aus der Übernahme in Höhe von 120,00 GE, und die Transaktion wird somit stattfinden. Auf der anderen Seite erzielen auch die Minderheitsaktionäre, gemessen an dem Wert ihrer Beteiligung vor der Unternehmensübernahme, einen Gewinn aus der Transaktion. Da der Wert je Aktie vor der Übernahme $W = 0{,}75$ GE war, die Zielgesellschaftsaktionäre aber entweder in bar oder aber in Aktien der neuen Ge-

808 Vgl. *Müller/Panunzi* (2004), S. 1221 f.

809 Die Zielgesellschaftsaktionäre kennen annahmegemäß sowohl die Höhe des aufgenommenen Fremdkapitals als auch den Wertzuwachs, der durch den Bieter erzielt werden kann.

810 Formal stellt sich der Gewinn wie folgt dar: $G_B = FK - \alpha AP - K + \alpha(WA + \delta A - FK)$.

sellschaft einen Gegenwert für jede Aktie in Höhe von 1,00 GE erhalten, realisieren sie einen Gewinn von 0,25 GE.[811]

Die Einführung von Fremdkapital als Finanzierungsinstrument im Rahmen von Unternehmensübernahmen eröffnet eine weitere Möglichkeit, das Trittbrettfahrerverhalten der Zielgesellschaftsaktionäre zu verhindern und somit die Funktionsfähigkeit des Markts für Unternehmenskontrolle zu verbessern bzw. zu gewährleisten, ohne dabei auf einen Ausschluss der Minderheitsaktionäre angewiesen zu sein. In seiner Wirkung gleicht die hier skizzierte Transaktionsstruktur allerdings der bereits bei *Grossman/Hart* kennengelernten Vermögensverwässerung, womit natürlich auch der Annahmezwang dazu führen kann, dass ökonomisch ineffiziente Kontrollwechsel zustande kommen können. Führt der Unternehmenskontrollwechsel zu einer Wertvernichtung $\delta$ = -0,25 und nimmt der Bieter Fremdkapital in Höhe von 50,00 GE auf, dann ergibt sich für die das Angebot ablehnenden Zielgesellschaftsaktionäre bei einem erfolgreichen Übernahmeangebot ein Wert *T* je Aktie von 0,25 GE.[812] Geht nunmehr die Mehrheit der Zielgesellschaftsaktionäre von einem erfolgreichen Übernahmeangebot aus, werden sie ihre Aktien bereits zu einem Gegenwert von 0,25 GE je Anteil andienen, womit die Offerte schließlich erfolgreich sein wird, obwohl sie ökonomisch nicht erwünscht ist.[813] Der Unternehmenskäufer würde in diesem Fall einen Gewinn in Höhe von 20,00 GE realisieren.[814]

### IV.1.2.2.5.5. Berücksichtigung von Aktionärsdemokratie

Zur Überwindung des Trittbrettfahrerverhaltens der Zielgesellschaftsaktionäre einerseits und des Annahmezwangs bei öffentlichen Übernahmeangeboten andererseits schlagen *Bebchuk* und *Hart*[815] einen die Aktionärsdemokratie in den Vordergrund stel-

---

[811] Aus Sicht des Bieters wäre es bei Vernachlässigung von Fremdkapitalkosten und Insolvenzrisiken optimal, das gesamte von ihm nach der Übernahme realisierbare Wertsteigerungspotenzial mit Fremdkapital zu finanzieren. In obigem Beispiel hieße dies *FK* = 200 GE. So würde der Übernehmer einen Gewinn realisieren in Höhe von 170 GE. Er würde somit die gesamte mit der Übernahme verbundene Wertsteigerung vereinnahmen, und die Zielgesellschaftsaktionäre würden sich gegenüber der Ausgangssituation (vor der Transaktion) nicht schlechter stellen.

[812] Das Ergebnis errechnet sich folgt: (0,75 * 200 – 0,25 * 200 – 50)/200 = 0,25.

[813] Selbstredend kommt die Übernahme dann nicht zustande, wenn die Majorität der Zielgesellschaftsaktionäre von einem Scheitern des Kontrollwechsels ausgeht.

[814] Der Gewinn errechnet sich wie folgt: 50 – 0,5 * 200 * 0,25 – 30 + 0,5(0,75 * 200 – 0,25 * 200 – 50) = 20,00.

[815] Vgl. *Bebchuk/Hart* (2001), S. 1 ff.

lenden Lösungsansatz vor.[816] Die beiden Autoren gehen in ihrer fünfperiodigen Untersuchung von einer Zielgesellschaft mit einer großen und breit gestreuten Aktionärszahl aus (Ausgangssituation in Periode 1),[817] für die in Periode 2 ein potenzieller Bieter ein Übernahmeangebot unterbreitet.[818] Während der dritten Periode, vor dem endgültigen Übernahmeergebnis, findet ein Handel in den Aktien der Zielgesellschaft statt, der sich annahmegemäß ausschließlich auf Liquiditätsziele verfolgende Kapitalmarktakteure, die *noise traders*, zurückführen lässt.[819] Der Kapitalmarktpreis $B$ je Aktie wird von einem Market Maker[820] festgelegt, der sämtliche öffentlich zugänglichen Informationen berücksichtigt.[821] In Periode 4 entscheiden die Zielgesellschaftsaktionäre über die Annahme oder Ablehnung des Übernahmeangebots, wobei drei verschiedene Aktionärskategorien unterschieden werden. Hierbei handelt es sich um rational agierende,

---

816 Zu dem Trittbrettfahrerverhalten der Zielgesellschaftsaktionäre vgl. Kapitel IV.1.2.2.2, und zu dem Annahmezwang bei Übernahmeangeboten vgl. Kapitel IV.1.2.2.4.

817 Im Gegensatz zu *Grossman/Hart* (1980) gehen *Bebchuk* und *Hart* bezüglich der Aktionärszahl nicht von einem Kontinuum, sondern von zahlenmäßig begrenzten Aktionären aus; diese Annahme treffen sie, um zu verdeutlichen, dass die Zielgesellschaftsaktionäre in der Abstimmungsphase nicht von ihrer individuellen Bedeutungslosigkeit bezüglich des Übernahmeerfolgs ausgehen. Vgl. *Bebchuk/Hart* (2001), S. 7.

818 *Bebchuk/Hart* (2001), S. 7 f., beziehen auch explizit die Möglichkeit eines *proxy contest* mit ein. Dieser wird hier in Anbetracht der Fokussierung auf öffentliche Übernahmeangebote ausgeblendet. Weiterhin entstehen dem Bieter Transaktionskosten $K$, und bei der Offerte, die er unterbreitet, handelt es sich um ein unbeschränktes, auf 50% des Aktienkapitals bedingtes Angebot. Zu *proxy contests* vgl. Kapitel IV.1.2.1.

819 *Noise traders* sind in ihren Kapitalmarktaktivitäten annahmegemäß nicht rational und sind schlecht bzw. gar nicht informiert. „Noise trading is trading on noise as if it were information." *Black* (1986), S. 531. Vgl. hierzu auch *Kyle* (1985), S. 1315; *Kyle/Vila* (1991), S. 54; *Shleifer* (2000), S. 12. Informierte Investoren werden, so die Argumentation, regelmäßig nur dann Handel betreiben, wenn ihre Transaktionspartner weniger gut informiert sein werden, das heißt der Handel wird erst durch die Existenz von *noise trading* ermöglicht. „With a lot of noise traders in the market, it now pays for those with information to trade." *Black* (1986), S. 531. Vgl. hierzu auch *Shleifer/Summers* (1990), S. 23 ff. In der Kapitalmarkttheorie werden regelmäßig jene Akteure, die Liquiditäts- bzw. Lebenszyklusmotive für ihre Handelsentscheidung zugrunde legen, als *noise traders* bezeichnet. Vgl. *Kyle/Vila* (1991), S. 54. Zur Bedeutung des *noise trading* bei Unternehmensübernahmen vgl. die Ausführungen in Kapitel IV.1.2.2.5.7.

820 Der Market Maker stellt unter Berücksichtigung der öffentlich zugänglichen Informationen und somit im (semi-)effizienten Sinne sowohl einen Geld- als auch einen Briefkurs, zu denen er auf eigene Rechnung Papiere kauft bzw. verkauft. Sofern ihm zum Geldkurs mehr Papiere angeboten werden als er zum Briefkurs verkaufen könnte, steigt sein Wertpapierbestand et vice versa. Ergo ist er bemüht, solche Kurse zu stellen, die gewährleisten, dass sein Wertpapierbestand auf Dauer keinen starken Schwankungen unterliegt. Vgl. *Franke/Hax* (2004), S. 414 f. Die Figur des Market Maker wird insbesondere in Modellen eingesetzt, welche den Einfluss der Mikrostruktur des Marktes auf die Informationsverarbeitung analysieren. Im Durchschnitt macht der Market Maker keinen Gewinn mit dem Handel in Wertpapieren. Vgl. hierzu insbesondere *Kyle* (1985), S. 1315 f., 1318.

821 Hierbei handelt es sich insbesondere um in Periode 2 verbreitete Informationen über die Aktivitäten des Bieters sowie des bisherigen Managements. Vgl. *Bebchuk/Hart* (2001), S. 8.

*informierte* Aktionäre, zu denen auch der Market Maker zählt, die über alle öffentlich zugänglichen Informationen verfügen; weiterhin existieren ebenfalls sich rational verhaltende, allerdings *uninformierte* Anteilseigner, welche ihre Entscheidung auf der Basis von Wahrscheinlichkeitsverteilungen über die Eigenschaften des Bieters sowie des bisherigen Managements und zudem auf Grundlage des Marktpreises der Aktie treffen; schließlich machen die *noise traders* ihre Entscheidung über die Annahme oder Ablehnung der Offerte nicht von rationalen Erwägungen abhängig; vielmehr dienen sie zufällig einen Teil ihrer Aktien an, während sie die restlichen Papiere zurückhalten.[822] In der letzten, fünften Periode werden die Zahlungsströme aus der Unternehmung realisiert; dabei hat die Zielgesellschaftsaktie entweder einen Wert $W$ (bei Misserfolg des Angebots) oder $T$ (bei Erfolg der Offerte).[823]

Die aktionärsindividuellen Entscheidungen über die Annahme oder Ablehnung des Übernahmeangebots können unter Berücksichtigung der skizzierten Prämissen den kollektiven Aktionärsinteressen zuwiderlaufen. Im Ergebnis kann dies dann in Abhängigkeit von dem Verhältnis des Übernahmepreises $P$ je Aktie zu dem ex post erwarteten Unternehmenswert $T$ je Anteil bzw. dem unter dem bisherigen Management zu erwartenden Wert $W$ entweder zu einem Trittbrettfahrerverhalten der Zielgesellschaftsaktionäre führen (wenn $T > P$) oder aber die Anteilseigner über den *pressure to tender* zur Annahme der Offerte zwingen, wenn $P$ zwar größer ist als $T$, aber niedriger als $W$.

Zur Überwindung des *free riding* der Zielgesellschaftsaktionäre sowie zur Verhinderung des Annahmezwangs etablieren die Autoren eine Abstimmungsregel, nach der die Zielgesellschaftsaktionäre über das Angebot abstimmen können. Stimmt die Mehrheit der Aktionäre der Offerte zu, dann werden alle Anteilseigner verpflichtet, ihre Aktien anzudienen. Im umgekehrten Falle muss der Bieter sein Übernahmeangebot zurückziehen.[824] Ist die Offerte schließlich erfolgreich, erhält jeder Anteilseigner seinen entsprechenden Anteil an dem Übernahmeangebot $P$. Die Abstimmung über das Angebot ist somit notwendige und hinreichende Bedingung für das Gelingen der Unternehmensübernahme. Der Bieter kann erst dann mit dem Vollzug der Offerte beginnen, wenn er auf der Versammlung die Mehrheit der stimmberechtigten Anteilseigner erhalten hat.

---

822 Vgl. *Bebchuk/Hart* (2001), S. 9.

823 Vgl. *Bebchuk/Hart* (2001), S. 11 f. Der Kontrollaktionär ist ferner in der Lage, private Sondervorteile aus seiner Beteiligung zu ziehen, die zulasten aller, inklusiver seiner, Aktien gehen.

824 Vgl. *Bebchuk/Hart* (2001), S. 23 f.

Unter dem Abstimmungsregime wird jeder Aktionär dem Angebot nur dann zustimmen, wenn der Übernahmepreis *P* größer ist als der bei gegebenen Informationen der Anteilseigner erwartete Wert *W*.

Ist der anteilige Übernahmepreis *P* zwar größer als der erwartete Unternehmenswert *T* je Aktie bei erfolgreicher Übernahme, aber niedriger als der vermutete Wert bei gescheiterter Akquisition $(W > P > T)$, dann werden die Zielgesellschaftsaktionäre gegen diese Offerte votieren ohne zu fürchten, dass ihre ablehnende Haltung sanktioniert werden kann. Im Ergebnis scheitert der Übernahmeversuch des Bieters, und der Annahmezwang kann überwunden werden.[825]

Angenommen der Übernahmepreis *P* ist zwar niedriger als der erwartete Unternehmenswert *T* je Aktie bei erfolgreichem Übernahmeangebot, aber größer als der erwartete Wert *W* unter dem bisherigen Management $(W < P < T)$, dann werden die Aktionäre für die Offerte stimmen, wodurch im zweiten Schritt gewährleistet ist, dass sie ihre Anteile auch andienen werden bzw. müssen. Das Übernahmeangebot kann erfolgreich abgeschlossen werden, da das für diese Situation typische Trittbrettfahrerverhalten verhindert werden kann.[826]

Die Funktionalität des Abstimmungsmechanismus ist auch dann, wenn die Aktionäre nicht perfekt über den Unternehmenswert *W* unter dem bisherigen Management informiert sind, gewährleistet. In diesem Fall erfüllt der Börsenkurs, der alle öffentlichen Informationen über *W* reflektiert, jene für die Aktionäre nützliche und wichtige Indikatorfunktion.

Werden beispielsweise in der Periode 3 (Handelsphase) im Anschluss an das Übernahmeangebot neue Informationen über den Wert *W* verbreitet, welche für die Aktionäre nicht beobachtbar sind, dann wird der Market Maker, der annahmegemäß über alle öffentlich zugänglichen Informationen verfügt, diese bei der Preissetzung berücksichtigen. Die Zielgesellschaftsaktionäre sind nun in der Lage, diese Informationen über den Marktpreis aufzunehmen und entsprechend über das Angebot abzustimmen.[827]

Da der Market Maker jeweils den Übernahmepreis *P* und den anteiligen Wert *W*, der unter dem bisherigen Management realisiert wird, kennt, wird er den Börsenkurs *B* im

825 Vgl. *Bebchuk/Hart* (2001), S. 25.

826 Vgl. *Bebchuk/Hart* (2001), S. 26.

827 Damit der Market Maker überhaupt einen Preis festsetzen kann, der seinerseits von den rationalen, uninformierten Investoren beobachtet werden kann, müssen die *noise traders*, die annahmegemäß die einzigen in der Periode 3 auf dem Kapitalmarkt aktiven Akteure sind, auch tatsächlich in den Aktien der Zielgesellschaft handeln.

Gleichgewicht näherungsweise nach der Regel $\max[P;W]$ setzen: Sollte $P<W$, dann wird der Market Maker den Marktpreis leicht unterhalb von *W* festsetzen. Jene den Preis beobachtenden Zielgesellschaftsaktionäre werden es dann vorziehen, gegen das Angebot zu votieren, womit die Übernahme sehr wahrscheinlich scheitern wird. Für den Fall, dass $P>W$, wird der Market Maker den Börsenkurs leicht unterhalb von *P* festlegen. Die uninformierten, rationalen Aktionäre werden dies wahrnehmen und für das Angebot stimmen; im Ergebnis kommt die Übernahme höchst wahrscheinlich zustande.[828]

Ist die Mehrheit bei der Abstimmung zwar die notwendige Voraussetzung für den Erfolg der Übernahmeofferte, nicht aber die hinreichende Bedingung dafür, dass die Aktien dann auch tatsächlich angedient werden, kann dies zu einem Scheitern der Unternehmensübernahme führen, obwohl die Majorität ursprünglich für das Angebot votierte. In jener Konstellation kann das *free riding* der Zielgesellschaftsaktionäre nicht überwunden werden, sodass eine effiziente Unternehmensübernahme, für die $W<P<T$ gilt, nicht zustande kommt.[829]

Das Trittbrettfahrerverhalten der Aktionäre könnte durch eine Freeze-out-Option gelöst werden, die es dem potenziellen Übernehmer ermöglicht, jene die Andienung verweigernden Anteilseigner gegen ihren Willen zu einem Preis *F* auszuschließen, der unterhalb des Angebotspreises *P* liegt $(F<P)$. Sollte also die Mehrheit der Aktionäre in einem ersten Schritt für das Übernahmeangebot votieren, sich anschließend aber mehr als 50% der Anteilseigner weigern, ihre Aktien zu dem Preis *P* zu verkaufen, hätte der Bieter die Möglichkeit, die dissentierenden Gesellschafter zu einem Preis *F*, der unterhalb von *P* liegt, zwangsweise „auszukaufen". Somit erzeugt diese Freeze-out-Regel nach einem positiven Stimmergebnis einen Annahmezwang für die Zielgesellschaftsaktionäre, ihre Aktien zu einem Preis *P* zu veräußern, der im Übrigen höher ist als der erwartete Wert *W* unter dem bisherigen Management.

Zwar können, wie von *Bebchuk/Hart* vorgeschlagen, durch die Implementierung der um eine Freeze-out-Option erweiterten Abstimmungsregel das Trittbrettfahrerverhalten der Zielgesellschaftsaktionäre sowie der Annahmezwang grundsätzlich überwunden werden; für den Fall der – realistischen – Einbeziehung von uninformierten Ziel-

828 Vgl. *Bebchuk/Hart* (2001), S. 26-29.

829 Zur Überwindung des Annahmezwangs bei Angeboten, für die $T<P<W$ gilt, genügt es, wenn die Stimmenmehrheit lediglich die notwendige, nicht aber die hinreichende Bedingung für den Übernahmeerfolg darstellt. Sofern alle Aktionäre gegen das Angebot votieren, lohnt es sich für einzelne Zielgesellschaftsaktionäre erst recht nicht, entgegen des Abstimmungsverhaltens die Anteile im zweiten Schritt anzudienen.

gesellschaftsaktionären können sie allerdings auch nur eine wahrscheinlichkeitsabhängige Realisierung effizienter und Verhinderung ineffizienter Kontrollwechsel ermitteln.[830] Des Weiteren ist das Ergebnis abhängig von der Handelsaktivität der *noise traders*, was die Unsicherheiten weiter erhöht.

### IV.1.2.2.5.6. Berücksichtigung von Risiko-Arbitrageuren

*Cornelli* und *Li*[831] untersuchen modelltheoretisch den Einfluss von Risiko-Arbitrageuren auf die Funktionsfähigkeit des Markts für Unternehmenskontrolle.

Risiko-Arbitrage basiert auf der empirisch gesicherten Erkenntnis, dass die Aktie der Zielgesellschaft kurz nach Verkündung eines Übernahmeangebots durch den Bieter zunächst unterhalb des offerierten Übernahmepreises gehandelt wird; bei der Differenz zwischen dem angebotenen Übernahmepreis und dem Marktpreis je Aktie handelt es sich um den Arbitrage-Spread.[832] Risiko-Arbitrage bezieht sich auf eine Investmentstrategie mit dem Ziel, diese Wertdifferenz auszunutzen; die Arbitrageure erwerben dabei Aktien der Zielgesellschaft und veräußern diese dann wieder zu dem höheren Übernahmepreis an den Bieter.[833] Angezogen durch die ebenfalls empirisch bestätigten hohen Gewinnmöglichkeiten[834] spielen die Risiko-Arbitrageure eine entscheidende Rolle für das Gelingen von Unternehmensübernahmen.[835]

Ausgehend von einer Zielgesellschaft mit atomistischer Aktionärsstruktur, für die ein Bieter in $t = 0$ ein bedingtes Übernahmeangebot (*cash tender offer*) mit $\alpha > 50\%$ und einem Preis $P$ je Aktie unterbreitet, für den gilt: $W + \delta \geq P \geq W$,[836] werden die Zielgesellschaftsaktionäre, welche von der Bedeutungslosigkeit ihrer Entscheidung über die

---

830 So konstatieren sie für den Fall einer effizienten Unternehmensübernahme $(W < P)$: "Seeing this, rational uninformed investors will vote for the bid and so the bid succeeds *almost surely*[;]" sowie für den Fall ineffizienter Übernahmeangebote: „Seeing this, rational uninformed investors will deduce that it is optimal to vote against the bid, and so the bid fails *almost surely*." Beide Zitate aus *Bebchuk/Hart* (2001), S. 29 (Hervorhebungen durch den Autor).

831 Vgl. *Cornelli/Li* (2002), S. 837 ff.

832 Vgl. hierzu u. a. *Mitchell/Pulvino* (2001), S. 2135.

833 Risiko-Arbitrageure hegen keine langfristigen Renditemotive, sondern sind vielmehr an der Realisierung kurzfristiger Gewinne interessiert.

834 Vgl. etwa *Dukes/Frohlich/Ma* (1992), S. 47 ff.; *Karolyi/Shannon* (1999), S. 1 ff.; *Jindra/Walkling* (2001), S. 1 ff.; *Baker/Savasoglu* (2002), S. 91 ff.

835 So wird berichtet, dass Arbitrageure nicht selten in der Summe zwischen 30% und 40% des Aktienkapitals im Umfeld eines Unternehmensübernahmeangebots akkumulieren, womit sie zu den wichtigsten Akteuren des Übernahmeprozesses aufsteigen können. Vgl. *Grinblatt/Titman* (1998), S. 697; *Cornelli/Li* (2002), S. 838.

836 Sowohl $W$, $\delta$ und $P$ sind für alle Akteure beobachtbar. Vgl. *Cornelli/Li* (2002), S. 840 f.

Annahme oder Ablehnung des Angebots überzeugt sind, die Trittbrettfahrerposition einnehmen und somit ihre Anteile nicht andienen.[837]

Im Anschluss an das Übernahmeangebot entscheidet jeder der $N$ potenziellen Risiko-Arbitrageure[838] in $t = 1$, ob er Anteile an der Zielgesellschaft erwirbt oder nicht. Entschließt sich ein Arbitrageur, Aktien zu erwerben, entstehen ihm Kosten $c$ für die der Entscheidung zugrunde liegende Informationsbeschaffung.[839] In $t = 2$, der Handelsphase, erwerben die $n$ kaufwilligen Arbitrageure die von ihnen individuell anvisierten Aktien $\phi_i$, ausgedrückt als Anteil am Gesamtaktienkapital; die Anzahl der Arbitrageure, die sich am Handel beteiligen, ist sowohl den Risiko-Arbitrageuren als auch den Kleinaktionären in dieser Phase unbekannt, sodass $\phi_i$ endogen bestimmt ist. Lediglich das gesamte Handelsvolumen $y$, ebenfalls ausgedrückt als Anteil am Gesamtkapital, kann von allen Marktteilnehmern beobachtet werden. Somit haben die Risiko-Arbitrageure keinen originären Informationsvorteil gegenüber den Kleinaktionären. Der einzelne Risiko-Arbitrageur weiß im Kaufzeitpunkt lediglich exklusiv, dass er durch seine Transaktion die Wahrscheinlichkeit des Übernahmeerfolgs erhöht, weil er sein individuelles Andienungsverhalten das Übernahmeangebot betreffend kennt. Soweit es den Risiko-Arbitrageuren gelingt, ihre Aktivität vor dem Markt zu verheimlichen, wird der Börsenkurs die erhöhte Übernahmewahrscheinlichkeit nicht inkorporieren. Zu Beginn von $t = 3$ offenbaren die Arbitrageure jeweils ihre Beteiligung an der Zielgesellschaft, um dann ebenfalls in $t = 3$ zu entscheiden, welcher Beteiligungsanteil im Rahmen des Übernahmeangebots angedient werden soll, wobei $\zeta_i$ der von dem Arbitrageur $A_i$ angediente Aktienanteil bezogen auf die in der Handelsphase ($t = 2$) erworbenen Wertpapiere ist. Neben den Risiko-Arbitrageuren treten weiterhin noch *noise traders* auf, die ihre Investitionsentscheidung von exogenen Faktoren, wie Liquiditätserwägungen und Portfoliodiversifizierung, abhängig machen.[840] Das von den *noise traders* umgesetzte anteilige Handelsvolumen $\omega$[841] ist zufallsbedingt und unabhängig sowohl von dem Aktienkurs als auch von der Nachfrage der Arbitrageure.[842]

837 Vgl. Kapitel IV.1.2.2.2.

838 Sowohl die Kleinanleger als auch die Arbitrageure sind annahmegemäß risikoneutral. Vgl. *Cornelli/Li* (2002), S. 841.

839 Vgl. *Cornelli/Li* (2002), S. 841.

840 Zur Bedeutung der *noise traders* im Kontext von Übernahmeangeboten vgl. Kapitel IV.1.2.2.5.7. Für eine inhaltliche Einordnung der Bedeutung dieser Marktakteure vgl. FN 819.

841 Das Handelsvolumen der *noise traders* wird ausgedrückt als Anteil am Gesamtkapital.

842 Das Handelsvolumen der *noise traders* ist gleichmäßig verteilt in dem Intervall [0; 1]; die Verteilung ist sämtlichen Kapitalmarktakteuren bekannt (*common knowledge*). Vgl. *Cornelli/Li* (2002), S. 842 f.

Das von den Kleinanlegern beobachtbare gesamte anteilige Handelsvolumen $y$ in den Aktien der Zielgesellschaft ist dann: $y = \omega + \sum_{i=1}^{n} \phi_i$.

*Cornelli/Li* betrachten den Unternehmensübernahmeprozess und die dazugehörigen Gleichgewichte mit Hilfe einer rückwärts gerichteten Induktion:[843]

Nachdem die $n$ kaufwilligen Arbitrageure allesamt ihre Beteiligungen zu Beginn der dritten Periode ($t = 3$) offenbart haben, trifft jeder Risiko-Arbitrageur $A_i$ in Abhängigkeit von der Arbitrageursanzahl, der von diesen insgesamt erworbenen Aktien sowie der Strategie der übrigen Arbitrageure betreffend das Übernahmeangebot die Entscheidung, wie viele seiner Aktien er schließlich andient. Ist die Beteiligung aller Arbitrageure an der Zielgesellschaft kleiner als 50% ($\sum_{i=1}^{n} \phi_i < 0{,}5$), existieren bezüglich der Andienungsentscheidung der Zielgesellschaftsaktionäre mehrere Gleichgewichte, da die Andienungsstrategie der Arbitrageure in diesen Fällen irrelevant ist.[844] Sie ist deshalb irrelevant, weil die Risiko-Arbitrageure mit ihrer Andienungsentscheidung nicht den Erfolg oder Misserfolg des Übernahmeprozesses direkt beeinflussen können. Somit wird in dieser Konstellation das Übernahmeangebot im Ergebnis scheitern, und der Aktienkurs wird sich wieder bei $W$, dem ex ante gültigen inneren Wert je Aktie, einpendeln.[845]

Sofern die Risiko-Arbitrageure stattdessen mindestens 50% des Aktienkapitals der Zielgesellschaft halten ($\sum_{i=1}^{n} \phi_i \geq 0{,}5$), werden sie dem Bieter im Gleichgewicht genau 50% des Gesamtkapitals verkaufen. Auch hier gibt es bezogen auf die Andienungsstrategie der Zielgesellschaftsaktionäre eine Vielzahl von Gleichgewichten, in denen alle Arbitrageure einen Anteil $\zeta_i$ andienen, sodass folgende Bedingung erfüllt ist: $\sum_{i=1}^{n} \zeta_i \phi_i = 0{,}5$.[846] Kaufen die Arbitrageure insgesamt mindestens 50% der Zielgesellschaftsaktien, lässt sich für jede denkbare Anzahl Aktien besitzender Arbitrageure $n$ im Ergebnis ein eindeutiges symmetrisches Gleichgewicht ermitteln, in dem jeder Risiko-Arbitrageur einen Anteil $\zeta > 0$ seiner Aktien andient.

Die Frage, welche sich hier anschließt, und die für die Überwindung des Trittbrettfahrerverhaltens der (atomisierten) Zielgesellschaftsaktionäre fundamental ist, lautet: Wie gelingt es den Risiko-Arbitrageuren, überhaupt eine Beteiligung aufzubauen?

---

843 Vgl. *Cornelli/Li* (2002), S. 843, 846.

844 So werden stets einige Arbitrageure ihre Anteile andienen bzw. halten.

845 Annahmegemäß ist der Kapitalmarkt effizient im halbstrengen Sinne.

846 Vgl. *Cornelli/Li* (2002), S. 846.

In Periode $t = 2$ stehen sich die Kleinaktionäre, denen zu Beginn dieser Phase 100% des Aktienkapitals annahmegemäß gehören, die Risiko-Arbitrageure und die *noise traders* gegenüber.

Für jede zufallsabhängige Anzahl von Arbitrageuren $n$ und für jedes ebenfalls zufallsabhängige Handelsvolumen der *noise traders* $\omega$ lässt sich ein Gleichgewicht bei rationalen Erwartungen (so genanntes *rational expectations equilibrium*) für das gegebene gesamte Handelsvolumen $y = \omega + \sum_{i=1}^{n} \phi_i$ sowie den korrespondierenden Aktienkurs ermitteln. Das Gleichgewicht zeichnet sich dabei durch zwei Eigenschaften aus: Zum einen werden sich sowohl die Kleinaktionäre als auch die Risiko-Arbitrageure bei gegebenem Aktienkurs und bekanntem Handelsvolumen $y$ nutzenmaximierend verhalten; dabei streben beide mit ihrer Handelsstrategie eine Erwartungsnutzenmaximierung an. Zum anderen sind die Erfolgswahrscheinlichkeiten der Risiko-Arbitrageure und der Kleinanleger mit ihren jeweiligen Handlungsstrategien konsistent.[847]

Ausgehend von der Annahme, dass sich die Zielgesellschaft eingangs der Periode $t = 2$ zu 100% im Eigentum der atomistischen Kleinaktionäre befindet, pendelt sich der Aktienkurs bei einer (beobachtbaren) Gesamtaktiennachfrage, die kleiner als 100% ist, auf dem Reservationspreis[848] der Streubesitzaktionäre ein. Sind die Wahrscheinlichkeiten, mit der die Kleinanleger und Risiko-Arbitrageure den Erfolg des Übernahmeangebots erwarten, identisch, ist der Reservationspreis jedes Arbitrageurs $A_i$ kleiner als jener der Aktionäre, sodass es im Ergebnis zu keinem Handel zwischen beiden kommen kann. Sollte der Arbitrageur $A_i$ dem Erfolg der Übernahme dahingegen eine hinreichend größere Wahrscheinlichkeit als die Kleinanleger beimessen, bestünden in Anlehnung an eine Grenzpreisbetrachtung Spielräume für einen Aktienhandel.[849]

Sofern die Nachfrage nach Aktien in Periode $t = 2$ größer als 100% des gesamten Aktienkapitals ist, würde der Wettbewerb der Arbitrageure untereinander den Aktienkurs in die Höhe steigen lassen, sodass sich dieser im Gleichgewicht bei dem Reservationspreis der Risiko-Arbitrageure einpendeln würde; in diesem Fall würde kein Handel zustande kommen, da die Arbitrageure annahmegemäß auf die Realisierung kurzfristiger Renditen abzielen.

Da sowohl die (durchschnittliche) Übernahmewahrscheinlichkeitseinschätzung der Kleinanleger $\tau$ als auch der Arbitrageure $\tau^a$ modellendogen sind und von dem gesam-

---

847 Vgl. *Cornelli/Li* (2002), S. 847.

848 Zum Reservationspreis, der dem Grenzpreis entspricht, sind die Kleinaktionäre indifferent zwischen Halten und Verkauf ihrer Anteile.

849 Vgl. *Cornelli/Li* (2002), S. 847 f.

ten Handelsvolumen *y*, durch das seinerseits wichtige Informationen über die Arbitrageursanzahl sowie deren Aktienpositionen abgeleitet werden können, abhängen, muss die A-posteriori-Wahrscheinlichkeit des Übernahmeerfolgs unter Einbeziehung der Wissensanpassung (so genanntes *updating*) der Risiko-Arbitrageure sowie der Kleinanleger über das Handelsvolumen und die Anzahl der kaufwilligen Arbitrageure *n* ermittelt werden:[850]

Falls das gesamte Handelsvolumen *y* in den Aktien der Zielgesellschaft *kleiner als 50%* des Aktienkapitals ist, werden sowohl die Arbitrageure als auch die Kleinaktionäre davon ausgehen, dass die Übernahmeofferte mit einer Wahrscheinlichkeit von 0% erfolgreich sein wird. Dieses Ergebnis basiert auf der Tatsache, dass die Kleinanleger das Übernahmeangebot annahmegemäß ablehnen werden (Trittbrettfahrerverhalten) und zudem das Handelsvolumen von kleiner 50%, welches sich auf die Arbitrageure und *noise traders* verteilt, nicht ausreicht, um den Unternehmenskontrollwechsel zu ermöglichen.

Für den Fall eines Gesamthandelsvolumens *y* von *mindestens 50%* ermitteln *Cornelli/Li* sowohl für die Kleinanleger als auch für die Risiko-Arbitrageure positive Erfolgswahrscheinlichkeiten, die beide in *y* steigend sind, und für die $\tau < \tau^a$ gilt. Die Differenz, welche sich durch den Aktualisierungsprozess zwischen Kleinaktionären und Arbitrageuren ergibt, kann damit begründet werden, dass die Kleinanleger das gesamte Handelsvolumen *y* womöglich auf die *noise traders* zurückführen.[851] Da in dieser Konstellation der Reservationspreis der Arbitrageure größer ist als jener der Kleinaktionäre, können die Risiko-Arbitrageure Aktien zu dem Reservationspreis der Kleinanleger erwerben.[852]

Bei gegebenen Wahrscheinlichkeitseinschätzungen der Arbitrageure $\tau^a$ und der Kleinanleger $\tau$, bei bekannter Anzahl von Arbitrageuren *n* und gegebenem *Noise-traders*-Handelsvolumen $\omega$ lassen sich für unterschiedliche Gesamthandelsvolumina *y* drei symmetrische Gleichgewichte ermitteln, die dadurch gekennzeichnet sind, dass die Risiko-Arbitrageure entweder keine oder so viele Aktien wie möglich[853] erwerben:

---

[850] Die Ermittlung der A-posteriori-Wahrscheinlichkeiten erfolgt mit Hilfe des Bayes-Theorems. Vgl. zum Effekt des Bayesianischen Lernens u. a. *Wagenhofer/Ewert* (2003), S. 60-66, sowie ausführlich *Fudenberg/Tirole* (1998), S. 210-365.

[851] Vgl. *Cornelli/Li* (2002), S. 848.

[852] Da die Kleinanleger in diesem Fall indifferent sind zwischen Verkauf und Halten der Aktien, werden sie ihre Anteile annahmegemäß veräußern. Vgl. *Cornelli/Li* (2002), S. 848 f.

[853] Die Arbitrageure verfügen annahmegemäß nur über begrenzte Finanzmittel. Vgl. *Cornelli/Li* (2002), S. 842.

Ist das Gesamthandelsvolumen *y kleiner als 50%*, kaufen die Risiko-Arbitrageure im eindeutigen, symmetrischen Gleichgewicht keine Aktien. Alle Marktteilnehmer antizipieren nun das Scheitern des Übernahmeangebots, wodurch im Ergebnis der Aktienkurs wieder auf sein Ausgangsniveau *W* zurückgeht. Da die Arbitrageure im Gleichgewicht indifferent sind zwischen Kauf und Nichtkauf von Aktien zu einem Preis *W* und die Risiko-Arbitrageure ferner keine langfristigen Positionen aufbauen, kann davon ausgegangen werden, dass sie im Gleichgewicht keine Anteile an der Zielgesellschaft erwerben werden.[854]

Ähnlich verhält es sich, wenn das gesamte Handelsvolumen *y mehr als 100%* des Aktienkapitals ausmacht. Eine das Angebot übersteigende Nachfrage nach Aktien der Zielgesellschaft würde den Aktienkurs in die Höhe treiben, bis dieser schließlich den Reservationspreis der Risiko-Arbitrageure erreicht hätte. Im gleichgewichtigen Zustand würden auch hier die Arbitrageure keine Aktien kaufen, die Unternehmensübernahme nicht zustande kommen und der Aktienkurs auf seinen Ursprungswert *W* zurückgehen.

In allen weiteren Fällen, für die $0,5 \leq y \leq 1$ gilt, kann die Übernahme erfolgreich sein, vorausgesetzt die Risiko-Arbitrageure kaufen im Gleichgewicht auch tatsächlich Anteile an der Zielgesellschaft. Die Arbitrageure kaufen dann so viele Aktien wie möglich, wenn sie bei gegebener Anzahl Arbitrageure *n*, bekanntem *Noise-traders*-Handelsvolumen $\omega$ sowie gegebenen Wahrscheinlichkeiten $\tau$ und $\tau_i^a$ einen positiven Erwartungswert betreffend die Aktienanlage haben. Andernfalls, bei negativem Erwartungswert, werden sie dem Markt fern bleiben und keine Anteile an der Zielgesellschaft kaufen.

Sofern der Übernahmepreis *P* hoch genug ist, ohne dabei in die Nähe von $W+\delta$ zu kommen, ist der Erwartungswert der Arbitrageure positiv, er steigt gar mit zunehmendem Übernahmepreis *P*. Ergo werden die Risiko-Arbitrageure so viele Anteile wie möglich kaufen. Mit steigendem Gesamthandelsvolumen *y* sind jedoch zwei gegenläufige Effekte auf den Arbitrageurs-Gewinn verbunden: Auf der einen Seite sind mehrere Arbitrageure bereit, Aktien zu erwerben, wodurch die Erfolgswahrscheinlichkeit ceteris paribus weiter steigt; auf der anderen Seite steigt der Preis, zu dem die Arbitrageure Aktien erwerben können. Mit steigendem Handelsvolumen wird der Informationsvorteil der Arbitrageure wegen der erwarteten steigenden Arbitrageursanzahl immer geringer, und der erwartete Gewinn jener Akteure steigt langsamer als der Akti-

---

[854] Vgl. *Cornelli/Li* (2002), S. 849.

enkurs. Somit kann festgehalten werden, dass mit steigendem Handelsvolumen $y$ sowohl negative als auch positive Netto-Erwartungswerteffekte einhergehen können.

Ausgehend davon, dass die Risiko-Arbitrageure, sofern sie aktiv werden, jeweils die maximal mögliche Aktienanzahl kaufen, ergeben sich in Abhängigkeit von dem Handelsvolumen folgende Erwartungswerte: Ist das Handelsvolumen $y < 0,5$, haben die Arbitrageure einen Erwartungswert von null. Vorausgesetzt der Übernahmepreis $P$ ist hoch genug, dann steigt die (zunächst positive) Gewinnerwartung ab einem Handelsvolumen von $y = 0,5$ zunächst an; ab einem bestimmten Handelsvolumen fallen die Gewinnerwartungen bis sie schließlich eventuell gar ins Negative tendieren. *Cornelli/Li* zeigen allerdings, dass bei einem entsprechend hohen Übernahmepreis $P$ die Renditeerwartungen der Arbitrageure positiv sind, sofern $0,5 \leq y \leq 1$.[855]

Schließlich sei noch auf die Phase $t = 1$ des Modells von *Cornelli/Li* verwiesen. Hier ermitteln sie für die Entscheidung der Arbitrageure, überhaupt aktiv an dem Kapitalmarkt teilzunehmen, ein symmetrisches Gleichgewicht in gemischten Strategien: In jenem Gleichgewicht existiert eine Wahrscheinlichkeit, mit der jeder der $N$ Arbitrageure zufällig den Kapitalmarkt betritt und Aktien kauft; die Eintrittswahrscheinlichkeit ist endogen bestimmt, sodass jeder Risiko-Arbitrageur indifferent ist zwischen der Teilnahme und Nicht-Teilnahme am Handel.[856] Von den $N$ Arbitrageuren werden $n$ in die Aktien der Zielgesellschaft investieren. Abhängig von $n$ und $\omega$ werden die Risiko-Arbitrageure dann entweder keine oder so viele Aktien wie möglich erwerben. Im ersten Fall wird die Übernahme mit einer Wahrscheinlichkeit von 1 nicht stattfinden, während sie im zweiten Fall mit einer positiven Wahrscheinlichkeit erfolgreich sein wird. Für die positive Eintrittswahrscheinlichkeit muss gelten: $0,5 \leq \sum_{i=1}^{n} \phi_i \leq y^* - \omega$, wobei $y^*$ das maximale Handelsvolumen ist, bei dem die Gewinnerwartungen der Arbitrageure nicht negativ sind.[857]

Des Weiteren stellen *Cornelli/Li* heraus, dass der Bieter stets einen Übernahmepreis $P$ anbietet, der strikt niedriger ist als der Wert $T$ nach erfolgreicher Übernahme. Der potenzielle Übernehmer kann sich also auf die Existenz der Risiko-Arbitrageure verlassen, sodass er nicht den gesamten Wertzuwachs auskehren muss. Er ist gar in der Lage, eine Übernahmeprämie anzubieten, die hoch genug ist, um die Risiko-Arbitrageure

---

855 Vgl. *Cornelli/Li* (2002), S. 861-863.

856 Indifferenz kann z. B. dann vorliegen, wenn die erwarteten Gewinne den Kosten $c$ der Informationsgewinnung entsprechen. *Vgl. Cornelli/Li* (2002), S. 852.

857 Vgl. *Cornelli/Li* (2002), S. 852.

zum Kauf der Aktien zu animieren, und das Übernahmeangebot somit eine positive Erfolgswahrscheinlichkeit hat.[858]

*Cornelli/Li* zeigen in ihrer Untersuchung, dass durch die Endogenisierung von Aktien akkumulierenden Risiko-Arbitrageuren Übernahmen von Zielgesellschaften mit atomisierten Aktionären erfolgreich sein können und somit das Trittbrettfahrerverhalten der Kleinaktionäre überwunden werden kann.[859] Allerdings können auch die Risiko-Arbitrageure nicht gewährleisten, dass alle effizienten Unternehmensübernahmen mit Sicherheit erfolgreich sein werden. So besteht zunächst bereits bei der in Periode $t = 1$ von den Arbitrageuren zu treffenden Entscheidung über den Kauf oder Nichtkauf von Zielgesellschaftsaktien eine Unsicherheit, die dem dort ermittelten Gleichgewicht in gemischten Strategien innewohnt. Des Weiteren kann selbst dann, wenn sich die Risiko-Arbitrageure in $t = 1$ entscheiden sollten, Aktien zu erwerben, nicht gewährleistet werden, dass es ihnen in $t = 2$ auch tatsächlich gelingt, die für den Erfolg des Übernahmeangebots benötigte Anzahl an Aktien zu erwerben. Festgehalten werden kann somit, dass das Trittbrettfahrerverhalten der Kleinanleger durch die Endogenisierung von Risiko-Arbitrageuren zwar überbrückt werden kann; zu uneingeschränkt ökonomisch effizienten Ergebnissen auf dem Markt für Unternehmenskontrolle vermag dies jedoch auch nicht zu führen. Umgekehrt können allerdings in dem hier gegenständlichen Design keine ineffizienten Transaktionen erfolgreich abgeschlossen werden, weil die Zielgesellschaftsaktionäre keinem Annahmezwang ausgesetzt sind.

### IV.1.2.2.5.7. Berücksichtigung von *noise traders*

Eine weitere Möglichkeit, die Übernahme von Unternehmen mit atomisierter Eigentümerstruktur ohne Vermögensverwässerung zu gewährleisten, führen *Kyle* und *Vila* auf die Existenz von *noise traders*[860] zurück.[861] Das auf Liquiditäts- oder Lebenszyklusmotive zurückzuführende, uninformierte Handeln der *noise traders* bietet, so die Grundidee des Modells, einem außenstehenden Großinvestor ausreichende Tarnung, um unerkannt einen nicht unerheblichen Anteil an der Zielgesellschaft zu erwerben. Mit zunehmendem Handelsvolumen der *noise traders* steigt die Markttiefe, da der Markt jede Änderung des Angebots an Zielgesellschaftsaktien auf Verhaltensänderun-

---

858 Vgl. *Cornelli/Li* (2002), S. 853.

859 Die Endogenisierung der Risiko-Arbitrageure wirkt hier ähnlich wie die Einführung eines Großaktionärs in dem bereits vorgestellten Modell von *Shleifer/Vishny* (1986), S. 461 ff. Vgl. Kapitel IV.1.2.2.5.3.

860 Zur Begriffsabgrenzung von *noise traders* vgl. FN 819.

861 Vgl. *Kyle/Vila* (1991), S. 54 ff.

gen der *noise traders* und nicht auf Anpassungen des mit privaten Informationen über eine zukünftige Unternehmensübernahme ausgestatteten Großaktionärs zurückführt. Angenommen wird, dass ein informierter Großinvestor unter diesen Bedingungen sowie unter Berücksichtigung von Transaktionskosten die Möglichkeit hat, ein für ihn profitables Übernahmeangebot zu unterbreiten; die Verluste gehen dabei zulasten der *noise traders*.[862]

Das Modell von *Kyle/Vila* geht von drei unterschiedlichen Händlertypen auf dem Markt für die Zielgesellschaftsaktien aus: ein Großinvestor, die *noise traders* sowie wert- bzw. renditeorientierte Anleger. Nach einer Handelsrunde werden alle Positionen in den Papieren der Zielgesellschaft liquidiert. In jener Handelsperiode bieten die *noise traders* auf dem Kapitalmarkt eine exogen zufallsabhängige Anzahl an Aktien der Zielgesellschaft $\omega$, ausgedrückt als Anteil an dem Gesamtaktienkapital, an. Der Großanleger beobachtet das Verkaufsangebot der *noise traders* und platziert in dessen Abhängigkeit eine Kauforder $X(\omega)$. Die Kaufbereitschaft des Großinvestors ist eine gemischte Handelsstrategie, sodass die gekaufte Aktienanzahl des Großinvestors für jede Ausprägung des beobachteten *Noise-traders*-Handelsvolumens eine Zufallsvariable ist. Das Nettoangebot $q$ an Zielgesellschaftsaktien beobachtend (Angebot der *noise traders* abzüglich der Nachfrage des Großinvestors) konkurrieren die wertorientierten Investoren um das Residualangebot, ohne dabei das genaue Handelsvolumen $\omega$ der *noise traders* sowie die vom Großinvestor nachgefragte Menge $X(\omega)$ zu kennen. Analog eines Market Makers[863] setzen die wertorientierten Anleger den Preis für die restlichen feilgebotenen Aktien; dabei konkurrieren sie um die verbliebenen Renditemöglichkeiten und gewährleisten somit die Markteffizienz. Der Preis $P(A\omega - X(\omega))$ entspricht hier dem erwarteten Liquidationswert unter Berücksichtigung der auf das beobachtete Nettohandelsangebot bedingten Übernahmewahrscheinlichkeit. Da die uninformierten Anleger nur das Nettohandelsangebot $q$ beobachten können, ergibt sich aus ihrer Sicht eine Übernahmewahrscheinlichkeit von:[864]

$$\Omega(q) = prob\{\delta X(\omega) + \chi \geq 0 | A\omega - X(\omega) = q\}$$

Das heißt: Die wertorientierten Investoren beurteilen die Wahrscheinlichkeit, mit der sich eine Übernahme für den informierten Großinvestor lohnt, in Abhängigkeit von dem beobachteten Signal $q$. Der Ausdruck $\delta X(\omega) + \chi$ bezeichnet dabei die im Folgen-

[862] Vgl. *Kyle/Vila* (1991), S. 55.

[863] Vgl. zu der Figur des Market Maker FN 820.

[864] Vgl. *Kyle/Vila* (1991), S. 57.

den noch genauer zu skizzierenden Gewinnchancen des Großanlegers aus einer Unternehmensübernahme.

Die Gewinnchancen des informierten Großinvestors hängen davon ab, ob er im Anschluss an die Handelsrunde ein Übernahmeangebot unterbreitet oder nicht. Es wird angenommen, dass der Großanleger eine Option hat, eine Offerte zu unterbreiten, die *Kyle/Vila* wie folgt modellieren:[865]

Sofern der Großinvestor kein Übernahmeangebot unterbreitet, hat jede Zielgesellschaftsaktie, und somit auch die des informierten Anlegers, einen Wert von *W*. Macht der informierte Händler dahingegen ein Angebot zur Übernahme der Zielgesellschaft, erhöht sich der Wert je Aktie im Erfolgsfalle auf *T* bzw. $W + \delta$. Entscheidet sich der Großinvestor, vorab des Übernahmeangebots keine Aktien während der Handelsrunde zu erwerben, kann er lediglich auf jene Aktien $X_0$ einen Gewinn durch die Unternehmensübernahme realisieren, die er bereits vorher – das heißt vor der Handelsrunde – besessen hat. Auf die Aktien, die er im Rahmen des Übernahmeangebots erwirbt, kann er wegen des Trittbrettfahrerverhaltens der Zielgesellschaftsaktionäre keinen Gewinn erzielen. Mit diesen Gewinnmöglichkeiten sind schließlich noch die mit der Unternehmenstransaktion verbundenen Kosten *K* zu verrechnen; somit ergibt sich für das Nettoergebnis $\chi$: $\chi = X_0\delta + (1-a)A\gamma - K$.[866] *Kyle/Vila* beziehen explizit die Vermögensverwässerungsmöglichkeit $\gamma$ des Unternehmenskäufers modellexogen mit ein, um später zu zeigen, dass diese Reichtumsverschiebung zugunsten des Übernehmers nicht mehr notwendig ist, wenn *noise traders* im Markt entsprechend aktiv sind. Nimmt der informierte Großinvestor am Handel in den Aktien der Zielgesellschaft teil, erhöht sich seine Gewinnmöglichkeit durch ein späteres Übernahmeangebot um die Wertsteigerung der Aktien *x*, die er während der Handelsphase erworben hat $(\delta x + \chi)$. Konsistenterweise wird der Großinvestor immer dann ein Übernahmeangebot unterbreiten, wenn seine mit der Übernahme zusammenhängenden Gewinnmöglichkeiten positiv sind et vice versa.[867] Möglich werden demnach auch Unternehmensübernahmen, welche ohne die Opportunität des durch *noise traders* getarnten Aktienkaufs nicht durchgeführt würden $(\chi < 0)$, solange nur die Gewinnmöglichkeiten auf die in der Handelsphase erworbenen Anteile groß genug sind, um die Verluste auf den ex ante vorhandenen Aktienbestand unter Berücksichtigung der Transaktionskosten *K* zu kompensieren.

---

865 Vgl. *Kyle/Vila* (1991), S. 56 f.

866 Vgl. *Kyle/Vila* (1991), S. 56.

867 Annahmegemäß gehen *Kyle/Vila* (1991), S. 56, davon aus, dass der informierte Anleger bei Indifferenz, das heißt bei einem Gewinn von 0, ein Übernahmeangebot unterbreitet.

Angenommen der informierte Anleger macht weder einen Gewinn noch einen Verlust, wenn er in der Handelsrunde keine Aktien kauft *und* kein Übernahmeangebot abgibt, dann erzielt er durch den Kauf von $x$ Aktien und bei einem beobachteten *Noise-traders*-Handelsvolumen von $\omega$ einen Nettogewinn, der sich wie folgt ausdrückt:[868]

$$G_B(x,\omega) = [W - P(A\omega - x)]x + (\delta x + \chi)$$

Während der erste Term der Gleichung die von dem Großinvestor während der Handelsphase gezahlte Prämie oberhalb von $W$ ausdrückt, bezeichnet der zweite Term den Gewinn aus einem erfolgreichen Übernahmeangebot.

Das Gleichgewicht in diesem Setting charakterisiert die Handelsstrategie des Großinvestors $X(\omega)$ sowie die Preissetzungsregel der uninformierten Anleger $P(q) = W + \delta\Omega(q)$. Im gleichgewichtigen Zustand sorgen die uninformierten Anleger dafür, dass der Aktienpreis seinem erwarteten Liquidationswert unter Berücksichtigung der auf das beobachtete Nettohandelsvolumen $q$ bedingten Übernahmewahrscheinlichkeit entspricht.[869] Der informierte Großanleger berücksichtigt in seiner Gewinnmaximierungsabsicht[870] die von seiner Handelsstrategie ausgehenden Impulse auf den Aktienkurs,[871] seine Fähigkeit, das *Noise-traders*-Handelsvolumen zu beobachten sowie seine Möglichkeit, ein Übernahmeangebot zu unterbreiten.[872]

Aufgrund der Tatsache, dass die Gewinnmöglichkeiten des Großanlegers von dem Preis abhängen, zu dem die uninformierten Händler den Markt räumen, und darüber hinaus davon auszugehen ist, dass mit steigendem Nettoangebot $q$ der Preis je Aktie sinkt et vice versa,[873] erhöht sich mit zunehmendem Aktienangebot durch die *noise traders* die Wahrscheinlichkeit, dass eine Unternehmensübernahme stattfindet. Je grö-

868 Vgl. *Kyle/Vila* (1991), S. 57.

869 Hierbei handelt es sich um die im Gleichgewicht erfüllte Markteffizienzbedingung, die gewährleistet, dass der Markt geräumt ist, das heißt alle öffentlich zugänglichen Informationen im Preis inkorporiert sind. Vgl. *Kyle/Vila* (1991), S. 57.

870 Die Gewinnmaximierungsbedingung ist neben der Markteffizienz die zweite das Gleichgewicht kennzeichnende Eigenschaft. So gibt es für jedes realisierte *Noise-traders*-Aktienangebot eine von dem Großinvestor nachgefragte Anzahl Aktien $x = X(\omega)$, die seinen Gewinn maximiert. Vgl. *Kyle/Vila* (1991), S. 57.

871 Die Einbeziehung der wechselseitigen Abhängigkeit von Preisbildung und Handelsstrategie erfolgt über das Bayes-Theorem. Vgl. zu dem Bayes-Theorem *Fudenberg/Tirole* (1998), S. 210-365.

872 Bei der gleichgewichtigen Handelsstrategie handelt es sich um ein Gleichgewicht bei rationalen Erwartungen (*rational expectations equilibrium*).

873 Da die uninformierten Anleger um die residualen Anteile konkurrieren, wird bei zunehmender Knappheit der Preis steigen und umgekehrt abnehmen, wenn das Angebot zunimmt.

ßer nämlich das Aktienangebot der *noise traders* ist, desto leichter fällt es dem über dieses Angebot informierten Investor, unbemerkt von den uninformierten Anlegern seinen Aktienbestand zu erhöhen, und das zu einem Preis, der zwischen dem Ursprungspreis $W$ und dem Wert je Aktie nach einer erfolgreichen Übernahme $W+\delta$ liegt.[874] Anschließend deklariert der Großinvestor ein Übernahmeangebot, wobei der Übernahmepreis pro Aktie bei $W+\delta$ liegen wird. Die übrigen rational agierenden Zielgesellschaftsaktionäre nehmen das Angebot an, sodass der Großinvestor schließlich sämtliche Aktien annahmegemäß zu einem Preis je Aktie von $W+\delta$ liquidieren kann. Der Gewinn, den er durch die gesamte Transaktion realisieren kann, basiert auf den Wertsteigerungen der bereits vor der Übernahmeofferte gehaltenen Anteile $(X_0+X(\omega))$.

Ist das Handelsangebot der *noise traders* dahingegen eher niedrig, dann wirkt sich dies zum einen wegen der zu antizipierenden Preissteigerung $(P(q))$ negativ auf die Gewinnmöglichkeiten des informierten Anlegers aus; zum anderen kann er möglicherweise nicht genügend Anteile erwerben, um überhaupt die für eine Unternehmensübernahme gewinnoptimale Beteiligungshöhe aufzubauen. Also kann festgehalten werden, dass mit abnehmendem Aktienangebot durch die *noise traders* die Übernahmewahrscheinlichkeit sinkt. Aber auch in diesem Fall hat der informierte Anleger Möglichkeiten, Gewinne aus der Anwesenheit der *noise traders* zu generieren. Er ist nämlich in der Lage, Aktien zu einem Preis in dem Intervall $[W;W+\delta]$ zu veräußern, anschließend keine Übernahmeofferte zu unterbreiten, um schließlich die Aktien zu dem Kurs $W$ zu liquidieren.[875]

In Abwesenheit von *noise trading* bestehen die Gewinnmöglichkeiten des Großinvestors in dem Maximum aus $(\chi,0)$; der Investor wird immer dann ein Übernahmeangebot unterbreiten, wenn jene von den Marktteilnehmern vollständig antizipierte Transaktion einen Nettogewinn von $\chi>0$ verspricht, und immer dann von einer Übernahme Abstand nehmen, wenn die von dem Markt vorausgesehene Übernahme ein Nettoergebnis von $\chi<0$ erwirtschaftet.

Durch die Existenz von *noise trading* wandelt sich die Gleichgewichtsstrategie des informierten Anlegers dergestalt, dass er, ausgehend von gemischten Strategien, mit positiver Wahrscheinlichkeit selbst dann Aktien in der Handelsphase verkauft, wenn

---

[874] Auf die mit zunehmendem *noise trading* verbundene Marktliquidität weist bereits *Black* (1986), S. 532, hin: „The more trading there is, the more liquid the markets will be, in the sense of having frequent trades that allow us to observe prices."

[875] Die Möglichkeit von Short-Verkäufen ist ausdrücklich zugelassen. Vgl. *Kyle/Vila* (1991), S. 57.

die Nettogewinnmöglichkeiten einer Übernahme ohne Handel positiv sind $(\chi > 0)$; außerdem wird er mit einer positiven Wahrscheinlichkeit auch dann Übernahmeangebote abgeben, wenn die Nettogewinnmöglichkeiten ohne Handelsmöglichkeit negativ sind $(\chi < 0)$. Somit liegt der grundlegende Effekt des *noise trading* darin, dass es in dem einen Fall $(\chi > 0)$ die Durchführung einer geringeren Anzahl von Unternehmensübernahmen bewirkt und in dem anderen Fall $(\chi < 0)$ mehr erfolgreiche Unternehmenstransaktionen ermöglicht. Darüber hinaus werden durch das *noise trading* die Gewinnmöglichkeiten der informierten Anleger gegenüber der Situation ohne *noise trading* erhöht, wobei die Differenz zulasten der *noise traders* geht.[876]

*Kyle/Vila* zeigen, dass bei entsprechend umfangreichen *Noise-trading*-Aktivitäten das Trittbrettfahrerverhalten der Zielgesellschaftsaktionäre keine Rolle mehr spielt. Kann ein potenzieller Übernehmer, in diesem Falle der informierte Großanleger, einen beträchtlichen Anteil an der Zielgesellschaft erwerben, ohne dass dies von den uninformierten Kapitalmarktakteuren bemerkt wird, dann bedarf es zur Durchführung effizienter, das heißt wertsteigernder Unternehmensübernahmen keiner Vermögensverwässerungsmöglichkeit im Allgemeinen bzw. einer Squeeze-out-Option im Besonderen. Somit lässt sich auch die eingangs in $\chi$ inkorporierte Vermögensverwässerung $\gamma$ eliminieren, vorausgesetzt die Gewinne, welche auf die in der Handelsphase gekauften Anteile entfallen, sind groß genug. Ferner lässt sich mit der Einführung von *noise trading* nicht erkennen, dass ineffiziente Unternehmensübernahmen, in denen das Wertsteigerungspotenzial $A\delta$ kleiner ist als die korrespondierenden Transaktionskosten *K*, aufgrund eines Annahmezwangs erfolgreich abgeschlossen werden.

Relativiert wird das Ergebnis von *Kyle/Vila* allerdings dadurch, dass der informierte Investor mit positiver Wahrscheinlichkeit darin scheitern wird, in der Handelsphase unbemerkt Zielgesellschaftsanteile zu erwerben; dies insbesondere dann, wenn aufgrund geringen *Noise-trading*-Handelsvolumens die benötigte Markttiefe nicht gewährleistet ist.[877]

### IV.1.2.2.5.8. Berücksichtigung von ex post opportunistischem Verhalten

*Burkart, Gromb* und *Panunzi*[878] sehen in dem Trittbrettfahrerverhalten der (atomisierten) Zielgesellschaftsaktionäre die Ursache für ein ex post opportunistisches Verhalten

---

876 Vgl. *Kyle/Vila* (1991), S. 63 f.

877 Zur Bedeutung der Kapitalmarkttiefe für die Marktliquidität vgl. die Ausführungen in Kapitel III.2.4.

878 Vgl. *Burkart/Gromb/Panunzi* (1998), S. 172 ff.

des Unternehmensakquisiteurs. Sie zeigen, dass Unternehmensübernahmen auch dann zustande kommen können und somit das *free riding* der Zielgesellschaftsaktionäre überwunden werden kann, wenn der Bieter die Möglichkeit hat, ausreichende private Sondervorteile[879] aus der Beteiligung zu ziehen.

In ihrer Untersuchung gehen sie dabei von einer Zielgesellschaft mit breit gestreuter Eigentümerstruktur aus sowie von einem Bieter, der in der Lage ist, den Wert je Aktie der Unternehmung um $\delta$ auf $T$ zu erhöhen.[880] Um die Kontrolle über die Zielgesellschaft auszuüben, benötigt der Kaufinteressent mindestens 50% der Stimmrechte $(\alpha \geq 0{,}5)$; dabei verbrieft jede Aktie die gleiche Stimmrechtsanzahl. Der Untersuchungshorizont ist in drei Phasen unterteilt: In der ersten Phase unterbreitet der Bieter den Zielgesellschaftsaktionären ein unbeschränktes, auf 50% der Stimmrechte bedingtes Übernahmeangebot.[881] Die Möglichkeit einer vorab der Offerte bereits vorhandenen Beteiligung des Bieters $u \in [0;0{,}5]$ an dem Kaufobjekt wird von den Autoren ausdrücklich zugelassen und ist allen Marktteilnehmern bekannt.[882] Während der zweiten Phase entscheiden die Zielgesellschafter unabhängig voneinander, ob und, wenn ja, wie viele ihrer Aktien sie dem Bieter andienen; die Anleger gehen hier analog zu *Grossman/Hart*[883] von der Bedeutungslosigkeit ihrer Entscheidung aus. In der dritten Phase stellt sich das Ergebnis des Übernahmeangebots heraus; hält der Akquisiteur mindestens 50% der Stimmrechte an der Zielgesellschaft, ist die Kontrollerlangung erfolgreich abgeschlossen et vice versa.[884]

Nach gelungener Übernahme entscheidet der neue Mehrheitseigentümer, ebenfalls in Periode drei, wie er die unternehmerischen Ressourcen verwendet. Hinsichtlich der Verwendung der knappen Unternehmensmittel hat er zwei Alternativen: Er kann sie entweder zur Erzielung privater Sondervorteile (*private benefits*), die nur er vereinnahmen kann und die ebenfalls anteilig zu seinen Lasten gehen, oder aber zur allen Aktionären zugute kommenden Unternehmenswertsteigerung einsetzen.[885] Der Über-

879 Zu privaten Sondervorteilen vgl. Kapitel III.2.3.2.

880 Da die Autoren den Wert $W$ vor der Übernahme auf 0 normieren, ist $\delta = T$. Vgl. *Burkart/Gromb/Panunzi* (1998), S. 175.

881 Vgl. zu bedingten und unbeschränkten Übernahmeofferten Kapitel IV.1.2.1.

882 Vgl. *Burkart/Gromb/Panunzi* (1998), S. 176.

883 Für Ausführungen zum Modell von *Grossman/Hart* (1980) vgl. Kapitel IV.1.2.2.2 und IV.1.2.2.3.

884 Repräsentiert $a$ den Anteil der angedienten Aktien bezogen auf die Gesamtzahl aller Anteile, dann ist das Übernahmeangebot erfolgreich, wenn gilt: $a \geq 0{,}5 - u$. Der Erwerber hält dann einen Beteiligungsanteil von $\varphi = u + a$.

885 Vgl. *Burkart/Gromb/Panunzi* (1998), S. 176.

nehmer kann hierbei wählen, welchen Anteil $\pi \in [0;1]$ je Aktie er für private Zwecke $\theta(\pi)T$ „entfremdet"; dieses *moral hazard*[886] bzw. ex post opportunistische Verhalten des Kontrollaktionärs geht dabei über den Unternehmenswert pro Anteil zulasten aller Aktionäre $((1 - \pi)T)$.[887] Jene vom Käufer vereinnahmten privaten Gewinne sind ineffizient, da sie, in Geldwert ausgedrückt, in der Summe niedriger sind als die hiermit korrespondierenden aggregierten, von allen Anteilseignern zu tragenden, ein *dead-weight-loss*[888] verursachenden Aktienwertverluste.[889]

Ausgelöst durch das Trittbrettfahrerverhalten der Zielgesellschaftsaktionäre und der damit zusammenhängenden Tatsache, dass der Bieter ex ante keine Kompensation für seinen Ex-post-Einsatz zur Unternehmenswertsteigerung erhält, kann er, sofern man von einer Ausgangsbeteiligung abstrahiert, nur dann Gewinne durch die Unternehmensübernahme generieren, wenn er die Möglichkeit hat, privaten Sondernutzen aus seiner Kontrollposition zu ziehen.[890]

Gelingt es dem Übernehmer, mindestens 50% der Stimmrechte an der Zielgesellschaft zu erwerben, entstehen ihm annahmegemäß Kosten $K$,[891] und er entscheidet schließlich mit der Wahl von $\pi$ über die Verwendung der Ressourcen, indem er seinen Gewinn maximiert.

Die Autoren betrachten den Übernahmeprozess mit Hilfe einer rückwärts gerichteten Induktion. Demnach beginnen sie zunächst mit der dritten Phase, in der der Erwerber den privaten Sondervorteilsanteil $\pi$ festlegt.

Zunächst kann festgehalten werden, dass die privaten Sondervorteile $\theta$ des Übernehmers mit der Höhe seiner endgültigen Beteiligungsquote $\varphi$ strikt sinken. Der Akquisiteur internalisiert mit steigender Aktienquote auch in zunehmendem Maße die auf den privaten Sondervorteilen beruhenden Ineffizienzen, sodass er mit ansteigender Beteiligung die Ziehung von *private benefits* reduziert. Eine direkte Konsequenz dieses in-

---

886 Grundlegend zu *moral hazard* vgl. Kapitel III.2.3.1.

887 Sowohl die Funktion der privaten Sondervorteile $\theta(.)$ als auch der Wert je Aktie nach der Übernahme $T$ sind *common knowledge*. Vgl. *Burkart/Gromb/Panunzi* (1998), S. 176.

888 Generell zu *dead-weight-losses* vgl. FN 524.

889 Vgl. *Burkart/Gromb/Panunzi* (1998), S. 177.

890 Sowohl die Ziehung von Sondervorteilen als auch die Unternehmenswertsteigerung verursachen externe Effekte: So verursacht die Generierung von *private benefits* Kosten, die zulasten aller Aktionäre gehen, während die allen Anlegern zugute kommende Unternehmenswertsteigerung private Kosten für den Mehrheitsgesellschafter verursacht. Vgl. *Burkart/Gromb/Panunzi* (1998), S. 178.

891 Das ist ein Unterschied zu den bisher besprochenen Modellen, die unabhängig von dem Übernahmeergebnis von Transaktionskosten $K$ ausgehen.

versen Verhältnisses zwischen $\varphi$ und $\pi$ ist die positive Beziehung zwischen dem Wert der Minderheitsaktien und seiner finalen Beteiligung $\varphi$. Der Bieter wählt somit in der dritten Phase des Prozesses für jede Anteilsquote $\varphi$ ein korrespondierendes Niveau seiner privaten Gewinne $\pi^{\varphi}$. Für alle $\varphi \geq 50\%$ gilt $\pi \in [0; \pi^{50\%}]$.[892]

Da die Ziehung privater Sondervorteile das Trittbrettfahrerverhalten der atomistischen Zielgesellschaftsaktionäre in der zweiten Phase dergestalt beeinflusst, dass sie ihre Aktien nur andienen, wenn $P \geq (1-\pi)T$, wird ersichtlich, dass die Höhe der finalen Beteiligung $\varphi$ des Akquisiteurs über die Wahl des privaten Gewinnniveaus $\pi$ ein entscheidender Faktor bei der Bestimmung gleichgewichtiger Übernahmeangebotsergebnisse ist. Die rational agierenden Zielgesellschaftsaktionäre bilden ergo einen Erwartungswert über die finale Anteilsquote $\varphi^*$ des Käufers. Somit existiert für den Erfolg des Übernahmeangebots ein *Pareto*-dominantes Gleichgewicht bei rationalen Erwartungen: Da die Zielgesellschaftsaktionäre bei der Entscheidung über die Annahme oder Ablehnung des Übernahmeangebots den offerierten Preis $P$ je Aktie vergleichen mit dem von der erwarteten finalen Beteiligung $\varphi^*$ des Akquisiteurs abhängigen Wert der Minderheitsanteile $(1-\pi^{\varphi^*})T$ nach der Transaktion, wird die Übernahme bei einem Angebotspreis $P \in [(1-\pi^{50\%})T, T]$ erfolgreich sein; in diesem Fall werden $a \in [0{,}5-u; 1-u]$ Aktien angedient, und der korrespondierende Übernahmepreis je Aktie entspricht schließlich $P = (1-\pi^{u+a})T$.[893] Das durch rationale Erwartungen geprägte Gleichgewicht setzt hierbei voraus, dass die *erwartete* finale Beteiligung $\varphi^*$ der *tatsächlichen* Anteilsquote $\varphi$ entspricht, und dass die Zielgesellschaftsaktionäre ex ante indifferent sind zwischen der Annahme und Ablehnung der Offerte. Letztere Annahme impliziert einen Angebotspreis $P$, der genau dem erwarteten Wert der Minderheitsanteile nach erfolgreicher Übernahme entspricht ($P = (1-\pi^{\varphi^*})T$).[894]

---

892 Vgl. *Burkart/Gromb/Panunzi* (1998), S. 179. Bei einer Beteiligung von $\varphi = 100\%$ wählt der Bieter $\pi = 0$.

893 Sofern der Preis $P \in [(1-\pi^{50\%})T; T]$ entspricht, bilden die Zielgesellschaftsaktionäre ihren Erwartungswert über $\varphi^* \in [0{,}5;1]$, sodass der Preis $P = (1-\pi^{\varphi^*})T$ entspricht. Den Erwartungswert $\varphi^*$ antizipierend, sind alle Zielgesellschaftsaktionäre indifferent zwischen Andienung ihrer Aktien und Ablehnung des Angebots. Weiterhin gilt im Gleichgewicht, dass bei einem Preis $P < (1-\pi^{50\%})T$ das Angebot scheitert, da dann für alle $\varphi^* \in [0{,}5;1]$ der gebotene Preis kleiner ist als jener Wert, den die Zielgesellschaftsaktionäre auf die von ihnen erwartete finale Beteiligung des Akquisiteurs realisieren können $(P < (1-\pi^{\varphi^*})T)$. Ist der offerierte Preis $P > T$, dann gilt auch für alle $\varphi^* \in [0{,}5;1]: P > (1-\pi^{\varphi^*})T$, sodass alle außenstehenden Aktien angedient werden $(a = 1-u)$. Vgl. *Burkart/Gromb/Panunzi* (1998), S. 198.

894 Vgl. *Burkart/Gromb/Panunzi* (1998), S. 179.

In der ersten Phase des Modells wird der Bieter den Übernahmepreis $P$ wählen, der seinen Gewinn maximiert, welcher sich aus den bekannten Größen wie folgt zusammensetzt:

$$G_B = (u+a)(1-\pi)AT + \theta(\pi)AT - aAP - K$$

*Burkart/Gromb/Panunzi* zeigen, dass es für den Ausgang des Übernahmeangebots ein eindeutiges Gleichgewichtsergebnis gibt. Sofern die Transaktionskosten $K$ mindestens gedeckt werden durch die Gewinne, die der Bieter bezogen auf eine 50%ige Beteiligungsquote erzielen kann, wird er ein Übernahmeangebot in Höhe von $P = (1-\pi^{50\%})T$ abgeben und anschließend eine finale Beteiligungsquote von $\varphi = 50\%$ erreichen, womit die Offerte erfolgreich abgeschlossen werden kann.[895] Gesetzt den Fall, die Kosten $K$ übersteigen die auf eine 50%ige Beteiligung konditionierten Gewinnchancen, wird die Übernahme der Zielgesellschaft scheitern.[896]

Aufgrund der Tatsache, dass der Übernehmer im Gleichgewicht exakt den Wert der Minderheitsanteile nach der Transaktion zahlen muss, kann er auf die im Rahmen des Übernahmeverfahrens erworbenen Aktien keine Gewinne erzielen. Seine Gewinnmöglichkeiten reduzieren sich wegen des Trittbrettfahrerverhaltens der Zielgesellschaftsaktionäre auf die Anteile $u$, die er bereits vor der Unternehmensübernahme besessen hat, sowie auf die Option, private Sondervorteile $\theta(\pi^{\varphi})$ zu ziehen.

Da die Profitchancen des Käufers, das heißt die Möglichkeiten der Generierung privater Nutzenvorteile, ceteris paribus mit steigender Anteilsquote abnehmen, ist der Bieter bestrebt, so wenig Aktien wie möglich und so viele wie – für die Kontrollerzielung – nötig zu erwerben. Wegen des positiv korrelierten Verhältnisses zwischen Angebotspreis und finaler Anteilsquote wird der Bieter, wie oben gezeigt, den zur Kontrollerlangung niedrigstmöglichen Preis je Aktie ($P = (1-\pi^{50\%})T$) unterbreiten. Im Ergebnis entsteht dann eine aus ökonomischen Effizienzerwägungen suboptimale – ein *dead-weight-loss* generierende – Eigentümerstruktur.[897]

*Burkart*, *Gromb* und *Panunzi* schlagen vor, jenes auf das Trittbrettfahrerverhalten der Zielgesellschaftsaktionäre zurückzuführende ex post opportunistische und somit wohlfahrtsschädliche Verhalten des Bieters durch die Implementierung einer Freeze-out-Regel zu eliminieren. Der Ausschlussregel zufolge soll der Übernehmer die Möglich-

---

895 Eine weitere Voraussetzung für die Erzielung einer genau 50%igen Beteiligung ist die Kenntnis des Bieters über die Struktur der Aktienangebotskurve. Die Angebotskurve repräsentiert eine im Übernahmepreis strikt steigende Funktion. Vgl. *Burkart/Gromb/Panunzi* (1998), S. 181 f.

896 Vgl. *Burkart/Gromb/Panunzi* (1998), S. 180.

897 Zum Argument des *dead-weight-loss* vgl. die zur FN 888 gehörenden Ausführungen im Text.

keit haben, die das Übernahmeangebot ablehnenden Minderheitsaktionäre zu einem Preis $F$ je Aktie auszuschließen, der dem Übernahmeangebot $P$ entspricht $(F = P)$. Voraussetzung für den Zwangsausschluss ist, dass der neue Mehrheitsgesellschafter die festgelegte Mindestbeteiligungsquote $f$ im Zuge des Übernahmeangebots erworben hat, wobei $f$ größer als 50% ist.[898] Da im Modell von *Burkart/Gromb/Panunzi* der Übernahmepreis $P$ mindestens dem inneren Unternehmenswert $W$ unter dem bisherigen Management entspricht, bei $P < W$ werden die Anleger das Angebot ablehnen, bedeutet der Ausschluss der nicht andienenden Aktionäre zu dem Wert $P$ nichts anderes als ein Hinausdrängen bei einer Kompensationsregel $F = \max[W; P]$.

Die Ausschlussoption führe dazu, so *Burkart/Gromb/Panunzi*, dass zumindest einige Bieter von dieser Regel Gebrauch machen würden, die vorher entweder gar kein Interesse an einer Übernahme gehabt oder aber 50% der Anteile zu einem Preis je Aktie von $P = (1 - \pi^{50\%})T$ erworben hätten. Jene würden nun, den Autoren zufolge, einen Anteil von $f$ Aktien zu einem Preis je Papier von $P = (1 - \pi^{f})T$ erwerben und die restlichen Anteilseigner im Zuge eines Freeze-out verdrängen. Sofern die Beteiligungsschwelle $f$ > 50% ist, ergibt sich, eine ansteigende Aktienangebotskurve vorausgesetzt,[899] ein Übernahmepreis von $P = (1 - \pi^{f})T$, der ceteris paribus größer ist als der Transaktionspreis $P = (1 - \pi^{50\%})T$, welcher sich bei Abwesenheit der Freeze-out-Regel ergeben würde. Demnach würde mit Einführung des Squeeze-out, so die Autoren, einerseits die Übernahmeprämie durch die Erhöhung des Übernahmepreises steigen; andererseits würde durch den Squeeze-out die Eigentumskonzentration in den Händen des Übernehmers auf 100% ansteigen, wodurch eine Internalisierung der mit einer Generierung privater Sondervorteile verbundenen externen Kosten einhergeht und somit das ex post opportunistische Verhalten des Kontrollaktionärs eingegrenzt wird.[900]

*Burkart/Gromb/Panunzi* übersehen allerdings einen wichtigen Baustein: So besteht immerhin die Möglichkeit, dass der Übernehmer, nachdem er die Mindestbeteiligung $f$ aufgebaut hat, keinen Ausschluss der Minderheitsaktionäre betreibt und stattdessen durch eine maximale Ziehung privater Sondervorteile nahezu die gesamte mit der Unternehmenstransaktion verbundene Wertsteigerung vereinnahmt. Jenes Szenario ist insbesondere dann möglich, wenn die Beteiligungsschwelle $f$ nur marginal größer ist als die zur Kontrolle berechtigende 50%ige Anteilsquote. Dieses Ergebnis indiziert die

---

898 Vgl. *Burkart/Gromb/Panunzi* (1998), S. 185 f.

899 Kritisch zu dieser Annahme in einem Freeze-out-Regime vgl. *Amihud/Kahan/Sundaram* (2004), S. 1340.

900 Vgl. *Burkart/Gromb/Panunzi* (1998), S. 186, 200 f.

Befürwortung einer möglichst hohen Beteiligungsquote als Voraussetzung für die Durchführung eines Zwangsausschlusses.

### IV.1.2.2.6. Lösungsansatz zur Überwindung der residualen Ineffizienzen

*Amihud, Kahan* und *Sundaram*[901] untersuchen den Einfluss einer Freeze-out-Regel, die gewährleistet, dass die das Angebot ablehnenden Zielgesellschaftsaktionäre eine Abfindung $F$ für ihre zwangsweise eingezogenen Aktien erhalten, die dem höheren Wert aus Börsenkurs $B$ vor Verkündung des Übernahmeangebots und dem Übernahmepreis $P$ entspricht $(F = \max[B;P])$. Jene hier eingeführte Squeeze-out-Regel erlaubt es dem Erwerber, die Minderheitsaktionäre gegen ihren Willen auszuschließen, wenn er die zur Kontrolle legitimierende Beteiligungsquote von mindestens 50% erzielt hat. Die ihrer Untersuchung zugrunde liegenden Annahmen entsprechen denen von *Grossman/Hart.*[902] Ein Übernehmer, der in der Lage ist, den Unternehmenswert $AW$ der Zielgesellschaft vor Bekanntgabe der Offerte unter Berücksichtigung der Transaktionskosten $K$ auf $AT$ zu steigern, sodass gilt: $TA - WA > K$,[903] unterbreitet den Zielgesellschaftsaktionären ein unbeschränktes unbedingtes Übernahmeangebot. Erfolgreich ist die Unternehmensübernahme dann, wenn der Bieter mindestens 50% der Aktien (unterstellt wird hier die *One-share-one-vote*-Regel)[904] besitzt.

Neu an dem Untersuchungsdesign von *Amihud, Kahan* und *Sundaram* ist neben der Implementierung einer Freeze-out-Option die explizite Berücksichtigung des Börsenkurses vor Bekanntgabe des Übernahmeangebots. Jener Aktienkurs ist eine Funktion, die sich zusammensetzt aus dem Wert $W$ unter dem aktuellen Management, der Wahrscheinlichkeit $\rho$ einer erfolgreichen Übernahme, der Wahrscheinlichkeit $\upsilon$ eines nicht erfolgreichen Übernahmeangebots, den Zuflüssen der Zielgesellschaftsaktionäre bei erfolgreicher Übernahme (diese hängen von dem Ausschlussmechanismus ab) sowie den Zuflüssen der Zielgesellschaftsaktionäre bei einer nicht erfolgreichen Offerte (Aktionäre, die andienen, erhalten $P$, jene, die ablehnen, vereinnahmen $W$):[905]

---

[901] Vgl. *Amihud/Kahan/Sundaram* (2004), S. 1325 ff.

[902] Für das Modell von *Grossman/Hart* (1980) vgl. Kapitel IV.1.2.2.2 und IV.1.2.2.3.

[903] Sowohl $T$ als auch $K$ sind ex ante zufallsabhängige, exogen verteilte Variablen, deren Realisierungen im Moment des Übernahmeangebots allgemein bekannt werden und die *common-knowledge*-Bedingung erfüllen. Vgl. *Amihud/Kahan/Sundaram* (2004), S. 1328.

[904] Vgl. zur *One-share-one-vote*-Regel die in FN 725 genannten Fundstellen.

[905] Vgl. *Amihud/Kahan/Sundaram* (2004), S. 1330.

$B =$ $(1 - \rho - \upsilon)W + \upsilon E$(Zufluss der Aktionäre | nicht erfolgreiches Übernahmeangebot) + $\rho E$(Zufluss der Aktionäre | erfolgreiches Übernahmeangebot)[906]

Die Autoren weisen nach, dass unter Berücksichtigung der skizzierten Freeze-out-Regel auf der einen Seite das von *Grossman/Hart* reklamierte Trittbrettfahrerproblem gelöst werden kann, dass alle effizienten Unternehmensübernahmen $(TA - WA > K)$ erfolgreich durchgeführt werden können und darüber hinaus ineffiziente Transaktionen $(TA - WA < K)$ unterbleiben.

Bei gegebenem Ex-ante-Börsenkurs *B* und Ex-ante-Unternehmenswert *W* je Aktie würden die Zielgesellschaftsaktionäre niemals ein Angebot *P* annehmen, für das gilt: $P < \min[B;W]$. In diesem Fall würden sie bei einer Annahme lediglich den Wert *P* pro Aktie vereinnahmen, während sie bei Ablehnung der Offerte entweder *W*, sofern die Übernahme scheitert, oder aber $F = \max[B;P] = B$, wenn die Transaktion zustande kommt, erhalten. Sollte der Bieter ein Angebot *P* unterbreiten, für das gilt: $P > \max[B;W]$, dann bestünde das eindeutige Gleichgewicht in dem Erfolg der Übernahmeofferte. Allerdings kann ein derartiges Angebot, $P > \max[B;W]$, nie Gegenstand einer Gleichgewichtslösung sein, da es stets ein für den Bieter vorteilhafteres *P'* geben wird, für das gilt: $P > P' > \max[B;W]$, und das ebenfalls mit Sicherheit zu einer erfolgreichen Übernahme führen wird. Also kann geschlussfolgert werden, dass jedwedes gleichgewichtige Übernahmeangebot *P*, zu dem die Zielgesellschaftsaktionäre ihre Anteile andienen würden, in dem Intervall $[\min(B,W);\max(B,W)]$ liegen muss.[907]

Da, wie gezeigt, der Übernahmepreis *P* in dem Intervall $[\min[B;W];\max[B;W]]$ liegt, bewegen sich die Zahlungsstromzuflüsse der Zielgesellschaftsaktionäre sowohl im Übernahmeerfolgs-[908] als auch im -misserfolgsfalle[909] ebenfalls zwischen $[\min[B;W];\max[B;W]]$. Für den Ex-ante-Börsenkurs ergibt sich folglich folgende Obergrenze:

$$B \leq (1 - \rho - \upsilon)W + (\rho + \upsilon)\max[B,W],$$

---

906 $(1 - \rho - \upsilon)$ repräsentiert dabei die Wahrscheinlichkeit, mit der erst gar kein Übernahmeangebot unterbreitet wird.

907 Vgl. *Amihud/Kahan/Sundaram* (2004), S. 1332.

908 Ist das Übernahmeangebot erfolgreich, erhalten die die Offerte annehmenden Aktionäre den Wert *P* je Aktie; jene, die das Angebot ablehnen, bekommen $F = \max[B;P]$.

909 Im Misserfolgsfalle erhalten die Aktionäre, die ihre Anteile andienen *P* je Aktie; jene, die die Offerte ablehnen, bekommen *W* je Anteil.

mit dem Ergebnis, dass der Ex-ante-Börsenkurs $B$ höchstens dem Unternehmenswert $W$ je Aktie entspricht $(B \le W)$.

Umgekehrt lässt sich die Untergrenze für den Ex-ante-Börsenkurs ausdrücken als:

$$B \ge (1-\rho-\upsilon)W + (\rho+\upsilon)\min[B,W],$$

womit der Ex-ante-Börsenkurs $B$ mindestens dem Unternehmenswert $W$ je Anteil entspricht $(B \ge W)$. Aus den für die Ober- und Untergrenze des Ex-ante-Börsenkurses gewonnenen Größenverhältnissen folgt, dass der Börsenkurs $B$ je Aktie den gleichen Wert einnehmen muss wie deren Wert $W$. Da zudem der gleichgewichtige Übernahmepreis $P$ in dem Intervall $[\min[B;W];\max[B;W]]$ liegt, muss im Gleichgewicht schließlich folgende Beziehung gelten: $P = W = B$.[910]

Der Bieter unterbreitet nunmehr nur dann ein Übernahmeangebot, wenn der von ihm gebotene Preis $P \le T - K/A$[911] ist, weil er ansonsten bei einem erfolgreichen Kontrollwechsel einen Verlust erleiden würde. Dabei wird er, wenn $P < T - K/A$, die (gleichgewichtige) Offerte in Höhe von $P = W = B$ vorlegen, zu der die Zielgesellschaftsaktionäre mit Sicherheit $(\upsilon = 0)$ ihre Aktien verkaufen werden.[912] Anders als die meisten bisher präsentierten modelltheoretischen Abhandlungen kommen *Amihud/Kahan/Sundaram* ohne die Annahme aus, wonach die Zielgesellschaftsaktionäre ihre Anteile bei Indifferenz zwischen Andienung und Ablehnung des Angebots an den Bieter veräußern; vielmehr handelt es sich bei der hier gegenständlichen Andienungsstrategie um einen Gleichgewichtszustand.[913]

Entspricht der Übernahmepreis $P$ je Anteil genau der Differenz aus Ex-post-Unternehmenswert $T$ je Aktie und anteiligen Transaktionskosten $K/A$, dann sind zwei Gleichgewichtszustände denkbar: In dem einen macht der Bieter ein Angebot $P = W = B$, und die Übernahme ist erfolgreich; sollte der Bieter allerdings mit positiver Wahrscheinlichkeit von einem scheiternden Übernahmeangebot ausgehen, wird er erst gar keine Offerte unterbreiten, da er dann mit einem Verlust rechnet $(-\upsilon K < 0)$.[914]

Mit der Einführung einer Freeze-out-Regel, die eine Abfindung von $F = \max[B;P]$ gewährleistet, werden im Ergebnis also Unternehmensakquisitionen immer dann durch-

---

910 Vgl. *Amihud/Kahan/Sundaram* (2004), S. 1333.

911 In anderen Fällen, das heißt, wenn $P > T - K/A$, erleidet der Bieter einen Verlust.

912 Vgl. *Amihud/Kahan/Sundaram* (2004), S. 1333.

913 Die Andienung bei Indifferenz unterstellen z. B. *Grossman/Hart* (1980), *Shleifer/Vishny* (1986), *Cornelli/Li* (2002), *Müller/Panunzi* (2004), *Burkart/Gromb/Panunzi* (1998).

914 Vgl. *Amihud/Kahan/Sundaram* (2004), S. 1333.

geführt, wenn der neue Kontrollaktionär in der Lage ist, den Wert der Gesellschaft zu steigern. In dieser Konstellation ist der Bieter imstande, die Zielunternehmung mit Sicherheit zu einem Preis $P = W = B$ zu erwerben. Des Weiteren führt die Ausschlussregel dazu, dass, sollte der potenzielle Bieter nicht fähig sein, den Unternehmenswert zu erhöhen, es sich für ihn nicht lohnt, eine Offerte zu unterbreiten, da dann der Preis $P$ größer wäre als der durch die Ex-post-Wertsteigerung zu erzielende Nutzenzuwachs $TA - K$. Ist der Bieter schließlich weder in der Lage, den Wert der Zielgesellschaft zu steigern, noch unfähig genug, um den Wert zu vermindern $(T - K / A = W)$, dann unterbreitet er entweder eine Offerte, die mit Sicherheit erfolgreich ist, oder er macht den Zielgesellschaftsaktionären erst gar kein Angebot.[915]

Angemerkt sei an dieser Stelle noch, dass jenes hier skizzierte Ergebnis nicht nur für unbeschränkte unbedingte Übernahmeofferten Gültigkeit beansprucht; vielmehr gelangt man mit der hier eingeführten Squeeze-out-Regel zu den gleichen Resultaten, wenn man unbeschränkte und auf mindestens 50% der Aktien bedingte Angebote zulässt. Eine derartige Konditionierung der Offerte führt gar zu einer Vereinfachung der Betrachtung, da die Zielgesellschaftsaktionäre für den Fall eines gescheiterten Übernahmeversuchs unabhängig von ihrer das Angebot betreffenden Entscheidung in jedem Falle den Wert $W$ unter der bisherigen Geschäftsleitung vereinnahmen.

Des Weiteren kommt der von *Amihud/Kahan/Sundaram* geführte Beweis, wonach die vorgestellte Freeze-out-Regel alle effizienten Unternehmensübernahmen ermöglicht und jedwede ineffiziente Transaktionen verhindert, ohne die Annahme einer atomistischen Aktionärsstruktur der Zielgesellschaft aus, sie ist mithin unabhängig von der Eigentümerstruktur. Während, wie in Kapitel IV.1.2.2.5.2 gezeigt, *Bagnoli* und *Lipman* in ihrer Untersuchung für unbedingte Unternehmensübernahmen bei begrenzter bzw. endlicher Aktionärszahl der Zielgesellschaft zum Teil stochastische Ergebnisse, das heißt Gleichgewichte in gemischten Strategien, ermitteln und somit nicht gewährleistet ist, dass alle effizienten Transaktionen mit Sicherheit durchgeführt werden, kann der in diesem Abschnitt präsentierte Squeeze-out-Mechanismus diesen Beitrag leisten.

Gleiches gilt im Übrigen auch für die von *Bebchuk* präsentierten Resultate.[916] So geht er ohne Vermögensverwässerungsoption von einer Zielgesellschaft mit großer Aktionärszahl aus und implementiert zudem die Unsicherheit über den Erfolg von Übernahmeofferten. Potenziell effiziente Unternehmensübernahmen kommen bei *Bebchuk*

---

915 Vgl. *Amihud/Kahan/Sundaram* (2004), S. 1333.

916 Vgl. hierzu die Ausführungen in Kapitel IV.1.2.2.5.1.

nicht mit Sicherheit zustande: Während bedingte Unternehmensübernahmeangebote in diesem Setting scheitern, ermittelt der Autor für unbedingte Offerten ein symmetrisches Gleichgewicht in gemischten Strategien, also ein stochastisches Resultat. Die von *Amihud*, *Kahan* und *Sundaram* postulierte Freeze-out-Regelung gewährleistet den Erfolg von (effizienten) Unternehmensübernahmen unabhängig davon, ob es sich um eine bedingte oder unbedingte Offerte handelt. Auch die Einbeziehung von Unsicherheit auf Seiten der Zielgesellschaftsaktionäre vermag hier keine Abweichung zu generieren.

Weiterhin scheint die Freeze-out-Vorschrift $F = \max[B;P]$ die den Untersuchungsergebnissen von *Shleifer/Vishny* innewohnenden Ineffizienzen zu lösen. *Shleifer/Vishny* gehen von Informationsasymmetrie zwischen einem existenten großen Minderheitsaktionär, der auch als Übernehmer auftritt, sowie den übrigen Zielgesellschaftsaktionären über die Wertsteigerungschancen der Unternehmung zugunsten des Ersteren aus. Jene asymmetrischen Informationen können, und das haben die obigen Ausführungen gezeigt, die Ursache dafür sein, dass effiziente Unternehmensübernahmen verhindert werden. Unter dem Regime der von *Amihud/Kahan/Sundaram* präsentierten Aktionärsausschlussregel ist einerseits die Aktionärsstruktur der Zielgesellschaft für die Gleichgewichtslösung irrelevant, sodass die Existenz oder Nichtexistenz des großen Minderheitsaktionärs keine Bedeutung hat; andererseits spielt es keine Rolle, ob es sich bei der Kenntnis über den Ex-post-Wert $T$ um allgemeines oder privates Wissen handelt: Der Zahlungsstrom, welcher den Zielgesellschaftsaktionären zufließt, ist unabhängig von deren Einschätzung des Ex-post-Werts $T$ und somit auch irrelevant für ihre Entscheidung über die Annahme oder Ablehnung des Übernahmeangebots.[917]

Bedeutungslos durch die Einführung der Squeeze-out-Regel werden die von *Cornelli/Li* zur Überwindung des Trittbrettfahrerverhaltens der atomisierten Zielgesellschaftsaktionäre ins Feld geführten Risiko-Arbitrageure.[918] Zwar kann durch die Endogenisierung der Risiko-Arbitrageure eine Überwindung des *Free-riding*-Verhaltens erreicht werden; allerdings kann nicht mit Sicherheit davon ausgegangen werden, dass es ihnen gelingt, jene für den Übernahmeerfolg benötigte Aktienanzahl zu erwerben. Unter Berücksichtigung der in diesem Kapitel präzisierten Freeze-out-Möglichkeit benötigt der Bieter keine Risiko-Arbitrageure, um eine effiziente Unternehmensübernahme erfolgreich abzuschließen. Ähnlich verhält es sich mit den von *Kyle/Vila* endo-

---

917 Dienen die Aktionäre ihre Aktien an, erhalten sie im Erfolgsfalle den Preis $P$ und im Misserfolgsfalle den Ex-ante-Unternehmenswert $W$ (bei einem bedingten Übernahmeangebot) bzw. ebenfalls $P$ (bei einem unbedingten Angebot). Lehnen sie die Offerte dahingegen ab, erhalten sie im Erfolgsfalle den Freeze-out-Preis $F = \max[B;P]$ und im Misserfolgsfalle den Ex-ante-Wert $W$.

918 Vgl. hierzu die Ausführungen in Kapitel IV.1.2.2.5.6.

genisierten *noise traders*.[919] Auch diese vermögen, grundsätzlich *free riding* zu umgehen; nichtsdestotrotz gibt es eine positive Wahrscheinlichkeit, mit welcher der Bieter darin scheitert, unbemerkt Zielgesellschaftsaktien zu kaufen. Führt man besagte Freeze-out-Regel ein, benötigt der potenzielle Bieter auch nicht den Schutz der *noise traders*, um eine effiziente Unternehmensübernahme erfolgreich abschließen zu können.

Wenngleich die Ausschlussregel $F = \max[B; P]$ theoretisch die Umsetzung effizienter und die Verhinderung ineffizienter Unternehmenskontrollwechsel zu gewährleisten vermag, sind die durch diese Vorschrift im Übernahmeerfolgsfalle zutage geförderten Ergebnisse durch eine einseitige Verteilung gekennzeichnet. Kommt eine Unternehmensübernahme zustande, vereinnahmt der Kontrollkäufer den gesamten Wertzuwachs in Höhe von $AT - AW - K$. Den Zielgesellschaftsaktionären bleibt zumindest (lediglich) eine Status-quo-Sicherung ihres Vermögens in Höhe von $W$ je Anteil. Eine Analyse der Verteilung etwaiger mit dem Zwangsausschluss realisierbarer Wertbeiträge aus sozialökonomischer Perspektive erfolgt in Kapitel V.3.

### IV.1.2.2.7. Beurteilung des in Deutschland geltenden Ausschlussrechts

Im Folgenden soll nun der Beitrag der in Deutschland gemäß §§ 327 a ff. AktG de lege lata geltenden Ausschlussregel einer Überprüfung vor dem Hintergrund der Funktionsfähigkeit des Markts für Unternehmenskontrolle unterzogen werden.

Ausgegangen wird dabei von einer börsennotierten AG mit einer Vielzahl von Aktionären, von denen keiner die Kontrolle innehat. Ein interessierter Bieter, der im Übrigen ex ante keine Anteile an der Zielgesellschaft hält, unterbreitet den Gesellschaftern[920] der AG ein unbeschränktes öffentliches Übernahmeangebot $P$ je Aktie, wobei für die Kontrollausübung annahmegemäß ein 50%iger Grundkapitalbesitz genügt.[921] Im Folgenden wird das Übernahmeergebnis sowohl für eine auf 95% des Grundkapitals bedingte als auch für eine unbedingte Offerte betrachtet. Dabei geht jeder einzelne Zielgesellschaftsaktionär davon aus, dass seine Entscheidung betreffend das Übernahmeangebot unerheblich ist für das Ergebnis des angestrebten Kontrollwechsels. Gemäß § 327 a AktG hat der Bieter im Übernahmeerfolgsfalle die Möglichkeit, die Minderheitsaktionäre gegen ihren Willen zu einem Wert $W$ je Aktie auszuschließen, den ein Anteil im Zeitpunkt der über den Zwangsausschluss beschließenden Hauptver-

---

919 Vgl. hierzu die Ausführungen in Kapitel IV.1.2.2.5.7.

920 Es wird unterstellt, dass alle Beteiligten risikoneutral und die Kapitalkosten null sind.

921 Dabei wird annahmegemäß von einer *One-share-one-vote*-Struktur ausgegangen. Vgl. dazu die in FN 725 genannten Quellen. Des Weiteren wird hier der Einfachheit halber von Transaktionskosten abstrahiert.

sammlung hat.[922] Von der Berücksichtigung der Börsenkurse als Abfindungsuntergrenze wird hier insofern abstrahiert, als dass vereinfachend ein vollkommener Kapitalmarkt unterstellt wird, auf dem der innere Wert einer Aktie stets seinem Marktpreis entspricht.[923] Der Einfachheit halber wird hier weiterhin davon ausgegangen, dass die Squeeze-out-Beschlussfassung und die Übernahmeangebotsannahmefrist in der gleichen (logischen) Sekunde liegen; dies bedeutet, dass der Wert je Aktie im Zeitpunkt der Beschlussfassung und unter dem alten Management identisch sind, womit beide $W$ entsprechen. Nachdem der erfolgreiche Bieter die Entscheidung über den Ausschluss der Minderheitsaktionäre getroffen und im Falle einer Squeeze-out-Absicht die Hauptversammlung zugestimmt hat, entspricht der Wert je Aktie infolge des Kontrollwechsels $T$. Ferner hat der die Kontrolle ausübende Aktionär annahmegemäß nicht die Möglichkeit, *private benefits*, die auch anteilig zu seinen Lasten gehen würden, zu vereinnahmen.

Da, wie erwähnt, jeder Anteilseigner von der Unbeachtlichkeit seiner Entscheidung ausgeht, wird er die jeweils mit der Andienung und Ablehnung zu erwartenden und ihm ex ante bekannten Rückflüsse aus der Aktienanlage miteinander vergleichen.

Das hier unter der Squeeze-out-Vorschrift der §§ 327 a ff. AktG unterstellte Setting führt für den Fall von auf 95% *bedingte* Offerten zu dem gleichen Ergebnis wie die Ausschlussregel bei *Amihud/Kahan/Sundaram.* Im Gleichgewicht entspräche der Angebotspreis $P$ dem Ex-ante-Wert je Aktie $W$ sowie dem Börsenkurs $B$ ($P = W = B$). Kann der Bieter den Wert je Aktie steigern, unterbreitet er den gleichgewichtigen Angebotspreis, den die Zielgesellschaftsaktionäre, die stets den Wert $W$ je Aktie erhalten, annehmen werden, sodass im Ergebnis effiziente Unternehmensübernahmen zustande kommen. Sofern der potenzielle Erwerber den Wert der Aktie im Anschluss an die Kontrollerlangung nicht verbessern kann, wird er erst gar kein Angebot unterbreiten, womit ineffiziente Kontrollwechsel verhindert werden.

Bei *unbedingten* Übernahmeangeboten ist zwischen der deutschen Squeeze-out-Regelung und der von *Amihud/Kahan/Sundaram*[924] ein Unterschied zu konstatieren, der auf den differierenden Beteiligungsschwellen basiert, die der Hauptaktionär benötigt, um einen Ausschluss zu motivieren.

---

[922] Ausführlich zu den Regelungen der §§ 327 a ff. AktG vgl. Kapitel II.1.1.

[923] Für diesen Zusammenhang vgl. die Ausführungen in Kapitel III.2.4.

[924] *Amihud/Kahan/Sundaram* erlauben den Ausschluss bei einer mindestens 50%igen Grundkapitalbeteiligung. Vgl. Kapitel IV.1.2.2.6.

Offeriert der Bieter den Zielgesellschaftsaktionären unter der deutschen Regelung ein *unbedingtes* Übernahmeangebot und ist er in der Lage, den Unternehmenswert zu steigern ($T > P \geq W$), hängt das Ergebnis von der Wahrscheinlichkeitseinschätzung der Angebotsadressaten ab:

Geht die Mehrheit der Anteilseigner davon aus, dass der Bieter mindestens 95% des Grundkapitals erwirbt, werden sie ihre Aktien andienen, weil der Preis $P$ je Aktie mindestens so hoch ist wie ein im Übernahmeerfolgsfalle im Zuge der Abfindungszahlung realisierbarer Betrag $W$. Sind die Zielgesellschaftsaktionäre in der Majorität der Ansicht, dass der Bieter am Ende einen Grundkapitalanteil hält, der mindestens 50%, aber geringer als 95% ist, wird der Kontrollwechsel wegen des Trittbrettfahrerverhaltens der Angebotsadressaten scheitern, weil der im Übernahmeerfolgsfalle erwartete Wert $T$ je Aktie höher ist als der Angebotspreis $P$. Sind die Zielgesellschaftsaktionäre mehrheitlich der Überzeugung, dass der potenzielle Übernehmer weniger als 50% des Grundkapitals erwirbt, werden sie das Angebot annehmen, weil der gebotene Preis $P$ mindestens dem im Misserfolgsfalle realisierbaren Wert $W$ je Aktie entspricht.

Selbst wenn der Bieter also den im bedingten Angebotssetting gleichgewichtigen Preis $P = W = B$ offeriert, werden die Zielgesellschaftsaktionäre ihre Anteile nicht andienen, wenn sie mehrheitlich davon ausgehen, dass der Käufer mindestens 50% und weniger als 95% des Grundkapitals erwerben wird.

Ist der Bieter indes nicht in der Lage, den Unternehmenswert zu steigern, und offeriert er für die Übernahme der Aktien einen Preis, für den gilt: $P < T < W$, werden die Zielgesellschaftsaktionäre das Angebot ablehnen, weil sie sich sowohl im Erfolgs- als auch im Misserfolgsfall der Übernahme besser stellen, wenn sie ihre Aktien nicht zu einem Preis $P$ veräußern.[925]

### IV.1.2.2.8. Vorausgesetzte Beteiligungsschwelle des § 327 a AktG

Ferner gilt es noch, den Einfluss der für den Squeeze-out benötigten Mindestbeteiligungsschwelle von 95% auf den Übernahmeprozess zu würdigen. Die bisherige Analyse ging davon aus, dass die Zielgesellschaftsaktionäre bis auf die Wahrscheinlichkeitseinschätzung des Übernahmeerfolgs homogene Eigenschaften aufweisen. Im Ergebnis ist es für den Übernahmeprozess somit unerheblich, ob die von dem Bieter anvisierte Beteiligungsschwelle 95% oder z. B. 75% ist, weil der potenzielle Übernehmer seine Offerte stets auf die zum Ausschluss benötigte Anteilsquote bedingen wird, sodass er,

---

[925] Sofern der Bieter den Unternehmenswert nicht erhöhen kann, wird er niemals einen Preis je Aktie bieten, für den gilt: $T \leq P$, weil er dann stets einen Verlust erleidet.

wie in Kapitel IV.1.2.2.7 betont, alle wertsteigernden Kontrollwechsel mit dem gleichgewichtigen Preis $P$, für den gilt: $P = W = B$, erfolgreich abschließen wird.

In der Realität übt die Höhe der angestrebten Anteilsquote indes sehr wohl einen Einfluss auf den Erfolg des Kontrollwechsels aus, da von einer steigenden Aktienangebotskurve ausgegangen werden kann. Diese führt dazu, dass sich mit zunehmender angestrebter Beteiligungsquote der von dem Bieter aufzubringende Preis je Aktie erhöht. So wird es für den Bieter wohl relativ teurer sein, im Rahmen eines Übernahmeangebots 95% des Grundkapitals zu erwerben als z. B. 75%. Der Grund einer steigenden Angebotskurve kann beispielsweise auf unterschiedliche Liquiditätsbedürfnisse sowie auf divergierende steuerliche Rahmenbedingungen der Aktionäre zurückzuführen sein.[926] Mit einer ansteigenden Aktienangebotskurve wird indes auch die bei unbedingten Übernahmeangeboten im vorigen Kapitel IV.1.2.2.7 identifizierte *Free-riding*-Wahrscheinlichkeit der Zielgesellschaftsaktionäre tendenziell zunehmen, sofern der Bieter in der Lage ist, den Wert der Unternehmung zu steigern. Ebenfalls nicht mit Sicherheit erfolgreich sein wird ein Bieter, der ein auf 95% bedingtes Übernahmeangebot in Höhe von $P = W$ (Gleichgewicht im Setting von *Amihud/Kahan/Sundaram*) unterbreitet und die Aktienangebotskurve zudem einen ansteigenden Verlauf nimmt. Offeriert er dahingegen einen Preis, der infinitesimal höher ist als $W$, wird er erfolgreich sein.

### IV.1.2.2.9. Flankierende Maßnahme: Andienungsrecht

Um zu gewährleisten, dass die Zielgesellschaftsaktionäre, die das Übernahmeangebot nicht annehmen und anschließend auch nicht ausgeschlossen werden, nicht aufgrund ihrer Minderheitsposition von dem Hauptaktionär übervorteilt werden, indem Letzterer z. B. private Sondervorteile vereinnahmt, kann das Andienungsrecht, wie es in Art. 16 ÜRL verankert und somit auch Gegenstand der bis Mai 2006 zu gewährleistenden Einführung in nationales Recht ist,[927] als flankierende Maßnahme Abhilfe leisten.

In dem der Verabschiedung der ÜRL vorausgegangenen *Bericht der Expertengruppe* wird in diesem Zusammenhang insbesondere von einer Überwindung des Annahmezwangs[928] bei wertvernichtenden Kontrollwechseln ausgegangen. Haben die Zielgesellschaftsaktionäre nämlich eine zweite Möglichkeit, ihre Aktien zum Angebotspreis

[926] Die Einführung einer steigenden Aktienangebotskurve in die Analyse von Unternehmensübernahmen wird bereits von *Stulz* (1988), S. 30 f., sowie von *Hirshleifer/Titman* (1990), S. 302-305, explizit umgesetzt.

[927] Vgl. hierzu die Ausführungen in Kapitel II.2.4.

[928] Zur Problematik des Annahmezwangs vgl. Kapitel IV.1.2.2.4.

zu veräußern, so die Argumentation in dem Bericht,[929] besteht für sie keine Notwendigkeit, sich gegen die bevorstehende Minderheitsposition zu schützen, indem sie ihre Aktien dem Bieter bereits während der Angebotsfrist andienen.

Diese Argumentation greift allerdings zu kurz: Immer dann, wenn die zur Kontrolle über die Gesellschaft legitimierende Anteilsquote, die regelmäßig bei 50% liegt, niedriger ist als die Mindestandienungsrechtsschwelle, welche gemäß Art. 16 i. V. m. Art. 15 ÜRL mindestens 90% entsprechen muss, existiert eine positive Wahrscheinlichkeit, dass die Übernahme zwar erfolgreich ist, die Andienungsrechtsschwelle allerdings nicht erreicht wird.[930] Somit existiert bei öffentlichen Übernahmeofferten, die zu einem wertvernichtenden Kontrollwechsel führen, für die Zielgesellschaftsaktionäre weiterhin ein Zwang zur Annahme des Angebots, obwohl dieses niedriger ist als der anteilige Ex-ante-Unternehmenswert. *Vollständig* gelöst werden kann dieser Annahmezwang mit Hilfe eines Andienungsrechts, dessen Mindestbeteiligungsschwelle genau der die Kontrolle begründenden Anteilsquote von 50% entspricht.

Aber auch in Fällen eines werterhöhenden Kontrollwechsels vermag die Andienungsoption der Zielgesellschaftsaktionäre keinen vollkommenen Schutz der das Angebot ablehnenden Minderheit zu etablieren. So führt die Einführung des Sell-out-Rechts „lediglich" zu einer Verlängerung der Angebotsannahmefrist; im Ergebnis erhalten die Zielgesellschaftsaktionäre, egal, ob sie das Übernahmeangebot annehmen oder später von ihrem Andienungsrecht Gebrauch machen, gleichermaßen den von dem Bieter in dem öffentlichen Angebot offerierten Preis. Geht man, der Argumentation der Expertengruppe folgend, davon aus, dass die Übervorteilungsgefahr[931] der Minderheitsaktionäre mit einer abnehmenden Gesamtminorität zunimmt,[932] dann kann der Bieter, selbst bei Existenz eines Andienungsrechts, diesen Umstand bereits vorwegnehmend in seinem Übernahmeangebot ausnutzen, indem er eine auf die Mindestandienungsrechtsschwelle bedingte Offerte unterbreitet,[933] die den Zielgesellschaftsaktionären den

---

[929] Vgl. *Bericht der Expertengruppe* (2002), S. 72 f.

[930] Zu dieser spiegelbildlichen, den Squeeze-out betreffenden Argumentation vgl. Kapitel IV.1.2.2.7.

[931] Die Übervorteilungsgefahr bezieht sich hier nicht nur auf einen etwaigen Zwangsausschluss, sondern auch auf weitere private Sondervorteilsziehungsmöglichkeiten des Hauptaktionärs, wie z. B. die Festlegung lukrativer Verrechnungspreise mit weiteren Beteiligungsgesellschaften etc.

[932] Vgl. *Bericht der Expertengruppe* (2002), S. 72. Je geringer die Gesamtbeteiligung der Minderheitsaktionäre ist, desto weniger sind sie in der Lage, sich z. B. mit Hilfe diverser Sperrminoritäten gegen sie benachteiligende Hauptversammlungsbeschlüsse zu wehren.

[933] Erzielt der Bieter im Anschluss an die Annahmefrist nicht die erwünschte Anteilsquote, kann er die ihm angedienten Aktien zurückgeben; er ist allerdings nicht zu einer Rückgabe verpflichtet.

im Anschluss an die erfolgreiche Übernahme um die Vermögensverwässerung $\gamma$ bereinigten Wert je Aktie garantiert.

Auch wenn durch die Einführung einer Sell-out-Option, wie gezeigt, weder der Annahmezwang noch weiteres opportunistisches Verhalten des Hauptaktionärs im Rahmen des Übernahmeangebots vollends ausgeräumt werden können, so darf aus Gleichbehandlungserwägungen ein zum Squeeze-out korrespondierendes Andienungsrecht nicht fehlen.

So ist der insbesondere in Deutschland eingeschlagene Weg, der auf der einen Seite den Zwangsausschluss legitimiert, auf der anderen Seite von einem spiegelbildlichen Andienungsrecht der Minderheitsaktionäre absieht, inkonsequent und nicht nachvollziehbar. Wird dem Hauptaktionär, wie zur Zeit in Deutschland, mit dem Squeeze-out-Recht ein einseitiges, in die Verfügungsrechte und Dispositionsfreiheit der Minderheit eingreifendes Rechtsinstitut an die Hand gegeben, ohne aber den Restaktionären ein korrespondierendes Veräußerungsrecht für den Fall einzuräumen, dass sie sich aufgrund ihrer Minderheitsposition von dem Mehrheitseigner übervorteilt fühlen und ein Verkauf über die Börse mangels benötigter Liquidität nicht infrage kommt bzw. unmöglich ist, eröffnet dies dem Kontrollaktionär Tür und Tor für opportunistisches Verhalten. Geht man davon aus, dass der Hauptaktionär tatsächlich nur von seinem Ausschlussrecht Gebrauch macht, wenn er dadurch, in welcher Form auch immer, einen Vorteil erzielen kann, so kann der Verzicht auf die Ausübung des Zwangsausschlusses als Indiz dafür gewertet werden, dass, getreu einem Grenzkosten-/Grenznutzenkalkül, der Mehrheitsaktionär die Vereinnahmung privater Sondervorteile zulasten der Minderheitsaktionäre höher bewertet als den zu erwartenden Nutzenbeitrag aus einem Zwangsausschluss. Ist Letzteres der Fall, kann es allerdings für die Minderheitsaktionäre vorteilhaft sein, ihre Aktien zu veräußern, weil der sich aus der konkreten Unternehmensbeteiligung ergebende Ertrag aufgrund z. B. hoher privater Sondervorteile des Mehrheitsaktionärs niedriger ist als bei einer alternativen Kapitalmarktanlage. Ihnen an dieser Stelle ein Verkaufsrecht zu verweigern, gleichzeitig aber dem Hauptaktionär eine entsprechende Ausschlussoption einzuräumen, mit deren Hilfe er sich bei wechselndem Vorteilhaftigkeitsvorzeichen einer Restbeteiligung der Minderheitsaktionäre entledigen kann, stellt eine ungerechtfertigte asymmetrische Verfügungsrechtsverteilung an Aktieneigentum dar.[934]

---

[934] Nicht überzeugen kann übrigens das Argument, wonach das Andienungsrecht deshalb zu verwehren ist, weil die Minderheitsaktionäre bereits im Rahmen der Angebotsannahmefrist ihre Anteile hätten veräußern können. So gilt es gerade zu verhindern, dass die Zielgesellschaftsaktionäre aus Furcht vor einer Übervorteilung oder aufgrund einer unzureichenden Information ihre Anteile an den Bieter veräußern; stattdessen ist es zu begrüßen, dass sie sich zunächst ein (kurzfristiges) Bild

Ist das Squeeze-out-Recht, wie (noch) in Deutschland, nicht auf Fälle eines vorausgehenden (erfolgreichen) Übernahmeangebots beschränkt, ist aus Gleichbehandlungserwägungen heraus ebenfalls ein dementsprechendes spiegelbildliches, das heißt die gleiche Beteiligungsquote voraussetzendes, Andienungsrecht zu kodifizieren, das den Minderheitsaktionären auch dann die fristlose Veräußerung ihrer Anteile ermöglicht, wenn der Mehrheitsaktionär jene die Andienungsschwelle begründenden Aktien z. B. frei über die Börse und somit nicht nur im Zuge einer Übernahme erworben hat. Für die Ermittlung des Angemessenheit gewährleistenden Gegenwerts gelten analog sowohl hinsichtlich der zu beachtenden Grundsätze als auch bezüglich der zu verwendenden Verfahren die in Kapitel V für den Zwangsausschluss gewonnenen Erkenntnisse.

Nicht besonders überzeugend erscheint nunmehr die in der rechtspolitischen Diskussion sowie in der Regierungsbegründung zum Squeeze-out vorgetragene Argumentation, der Zwangsausschluss sei als spiegelbildliches Korrelat zum Pflichtangebot vonnöten.[935] Das Pflichtangebot dient primär dem Schutz der Zielgesellschaftsaktionäre bei Unternehmenskontrollwechseln, die der Gesetzgeber gemäß § 29 Abs. 2 WpÜG bei einer mindestens 30%igen Stimmmehrheit erkennt. Dem Gleichbehandlungsgebot entsprungen, soll hierdurch insbesondere gewährleistet werden, dass uninformierte Anteilseigner zu den gleichen Konditionen ihre Anteile veräußern *können* wie z. B. ein vorheriger Kontrollblockveräußerer; nur weil einige Aktionäre möglicherweise nicht mit dem Angebot einverstanden sind und es ablehnen, sofort deren Ausschluss zu fordern, erscheint willkürlich und Ausdruck einer „Wenn-schon-denn-schon-Rechtspolitik" zu sein. Als spiegeldbildliches Instrument zum Squeeze-out kann, das haben die obigen Ausführungen gezeigt, vielmehr nur ein analog ausgestaltetes Andienungsrecht fungieren; in Deutschland umso mehr, als dass der Zwangsausschluss nicht nur im Anschluss an einen Unternehmenskontrollwechsel möglich ist.

### IV.1.2.2.10. Zwischenfazit

Die Ausführungen über die Funktionsfähigkeit des Markts für Unternehmenskontrolle in Bezug auf öffentliche Übernahmeangebote haben unter Berücksichtigung variierender Annahmen mehrere Erkenntnisse zutage gefördert:

---

von der Lage der Dinge im Anschluss an die erfolgreiche Übernahme machen können, um schließlich zu entscheiden, ob die Veräußerung der Aktien nicht die bessere Option repräsentiert.

935 Vgl. Kapitel I.1.

Zunächst wurde gezeigt, dass der von *Grossman/Hart* unterbreitete Vorschlag, das Trittbrettfahrerverhalten der Zielgesellschaftsaktionäre durch eine Vermögensverwässerung zulasten der Kleinanleger zu überwinden, selbst bei Vernachlässigung von Umverteilungseffekten zu nicht effizienten Ergebnissen auf dem Markt für Unternehmenskontrolle führt. Die dabei identifizierte Ineffizienz äußert sich in über den Annahmezwang (*Pressure-to-tender*-Problem) zustande gekommenen wertvernichtenden Transaktionen.

Daran anknüpfend wurde herausgearbeitet, dass durch eine Anpassung jener der Untersuchung von *Grossman* und *Hart* zugrunde liegenden rigiden Prämissen an realitätsnähere Verhältnisse, das *Free-riding*-Verhalten der Zielgesellschaftsaktionäre auch ohne die Möglichkeit eines Aktionärszwangsausschlusses teilweise überwunden werden kann. Allerdings wird die Überwindung des Trittbrettfahrerverhaltens nicht vollständig erreicht, da unabhängig von der Aktionärsstruktur der Zielgesellschaft, der Einbeziehung von Unsicherheit über den Erfolg des Übernahmeangebots sowie der Berücksichtigung von Risiko-Arbitrageuren, *noise traders* sowie von Aktionärsdemokratie im Gleichgewicht zumindest eine positive Wahrscheinlichkeit besteht, mit der effiziente Unternehmensübernahmen nicht zustande kommen. Umgekehrt lässt sich durch die Modifikationen des Modelldesigns das Zustandekommen ineffizienter Kontrollwechsel nicht nachweisen. Gleichwohl hat die Auswertung der Modelle gezeigt, dass das Trittbrettfahrerverhalten in dem von *Grossman/Hart* identifizierten Ausmaß tendenziell nicht zu erwarten sein wird.

Die Restunsicherheit, welche einer Perfektionierung des Markts für Unternehmenskontrolle für den Bereich der öffentlichen Übernahmeangebote im Wege steht, kann durch die Implementierung einer Freeze-out-Regel dergestalt überbrückt werden, dass jene die Offerte ablehnenden Minderheitsaktionäre im Anschluss an ein erfolgreiches Übernahmeangebot zu einem Preis abgefunden werden können, der $F = \max[B, P]$ entspricht. In diesem Umfeld, das haben die Auswertungen dieser Vorschrift ergeben, kommen effiziente Unternehmensübernahmen ungehindert zustande, und ineffiziente Transaktionen werden verhindert. Im Ergebnis verschlechtert sich die Situation der ausgeschlossenen Minderheitsaktionäre nicht gegenüber jener vor der Unternehmensübernahme, sodass zumindest gewährleistet ist, dass sie keinen Vermögensverlust erleiden. Das hier zutage geförderte Resultat lässt indes die Frage unbeantwortet, ob die mit der Ausschlussregelung lediglich gewährleistete Status-quo-Sicherung der Minderheitsaktionäre sowohl mit Gerechtigkeitskriterien als auch mit den sich daraus ergebenden ökonomischen Folgeerscheinungen vereinbaren lässt.[936] Nicht unerwähnt

[936] Die Beurteilung der Abfindungshöhe aus sozialökonomischer Perspektive erfolgt in Kapitel V.

bleiben darf an dieser Stelle erneut der Hinweis, dass es sich um der Modelltheorie entsprungene Erkenntnisse handelt. In Deutschland wurden auch vor der Einführung der Squeeze-out-Regelung Unternehmenskontrollwechsel erfolgreich abgeschlossen, die eben nicht durch das Trittbrettfahrerverhalten der Zielgesellschaftsaktionäre verhindert worden sind, sodass die hier generierten Ergebnisse selbstverständlich nicht kategorischer, sondern vielmehr tendenzieller Natur sind.

Aufgrund der in Deutschland existenten Disparität zwischen Mindestbeteiligungs- (95%) und Kontrollschwelle (50%)[937] kann es für unbedingte Übernahmeangebote nicht zu einer vollständigen Überwindung des Trittbrettfahrerverhaltens durch die in den §§ 327 a ff. AktG verankerte Ausschlussmöglichkeit kommen. Geht man ferner von einer realiter steigenden Aktienangebotskurve aus, wird der Bieter bei einem bedingten Angebot zumindest einen geringen Aufschlag auf den Ex-ante-Wert *W* je Aktie zahlen müssen, um das Übernahmeangebot erfolgreich beschließen zu können.

Um eine Symmetrie der Verfügungsrechte betreffend das Minderheitsaktieneigentum zu gewährleisten, ist die Zwangsausschlussmöglichkeit des Hauptaktionärs zwingend um ein korrespondierendes Andienungsrecht der Minderheitsaktionäre zu ergänzen.

### IV.1.2.3. Private Kontrollblocktransaktionen

#### IV.1.2.3.1. Grundlagen

Sofern sich jene die Kontrolle legitimierenden Aktien einer Kapitalgesellschaft in den Händen eines Wirtschaftssubjekts befinden, kann ein potenzieller Unternehmensübernehmer die Herrschaft über diese Gesellschaft nicht durch ein an alle Aktionäre der Zielgesellschaft gerichtetes (öffentliches) Übernahmeangebot erwerben; vielmehr ist er darauf angewiesen, mit dem Eigentümer des Kontrollpakets (private) Kaufverhandlungen zu führen. Der Erfolg der Unternehmensübernahme hängt somit von dem zwischen dem aktuellen und potenziellen Investor erzielten Verhandlungsergebnis ab. Die Einigung auf einen außerbörslichen Transfer der Unternehmenskontrolle hängt ihrerseits maßgeblich davon ab, ob und, wenn ja, inwiefern die Minderheitsaktionäre der Zielgesellschaft an der Transaktion zu beteiligen sind. Während in den USA die Minderheitsaktionäre regelmäßig nicht an einer derartigen Kontrolltransaktion partizipieren,[938] existiert z. B. in der neuerlich verabschiedeten EU-Übernahmerichtlinie (Art. 5

[937] § 29 Abs. 2 WpÜG geht sogar von einer Kontrolle begründenden Stimmrechtsquote von mindestens 30% aus.

[938] Vgl. u. a. *Bebchuk* (1985), S. 1707; *Gilson/Gordon* (2003), S. 794. Des Weiteren empfiehlt das *American Law Institute* (1985), § 5.16, ausdrücklich, dass der Kontrollaktionär die Möglichkeit

ÜRL), dem deutschen WpÜG (§§ 35 ff. WpÜG) sowie dem Britischen *City Code on Takeovers* (Section F, Rule 9) das Rechtsinstitut des Pflichtangebots, wonach die Kleinaktionäre ihre Anteile zu den gleichen Konditionen an den Übernehmer veräußern können wie der (alte) Hauptaktionär.

Obwohl bei Kontrollblocktransaktionen anders als bei öffentlichen Übernahmeangeboten das Verhalten der Verkäuferseite weder durch Trittbrettfahrerverhalten noch durch Annahmezwang beeinflusst wird, bedeutet dies nicht, dass hier keine ökonomischen Effizienzprobleme auftreten können. In Abhängigkeit von den zugrunde liegenden Minderheitsschutzvorkehrungen können mehr oder weniger stark ausgeprägte externe Effekte auf die Wohlfahrtsposition der Aktionärsminderheit einwirken, die im Ergebnis dazu führen können, dass einerseits ineffiziente Kontrollwechsel stattfinden und andererseits effiziente Transaktionen unterbleiben.

Im Schrifttum lassen sich zwei gegensätzliche Positionen identifizieren, die eine Antwort auf die Frage der Regulierungsnotwendigkeit bzw. -ausgestaltung von Kontrollblocktransaktionen bereithalten: Auf der einen Seite wird von den neoliberal geprägten Vertretern der Chicago School mit der Marktregel (*market rule*) ein deregulativer Ansatz gefordert.[939] Demnach sollen die Minderheitsaktionäre nicht an den Bedingungen der zwischen dem Verkäufer und Käufer des Kontrollblocks erzielten Einigung partizipieren dürfen, sodass sie im Ergebnis auch nicht von einer bilateral zwischen Käufer und Verkäufer des Kontrollblocks ausgehandelten Übernahmeprämie profitieren.[940] Vielmehr solle, so die Protagonisten der Marktregel, gewährleistet werden, dass die Minderheitsaktionäre durch den Kontrollwechsel zumindest nicht schlechter gestellt werden als vor der Transaktion.[941]

---

haben solle, die Kontrolle an dem Unternehmen unter Berücksichtigung einer Übernahmeprämie veräußern zu können, ohne diese mit den Minderheitsaktionären teilen zu müssen. Auch die Rechtsprechung des Bundesstaats Delaware ist hier eindeutig: „[It] is a principle [of Delaware case law] that a shareholder has a right to sell his or her stock and in the ordinary case owes no duty in that connection to other shareholders when acting in good faith.“ (*Harris vs. Carter*, 582 A.2d 234 (*Delaware Court of Chancery* 1990) [Einfügung durch den Verfasser].

939 Vgl. hierzu insbesondere *Easterbrook/Fischel* (1982), S. 698, die fordern, dass „[...] those who produce gain should be allowed to keep it, subject to the constraint that other parties to the transaction be at least as well off as before the transaction. Any attempt to require sharing simply reduces the likelihood that there will be gains to share.” Vgl. dazu auch *Easterbrook/Fischel* (1998), S. 126 f.

940 *Bebchuk* (1985), S. 1706 f., 1781, weist darauf hin, dass die Zielgesellschaftsaktionäre unter der Marktregel nicht alle der gleichen Gefahr ausgesetzt sind, übervorteilt zu werden; vielmehr hängt die Ausbeutungsoffenheit auch von deren Wissen bzw. Kapitalmarkt- und Unternehmenskenntnis ab.

941 Vgl. hierzu das Zitat von *Easterbrook/Fischel* (1982) in FN 939.

Die Antagonisten der Marktregel fordern dahingegen eine gleiche Behandlung der Minderheitsaktionäre und des das Kontrollpaket veräußernden Gesellschafters. Jener Gleichbehandlungsregel (*equal opportunity rule*) zufolge soll der neue Kontrollinhaber demnach verpflichtet werden, den Minderheitsaktionären die Möglichkeit zu geben, ihre Anteile zu den Konditionen zu veräußern, die dem Vertrag zwischen altem und neuem Kontrollaktionär zugrunde gelegen haben.[942]

Im Folgenden werden zunächst die mit den beiden gegensätzlichen Regelungsalternativen verbundenen Wirkungen auf die Funktionsfähigkeit des Markts für Unternehmenskontrolle beleuchtet, um im Anschluss jeweils zu überprüfen, ob die identifizierten Ineffizienzen möglicherweise durch einen erzwungenen Ausschluss der Minderheitsaktionäre beseitigt oder zumindest geschmälert werden können. Als Grundlage dieser Untersuchung dient im Wesentlichen eine Arbeit von *Bebchuk,*[943] der sich dieser Thematik modelltheoretisch angenommen hat.

### IV.1.2.3.2. Externe Effekte bei außerbörslichen Unternehmenskontrollwechseln

*Bebchuk*[944] betrachtet in seinem Modell eine börsennotierte Kapitalgesellschaft, welche einen die Kontrolle ausübenden Aktionär hat. Ein an der Unternehmenskontrolle interessierter Akteur ist somit auf Verhandlungen mit dem Kontrollaktionär angewiesen. *Bebchuk* bezieht in seine Untersuchung explizit die Möglichkeit des kontrollierenden Aktionärs mit ein, private Sondervorteile aus seiner Herrschaftsposition zu ziehen.[945] Somit können aktueller und potenzieller Mehrheitsaktionär sich nicht nur bezüglich ihrer Managementkompetenz und somit in dem erzielbaren Unternehmensgesamtwert,[946] sondern auch hinsichtlich des Konsums privater Sondervorteile ($S_a$ =

---

942 Vgl. *Jennings* (1956), S. 1, 29, sowie *Andrews* (1965), S. 515 f., der fordert: [W]henever a controlling stockholder sells his shares, every other holder of shares (of the same class) is entitled to have an equal opportunity to sell his shares, or a prorata part of them, on substantially the same terms. Or in terms of the correlative duty: before a controlling stockholder may sell his shares to an outsider he must assure his fellow stockholders an equal opportunity to sell their shares, or as high a proportion of theirs as he ultimately sells of his own." Vgl. hierzu auch *Brudney* (1983), S. 1115-1118. Ausführlich zur Frage der Gleichbehandlung bei Unternehmenskontrolltransaktionen vgl. *Bebchuk* (1985), S. 1780-1788, sowie monografisch *Reul* (1991).

943 Vgl. *Bebchuk* (1994), S. 957 ff. Außerdem hat *Kahan* (1993), S. 368 ff., untersucht, welche der beiden Regeln, *market rule* oder *equal opportunity rule*, aus Sicht des Markts für Unternehmenskontrolle vorziehenswürdig ist; da er zu den gleichen Ergebnissen gelangt wie *Bebchuk*, wird hier auf eine dezidierte Präsentation des Modells verzichtet.

944 Vgl. *Bebchuk* (1994), S. 961 ff.

945 Zu den privaten Sondervorteilen vgl. Kapitel III.2.3.2.

946 Sofern der alte und/oder der neue Kontrollaktionär keine Managementaufgaben wahrnehmen, können sie zumindest durch *Monitoring*-Aktivitäten Einfluss auf die Geschäftsleitung nehmen.

Sondervorteile des alten und $S_n$ = Sondervorteile des neuen Kontrollaktionärs je Aktie) unterscheiden.[947] Der jeweils die Kontrolle innehabende Gesellschafter erzielt aus seiner Beteiligung dementsprechend den anteiligen Unternehmensgesamtwert sowie den privaten Sondernutzen. Da der private Sondervorteil den Unternehmensgesamtwert mindert, müssen sich die Minderheitsaktionäre mit der Differenz aus Unternehmensgesamtwert und *private benefits* begnügen; durch die Generierung privaten Nutzens entstehen soziale, alle Aktionäre betreffende Kosten, so genannter externer Effekt; der Mehrheitsaktionär internalisiert dabei den Teil der Kosten, der auf seine Beteiligung entfällt.[948]

Der ökonomisch rational agierende Kontrollaktionär wird seine Unternehmensbeteiligung nur dann veräußern, wenn ihm der Bieter mindestens den Gegenwert seines Anteils am Unternehmenswert ($Wk$) zuzüglich seines privat erzielbaren Nutzens ($\frac{A-k}{k} S_a A$) leistet, wobei $k$ die von ihm gehaltene, zur Kontrolle legitimierende Aktienzahl ist.[949] Auf der anderen Seite wird der Bieter maximal den Betrag zu zahlen bereit sein, welcher der Summe aus dem unter ihm realisierbaren anteiligen Unternehmenswert ($Tk$) und der von ihm privat generierbaren Sondervorteile ($\frac{A-k}{k} S_n A$) entspricht. Von einem effizienten Unternehmenskontrollwechsel wird stets dann ausgegangen, wenn der Bieter in der Lage ist, den Aktienwert zu steigern ($T > W$). Von Transaktionskosten $K$ wird an dieser Stelle abstrahiert.[950]

*a) Marktregel (market rule)*

Selbst unter Vernachlässigung von Übernahmekosten fördert die Marktregel Ergebnisse zutage, in denen wertsteigernde, das heißt effiziente, Unternehmensübernahmen nicht stattfinden; außerdem können unter deregulierten Bedingungen Unternehmens-

---

947 Während *Burkart/Gromb/Panunzi* (1998) die privaten Sondervorteile $\theta$ des Hauptaktionärs als Anteil an dem durch die Übernahme je Aktie realisierbaren Wert $T$ ausdrücken, berücksichtigt *Bebchuk* (1994) die privaten Sondervorteile der Beteiligten ($S_a$, $S_n$) in Geldeinheiten je Aktie. Es gilt mithin folgendes Verhältnis: $\theta T = S_n$ bzw. $\theta W = S_a$. Für eine Würdigung des Modells von *Burkart/Gromb/Panunzi* (1998) vgl. Kapitel IV.1.2.2.5.8.

948 Zu diesem Effekt des opportunistischen Verhaltens vgl. die Besprechung des Modells von *Burkart/Gromb/Panunzi* (1998) in Kapitel IV.1.2.2.5.8.

949 Die von dem Hauptaktionär gehaltene Beteiligung $k$ weicht von der zur Unternehmenskontrolle berechtigenden, durch $\alpha$ gekennzeichneten Mindestquote ab, da der Mehrheitseigner selbstverständlich auch einen über $\alpha$ liegenden Anteil an der Gesellschaft halten kann.

950 Vgl. *Bebchuk* (1994), S. 961-964.

kontrollwechsel zustande kommen, die ökonomisch ineffizient sind, weil sie zu einer Reduzierung des Anteilswerts $(W > T)$ führen:[951]

Angenommen der Wert je Aktie $T$ unter dem neuen Kontrollgesellschafter ist höher als der unter dem alten Großaktionär $(W < T)$, dann wäre die Unternehmensübernahme ökonomisch wünschenswert. Wenn nun der private Sondervorteil des alten Hauptaktionärs denjenigen des neuen Kontrollaktionärs derart übersteigt, sodass $(Wk + (\frac{A-k}{k})S_a A) > (Tk + (\frac{A-k}{k})S_n A)$ gilt, dann kommt der an sich ökonomisch wünschenswerte Kontrollwechsel nicht zustande, weil der Grenzpreis des Verkäufers höher ist als der des Käufers.

Vorausgesetzt der Wert je Aktie $T$ unter dem neuen Kontrollaktionär ist niedriger als der unter dem alten Hauptgesellschafter erzielbare Wert $W$ $(T < W)$, sodass ein Kontrollwechsel aus ökonomischer Sicht nicht erstrebenswert wäre und die privaten Sondervorteile des Bieters diejenigen des alten Großaktionärs derart übertreffen, dass $(Wk + (\frac{A-k}{k})S_a A) < (Tk + (\frac{A-k}{k})S_n A)$ gilt, dann kommt es zu einer ökonomisch ineffizienten Unternehmensübernahme, weil die maximale Zahlungsbereitschaft des neuen Kontrollgesellschafters den Grenzpreis des bisherigen Hauptaktionärs nur dank der deutlich höheren *Privat*nützlichkeit der Beteiligung übersteigt.

*b) Gleichbehandlungsregel (equal opportunity rule)*

Die Gleichbehandlungsvorschrift sorgt über das Pflichtangebot zwar dafür, dass, anders als bei der Marktregel, ineffiziente Kontrollwechsel verhindert werden; sie vermag allerdings auch nicht, die Durchführung aller ökonomisch effizienten Unternehmensübernahmen zu gewährleisten:[952]

Sofern der neue Kontrollaktionär verpflichtet ist, die Minderheitsaktionärsanteile zu den gleichen Konditionen zu erwerben, die er mit dem alten Hauptgesellschafter vereinbart hat, lohnt sich für ihn die Übernahme nur dann, wenn der Wert $T$ nach dem Kontrollwechsel höher ist als $W$ zuzüglich dem auf alle Aktien der Gesellschaft entfallenden privaten Sondervorteil des ursprünglichen Hauptaktionärs ($AS_a$); somit muss gelten: $T > (W + S_a)$. Diese Ungleichung verdeutlicht, dass ein Kontrollwechsel bei Gleichbehandlung unter den hier geltenden Bedingungen nur möglich ist, wenn der neue Kontrollaktionär in der Lage ist, den Unternehmensgesamtwert zu steigern, die Unternehmensübernahme also ökonomisch effizient ist. Die Durchführung wertver-

951 Für die folgenden Darstellungen vgl. *Bebchuk* (1994), S. 964-968.

952 Für das Folgende vgl. *Bebchuk* (1994), S. 968 f., 971 f.

nichtender Unternehmensübernahmen ist somit unter Berücksichtigung von Pflichtangeboten nicht möglich.

Angenommen der neue Kontrollaktionär ist in der Lage, den Wert der Zielgesellschaft zu steigern $(T > W)$, sodass eine Übernahme ökonomisch wünschenswert wäre. Sind dann die privaten Sondervorteile, die der neue Hauptgesellschafter unter der Gleichbehandlungsregel allen Aktionären, auch den Minderheitsaktionären, vergüten muss, höher als die Differenz aus dem Unternehmenswert unter neuer und alter Geschäftsleitung, das heißt: $(T - W) < S_a$, wird der Kontrollwechsel nicht durchgeführt werden. Somit vermag die Gleichbehandlungsregel nicht zu gewährleisten, dass sämtliche ökonomisch effizienten Unternehmenskontrollwechsel stattfinden.[953]

### IV.1.2.3.3. Ausschluss von Minderheitsaktionären bei außerbörslichen Unternehmenskontrollwechseln

Weder die Marktregel noch die Gleichbehandlungsregel sind in der Lage, sämtliche wertsteigernde Unternehmenskontrollwechsel zu gewährleisten. Gelingt es dem verkaufswilligen Großaktionär, sämtliche Publikumsaktien vor dem eigentlichen Unternehmenskontrolltransfer zu erwerben, werden alle Transaktionen, die mit einer Unternehmenswertsteigerung einhergehen, zustande kommen. Da aber der Erwerb sämtlicher außenstehender Aktien häufig an dem Trittbrettfahrerverhalten der Kleinaktionäre scheitern kann, zeigt *Bebchuk*[954] in diesem Zusammenhang, dass durch den Zwangsausschluss der Minderheitsaktionäre keine ökonomisch effizienten Unternehmensübernahmen mehr verhindert werden. Ist der Mehrheitsaktionär vor dem Kontrollwechsel in der Lage, die Publikumsaktionäre gegen ihren Willen und zu einem Preis $F$ je Aktie auszuschließen,[955] der höchstens ihrem Anteil am Unternehmensgesamtwert und somit ihrem Status quo ante entspricht, das heißt $F \leq (W - S_a)$, dann werden nach dem Ausschluss sowohl unter der *equal opportunity rule* als auch unter der *market rule* alle Kontrollwechsel zustande kommen, die im Ergebnis zu einer Wertsteigerung des Übernahmeobjekts führen.

---

953 *Bergström/Högfeldt/Molin* (1997), S. 433 ff., kommen zudem zu dem Ergebnis, dass der Übernahmepreis unter der Gleichbehandlungsregel bzw. unter dem Regime eines Pflichtangebots mit Einführung eines Bieterwettbewerbs um die Gunst der Zielgesellschaftsaktionäre tendenziell sinkt. Dieser Aspekt soll hier allerdings nicht weiter vertieft werden.

954 Vgl. *Bebchuk* (1994), S. 983 f.

955 Dabei wird davon ausgegangen, dass der Kontrollaktionär die dazu benötigte Beteiligungsschwelle hält. Eine genaue Vorgabe dieser Quote erfolgt bei *Bebchuk* nicht.

Des Weiteren könnten – zumindest hypothetisch – durch die Berücksichtigung einer derartigen Ausschlussregel ineffiziente bzw. wertvernichtende Unternehmensübernahmen unter dem Regime der Marktregel verhindert werden. Ist der bisherige Kontrollaktionär nämlich in der Lage, die Kleinaktionäre im Vorfeld einer Übernahme „auszukaufen", würde er dem Bieter als 100%iger Eigentümer gegenüber stehen. Weder der alte noch der neue Alleingesellschafter hätten nunmehr einen Anreiz, aus der Beteiligung einen privaten Nutzen zu ziehen, da sie die dabei entstehenden Kosten vollständig internalisieren.[956] Ein Kontrollwechsel würde demnach nur dann zustande kommen, wenn der Bieter in der Lage wäre, den Unternehmensgesamtwert im Anschluss an die Übernahme zu steigern; andernfalls wäre er zu einer Transaktion nicht bereit. Bei dem hier beschriebenen Effekt handelt es sich allerdings in der Tat nur um eine hypothetische Variante. So wird es unter der Marktregel grundsätzlich nicht zu einem Ausschluss kommen, da es sowohl dem bisherigen als auch dem neuen Kontrollaktionär egal sein wird, ob die bilateral zustande gekommene Einigung eine ineffiziente bzw. effiziente Unternehmensübernahme ist; im Gegenteil, solange gewährleistet ist, dass effiziente Kontrollwechsel nicht verhindert werden, stellt die grundsätzliche Umsetzungsmöglichkeit ineffizienter Unternehmenstransaktionen, die Einigung zwischen den Transaktionspartnern vorausgesetzt, eine für beide Parteien potenzielle Gewinnchance dar.

Im relativen Effizienzvergleich der beiden Regulierungsalternativen scheint die Gleichbehandlungsregel die Marktregel zu dominieren. Unter der *equal opportunity rule* werden bei Berücksichtigung der Squeeze-out-Option keine effizienten Kontrollwechsel verhindert, und ineffiziente Unternehmensübernahmen werden von dieser Vorschrift per se unterbunden.

Zu bemängeln ist an der um die Freeze-out-Vorschrift ergänzten *equal opportunity rule* im Übrigen, dass sie ihrem Namen nicht mehr gerecht wird, da sie es nicht vermag, die unter ihrem Regime geforderte Gleichbehandlung zwischen den Minderheitsaktionären und dem bisherigen Kontrollaktionär zu gewährleisten. Die Publikumsaktionäre werden an dem vom Bieter an den – dann alleinigen – Kontrollaktionär gezahlten Übernahmepreis nicht mehr beteiligt, sofern sie vorab zu einem Preis $F = (W - S_a)$ ausgeschlossen wurden.[957]

---

[956] Nicht übersehen werden darf hier allerdings, dass die privaten Sondervorteile des alten Kontrollaktionärs $S_a$ bereits über den Ausschluss der Minderheitsaktionäre zu $F = W - S_a$ in den Prozess inkorporiert werden und somit Vermögen zulasten der Publikumsaktionäre auf den Großaktionär transferiert wird.

[957] Diesen Punkt aus einer Verteilungsperspektive aufgreifend vgl. die Ausführungen in Kapitel V.3.2.3.

## IV.1.3. Agency-theoretische Analyse aus Sicht einer effizienten Corporate Governance

### IV.1.3.1. Grundlagen

Die Entscheidung des Managements bzw. der Eigentümer einer Kapitalgesellschaft, die Eigenkapitalanteile auf öffentlichen Kapitalmärkten zu emittieren und handeln zu lassen, wird in der Literatur häufig als der finanzierungsevolutorische Endpunkt im Lebenszyklus des Unternehmens gesehen.[958] Insbesondere recht junge und kleine Gesellschaften sind auf private Finanzierungsformen wie Venture Capital bzw. Bankdarlehen angewiesen und sind erst im weiteren Entwicklungsstadium in der Lage, öffentliche Kapitalmärkte in Anspruch zu nehmen. Im Gegensatz hierzu sind die größten Unternehmungen in der Regel börsennotiert. Während sich das Eigentum an kleinen Korporationen regelmäßig in den Händen weniger Gesellschafter befindet, sind die großen Publikumsgesellschaften eher in der Lage, ihre Anteile durch die Inanspruchnahme der Börse breit zu streuen, was sie auch, zumindest in den angelsächsischen Ländern, nicht selten tun.[959] Durch die Tendenz zur Streuung der Residualansprüche dieser Großunternehmungen wird zugleich deren Corporate-Governance-Struktur vorgezeichnet, welche in der modernen Publikumsgesellschaft im Sinne von *Berle* und *Means* gipfelt.[960]

Entgegen der Annahme von einer konsequenten Entwicklung hin zur Publikumsgesellschaft zeigt die Evidenz, dass zum einen viele Unternehmen keine Börseneinführung anvisieren, und zum anderen nicht wenige AG im Rahmen von Going-Private-Transaktionen[961] der Börse wieder den Rücken kehren und somit erneut eine konzentrierte Eigentümerstruktur anstreben.

In der vorliegenden Arbeit wird das Going Private als Maßnahme zur Beeinflussung der Corporate-Governance-Struktur[962] verstanden. Zur Beurteilung der Notwendigkeit einer Squeeze-out-Regelung für die Durchführung von Going Privates ist es unabdingbar, die Motive, welche zur Durchführung von Public-to-Privates führen, zu systemati-

---

[958] Vgl. u. a. *Prüher/Rudolph* (1999), S. 573 ff., die eine Lösung von Finanzierungsproblemen in einem dynamischen Unternehmensentwicklungsumfeld aufzeigen.

[959] Einen empirischen Überblick über die Eigentümerstrukturen im internationalen Vergleich geben *La Porta/Lopez-de-Silanes/Shleifer* (1999), S. 471 ff.

[960] Vgl. *Berle/Means* (1991). S. 47 ff.

[961] Die Begriffe „Going Private", „Public-to-Private" sowie „Börsenrückzug" werden im Folgenden synonym verwendet.

[962] Zur Corporate-Governance-Theorie grundlegend vgl. Kapitel III.2.3.2.

sieren, sowie die mit jenen Transaktionen verbundenen ökonomischen Auswirkungen zu identifizieren.

Going Private bezeichnet den vollständigen Rückzug eines Unternehmens von den organisierten Eigenkapitalmärkten. Zeitlich vorgelagert ist einer derartigen Restrukturierungsmaßnahme regelmäßig die Konzentration des Eigentums an der betreffenden Gesellschaft in den Händen einer geschlossenen Aktionärsgruppe. Die Bündelung der Gesellschaftsanteile erfolgt grundsätzlich durch ein an die Publikumsaktionäre gerichtetes Übernahmeangebot. Lehnen einzelne Aktionäre die Offerte ab, können sie unter den bekannten Voraussetzungen im Wege eines Squeeze-out zu der Veräußerung ihrer Anteile gezwungen werden.[963] Schließlich ermöglicht das Delisting die vollständige Einstellung der Börsennotiz der Eigentumstitel.[964] In dieser Arbeit umfasst der Begriff „Going Private" all jene Transaktionen, bei denen der Mehrheitsgesellschafter bzw. die Mehrheitsgesellschaftergruppe selber nicht börsennotiert ist und mit der Kontrollübernahme strategische oder finanzielle Ziele verfolgt.[965] Durch diese Annahme ist gewährleistet, dass die betrachteten Unternehmungen nach dem Börsenrückzug nicht mehr der Kontrolle durch organisierte Eigenkapitalmärkte unterliegen.

Da jene für die Eigentümerkonzentration notwendige Unternehmensübernahme bei Public-to-Privates von Käuferseite häufig zu großen Teilen fremdfinanziert wird, spricht man in diesem Fall von einem Leveraged-Buyout.[966] Die Initiatoren von Going Privates lassen sich in (Unternehmens-)Insider und (Unternehmens-)Outsider systematisieren.[967] Bei den von (Unternehmens-)Insidern veranlassten Public-to-Privates ist der Management-Buyout die wohl prominenteste Erscheinungsform.[968] Von einem Management-Buyout ist stets dann auszugehen, wenn die Geschäftsleitung den Börsenrückzug motiviert hat und am Ende dieser Transaktion einen Eigenkapitalanteil von mehr als 50% hält.

In Deutschland wird durch die aktienrechtliche Normierung des Squeeze-out eine Vitalisierung des bis dato nahezu brachliegenden deutschen Public-to-Private-Markts

---

963 Für einen Überblick über die national und international geltenden Vorschriften zum Aktionärsausschluss vgl. Kapitel II.1, II.2.

964 In Deutschland ist der Widerruf der Börsenzulassung in § 38 Abs. 4 BörsG für zum amtlichen Handel zugelassene Unternehmen geregelt.

965 Vgl. *Kemper/Schiereck* (2002), S. 90, für eine elaborierte Systematisierung von Going Privates.

966 Vgl. *Jensen* (1989), S. 62; *Gaughan* (2002), S. 11, 291-329.

967 Vgl. *Kemper/Schiereck* (2002), S. 91.

968 Public-to-Privates ohne die Investitionsbeteiligung der Geschäftsleitung sind relativ selten. Aufgrund der Tatsache, dass auch Management-Buyouts häufig fremdfinanziert sind, spricht man auch von Leveraged-Management-Buyouts. Vgl. *Amihud* (1989), S. 4.

erwartet. Mit Hilfe eines Squeeze-out können, so die Argumentation, „störrische" und nicht transaktionswillige Kleinanleger aus ihrer Eigentümerschaft getrieben werden, wodurch die dem Delisting regelmäßig vorausgehende Eigentümerkonzentration erleichtert und somit die Umsetzung eines Börsenrückzugs gefördert werde.[969] Der *BGH* hat im Jahre 2002 in seinem *Macrotron*-Urteil[970] dem Umstand Rechnung getragen, dass die betroffenen Kleinanleger durch einen Börsenrückzug, der im Übrigen mit einfacher Hauptversammlungsbeschlussmehrheit initiiert werden kann,[971] keinen ausreichenden Schutz ihres Aktieneigentums mehr erfahren; so können sie ihre Anteile im Anschluss an den Rückzug nicht mehr auf organisierten Kapitalmärkten liquidieren, und des Weiteren entfallen nicht unwesentliche kapitalmarktrechtliche Publizitätsvorschriften, wie z. B. die Ad-hoc-Publizität gemäß § 15 WpHG. Aus diesem Grund, so der *BGH*, haben entweder die Gesellschaft oder der Hauptaktionär den betroffenen Minderheitsaktionären ein Pflichtangebot für ihre Aktien zu unterbreiten, das ihnen eine Veräußerung ihrer Anteile zu einem angemessenen Gegenwert ermöglicht; ferner können sie die Angemessenheit der Gegenleistung via Spruchstellenverfahren gerichtlich überprüfen lassen.[972]

In der angelsächsischen Fachliteratur nimmt das Motiv des Public-to-Private im Übrigen einen, wenn nicht den zentralen Stellenwert bei der Rechtfertigung von Minderheitsaktionärsausschlüssen ein.[973]

### IV.1.3.2. Ergebnisse von Going-Private-Transaktionen

Im Sinne einer auf ökonomischen Effizienzüberlegungen basierenden Untersuchung von Going Privates stellt sich die Frage, inwiefern eine derartige Transaktion in der Lage ist, den Unternehmenswert zu steigern. Des Weiteren muss auf der nächsten Stufe analysiert werden, ob aus der Sicht einer *Pareto*- bzw. einer *Kaldor-Hicks*-Effizienz mit Kompensation tatsächlich alle beteiligten Verbandsmitglieder von dieser mit der Restrukturierungsmaßnahme verbundenen Wertsteigerung profitieren. Aus ökonomi-

---

[969] Vgl. u. a. *Land/Hasselbach* (2000), S. 561; *Kemper/Schiereck* (2002), S. 222; *Helmis/Kemper* (2002), S. 521.

[970] Vgl. *BGH*, Urteil vom 25.11.2002 – II ZR 133/01, S. 273 ff.

[971] Vgl. *BGH*, Urteil vom 25.11.2002 – II ZR 133/01, S. 275.

[972] Vgl. *BGH*, Urteil vom 25.11.2002 – II ZR 133/01, S. 275.

[973] Vgl. hierzu insbesondere *Easterbrook/Fischel* (1982), S. 706 f.; *DeAngelo/DeAngelo/Rice* (1984), S. 401; kritisch dazu vgl. *Brudney* (1975), S. 1028 f.; *Brudney/Chirelstein* (1978), S. 1365-1370, die auf die Gefahr der Vermögensumverteilung zulasten der Minderheitsaktionäre verweisen.

scher Sicht kann ein Public-to-Private nur dann gerechtfertigt werden, wenn beide Kriterien erfüllt sind.[974]

Ob und inwiefern die Kapitalmarktteilnehmer von einem Going Private eine Unternehmenswertsteigerung erwarten, kommt unter anderem in den auf den entsprechenden Transaktionsankündigungen basierenden Aktienkursreaktionen zum Ausdruck.

Für den US-amerikanischen Kapitalmarkt sind in den siebziger und achtziger Jahren zahlreiche empirische Studien entstanden, welche deutliche Überrenditen[975] konstatieren, während für den deutschen Kapitalmarkt zwei und für den gesamten EU-Kapitalmarkt eine aktuelle Studie vorliegen, die ebenfalls positive Kursreaktionen feststellen:

[974] So in etwa *Burghof/Schilling* (2003), S. 120.

[975] Die Überrendite, auch *abnormal performance* genannt, ist die Differenz zwischen der tatsächlich beobachteten Aktienrendite eines Unternehmens zu einem bestimmten Zeitpunkt und der ohne das Ereignis erzielbaren „normalen" Aktienrendite. Unter Zuhilfenahme von Marktmodellen, wie z. B. dem *CAPM*, werden die erwarteten, ohne Abfindung erzielbaren Aktienrenditen ermittelt, wobei hier regelmäßig auf einen Gesamtindex als Referenz abgestellt wird. Vgl. u. a. *Brealey/Myers* (2000), S. 370-372. Für die amerikanischen Ergebnisse vgl. die Übersicht bei *Burghof/Schilling* (2003), S. 120.

| *Studie* | *Untersuchungsraum* | *Untersuchungszeitraum* | *Ereignisperiode* | *Stichprobenumfang* | *Kumulierte abnormale Rendite* |
|---|---|---|---|---|---|
| *Amihud* (1989) | USA | 1983 - 1986 | -20, 0 Tage | 15 | 19,60% |
| *DeAngelo/DeAngelo/Rice* (1984) | USA | 1973 - 1980 | -1, 0 Tage<br>-40, 0 Tage | 72<br>72 | 22,27%<br>30,40% |
| *Denis* (1992) | USA | 1980 - 1987 | -1, 1 Tage<br>-40, 40 Tage | 192<br>192 | 12,00%<br>22,30% |
| *Frankfurter/Gunay (1992)* | USA | 1979 - 1984 | -1, 0 Tage<br>-50, 50 Tage | 110<br>110 | 17,24%<br>27,32% |
| *Lehn/Poulsen* (1989) | USA | 1980 - 1987 | -1, 1 Tage<br>-20, 20 Tage | 263<br>263 | 16,30%<br>20,50% |
| *Marais/Schipper/Smith* (1989) | USA | 1974 - 1985 | -1, 0 Tage | 80 | 13,00% |
| *Torabzadeh/Bertin* (1987) | USA | 1982 - 1987 | 0 Monat<br>-12, 4 Monate | 48<br>48 | 18,64%<br>23,26% |
| *Travlos/Cornett* (1993) | USA | 1975 - 1983 | -1, 0 Tage<br>-15, 15 Tage | 56<br>56 | 16,20%<br>17,63% |
| Eisele/Walter (2003) | Deutschland | 1995 - 2002 | -1, 0 Tage<br>-20, 20 Tage | 37<br>37 | 10,12%<br>24,80% |
| Hecker/Kaserer (2003) | Deutschland | Bis 31.12.2002 via §§ 327 a ff. AktG angekündigte Going Privates | -6, -2 Tage | 25 | 8,76% |
| Andres/Betzer/Hoffmann (2004) | EU | 1996 - 2002 | -1, 0 Tage<br>-15, 15 Tage | 99<br>99 | 13,83%<br>21,89% |

*Tabelle 1: Kumulierte abnormale Aktienrenditen bei Leveraged-Buyouts*

Die belegten hohen Ankündigungseffekte werden allerdings relativiert durch die mögliche Unsicherheit über das tatsächliche Zustandekommen der Going-Private-Transaktion.[976] Des Weiteren vermag die identifizierte Kurssteigerung auch auf erwartete Kontrollprämien zurückzuführen sein, die im Endeffekt aber nicht allen Anteils-

[976] So lässt sich lediglich für die Stichproben von *Eisele/Walter* (2003) und *Andres/Betzer/Hoffmann* (2004) die tatsächliche Umsetzung der Transaktion bestätigen.

eignern zugute kommen, sondern vielmehr nur den strategisch motivierten Großaktionären bzw. einem einzigen Kontrolle ausübenden Anteilseigner.[977]

Eine Auswertung der drei für den US-amerikanischen Kapitalmarkt sowie der beiden für den deutschen Regelkreis vorliegenden Studien über die tatsächlich gezahlten Übernahmeprämien belegt, dass im Durchschnitt auch die nicht strategisch ausgerichteten Anleger durch Public-to-Privates deutliche Profite vereinnahmen konnten:[978]

| *Studie* | *Untersuchungs-raum* | *Untersuchungs-zeitraum* | *Vergleichs-zeitpunkt* | *Stichprobenumfang* | *Prämie* |
|---|---|---|---|---|---|
| *DeAngelo/DeAngelo/Rice* (1984) | USA | 1973 - 1980 | -40 Tage | 57 | 56,31% |
| *Kaplan* (1989b) | USA | 1980 - 1986 | -2 Monate | 76 | 45,90% |
| *Lehn/Poulsen* (1989) | USA | 1980 - 1987 | -20 Tage | 257 | 36,10% |
| *Hecker/Kaserer* (2003) | Deutschland | Bis 31.12.2002 via §§ 327 a ff. AktG angekündigte Going Privates[979] | -6, -2 Tage[980]<br>-44, -40 Tage[981] | 55<br>55 | 17,04%<br>23,97% |
| *Helmis* (2003) | Deutschland | Zwischen 01-10/2002 via §§ 327 a ff. AktG angekündigte Going Privates[982] | -1 Tag<br>-60, -1 Tage[983] | 57<br>57 | 10,41%<br>14,68% |

*Tabelle 2: Kontrollprämien bei Leveraged-Buyouts*

Die beiden präsentierten empirischen Befunde (Ankündigungseffekte und Abfindungsprämien) geben zwar Auskunft darüber, ob die Anteilseigner von einem Börsenrückzug profitieren können; sie vermögen allerdings keine erhöhte Effizienz zu belegen. So könnten die identifizierten Kurssteigerungen durchaus zulasten überoptimistischer Buyout-Investoren gehen.[984] Des Weiteren können die marktwertbasierten Über-

977 Zu privaten Kontrollblocktransaktionen und der Überlegenheit der Gleichbehandlungsregel vgl. Kapitel IV.1.2.3.

978 Für die amerikanischen Studien vgl. die Übersicht bei *Burghof/Schilling* (2003), S. 121.

979 Dabei handelt es sich um Transaktionen, bei denen der Gegenwert für die Minderheitsanteile bereits verbindlich festgelegt bzw. kommuniziert worden ist.

980 Dabei handelt es sich um in diesem Zeitraum gebildete Durchschnittskurse.

981 Dabei handelt es sich um in diesem Zeitraum gebildete Durchschnittskurse.

982 Dabei handelt es sich um Transaktionen, bei denen der Gegenwert für die Minderheitsanteile bereits verbindlich festgelegt bzw. kommuniziert worden ist.

983 Dabei handelt es sich um in diesem Zeitraum gebildete Durchschnittskurse.

984 Das hier zugrunde liegende Selektionsproblem wird ebenfalls bei Börsengängen (Going Publics) erörtert. Vgl. u. a. *Miller* (1977), S. 1151 ff.; *Allen/Gale* (1999), S. 68 ff. Derartige Fehlbewertungen sind, *Chen/Hong/Stein* (2001), S. 1 ff., zufolge, auf zu dünne Short-Märkte zurückzuführen.

renditen bzw. Übernahmeprämien auch auf vorherige opportunistisch motivierte Kursbeeinflussungen des Hauptaktionärs zurückzuführen sein.[985] Auffällig ist zudem, dass die in den USA festgestellten gezahlten Aufschläge im Durchschnitt deutlich höher ausfielen als die entsprechenden für Deutschland ermittelten Werte.

Zwei vorliegende Studien für den US-amerikanischen Markt betrachten die wirtschaftliche Entwicklung der Gesellschaften im Anschluss an einen erfolgreichen Börsenrückzug. Beide Untersuchungen belegen einen respektablen Anstieg der operativen Performance:[986]

| *Studien* | *Untersuchungsraum* | *Untersuchungszeitraum* | *Vergleichsperiode* | *Stichprobenumfang* | *Ergebnisveränderung* |
|---|---|---|---|---|---|
| *Kaplan* (1989b) | USA | 1980 - 1986 | -1, 1 Jahre | 48 | 15,60% |
| | | | -1, 3 Jahre | 48 | 42,00% |
| *Smith* (1990) | USA | 1977 - 1986 | -1, 1 Jahre | 58 | 26,36% |
| | | | -1, 2 Jahre | 58 | 41,00% |

*Tabelle 3: Veränderungen des operativen Ergebnisses nach Leveraged-Buyouts*

Grundsätzlich deuten die untersuchten Studien darauf hin, dass sowohl die Verkäufer- als auch die Käuferseite durch einen Buyout Überrenditen erzielen können. Dieses Resultat wird durch die weiteren von *Kaplan*[987] gewonnenen Erkenntnisse gestützt. *Kaplan* betrachtet die Bewertung von Going-Private-Unternehmen zu einem *post buyout valuation date.* Bei dem *post buyout valuation date* handelt es sich primär um den Tag eines eventuell neuen Going Public bzw. eines Unternehmensverkaufs.[988] Die betreffenden Korporationen verzeichneten einen branchenbereinigten durchschnittlichen Zuwachs des Eigenkapitalmarktwerts von 96%, welcher sich im Wesentlichen paritätisch auf die veräußernden Anteilseigner sowie die Buyout-Investoren (Fremd-

Auch für Public-to-Privates kann von zu dünnen Short-Märkten ausgegangen werden. Vgl. dazu Kapitel V.4.2.3.5.

985 Vgl. zu diesem Argument z. B. *Brudney* (1978), S. 71; *Brudney* (1983), S. 1095, 1099. Zu einer sozialökonomischen Analyse der Eignung von Marktpreisen als Abfindungsmaßstab vgl. Kapitel V.4.2.

986 Darüber hinaus belegen *Lichtenberg/Siegel* (1990), S. 165 ff., eine deutlich ansteigende Gesamtproduktivität von Going-Private-Unternehmen. *Phan/Hill* (1995), S. 704 ff., zeigen zudem einen mit Leveraged-Buyouts zusammenhängenden Performance- und Produktivitätsanstieg. Für die Tabelle vgl. *Burghof/Schilling* (2003), S. 121.

987 Vgl. *Kaplan* (1989b), S. 217 ff.

988 *Kaplan* (1989b), S. 235 f., stellt für 25 Unternehmen seines insgesamt 48 Gesellschaften umfassenden Stichprobenumfangs ein *post buyout valuation date* fest: 11 Unternehmen führten erneut einen Börsengang durch, 6 Gesellschaften nahmen öffentliche Fremdkapitalmärkte zur Finanzierung von Aktienrückkaufprogrammen in Anspruch, und 8 Korporationen wurden entweder an ein börsennotiertes Unternehmen verkauft oder wurden sogar liquidiert. Zwischen dem Public-to-Private-Termin und dem *post buyout valuation date* vergingen durchschnittlich 2,68 Jahre.

und Eigenkapitalfinanciers) verteilt.[989] Besonders umfangreiche Gewinnmöglichkeiten eröffnen sich den Post-Buyout-Investoren, das heißt den Initiatoren des Going Private. Diese realisieren bezogen auf ihr investiertes, zumeist sehr geringes Eigenkapital einen sehr hohen Vermögenszuwachs von durchschnittlich 4.275%.[990] Zwar ist dieser exorbitant hohe Gewinn insofern zu relativieren, als dass es sich hierbei wahrscheinlich nicht um eine ausschließlich auf das investierte Kapital bezogene Erfolgsprämie handelt, da der Initiator der Transaktion regelmäßig noch weitere Aufgaben im Management etc. übernimmt. Nichtsdestotrotz handelt es sich bei der absoluten Vermögensmehrung um einen bemerkenswerten Wert, der zumindest bei der Beurteilung von Going Privates aus verteilungspolitischer Perspektive nicht außer Acht bleiben darf.

Das insgesamt recht positive Urteil, welches die untersuchten empirischen Studien über Going Privates nahe legen, kann allerdings auch in der Marktsituation jener Zeit begründet sein. So konnten Leveraged-Buyouts in den achtziger Jahren der USA zu unter Risikogesichtspunkten sehr lukrativen Bedingungen auf dem prosperierenden *Junk-bonds*-Markt[991] finanziert werden. Erst ab Ende der achtziger Jahre stiegen die Risikoprämien infolge horrender Ausfälle wieder stark an. Durch den starken Kursverfall der bereits platzierten Anleihen realisierten viele Anleger drastische Verluste. Die empirische Literatur liefert keine Anhaltspunkte über die Auswirkungen dieses Marktzusammenbruchs auf die Vorteilhaftigkeit von Public-to-Privates.

*Kaplan*[992] gelangt in einer weiteren empirischen Untersuchung zu der Erkenntnis, dass von einer 183 große Unternehmen[993] umfassenden Stichprobe, welche in der Zeit von 1979 bis 1983 Objekt eines Going Private waren, bis August 1990 insgesamt 37,6% erneut börsennotiert waren bzw. von einer börsennotierten Kapitalgesellschaft kontrolliert wurden.[994] Offensichtlich war der Börsenrückzug im hier verstandenen Sinne also nur von temporärem Charakter, und er diente lediglich dazu, konkrete wertsteigernde Restrukturierungen umzusetzen oder einfach nur Überrenditen aus den Fehlbewertungen des *Junk-bonds*-Markts zu realisieren.[995] Schließlich wäre denkbar, dass der Bör-

---

989 Während die Pre-Buyout-Investoren einen marktbereinigten Wertzuwachs von durchschnittlich 37,9% erzielen, können die neuen Kapitalgeber einen Gewinn von 41,9% verbuchen. Vgl. *Kaplan* (1989b), S. 235 f., 238.

990 Vgl. *Kaplan* (1989b), S. 237 f.

991 Ausführlich zu *Junk-bonds*-Märkten vgl. *Gaughan* (2002), S. 330 ff.

992 Vgl. *Kaplan* (1991), S. 287 ff.

993 Das Buyout-Volumen betrug mindestens $ 100 Mio. Vgl. *Kaplan* (1991), S. 291.

994 Vgl. *Kaplan* (1991), S. 308.

995 Für die vorliegende Stichprobe beträgt die durchschnittliche Börsenabwesenheit unter der Bedingung eines erneuten Going Public 2,85 Jahre, bei einem Median von 2,63 Jahren. Die unbedingte

senrückzug nur wegen beabsichtigter Umverteilungseffekte zugunsten der Initiatoren und zulasten der vorab ausgekauften Aktionärsminderheit durchgeführt wurde.

Die präsentierten empirischen Ergebnisse stützen zwar die Bestrebungen, Public-to-Privates zu fördern und für die Beteiligten lukrativer zu gestalten. Hinsichtlich der Quellen potenzieller Effizienzgewinne sowie insbesondere bezüglich der Verteilung etwaiger Überschüsse auf die jeweiligen Parteien sind sie jedoch mit Vorsicht zu betrachten. Das Risiko einer Ausbeutung von Kleinanlegern durch einen rechtlich oder de facto forcierten Freeze-out ist stets gegenwärtig. Sofern Minderheitsaktionäre nämlich fürchten müssen, später zu unlukrativen Konditionen aus ihrer Beteiligung gedrängt zu werden, werden sie zukünftig die organisierten Eigenkapitalmärkte meiden.[996]

### IV.1.3.3. Motive für Going Privates

#### IV.1.3.3.1. Einordnung des Going Private als Corporate-Governance-Transaktion

Genauso wie das Going Public gehört das Going Private in Anlehnung an *Brealey/Myers* zu den „major financial decisions", die nur äußerst selten im Lebenszyklus einer Gesellschaft vorkommen und für welche die ökonomische Theorie bis dato mehr oder weniger unzureichende Erklärungsansätze bzw. Empfehlungen parat hält.[997] Derartige Entscheidungen werden stets unter Unsicherheit getroffen und sind langfristiger Natur; daher sind die hier zugrunde liegenden Verträge unvollständig und werden mit sehr hoher Wahrscheinlichkeit im Laufe der Zeit neu verhandelt. Ein Charakteristikum dieser so genannten „major financial decisions" ist die dauerhafte Festlegung der Bedingungen, mit denen die Gesellschaft bei zukünftigen Wiederverhandlungen ihren Stakeholders gegenübertritt.[998] Hinsichtlich der Eigenkapitalansprüche ist insbesondere das konfliktbeladene Verhältnis zwischen Geschäftsleitung und Eigentümern betroffen, das regelmäßig von Corporate-Governance-Instrumenten gesteuert wird.

Durch ein Public-to-Private in Gestalt eines Management-Buyout erfolgt eine stärkere Konzentration des Eigentums an der Gesellschaft in den Händen der Geschäftsleitung, wodurch die Arbeitsanreize gesteigert und die Koordinationskosten bei einschneiden-

---

Börsenabstinenz für die gesamte Untersuchungsgesamtheit beträgt durchschnittlich 6,8 Jahre, bei einem Median von 6,82 Jahren. Vgl. *Kaplan* (1991), S. 296 f.

996 Vgl. zu diesem Punkt die Ausführungen in Kapitel V.3.3.

997 Vgl. *Brealey/Myers* (2000), S. 1010, mit Bezugnahme auf *Sametz* (1964), S. 469.

998 Vgl. *Burghof* (2004), S. 14 ff.

den Transaktionen gesenkt werden.[999] Auf der anderen Seite kann ein Management-Buyout die Diversifikation[1000] der Kapitalanlagen der Unternehmensleitung verschlechtern.[1001] Relativieren lässt sich dieser negative Diversifikationseffekt durch einen Leveraged-Buyout, bei dem durch den Ersatz von Eigenkapital durch Fremdkapital die absolute Vermögensbindung des Investors gesenkt werden kann, bei einer gleichzeitigen Erhöhung der Beteiligungsquote.[1002] Der Kompromiss zwischen der Anreizkompatibilität und Risikodiversifizierung wird mit einer erhöhten Konkurswahrscheinlichkeit infolge einer höheren Fremdkapitalquote erkauft.

Des Weiteren ermöglicht ein Going Private die Konzentration des externen Eigenkapitals in den Händen einer kleineren Zahl von Eigentümern, wodurch die mit der Trennung von Eigentum und Kontrolle verbundenen *Agency*-Kosten gesenkt werden können.[1003] Die zunehmende Konzentration externen Eigenkapitals kann allerdings auch lediglich zu einer Verlagerung des Prinzipal-Agenten-Konflikts führen: Der Konflikt zwischen Eigentümern und Unternehmensleitung wird durch einen Zwist zwischen einzelnen Eigentümern bzw. Eigentümergruppen ersetzt.[1004] Aufgrund der Tatsache, dass die meisten deutschen börsennotierten Unternehmen über mehr oder weniger stark konzentrierte Eigentumskonzentrationen verfügen,[1005] spielt das Motiv der externen Eigenkapitalkonzentration hierzulande keine große Rolle.

Durch den Börsenrückzug wird die Gesellschaft der Überwachung durch die organisierten Kapitalmärkte entzogen, wodurch die für z. B. Investitionsentscheidungen bedeutsame Informationsproduktion durch die Kapitalmarktteilnehmer eingestellt wird.[1006] Des Weiteren besteht für das Unternehmen im Anschluss an ein Going Private nicht mehr die Möglichkeit, sich zusätzlich benötigtes Eigenkapital kurzfristig über eine Vielzahl von Investoren am Kapitalmarkt zu beschaffen. Sollte die Gesellschaft

---

999 Vgl. *Easterbrook/Fischel* (1982), S. 706 f.; empirisch hierzu vgl. *Smith* (1990), S. 143 ff.

1000 Zur Bedeutung der Diversifikation aus sozialökonomischer Sicht vgl. *Neumann* (2005), S. 330 ff.

1001 Zu diesem Argument für ein Going Public vgl. *Pagano* (1993), S. 1101 ff.

1002 Vgl. *Frankfurter/Gunay* (1992), S. 87 ff.; *Halpern/Kieschnick/Rotenberg* (1999), S. 283 f. Die Beteiligungsquote des Investors steigt über das im Wege des Leveraged-Buyout insgesamt abnehmende Grundkapital, sodass er im Ergebnis weniger Vermögen investiert hat, bei einem gleichzeitig höheren Gesellschaftsanteil.

1003 Vgl. *Easterbrook/Fischel* (1982), S. 706; allgemein zur *Agency*-Theorie und der Trennung von Eigentum und Kontrolle im Unternehmensbereich vgl. Kapitel III.2.3.1, III.2.3.2.

1004 Vgl. *Easterbrook* (1991a), S. 271 ff. Modelltheoretische Erklärungsansätze liefern *Bennedsen/Wolfenzon* (2000), S. 113 ff., und *Gomes/Novaes* (2001), S. 1 ff.

1005 Vgl. *La Porta/Lopez-de-Silanes/Shleifer* (1999), S. 471 ff.; *Franks/Mayer* (2001), S. 943 ff.

1006 *Subrahmanyam/Titman* (1999), S. 1045 ff., und *Maug* (2001), S. 1 ff., heben jenes Motiv für ein Going Public hervor.

später frisches externes Eigenkapital benötigen, ist sie auf bilaterale Finanzierungsbeziehungen mit einzelnen Kapitalgebern angewiesen, die regelmäßig durch langwierige und transaktionskostenintensive Verhandlungsrunden gekennzeichnet sind. Kommt es zu derartigen bilateralen Kontrakten, ist die Geschäftsleitung einem möglichen *hold-up* durch die neuen Investoren ausgesetzt, das sich entweder in einer intensiven Überwachung oder aber in der Verwässerung ihrer aus dem Finanzierungsvertrag ableitbaren Ansprüche äußern kann.[1007] Den potenziellen mit einem Public-to-Private zusammenhängenden Chancen stehen also nicht zu vernachlässigende Nachteile gegenüber. Die sich hier unweigerlich anschließende Frage lautet, ob die Gesellschaft jene Nachteile eines Börsenrückzugs dauerhaft erdulden muss.

### IV.1.3.3.2. Going Private als befristete Maßnahme zur Überwindung von Ineffizienzen

Die meisten im Schrifttum vorgebrachten Gründe für ein Public-to-Private beruhen auf der Umsetzung konkreter wertsteigernder Restrukturierungsmaßnahmen sowohl in der Eigentümer- als auch in der Kapitalstruktur der Gesellschaft. Gleiche Ergebnisse lassen sich allerdings auch durch alternative Management- und/oder Eigentümerdispositionen erzielen, die im Vergleich zu einem Going Private weniger aufwendig sind, was insbesondere für nur vorübergehende Börsenrückzüge gilt. In diesen Fällen sind die Ursachen für die Umsetzung eines Public-to-Private wohl in den internen Entscheidungsabläufen kapitalmarktnotierter Unternehmungen oder aber in etwaigen Bereicherungsabsichten der Initiatoren zu finden, welche die Durchführung alternativer Instrumente behindern bzw. komplett unterbinden.[1008]

In der Literatur werden drei Begründungsansätze für Going Privates vorgetragen:

*1. Optimaler Verschuldungsgrad*

Aufgrund des hohen Fremdkapitalbeitrags bei Leveraged-Buyouts lässt sich der Verschuldungsgrad einer Unternehmung erhöhen, wodurch ein Anstieg des Steuerspareffekts der Verschuldung (*Tax Shield*) realisiert werden kann.[1009] All jene Kapitalgesellschaften, welche mit Hilfe einer derartigen Transaktion Wertsteigerungen realisieren können, haben ex ante eine ineffiziente Kapitalstruktur. Für eine Anpassung der Kapi-

---

[1007] Vgl. *Burkart/Gromb/Panunzi* (1997), S. 693 ff.; *Myers* (2000), S. 1005 ff.; *Burghof/Rudolph* (1998), S. 249 ff.

[1008] Vgl. *Burghof/Schilling* (2003), S. 124.

[1009] Zu diesem Argument vgl. *Kaplan* (1989a), S. 611 ff.; *Lehn/Poulsen* (1989), S. 771 ff. Zum *Tax-Shield*-Effekt im Allgemeinen vgl. *Modigliani/Miller* (1958), S. 261 ff.

talstruktur unter Effizienzbedingungen ist jedoch nicht zwangsläufig ein Buyout notwendig; vielmehr können die gleichen Effekte durch eine entsprechende Substitution von Eigen- durch Fremdkapital erzielt werden. Dieser Alternative können allerdings die bisherigen Fremdkapitalgeber im Wege stehen, da sie selbst bei vorrangiger Anspruchsbedienung kein Interesse an einer Steigerung der Konkurswahrscheinlichkeit haben werden. Weiterhin mögen selbst die Unternehmensleitung sowie die Arbeitnehmer kein großes Interesse an dem Disziplinierungseffekt und dem damit verbundenen Risikozuwachs zusätzlicher Fixbetragsverpflichtungen haben.[1010] Eventuell substituiert die von den Eigentümern forcierte Zunahme des Verschuldungsgrades in einem Leveraged-Buyout lediglich ein komplexes Bündel von Kompensationsverträgen.[1011]

### 2. *Free-Cashflow-Hypothese*

*Jensen* zufolge lassen sich Leveraged-Buyout-Objekte charakterisieren als „[...] firms or divisions of larger firms that have stable business histories and substantial free cash flow (i. e. low growth prospects and high potential for generating cash flows) – situations where agency costs of free cash flow are likely to be high."[1012] Der *Free Cashflow* bezeichnet dabei die Liquidität des Unternehmens, welche den Betrag übersteigt, der für die Finanzierung aller Unternehmensprojekte mit einem positiven Kapitalwert benötigt wird. Die Geschäftsleitung kann dabei einen Anreiz haben, den *Free Cashflow* nicht auszuschütten, um eine Überwachung bei späteren Inanspruchnahmen des organisierten Kapitalmarkts zu verhindern.[1013] Überschüssig vorhandene Zahlungsmittel könnte das Management stattdessen in Projekte investieren, die auf eine Stärkung der eigenen Position abzielen und zulasten der Anteilseigner gehen.[1014] Die daraus resultierenden Wohlfahrtsverluste der Prinzipale repräsentieren die *Agency*-Kosten des *Free Cashflow*.

Public-to-Privates sind in zweifacher Hinsicht geeignet, die *Agency*-Kosten des *Free Cashflow* zu senken bzw. zu eliminieren. Aufgrund der Tatsache, dass durch ein Going Private in der Regel die Residualansprüche der Unternehmensleitung ansteigen, sinkt auf der anderen Seite ihr Anreiz, nicht rentable Projekte umzusetzen, da sie einen größeren Teil der *Agency*-Kosten internalisieren muss. Im Ergebnis wird dann auch die

---

1010 Ausführlich zum Disziplinierungseffekt von Fremdkapital vgl. *Easterbrook* (1991b), S. 186 ff.

1011 Vgl. *Burghof/Schilling* (2003), S. 125.

1012 *Jensen* (1986), S. 325.

1013 Vgl. *Easterbrook* (1984), S. 654.

1014 Das Management ist grundsätzlich an einer Unternehmensvergrößerung interessiert, da damit in der Regel Gehaltssteigerungen und Prestigegewinne einhergehen. Vgl. *Jensen* (1986), S. 323; *Jensen* (1989), S. 66.

Ausschüttung der frei verfügbaren und überschüssigen Finanzmittel aus Sicht des Managements lukrativer. Außerdem können mit Hilfe eines Public-to-Private die *Agency*-Kosten des *Free Cashflow* durch den Ersatz von Eigen- durch Fremdkapital verringert werden. Durch den steigenden Kapitaldienst wird das Management gezwungen, einen bestimmten Part des *Free Cashflow* an die Investoren, hier die Gläubiger, auszuzahlen.[1015]

Die überwältigende Mehrheit empirischer Studien vermag den positiven Zusammenhang zwischen der *Free-Cashflow*-Hypothese und Going Privates indes nicht zu bestätigen.[1016] Im Übrigen kann die Senkung des *Free Cashflow* und der diesem zugrunde liegenden *Agency*-Kosten anstelle des Börsenrückzugs auch durch alternative Instrumente erreicht werden. So kann die Vergütung der Geschäftsleitung beispielsweise an den Unternehmenserfolg sowie die Ausschüttungshöhe gekoppelt werden.[1017]

### 3. *Abwehr unfreundlicher Unternehmensübernahmen*

Ein weiteres Motiv für ein Public-to-Private kann die Abwehr eines feindlichen, gegen die Interessen des Managements gerichteten Übernahmeangebots sein; dies allerdings nur dann, wenn die Unternehmensleitung nicht bereits über eine kontrollierende Mehrheit an der Zielgesellschaft verfügt. Beabsichtigt die Geschäftsleitung eine unfreundliche Übernahmeofferte mit Hilfe eines Going Private abzuwehren, benötigt sie regelmäßig die finanzielle Unterstützung eines externen Investors. In Ausnahmefällen ist das Management aber auch in der Lage, die Transaktion mit eigenen Mitteln bzw. mit Fremdkapital zu finanzieren.

In der empirischen Literatur wird ein positiver Zusammenhang zwischen der Bedrohung durch unfreundliche Übernahmeangebote sowie der Umsetzungswahrscheinlichkeit eines Public-to-Private konstatiert. *Lehn* und *Poulsen* kommen zu dem Ergebnis, dass Gesellschaften, welche einen hohen *Free Cashflow* haben, regelmäßig einem erhöhten Übernahmedruck ausgesetzt sind, der die Geschäftsleitung vermehrt zu Börsenrückzügen veranlasst.[1018]

Verwunderlich ist auf den ersten Blick die Tatsache, dass auch dann, wenn das Zielgesellschaftsmanagement mit Hilfe eines freundlich gesinnten Investors bzw. Überneh-

---

[1015] Vgl. *Jensen* (1986), S. 324; *Easterbrook* (1991b), S. 189. An anderer Stelle ist in diesem Zusammenhang von der „control function of debt" die Rede. Vgl. *Jensen* (1988b), S. 323.

[1016] Für einen umfassenden Überblick relevanter Ergebnisse vgl. *Burghof/Schilling* (2003), S. 126.

[1017] Für eine elaborierte Darstellung und Beurteilung von anreizverträglichen Managemententlohnungssystemen vgl. etwa *Bushman/Smith* (2001), S. 237 ff.

[1018] Vgl. *Lehn/Poulsen* (1989), S. 771 ff.

mers, einem so genannten „weißen Ritter" (*white knight*),[1019] die feindliche Offerte abwehren konnte, dann in einem nächsten Schritt, wie bei einem Going Private üblich, dem Börsenparkett dennoch den Rücken kehrt. Eventuell repräsentiert das Delisting und die damit für den neuen Investor erzielbare Überrendite ein bedeutsames Element in der impliziten Vertragsvereinbarung zwischen der Geschäftsleitung und dem befreundeten Übernehmer. Nichtsdestotrotz könnten die sich möglicherweise an die Übernahme anschließenden Restrukturierungsmaßnahmen auch ohne einen vollständigen Rückzug von den organisierten Kapitalmärkten realisieren lassen.[1020]

Die hier getroffene Einreihung von Going Privates, die zur Abwehr feindlicher Übernahmen durchgeführt werden, in den Kranz der lediglich temporären Corporate-Governance-Maßnahmen wird ebenfalls durch die von *Halpern*, *Kieschnick* und *Rotenberg* verfasste Studie bestätigt. Die Autoren stellen fest, dass Buyout-Unternehmen, an denen das Management nur gering beteiligt ist und deswegen – anerkanntermaßen – einem vergleichsweise hohen Übernahmedruck ausgesetzt sind, mit hoher Wahrscheinlichkeit später die organisierten Eigenkapitalmärkte wieder in Anspruch nehmen oder aber das Ziel einer (freundlichen) Unternehmensübernahme durch eine börsennotierte Gesellschaft sein werden; dieses Ergebnis kann als Indiz dafür gewertet werden, dass sich an der grundsätzlichen Vorteilhaftigkeit der Börsennotiz nichts geändert hat.[1021]

Sowohl die Optimierung des Verschuldungsgrads als auch die Reduzierung von mit *Free Cashflows* verbundenen *Agency*-Kosten sowie die Abwehr von feindlichen Unternehmensübernahmen sind, das haben die Ausführungen verdeutlicht, starke Motive für die Durchführung von Public-to-Privates. Nichtsdestotrotz, und auch das wurde deutlich, verändern jene Motive grundsätzlich nicht das Vorzeichen der Vorteilhaftigkeit einer Börsennotierung. So verwundert es nicht, dass eine nicht unerhebliche Zahl von Gesellschaften im Anschluss an ein Going Private eine erneute Börsennotiz anstrebt; insbesondere dann, wenn die mit einer Kapitalmarktnotierung verbundenen Vorteile die korrespondierenden Transaktionskosten überkompensieren. Im Übrigen spricht für eine Unveränderlichkeit der Vorziehenswürdigkeit einer Börsennotiz auch die Tatsache, dass die Basis jener in Kapitel IV.1.3.2 vorgestellten Effizienzgewinne,

---

[1019] Zur Abwehr feindlicher Übernahmen durch einen „weißen Ritter" (*white knight*) vgl. u. a. *Gaughan* (2002), S. 204-207.

[1020] Vgl. *Burghof/Schilling* (2003), S. 128.

[1021] Insgesamt waren von den im Zeitraum zwischen 1981 und 1986 ermittelten 76 Buyout-Unternehmen mit niedriger Geschäftsleitungsbeteiligung nicht weniger als 57 (75%) im Jahre 1993 entweder wieder börsennotiert oder Objekt einer Unternehmensakquisition. Vgl. *Halpern/Kieschnick/Rotenberg* (1999), S. 302 ff.

die mit einer Public-to-Private-Transaktion zusammenhängen, in einer vormaligen Notierung an einem organisierten Eigenkapitalmarkt zu sehen ist. Umgekehrt weist die Tatsache, dass eben nicht alle Unternehmungen im Anschluss an ein Going Private eine erneute Börsennotierung anstreben bzw. Ziel einer Übernahme durch eine an einem organisierten Eigenkapitalmarkt notierte Gesellschaft sind, auf weitere Ursachen sowie die fehlende Homogenität von Public-to-Private-Kandidaten hin.

### IV.1.3.3.3. Going Private als langfristiger Corporate-Governance-Strukturwandel

Während sich die meisten Unternehmen weltweit durch eine vergleichsweise konzentrierte Eigentumsstruktur auszeichnen und zudem nicht die organisierten Eigenkapitalmärkte in Anspruch nehmen, kann die börsennotierte Kapitalgesellschaft bei weitem nicht als Standard- bzw. als Normalfall charakterisiert werden.[1022]

Die mit einer Börsennotiz verbundenen Kosten können beträchtlich und für manches Unternehmen ein unüberbrückbares Hindernis sowohl bei dem Börsengang als auch bei der Aufrechterhaltung der Börsenpräsenz sein. Zu den Kosten, die unmittelbar mit einer Börsennotiz zusammenhängen, gehören insbesondere die speziell für börsennotierte Kapitalgesellschaften geltenden handelsrechtlichen[1023] sowie kapitalmarktrechtlichen Publizitätsvorschriften.[1024] Zu den kapitalmarktrechtlichen Veröffentlichungspflichten zählen insbesondere die Veröffentlichung und Mitteilung von Insiderinformationen gemäß § 15 WpHG (so genannte Ad-hoc-Publizität),[1025] die Erstellung von

---

1022 Vgl. *La Porta/Lopez-de-Silanes/Shleifer* (1999), S. 471 ff.

1023 Zu den handelsrechtlichen Publizitätsvorschriften, die speziell für den Konzernabschluss börsennotierter Kapitalgesellschaften gelten, zählen insbesondere die Segmentberichterstattung sowie die Kapitalflussrechnung gemäß § 297 HGB. In diesem Zusammenhang ist das am 4.12.2004 in Kraft getretene Gesetz zur Einführung internationaler Rechnungslegungsstandards und zur Sicherung der Qualität der Abschlussprüfung (Bilanzrechtsreformgesetz – BilReG) zu erwähnen, wonach gemäß des neuen § 315 a Abs. 2 HGB konzernabschlusspflichtige, im Inland börsennotierte Mutterunternehmen ihren Konzernabschluss nach den IAS/IFRS-Rechnungslegungsgrundsätzen aufzustellen haben. Durch diese Neuregelung steigen zumindest kurzfristig die Publizitätskosten durch die Umstellung der Rechnungslegung, sofern diese nicht bereits erfolgte. Zum Bilanzrechtsreformgesetz vgl. u. a. *Hüttemann* (2004), S. 203 ff.; *Arbeitskreis Bilanzrecht der Hochschullehrer Rechtswissenschaft* (2004), S. 546 ff. Grundlegend und umfassend zur Rechnungslegung nach IAS/IFRS vgl. *Pellens/Fülbier/Gassen* (2004).

1024 Für einen Überblick über die aktien-, handels- und kapitalmarktrechtlichen Publizitätsvorschriften vgl. *Hommelhoff* (2000), S. 749-754.

1025 Die Vorschrift zur „Veröffentlichung und Mitteilung von Insiderinformationen" gemäß § 15 WpHG löst terminologisch die „Veröffentlichung und Mitteilung kursbeeinflussender Tatsachen" ab, die ehemals in dem § 15 WpHG verankert war; die neue Vorschrift ist weiter gefasst und wurde im Zuge des Anlegerschutzverbesserungsgesetzes (Artikelgesetz) verabschiedet. Änderungen

Zwischenberichten für am amtlichen Handel teilnehmende Unternehmen gemäß § 40 BörsG sowie die Berichterstattung über Veränderungen des Stimmrechtsanteils der Muttergesellschaft gemäß § 21 WpHG. Weiterhin sind noch die freiwilligen Berichterstattungen zu erwähnen, die börsennotierte Unternehmen regelmäßig machen, wie z. B. die Versendung von Aktionärsbriefen. Einer empirischen Untersuchung aus dem Jahre 2002 zufolge gaben 28 befragte, in Deutschland börsennotierte potenzielle Squeeze-out-Kandidaten Schätzungen über ihre jeweiligen jährlichen Publizitätskosten ab; die von diesen angegebenen Werte lagen zwischen € 12.000 und € 807.000, bei einer Standardabweichung von € 206.000 sowie einem Mittelwert von € 163.000.[1026]

Weitere Kosten, welche mit einer Kapitalmarktnotiz einhergehen, entstehen durch die Durchführung von Hauptversammlungen (Beschlussfassungs- bzw. Hauptversammlungskosten), wie z. B. umfangreiche Verpflegungskosten bzw. Personalkosten und Raumkosten. Dieselbe Umfrage kommt bezogen auf die gleiche Stichprobe zu geschätzten Hauptversammlungskosten zwischen € 10.000 und € 807.000 pro Geschäftsjahr, bei einer ebenfalls sehr hohen Streuung (Standardabweichung) von € 168.000 und einem Mittelwert in Höhe von € 114.000.[1027]

Alles in allem ermittelt *Gampenrieder* bezogen auf eine ewige Rente und einen Kapitalisierungszinssatz von 5% einen Barwert einsparfähiger Publizitäts- und Hauptversammlungskosten in Höhe von durchschnittlich € 5,3 Mio.[1028] Das hier ermittelte Ergebnis erscheint nicht nur wegen der immensen Spanne zwischen den beiden Extremausprägungen von € 0,3 Mio. und € 32 Mio. sehr zweifelhaft und wenig repräsentativ;[1029] vielmehr vermag auch das Abstellen auf eine ewige Rente an dieser Stelle nicht

betreffend das WpHG sind gemäß Art. 6 des Anlegerschutzverbesserungsgesetzes seit dem 30.10.2004 in Kraft.

1026 Vgl. *Gampenrieder* (2004), S. 118 f., 159.

1027 Vgl. *Gampenrieder* (2004), S. 120, 159.

1028 Vgl. *Gampenrieder* (2004), S. 121-123. Für den US-amerikanischen Kapitalmarkt, auf dem zum Teil weitreichendere Publizitätsregeln gelten, wird von durchschnittlichen jährlichen Kosten der Börsennotiz in Höhe von $ 75.000 bzw. $ 200.000 ausgegangen. Vgl. *Borden* (1974), S. 1007; *DeAngelo/DeAngelo/Rice* (1984), S. 372. Bezogen auf diese Werte ergibt sich ausgehend von ewig anfallenden und gleich bleibenden Börsennotizkosten sowie unter Berücksichtigung eines Kapitalisierungszinssatzes von 5% ein Barwert einsparfähiger Kosten zwischen $ 1,5 Mio. und $ 4 Mio. Vgl. *Holderness/Sheehan* (1998), S. 27. *Gilson/Black* (1995), S. 1245-1247, ermitteln einen Barwert einsparfähiger direkter Börsennotizkosten zwischen $ 600.000 und $ 4 Mio.

1029 In etwa bestätigt wird das Ergebnis von *Gampenrieder* allerdings in einer weiteren Umfrage, die eine Stichprobe von 65 bis zum 31.7.2003 abgeschlossenen Squeeze-outs umfasst. Demnach liegt der Mittelwert des Barwerts der einsparfähigen Publizitäts- und Beschlussfassungskosten bei € 5,557 Mio., bei einer unterstellten ewigen Rente von € 305.652 und einem Kapitalisierungszinssatz von 5,5%. Vgl. *Rathausky* (2004), S. 109, 111 f.

zu überzeugen, da, wie oben gezeigt,[1030] durchaus eine nicht unerhebliche Wahrscheinlichkeit für eine erneute Börsennotiz und somit für wiederkehrende Publizitäts- und Beschlussfassungskosten spricht.[1031] Im Übrigen wird auch davon auszugehen sein, dass die Publizitäts- und Beschlussfassungskosten dank der fortschreitenden multimedialen Entwicklungen eher ab- als zunehmen werden. Zumindest große börsennotierte Gesellschaften veröffentlichen ihre Unternehmensinformationen in der Regel vollumfänglich über das Internet und ermöglichen ganz überwiegend die Stimmrechtsausübung über das World Wide Web.[1032]

Weiterhin entstehen der börsennotierten Kapitalgesellschaft auch mittelbare Kosten dadurch, dass Konkurrenten ebenfalls Zugang zu den bereitgestellten Informationen haben können.[1033]

Zudem ist die Unternehmensleitung bei fallenden Aktienkursen der Gefahr einer feindlichen Übernahme genauso ausgesetzt, wie dem mit niedrigen Marktpreisen verbundenen Imageverlust bzw. der daraus resultierenden Verschlechterung der Finanzierungsbedingungen. Kommt es im Laufe der Zeit zu einer Nivellierung der Argumente, die seinerzeit für ein Going Public sprachen, dann liegt nichts näher als der Rückzug von den organisierten Eigenkapitalmärkten.

Im Grunde genommen handelt es sich bei den Gründen für ein dauerhaftes Going Private um die Verneinung der sich im Lebenszyklus einer Unternehmung verändernden Motive für ein Going Public. *Maug* z. B. verdeutlicht ein derartiges unternehmerisches Lebenszykluskonzept. Er untersucht anhand einer Kosten-/Nutzenanalyse sowohl die Generierung firmenspezifischer als auch die Gewinnung marktspezifischer Informationen und leitet in einer Lebenszyklusbetrachtung Charakteristika bzw. „Lebensphasen“ ab, die für oder gegen eine Börsennotiz sprechen.[1034] Das Ergebnis der modelltheoretischen Untersuchung überrascht nicht: Mit zunehmender Unternehmensgröße

---

[1030] Vgl. Kapitel IV.1.3.2.

[1031] Die gleiche Kritik gilt übrigens auch für die von *Rathausky* durchgeführte Berechnung. Vgl. FN 1029.

[1032] Eine im Frühjahr 2005 von der *ARD* (2005) durchgeführte Befragung unter den DAX®-30-Unternehmen ergab, dass 29 der Gesellschaften die Hauptversammlungsreden über das Internet übertragen und immerhin 25 Unternehmen sogar die Abstimmung online ermöglichen. Vgl. insofern zustimmend *Ritzer-Angerer* (2004), S. 285.

[1033] Vgl. hierzu z. B. *Easterbrook/Fischel* (1982), S. 706. Ausführlich zu dem Konkurrenzeffekt von Unternehmenspublizität vgl. *Ewert/Wagenhofer* (1992), S. 297 ff.; *Wagenhofer/Ewert* (2003), S. 303 ff.

[1034] Vgl. *Maug* (2001), S. 6-21. Bei den firmenspezifischen Informationen handelt es sich um Insiderwissen z. B. des Gründers, während marktspezifische Informationen allgemeines, allen Marktteilnehmern zugängliches Wissen beschreibt.

steigt die Relevanz marktspezifischer Informationen, um den Finanzierungsbedürfnissen der Gesellschaft gerecht zu werden, und demzufolge auch der Nutzen, der mit einer Börsennotierung verbunden ist.[1035] Umgekehrt spricht vieles für ein Public-to-Private, sobald die Relevanz firmenspezifischer Informationen stark zunimmt. Die Bedeutung firmenspezifischer Informationen ist insbesondere bei kleineren und dynamisch wachsenden Unternehmen hoch. Es ist allerdings zu konstatieren, dass *Maug* in dem Underpricing eines Initial Public Offering die wesentlichen mit der Kapitalmarktnotierung zusammenhängenden Kosten sieht. Genau diese Kosten lassen sich aber, im Gegensatz zu den oben vorgestellten Publizitäts- und Hauptversammlungskosten, durch einen Börsenrückzug nicht eliminieren; jene auf dem Underpricing beruhende Vermögensverwässerung zulasten der Gründungseigentümer bleiben bestehen und könnten demnach die Bereitschaft zur Durchführung eines Public-to-Private deutlich schmälern. Nichtsdestotrotz mögen die regelmäßigen Kosten der Börsennotiz insbesondere bei kleineren oder mittelständischen Unternehmen den ausschlaggebenden Impuls für ein Going Private liefern.

Ebenfalls für ein Going Public spricht der Schutz spezifischer Investitionen bei Wachstumsunternehmen.[1036] Sollte die innere Finanzkraft des Unternehmens zur Finanzierung anstehender Projekte nicht ausreichen, werden die Eigentümer, die regelmäßig in dieser Phase auch das Management ausüben, Gefahr laufen, zukünftig von externen Financiers herausgedrängt und um ihre spezifischen Investitionen gebracht zu werden. Durch den Gang an die Börse kann dieses Risiko eingegrenzt werden, da die Residualansprüche an dem Unternehmen auf viele Investoren verteilt und dadurch die Einflussmöglichkeiten externer Kapitalgeber weitestgehend reduziert werden können. Außerdem kann eine börsennotierte Gesellschaft in folgenden Finanzierungsrunden erneut den Kapitalmarkt in Anspruch nehmen, ohne dabei in bilateralen Vertragsverhandlungen auf gut informierte und regelmäßig hohe Mitspracheforderungen stellende externe Investoren zu treffen. Des Weiteren bietet der Börsengang dem Eigentümermanager die Gelegenheit, die auf seinen spezifischen Investitionen in das Unternehmen beruhenden Wertsteigerungen über einen Anteilsverkauf zügig zu realisieren.[1037]

Weiterhin kann die Vermutung angestellt werden, dass insbesondere bei langsam wachsenden Unternehmen die Distribution von Informationen über etwaige Chancen und Risiken eines Investitionsprojekts über das Medium Kapitalmarkt weniger bedeutsam ist als bei sich dynamisch entwickelnden Gesellschaften. Darüber hinaus werden

---

[1035] Vgl. *Maug* (2001), S. 16 f.

[1036] Zu diesem Argument vgl. *Burghof/Rudolph* (1998), S. 249 ff.

[1037] Vgl. *Burghof/Schilling* (2003), S. 130.

die mit einer breit gestreuten Aktionärsstruktur verbundenen Koordinierungskosten stets dann besonders hoch sein, wenn sich das Unternehmen aufgrund geringen Wachstums bzw. einer negativen Geschäftsentwicklung einer Restrukturierung unterziehen oder gar strategisch neu positionieren muss.

Im Ergebnis können viele Argumente, die für oder aber auch gegen eine Börsennotierung sprechen, unter die beiden Komponenten *Unternehmenswachstum* und *Unternehmensgröße* subsumiert werden.[1038] Die Antwort auf die Frage, ob eine Gesellschaft organisierte Eigenkapitalmärkte in Anspruch nehmen oder sich von diesen zurückziehen soll, hängt somit von dem zukünftigen Wachstumspfad der betrachteten Firma ab. Aufgrund der Tatsache, dass sowohl ein Going Public als auch ein Public-to-Private sehr hohe Transaktionskosten verursachen, werden derartig kostspielige Maßnahmen stets unter Beachtung des Kapitalwertkalküls durchgeführt. Unabhängig von dem Wachstumspfad eines Unternehmens wird der mit einer Börsennotierung bzw. einem Going Private zusammenhängende Wechsel in der Corporate-Governance-Struktur eines Unternehmens ein eher selten zu beobachtendes Schauspiel sein.

Folgende Skizze verdeutlicht, wenngleich schematisch, in Anlehnung an den hypothetischen Wachstumspfad eines Unternehmens die relative Vorziehenswürdigkeit einer Börsennotierung. Aus Vereinfachungsgründen wird in der sich anschließenden Abbildung von der Unsicherheit über die Unternehmensentwicklung abstrahiert; zudem wird eine sich kontinuierlich verändernde Unternehmenswachstumsrate angenommen. Der Kapitalwert hingegen, der bei der Entscheidungsfindung bezüglich Börsennotiz oder Public-to-Private zugrunde gelegt werden muss, ist auf den gegenwärtigen Entwicklungsstand der Firma zu beziehen und über den vollständigen zukünftigen Wachstumspfad der Gesellschaft zu ermitteln. Einbezogen werden muss ausdrücklich die Option der jeweiligen Entscheidungsrevision. Die Entscheidung über ein Going Public oder Going Private kann somit als Problem einer flexiblen Investitionsplanung interpretiert werden.[1039] Eine Einbeziehung der Unsicherheit über das Unternehmenswachstum, die in der Abbildung nicht geleistet wird, könnte mit Hilfe optionspreistheoretischer Methoden[1040] gelöst werden. Sowohl die Börseneinführung als auch der Markt-

---

[1038] Vgl. hierzu insbesondere *Burghof/Schilling* (2003), S. 130.

[1039] Zur flexiblen Investitionsprogrammplanung bei unsicheren Erwartungen vgl. etwa *Blohm/Lüder* (1991), S. 305-321; *Perridon/Steiner* (1995), S. 128-141.

[1040] Zur Optionspreistheorie paradigmatisch vgl. *Black/Scholes* (1973), S. 637 ff.; *Merton* (1973), S. 141 ff., sowie zum Binomialmodell als numerisches Verfahren der Optionsbewertung *Cox/Ross/Rubinstein* (1979), S. 229 ff. Monografisch zur Optionsbewertung vgl. *Hull* (2000), S. 201-215, 250-252, 388-404.

rückzug könnten dabei als (amerikanische) Realoptionen[1041] mit exotischen Merkmalen eingefangen werden.

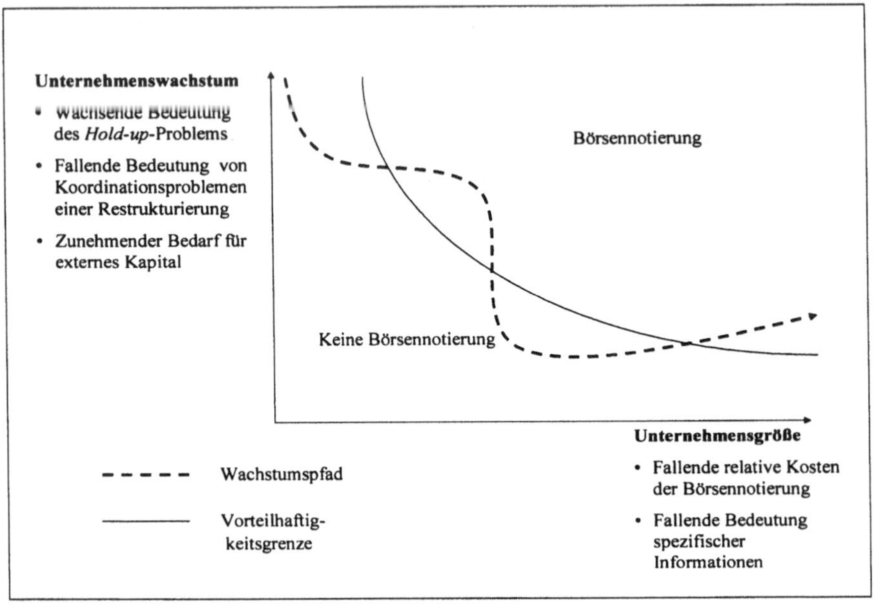


*Abbildung 1: Going Public und Public-to-Private in Anlehnung an den unternehmerischen Wachstumspfad*[1042]

Anhand der Grafik wird deutlich, dass auch unter Berücksichtigung eines vorgegebenen unternehmerischen Wachstumspfads der Börsengang keine Einbahnstraße sein muss, vorausgesetzt die Transaktionskosten überkompensieren nicht den Entscheidungsnutzen der Maßnahme. Sofern der Wachstumspfad eines Unternehmens die kritische Trennlinie nur einmal schneidet, wird die Gesellschaft auch nur einmal an den organisierten Eigenkapitalmarkt gehen und diesen nicht mehr verlassen. Ein langfristiger Rückzug von der Börse muss demnach nicht zwangsläufig ein Versagen des orga-

---

[1041] *Myers* (1977), S. 147 ff., erkannte als erster, dass die Handlungsmöglichkeiten bei Investitionsvorhaben als Optionen interpretiert werden können, und prägte damit den Begriff der Realoption. Dabei wird die aus der Finanzwirtschaft bekannte Optionspreistheorie auf den realen Wirtschaftsbereich übertragen und bei der Bewertung ganzer Unternehmen oder von Unternehmensteilen bzw. Investitionen eingesetzt. Vgl. *Myers* (1977), S. 149 ff.; *Rams* (1999), S. 349; *Löhr/Rams* (2000), S. 1983. Vgl. zudem *Wieland/Dahlheim* (2003), S. 99-106, für die Einbeziehung von Realoptionen bei der Beurteilung der Finanzierungspolitik von Wachstumsunternehmen sowie *Witt* (2003), S. 121-141, zur Bedeutung des Realoptionsansatzes bei Gründungsunternehmen. Für eine ausführliche Würdigung der Bewertung von Unternehmen bzw. Unternehmensteilen mit Hilfe von Realoptionen vgl. *Damodaran* (2000), S. 1 ff.

[1042] In Anlehnung an *Burghof/Schilling* (2003), S. 130.

nisierten Eigenkapitalmarkts indizieren bzw. Ausdruck einer falschen Geschäftspolitik sein. Schließlich ist die Qualität der Unternehmenspolitik nicht alleine für die Größe der Gesellschaft bzw. deren Wachstum verantwortlich.

Weiterhin vergegenwärtigt obige Abbildung die von Anpassungen der Erwartungen über den prospektiven Wachstumspfad ausgehenden Effekte. Senkt die Gesellschaft infolge unerwarteter konjunktureller Schieflagen ihre Wachstumsprognosen, führt dies in der Grafik zu einer Verschiebung des Wachstumspfads nach links unten. Das hat eine sinkende Vorteilhaftigkeit der Börsennotierung zur Folge, was dazu führt, dass Going Publics verschoben werden und die Anzahl von Börsenrückzügen zunimmt. Dabei steigt die Zahl der Unternehmen, für die sich ein Going Private lohnt, mit dem Ausmaß der nach unten gerichteten Erwartungsanpassungen. Erhöht eine Unternehmung im umgekehrten Fall seine Wachstumserwartung, gilt jener Wirkungszusammenhang analog.

Zwar ist der Einfluss fundamentaler Unternehmenseigenschaften für die Entscheidung eines Going Public oder Public-to-Private wahrlich nicht zu leugnen; nichtsdestotrotz ist die regelmäßig auf lange Sicht getroffene und für das einzelne Unternehmen seltene Disposition in ihrer absoluten Häufigkeit von gesamtwirtschaftlich starken Konjunkturentwicklungen geprägt. Berücksichtigt man zudem die in der Regel mit einer solchen Maßnahme zusammenhängenden Transaktionskosten, lässt sich daraus die Empfehlung für eine verlässliche und berechenbare Wirtschaftspolitik ableiten, durch die gewährleistet ist, dass sich die Häufigkeit und Ausprägung der Erwartungsanpassungen der Entscheidungsträger möglichst in Grenzen hält.[1043]

### IV.1.3.4. Beurteilung der Squeeze-out-Vorschrift vor dem Hintergrund der Going-Private-Diskussion

Die Auswertung der empirischen Studien zu Public-to-Private-Transaktionen hat gezeigt, dass grundsätzlich sowohl die ausscheidenden Aktionäre als auch die Initiatoren eines Going Private Überrenditen erzielen. Jene Gewinne könnten zum einen auf Unterbewertungen am Kapitalmarkt beruhen; zum anderen – und mit größerer Wahrscheinlichkeit – basieren die realisierten Wertsteigerungen auf der Überwindung temporärer Ineffizienzen durch auf Going Privates folgende Restrukturierungsmaßnahmen. Dabei sind stets dann Effizienzgewinne zu realisieren, wenn die Transaktionskosten des Börsenrückzugs niedriger sind als die Kosten, die mit einer das gleiche Resultat erzielenden alternativen Disposition der Unternehmensleitung entstehen.

---

1043 Vgl. *Burghof/Schilling* (2003), S. 131.

Schließlich können die mit Going Privates erzielbaren Aktionärsgewinne auch darauf zurückzuführen sein, dass es sich für die Unternehmung aus Vorteilhaftigkeitserwägungen einfach nicht mehr lohnt, organisierte Eigenkapitalmärkte in Anspruch zu nehmen; in dieser Situation existiert zu dem Public-to-Private keine Alternative.

Zur Beurteilung von Squeeze-outs liefert die hier vorgenommene Einteilung von Going Privates in jene, die der Lockerung temporärer Blockaden dienen, und solche, die das Ergebnis dauerhafter Wirtschaftlichkeitserwägungen sind, wertvolle Anhaltspunkte.

Da realiter die Überwindung kurzfristiger *Agency*-Konflikte auch ohne den Rückzug von den organisierten Kapitalmärkten möglich und regelmäßig auch mit niedrigeren Transaktionskosten verbunden ist, kann zumindest der Verdacht nicht ausgeräumt werden, dass derart motivierte Going Privates auch auf Umverteilungsabsichten ihrer Initiatoren zurückzuführen sind. In jenen Konstellationen sollte grundsätzlich der Ausschluss von Minderheitsaktionären nicht gestattet bzw. wenn er, wie de lege lata der Fall, zulässig ist, den Mehrheitsaktionär mit der Frage konfrontieren, ob das angestrebte Ziel nicht auch bei Aufrechterhaltung der Börsennotierung erreicht werden kann. Durch die einfache Möglichkeit, sich über ein Squeeze-out transaktionsunwilliger Aktionäre zu entledigen, können die Initiatoren eines Going Private der für sie eventuell unangenehmen Frage über potenzielle Public-to-Private bedingte Umverteilungseffekte zulasten der Ausgeschlossenen ausweichen.[1044]

Zu einem tendenziell anderen Ergebnis bei der Beurteilung von Squeeze-outs gelangt man für Going Privates, welche aufgrund unzureichender Unternehmensgröße oder zu geringen Wachstums durchgeführt werden. In dieser Situation existieren keine alternativen Maßnahmen zum Börsenrückzug. Da das Delisting, wie bereits dargelegt,[1045] mit einfacher Hauptversammlungsbeschlussmehrheit entschieden werden kann, bedarf es aus *formal-rechtlicher* Sicht bei der Umsetzung des Börsenrückzugs keines Ausschlusses der Minderheitsaktionäre. Da ceteris paribus davon auszugehen sein wird, dass Unternehmen, die über ein geringes Wachstum sowie über eine geringe Größe verfügen und somit, dem Lebenszykluskonzept zufolge, dem Kapitalmarkt besser den Rücken kehren würden, sich durch eine hoch konzentrierte Eigentümerstruktur auszeichnen, könnte der Ausschluss von Minderheitsaktionären, sofern die Voraussetzungen erfüllt sind, eine erwägenswerte Maßnahme darstellen. Dies zumindest dann, wenn sich z. B. die maximal 5%ige Minderheit in den Händen einer unüberschaubaren

[1044] Vgl. *Burghof/Schilling* (2003), S. 132. Zu dem empirischen Befund etwaiger Umverteilungseffekte zulasten der Minderheitsaktionäre vgl. Kapitel V.3.7.2.

[1045] Vgl. Kapitel IV.1.3.1.

Vielzahl von Aktionären befindet; im Falle eines Börsenrückzugs und gleichzeitiger Aufrechterhaltung der Aktionärsminderheit würde dies zu unverhältnismäßig hohen Verwaltungskosten führen, die ihrerseits das Vorteilhaftigkeitsvorzeichen des Delisting ins Negative wenden und im Ergebnis eine an sich aus Unternehmenssicht möglicherweise überlebensnotwendige Maßnahme verhindern. Bestünde in Situationen eines lebenszyklusbezogenen Börsenrückzugs keine Ausschlussmöglichkeit würde dies mit an Sicherheit grenzender Wahrscheinlichkeit alternative Instrumente auf den Plan rufen, um, mit vermutlich vergleichsweise deutlich höheren Transaktionskosten, die Vermögenswerte in privates Eigentum zu transferieren. Dabei repräsentiert die Konkurseinleitung des börsennotierten Unternehmens die wohl prominenteste aller Möglichkeiten der Vermögenswertübertragung auf Dritte.[1046]

Im Ergebnis wird hier die Möglichkeit eines Ausschlusses von Minderheitsaktionären vor dem Hintergrund des Lebenszykluskonzepts befürwortet.

Nicht unerwähnt bleiben sollte, dass Anteilseigner im Anschluss an einen Börsenrückzug unabhängig davon, ob das Delisting temporärer oder langfristiger Natur ist, der Möglichkeit beraubt werden, ihre Aktien über den organisierten Kapitalmarkt zu veräußern; des Weiteren sind damit auch die bekannten kapitalmarktrechtlichen Anlegerschutzbestimmungen nicht mehr einschlägig, sodass sich schlussendlich ehedem jedem Aktionär die Frage nach dem ökonomischen Sinn einer Aufrechterhaltung der Investition in die betroffene Gesellschaft stellen wird. Ob es nun gerechtfertigt ist, jene Aktionäre, die das von dem *BGH*[1047] geforderte Pflichtangebot ablehnen, gegen ihren Willen auszuschließen, sollte nicht reflexartig mit Argumenten wie der Spiegelbildlichkeit des Squeeze-out abgenickt werden.[1048] Wichtig in diesem Kontext ist zuallererst die Sensibilisierung auf die selbst in Kombination mit einem Pflichtangebot im Raume stehende Übervorteilungsgefahr der Minderheitsaktionäre durch den anschließenden Ausschluss. So kann nicht ausgeschlossen werden, dass selbst durch einen gutachterlich bestätigten Gegenwert die Angemessenheit des Pflichtangebots und der Abfindung nicht erreicht wird. Dies ist insbesondere auf die dem gutachterlich tätigen Bewerter bisweilen fehlenden wertrelevanten Unternehmensinformationen zurückzuführen, die der Hauptaktionär möglichst geheim hält.

---

[1046] Vgl. *Burghof/Schilling* (2003), S. 133.

[1047] Vgl. *BGH*, Urteil vom 25.11.2002 – II ZR 133/01, S. 275, sowie Kapitel IV.1.3.1.

[1048] So bereits die Begründung in der rechtspolitischen Debatte, in der ein Squeeze-out-Recht mit der grundsätzlichen Existenz eines Pflichtangebots (§ 35 WpÜG) gefordert wurde. Vgl. Kapitel I.1.

### IV.1.4. Agency-theoretische Analyse unter Einbeziehung des Erpressungspotenzials der Minderheitsaktionäre

In der in Deutschland seinerzeit geführten gesellschaftsrechtspolitischen Debatte über die Kodifizierung des Squeeze-out in §§ 327 a ff. AktG wurde auch die Verhinderung aktienrechtlicher Missbrauchsmöglichkeiten genannt, da, so die Gesetzesbegründung, „Kleinstbeteiligungen oftmals missbraucht würden, um den Mehrheitsaktionär bei der Unternehmensführung zu behindern und ihn zu finanziellen Zugeständnissen zu veranlassen."[1049] Dieser Missbrauch trete, so die Argumentation, im Wesentlichen durch die Anfechtung von Hauptversammlungsbeschlüssen gemäß § 246 AktG auf und verhindere, blockiere bzw. verzögere nicht selten die Umsetzung von unternehmerischen Umstrukturierungen.[1050] Ziel der Anfechtungsklage, die im Übrigen zu den jeder Mitgliedschaft innewohnenden Rechten zählt,[1051] ist es, den angegriffenen Beschluss aufgrund seiner Gesetzes- oder Satzungswidrigkeit mit Wirkung für und gegen Jedermann rückwirkend für nichtig zu erklären.[1052] Ein Missbrauch des Anfechtungsrechts liegt, der Rechtsprechung des *BGH* zufolge, dann vor, „wenn der Kläger eine Anfechtungsklage mit dem Ziel erhebt, die verklagte Gesellschaft in grob eigennütziger Weise zu einer Leistung zu veranlassen, auf die er keinen Anspruch hat und billigerweise auch nicht erheben kann [...]."[1053] Ein als besonders lohnenswert bezeichnetes Betätigungsfeld von so genannten „Berufsklägern"[1054] sind Verschmelzungen, da für die konstituierende Rechtmäßigkeit einer Fusion der Handelsregistereintrag maßgeblich ist. Durch eine Anfechtungsklage wird eine Registersperre gemäß § 16 Abs. 2 Satz 2 UmwG ausgelöst, durch die die Vollendung dieser Transaktion verhindert bzw. verzögert wird.[1055] Zwar kann die Eintragung der Fusion durch eine Unbedenklichkeitsbestätigung gemäß § 16 Abs. 3 UmwG kurzfristig erzielt werden; allerdings ist diese vorgezogene Registrierung mit nicht zu unterschätzenden finanziellen und haftungsrechtlichen Risiken verknüpft.[1056]

---

[1049] *BegrRegE* (2001), S. 31.

[1050] Vgl. *BegrRegE* (2001), S. 32.

[1051] Zu den mit einer Verbandsmitgliedschaft verbundenen Klagerechten vgl. Kapitel II.1.2.4.2.3.

[1052] Vgl. *Hüffer* (2001), § 246 Rn. 3.

[1053] *BGH*, Urteil vom 22.5.1989 – II ZR 206/88, S. 1664.

[1054] *Baums* (2000), S. 14 f., nennt namentlich eine Gruppe von 10 „Berufsaktionären", die er für 50% aller während des Zeitraums von 1980 bis 1998 festgestellten Anfechtungsklagen verantwortlich macht.

[1055] Vgl. *Baums* (2000), S. 13, 91-94.

[1056] Vgl. *Vetter* (2002), S. 178, m. w. N.; *Gampenrieder* (2004), S. 113.

Steht die missbräuchliche Ausnutzung des Anfechtungsrechts fest, ist die Klage abweisbar, da dem Kläger die Anfechtungsbefugnis gemäß § 245 AktG fehlt. Nichtsdestotrotz ist der Missbrauch von Anfechtungsklagen ein in der Realität zu konstatierendes Problem.[1057] Es sind allerdings, und das sei hier ausdrücklich betont, nicht alle Anfechtungsklagen missbräuchlich. Vielmehr begründet eine Vielzahl von Klägern ihre Anfechtung rechtmäßig mit Verstößen gegen die in § 131 AktG verankerten Informations- und Berichtspflichten bzw. mit Pflichtverstößen des Vorstands und Aufsichtsrats bei den Entlastungsbeschlüssen.[1058]

Da der Missbrauchsnachweis regelmäßig sehr schwierig und mit hohem zeitlichen Aufwand zu erbringen ist und darüber hinaus der Verfahrensablauf von als rechtskonform eingestuften Anfechtungsklagen einen langen und schwer kalkulierbaren Zeithorizont beansprucht,[1059] einigen sich Kläger und Beklagte nicht selten auf einen außergerichtlichen Vergleich. Der zwischen den Antagonisten frei aushandelbare Vergleichswert ist, einer empirischen Untersuchung zufolge, selten geringer als € 500.000; der höchste festgestellte Vergleichswert betrug sogar € 8,75 Mio.[1060] Nachdem im Jahre 1987 ein „räuberischer" Aktionär gerichtlich dazu verpflichtet wurde, DM 1,5 Mio. (~ € 750.000) zurückzuzahlen und auch nur knapp einer strafrechtlichen Verurteilung entging,[1061] ist die Kreativität zur Tarnung derartiger Geldtransfers erstaunlich gestiegen. Regelmäßig werden jene Aktivitäten in der Außendarstellung als Kampf für die Minderheitsaktionärsrechte rechtfertigt. Unternehmen kaufen z. B. nicht selten belanglose Gutachten zu hohen Preisen, die dann den oder die jeweiligen Opponenten zur Rücknahme der Klage bewegen. Manche Anteilseigner lassen sich bereits vor Beginn der Gesellschafterversammlung ihre „unbequemen" Fragen oder sogar ihre Aktien abkaufen. Um nicht gegen die allen Aktionären gegenüber geltende Gleichbehandlungs-

---

[1057] Vgl. u. a. *Lutter* (1978), S. 351; *Lutter* (1988b), S. 194 f.; *Timm* (1990), S. 3 f.; *Wardenbach* (1991), S. 485; *Kübler* (1998), S. 204; *Baums* (2000), S. 87 ff.; *Hüffer* (2001), § 245 Rn. 47. Demgegenüber sehen *Meilicke/Heidel* (2004), S. 1483, keinen empirischen Beleg für die missbräuchliche Ausnutzung des Anfechtungsrechts.

[1058] Vgl. hierzu sowie für weitere Anfechtungsgründe *Baums* (2000), S. 13 f.

[1059] Für eine Stichprobe von 94 Anfechtungsklageverfahren, welche durch streitige Urteile abgeschlossen wurden, ermittelte *Baums* (2000), S. 16, für Verfahren, die nach einer Instanz beendet waren (37 Klagen), eine durchschnittliche Dauer von 7,5 Monaten, bei zwei Instanzen (34 Klagen) einen Durchschnittswert von 21 Monaten, bei Verfahren, die nach drei Instanzen abgeschlossen waren (18 Verfahren), eine durchschnittliche Zeit von 35 Monaten, sowie in jenen Fällen, in denen der *BGH* an das zuständige *OLG* und jenes eventuell an das jeweilige *LG* verwiesen hat (5 Klagen), betrug die durchschnittliche Dauer 69 Monate.

[1060] Vgl. *Baums* (2000), S. 16. *Baums'* Auswertung stützt sich auf 199 untersuchte Anfechtungsklagen in dem Zeitraum von 1980 bis 1998. Vgl. *Baums* (2000), S. 12.

[1061] Vgl. *Hirte* (1988), S. 1469 f.; *Jahn* (2005), S. 6, m. w. N.

pflicht zu verstoßen, treten häufig der Aufsichtsrat oder der Mehrheitsgesellschafter als Kontraktpartner des Klägers auf.

Inwiefern die Anfechtung von Hauptversammlungsbeschlüssen das Innen- und Außenleben einer Aktiengesellschaft existenziell tangieren kann, verdeutlichte jüngst die medienwirksames Aufsehen erregende außerordentliche Hauptversammlung der *KarstadtQuelle AG* im November 2004, auf der jene für die Sanierung der Gesellschaft notwendige Kapitalerhöhung beschlossen wurde.[1062] Sechs Aktionäre gaben auf der Versammlung ihren Widerspruch gegen die Kapitalerhöhung zu Protokoll und drohten mit einer Anfechtungsklage. Wäre es tatsächlich zu einer Anfechtungsklage gekommen, hätte die Kapitalbeschaffungsmaßnahme nur mit einer deutlichen Verzögerung umgesetzt werden können, wodurch das Unternehmen in existenzielle Liquiditätsprobleme geraten wäre. Zahlreiche Arbeitsplatzverluste, die über die ohnehin schon beschlossene Streichung von 5.700 Stellen hinausgingen, wären unausweichlich gewesen. Im Ergebnis und nach langen Verhandlungen konnte die Anfechtung des Hauptversammlungsbeschlusses abgewendet werden. Die *KarstadtQuelle AG* verpflichtete sich, weitere Informationen über das erstellte Sanierungsgutachten bereitzustellen und darüber hinaus einen dezidierten Risikobericht in dem Geschäftsbericht der Berichtsperiode 2004 aufzustellen. Es wurde zudem ausdrücklich darauf verwiesen, dass keine finanziellen Zugeständnisse zugunsten der Opponenten gemacht wurden; im Gegenteil: So wurde der Ausgabepreis je Aktie durch das Veto der Widerständler von den ursprünglich kalkulierten € 5,38 auf € 5,75 erhöht, was der Gesellschaft immerhin € 34,41 Mio. mehr Liquidität einbrachte.[1063]

Aus ökonomischer Perspektive lässt sich die Anfechtungsbefugnis der Aktionäre als klassische *Hold-up*-Position charakterisieren.[1064] Auf der einen Seite ist die Gewährung von Klagerechten zwar immens wichtig, damit sich insbesondere die Minderheitsaktionäre gegen Übervorteilungen durch den oder die Mehrheitsgesellschafter wehren können; auf der anderen Seite bietet die de lege lata geltende Anfechtungsbefugnis den Anteilseignern auch einen enormen Spielraum für Renten suchendes Verhalten: So haben die Anleger durchaus einen Anreiz, gezielt und absichtlich hauptversammlungspflichtige unternehmerische Strukturmaßnahmen zu blockieren und somit die Gesellschaft zu finanziellen Zugeständnissen zu bewegen.

---

[1062] Die Gläubigerbanken knüpften an die Bereitstellung zusätzlichen Fremdkapitals in Höhe von € 1,75 Mrd. die Bedingung einer Kapitalerhöhung. Vgl. *o. V.* (2004a), S. 15.

[1063] Vgl. *o. V.* (2004b), S. 1; *o. V.* (2004c), S. 1. Im Rahmen der Kapitalerhöhung wurden 93 Mio. junge Aktien emittiert.

[1064] Vgl. hierzu bereits die Ausführungen in Kapitel III.2.3.2.

Zwar könnte argumentiert werden, dass sich durch einen Zwangsausschluss der Minderheitsaktionäre, zumindest bei AG mit einer entsprechend konzentrierten Eigentümerstruktur, unliebsame Hauptversammlungsbeschlussblockaden unterbinden ließen und somit wenigstens für derartige Gesellschaften ein Einsparpotenzial bei den *Agency*-Kosten realisiert werden könnte. Allerdings wäre damit das grundsätzliche, alle anderen Kapitalgesellschaften betreffende *Hold-up*-Problem nicht gelöst. So greift das in der rechtspolitischen Debatte im Vorfeld der Squeeze-out-Kodifizierung vorgebrachte Argument zu kurz, wonach der Aktionärsausschluss im Sinne eines Squeeze-out nach §§ 327 a ff. AktG bei der Überwindung von Beschlussoppositionen behilflich wäre. Es erscheint mehr als bedenklich, wenn lediglich zur Unterstützung partikularer Interessen,[1065] anders kann das Begehren der insbesondere juristisch affinen Autorenschaft nicht interpretiert werden, ein Rechtsinstitut (Squeeze-out) ins deutsche Gesellschaftsrecht mit der Begründung eingeführt wird, es diene der Umsetzung unternehmerischer Strukturmaßnahmen und verhindere deren Blockade. Dem deutschen Gesellschaftsrecht ist im Übrigen, das haben die Ausführungen in Kapitel II.1.2.2.2 gezeigt, der Ausschluss von einzelnen Aktionären, die sich z. B. durch gezielte Blockaden systematisch der Zweckförderpflicht widersetzen, keine Unbekannte. In solchen Situationen steht, wenngleich nicht prophylaktisch, sondern stets anlassbezogen und bei der AG nicht ganz unumstritten, der Ausschluss aus wichtigem Grund zur Blockadeüberwindung bereit.

Bei dem Ausschluss aus wichtigem Grund handelt es sich aber nicht gerade um ein zügig umsetzbares Verfahren. Um also zu verhindern, dass Hauptversammlungsbeschlüsse bei AG unabhängig von deren Eigentumskonzentration nicht von der Willkür und zum Teil missbräuchlichen Absicht Einzelner abhängig sind, bedarf es vielmehr

---

[1065] Hierbei kann ohne weiteres der *Handelsrechtsausschuss des Deutschen Anwaltvereins e. V.* als Interessenvertreter der einschlägig tätigen Anwaltszunft besonders hervorgehoben werden, der sich bei dem gebetsmühlenartigen Vortragen dieses Arguments besonders profilierte. Vgl. *Handelsrechtsausschuss des Deutschen Anwaltvereins* (1999), S. 850. Klar ist, dass eine rein Klientelpolitik betreibende Vereinigung wie der *Handelsrechtsausschuss des Deutschen Anwaltvereins e. V.* natürlich ein Interesse daran haben muss, sein Betätigungsfeld zu erweitern und darüber hinaus seine potenziellen wie existenten Mandanten zu unterstützen. Aus regulierungstheoretischer Sicht handelt es sich hierbei im Übrigen um ein klassisches Beispiel für die so genannte *interest group theory* bzw. *capture theory*, nach der kleine, aber gut organisierte Interessengruppen auf dem „Markt für Regulierung" entgegen jeder normativen Erkenntnis als Nachfrager auftreten; diese Lobby erlangt dann unverhältnismäßig großes Gewicht und kann den Staat so dazu veranlassen, durch Regulierung Einkommen von der Allgemeinheit weg zur entsprechenden organisierten Minderheit zu verlagern. So ist intuitiv einsichtig, dass Rechtsanwälte tendenziell ein Interesse an zunehmender Regulierungsdichte haben, um ihr eigenes Betätigungsfeld und somit ihre wirtschaftliche Position zu stärken. Zur positiven Regulierungstheorie im Allgemeinen und der *capture* bzw. *interest group theory* im Besonderen vgl. *Stigler* (1971), S. 3 ff.; *Posner* (1974), S. 335 ff.; *Peltzman* (1976), S. 211 ff., sowie monografisch *Müller/Vogelsang* (1979).

einer originären Reform des geltenden Anfechtungsrechts, das sowohl eine Verfahrensbeschleunigung als auch lückenlose Klagevoraussetzungen gewährleistet.

Letzteren Weg verfolgte die Bundesregierung mit der Vorlage des Entwurfs eines Gesetzes zur Unternehmensintegrität und Modernisierung des Anfechtungsrechts (U-MAG),[1066] der am 16.6.2005 von dem Deutschen Bundestag verabschiedet worden ist.[1067]

Da es an dieser Stelle nicht Gegenstand der Arbeit sein kann, dezidiert auf die voraussichtlichen Änderungen betreffend das Anfechtungsrecht einzugehen, geschweige denn diese einer Bewertung zu unterziehen, sollen im Folgenden nur kurz die zentralen und relevanten Aspekte skizziert werden:[1068]

Im Zusammenhang mit dem aktienrechtlichen Anfechtungsrecht legt der Regierungsentwurf fest, dass gemäß § 245 AktG-RegE Anfechtungsklagen künftig nur erhoben werden dürfen, wenn der Aktionär bereits vor Veröffentlichung der Hauptversammlungstagesordnung Anteile besessen hat.[1069]

Die bedeutsamste Neuerung ist wohl die Einführung eines gerichtlichen Eilverfahrens (Freigabeverfahren) für Anfechtungsklagen durch den neu eingefügten § 246 a i. V. m. § 242 Abs. 2 AktG-RegE. Für den Fall, dass ein Aktionär einen Hauptversammlungsbeschluss über Kapitalbeschaffungsmaßnahmen bzw. Unternehmensverträge anficht,[1070] kann die Unternehmung bei dem zuständigen Gericht einen Antrag stellen, wonach der Hauptversammlungsbeschluss trotzdem in das Handelsregister eingetragen wird und umgesetzt werden kann. Durch diese Regelung wird die Gesellschaft nicht, wie bisher der Fall, auf längere Zeit blockiert. Der Freigabebeschluss soll spätestens drei Monate nach der Antragstellung durch die Gesellschaft ergehen. Es bedarf hier allerdings einer gründlichen Interessenabwägung durch das Gericht, da die Freigabe mit einer Bestandssicherung versehen ist. Selbst wenn der Kläger im Hauptverfahren

---

[1066] Der am 17.11.2004 von der Regierung verabschiedete Gesetzesentwurf basiert auf einem Referentenentwurf des Bundesministeriums der Justiz vom Januar 2004. Das Gesetz soll, so das Bundesministerium der Justiz, möglichst im November 2005, in einer hauptversammlungsarmen Zeit in Kraft treten. Vgl. *Bundesministerium der Justiz* (2004), S. 5.

[1067] Vgl. *Zypries* (2005). Die Abstimmung im Bundesrat steht indes noch aus.

[1068] Für einen Überblick über die mit dem UMAG verbundenen Neuerungen des Anfechtungsrechts vgl. *Kuthe* (2004a), S. 450 f.; *Meilicke/Heidel* (2004), S. 1483 ff.; *Schütz* (2004), S. 419 ff.; *Hirschberger/Weiler* (2004), S. 1137 ff.; *Jahn* (2005), S. 8 ff.

[1069] Mit einer kritischen Anmerkung zu dieser Änderung vgl. *Meilicke/Heidel* (2004), S. 1484, welche die Intention dieser Vorschrift, die Verhinderung von Missbrauch, als unzureichend gelöst sehen.

[1070] Das Freigabeverfahren ist ausdrücklich nur für Beschlüsse über Kapitalerhöhungen, -herabsetzungen bzw. Unternehmensverträge einschlägig, da die Regierung hierin ein besonderes Erpressungspotenzial sieht. Vgl. *Bundesministerium der Justiz* (2004), S. 3.

Recht bekommt, wird die Umsetzung der Maßnahme nicht rückgängig gemacht. Dem Prozesssieger steht dann „nur" noch ein Schadensersatz zu. Vergegenwärtigt man sich erneut den Fall der *KarstadtQuelle AG*, so hätte das zuständige Gericht unter Abwägung der beteiligten Interessen und in Anbetracht der wirtschaftlichen Folgen dem Kapitalerhöhungsbeschluss wohl die Freigabe erteilt; die dann möglicherweise durchaus berechtigten Einwände der Opponenten hätten im Rahmen eines gerichtlichen bzw. außergerichtlichen Vergleichs oder aber im Hauptverfahren geklärt werden können.

Das Freigabeverfahren kann auch für das Squeeze-out-Verfahren von Bedeutung sein. Es gilt hier allerdings schon seit der Einführung des Squeeze-out im Jahre 2002: Sofern der gesetzliche Vertreter der AG bei der Handelsregisteranmeldung keine Negativerklärung gemäß § 327 e Abs. 2 i. V. m. § 319 Abs. 5 Satz 1 AktG aufgrund der Anhängigkeit von Anfechtungsklagen gegen den Übertragungsbeschluss vorlegen kann, hat die Unternehmung die Möglichkeit, durch ein Freigabeverfahren die Registersperre aufheben zu lassen.[1071]

Kommt es im Rahmen der Konfliktlösung zu einem Vergleich, ist dies gemäß § 248 a i. V. m. § 149 Abs. 2 AktG-RegE inklusive der getroffenen Nebenabreden in dem Bundesanzeiger zu veröffentlichen.

§ 243 Abs. 4 Satz 2 AktG-RegE schließlich legt fest, dass Bewertungsfragen stets in das Spruchstellenverfahren delegiert werden und demnach nicht Gegenstand von Anfechtungsklagen sein sollen, wenn das SpruchG einschlägige Vorschriften bereithält.[1072]

An dieser Stelle wird die Rechtfertigung der Squeeze-out-Vorschrift gemäß §§ 327 a ff. AktG, wonach durch den Minderheitsaktionärsausschluss dem Missbrauch von Anfechtungsklagen begegnet werden könne, abgelehnt. Da der aktienrechtliche Squeeze-out nur für AG bzw. KGaA gilt, welche sich zu mindestens 95% im Eigentum eines Mehrheitsgesellschafters befinden, kann hier nur eine asymmetrische Lösung etwaiger Anfechtungsmissbräuche gewährleistet werden. Aufgrund der Tatsache, dass auch andere, nicht über eine derartige Eigentümerstruktur verfügende Unternehmen durchaus von einer missbräuchlichen Ausnutzung des Anfechtungsrechts betroffen sein können, bedarf es einer gezielten Reform des dann für sämtliche AG geltenden Anfechtungsrechts, wodurch eine symmetrische Überwindung potenzieller Blockaden erreicht

---

[1071] Vgl. hierzu ausführlich *Buchta/Sasse* (2004), S. 958 ff.

[1072] Hierbei handelt es sich um eine bereits über die Rechtsprechung des *BGH* de lege lata geltende Vorschrift. Vgl. *BGH*, Beschluss vom 29.1.2001 – II ZR 368/98, S. 471 ff.

werden kann. Das UMAG stellt hierbei einen ersten und zu begrüßenden Reformversuch dar.

## IV.2. Analyse aus Sicht des Unternehmensinteresses

### IV.2.1. Grundlagen

Die gesamtwirtschaftliche Beurteilung einer Unternehmenstransaktion wie dem Minderheitsaktionärsausschluss gebietet neben der bisher verfolgten Analyse aus Anteilseignersicht ebenso die Einbeziehung des Blickwinkels weiterer, die Korporation umgebender sowie prägender Stakeholders. Ausgehend von der Sichtweise, die das Unternehmen durch ein mit allen Stakeholders geschlossenes Vertragsnetz charakterisiert, ragen, wie bereits in Kapitel III.3 hervorgehoben, in Deutschland neben den Anteilseignern die Arbeitnehmer, die Gläubiger sowie der Staat als Steuergläubiger als die prominentesten Anspruchsgruppen gegenüber der Korporation hervor; aus diesem Grund beschränken sich die folgenden Ausführungen auf die Analyse der Auswirkungen auf jene drei Unternehmenskoalitionäre.

### IV.2.2. Beurteilung aus Sicht der Arbeitnehmer/Innen

Isoliert betrachtet, deutet nichts auf einen *unmittelbaren* kausalen systematischen Zusammenhang zwischen Minderheitsaktionärsausschlüssen und Arbeitsplatzverlusten hin. Lediglich punktuell ist bei Squeeze-outs aus börsennotierten Unternehmen, denen sich regelmäßig ein Delisting anschließt und somit erhebliche Publizitäts- und Beschlussfassungsvorschriften entfallen, mit Arbeitsplatzverlusten im Investor-Relations-Bereich[1073] zu rechnen.[1074]

*Mittelbar* könnten durch den Ausschluss von Minderheitsaktionären allerdings durchaus systematische Rückkopplungen auf den Arbeitsmarkt entstehen: Ist der Squeeze-out nämlich (wirtschaftliche) Voraussetzung für die Durchführung einer Unternehmensübernahme[1075] oder einer Restrukturierungsmaßnahme, sodass ohne den Zwangsausschluss weder der Kontrollwechsel noch die entsprechende Restrukturierungsmaßnahme zustande kommen, und werden im Anschluss an den Unternehmens-

[1073] Zur Funktion und zu den Grundsätzen der Investor Relations vgl. *Stoffels* (2002), S. 70-76.

[1074] Sollten, wie in mittelständischen börsennotierten Unternehmen üblich, die Aufgaben der Investor Relations durch Mitarbeiter/Innen des Rechnungswesens bzw. Controllings ausgefüllt werden, können sich selbstverständlich analoge Auswirkungen für jene diese Tätigkeiten wahrnehmenden Angestellten ergeben.

[1075] Zu diesem Effekt vgl. ausführlich die Ausführungen in Kapitel IV.1.2.2.5.

kontrollwechsel bzw. die Strukturmaßnahme Arbeitnehmer der Zielgesellschaft entlassen, dann lassen sich diese Arbeitsmarkteffekte zumindest indirekt auf den Freeze-out zurückführen. Die Frage, ob mit Unternehmensübernahmen tendenziell Arbeitsplatzvernichtungen verbunden sind, kann nur mit Hilfe einer empirischen Analyse, welche an dieser Stelle nicht angestellt werden soll, verifiziert werden; stattdessen soll ein Blick auf in den USA durchgeführte Studien geworfen werden,[1076] die den Zusammenhang zwischen Unternehmensübernahmen und Arbeitsplatzverlusten beleuchten.

Vorab der empirischen Bestandsaufnahme lässt sich mit *Shleifer* und *Summers* zunächst zumindest für feindliche Unternehmensübernahmen[1077] festhalten, dass diese im Wesentlichen durch eine Vermögensumverteilung von den Nicht-Eigentümer-Stakeholders, vornehmlich den Arbeitnehmern, auf die Anteilseigner gekennzeichnet sind und es sich dabei im Ergebnis um nichts anderes als Renten suchendes Verhalten handelt, das nicht zu einer Wertschaffung im Sinne einer effizienten Unternehmensübernahme beiträgt.[1078] Arbeitnehmer, die, aus ökonomischer Sicht, über firmenspezifisches bzw. allgemein erworbenes Humankapital verfügen,[1079] büßen nicht selten im Zuge einer feindlichen Übernahme einen Großteil ihrer früheren ökonomischen Renten aus der Gesellschaft ein. Feindliche Übernahmen weisen deshalb oft die Vermögensumverteilungseigenschaft auf, weil sich das neue Management im Gegensatz zum alten nicht an die expliziten und impliziten Vereinbarungen[1080] mit den Stakeholders gebunden fühlt und den Kontrollwechsel zum willkommenen Anlass nimmt, eben jene Vereinbarungen zu kündigen bzw. neu zu verhandeln. Das Resultat sind dann häufig Kündigungen sowie Gehaltsverzichte aus Furcht vor Arbeitsplatzverlusten.[1081]

Bei freundlichen Übernahmen erfolgt dahingegen regelmäßig kein Managementwechsel; aus Reputationsaspekten wird die amtierende Geschäftsleitung bemüht sein, die

---

[1076] Für den deutschen Arbeitsmarkt liegen keine empirischen Untersuchungen vor, die den Zusammenhang zwischen Unternehmenskontrollwechseln bzw. Restrukturierungsmaßnahmen und Beschäftigungsniveau prüfen; zumindest sind sie dem Verfasser nicht bekannt.

[1077] Zur Differenzierung zwischen freundlichen und feindlichen Übernahmen vgl. Kapitel IV.1.2.1.

[1078] *Shleifer/Summers* (1987), S. 15 f.: „Subsequent to an acquisition of this type [hostile takeover], the buyer usually cuts wages, lays off a lot of employees, raises leverage, eliminates executive perks, and in general significantly tightens operations." [Einfügung durch den Verfasser].

[1079] Allgemein zur Bedeutung von Humankapital vgl. *Backes-Gellner/Lazear/Wolff* (2001), S. 34 f.

[1080] Zur Differenzierung zwischen expliziten und impliziten Verträgen vgl. *Richter/Furubotn* (1999), S. 159, sowie ausführlich zur Theorie impliziter Verträge S. 171-173, 242-247.

[1081] Nicht auszuschließen ist sogar, dass die Motivation für die Unternehmensübernahme in der Vermögensumverteilung von beispielsweise den Arbeitnehmern auf die Anteilseigner zu suchen ist. Vgl. *Shleifer/Summers* (1987), S. 13.

Belange der Arbeitnehmer, insbesondere in Bezug auf die explizit und implizit getroffenen Vereinbarungen, einzuhalten.[1082]

Die in den USA durchgeführten Studien datieren insbesondere auf die späten achtziger Jahre, in denen eine nicht unbedeutende Übernahmewelle den örtlichen Kapitalmarkt beherrschte. So fanden *Siegel/Lichtenberg* für eine große, zwischen 1977 und 1982 beobachtete Anzahl von Unternehmensübernahmen[1083] heraus, dass diese mit einem signifikanten durchschnittlichen Personalabbau, welcher insbesondere in den Hauptgesellschaftszentralen der Zielgesellschaften stattfand, einherging.[1084]

*Brown/Medoff* kommen in ihrer für den Zeitraum von 1978 bis 1984 durchgeführten Studie, in der sie freundliche Unternehmensübernahmen untersuchten, zu dem uneinheitlichen Ergebnis, wonach sich im Anschluss an die Unternehmenstransaktion das Lohnniveau der Zielgesellschaft in Abhängigkeit von der Transaktionsform und verglichen mit der Situation ohne Unternehmensübernahme zwischen [-5%; +5%] veränderte und sich die Effekte auf das Beschäftigungsniveau innerhalb des Intervalls von [-5%; +9%] bewegten.[1085]

*Bhagat*, *Shleifer* und *Vishny* untersuchen die Auswirkungen von feindlichen Unternehmensübernahmen auf das Beschäftigungsniveau der Zielgesellschaften. In ihrer Studie bestätigen sie für die zwischen 1984 und 1986 abgeschlossenen unfreundlichen Übernahmen die von *Shleifer* und *Summers* 1987 vorgebrachte Vermutung,[1086] dass diese mit Arbeitsplatzverlusten einhergingen; so fand in 29 der insgesamt 62 untersuchten Transaktionen ein Arbeitsplatzabbau statt, sodass sich zumindest ein gewisser Teil der durchschnittlich gezahlten Übernahmeprämien in Höhe von 26% auf den Stellenabbau zurückführen lässt. Der Anteil der Arbeitsplatzeinsparungen, der im Übrigen, der Studie zufolge, hauptsächlich Angestellte (*white collar employees*) betrifft, an den festgestellten Übernahmeprämien ist allerdings mit 11% nicht maßgeblich.[1087]

*Pontiff*, *Shleifer* und *Weisbach* schließlich analysieren den Einfluss von Unternehmensübernahmen auf die Pensionszusagen gegenüber den Arbeitnehmern. Dabei kommen sie in ihrer auf den Zeitraum von 1981 bis 1988 angestrengten Studie zu dem

---

[1082] Ökonomisch lässt sich die Beachtung impliziter Vereinbarungen durch das Management mit dem Reputationsaufbau erklären, den die Geschäftsleitung benötigt, damit die Arbeitnehmer das Vertrauen bilden und weiterhin im Interesse der Unternehmung in ihr Humankapital investieren.

[1083] Sie differenzierten nicht zwischen feindlichen und freundlichen Kontrollwechseln.

[1084] Vgl. *Lichtenberg/Siegel* (1989), S. 7, 26-29.

[1085] Vgl. *Brown/Medoff* (1987), S. 14, 21-24.

[1086] Vgl. *Shleifer/Summers* (1987), S. 13-15.

[1087] Vgl. *Bhagat/Shleifer/Vishny* (1990), S. 12, 22-26, 55.

Ergebnis, dass 15,1% aller feindlichen Übernahmen und 8,4% aller freundlichen Transaktionen binnen zwei Jahren nach dem Eigentümerwechsel zu einer Anpassung der Pensionszusagen führten. Dabei lassen sich 10% bis 13% der in diesen Fällen gezahlten Übernahmeprämien mit der Veränderung der Pensionszusagen erklären.[1088]

Wenngleich die Erkenntnisse der vorgestellten US-amerikanischen Studien aufgrund der unterschiedlichen arbeitsrechtlichen sowie im Besonderen kündigungsschutzrechtlichen Voraussetzungen nicht vollends auf den deutschen Markt für Unternehmensübernahmen übertragbar sind, lassen sich durchaus tendenzielle Aussagen ableiten. Wie gezeigt, weisen die Effekte von Eigentümerwechseln auf die Wohlfahrtsposition der Arbeitnehmer nicht in eine einheitliche Richtung; lediglich die Arbeiten von *Lichtenberg/Siegel* sowie die von *Bhagat/Shleifer/Vishny* weisen eindeutig negative Auswirkungen auf die Arbeitnehmerseite aus. Wenn man jetzt die im Vergleich zu den USA tendenziell arbeitnehmerfreundlicheren Kündigungsschutzregeln[1089] einerseits sowie die durchsetzungserprobtere Tarifautonomie andererseits in Deutschland berücksichtigt,[1090] ist davon auszugehen, dass auf Squeeze-outs basierende Unternehmenskontrollwechsel hierzulande ceteris paribus weniger den Anspruchskanon der Arbeitnehmer einschränken als dies in den Vereinigten Staaten der Fall ist.[1091]

Für auf Restrukturierungs- bzw. Rationalisierungsmaßnahmen beruhende Beschäftigungsniveauveränderungen liegen weder national noch international einschlägige empirische Befunde vor. Von Interesse könnte in diesem Zusammenhang lediglich eine aktuelle Untersuchung sein, die im weiteren Sinne von thematischer Bedeutung ist, weil sie sich unter anderem mit der Entwicklung der Arbeitnehmerzahlen von mit Private Equity finanzierten deutschen Unternehmen auseinandersetzt. Zwar ist ein mit

---

1088 Vgl. *Pontiff/Shleifer/Weisbach* (1990), S. 604, 606 f., 610 f.

1089 In den USA sind z. B. unbefristete Arbeitsverhältnisse sowohl aus „gutem Grund" als auch ohne Grund jederzeit kündbar (so genannte „at will doctrine" des Arbeitsrechts). Hierzu sowie ausführlich zum US-amerikanischen Kündigungsschutzrecht vgl. *Kittner/Kohler* (2000), S. 3, 4-18.

1090 So darf im Gegensatz zu den USA in Deutschland die Kündigung des Arbeitsverhältnisses durch den Arbeitgeber nicht frei erfolgen; vielmehr muss sie gemäß § 1 Abs. 2 KSchG sozial gerechtfertigt sein. Betriebsbedingte Kündigungen im Zuge einer Unternehmensübernahme sind außerdem gemäß § 613 a BGB nur zulässig, wenn sie z. B. auf solchen Rationalisierungsmaßnahmen beruhen, die der alte Eigentümer ebenfalls hätte durchführen können. Die Übernahme der Gesellschaft stellt keinen Grund für eine betriebsbedingte Kündigung dar und ist somit unzulässig; ebenso nicht gestattet ist der Arbeitsplatzabbau im Anschluss an eine Übernahme, wenn dieser der Anlass für den Kontrollwechsel war. Vgl. *Bauer* (1996), S. 411.

1091 Für eine genaue, abschließende Klärung dieser Frage bedarf es einer umfangreichen empirischen Analyse, welche hier nicht geleistet werden soll.

Private Equity[1092] finanzierter Buyout weder notwendigerweise mit einem Aktionärsausschluss verbunden noch findet diese Art der Unternehmensübernahme nur bei AG statt; dennoch wird häufig gerade bei börsennotierten Unternehmen, die Gegenstand eines Buyout werden, davon auszugehen sein, dass die das vom *BGH* geforderte Pflichtangebot[1093] ablehnenden Kleinanleger, bei Erfüllung der entsprechenden Voraussetzungen gemäß §§ 327 a ff. AktG, Opfer eines Ausschlusses werden. In der besagten Studie wird die Beschäftigungsentwicklung zwischen 1999 und 2003 von 45[1094] zwischen 1997 und 1999 in Deutschland durchgeführten Management-Buyouts bzw. -Buyins[1095] untersucht.[1096] Die Studie kommt zu dem Ergebnis, dass sich das Beschäftigungsniveau der Stichprobe im Untersuchungszeitraum um +4,5% veränderte. Eine gebildete Vergleichsgruppe[1097] von Unternehmen, die nicht Objekt eines Buyouts waren, kann in dieser Wertungskategorie dahingegen nur einen Anstieg von +2,2% vorweisen, was die Autoren der Studie als Indiz dafür werten, dass mit Private Equity finanzierte Transaktionen den Arbeitsmarkt beleben.[1098] Bei der Würdigung dieses hier präsentierten Ergebnisses ist allerdings Vorsicht geboten: So fehlt beispielsweise die Präzisierung bzw. namentliche Nennung der Stichprobenkandidaten, was in Anbetracht der geringen Anzahl von 45 kein Problem dargestellt hätte. Des Weiteren kann die Bildung der Vergleichsgruppe, die zwar, wie im Übrigen die gesamte zugrunde gelegte Methodik, von einem Hochschullehrer begutachtet wurde, nicht nachvollzogen werden, sodass gerade hier ein nicht zu unterschätzender Raum für „Ergebniskosmetik“ besteht. „Last but not least“ ist bei der Würdigung dieses aus Sicht der Private-Equity-Investoren positiven Resultats bezüglich der Beschäftigtenentwicklung im Hinterkopf zu behalten, dass es sich bei der Auftraggeberin dieser Studie um eine selbst auf dem Private-Equity-Markt agierende Gesellschaft[1099] handelt. Der Verdacht liegt nahe, dass hier nicht zuletzt vor dem Hintergrund der im Frühjahr 2005 aufgekeimten,

---

1092 Für eine definitorische Abgrenzung von Private-Equity-Finanzierungen vgl. u. a. *Weidig/Mathonet* (2004), S. 6 f.

1093 Vgl. *BGH,* Urteil vom 25.11.2002 – II ZR 133/01, S. 273 ff., sowie die Ausführungen in Kapitel IV.1.3.

1094 In die Stichprobe gehen nur Buyouts mit einem Mindesttransaktionsvolumen von € 10 Mio. ein. Vgl. *Deutsche Beteiligungs AG* (2004), S. 14.

1095 Zu Management-Buyouts und -Buyins vgl. *Gaughan* (2002), S. 295-298; *Kemper/Schiereck* (2002), S. 91.

1096 Vgl. *Deutsche Beteiligungs AG* (2004), S. 14.

1097 Bei der Vergleichsgruppe handelt es sich um ausgewählte Unternehmen, die jeweils über ähnliche Charakteristika verfügen wie die Korporationen aus der Stichprobe, nur mit dem Unterschied, dass sie keine Buyout-Kandidaten waren. Vgl. *Deutsche Beteiligungs AG* (2004), S. 14.

1098 Vgl. *Deutsche Beteiligungs AG* (2004), S. 6, 16, 22.

1099 Es handelt sich dabei um die *Deutsche Beteiligungs AG.*

von dem SPD-Bundesvorsitzenden ins Rollen gebrachten, „gesellschaftspolitische Seelenmassage“ betreibenden Kapitalismuskritik[1100] ein reges Interesse an einer mit diesem offensichtlich positiven empirischen Befund verbundenen sozialen (Re-)Habilitation besteht.

Abstrahiert man von der durch die neoklassische Kapitalmarkttheorie geformten Figur des optimal diversifizierten Anlegers, können sich im Einzelfall durch den Ausschluss aus der Verbandsmitgliedschaft negative Auswirkungen auf die zur privaten Altersversorgung getroffenen Kapitalanlagen von Arbeitnehmern[1101] ergeben. Haben einzelne Akteure einen erheblichen Teil ihrer privaten Altersversorgung in Aktien einer Gesellschaft investiert, für die der Hauptaktionär einen Ausschluss motiviert, können ihnen neben den mit der Suche nach einer alternativen Anlageform verbundenen Transaktionskosten auch Einbußen in der eingeplanten Rendite, die sie als festen Bestandteil ihres zukünftigen Ruhegelds einkalkuliert haben, sowie ungewollte, weil vorgezogene Steuerbelastungen enstehen. Ist darüber hinaus noch mit einer Vermögensumverteilung zu ihren Lasten zu rechnen, kommt es zu einer Verstärkung dieses negativen Effekts.[1102]

Für die Beurteilung des Minderheitsaktionärsausschlusses gemäß §§ 327 a ff. AktG aus Arbeitnehmersicht, das haben die Ausführungen gezeigt, lassen sich neben den im Investor-Relations-Bereich zu erwartenden Arbeitsplatzverlusten bei ehemals börsennotierten Unternehmen, wenn überhaupt, nur mittelbare Rückwirkungen auf den Arbeitsmarkt erwarten, deren Ausmaß zwar hier nicht quantifiziert werden konnte; empirische Befunde über den US-amerikanischen Kapitalmarkt indizieren allerdings eher geringe, mit Eigentümerwechseln einhergehende Arbeitsmarkteffekte. Schließlich ist in diesem Kontext nicht zu vernachlässigen, dass durch die Kodifizierung der Squeeze-out-Vorschrift auch neue Arbeitsstellen bereits entstanden sind bzw. weiterhin entstehen; dies insbesondere in den Bereichen Wirtschaftsprüfung und Gesellschaftsrechtsberatung.

---

[1100] Die Kapitalismuskritik im Frühjahr 2005 wurde ausgelöst durch eine am 13.4.2005 gehaltene Rede des SPD-Parteivorsitzenden. Vgl. *Müntefering* (2005). In deren Gefolge wurden Private-Equity-Gesellschaften im Allgemeinen und sogar namentlich als Arbeitsplatzvernichter an den Pranger gestellt. Vgl. u. a. *o. V.* (2005).

[1101] Dieser Effekt steht natürlich in keinem Zusammenhang mit dem Status der Berufstätigkeit, geschweige denn mit einer abhängigen oder nicht abhängigen Erwerbstätigkeit.

[1102] Natürlich ist auch der umgekehrte Fall denkbar, dass im Zuge eines Ausschlusses deutliche, über dem inneren Anteilswert liegende Abfindungsprämien gezahlt werden; zumal der empirische Befund weder in die eine noch in die andere Richtung zu eindeutigen Ergebnissen betreffend die Abfindungszahlungen kommt. Vgl. dazu Kapitel V.3.7.

## IV.2.3. Beurteilung aus Sicht der Gläubiger

Aus dem Blickwinkel der Gläubiger, die in Deutschland die Rolle der wichtigsten Financiers einnehmen, lassen sich ebenfalls keine unmittelbaren Konsequenzen des Minderheitsaktionärsausschlusses ableiten. Aufgrund der Tatsache, dass Gläubiger Fixbetragsansprüche an das Unternehmen haben, die sich aus Tilgungs- und Zinszahlungen zusammensetzen, kann sich die Position der Fremdkapitalgeber im Zusammenhang mit einem Squeeze-out allerdings sowohl durch das eventuell beeinträchtigte Ausfallrisiko als auch durch etwaig entstehende Transaktionskosten infolge der möglichen Umgestaltung der Finanzierungsverträge ändern.

Für die Gläubiger der Zielgesellschaft lassen sich lediglich indirekte bzw. mittelbare Effekte ableiten, die mit einem Minderheitsaktionärsausschluss verbunden sein können: Folgt auf den Squeeze-out aus einem börsennotierten Unternehmen dessen Delisting,[1103] dann grenzt die betroffene Kapitalgesellschaft ihre zukünftigen Finanzierungsquellen dergestalt ein, indem sie in folgenden Finanzierungsrunden auf die über die organisierten Eigenkapitalmärkte erreichbaren Investoren verzichtet; im Ergebnis gewinnt somit die Aufnahme von Fremdkapital ceteris paribus an Bedeutung. Mit einer zunehmenden Verschuldung erhöht sich aber, bei unterstelltem konstanten Cashflow, das Risiko jener Kreditoren, die bereits vor dem Börsenrückzug in der Gläubigerposition waren. Haben die von dieser Risikoerhöhung betroffenen Fremdkapitalgeber mit dem Debitor unrealistischerweise keine kreditvertragliche Konditionsanpassungs- bzw. Kündigungsmöglichkeit vereinbart, sinkt über die infolge des erhöhten Kreditausfallrisikos gestiegenen Risikokosten die Wohlfahrtsposition dieser Ex-ante-Kreditoren.[1104] Spiegelbildlich bieten sich für die potenziell neu hinzutretenden Gläubiger der dann nicht mehr börsennotierten Gesellschaft Geschäftschancen. Ebenso ein den Fremdkapitalmarkt belebendes Moment könnte über die Finanzierung der vom Hauptaktionär zu leistenden Barabfindung erwartet werden, da nicht davon auszugehen sein wird, dass in diesen Fällen stets eine reine Eigenkapitalfinanzierung bemüht wird.

---

[1103] Zum Going Private als Motiv für den Squeeze-out vgl. die Ausführungen in Kapitel IV.1.3.

[1104] Auf das ökonomisch zu Ende gedachte Ex-ante-Problem der adversen Selektion und des damit einhergehenden Fremdkapitalmarktversagens sei in diesem Zusammenhang nur kurz verwiesen. Zur adversen Selektion im Allgemeinen vgl. *Akerlof* (1970), S. 488 ff.

### IV.2.4. Beurteilung aus Sicht des Staats als Steuergläubiger

Auch für den Staat als Steuergläubiger kann der Ausschluss von Minderheitsaktionären durchaus Konsequenzen haben. Nimmt der nach einem Squeeze-out verbliebene Eigentümer einen Rechtsformwechsel in eine Personengesellschaft vor,[1105] kann dies die Einnahmenseite des Staates durchaus beeinflussen. Während inländische Kapitalgesellschaften gemäß § 1 KStG i. V. m. §§ 10, 11 AO grundsätzlich mit sämtlichen Einkünften der unbeschränkten Körperschaftsteuerpflicht unterliegen,[1106] kommt bei Personengesellschaften den Gesellschaftern (natürlichen Personen) mit Wohnsitz (§ 8 AO) bzw. dauerhaftem Aufenthalt (§ 9 AO) im Inland die Steuersubjekteigenschaft zu; die persönlich haftenden Gesellschafter unterliegen gemäß §§ 1, 15 EStG der Einkommensteuer.[1107] In Abhängigkeit von der Rechtsform können sich aber nicht nur zwischen Körperschaftsteuer- und Einkommensteuerbelastung grundlegende Divergenzen ergeben. Vielmehr können sich darüber hinaus auch die Gewerbesteuer-, Kirchensteuer- und Grundsteuerbelastung sowie der Solidaritätszuschlag mit der Wahl der Rechtsform ändern. Da eine pauschale Aussage über die relative Vorziehenswürdigkeit einer Rechtsform aus steuerlicher Perspektive kaum möglich ist, kann der mit der Squeeze-out-Einführung verbundene Steuereffekt aus Sicht des Staates vor diesem Hintergrund nur im Einzelfall und sehr schwerlich quantifiziert werden.

Weiterhin aus fiskalischer Sicht von Bedeutung ist die Besteuerung der im Wege des Zwangsausschlusses eventuell erzielten Veräußerungsgewinne und -verluste der Minderheitsaktionäre. Hier ist grundsätzlich zu trennen zwischen der Besteuerung von natürlichen und juristischen Personen. Bei der Betrachtung der Besteuerung von natürlichen Personen ist weiterhin zu differenzieren zwischen Anteilen, die im Privat- bzw. im Betriebsvermögen gehalten werden.

Befinden sich die Minderheitsanteile im Privatvermögen, sind bestimmte Beteiligungsquoten zu unterscheiden: Hält der vom Ausschluss Betroffene eine unterhalb eines Prozents liegende Beteiligung am Grundkapital der Gesellschaft, ist ein mit dem Squeeze-out realisierter Veräußerungsgewinn nur dann steuerpflichtig, wenn die Transaktion gemäß § 23 Abs. 1 Satz 1 Nr. 2 EStG innerhalb eines Jahres nach dem

---

[1105] In diesem Zusammenhang kann dem Minderheitsaktionärsausschluss dann eine tragende Rolle zukommen, wenn er die Voraussetzung dafür ist, dass sich die AG von der Börse zurückzieht; der Rückzug einer börsennotierten Gesellschaft ist selbstredend Voraussetzung für den Rechtsformwechsel einer Kapitalgesellschaft in eine Personengesellschaft.

[1106] Ausführlich zur Körperschaftsteuer vgl. *Tipke/Lang* (2002), S. 440-475; *Rose* (2004), S. 173-206.

[1107] Ausführlich zur Besteuerung von Personengesellschaftsgesellschaftern vgl. *Rose* (2004), S. 40-43, 64-172.

Erwerb der Anteile durchgeführt wird und die gesamten Nettoveräußerungsgewinne aus privaten Veräußerungsgeschäften des Kalenderjahres gemäß §§ 22 Nr. 3, 23 EStG € 256 übersteigen. Wird die Freigrenze überschritten, unterliegt der gesamte Gewinn gemäß § 3 Nr. 40 a) EStG zur Hälfte der Einkommensteuer (Halbeinkünfteverfahren). Bedeutsam in diesem Zusammenhang ist ein im Jahr 2004 ergangenes *BVerfG*-Urteil, das die Regelung des § 23 Abs. 1 Satz 1 Nr. 1 b) EStG in der Fassung von 1997[1108] wegen struktureller Vollzugsdefizite für nicht mit dem in Art. 3 Abs. 1 GG verankerten Gleichheitsgrundsatz vereinbar erachtete.[1109] Zwar legte das *BVerfG* in seinem Urteil ausdrücklich fest, dass Folgeregelungen des § 23 Abs. 1 Satz 1 Nr. 1 b) EStG in der Fassung von 1997, also auch der heute gültige § 23 Abs. 1 Satz 1 Nr. 2 EStG, nicht aus denselben Gründen automatisch verfassungswidrig wären; in der Literatur und auch in der *BFH*-Rechtsprechung wird allerdings auf die dem § 23 Abs. 1 Satz 1 Nr. 2 EStG innewohnende Verschärfung des Vollzugsdefizits gegenüber der Vorgängerregelung hingewiesen, sodass dort von einer Verfassungswidrigkeit der aktuell geltenden Regelung private Veräußerungsgeschäfte betreffend ausgegangen wird.[1110] Abzuwarten bleibt, ob und, wenn ja, wie sich das *BVerfG* hinsichtlich der Verfassungskonformität des § 23 Abs. 1 Satz 1 Nr. 2 EStG äußern wird.

War der ausgeschlossene Anteilseigner dahingegen binnen der letzten fünf Jahre zu mindestens einem Prozent am Grundkapital der Zielgesellschaft beteiligt,[1111] und handelt es sich bei der Zwangsveräußerung der Aktien nicht um ein privates Veräußerungsgeschäft im Sinne des § 23 Abs. 1 Satz 1 Nr. 2 EStG, dann qualifizieren sich erzielte Veräußerungsgewinne gemäß § 17 Abs. 1 EStG als Einkünfte aus Gewerbebetrieb, die dann grundsätzlich steuerlich beachtlich sind.[1112] Genauso wie die nach § 23 EStG qualifizierten Veräußerungsgewinne sind die unter § 17 EStG subsumierbaren gemäß § 3 Nr. 40 c), j) EStG nur zur Hälfte steuerpflichtig (Halbeinkünfteverfahren).

Erzielt der Anteils(-zwangs-)veräußerer Verluste aus dem privaten Veräußerungsgeschäft im Sinne des § 23 EStG, dann sind diese gemäß § 23 Abs. 3 Satz 8 EStG nur

---

1108 Die Regelung des § 23 Abs. 1 Satz 1 Nr. 1 b) EStG in der Fassung von 1997 galt lediglich für die Veranlagungszeiträume 1997 und 1998. Seit dem Veranlagungszeitraum 1999 gilt die bis heute gültige, korrespondierende Vorschrift des § 23 Abs. 1 Satz 1 Nr. 2 EStG, die im Zuge des Steuerentlastungsgesetzes 1999/2000/2002 eingeführt wurde.

1109 Vgl. *BVerfG*, Urteil vom 9.3.2004 – 2 BvL 17/02, S. 628-630.

1110 Vgl. *Suhrbier-Hahn* (2003), S. 354 f.; *Kraft/Bäuml* (2004), S. 615, 618; *BFH*, Beschluss vom 16.7.2002 – IX R 62/99, S. 2356. Anderer Auffassung war das *FG Schleswig-Holstein* in seinem vorinstanzlichen Urteil vom 23.9.1999 – V 7/99, EFG 2000, S. 178.

1111 Die tatsächlich veräußerte Beteiligungsquote ist dabei unbeachtlich; entscheidend ist vielmehr, dass der Aktionär innerhalb der Fünfjahresfrist irgendwann einmal mindestens ein Prozent hielt.

1112 Vgl. *Tipke/Lang* (2002), S. 404; *Rose* (2004), S. 120.

mit im selben Kalenderjahr erzielten Gewinnen aus privaten Veräußerungsgeschäften verrechenbar. Verluste aus der Veräußerung von Anteilen gemäß § 17 EStG sind grundsätzlich abzugs- sowie vor- und rücktragsfähig.[1113] Gemäß § 3 c Abs. 2 i. V. m. § 3 Nr. 40 c), j) EStG sind Verluste allerdings sowohl bei Einkünften im Sinne von § 23 als auch von § 17 EStG nur zur Hälfte abzugsfähig.

Werden die Aktien dahingegen im Betriebsvermögen gehalten, sind die Veräußerungsgewinne stets steuerpflichtige Einkünfte aus Gewerbebetrieb gemäß §§ 15 i. V. m. 4 Abs. 1, 5 Abs. 1 EStG. Auch die durch die Veräußerung von zum Betriebsvermögen gehörenden Kapitalanteilen erzielten Gewinne unterliegen gemäß § 3 Nr. 40 a), b), d) EStG nur zur Hälfte der Besteuerung.[1114] Bei der Veräußerung realisierte Verluste sind hier grundsätzlich zur Hälfte (§ 3 c Abs. 2 i. V. m. § 3 Nr. 40 a), b), d) EStG) abzugs- sowie vor- und rücktragsfähig.[1115]

Handelt es sich bei dem ausgeschlossenen Minderheitsaktionär nicht um eine natürliche, sondern um eine juristische Person in Form einer körperschaftsteuerpflichtigen Kapitalgesellschaft im Sinne des § 1 KStG i. V. m. §§ 10, 11 AO, sind mit dem Ausschluss verbundene Veräußerungsgewinne und -verluste gemäß § 8 b Abs. 2 KStG steuerlich unbeachtlich.[1116]

Ungeachtet der geschilderten steuerlichen Würdigung einer Squeeze-out-Transaktion stellt sich die Frage, ob die Übertragung der Anteile im Wege eines Zwangsausschlusses den Tatbestand der Veräußerung im Sinne des Steuerrechts überhaupt erfüllt. Ist der Veräußerungsbegriff auch nicht auf alle steuerrechtlichen Regelungen einheitlich anzuwenden, setzt die Veräußerung doch allgemeingültig die Übertragung des wirtschaftlichen Eigentums voraus, was auch durch den *BFH* 1999 für den Veräußerungsbegriff im Sinne des § 17 EStG bestätigt wurde.[1117] Im Ergebnis komme es, so der *BFH*, für die Anerkennung einer Veräußerung nicht auf die ihr zugrunde liegende Motivation an; somit spiele es eben auch keine Rolle, ob die Übertragung unter Zwang oder freiwillig stattfand. Schließlich lasse sich, so eine Meinung in der Literatur, die erzwungene Übertragung der Aktien unter den Veräußerungsbegriff des § 17 EStG subsumieren.[1118]

---

[1113] § 17 Abs. 2 Satz 4 EStG konstituiert allerdings Ausnahmen von der grundsätzlichen Verlustberücksichtigungsmöglichkeit.

[1114] Vgl. *Rose* (2004), S. 60 f.

[1115] Vgl. *Hundsdoerfer* (2001), S. 2242; *Rose* (2004), S. 61.

[1116] Vgl. *Hundsdoerfer* (2001), S. 2242; *Tipke/Lang* (2002), S. 443, 452; *Rose* (2004), S. 186 f.

[1117] Vgl. *BFH*, Urteil vom 21.10.1999 – I R 43 44/98, S. 427.

[1118] Vgl. *Strunk/Bös* (2003), S. 603.

Gleiches wird im Übrigen auch für den Fall privater Veräußerungsgeschäfte im Sinne des § 23 Abs. 1 Satz 1 Nr. 2 EStG mit Verweis auf die *BFH*-Rechtsprechung aus dem Jahre 1973[1119] geschlussfolgert, in der das Gericht ausdrücklich auf die Bedeutungslosigkeit des Betätigungsgrunds bei Veräußerungsgeschäften des § 23 EStG verwies. Somit wird auch hier von einer allgemeinen sachlichen Steuerpflicht etwaiger Veräußerungsgewinne durch den Zwangsausschluss ausgegangen.[1120] Eine §§ 17, 23 EStG analoge Interpretation des Veräußerungsbegriffs wird sich wohl auch für § 8 b KStG annehmen lassen, womit jene Vorschrift auch für die Anteilsübertragung via Squeeze-out einschlägig sein wird.

Lässt sich die sachliche Steuerpflicht für Squeeze-outs durch die §§ 17, 23 EStG sowie die Steuerbefreiung durch § 8 b Abs. 2 KStG bestätigen, so ist damit noch nichts darüber ausgesagt, ob der jeweils von der Steuerpflichtigkeit betroffene Minderheitsaktionär (natürliche Person) diesen Nachteil selbst zu tragen hat. Der Minderheitsaktionär kann durch die erzwungene Anteilsaufgabe einen steuerlich bedingten Vermögensverlust erleiden, der sich in Form einer Besteuerung von Veräußerungsgewinnen sowie durch die Nichtberücksichtigung von Gewinnabzugsmöglichkeiten infolge eines Veräußerungsverlustes auswirken kann und den er selbst wegen des fehlenden Einflusses auf den Übertragungszeitpunkt nicht zu verantworten hatte. § 327 a AktG schreibt als Gegenleistung eine angemessene Abfindung für den Verlust der Mitgliedschaft an der Kapitalgesellschaft vor, wovon steuerliche Nachteile ausgenommen sind; des Weiteren scheidet ein zivilrechtlicher Schadensersatzanspruch des Minderheitsaktionärs gegenüber dem Hauptaktionär wegen fehlender Rechtswidrigkeit, der Zwangsausschluss ist ausdrücklich gesetzlich zulässig, aus. Aus diesem Grund bedarf es hier einer expliziten gesetzlichen Grundlage, die den Betroffenen einen Ausgleich für ihren Steuernachteil gewährt.[1121]

Schlussendlich kann festgehalten werden, dass die Einführung des Squeeze-out durchaus einkommensteuerlich relevant ist. Ob die Ausschlusskodifizierung aus Sicht des Steuergläubigers dabei bezogen auf den Barwert tendenziell positiv oder negativ zu bewerten ist, kann schließlich nur empirisch beantwortet werden, hängt das Vorteilhaftigkeitsvorzeichen doch von der Summe der individuellen Anschaffungskosten und Abfindungsbeträge sowie dem Zeitpunkt der tatsächlichen Steuerzahlung ab.

---

[1119] Vgl. *BFH*, Beschluss vom 16.1.1973 – VIII R 96/70, S. 445.

[1120] Vgl. *Strunk/Bös* (2003), S. 603. Anderer Auffassung ist hier *Schumacher* (2002), S. 1628, der auf den Zwangscharakter der Transaktion verweist und den Veräußerungswillen als fundamentales Kriterium für ein Veräußerungsgeschäft im Sinne des § 23 EStG identifiziert.

[1121] Vgl. hierzu auch *Strunk/Bös* (2003), S. 605.

## IV.3. Analyse aus Sicht der Verfahrensgerechtigkeit

### IV.3.1. Grundlagen

Aufgrund der Tatsache, dass ein Squeeze-out nach den Vorschriften der §§ 327 a ff. AktG dem Mehrheitsaktionär größtmöglichen Gestaltungsspielraum eröffnet, was insbesondere die Wahl des Ausschlusszeitpunkts sowie die Höhe der zu zahlenden Barabfindung anbelangt, liegt der Verdacht einer potenziellen Übervorteilungsgefahr der Minderheitsaktionäre nicht fern und erfordert eine von ökonomischen Prinzipien abstrahierende, auf Gerechtigkeitsmaßstäbe fokussierte Beleuchtung jener Transaktionen.

Trotz der bereits betonten Interdependenzen zwischen der Verfahrens- und Ergebnisgerechtigkeit erscheint eine getrennte Behandlung dieser beiden Gerechtigkeitskategorien angemessen, weil sich die Frage nach einer verfahrensgerechten Regelung eher auf die Voraussetzungen und das Zustandekommen des Ausschlusses konzentriert und somit zeitlich im Vorfeld der Transaktion anzusiedeln ist, während sich die Ergebnisgerechtigkeit auf das Resultat einer bereits umgesetzten Ausschlussmaßnahme bezieht.

### IV.3.2. (Hypothetische) Marktlösung im Sinne einer auf Chancengleichheit abstellenden Verfahrensgerechtigkeit

Aus dem Blickwinkel der aufgestellten Gerechtigkeitskriterien[1122] erfüllt ein Ausschluss von Minderheitsaktionären dann das Erfordernis der Verfahrensgerechtigkeit, wenn die von dem Squeeze-out betroffenen Anteilseigner in der Lage sind, analog zu einer (gedachten) Markttransaktion, frei zu entscheiden, ob sie ihre Aktien auf den Mehrheitsaktionär übertragen und somit tatsächlich ausgeschlossen werden oder eben nicht. Erst dann, wenn den Minderheitsaktionären die Möglichkeit eröffnet wird, über ihre mit der Aktionärsstellung verbundenen Vermögens- und Mitverwaltungsrechte zu befinden, kann von einer Chancengleichheit zwischen dem den Ausschluss motivierenden Hauptgesellschafter einerseits und den von der Maßnahme tangierten (Klein-) Anlegern andererseits die Rede sein. Eine wie auch immer geartete Form des Zwangs bei der Veräußerung der Beteiligungstitel, der den Anlegern die Dispositionsfreiheit über ihr Eigentum nimmt, kann in diesem Fall auch nur schwerlich mit Gemeinwohlargumenten gerechtfertigt werden und wird aus der hier angestellten Verfahrensgerechtigkeitsperspektive abgelehnt.

---

[1122] Vgl. Kapitel III.4.2.

Damit die Minderheitsaktionäre in einer – hypothetischen – Markttransaktion auch die aus ihrer Sicht „richtige" Entscheidung treffen, müssen diese über die dafür benötigten Informationen verfügen. Von besonderem Interesse für die Verkaufsentscheidung dürften dabei die Informationen über die zukünftige, vom Unternehmensmanagement prognostizierte wirtschaftliche Entwicklung der Gesellschaft sein, da diese Kenntnisse auch Eingang in die der Abfindungsermittlung zugrunde liegende Unternehmensbewertung finden. So müssen die Kleinanleger in der Lage sein, die vom Hauptaktionär angebotene Gegenleistungshöhe unter Einbeziehung sämtlicher für die Wertermittlung relevanter Informationen abzuwägen. Die den Minderheitsaktionären dabei zur Verfügung gestellten Informationen müssen nicht nur vollständig in dem Sinne sein, dass der Hauptgesellschafter und die Minderheitsaktionäre über die gleiche informatorische Ausgangsposition verfügen, sondern sie müssen auch der Wahrheit entsprechen. Dies soll verhindern, dass die Kleinanleger bei ihrer Entscheidungsfindung einer Täuschung unterliegen.

Somit muss auch klar der Sichtweise *Jensens* widersprochen werden, der, bezogen auf den Unternehmensübernahmemarkt, die Verwertung einer Information davon abhängig macht, ob sie legal oder illegal erworben wurde:

„The sharing of private information by takeover specialists [...] does not harm other investors. To conclude the opposite, as many have done, assumes that other investors in the target company have a right to claim the value of the information created by the takeover specialist. I have never seen a reasoned argument, either moral or economic, that justifies such a claim. To the contrary, it is generally accepted that someone who paints a picture or builds a house with his or her own resources owns that painting or house and has claim to the value it commands in the marketplace. Such rules encourage productive effort, and provide the economic basis for progress. Application of this principle to entrepreneurial takeover activities implies that the producer of valuable information about the creation of value in target firms should also have claim to the value of that information."[1123]

---

[1123] *Jensen* (1992), S. 51. *Jensen* kritisiert mit seiner Argumentation das Insiderhandelsverbot der *SEC*, wonach auch auf Basis von aus seiner Sicht legal erworbenen Informationen kein Handel betrieben werden darf, solange nicht die breite Öffentlichkeit in Kenntnis gesetzt worden ist. In eine ähnliche Richtung weist die Argumentation von *Dennert* (1991), S. 182, 199: „Trading on the basis of superior information is considered to be acceptable as long as this information has been acquired in a way which in principle is open to everybody. Fairness considerations should only be applied to the process of information acquisition, but not to the exploitation of information. [...] The 'equal access to information'-rule is, under many perspectives, a typical middle-of-the-road solution. [...] It also covers a simple notion of fairness that nobody should earn money without having worked for it." Siehe hierzu auch *Lev* (1988), S. 3, sowie sich dieser Meinung grundsätzlich anschließend *Kuhner* (1998), S. 94 f.

Übertragen auf den Ausschluss von Minderheitsaktionären würde diese Argumentation eine Geheimhaltung wertrelevanter Informationen durch den Hauptaktionär über z. B. geplante Rationalisierungsmaßnahmen bzw. Restrukturierungen legitimieren. Da die von dem Ausschluss betroffenen Minderheitsaktionäre der Entscheidungsfreiheit über ihr Aktieneigentum entledigt werden, vermag die Ausnutzung von Informationsvorsprüngen durch den Mehrheitsaktionär, dem es durch den Zwangsausschluss der Aktionärsminderheit um nichts anderes als eine Maximierung seines Vermögens geht, besonders gravierend ins Gewicht zu fallen. Eine Differenzierung zwischen „legal" und „illegal" erworbenen Informationsvorteilen, wie sie *Jensen* vornimmt, wird hier aufgrund der Schwere des eigentumsrechtlichen Eingriffs aus Gründen der Gleichbehandlung bzw. der Chancengleichheit für Fälle des Squeeze-out abgelehnt.

Vor dem Hintergrund der hier geforderten und konkretisierten Verfahrensgerechtigkeit führt die Beurteilung des Squeeze-out gemäß §§ 327 a ff. AktG zu einem eindeutigen Ergebnis: Aufgrund ihres Zwangscharakters und der damit fehlenden Dispositionsfreiheit der Minderheitsaktionäre über ihre mit der Aktie verbundenen Vermögens- und Verwaltungsrechte erfüllt die deutsche Ausschlussregel nicht die gestellten Anforderungen einer für die Verfahrensgerechtigkeit bedeutsamen Marktsituation. Da die betroffenen Kleinanleger allein der Verfügungsmacht des Hauptaktionärs ausgesetzt sind, sie zudem, bis auf die Möglichkeit eines gerichtlichen Spruchstellenverfahrens, keinen Einfluss auf die Abfindungsfestsetzung nehmen können, wird die Vorschrift der §§ 327 a ff. AktG hier als ungerecht eingestuft.

Um der Kritik gegen eine derart konsequente Ablehnung des Minderheitsaktionärsausschlusses aus der Perspektive der Verfahrensgerechtigkeit vorzubeugen, die auf die grundsätzliche praktische Unmöglichkeit der Durchführung rechts- und wirtschaftspolitischer Maßnahmen unter einem solch strengen Kriterium abzielt, sei auf die mit dem Squeeze-out verbundene Gefahr einer Übervorteilung in Form einer einseitigen Vermögensverschiebung von den Minderheitsaktionären auf den Hauptgesellschafter verwiesen.[1124]

Nichtsdestotrotz erscheint es aus Praktikabilitäts- und Transaktionskostenerwägungen schwierig, in einer Situation wie dem Squeeze-out der geforderten Marktlösung nahe zu kommen, würde dies doch bedeuten, dass der Hauptaktionär mit jedem einzelnen Minderheitsaktionär in bilaterale Verhandlungen treten müsste; trotz der vorausgesetzten hohen Eigentumskonzentration kann die Anzahl der außenstehenden Aktionäre beträchtlich sein, was die Umsetzungsschwierigkeiten dieses Vorhabens nicht mindert.

---

[1124] Vgl. hierzu insbesondere die Auswertung des empirischen Befunds von *Bates/Lemmon/Linck* (2004b) in Kapitel V.3.7.2, V.3.7.5.

Im folgenden Abschnitt wird nun ein Vorschlag unterbreitet, der einerseits dem hier zugrunde liegenden Gerechtigkeitsmaßstab gerecht wird und der andererseits mit geringeren Transaktionskosten verbunden ist als eine individuelle Verhandlung mit den Streubesitzaktionären.

### IV.3.3. Vorschlag eines Verfahrensgerechtigkeit gewährleistenden Minderheitsaktionärsausschlusses de lege ferenda

Wie bereits gezeigt, bedarf es bei der Erfüllung von Verfahrensgerechtigkeit der Herstellung einer (hypothetischen) Marktsituation, in der die beteiligten Akteure unter Berücksichtigung vollkommener Informationssymmetrie frei entscheiden können, ob sie in die Transaktion einwilligen oder nicht. Wenn nun bezogen auf den Squeeze-out, und auch darauf wurde verwiesen, der Hauptaktionär mit jedem einzelnen Minderheitsaktionär in bilaterale Kaufverhandlungen treten muss, um das Verfahrensgerechtigkeitskriterium zu bedienen, kann dies mit nicht unerheblichen Transaktionskosten einhergehen. Weiters besteht dann die Möglichkeit, dass der verbandsrechtliche Gleichbehandlungsgrundsatz der Mitglieder verletzt wird, wenn es im Zuge der einzelnen Vereinbarungen zu unterschiedlichen Transferbedingungen je Anteil kommt.

Eine erwägenswerte Maßnahme, dem Problem der hohen Transaktionskosten einerseits und einer eventuellen Ungleichbehandlung andererseits Herr zu werden, wäre die Bestimmung oder Wahl eines Verhandlungsführers bzw. -gremiums aus der Mitte der betroffenen Minderheitsaktionäre, dessen mit dem Hauptaktionär erzielte Vereinbarung für die anderen Anleger bindende Wirkung entfalten würde. Da es aber in praxi schwierig sein wird, die einzelnen Anleger zu organisieren, geschweige denn zu koordinieren, ist dieser Ansatz grundsätzlich ungeeignet, Verfahrensgerechtigkeit im hier verstandenen Sinne zu erzielen. Aber nicht nur das Koordinationsproblem der Minderheitsaktionäre könnte ein Hindernis darstellen; selbst dann, wenn es gelänge, die Betroffenen zu organisieren, könnte die Verhandlung mit dem Hauptaktionär zu unangemessenen Gegenleistungen führen, da nicht gewährleistet ist, dass der oder die Verhandlungsführer über die benötigte fachliche Expertise verfügen.

Zur Überwindung jener Koordinations- und Kompetenzprobleme wird im Folgenden ein zweistufiges Prozedere vorgeschlagen, durch das zum einen gewährleistet werden soll, dass ein möglichst angemessener Wert je Aktie als Gegenleistung erzielt wird; zum anderen muss den betroffenen Minderheitsaktionären, wie für die Verfahrensgerechtigkeit vorgesehen, nach wie vor die Möglichkeit der Dispositionsfreiheit offen stehen.[1125]

Liegen die zum Squeeze-out berechtigenden Beteiligungsverhältnisse (gemäß § 327 a AktG mindestens 95% des Grundkapitals)[1126] vor, wird auf der *ersten Stufe* die Einrichtung eines von der AG einzuberufenden unabhängigen Gremiums gefordert, das die Verhandlungen mit dem Hauptaktionär über die Abfindungshöhe übernimmt.[1127] Alternativ könnte das Gremium im Übrigen auch von dem Hauptaktionär bestellt werden; wichtig ist dabei allerdings die Unabhängigkeit der ausgewählten Personen. Die Unabhängigkeit des Gremiums von beiden Kontraktparteien ist deshalb bedeutsam, um eben auf dieser ersten Stufe die Angemessenheit des zugrunde gelegten Abfindungswerts je Aktie zu garantieren. So wird hier auch ausdrücklich, auch wenn es zunächst gegen die Intention der Verfahrensgerechtigkeit gerichtet zu sein scheint, eine Unabhängigkeit des Gremiums von den betroffenen Minderheitsaktionären verlangt, da sonst möglicherweise auf dieser Stufe bereits eine *Hold-up*-Situation entstehen kann, die ein Scheitern der Transaktion vorprogrammiert. Eine größtmögliche Unabhängigkeit des Gremiums von dem Hauptaktionär versteht sich von selbst, weil sonst der Hauptgesellschafter im Extremfall mit sich selber verhandeln würde.

Zur Gewährleistung der Unabhängigkeit dieser Institution gilt es folgende Kriterien zu beachten: Die Mitglieder des Gremiums dürfen weder einem Organ[1128] der betreffenden Kapitalgesellschaft sowie von mit ihr rechtlich oder wirtschaftlich verbundenen Korporationen[1129] und Personengruppen angehören noch in einem sonstigen Arbeit-

---

[1125] Dieses zweistufige Verfahren ist in ähnlicher Form auch in dem US-amerikanischen Gesellschaftsrecht betreffend die Regelung von Fusionen verankert. Vgl. Delaware Code Title 8, § 251 b, c; § 11.04 a, b *RMBCA*. Dahingegen verlangt der dem Richterrecht entsprungene *entire-fairness-test* für das *fair dealing* nicht die kumulative Erfüllung der beiden, auf zwei Stufen verlagerten Kriterien, sondern lediglich eine alternative Entsprechung. Zum *entire-fairness-test* vgl. Kapitel II.2.1.3.2.2. Ein ähnliches Zweistufenmodell postuliert *Subramanian* (2004b), S. 42 ff.

[1126] Das hier postulierte Zweistufenmodell lässt sich natürlich auf alternative Beteiligungserfordernisse analog anwenden.

[1127] Der US-amerikanischen Rechtsprechung zufolge handelt es sich dabei um das *independent negotiating committee*. Vgl. hierzu Kapitel II.2.1.3.2.2. Bei *Subramanian* (2004b), S. 49, ist die Rede von *special committee*.

[1128] Grundsätzlich unterscheidet das Verbandsrecht zwischen Willensbildungs-, Leitungs- und Aufsichtsorganen. Vgl. *Schmidt* (2002), S. 408. Hier ist insbesondere von Bedeutung, dass die Mitglieder des Gremiums weder in der Geschäftsleitung (Leitungsorgan) noch in dem Aufsichtsrat (Aufsichtsorgan) der Gesellschaft sind.

[1129] Hierzu zählen auch die weiteren Unternehmensbeteiligungen, die kein unmittelbares wirtschaftliches oder rechtliches Verhältnis zu der betroffenen Kapitalgesellschaft unterhalten.

nehmer- bzw. Tätigkeits- oder Dienstleistungsverhältnis zu diesen stehen.[1130] Zudem dürfen sie nachweisbar kein verwandtschaftliches oder freundschaftliches Verhältnis zu entweder dem Hauptaktionär oder einem Organmitglied bzw. Arbeitnehmer der Kapitalgesellschaft sowie von mit dieser rechtlich oder wirtschaftlich verbundenen Gesellschaften und Personen haben.[1131] Gleichzeitig muss garantiert sein, dass die das Gremium bildenden Personen nicht der Gruppe der betroffenen Minderheitsaktionäre angehören und darüber hinaus weder mit diesen verwandt und befreundet sind noch in einem sonstigen rechtlichen und wirtschaftlichen Abhängigkeitsverhältnis zu diesen stehen.

Grundsätzlich kommen bei der Besetzung des Gremiums alle Individuen infrage, die sich durch Kenntnisse in den Bereichen Kapitalmarkt, Gesellschaftsrecht, Rechnungslegung sowie Unternehmensbewertung auszeichnen. Diese Eigenschaften treffen insbesondere auf mit den genannten Disziplinen vertraute Hochschul- und Fachhochschullehrer, Wirtschaftsprüfer sowie einschlägig praktizierende Rechtsanwälte zu. Dem Gremium sollten dabei mindestens drei Experten angehören. Hierdurch wird gewährleistet, dass es sich auch um ein ausgewogenes Abschlussurteil handelt; die genaue Anzahl sollte dann in Abhängigkeit von der Unternehmensgröße bestimmt werden.[1132]

Zentrale Aufgabe dieses Gremiums wäre es, das Angebot des Hauptaktionärs hinsichtlich dessen Angemessenheit zu beurteilen und gegebenenfalls Nachbesserungen der Offerte zu verhandeln. Damit das Gremium seine Aufgabe, die Erzielung einer angemessenen Abfindung, auch zielführend wahrnehmen kann, benötigt es uneingeschränkten informatorischen Zugang im Unternehmen. In Fällen, in denen der Hauptaktionär vorgibt, dass das Unternehmen aus Lebenszyklusgesichtspunkten den Kapitalmarkt verlassen muss und dabei auf einen Ausschluss der Minderheitsaktionäre angewiesen ist,[1133] muss das unabhängige Gremium jene Argumente unter Beachtung der

---

[1130] Mit dieser Forderung wird dem Umstand Rechnung getragen, dass Arbeitnehmer sowie Organmitglieder dem Hauptaktionär regelmäßig sehr nahe stehen und möglicherweise ihre eigene wirtschaftliche Existenz in direktem Abhängigkeitsverhältnis zu diesem steht. So kann davon ausgegangen werden, dass insbesondere die Geschäftsleitung von dem Hauptgesellschafter eingesetzt wurde; dank seiner Kapitalmehrheit wird der Mehrheitsanteilseigner auch persönlich oder in Vertretung Mitglied des Aufsichtsrats sein.

[1131] Wie bereits oben erwähnt, darf natürlich der Hauptaktionär selbst auch nicht Mitglied des Gremiums sein.

[1132] Als geeignete Kriterien für die Unternehmensgröße kommen alternativ oder kumulativ die Marktkapitalisierung bei börsennotierten Gesellschaften, die Bilanzsumme, die Mitarbeiterzahl oder die Umsatzerlöse infrage.

[1133] Zur Legitimation des Squeeze-out aus diesem Grund vgl. Kapitel IV.1.3.4.

vollumfänglich zur Verfügung gestellten Informationen bewerten. Schließlich ist das Gremium verpflichtet, den Minderheitsaktionären gegenüber eine Empfehlung auszusprechen, ob sie das finale Angebot des Hauptaktionärs annehmen oder ablehnen sollen;[1134] dabei soll das Gremium insbesondere auch das Resultat seiner Begutachtung unter Berücksichtigung des Lebenszykluskonzepts kommunizieren.

Da die Dispositionsfreiheit der Minderheitsaktionäre über ihr Aktieneigentum aufrechterhalten bleiben soll, erfolgt auf der *zweiten Stufe* des Verfahrens die Abstimmung der Minderheitsaktionäre über das endgültige Angebot des Hauptaktionärs.[1135] Sollte eine näher zu bestimmende qualifizierte Mehrheit von z. B. 75%[1136] des an der Abstimmung teilnehmenden, von der Aktionärsminderheit gehaltenen Aktienkapitals dieser Offerte zustimmen, kommt der Ausschluss zustande und entfaltet seine Wirkung auch auf die das Angebot ablehnenden Anteilseigner. Je höher dabei die geforderte Zustimmungsquote, desto fundierter ist die Legitimation eines Aktionärsausschlusses im Falle eines Abstimmungserfolgs. Für jede vom Ausschluss betroffene Aktiengattung sollte dabei ein separates Votum durchgeführt werden. Stimmt im umgekehrten Fall die qualifizierte Mehrheit des Minderheitsaktionärskapitals nicht für die Abfindungsofferte, scheitert der Aktionärsausschluss. Für das scheiternde Angebot votierende Anteilseigner sollten über ein Andienungsrecht die Möglichkeit haben, ihre Aktien an den Hauptaktionär zu veräußern.[1137] Nicht vollends ausgeräumt werden kann der Fall einer *Hold-up*-Position eines Aktionärs, der über die zur Verhinderung des Ausschlusses benötigte Beteiligungsquote verfügt und seine ökonomische Rente maximiert; dieses Problem könnte durch ein möglichst niedrig gewähltes Zustimmungserfordernis minimiert werden. Dabei gilt es, Vor- und Nachteil einer hohen Zustimmungsquote zum Ausgleich zu bringen.

Die Abstimmung über die Offerte könnte der Einfachheit halber, unter Beachtung einer näher zu konkretisierenden Frist, postalisch oder via Internet durchgeführt werden. Ist das Ausschlussvorhaben des Hauptaktionärs erfolgreich, sollte die Einleitung eines gerichtlichen Verfahrens seitens der Minderheitsaktionäre nur in solchen *begründeten*

---

[1134] Sollten sich Hauptaktionär und Gremium auf einen Wert verständigen, würde dies zu einer Annahmeempfehlung führen; im umgekehrten Szenario analog zu einer Ablehnung. Denkbar wäre hier auch eine Indifferenz des Gremiums.

[1135] Bei *Subramanian* (2004b), S. 52 f., ist die Rede von *majority of minority rule*.

[1136] In der Satzung könnte die erforderliche Mehrheitsquote auch oberhalb dieses Werts festgelegt werden.

[1137] Die Regelung des Andienungsrechts weicht hier von der in Art. 16 ÜRL ab, die nur im Zusammenhang mit Unternehmensübernahmen Einschlägigkeit beansprucht. Vgl. hierzu Kapitel II.2.4 sowie grundsätzlich zum Sell-out-Recht Kapitel IV.1.2.2.9.

Fällen zulässig sein, in denen dem Gremium eine fehlende Unabhängigkeit nachgewiesen werden kann bzw. dem Gremium von der Gesellschaft und/oder dem Hauptaktionär nicht die benötigten Informationen zur Verfügung gestellt worden sind. Sollte, wie im Zusammenhang mit Going Privates verdeutlicht, die Existenz des Unternehmens durch ein Scheitern des Zwangsausschlusses gefährdet sein, steht dem Hauptaktionär ebenfalls der Rechtsweg offen, wobei das Gericht hier eine erneute Bewertung der Existenzbedrohung vorzunehmen und gegebenenfalls dem Squeeze-out stattzugeben hat.

Unabhängig davon, wer letztendlich das Gremium beauftragt, sind die im Rahmen dieses zweistufigen Verfahrens entstehenden Kosten von dem Hauptaktionär zu tragen.[1138] Eine Belastung der Kapitalgesellschaft ist deshalb suboptimal, weil bei einem Scheitern des Ausschlussvorhabens die Transaktionskosten auch von den Minderheitsaktionären über ihre Anteile zu tragen sind. Eine Kostenbeteiligung der Kleinanleger scheidet hier aus, da der Freeze-out von dem Hauptaktionär ausgeht und eine dem Verursacherprinzip entsprechende Aufwandsallokation geboten erscheint.

Zur Vorbeugung gegen die mögliche Kritik an diesem Vorschlag eines zweistufigen Verfahrens, nach der das unabhängige Gremium letztlich keine andere Aufgabe wahrnimmt als die von Gerichts wegen bestellten Bewertungsgutachter in einem Spruchstellenverfahren, sei an dieser Stelle nur kurz auf die für diese Gerichtsverfahren typische und unzumutbare Dauer verwiesen;[1139] des Weiteren ist das hier skizzierte Prozedere aus Gerechtigkeitserwägungen heraus alleine deshalb dem de lege lata geltenden Recht überlegen, weil es letztlich den Minderheitsaktionären als Gruppe auf demokratische Art und Weise ermöglicht, über ihre Verfügungsrechte an dem Aktieneigentum zu entscheiden. Der hier vorgestellte Ansatz geht indes weiter als der bereits diskutierte Vorschlag von *Bebchuk/Hart* (2001),[1140] die auf die Einrichtung eines Gremiums verzichten.

Problematisch könnte indes aus ökonomischer Sicht sein, dass ein im Anschluss an eine erfolgreiche Unternehmensübernahme angestrebter Aktionärsausschluss scheitert und dadurch der Bieter – in Antizipation eines möglichen Misserfolgs – ex ante womöglich aufgrund des Trittbrettfahrerverhaltens der Zielgesellschaftsaktionäre Abstand von seiner geplanten Offerte nimmt und somit eine effiziente Transaktion verhindert wird. Aus diesem Grund wird der Einsatz des Zweistufenkonzepts in diesem Zusam-

---

1138 Dabei geht es insbesondere um die Kosten im Zusammenhang mit dem Gremium.

1139 Vgl. hierzu die Ausführungen in Kapitel V.3.7.5 sowie FN 1380.

1140 Vgl. hierzu Kapitel IV.1.2.2.5.5.

menhang möglicherweise zu aus – in diesem Abschnitt nicht im Fokus stehender – ökonomischer Sicht weniger befriedigenden Ergebnissen führen können.

Die hier skizzierte Verfahrensweise bietet für die von einem Squeeze-out betroffenen Minderheitsaktionäre einen nahezu optimalen Schutz vor Übervorteilungsversuchen des Hauptgesellschafters. Ist nämlich sichergestellt, dass das verhandlungsführende Gremium wirklich unabhängig ist und bei der Beurteilung der Sachlage mit den entscheidungs- und somit bewertungsrelevanten Informationen ausgestattet ist, kann dank der geforderten fachlichen Expertise dieser Gruppe davon ausgegangen werden, dass es mit großer Wahrscheinlichkeit zu einem gerechten Abfindungsangebot kommt. Sollten sich der Hauptaktionär und das Gremium nicht auf einen Wert verständigen können, wird die unabhängige Verhandlungsgruppe den Minderheitsaktionären zur Ablehnung dieser Offerte raten, was dann im Ergebnis mit großer Wahrscheinlichkeit zu einem – aus Gerechtigkeitssicht wünschenswerten – Scheitern des Ausschlusses führen wird.

Da es sich bei dem hier präsentierten Prozedere um einen der Verfahrens- und nicht der Ergebnisgerechtigkeit geschuldeten Lösungsansatz handelt, kann an dieser Stelle allerdings noch nichts über die materielle Wertfindung ausgesagt werden.[1141] Allerdings, und dies sei hier schon vorweggenommen, liefert der prozedurale Gerechtigkeit herstellende Vorschlag durchaus bedeutsame Implikationen für die Beurteilung der bei der Abfindungsbewertung zu berücksichtigenden Faktoren.

Ein durchaus positiv zu bewertender Nebeneffekt des zweistufigen Prozesses ist schließlich in der zu erwartenden, transaktionskostensenkenden Reduzierung der Gerichtsverfahrensanzahl im Zusammenhang mit Abfindungsstreitigkeiten zu konstatieren.

## IV.4. Ergebnis der sozialökonomischen Analyse dem Grunde nach

Die *agency*-theoretische Untersuchung hat gezeigt, dass es, Verteilungsaspekte außen vor lassend, zumindest aus Sicht des Markts für Unternehmenskontrolle gute (modelltheoretische) Gründe für die Installation einer Squeeze-out-Regel gibt, wonach die Ausgeschlossenen das Maximum aus dem Ex-ante-Börsenkurs sowie dem Übernahmepreis als Abfindung erhalten. Unter Beachtung einer deartigen Ausschlussregel, die im Übrigen keinen Aktionär schlechter stellt als vor der Transaktion, kommen im Gleichgewicht alle effizienten Unternehmensübernahmen zustande, während auf der anderen Seite ineffizienten Transaktionen der Nährboden entzogen ist. Bei einer derar-

[1141] Zur Abfindungswertermittlung aus sozialökonomischer Sicht vgl. Kapitel V.

tigen Abfindungsregel erleiden die Ausgeschlossenen zumindest keinen Vermögensverlust, da wenigstens, aber auch nicht mehr als ihr Status quo gesichert ist.

Wegen der in Deutschland zu verzeichnenden Disparität zwischen der für den Squeeze-out benötigten Mindestgrundkapitalbeteiligungs- und Kontrollschwelle kann es für unbedingte Übernahmeangebote nicht zu einer vollständigen Lösung des Trittbrettfahrerverhaltens der Zielgesellschaftsaktionäre kommen. Bezieht man des Weiteren eine steigende Aktienangebotskurve in die Betrachtung mit ein, dann wird der Bieter bei einer bedingten Offerte zumindest einen geringen Aufschlag auf den Ex-ante-Wert $W$ je Anteil zahlen müssen, um den Kontrollwechsel mit Erfolg zu beenden. Einen Annahmezwang bei öffentlichen Übernahmeangeboten erzeugt die deutsche Ausschlussregelung hingegen nicht, da die Betroffenen zumindest ihren Status quo ante wahren.

Ferner bedarf es zur Herstellung einer symmetrischen Allokation von Verfügungsrechten an Minderheitsaktieneigentum zwingend der Kodifizierung eines Andienungsrechts, das den Kleinaktionären unter den gleichen Bedingungen wie dem Squeeze-out den dazu spiegelbildlichen Austritt aus der Verbandsmitgliedschaft ermöglicht.

Ein anderes, uneinheitliches Bild liefert indes die Beurteilung der Notwendigkeit eines Zwangsausschlussinstituts aus Sicht der Corporate Governance, insbesondere vor dem Hintergrund einer Going-Private-Entscheidung. Ein Börsenrückzug, das sollte stets im Bewusstsein getragen werden, ist formal-rechtlich unabhängig von der Aktionärsstruktur umsetzbar. Dient das Going Private, der hier getroffenen Systematisierung folgend, lediglich der Überwindung temporärer – in der Regel *agency*-theoretischer – Ineffizienzen, die regelmäßig durch niedrigere Transaktionskosten verursachende Substitute behoben werden können, ist die Dekretierung einer Squeeze-out-Regel nicht zu befürworten, weil hier, trotz judikativ etabliertem Pflichtangebot, die Übervorteilungsgefahr der betroffenen Minderheitsaktionäre zu hoch eingeschätzt wird. Tendenziell anders fällt die Notwendigkeitsbeurteilung einer Ausschlussregel für Börsenrückzüge von Unternehmen aus, die aufgrund zu geringen Wachstums bzw. zu geringer Größe den organisierten Kapitalmärkten den Rücken kehren müssen. Hier kann es zumindest im Einzelfall unternehmensexistenzielle Gründe dafür geben, einen Ausschluss der verbliebenen Minderheitsaktionäre im Vorfeld eines Delisting zu legitimieren. Aus diesem Grund wird hier die Möglichkeit eines Freeze-out vor dem Hintergrund des Lebenszykluskonzepts befürwortet.

Zur Überwindung von Blockaden hauptversammlungspflichtiger Unternehmensentscheidungen durch einzelne Minderheitsaktionäre ist der Squeeze-out nicht geeignet und kann folglich daraus auch nicht die ihm Kraft verleihende Legitimation ziehen. Die Lösung jener in der Empirie beobachtbaren *Hold-up*-Situationen kann konsistenter- und konsequenterweise nur über eine Reform des Anfechtungsrechts erzielt werden; dabei liefert das am 16.6.2005 von dem Deutschen Bundestag verabschiedete und voraussichtlich im Herbst desselben Jahres in Kraft tretende UMAG einen ersten und begrüßenswerten Anhaltspunkt.

Die Interessen der Arbeitnehmer werden durch einen Squeeze-out nicht unmittelbar und systematisch beeinträchtigt. Lediglich im Investor-Relations-Bereich börsennotierter AG, die im Anschluss an einen Squeeze-out dem Kapitalmarkt den Rücken zuwenden, ist mit personellen Konsequenzen zu rechnen. In mittelbarer Hinsicht können allerdings, so der US-amerikanische empirische Befund, zumindest geringe Rückwirkungen auf den Arbeitsmarkt nicht ausgeschlossen werden.

Wegen der insgesamt wohl zunehmenden Bedeutung von Fremdkapitalfinanzierungen für Unternehmen, die im Anschluss an einen Squeeze-out die Börsen verlassen, ist grundsätzlich eine Belebung dieses Markts zu erwarten. Dagegen zu rechnen sind indes möglicherweise steigende Ausfallrisiken bereits vorher vorhandener Unternehmenskreditoren sowie etwaige Transaktionskosten im Zusammenhang mit Kreditvertragsanpassungen.

Aus Sicht des Staates als Steuergläubiger kann festgehalten werden, dass der Ausschluss von Minderheitsaktionären sehr wohl einkommensteuerliche, nicht jedoch körperschaftsteuerliche Zahlungen auslösen wird. Die den Minderheitsaktionären entstehenden steuerlichen Nachteile sind durch die Abfindungszahlung auszugleichen.

Die in Deutschland gültige Minderheitsaktionärsausschlussregel erfüllt nicht die Bedingungen einer hypothetischen, auf Freiwilligkeit basierenden Markttransaktion unter vollständigen und symmetrisch verteilten Informationen und verstößt demnach gegen den Grundsatz der Verfahrensgerechtigkeit.

Einen Kompromiss in puncto Verfahrensgerechtigkeit auf der einen und Praktikabilität sowie Transaktionskostenerwägungen auf der anderen Seite liefert der Vorschlag de lege ferenda eines zweistufigen Verfahrens, auf dessen erster Stufe die Zielgesellschaft oder der Hauptaktionär ein unabhängiges Verhandlungsgremium installieren müssen, das die Bedingungen des Aktienkaufs mit dem Mehrheitseigner aushandelt und im Anschluss daran den betroffenen Minderheitsaktionären eine Handlungsempfehlung das Angebot betreffend abgibt. Wichtig dabei ist, dass dieses Gremium auch die eventuell vom Hauptaktionär vorgetragene Begründung, wonach der Ausschluss aus lebenszyklusbedingten Gründen für einen Börsenrückzug vonnöten ist, einer strengen Bewertung unterzieht und das Ergebnis dieser Begutachtung den Minderheitsaktionären mitteilt. Auf der zweiten Stufe können die Minderheitsaktionäre dann über die von dem Hauptaktionär unterbreitete Offerte abstimmen: Votiert eine qualifizierte Mehrheit, z. B. 75%, des von den an der Abstimmung teilnehmenden Aktionären gehaltenen Aktienkapitals für das Angebot, kommt der (Zwangs-)Ausschluss mit bindender Wirkung für alle Minderheitsaktionäre zustande et vice versa.

Als Ergebnis der sozialökonomischen Analyse des Squeeze-out dem Grunde nach kann festgehalten werden, dass, unter Vernachlässigung von Verteilungseffekten, dem Ausschluss von Minderheitsaktionären zum einen auf dem Markt für Unternehmenskontrolle, und das auch nur in Anlehnung an eine auf strengen Annahmen beruhende modelltheoretische Untersuchung, eine gewisse Legitimation nicht abgesprochen werden kann. Zum anderen kann dem Squeeze-out zumindest bei lebenszyklusbedingten Börsenrückzügen eine nicht zu vernachlässigende Bedeutung zukommen. Aus allen anderen hier angestellten Blickwinkeln kann der Verdacht einer möglichen Übervorteilung der Minderheitsaktionäre nicht ausgeräumt werden.

Sinnvollerweise ist die Ausschlussregel demnach nicht, wie de lege lata der Fall, im Aktienrecht, sondern vielmehr im Übernahmerecht zu verorten. Außerhalb des Übernahmerechts begehrte Zwangsausschlüsse sollten ausschließlich auf der Grundlage des de lege ferenda postulierten Zweistufenkonzepts erfolgen. Die Verwendung des Zweistufenmodells könnte auf dem Markt für Unternehmenskontrolle wegen des Trittbrettfahrerverhaltens zu unerwünschten Ergebnissen führen. Aus diesem Grund wird der Einsatz des Zweistufenmodells auf dem Übernahmemarkt nicht befürwortet und stattdessen eine Ausschlussmöglichkeit auf Basis des Art. 15 ÜRL für sinnvoll erachtet.

# V. Sozialökonomische Analyse des Ausschlusses von Minderheitsaktionären der Höhe nach

## V.1. Einleitung

§ 327 a Abs. 1 Satz 1 AktG fordert eine Angemessenheit gewährleistende Barabfindung der ihre Anteile aufgebenden Minderheitsaktionäre, die gemäß § 327 b Abs. 1 Satz 1 AktG „die Verhältnisse der Gesellschaft im Zeitpunkt der Beschlussfassung der Hauptversammlung" widerspiegeln muss. Da der Gesetzgeber den Begriff „Angemessenheit" weder inhaltlich präzisiert noch Aussagen darüber macht, welche wertrelevanten Faktoren bei der Kompensationsermittlung zu berücksichtigen sind und er des Weiteren auch keine Empfehlung betreffend die zu verwendende Bewertungsmethodik abgibt, tappen der Rechtsanwender sowie der kritische Beobachter bei der Lösung dieses Abfindungsproblems zunächst gemeinsam im Dunkeln.

Im Anschluss an die grundlegenden Ausführungen zur Unternehmensbewertungsdogmatik soll zunächst der mehr oder weniger inhaltslose Angemessenheitsbegriff mit Leben gefüllt sowie auf die Schwierigkeiten der zu berücksichtigenden Wertkomponenten eingegangen werden. Dabei soll erörtert und analysiert werden, welche Kriterien die vom Gesetzgeber geforderte Barabfindung aus sozialökonomischer Perspektive erfüllen sollte. Anders als bei der Untersuchung des Aktionärsausschlusses dem Grunde nach erscheint hier eine strikte Trennung zwischen ökonomischer und Gerechtigkeitsanalyse nicht empfehlenswert. Eine „Analyse aus einem Guss" bietet sich wegen der starken Gerechtigkeitskonnotation des Begriffs „Angemessenheit" in diesem Kontext an. So gebietet es bereits die Treupflicht des Hauptaktionärs, wonach dieser die Interessen der Minderheitsaktionäre bei der von ihm zunächst selbstständig festgelegten Abfindung zu berücksichtigen hat,[1142] die Frage nach der Angemessenheit mit einer starken Gerechtigkeitsfokussierung zu beantworten, ohne jedoch ihre ökonomischen Implikationen außer Acht zu lassen. Der starke Gerechtigkeitsbezug der Angemessenheit wird durch die Terminologie im US-amerikanischen Gesellschaftsrecht bestätigt, in dem in Abfindungsfällen von der Gewährleistung des *fair value* die Rede ist.[1143]

In dem zweiten Hauptblock dieses Kapitels erfolgt eine Auswertung geeigneter Verfahren zur Bewertung angemessener Barabfindungen. Dabei liegt das Hauptaugen-

---

1142 So etwa *Brudney/Chirelstein* (1974), S. 298: „It is generally agreed that the parent stands in a fiduciary relationship to the subsidiary's public stockholders, which creates a special obligation to deal fairly with them when acquiring their interest."

1143 Vgl. z. B. § 13.01 (4) Model Business Corporation Act sowie Delaware Code Title 8, § 262 h.

merk auf den etablierten kapitalwertbasierten Zukunftserfolgswertverfahren sowie der Bewertung auf Grundlage von Marktpreisen. Das Kapitel beschließt mit einer vergleichenden Gegenüberstellung beider Varianten vor dem Hintergrund einer ökonomisch sinnvollen und gerechten Kompensationszahlung.

## V.2. Anlässe und Dogmatik der Unternehmensbewertung

Die Bewertung von Unternehmen ist maßgeblich geprägt von dem ihr zugrunde liegenden Zweck, der seinerseits wiederum abhängig ist von dem konkreten Bewertungsanlass.[1144] Zunächst lassen sich die Bewertungsanlässe differenzieren in solche, die die Eigentumsverhältnisse an der zu bewertenden Gesellschaft neu ordnen (so genannte transaktionsbezogene Anlässe) und solche, denen keine Eigentumsrechtsänderung zugrunde liegt.[1145] Der Ausschluss von Minderheitsaktionären ist dabei ersterer Kategorie zuzuordnen.

Der wohl gängigsten Systematisierung zufolge[1146] lassen sich die transaktionsbezogenen Bewertungsanlässe unterteilen in dominierte und nicht dominierte Konfliktsituationen. Während sich nicht dominierte Bewertungsanlässe dadurch auszeichnen, dass keine der an dem Bewertungsprozess beteiligten (natürlichen sowie juristischen) Personen die Veränderung der Eigentumsverhältnisse des zu bewertenden Unternehmens alleine und somit auch gegen den Willen der anderen Konfliktpartei verändern kann, wird eine Konfliktsituation, in der eine der involvierten Parteien die Eigentumsrechte an dem Bewertungsobjekt einseitig neu ordnen kann, als beherrschte oder dominierte Konfliktsituation bezeichnet.[1147] Setzen nicht dominierte Bewertungsanlässe, deren prominentesten Vertreter der Unternehmenskauf bzw. die Verschmelzung sind,[1148] einen positiven Einigungsbereich der Kontraktparteien dergestalt voraus, dass der Grenzpreis[1149] des Unternehmenskäufers höher ist als derjenige des Verkäufers und die Transaktion somit nur zustande kommt, wenn beide Parteien glauben, einen Vermögensvorteil zu erzielen, sieht das bei dominierten Bewertungsanlässen anders aus. Bei

---

1144 Vgl. u. a. *Mandl/Rabel* (1997), S. 12; *Peemöller* (2002), S. 17.

1145 Vgl. *Mandl/Rabel* (1997), S. 14; *Kuhner/Maltry* (2005), S. 8 f.

1146 Für eine weitere Systematisierung vgl. *Peemöller* (2002), S. 17 f.

1147 Vgl. *Matschke* (1979), S. 30-34; *Matschke* (1981), S. 117; *Drukarczyk* (2003), S. 122-128, mit einer anschaulichen tabellarischen Übersicht auf S. 123; *Kuhner/Maltry* (2005), S. 7 f. So ähnlich auch *Sieben* (1993), Sp. 4320 ff., der zwischen Anlässen unterscheidet, bei denen es zu einer Neuordnung der Eigentumsrechte kommt, sowie sonstigen Anlässen.

1148 Vgl. hierzu mit einer Auswertung empirischer Befunde *Kuhner/Maltry* (2005), S. 1-7.

1149 Zum Grenzpreis siehe FN 712.

dominierten Konfliktsituationen kann ein Eigentumswechsel unabhängig davon, ob es einen Einigungsbereich gibt oder nicht, zustande kommen.

Bei dem hier gegenständlichen Ausschluss von Minderheitsaktionären handelt es sich um einen dominierten transaktionsbezogenen Bewertungsanlass, da der Mehrheitsaktionär bei Erfüllung der gesetzlichen Voraussetzungen einseitig in die vermögens- und sonstigen mitgliedschaftsrechtlichen Eigentumsrechte der Minderheitsaktionäre eingreifen kann. Da die ausgeschlossenen Anteilseigner einen Anspruch auf eine angemessene Abfindung haben, erfüllt die Unternehmensbewertung in diesem Zusammenhang den Zweck der Ermittlung eben dieses vom Hauptaktionär zu leistenden Betrags. Für diese Arbeit bedeutsam ist dabei nicht alleine die Bewertung des Unternehmens, die der Hauptgesellschafter zur Ermittlung seines – geheim gehaltenen – individuellen Grenzpreises anstrengt, der die Basis seines Abfindungsangebots repräsentiert;[1150] aufgrund der Tatsache, dass die ausgeschlossenen Aktionäre die Angemessenheit ihrer Abfindung regelmäßig ex post von unabhängigen Gerichten im Wege eines Spruchstellenverfahrens ermitteln lassen,[1151] steht vielmehr die Bewertung des Unternehmens durch die Rechtsprechung im Mittelpunkt der Diskussion, da, im Falle eines vorliegenden Antrags, erst per Gerichtsbeschluss eine rechtlich bindende Wirkung der zu zahlenden Gegenleistung entsteht.[1152] Einem etwaigen Spruchstellenverfahren vorgelagert findet dabei, wie schon erwähnt,[1153] gemäß § 327 c Abs. 2 AktG die von einem unabhängigen Wirtschaftsprüfer durchzuführende Angemessenheitsprüfung der von dem Hauptaktionär festgelegten Barabfindung statt.

Werden Gerichte bzw. die von diesen Beauftragten als Bewerter in Abfindungsfällen tätig, üben sie, gängiger Einteilung zufolge,[1154] als Schiedsgutachter eine Vermittlungsfunktion aus, nach der sie einen Einigungspreis, den so genannten Arbitriumwert

---

[1150] Der Hauptaktionär wird naturgemäß versuchen, einen möglichst deutlich unterhalb seines Grenzpreises liegenden Abfindungswert anzubieten

[1151] Auch im internationalen Vergleich werden regelmäßig Gerichte bemüht, die Angemessenheit der offerierten Abfindung zu prüfen. Vgl. hierzu die Ausführungen in Kapitel II.2.

[1152] Sollte auf den Antrag eines Spruchstellenverfahrens verzichtet werden, ist natürlich die von dem Hauptaktionär gebotene Abfindung bindend.

[1153] Vgl. Kapitel II.1.1.2.

[1154] Diese Funktionseinteilung ist auf die so genannte Kölner Funktionenlehre zurückzuführen. Neben der Funktion des Schiedsgutachters kann der Bewerter noch die Beratungs- und Argumentationsfunktion wahrnehmen. Merkmal der Funktionenlehre ist die Forderung, dass sich der Bewerter bei der Auswahl der Bewertungsmethode stets Rechenschaft über den Anlass, seine Funktion sowie den Zweck der Unternehmensbewertung abgeben muss. In Abhängigkeit von diesen Merkmalen ergibt sich dann die jeweils zu ermittelnde Wertkategorie, die ihrerseits das Bewertungsverfahren festlegt. Ausführlich zur Kölner Funktionenlehre vgl. *Coenenberg/Sieben* (1976), Sp. 4062 ff.; *Sieben* (1976), S. 491 ff.; *Mandl/Rabel* (1997), S. 9 f.; *Peemöller* (2002), S. 7 ff.

bzw. Schiedspreis, der Konfliktparteien ermitteln.[1155] Dabei verfolgen sie auf Basis der jeweiligen Grenzpreise das Ziel eines fairen und angemessenen Interessenausgleichs, indem der ermittelte Wert möglichst die wirtschaftlichen Verhältnisse der Beteiligten verbessert.[1156] Der Berufsstand der Wirtschaftsprüfer kennt zusätzlich noch die Funktion des neutralen Gutachters; in dieser Funktion tritt der Prüfer als Sachverständiger auf, der anhand nachvollziehbarer Verfahren den so genannten objektivierten Unternehmenswert zu ermitteln hat. Bei dem objektivierten Unternehmenswert handelt es sich um einen von den individuellen Wertvorstellungen und somit von den Grenzpreisen abstrahierenden, *typisierten* „Zukunftserfolgswert, der sich bei Fortführung des Unternehmens in unverändertem Konzept und mit allen realistischen Zukunftserwartungen im Rahmen seiner Marktchancen und -risiken, finanziellen Möglichkeiten sowie sonstigen Einflussfaktoren ergibt."[1157] In welcher Eigenschaft, als neutraler Gutachter oder Schiedsgutachter, der Bewerter sinnvollerweise tätig werden sollte, gilt es später aufzuklären.[1158]

## V.3. Angemessene Abfindung

Wie bereits im Zusammenhang mit der verfassungsrechtlichen Würdigung von Abfindungszahlungen bei Minderheitsaktionärsausschlüssen in Kapitel II.1.3.4 erläutert, entspricht es grundrechtlicher Wertung, dass die ausgeschlossenen Anteilsinhaber nicht weniger als die „volle" Abfindung für die Aufgabe ihrer Papiere erhalten müssen. Hierbei handelt es sich um den tatsächlichen inneren Wert der Anteile,[1159] der, so die Verfassungsgerichtsbarkeit weiter, nicht unterhalb des Verkehrswerts der Aktien liegen darf.[1160] Dem betroffenen Minderheitsaktionär stehe dabei das zu, was seine Beteiligung an der arbeitenden Gesellschaft wert sei.[1161]

Die von der Rechtsprechung sehr vage formulierte Vorschrift für die Abfindungsbemessung hält keine konzeptionellen Bewertungsgrundlagen bereit und lässt insbesondere die Frage unbeantwortet, ob und, wenn ja, wessen individuelle Wertvorstellungen

---

[1155] In gleicher Funktion agieren Wirtschaftsprüfer übrigens bei der Prüfung gemäß § 327 c Abs. 2 AktG.

[1156] Vgl. *IDW* (2002), S. 13; *Peemöller* (2002), S. 9; *Drukarczyk* (2003), S. 132-134.

[1157] *IDW* (2000b), Rn. 12; *IDW* (2002), S. 11; *IDW* (2005a), Rn. 12.

[1158] Vgl. hierzu die Ausführungen in Kapitel V.3.

[1159] Vgl. *BVerfG*, Urteil vom 7.8.1962 – 1 BvL 16/60, S. 1073.

[1160] Vgl. *BVerfG*, Beschluss vom 27.4.1999 – 1 BvR 1613/94, S. 1696.

[1161] Vgl. *BVerfG*, Urteil vom 7.8.1962 – 1 BvL 16/60, S. 1073.

bei der Abfindungsermittlung zugrunde zu legen sind und was genau „Angemessenheit“[1162] in diesem Kontext bedeutet.[1163]

Das, was unter Angemessenheit zu verstehen ist, kann, dem überwiegenden betriebswirtschaftlichen Schrifttum zufolge, richtigerweise nicht ohne Berücksichtigung des Subjektivitätsprinzips der Unternehmensbewertung bestimmt werden.[1164] Im Ergebnis bedeutet das eine klare Abkehr von dem in der Rechtswissenschaft sowie in der Rechtsprechung lange Zeit etablierten objektiven Unternehmenswert, welcher, der Theorie zufolge, für jede Person gleichermaßen gilt.[1165]

Ausgehend von auf Geldeinheiten fokussierten Nutzenbeiträgen aus der Unternehmensbeteiligung[1166] lässt sich der Interessenkonflikt zwischen dem Hauptaktionär und den ausgeschlossenen Minderheitsaktionären vielmehr nur auf Basis der jeweiligen individuellen Grenzpreise und somit unter Beachtung der beiden subjektiven Unternehmenswerte[1167] lösen. Ökonomisch lässt sich die Grenzpreisfiktion in Abfindungsfällen damit begründen, dass auf der einen Seite dem Abfindenden genügend Anreize verbleiben müssen, ökonomisch effiziente unternehmerische Transaktionen durchzuführen,[1168] sodass eine Abfindung oberhalb seines Grenzpreises grundsätzlich ausscheidet.[1169] Auf der anderen Seite gewährleistet die Einbeziehung der Grenzpreise der Abzufindenden, dass sich diese zumindest nicht schlechter stellen als vor dem Aus-

---

1162 Auf die Schwierigkeit, den angemessenen Wert festzulegen, wies bereits *von Mises* (1949), S. 332, hin: „The concept of a „just“ or „fair“ price is devoid of any scientific meaning; it is a disguise for wishes, a striving for a state of affairs different from reality.”

1163 Vgl. *Drukarczyk* (1973), S. 358; *Böcking* (2003), S. 69.

1164 Vgl. *Sieben* (1966), S. 8 f.; *Drukarczyk* (1973), S. 357 f.; *Matschke* (1981), S. 122 ff.; *Böcking* (2003), S. 69 f. Grundlegend zu dem Subjektivitätsprinzip der Unternehmensbewertung vgl. *Moxter* (1983), S. 23 f.

1165 Zum objektiven Wert paradigmatisch vgl. *Mellerowicz* (1952), S. 12-14. Ebenfalls zum objektiven Unternehmenswert vgl. *Moxter* (1983), S. 26 ff.; *Mandl/Rabel* (1997), S. 6 f.; *Kuhner/Maltry* (2005), S. 25 f.

1166 Da nicht-monetäre Nutzenbeiträge aus der Unternehmensbeteiligung nicht messbar sind, werden sie, wie im Übrigen in der Unternehmensbewertungstheorie ebenfalls, aus der Betrachtung ausgeklammert.

1167 Der subjektiven Bewertungstheorie zufolge ist der Unternehmenswert entgegen der objektiven Bewertungslehre nicht die einem Unternehmen als solchem anhaftende, sondern lediglich eine für das spezielle Individuum gültige Größe. Vgl. u. a. *Moxter* (1983), S. 23 f.; *Peemöller* (2002), S. 6 f.; *Kuhner/Maltry* (2005), S. 25 f.

1168 Somit scheidet auch eine Abfindungsregel aus, wonach der mit dem Ausschluss erzielbare Gewinn in voller Höhe den ausscheidenden Minderheitsaktionären zu überlassen ist.

1169 Hierbei wird unterstellt, dass der Hauptaktionär, sofern zulässig und möglich, mit dem Ausschluss verbundene mögliche Vermögensumverteilungen, die er zulasten der Minderheitsaktionäre vereinnahmt, in seinen Grenzpreis einbezieht.

schluss, da die Minderheitsaktionäre in einer freien Markttransaktion mindestens den subjektiven Geldbetrag je Aktie am Bewertungs- bzw. Transaktionsstichtag fordern würden. Würde sich die Vermögensposition der Ausgeschlossenen durch den Zwangsausschluss gegenüber dem Status quo verschlechtern, hätte dies möglicherweise, wie in Kapitel V.3.3 noch zu erörtern sein wird, über ihre ex ante sinkende Zahlungsbereitschaft negative Folgen für die Funktionsfähigkeit des Kapitalmarkts und wäre überdies nicht mit den hier gegenständlichen und allgemein etablierten Gerechtigkeitserwägungen vereinbar.[1170]

Grundsätzlich ist bei den dominierten Konfliktsituationen wie dem Squeeze-out zu differenzieren zwischen Transaktionen, die einen Ex-ante-Einigungsbereich der Kontraktpartner aufweisen und solchen, die eben über keine derartige Schnittmenge verfügen. Ein Ex-ante-Einigungsbereich liegt stets dann vor, wenn der Grenzpreis des Käufers höher ist als derjenige des Verkäufers; ist diese Bedingung nicht erfüllt, liegt analog kein Einigungsbereich vor.[1171]

Liegt ein Einigungsbereich vor, ist es die Aufgabe des Abfindungsbewerters, der einhelligen Meinung des betriebswirtschaftlichen Schrifttums zufolge, einen angemessenen Gegenwert je Anteil der Abzufindenden zu bestimmen, der zwischen jenen Grenzpreisen liegt.[1172] Ist auf der anderen Seite der Grenzpreis des Käufers (Hauptaktionärs) niedriger als der des Verkäufers (Minderheitsaktionäre), stellt sich dem Gutachter das nicht minder komplexe Problem der Wertfeststellung.

Wird konsistenterweise auf die beiden Grenzpreise der Beteiligten abgestellt, ist damit auch die Frage, in welcher Eigenschaft der die Angemessenheit der Barabfindung würdigende Wirtschaftsprüfer in Squeeze-out-Fällen aktiv wird, beantwortet. Da die Funktion des neutralen Gutachters eine von den individuellen Wertvorstellungen abstrahierende Herangehensweise des Prüfers fordert, eine beiderseitige Grenzpreisbetrachtung aber gerade die subjektiven Faktoren der Parteien einbezieht, kann der Bewertende schlüssigerweise nur in der Funktion des Schiedsgutachters und nicht als neutraler Gutachter tätig werden.[1173]

---

[1170] Für die Abgrenzung der Gerechtigkeitsziele vgl. Kapitel III.4.

[1171] Nicht dominierte Eigentumswechsel kommen grundsätzlich nur dann zustande, wenn der Grenzpreis des Käufers mindestens so hoch ist wie der des Verkäufers.

[1172] Vgl. *Drukarczyk* (1973), S. 358; *Matschke* (1981), S. 122 ff.; *Busse von Colbe* (1994), S. 598; *Busse von Colbe* (2000), S. 1056; *IDW* (2002), S. 13; *Böcking* (2003), S. 70; *Drukarczyk* (2003), S. 132 f.

[1173] Vgl. hierzu auch *Piltz* (1994), S. 98; *IDW* (2002), S. 14.

Auf die Frage, welcher Wert innerhalb der Grenzpreisschnittmenge bzw. im Falle eines nicht existenten Einigungsbereichs die Angemessenheit gewährleistet, gibt die Bewertungstheorie keine Antwort.

Sollte in einer dominierten Konfliktsituation wie dem Squeeze-out ex ante kein Einigungsbereich vorliegen, so muss für die der Dispositionsgewalt des Hauptaktionärs ausgesetzten Minderheitsaktionäre zumindest eine Status-quo-Sicherung gewährleistet sein, wonach die Barabfindung im Ergebnis nicht unterhalb ihres Grenzpreises liegen darf. Alles andere käme einer ungerechtfertigten Vermögensumverteilung zugunsten des Mehrheitsgesellschafters gleich.

Angemessen vor diesem Hintergrund erscheint eine Kompensationszahlung dann, wenn sie unter Berücksichtigung einer vollständigen und zwischen Hauptaktionär und Minderheitsaktionären symmetrischen Informationsverteilung dem Grenzpreis der Auszuschließenden im Zeitpunkt der Transaktion enspricht.[1174] Sind die Voraussetzungen an die Informationsausstattung erfüllt, erhalten die betroffenen Minderheitsaktionäre schließlich genau den Betrag je Aktie, zu dem sie indifferent sind zwischen der (Zwangs-)Veräußerung und dem Halten ihrer Anteile. Das Abstellen auf den Grenzpreis der Ausgeschlossenen in diesem informatorischen Idealzustand ermöglicht auch die Einbeziehung der mit dem Squeeze-out verbundenen Wertbeiträge, die, wie später noch zu zeigen sein wird,[1175] Bedingung für eine angemessene Kompensationszahlung ist.

### V.3.1. Typisierung einer angemessenen Abfindung

Ein konsequent umgesetztes, dem Grenzpreisideal zugrunde liegendes Subjektivitätsprinzip der Unternehmensbewertung bedeutet, dass für alle Minderheitsaktionäre, die vom Ausschluss betroffen sind, ein individueller Grenzpreis ermittelt werden muss. Die jeweils aktionärsindividuell zu bestimmenden Grenzpreise würden allerdings aufgrund der unterschiedlichen Risikoeinstellung, differierenden Vermögensausstattung sowie unterschiedlicher Alternativanlagemöglichkeiten voneinander abweichen. Um die Transaktionskosten eines gerichtlichen Rechtsbehelfsverfahrens nicht prohibitiv in die Höhe zu treiben, bedarf es konkreter Vereinfachungsmaßnahmen, mit deren Hilfe es gelingt, einen für alle Minderheitsaktionäre geltenden Abfindungswert zu bestimmen. Im Übrigen gebietet es der Grundsatz der Gleichbehandlung, eine einheitliche,

---

[1174] Vgl. *Hecker* (2000), S. 93.

[1175] Vgl. Kapitel V.3.2.

für alle Betroffenen gleichermaßen geltende und somit typisierte Kompensationszahlung zu ermitteln.[1176]

Fraglich ist an dieser Stelle nur, welcher Grenzpreis für alle Ausgeschlossenen anzusetzen ist. *Matschke* schlägt in diesem Zusammenhang den Grenzpreis des Grenzanbieters der Minderheitsaktionäre als Untergrenze der angemessenen Abfindungszahlung vor, weil dadurch gewährleistet sei, dass kein Abfindungsempfänger einen Vermögensnachteil erleide.[1177] An anderer Stelle wird das Abstellen auf die durchschnittlichen Interessen der Betroffenen und somit eine Grenzpreismittelwertbildung postuliert.[1178] Diese Lösungsvariante wird hier jedoch wegen der vermögensnachteiligen Wirkung für einzelne Minderheitsaktionäre verworfen, zumal auch das Argument, wonach aus einer Gesamtbetrachtung aller Abzufindenden möglicherweise unter dem Strich ein positiver Nettobetrag für die Ausscheidenden übrig bleibt, nicht besonders originell erscheint, weil dieser positive Effekt zum einen kein sicheres Ereignis ist und zum anderen gegen individualschutzrechtliche Wertvorstellungen verstößt.

Neben der Frage, wessen bzw. welcher Grenzpreis einschlägig sei, stellt sich dem Bewerter das Problem der Ermittlung des Grenzpreises der Aktionärsminderheit. Da nämlich die Grenzpreise der Betroffenen und somit auch derjenige des Grenzanbieters realiter nicht oder nur sehr schwer beobachtbar sind und die einzelnen Abzufindenden bei einer Bindung der Kompensation an den Grenzpreis zudem einen Anreiz haben, einen überhöhten individuellen Reservationsnutzen preiszugeben, ist das Konzept der Grenzpreisberücksichtigung nicht oder kaum zu verwirklichen.[1179]

Die hohen Kosten der Informationsbeschaffung im Rahmen der Grenzpreisbestimmung induzieren eine Abstrahierung von partikularen, auf Einzelinteressen abstellenden Grenzpreisen und legen eine Verallgemeinerung der grenzpreisrelevanten individuellen Minderheitsaktionärseigenschaften in Form einer Typisierung nahe.[1180]

Eng verknüpft mit der Typisierung der Minderheitsaktionärseigenschaften bzw. -interessen ist die grundsätzliche Wahl der Vorgehensweise bei der Wertermittlung von

---

1176 Vgl. *Matschke* (1981), S. 125.

1177 Vgl. *Matschke* (1981), S. 126.

1178 Vgl. *Böcking/Nowak* (1998), S. 687; *Böcking* (2003), S. 71.

1179 Vgl. *Hecker* (2000), S. 95.

1180 Zum Typisierungserfordernis in der Unternehmensbewertung vgl. grundlegend *Moxter* (1983), S. 25 f.

Unternehmens*anteilen*. Die Unternehmensbewertungstheorie unterscheidet dabei zwischen der direkten und indirekten Methode der Anteilsbewertung.[1181]

Der direkten Methode zufolge wird der Wert eines Unternehmensanteils durch die Diskontierung der von dem jeweiligen Verkäufer bzw. Käufer aus dem Anteil erwarteten Netto-Zahlungsströme mit der risikoadjustierten Alternativrendite des Bewertungssubjekts ermittelt.[1182] Demgegenüber geht die indirekte Methode in einem ersten Schritt von dem Unternehmensgesamtwert[1183] aus, der dann im zweiten Schritt durch die Multiplikation mit den individuellen Beteiligungsquoten der Bewertungssubjekte die jeweiligen Anteilswerte zutage fördert.[1184]

Indirekte und direkte Methode führen dann zu demselben Ergebnis, wenn bei der indirekten Methode der Unternehmensgesamtwert aus der Perspektive des typisierten (Minderheits-)Aktionärs ermittelt und dieser dann quotal auf die einzelnen Anleger aufgeteilt wird. Bei der Generierung des für die indirekte Anteilsbewertung benötigten Unternehmensgesamtwerts gilt es zunächst, die von dem typischen Minderheitsaktionär erwarteten ausschüttungsfähigen Cashflows in Abhängigkeit von der prognostizierten Strategiewahl sowie von der geschätzten Ausschüttungsquote zu bestimmen. Problematisch ist indes, dass der typisierte Minderheitsaktionär bei seiner Erwartungsbildung den Einfluss des Mehrheitsaktionärs berücksichtigt; so sind die Unternehmensstrategie sowie die Höhe der Gewinnauskehrungen regelmäßig von den Interessen des Hauptaktionärs abhängig, sofern, wie im Vorfeld eines Squeeze-out üblich, von der Existenz eines Mehrheitseigners ausgegangen wird.[1185] Hat der Hauptaktionär zudem in der Vergangenheit bereits immense Vermögensumverteilungen (so genannte private Sondervorteile) zu seinen Gunsten und zulasten der übrigen Anteilsinhaber vereinnahmt und rechnen die Minderheitsaktionäre auch zukünftig mit derartigen Vermögenseinbußen, werden die Erwartungen der Abzufindenden getrübt, was sich über den Unternehmensgesamtwert signifikant negativ auf die Anteilsbewertung auswirken wird. Zur Verhinderung einer systematischen Übervorteilung der Ausgeschlos-

---

1181 Vgl. *Mandl/Rabel* (1997), S. 242-245; *IDW* (2000b), Rn. 13; *Großfeld* (2002), S. 31 f.; *Wiechers* (2002), S. 455 f.; *IDW* (2005a), Rn. 13; *IDW* (2005b), Rn. 13.

1182 Vgl. *Mandl/Rabel* (1997), S. 243; *IDW* (2000b), Rn. 13; *Wiechers* (2002), S. 456; *IDW* (2005a), Rn. 13; *IDW* (2005b), Rn. 13.

1183 Der Unternehmensgesamtwert wird durch die Diskontierung der erwarteten, vom Unternehmen erwirtschafteten und ausschüttungsfähigen Cashflows ermittelt.

1184 Vgl. *Mandl/Rabel* (1997), S. 244 f.; *IDW* (2000b), Rn. 13; *Wiechers* (2002), S. 455 f.; *IDW* (2005a), Rn. 13; *IDW* (2005b), Rn. 13.

1185 Vgl. *Hecker* (2000), S. 97.

senen darf es bei der Bewertung nicht zu einer derartigen Ungleichbehandlung zwischen dem Hauptaktionär und den Minderheitsaktionären kommen.

Hinsichtlich der Methodenwahl erscheint aus Sicht einer Gleichbehandlung gewährleistenden Abfindungsbewertung die indirekte der direkten Methode überlegen. Wird nämlich bei der indirekten Wertbildung von einem hypothetischen Alleingesellschafter ausgegangen,[1186] der, bezogen auf die Alternativanlagen sowie die individuellen Präferenzen, die Merkmale eines typischen Minderheitsaktionärs erfüllt, können die oben skizzierten Probleme bzw. Verzerrungen, die sowohl bei der direkten als auch bei der indirekten, nicht von einem Alleingesellschafter ausgehenden Wertermittlung entstehen können, einfacher behoben werden. Der fiktive Alleingesellschafter hat nämlich weder ein Interesse daran, die Anreize eines beherrschenden Hauptaktionärs zu blockieren noch die Intention, Zahlungsströme vor und nach dem Abfindungsstichtag gezielt als private Sondervorteile zu vereinnahmen. Schließlich ergibt sich der Grenzpreis eines Ausgeschlossenen durch die Multiplikation seiner Beteiligungsquote mit dem Unternehmensgesamtwert aus Sicht des Alleingesellschafters.

Das Rekurrieren auf einen typisierten Alleingesellschafter ermöglicht im Übrigen auch die Einbeziehung unmittelbarer und mittelbarer Wertbeiträge, die im Zuge eines Minderheitsaktionärsausschlusses realisiert werden können.[1187] Die unmittelbar mit einem Squeeze-out einsparfähigen Publizitäts- und Hauptversammlungskosten fallen aus der Sicht eines hypothetischen Alleingesellschafters ohnehin nicht an, sodass die von diesem erwarteten ausschüttungsfähigen Zahlungsströme der Gesellschaft um diese Effekte bereinigt sind. Bezogen auf die mit einem Zwangsausschluss verbundenen mittelbaren Gewinnmöglichkeiten ist zu konstatieren, dass ein hypothetischer Alleingesellschafter diese deshalb in seiner Grenzpreisbildung berücksichtigen würde, weil er diese unabhängig von einem konkreten Bewertungsanlass alleine oder aber mit einem ausgewählten Partner umsetzen kann. Der alleinige Aktionär würde ergo in einer Verkaufsverhandlung den Barwert der realisierbaren mittelbaren Gewinnpotenziale, die z. B. auf diversen Rationalisierungsmaßnahmen etc. beruhen, verlangen.[1188]

---

1186 Zur Idee des Alleingesellschafters bei der Bewertung angemessener Übernahmepreise im Allgemeinen vgl. *Wagner* (1984), S. 5; *Bebchuk* (1988), S. 198; *Hecker* (2000), S. 98.

1187 Zu diesem Punkt ausführlich vgl. Kapitel V.3.2.

1188 Da er die Wertzuwächse stets auch alleine bzw. mit Partnern seiner Wahl umsetzen kann, ist die Situation mit einem Angebotsmonopolmarkt vergleichbar. Bei einer unterstellten vollständigen Konkurrenz unter den Nachfragern um die erzielbaren (mittelbaren) Wertsteigerungen wird es dem Alleingesellschafter mit einer nahezu 100%igen Wahrscheinlichkeit gelingen, seinen errechneten Barwert der mittelbaren Gewinnmöglichkeiten auch tatsächlich zu vereinnahmen. Zu diesem Argument vgl. *Schildbach* (1995), S. 630; *Hecker* (2000), S. 98.

Bei aller bewertungstheoretischer Überzeugungskraft des auf einem fiktiven Alleingesellschafter basierenden, typisierten Minderheitsaktionärsgrenzpreises als Abfindungsmesslatte leidet die praktische Verwirklichung dieser Wertfigur unter wahrscheinlichen, auf Opportunismus zurückzuführenden Ermittlungsschwierigkeiten. Da die am Bewertungsprozess mittelbar und unmittelbar Beteiligten wie der Hauptaktionär, die Minderheitsaktionäre, der Gutachter sowie der Richter nicht nur über differierende Informationen verfügen, sondern auch unterschiedliche Interessen verfolgen und verschieden ausgeprägte Anreize haben, werden sie jeweils versuchen, entsprechend ihrer Einflussmöglichkeiten, mehr oder weniger intensiv ihre Belange durchzusetzen.

Die beschriebenen Schwierigkeiten bei der Bestimmung des Verkäufergrenzpreises legen weitere Typisierungs- bzw. Objektivierungsschritte bei der Abfindungsbewertung nahe, die im Endeffekt dazu führen, dass sich das erzielte Ergebnis von dem Ideal des (typisierten) Minderheitsaktionärsgrenzpreises entfernt. So hat der Hauptaktionär de lege lata gegenüber der den Ausschluss befassenden Hauptversammlung ausführlich Bericht zu erstatten, in dem u. a. gemäß § 327 c Abs. 2 Satz 2 AktG von einem Wirtschaftsprüfer die Angemessenheit der vorgeschlagenen Barabfindung testiert werden muss.[1189] Grundsätzlich sollte der Wirtschaftsprüfer in Abfindungsfällen von Gerichts wegen die Funktion des Schiedsgutachters einnehmen und die angemessene Kompensation auf Basis der subjektiven Grenzpreise der Beteiligten ermitteln.[1190] Wegen der Schwierigkeit intersubjektiver Nachprüfbarkeit derart subjektbezogener Wertvorstellungen erkennt die Rechtsprechung die Notwendigkeit typisierender Betrachtungen an, wie sie bei dem objektivierten Unternehmenswert, der eigentlich von dem Wirtschaftsprüfer in seiner Funktion als neutraler Gutachter zu ermitteln ist, einschlägig sind.[1191] Im Ergebnis erfolgt die Angemessenheitsprüfung des Wirtschaftsprüfers unter Beachtung des objektivierten Werts, der unter Vernachlässigung der Wertvorstellungen der beteiligten Parteien sowie unter Beachtung der Unternehmensfortführungsprämisse bei unveränderter Unternehmensstrategie zustande kommt.[1192] Ein derart verstandener Unternehmenswert vermag, was schon aus der Definition des objektivierten Werts explizit hervorgeht, nur in geringem bis keinem Maße eine Annäherung an den Grenzpreis der Minderheitsaktionäre zu erreichen. Abstrahiert man nun aber von dem Grenzpreis eines fiktiven Alleingesellschafters und wendet sich stattdes-

---

[1189] Der Wirtschaftsprüfer wird auf Antrag des Hauptaktionärs von dem zuständigen Gericht bestimmt.

[1190] Gleiches gilt für die nach § 327 c AktG zu tätigende Angemessenheitsprüfung. Vgl. Kapitel V.2.

[1191] Vgl. *Piltz* (1994), S. 95; *IDW* (2002), S. 14.

[1192] Zum objektivierten Unternehmenswert vgl. V.2.

sen dem objektivierten und vereinfachenden Unternehmenswert als Gegenleistung zu, gilt es zu klären, wie sich dieser Wert *idealiter* zusammensetzen soll.

## V.3.2. Transaktionsspezifische Wertkomponenten

### V.3.2.1. Grundlagen

Investitionstheoretisch entspricht der Wert eines Finanztitels aus der Sicht seines Eigentümers anerkanntermaßen dem Kapitalwert der zukünftig mit diesem zusammenhängenden Zahlungsströme.[1193] Dieses in der Bewertungstheorie etablierte Verständnis gilt investorübergreifend, also gleichermaßen für den Hauptaktionär wie für die Minderheitsaktionäre.[1194]

Von besonderem Interesse für die Abbildung einer angemessenen Kompensationszahlung ist die Frage, ob und inwiefern die mit einem Minderheitsaktionärsausschluss verbundenen Wertbeiträge Eingang in die der Abfindungsermittlung zugrunde liegende Unternehmensbewertung finden.

Denkbare Unternehmenswerteffekte, die mit einem Zwangsausschluss einhergehen und sowohl positiv wie negativ sein können, lassen sich sinnvollerweise in *unmittelbare* und *mittelbare* Beiträge unterteilen. Zu den unmittelbaren Wertkomponenten gehören demnach alle originär mit dem Ausschluss verbundenen Unternehmenserfolgsbeiträge. Einen lediglich mittelbar wertbeeinflussenden Charakter haben dahingegen all jene Effekte, die zwar nicht originär auf den Squeeze-out zurückzuführen sind, deren Realisierung aber auf eng mit dem Aktionärsausschluss zusammenhängende, durch den Hauptaktionär motivierte Begleittransaktionen zurückzuführen sind.

### V.3.2.2. Unmittelbare Wertbeiträge

Zu den unmittelbar mit einem Squeeze-out möglicherweise einhergehenden Werteffekten zählen, wenn überhaupt,[1195] die einsparfähigen Publizitäts- und Hauptversamm-

---

[1193] Vgl. anstatt vieler *Perridon/Steiner* (1995), S. 58-62; *Brealey/Myers* (2000), S. 21-25. Auf die Besonderheiten der Zukunftserfolgswertermittlung sowie insbesondere auf die Gewinnung des dem Kapitalwertkalkül zugrunde liegenden Diskontierungssatzes wird an späterer Stelle der Arbeit eingegangen. Vgl. Kapitel V.4.1.

[1194] Während die Minderheitsaktionäre regelmäßig die zukünftig erwarteten Ausschüttungen diskontieren, wird der Hauptaktionär neben den Gewinnauskehrungen, sofern möglich, auch dank seiner Kontrolle exklusiv erzielbare monetäre private Sondervorteile in seinen Kalkül einbeziehen.

[1195] Bei nicht börsennotierten Gesellschaften wird dieser Effekt deutlich geringer ausfallen als bei kapitalmarktnotierten; Letztere stehen in dieser Arbeit ausschließlich im Fokus.

lungskosten.[1196] Die betroffene Kapitalgesellschaft kann nach dem Ausschluss der Restaktionäre die durch diverse Berichts- und Versammlungsverpflichtungen entstehenden Aufwendungen deutlich reduzieren, da nunmehr nur noch ein Alleineigentümer über die Geschicke der Korporation verfügt. Jene Einsparungen führen über eine Verbesserung des Unternehmensergebnisses zu einer Unternehmenswertsteigerung. Die unmittelbar auf den Aktionärsausschluss zurückzuführenden Wertsteigerungspotenziale werden in der Literatur als Trennungseffekt bezeichnet und lassen sich zu der Gattung der Verbundeffekte, besser bekannt als Synergieeffekte,[1197] analogisieren.[1198] Der Terminologie des Berufsstands der Wirtschaftsprüfer folgend lassen sich Verbundvorteile unterteilen in *echte*, die explizit auf die Auswirkungen des Bewertungsanlasses zurückzuführen sind, und *unechte*, welche sich unabhängig von den Auswirkungen des konkreten Bewertungsanlasses verwirklichen lassen und auch mit anderen Wirtschaftssubjekten, das heißt „mit einer beliebigen Vielzahl von Partnern erzielbar sind."[1199] Die hier im Fokus stehenden unmittelbaren Wertsteigerungspotenziale lassen sich, der Systematisierung folgend, in die Gruppe der echten Verbundvorteile einreihen.

Sowohl die gängige Rechtsprechung als auch das juristische Schrifttum stehen der Einbeziehung von echten Verbundeffekten (als Oberbegriff für den Trennungseffekt) in die Abfindungswertermittlung bis heute sehr kritisch gegenüber.[1200] Die ablehnende Haltung wird dabei insbesondere mit dem subjektiven Charakter sowie mit der Schwierigkeit der Messung von Synergieeffekten begründet.[1201] Indes sprach sich

---

[1196] Vgl. hierzu bereits die Ausführungen in Kapitel IV.1.3.3.3.

[1197] Verbund- bzw. Synergieeffekte entstehen allgemein aus dem Zusammenwirken zweier oder mehrerer Unternehmen bzw. Unternehmenseinheiten und basieren auf der Erkenntnis, dass eine Verbindung von Korporationen die Leistungsfähigkeit dieser zusammengefügten Wirtschaftseinheiten insgesamt erhöhen kann, was sich gegenüber den ehemaligen unverbundenen Teileinheiten in höheren erwirtschafteten Erträgen niederschlägt. Paradigmatisch zu Synergieeffekten vgl. insbesondere *Ansoff* (1965), S. 75 ff.

[1198] Vgl. *Böcking* (1993), S. 18 f.; *Gampenrieder* (2004), S. 127 f.

[1199] Vgl. *IDW* (2000b), Rn. 43, 56; *IDW* (2002), S. 36 f.; *IDW* (2005a), Rn. 45, 59; *IDW* (2005b), Rn. 44, 59.

[1200] Vgl. *Mertens* (1992), S. 321 ff.; *Piltz* (1994), S. 94, sowie mit einer Übersicht über die bis 1994 ergangene und ablehnende Haltung der Rechtsprechung auf S. 159 f.; *Fleischer* (1997), S. 371, m. w. N. sowie mit einem Überblick über den Stand der Rechtsprechung; *Piltz* (2002), S. 727, m. w. N. Für eine andere Auffassung von Seiten der Rechtswissenschaften vgl. *Großfeld* (2002), S. 67 f. Für die Rechtsprechung vgl. exemplarisch *Hanseatisches OLG Hamburg*, Beschluss vom 17.8.1979 – 11 W 2/79, S. 165; *BayObLG*, Beschluss vom 19.10.1995 – 3 Z BR 17/90, S. 128; *OLG Stuttgart*, Beschluss vom 4.2.2000 – 4 W 15/98, S. 429; *LG Dortmund*, Beschluss vom 31.10.1980 – 18 Akt E 2/79, S. 239; *LG Dortmund*, Beschluss vom 14.2.1996 – 20 AktE 3/94, S. 279; *LG Frankfurt a. M.*, Beschluss vom 8.8.2001 – 3/8 O 69/97, S. 358.

[1201] Vgl. u. a. *Mertens* (1992), S. 321 ff.; *Fleischer* (1997), S. 371 f.

jüngst der *BGH* in einem Beschluss für die implizite Berücksichtigung von echten Synergieeffekten bei auf Börsenkursen basierenden Abfindungen aus; so seien jene Verbundeffekte einzubeziehen, wenn sie bereits Eingang in den Marktpreis gefunden haben.[1202]

Ähnlich restriktiv, was die Einbeziehung echter Verbundvorteile anbelangt, zeigt sich das *IDW*. Demnach sind echte Synergieeffekte bei der Ermittlung des bei den dominierten Konfliktsituationen einschlägigen objektivierten Unternehmenswerts[1203] zwingend zu vernachlässigen.[1204] Für die hier gegenständlichen unmittelbaren Wertsteigerungskomponenten (Trennungseffekte) ist diese Sichtweise maßgeblich, sodass, der Perspektive des wirtschaftsprüfenden Berufsstands zufolge, eine Berücksichtigung jener Werteffekte auszubleiben hat.[1205]

Eine Ausblendung dieser unmittelbar mit einem Zwangsausschluss einhergehenden Wertkomponenten bei der Abfindungswertermittlung, wie sie von der überwiegenden Rechtsprechung sowie dem Berufsstand der Wirtschaftsprüfer propagiert wird, überzeugt nicht. Sowohl aus ökonomischer als auch aus Gerechtigkeitsperspektive ist nicht einsichtig, wieso die zwangsweise ausscheidenden Anteilseigner anders zu behandeln sind als jene, die ihre Anteile freiwillig verkaufen. Dabei ist zunächst auf den möglichen Ex-ante-Effekt[1206] zu verweisen, der sich infolge einer möglichen Nichteinbeziehung über eine sinkende Zahlungsbereitschaft der Anleger negativ auf die Kapitalkosten und somit den Kapitalmarkt auswirken kann. Außerdem werden Verkäufer in einer freien Preisverhandlung stets den Versuch unternehmen, sich diese ihnen bekannten unmittelbaren Wertpotenziale bezahlen zu lassen.[1207] Die hier realisierbaren Einsparmöglichkeiten der Publizitäts- und Hauptversammlungsbeschlussfassungskosten repräsentieren unternehmensindividuell möglicherweise bedeutende Einflussfaktoren bei der Bewertung der Anteilspapiere der Zielgesellschaft sowohl für den Käufer als auch

---

1202 Vgl. *BGH*, Beschluss vom 12.3.2001 – II ZB 15/00, S. 1056. Ausführlich zur Abfindungsbewertung auf Grundlage von Marktpreisen vgl. Kapitel V.4.2.

1203 Zum objektivierten Unternehmenswert vgl. Kapitel V.2.

1204 Vgl. *IDW* (2000b), Rn. 42 f.; *IDW* (2002), S. 37; *IDW* (2005a), Rn. 44 f.; *IDW* (2005b), Rn. 43 f.

1205 Zwar haben die *IDW*-Standards, in diesem Fall der *IDW* S 1, keine materiell-rechtliche Wirkung. Dennoch soll der Wirtschaftsprüfer in seinem Handeln nicht ohne gewichtige Gründe von diesen Standards abweichen, zumal die Gerichte jene Verlautbarungen des *IDW* „als Verkehrs- und Berufspflicht ansehen und [ihnen] damit mittelbar einen Verbindlichkeitscharakter beimessen werden." *IDW* (2000a), S. 74 [Einfügung durch den Verfasser].

1206 Vgl. Kapitel V.3.3.

1207 Allgemein zu diesem Argument für die Berücksichtigung von Synergieeffekten vgl. *Busse von Colbe* (1994), S. 604.

für den Verkäufer, die in einschlägigen Unternehmensbewertungsmethoden[1208] bei den zu diskontierenden Zahlungsströmen berücksichtigt werden. Demnach erscheint es widersprüchlich, bei erzwungenen Anteilsverkäufen von einem anderen ökonomischen Fundament auszugehen als bei auf Freiwilligkeit basierenden Transaktionen.[1209]

Ebenfalls mitberücksichtigt werden müssen bei den unmittelbaren Wertbeiträgen die einmalig anfallenden Kosten des Ausschlusses, wie Rechtsanwalts-, Beratungs-, Wirtschaftsprüfungs- sowie Registergerichtskosten.[1210]

Indes sagt die grundsätzliche Einbeziehung der unmittelbaren Wertbeiträge noch nichts über deren Verteilung zwischen dem Hauptaktionär und den Ausgeschlossenen aus.[1211]

### V.3.2.3. Mittelbare Wertbeiträge

Mittelbares Wertsteigerungspotenzial aus der Umsetzung eines Aktionärszwangsausschlusses kann aus den möglicherweise im Zusammenhang mit dem Squeeze-out durchgeführten Unternehmenstransaktionen resultieren.

Im Zentrum der mittelbar mit dem Squeeze-out verbundenen Transaktionen stehen dabei insbesondere Unternehmenskontrollwechsel, unternehmerische Strukturmaßnahmen sowie die Durchführung von Investitionsprojekten mit positivem Kapitalwert, zu deren Realisierung der Initiator (Hauptaktionär) einen Freeze-out der Restaktionäre für nötig erachtet.[1212]

Zu den mittelbar mit dem Zwangsausschluss durch Unternehmensübernahmen erzielbaren Wertbeiträgen können insbesondere gestiegene Marktmacht und mögliche Synergieeffekte gezählt werden, die z. B. durch Größenvorteile bzw. Skaleneffekte (so

---

1208 Vgl. hierzu Kapitel V.4.1.

1209 Für eine Berücksichtigung von echten Verbundeffekten vgl. zudem *Drukarczyk* (1973), S. 360 f.; *Krag* (1978), S. 259-261; *Küting* (1981), S. 189; *Matschke* (1981), S. 115 ff.; *Moxter* (1983), S. 91-96; *Krag* (1993), S. 686; *Schildbach* (1993), S. 35 f.; *Sieben* (1993), Sp. 4316 ff.; *Böcking* (1993), S. 12 ff.; *Hommel/Braun/Schmotz* (2001), S. 344; *Gampenrieder* (2004), S. 130 f.

1210 In einer jüngst erschienenen Studie wurden bezogen auf eine Stichprobe von 42 Squeeze-outs durchschnittliche Ausschlusskosten in Höhe von € 326.999 angegeben. Vgl. *Rathausky* (2004), S. 112 f.

1211 Vgl. hierzu Kapitel V.3.1, V.3.5, V.3.8.

1212 Zu den Strukturmaßnahmen gehören dabei insbesondere Vorkehrungen, die der Reduzierung von *Agency*-Problemen bzw. -Kosten dienen, wie z. B. die Änderung des Verschuldungsgrads, Änderung der Eigentümerstruktur, Verbesserung der Managementanreize im Sinne einer auf Eigentümerinteressen fokussierten Geschäftspolitik, etc., sowie allgemeine unternehmerische Rationalisierungsmaßnahmen.

genannte *economies of scale*) sowie durch Produktpaletteneffekte (so genannte *economies of scope*) über das Unternehmensergebnis den Unternehmenswert beeinflussen.[1213] Zwar kann, das haben die modelltheoretischen Ausführungen verdeutlicht,[1214] nicht geleugnet werden, dass der Ausschluss von Minderheitsaktionären durchaus zur Überwindung des Trittbrettfahrerverhaltens der Zielgesellschaftsaktionäre beitragen und somit aus diesem Blickfeld ökonomisch begrüßt werden kann. Die Minderheitsaktionäre deswegen von sämtlichen zukünftigen Gewinn-, aber auch Verlustmöglichkeiten abzuschneiden, hat allerdings offensichtliche Gerechtigkeitsmängel, die sich im Wesentlichen auf die Ungleichbehandlung der Anteilseigner zurückführen lassen. Warum sollten sie an Wertentwicklungen nicht teilhaben dürfen, an denen sie im Falle eines nicht erfolgenden Ausschlusses partizipiert hätten? Auch ökonomisch kann sich eine Unbeachtlichkeit mittelbarer Werteffekte über die ex ante sinkende Zahlungsbereitschaft der Anleger negativ bemerkbar machen, was in Kapitel V.3.3 noch einer genauen Untersuchung zugeführt wird. Gegen eine Einbeziehung der mittelbaren Wertbeiträge aus einem Zwangsausschluss spricht allerdings das dann auf dem Markt für Unternehmenskontrolle zu erwartende *free riding* der Zielgesellschaftsaktionäre, die im Angesicht einer sämtliche (mittelbare und unmittelbare) Wertbeiträge umfassenden Abfindungszahlung ihre Anteile im Rahmen der Übernahmeofferte nur dann andienen werden, wenn der Bieter ihnen den im Ausschlussfall zu erwartenden Gegenwert je Aktie bereits im Zuge des Übernahmeangebots zahlt. Im Ergebnis kann es somit in der Theorie (schlechtestenfalls) zur Verhinderung ökonomisch wünschenswerter Kontrollwechsel kommen, wobei die Betonung auf „in der Theorie" liegt. So ließen sich, wie an anderer Stelle bereits erörtert,[1215] auch vor Verabschiedung des Squeeze-out-Rechts in Deutschland, genau wie andernorts auch, durchaus Unternehmenskontrollwechsel realisieren. Wegen des hypothetischen Grenzfalls auf eine Vernachlässigung der durch Übernahmen erzielbaren Wertbeiträge zu schließen, ist zu kurz argumentiert: So könnte nämlich durch den Verzicht dieser Wertkomponenten bei der Abfindungsbewertung der Nährboden für Übervorteilungen, so zumindest der empirische Befund,[1216] bereitet und des Weiteren der Annahmezwang bei öffentlichen Übernahmeangeboten der Minderheitsaktionäre geschürt werden.

Ein Kompromiss zwischen den Vor- und Nachteilen einer Einbeziehung mittelbarer Wertbeiträge könnte eventuell durch die Berücksichtigung von Vorerwerbspreisen bei

---

[1213] Zu *economies of scale* und *economies of scope* vgl. u. a. *Grinblatt/Titman* (1998), S. 411.

[1214] Vgl. Kapitel IV.1.2.

[1215] Vgl. Kapitel IV.1.2.2.10.

[1216] Für einen ausführlichen empirischen Befund vgl. Kapitel V.3.7.

der Abfindungsermittlung erzielt werden, indem den ausgeschlossenen Aktionären genau der Betrag je Aktie gezahlt wird, der Gegenstand des vorausgehenden erfolgreichen Übernahmeangebots ist, vorausgesetzt eine bestimmte Quote des von den außenstehenden Aktionären gehaltenen Grundkapitals wird als Zeichen der Angebotsangemessenheit angedient.[1217] Fraglich ist hier indes, ob und, wenn ja, inwiefern mittelbare sowie unmittelbare Wertbeiträge Eingang in das Übernahmeangebot finden.

Analog könnte bei einem privaten Kontrollblocktransfer der zwischen dem alten und neuen Hauptaktionär ausgehandelte Preis als Grundlage für die Kompensation der Kleinaktionäre herhalten. Bei privaten Kontrollblocktransaktionen ist allerdings, eine entsprechende Beteiligungsquote vorausgesetzt, sowohl vor als auch nach der Übernahme ein Ausschluss der Kleinanleger denkbar. Aufgrund der Tatsache, dass es sich unabhängig davon, ob der Squeeze-out vor oder nach dem Kontrollwechsel erfolgt, um einen lediglich auf zwei Stufen stattfindenden vollständigen Unternehmenskauf handelt, vermag eine Unbeachtlichkeit der zwischen dem neuen und alten Kontrollaktionär vereinbarten Übernahmeprämie bei der Bemessung der Minderheitsaktionärsabfindung nicht zu überzeugen. Eine Ausklammerung dieses geleisteten Mehrwerts bei der Abfindungsfeststellung schafft, wie auch in anderen mittelbaren „Squeeze-out-Begleittransaktionen", Raum für Übervorteilungen der an der Unternehmensübernahme unbeteiligten, weil unfreiwillig passiven Restaktionäre.[1218] Die Gleichbehandlung der beteiligten Aktionäre und somit die *pro rata* Teilhabe der Minderheitsaktionäre an etwaig vereinbarten Übernahmeprämien erscheint hier sowohl aus ökonomischen[1219] als auch aus auf Gleichbehandlung abzielenden Gerechtigkeitsgründen die unweigerliche und einzig sinnvolle Konsequenz.[1220] Dabei werden in Abhängigkeit von der individuellen Verhandlungsstärke des Kontrollverkäufers sowohl mittelbare als auch un-

---

[1217] Die Anknüpfung an Vorerwerbspreise ist in zahlreichen europäischen Regelkreisen sowie in der ÜRL verankert. Vgl. Kapitel II.2. Für eine Analyse von auf Vorerwerbspreise abstellende Abfindungen vgl. Kapitel V.4.2.4.

[1218] So kann der Unternehmenskontrollveräußerer in Kollaboration mit dem Käufer versuchen, einen disproportionalen Anteil des zukünftigen Liquidationserlöses für sich zu vereinnahmen, indem er die Minderheitsaktionäre im Vorfeld zu einem niedrigeren Wert ausschließt als er im Zuge der Kontrollveräußerung erhält. Diesen Aspekt in einem anderen Kontext hervorhebend vgl. *Brudney/Chirelstein* (1974), S. 332.

[1219] Aus ökonomischer Sicht ist die Gleichbehandlung insbesondere aus der bereits skizzierten Ex-ante-Perspektive bedeutsam, weil die potenziellen Investoren im Angesicht einer zukünftigen Übervorteilung ihr Investitionsverhalten zum Nachteil der Kapitalsuchenden ändern werden. Ausführlich dazu vgl. Kapitel V.3.3.

[1220] Vgl. hierzu *Brudney/Chirelstein* (1974), S. 334-336: „However, whether or not that view is accepted, the rule of equal sharing has valid application in the limited circumstances with which we are concerned – where acquisition of control and merger are steps in a single integrated transaction." (Zitat auf S. 336).

mittelbare Wertfaktoren, die sich aus der Unternehmensübernahme und dem Ausschluss realisieren lassen, in den zwischen den Vertragspartnern ausgehandelten Preis und somit auch in die Abfindung einbezogen. Ein Abstellen auf den bei Kontrollblocktransaktionen gezahlten Übernahmepreis birgt allerdings Gefahren in sich: So könnte der zwischen altem und neuem Kontrollaktionär bilateral vereinbarte Preis in Antizipation des folgenden Ausschlusses ganz gezielt zulasten der Minderheitsaktionäre gestaltet werden. Das Risiko ist allerdings nicht überzubewerten, weil der Verkäufer dabei entweder selber bewusst auf Vorteile verzichtet oder mit dem Käufer durch geschickte Nebenabreden intransparente Zahlungen vereinbart, die im Zweifel vor Gericht verifizierbar sind.

Das aus Sicht des Erfolgs von Unternehmensübernahmeangeboten mit Abstrichen positive Urteil über den Ausschluss von Minderheitsaktionären kann indes für weitere, der externen Corporate Governance zuzurechnende und auf die Reduzierung von *Agency*-Kosten gerichtete Restrukturierungsmaßnahmen keine Bestandskraft beanspruchen, sieht man von rein lebenszyklusbedingten Börsenrückzügen ab.[1221] Im Gegenteil: So kann doch dem Verdacht einer reinen Vermögensumverteilungsabsicht des Hauptgesellschafters in diesem Zusammenhang erst recht nicht widersprochen werden.[1222] Der Hauptaktionär könnte vielmehr ein Interesse daran haben, Minderheitsaktionäre zuerst auszuschließen, um anschließend die mit bestimmten Unternehmenswert schaffenden Maßnahmen realisierbaren Gewinne alleine zu vereinnahmen.

Aus der Perspektive einer freiwilligen Markttransaktion betrachtet, würde dies für unternehmerische *Rationalisierungsmaßnahmen* zunächst bedeuten, dass der Verkäufer nicht auf den Anteilskäufer angewiesen wäre, um die entsprechende Restrukturierung bzw. Rationalisierung durchzuführen und dadurch eine Wertsteigerung zu realisieren. So könnte er, sofern ihm das Restrukturierungspotenzial bewusst ist, auch selber entsprechende Maßnahmen einleiten oder aber einen anderen Partner für deren Umsetzung suchen. Dabei spielt es keine Rolle, dass die Minderheitsaktionäre selber nicht in der Lage sind, entsprechende Unternehmenstransaktionen zu beschließen, geschweige denn umzusetzen; vielmehr soll mit diesem Argument gezeigt werden, dass die entsprechenden unternehmerischen Maßnahmen auch ohne einen Ausschluss durchgeführt werden können, und dass ein Squeeze-out vor dem Hintergrund mittelbarer Wertbeiträge somit dem starken Verdacht opportunistischen Verhaltens durch den Hauptaktionär ausgesetzt ist. Demzufolge erscheint auch aus Sicht dieses Blickwinkels

---

1221 Vgl. hierzu im Speziellen die Ausführungen zu Going Privates in Kapitel IV.1.3.

1222 Für eine Auswertung des diesbezüglichen empirischen Befunds vgl. Kapitel V.3.7.

eine Vernachlässigung der mittelbaren Wertsteigerungspotenziale bei der Abfindungswertermittlung unangebracht.

Folgt man der Einteilung von Verbundvorteilen in echte und unechte, dann zählen die hier skizzierten mittelbaren Wertbeiträge aus dem Ausschluss der Minderheitsaktionäre zur letztgenannten Kategorie, da sie sich grundsätzlich auch ohne den konkreten Bewertungsanlass, den Squeeze-out, theoretisch realisieren lassen. So kann theoretisch und technisch die Kontrolle über die Zielgesellschaft erlangt werden, und es können auch diverse Restrukturierungs- bzw. Rationalisierungsmaßnahmen sowie erst recht Investitionsprojekte durchgeführt werden, ohne dabei unmittelbar auf einen Zwangsausschluss zurückgreifen zu müssen.

Sowohl die Rechtsprechung als auch die juristische Literaturmeinung sowie das *IDW* bejahen grundsätzlich die Berücksichtigung so genannter unechter Verbundeffekte bei der Ermittlung der angemessenen Abfindung von Minderheitsaktionären, sofern die Maßnahme am Bewertungsstichtag bereits eingeleitet wurde bzw. die Pläne für deren Umsetzung allgemein bekannt sind.[1223] Der in der Betriebswirtschaftslehre vertretene Standpunkt entspricht demjenigen bei echten Verbundvorteilen (Trennungseffekten), sodass auch hier von dem Schrifttum eine durchgängige Einbeziehung postuliert wird.[1224]

Dieser Meinung wird hier weitestgehend entsprochen und eine Berücksichtigung von mittelbaren Wertbeiträgen bei der Abfindungsbewertung gefordert, weil die den tatsächlichen Wertzuwachs generierenden Maßnahmen grundsätzlich auch ohne den Aktionärsausschluss möglich sind.

Nicht geteilt wird hier allerdings das von der herrschenden Rechtsprechung und dem Berufsstand der Wirtschaftsprüfer eingegrenzte Abstellen auf lediglich bereits geplante und allgemein bekannte bzw. schon eingeleitete Rationalisierungsmaßnahmen bzw. Unternehmensübernahmen.[1225] Zwar werden auch bei einer freiwilligen Kaufverhandlung ebenfalls beide Seiten versuchen, ihre privaten Informationen, die maßgeblich sind für die Grenzpreisermittlung, für sich zu behalten. Somit würde ein (freiwilliger) Aktienverkäufer auch nicht zwangsläufig über jede beabsichtigte Maßnahme des Käu-

---

1223 Vgl. *Mertens* (1992), S. 327; *Großfeld* (2002), S. 66-68; *BGH*, Beschluss vom 12.3.2001 – II ZB 15/00, S. 1056; *BayObLG*, Beschluss vom 19.10.1995 – 3 Z BR 17/90, S. 128; *OLG Stuttgart*, Beschluss vom 4.2.2000 – 4 W 15/98, S. 429; *IDW* (2002), S. 37.

1224 Vgl. hierzu die in FN 1209 genannten Quellenangaben.

1225 Hier kommt insbesondere den Unternehmensübernahmen Bedeutung zu, denen ein Ausschluss der Minderheitsaktionäre *vorausging*, da hier die Wahrscheinlichkeit, dass die Betroffenen nicht von dem anschließenden Kontrollwechsel wussten, größer ist als in Fällen, in denen der Squeeze-out der Unternehmensübernahme zeitlich nachgelagert ist.

fers informiert sein. Deswegen allerdings eine Nichteinbeziehung dieser Wertbeiträge zu fordern greift argumentativ zu kurz, handelt es sich bei einem Zwangsausschluss eben nicht um eine freiwillige Transaktion, sodass schon alleine aus Individualschutzaspekten heraus im Idealfall eine maximale Informationsausstattung der Abzufindenden zu gewährleisten ist; denn anders als bei einer freiwilligen Vertragsverhandlung haben die Minderheitsaktionäre bei einem Squeeze-out nicht die Option, das Angebot des Bieters abzulehnen.

Ebenfalls gegen eine Ungleichbehandlung von bereits bekannten bzw. eingeleiteten Maßnahmen einerseits und solchen, die eben noch nicht allgemein bekannt sind, geschweige denn begonnen wurden andererseits, spricht die zu vermutende Informationsasymmetrie zugunsten des Hauptaktionärs. Reduziert man die Berücksichtigung mittelbarer Wertsteigerungen bei der Abfindungsbemessung auf jene, von der die Allgemeinheit bereits Kenntnis genommen hat, dann wird der Hauptgesellschafter seine geplanten Rationalisierungsmaßnahmen bzw. den Verkauf seiner dann 100%igen Anteile stets über den Abfindungsbewertungsstichtag hinaus verheimlichen, um die mit dieser Restrukturierung bzw. dem Verkauf zusammenhängenden Unternehmenswertsteigerungen alleine zu vereinnahmen.

Stark relativiert werden die Vorzüge der Geheimhaltungsstrategie für den Hauptaktionär durch die im Wege des Anlegerschutzverbesserungsgesetzes[1226] verschärfte Ad-hoc-Publizitätspflicht.[1227] Demnach schreiben § 15 i. V. m. § 13 WpHG vor, dass Insiderinformationen, hierbei handelt es sich um Informationen über nicht öffentlich bekannte Umstände, die im Falle ihres Bekanntwerdens geeignet sind, den Börsenkurs zu beeinflussen, vom Emittenten unverzüglich veröffentlicht werden müssen. Wird nun von der realistischen Annahme ausgegangen, dass entweder die Geschäftsleitung der Zielgesellschaft die Vorhaben des Hauptaktionärs kennt oder der Hauptgesellschafter die Unternehmensleitungsaufgaben in Personalunion ausübt, entsteht hierdurch die Offenlegungspflicht für etwaig beabsichtigte Restrukturierungsmaßnahmen sowie Kontrollverkäufe, da in diesen Fällen von einer Marktpreisbeachtlichkeit auszugehen sein wird. Ausgeschlossen werden kann eine Vorenthaltung diesbezüglicher Informationen gegenüber der Marktöffentlichkeit allerdings nicht vollumfänglich; so hält § 15 Abs. 3 WpHG für den Emittenten mit einem breit gefassten Ausnahmetatbestand eine so genannte *Safe-harbour*-Regelung bereit. Darüber hinaus ist nicht gewährleistet,

---

[1226] Vgl. *BGBl.* (2004) I, S. 2630 ff.

[1227] Zu den Eckdaten der Neuregelung der Ad-hoc-Publizität vgl. u. a. *Kuthe* (2004b), S. 884-887; *Koch* (2005), S. 271-274.

dass der Hauptaktionär auch tatsächlich das Management unterrichtet bzw. selber die Geschäftsführungsaufgaben wahrnimmt.[1228]

Verwendet[1229] der Hauptaktionär seine Insiderinformation im Sinne des § 13 WpHG über bevorstehende Restrukturierungsmaßnahmen bzw. einen geplanten Unternehmenskontrollwechsel, indem er die restlichen Insiderpapiere[1230] an der Zielgesellschaft, die den uninformierten Minderheitsaktionären gehören, (gegen deren Willen)[1231] erwirbt, liegt ein Verstoß gegen das Verbot von Insidergeschäften gemäß § 14 Abs. 1 Nr. 1 WpHG vor, da davon auszugehen sein wird, dass gemäß § 13 Abs. 1 Satz 2 WpHG „ein verständiger Anleger die Information [über die betreffende Maßnahme] bei seiner Anlageentscheidung berücksichtigen würde."[1232] Zwar wurde die Beweisführung bei der Aufdeckung von Insiderhandelsgeschäften durch die infolge des Anlegerschutzverbesserungsgesetzes vorgenommene Änderung des § 14 WpHG erleichtert, indem es nicht mehr auf die „Ausnutzung", sondern die bloße „Verwendung" von Insiderinformationen ankommt. Problematisch war und ist allerdings nach wie vor der Nachweis, dass der Hauptaktionär bereits im Vorfeld des Zwangsausschlusses konkretisierte Pläne über die Umsetzung diverser unternehmenswertbeeinflussender Maßnahmen hatte. Deuten weder eindeutige Aufzeichnungen noch persönliche Bezeugungen auf eine Insiderbeachtlichkeit hin, ist und bleibt die Beweisführung eine Spekulation über die Innenseite eines Aktionärskopfes.

Unabhängig von den geschilderten Operationalisierbarkeitsschwächen der neuen Adhoc-Publizitätsregelung, der selbst bei unterstellter Funktionsfähigkeit dieser Regelung nicht gewährleisteten lückenlosen Offenlegung von Rationalisierungs- sowie Kon-

---

[1228] So wird er gerade in Kenntnis dieser neuen Ad-hoc-Publizitätsregelung bemüht sein, möglichst erst nach dem Bewertungsstichtag die Geschäftsleitung zu unterrichten, wenn er sie nicht selbst ausübt.

[1229] Musste dem Insider vor Gültigkeit des Anlegerschutzverbesserungsgesetzes noch die (willentliche) „Ausnutzung" der Insiderinformation nachgewiesen werden, reicht jetzt die unintentionale „Verwendung" des Informationsvorteils bereits aus, um einen Verstoß gegen diese Vorschrift zu indizieren. Zu den zentralen Neuerungen des Insiderhandelsverbots vgl. u. a. *Kuthe* (2004b), S. 884; *Koch* (2005), S. 267-271.

[1230] „Insiderpapier" ist der Fachterminus, der gemäß § 12 WpHG u. a. alle an inländischen Börsen zum Handel zugelassenen Finanzinstrumente umfasst, wozu auch die Aktien der (börsennotierten) Zielgesellschaft zählen.

[1231] Dabei ist es unerheblich, ob der Erwerb der Aktien gegen den Willen ihrer Eigentümer verstößt.

[1232] Entsprach es bisher verbreiteter Auffassung, dass Kursbeeinflussungspotenzial dann gegeben wäre, wenn bestimmte Schwellenwerte überschritten würden, wie z. B. Kursausschläge von 3% bis 5% bei Titeln von DAX-Gesellschaften bzw. 10% bei Optionen, wurde, der Regierungsbegründung zufolge, bewusst auf derartig starre Richtwerte verzichtet, um den unvorhersehbaren Marktschwankungen Rechnung zu tragen. Für die bisherige Auffassung vgl. *Assmann* (2003), § 13 Rn. 69 ff. Zur aktuellen rechtspolitischen Wertung vgl. *BegrRegE*, BT-Drucks. 15/3174, S. 34.

trollverkaufsvorhaben bis zum Bewertungsstichtag sowie der Beweisschwierigkeiten in Insiderhandelsverdachtsmomenten wird eine Berücksichtigung mittelbarer Wertsteigerungen befürwortet. Der aus dieser Forderung sowie der Informationsasymmetrie resultierende „Teufelskreis", wonach für die Einbeziehung der mittelbaren Wertbeiträge zunächst deren Kenntnis vorausgesetzt wird, soll an dieser Stelle nicht verheimlicht werden; deswegen aber gleich vorschnell deren Berücksichtigung abzulehnen, wäre ein inkonsequenter und falscher Lösungsansatz. Die Gewährleistung symmetrischer und vollständiger Informationen ist vielmehr ein der Unternehmenspublizitätsregulierung zuzuschreibender Verantwortungsbereich.

Somit wird auch hier ausdrücklich nicht die von *Jensen* bereits in einem anderen Zusammenhang geschilderte Argumentation gestützt,[1233] wonach der Hauptaktionär Informationen solange verwerten und demzufolge alleine die Früchte ziehen dürfe, sofern er sie denn „legal" erworben habe. Um zu gewährleisten, dass der Hauptaktionär noch genügend Anreize hat, bestimmte Rationalisierungsmaßnahmen bzw. Kontrolltransaktionen umzusetzen, bedarf es vielmehr geeigneter Aufteilungsregeln. Eine kategorische Ignoranz gegenüber der Einbeziehung von mittelbaren Wertsteigerungen in die Abfindungswertermittlung kann daher keineswegs ausschließlich mit Anreizargumenten gerechtfertigt werden, weil der Verdacht einer Vermögensumverteilung zulasten der betroffenen Kleinanleger nie zur Gänze ausgeräumt werden kann.

Bezüglich der *Mittelbarkeit* einzubeziehender Wertbeiträge stellt sich insbesondere in zeitlicher Hinsicht ein Abgrenzungsproblem. Aus Gerechtigkeitssicht wäre eigentlich die zeitlich unbefristete Berücksichtigung mittelbarer Werteffekte konsequent, wird der Betroffene doch durch eine Zwangsmaßnahme seiner Anteile entledigt. Transaktionskosten- und Praktikabilitätserwägungen bei der Einbeziehung jener Wertbeiträge in einschlägig verwendeten Bewertungsverfahren[1234] deuten wohl auf eine großzügig bemessene zeitliche Befristung hin.

Es wird hier im Übrigen nicht die Auffassung vertreten, dass eine Abfindungsregel, die sowohl die mittelbaren als auch die unmittelbaren Wertbeiträge berücksichtigt, zu einer Verstärkung des Trittbrettfahrerverhaltens der Zielgesellschaftsaktionäre auf dem deutschen Unternehmenskontrollmarkt führen wird. Da der Minderheitsaktionärsausschluss in Deutschland erst ab einer Grundkapitalbeteiligung von 95% möglich ist, das Erreichen einer derart hohen Anteilsquote allerdings selbst im Rahmen einer erfolgrei-

---

[1233] Vgl. hierzu Kapitel IV.3.2.

[1234] Zu den einschlägig verwendeten Bewertungsverfahren vgl. Kapitel V.4.

chen Übernahmeofferte nicht besonders wahrscheinlich ist,[1235] werden Zielgesellschaftsaktionäre in der Regel nicht darauf spekulieren, zu den letzten 5% zu zählen.

Ferner ist die Squeeze-out-Vorschrift der §§ 327 a ff. AktG eben nicht auf zeitnah vorausgehende Unternehmenskontrollwechsel beschränkt. Während der Squeeze-out, wenn überhaupt, zur Überwindung des *Free-riding*-Verhaltens bei Unternehmensübernahmen sowie bei lebenszyklusmotivierten Going Privates ökonomisch zu rechtfertigen ist, sind alle anderen Fallkonstellationen regelmäßig umso deutlicher der bewusst in Kauf genommenen, in die Beliebigkeit des Hauptaktionärs delegierten Übervorteilungsgefahr der Minderheitsaktionäre ausgesetzt. Somit kann das Ergebnis einer gerechten Abfindungswertermittlung, das ex ante auch ökonomisch zu begründen ist, nur unter Einbeziehung der unmittelbar und mittelbar anfallenden Wertbeiträge zustande kommen.

Wie bei den unmittelbaren Wertbeiträgen ist mit der Klärung der grundsätzlichen Abfindungsbeachtlichkeit indes noch nichts über die Verteilung dieses mittelbaren Mehrwerts gesagt, die ihrerseits in engem Bezug zu deren grundsätzlichen Messbarkeit steht.

### V.3.3. Kapitalmarkttheoretische Analyse

Müssen Aktionäre ex post damit rechnen, im Wege eines Squeeze-out gegen ihren Willen aus der Beteiligung gedrängt zu werden, kann sich dies auf ihre Bereitschaft auswirken, ex ante Anteile zu erwerben.[1236] Das Ausmaß der Auswirkungen eines möglichen Zwangsausschlusses auf die Teilnahmebereitschaft potenzieller Investoren an dem Primär- sowie Sekundärmarkthandel hängt maßgeblich von den Konditionen ab, zu denen diese ex post ausgeschlossen werden können. Die Ex-ante-Zahlungsbereitschaft der Anleger sowohl bei der erstmaligen Zeichnung emittierter Anteile als auch bei dem sich anschließenden Handel auf dem Sekundärmarkt korreliert dabei, intuitiv nachvollziehbar, positiv mit der im Falle eines Zwangsausschlusses zu erwartenden Abfindung. Je geringer also infolge der Zwangsabfindung der Anteil der Aktionäre an zukünftigen Gewinnbeiträgen aus der Unternehmensbeteiligung ist, desto weniger werden die Investoren bereit sein, im Emissionszeitpunkt bzw. auf dem Sekundärmarkt für eine Aktie zu zahlen. Im Ergebnis resultieren hieraus negative Rückkopplungen auf die Finanzierungsfähigkeit des Unternehmens, da zum einen das

---

[1235] Zu diesem auf der ansteigenden Aktienangebotskurve basierenden Argument vgl. Kapitel IV.1.2.2.8.

[1236] Allgemein zu diesem Argument aus der Perspektive des Anlegerschutzes vgl. etwa *Brudney* (1983), S. 1099 f.; *Wenger/Hecker/Knoesel* (1997), S. 86.

Emissionsvolumen mit einer fallenden Zahlungsbereitschaft der Aktionäre sinkt, was zu einer direkten Erhöhung der Kapitalbeschaffungskosten führt; zum anderen wirkt sich eine auf befürchtete Benachteiligungen durch einen Ausschluss zurückzuführende niedrigere Notierung an der Börse (Sekundärmarkt) indirekt auf die Kapitalkosten der Korporation bei zukünftigen Eigenkapitalbeschaffungen aus.[1237] Des Weiteren kann eine reduzierte Zahlungsbereitschaft der Anleger über die gestiegenen Kapitalkosten die Vorteilhaftigkeit eines unter anderen Bedingungen ceteris paribus rentablen Projekts ins Negative umkehren. Schließlich ist zu befürchten, dass das über den organisierten Eigenkapitalmarkt aufzubringende Finanzierungsvolumen nicht mehr ausreicht, um alle rentablen Projekte durchzuführen, die aufgrund ihrer Risikoklasse nicht oder nur schwierig über andere Finanzierungsquellen zu dotieren sind und somit in einer gesamtwirtschaftlich unvorteilhaften Unterinvestition münden.[1238]

Wegen des engen kausalen und temporären Zusammenhangs zwischen Unternehmenskontrolltransfers und Squeeze-outs wird auch die sich anschließende Analyse des mit einem Zwangsausschluss verbundenen Kapitalkosteneffekts im Wesentlichen vor dem Hintergrund von Unternehmensübernahmen betrachtet. Dabei wird in Anlehnung an das in Deutschland nach § 35 WpÜG de lege lata geltende Pflichtangebot von einer Gleichbehandlungspflicht bei Kontrollwechseln ausgegangen.

In der sich anschließenden, auf *Hecker*[1239] zurückzuführenden modelltheoretischen Analyse werden die kapitalmarkttheoretischen Auswirkungen zweier Abfindungsregeln einander gegenübergestellt. Zum einen handelt es sich dabei um die Kompensation zum *Stand-alone*-Wert, wie sie auch in etwa in den §§ 327 a ff. AktG vorzufinden ist; der *Stand-alone*-Wert ist der unter der aktuellen Geschäftsleitung realisierte Unternehmenswert, der regelmäßig auf der Basis von auf die Gegenwart diskontierten zukünftigen Zahlungsströmen ermittelt wird.[1240] Der Abfindung zum *Stand-alone*-Wert liegt das Verbot der Schlechterstellung zugrunde, wonach die Betroffenen für die Hingabe ihrer Aktien nicht weniger erhalten dürfen als ihre Beteiligung an dem Unternehmen wert ist; ausgeschlossen werden in dieser Wertkonzeption alle mit der Transaktion, dem Squeeze-out, mittelbar und unmittelbar zusammenhängenden positiven wie negativen Wertbeiträge.[1241] Zum anderen wird hier eine Abfindung je Aktie in

[1237] Für das Verhältnis von Sekundär- und Primärmarkt vgl. Kapitel III.2.4.

[1238] Allgemein auf die Regulierung von Unternehmensübernahmen und den Primärmarkt bezogen vgl. *Hecker* (2004), S. 201, für das gleiche Argument.

[1239] Vgl. *Hecker* (2000).

[1240] Zu den etablierten Zukunftserfolgswertverfahren vgl. Kapitel V.4.1.

[1241] Vgl. *Mertens* (1992), S. 323; *IDW* (2002), S. 37.

Erwägung gezogen, die dem Grundsatz der Gleichbehandlung genügt, indem sie dem Preis eines vorausgehenden Unternehmenskontrollwechsels entspricht.

*Hecker*[1242] betrachtet in ihrer modelltheoretischen Untersuchung[1243] die Ex-ante-Auswirkungen alternativer Unternehmensübernahmeregulierungen. Dabei beschränkt sie sich auf den Fall privater Kontrolltransaktionen, in denen die Herrschaft über die Zielgesellschaft durch private, bilaterale Verhandlungen zwischen potenziellem Käufer und einem die Kontrolle innehabenden Aktionär wechselt. Wie bereits erwähnt, gilt das Pflichtangebot, das den Minderheitsaktionären der Zielgesellschaft ermöglicht, ihre Anteile im Anschluss an den Kontrollwechsel zu den gleichen Bedingungen an den neuen Kontrollaktionär zu veräußern wie der alte Hauptgesellschafter (Kontrollveräußerer). In einem einperiodigen Modell untersucht sie ausgehend von einem Unternehmensgründer mit einer Finanzierungsrestriktion den Einfluss eines Zwangsausschlusses sowohl zum anteiligen *Stand-alone*-Wert als auch zu dem anteiligen Wert, den der Gründer, der auch der Kontrollverkäufer ist, für seine Mehrheitsbeteiligung vereinnahmt (Übernahmepreis), auf die Emissionsbedingungen sowie auf die Investitionsanreize des Entrepreneurs. Dabei wird hier realistischerweise davon ausgegangen, dass in dem ausgehandelten Übernahmepreis, je nach Verhandlungsstärke des Kontrollverkäufers, Teile der mittelbar und unmittelbar mit dem Squeeze-out verbundenen Wertfaktoren enthalten sind.[1244] Der Ausschluss der Minderheitsaktionäre ist dabei in zeitlicher Hinsicht annahmegemäß bereits vor dem obligatorischen Pflichtangebot möglich.

Der Unternehmensgründer ist zur Finanzierung eines geplanten Investitionsprojekts, das in $t = 0$ durch eine einmalige Investitionsauszahlung $I_0$ und eine Erfolgswahrscheinlichkeit $v$ gekennzeichnet ist, zu Beginn der Periode auf die Eigenkapitalbeschaffung über die Börse angewiesen, weil annahmegemäß von der Fremdfinanzierung sowie weiteren außerbörslichen Finanzierungsquellen abstrahiert wird. Bei der Erstemission wird davon ausgegangen, dass der Entrepreneur seine Stimmenmehrheit an der Korporation nicht aufgibt. Erhärtet sich der positive Erfolg des Investitionsprojekts während der Periode, tritt, davon angezogen, ein potenzieller Übernehmer der Gesellschaft in Erscheinung, der den Kontrollerwerb am Ende der Periode in Erwägung zieht. Es wird ferner unterstellt, dass der potenzielle Übernehmer in der Lage ist, den

[1242] Vgl. *Hecker* (2000), S. 567 ff.

[1243] Die Notationen dieses Modells werden der Übersichtlichkeit wegen in Anlehnung an die bereits diskutierten Modelle vereinheitlicht.

[1244] Bei *Hecker* (2000) wird dieser Zusammenhang nicht explizit angenommen. Für eine Abgrenzung unmittelbarer und mittelbarer Wertbeiträge in diesem Kontext vgl. V.3.2.

Unternehmensgesamtwert gegenüber dem Niveau unter dem bisherigen Hauptgesellschafter zu steigern (*AT* > *AW*). Weiterhin wird von der Möglichkeit des jeweiligen Kontrollaktionärs ausgegangen, private Sondervorteile aus der Beteiligung zu ziehen.[1245]

Ferner werden unterschiedliche Wettbewerbsintensitäten auf dem Markt für Unternehmenskontrolle angenommen. Bei einer vollkommenen Konkurrenz auf dem Markt für Unternehmenskontrolle, das heißt bei einer Vielzahl um die Kontrolle wetteifernder potenzieller Bieter, kann der bisherige Hauptaktionär in der Vertragsverhandlung den Grenzpreis des Bieters als Kontraktpreis durchsetzen. Umgekehrt ist der Bieter in der Lage, den Übernahmepreis in der Verhandlung auf den Grenzpreis des Verkäufers zu drücken, wenn der Wettbewerb um die Kontrolle über die Zielgesellschaft gering ist.[1246] Für die Verhandlungsstärke des Entrepreneurs $\psi$ gilt: $0 \le \psi \le 1$; der Bieter verfügt entsprechend über eine Verhandlungsmacht von $1-\psi$. Bei $\psi = 1$ enthält der Übernahmepreis alle mit dem Zwangsausschluss verbundenen mittelbaren und unmittelbaren Wertbeiträge, da diese in den Grenzpreis des Käufers Eingang finden.

Der Untersuchung *Heckers* liegen zwei Fallkonstellationen zugrunde, die sich bezüglich der Ex-ante-Vorteilhaftigkeit des Investitionsprojekts unterscheiden. In dem ersten Fall wird davon ausgegangen, dass das Investitionsvorhaben, unabhängig von einem sich anschließenden Kontrollwechsel, einen positiven Kapitalwert hat $(-I_0 + AvW > 0)$,[1247] während in der zweiten Variante der Kapitalwert nur deswegen positiv ist, weil mit einer Übernahme am Ende der Periode gerechnet wird, was den Kapitalwertkalkül entsprechend positiv beeinflusst $(-I_0 + AvW < 0 < -I_0 + AvT)$.[1248]

### V.3.3.1. Abfindung zum Stand-alone-Wert

Ist der potenzielle Erwerber der Unternehmenskontrolle, der annahmegemäß die Fähigkeit besitzt, den Unternehmensgesamtwert zu steigern, im Anschluss an die Transaktion in der Lage, die verbliebenen Minderheitsaktionäre zwangsweise zu dem unter dem alten Mehrheitsgesellschafter je Aktie realisierten Wert (*Stand-alone*-Wert) aus-

1245 Von der Existenz von Emissions-, Übernahme- und Gründungskosten wird abgesehen, und es wird von Kapitalkosten von null und Risikoneutralität der Akteure ausgegangen. Zu den Annahmen des Modells vgl. *Hecker* (2000), S. 567-572.

1246 Vgl. *Hecker* (2000), S. 585.

1247 Dabei ist $I_0$ die Investitionsauszahlung zu Beginn der Periode und $v$ die Wahrscheinlichkeit, mit der das Investitionsprojekt nicht scheitert.

1248 Vgl. *Hecker* (2000), S. 578 f.

zuschließen, lohnt sich für ihn die Übernahme stets, und er wird von seinem Ausschlussrecht, unabhängig von dem Verhältnis des Minderheitsaktienwerts[1249] vor und nach der Übernahme, Gebrauch machen. Sofern nämlich der neue Kontrollaktionär die Möglichkeit hat, die Minderheitsaktionäre nach der Übernahme zu dem *Stand-alone*-Wert auszuschließen, rentiert es sich für den Erwerber ex ante immer dann eine Übernahmeofferte zu unterbreiten, wenn gilt:

$$k(W - S_a) + AS_a + (A - k)(W - S_a) < AT$$

Die ersten beiden Summanden auf der linken Seite der Ungleichung repräsentieren den Grenzpreis des bisherigen Kontrollaktionärs, während der dritte Summand die Abfindung der Minderheitsaktionäre zum *Stand-alone*-Wert darstellt. Durch einfache Umformungen ergibt sich daraus: $AW < AT$. Da annahmegemäß $T > W$, lohnt sich die Übernahme des Unternehmens für den potenziellen Bieter immer, wenn er die Möglichkeit hat, die Minderheitsgesellschafter zum *Stand-alone*-Wert auszuschließen:

Sofern der Wert je Minderheitsaktie nach dem Kontrollwechsel höher ist als vorher $(T - S_n > W - S_a)$,[1250] dann wird der neue Hauptaktionär die Minderheitsgesellschafter zum *Stand-alone*-Wert ausschließen, da dieser nicht nur niedriger ist als der unter dem Übernehmer erzielbare Minderheitsaktienwert, sondern auch unterhalb des Werts liegt, den die Minderheitsgesellschafter im Zuge einer Gleichbehandlungsregel (Pflichtangebot) vereinnahmen können $(W - S_a < W + \frac{A-k}{k} S_a)$. Der Kontrollakquisiteur kann somit die aus Sicht der Kleinaktionäre ökonomisch rationale Aufrechterhaltung des Anteilsbesitzes bzw. deren Wahrnehmung des Pflichtangebots, das ihnen den zwischen Kontrollblockkäufer und -verkäufer ausgehandelten Übernahmepreis je Aktie sichern würde, verhindern.[1251]

Aber selbst dann, wenn der Wert je Minderheitsaktie unter dem neuen Hauptgesellschafter jenen unter dem bisherigen Kontrollaktionär nicht übersteigt $(T - S_n \leq W - S_a)$, lohnt es sich für den Übernehmer, ein Übernahmeangebot zu unterbreiten und die Minderheitsaktionäre zum *Stand-alone*-Wert auszuschließen. Obwohl die Aufrechterhaltung des Aktienbesitzes nicht die ökonomisch rationale Entscheidung der Streubesitzaktionäre repräsentiert, könnten sie unter dem Regime der Gleichbehandlungsregel

[1249] Der Minderheitsaktienwert entspricht der Differenz aus dem anteiligen Unternehmenswert unter dem jeweiligen Kontrollaktionär sowie der auf eine Aktie entfallenden privaten Sondervorteile $(W - S_a)$ bzw. $(T - S_n)$.

[1250] Dabei spielt das Verhältnis zwischen der Höhe des von dem neuen und bisherigen Kontrollaktionär realisierbaren Sondervorteils keine Rolle.

[1251] Vgl. *Hecker* (2000), S. 622.

(Pflichtangebot) den Wert je Aktie fordern, den der Akquisiteur an den Kontrollverkäufer gezahlt hat und der folglich die privaten Sondervorteile des Letzteren beinhaltet $(W+\frac{A-k}{k}S_a)$. Um dies zu unterbinden, wird der Mehrheitsgesellschafter den Ausschluss zu dem für ihn günstigeren Wert $(W - S_a)$ durchsetzen, mit $(W-S_a<W+\frac{A-k}{k}S_a)$.[1252]

Ex post werden also alle effizienten Unternehmensübernahmen durchgeführt, und es ist für den Bieter stets vorteilhaft, die Minderheitsaktionäre gegen ihren Willen zum *Stand-alone*-Wert auszuschließen. Umgekehrt gilt zudem, dass sich ineffiziente Unternehmensübernahmen für den Bieter niemals lohnen werden, da es dem Übernehmer unter der Gleichbehandlungsregel mit Freeze-out zum *Stand-alone*-Wert nie gelingen wird, den Minderheitsaktienwert unter das Niveau zu senken, welches sie ohne Durchführung der Kontrolltransaktion hätten.

Hinsichtlich der Investitionsanreize des Unternehmensgründers ergeben sich jeweils in Abhängigkeit von den den beiden Fallkonstellationen zugrunde liegenden Vorteilhaftigkeitsannahmen über das Investitionsprojekt unterschiedliche Ergebnisse. Zunächst kann festgehalten werden, dass sich die Investition für den Entrepreneur nur dann lohnt, wenn, eine erfolgreiche Investition vorausgesetzt, der von ihm erwartete Übernahmepreis unter Berücksichtigung der Investitionsauszahlung sowie des Emissionserlöses positiv ist.

Unter Einbeziehung der mit der Wettbewerbsintensität auf dem Unternehmenskontrollmarkt verbundenen Verhandlungsstärke des Unternehmensgründers $\psi$ und des davon abhängigen Übernahmepreises ergibt sich folgende für den Entrepreneur beachtliche Investitionsanreizbedingung:[1253]

$$\Delta V = v\psi AT - \psi(A-k)v(W-S_a)+(1-\psi)kv(W-S_a)+(1-\psi)AvS_a+(A-k)v(W-S_a)-I_0$$

Die Anreizbedingung besteht aus den mit der Verhandlungsstärke gewichteten Grenzpreisen des Käufers sowie Verkäufers, dem Emissionsvolumen sowie der Investitionsauszahlung: Dabei setzt sich der gewichtete Grenzpreis des Käufers zusammen aus dem nach der erfolgreichen Übernahme realisierten Unternehmensgesamtwert $(v\psi AT)$ abzüglich der an die ausgeschlossenen Minderheitsaktionäre zu zahlenden Abfindung zum *Stand-alone*-Wert $(\psi(A-k)v(W-S_a))$. Der Grenzpreis des Kontrollverkäufers ergibt sich aus der Aggregation des auf seine Kapitalbeteiligung entfallenden Unterneh-

---

[1252] Vgl. *Hecker* (2000), S. 622.

[1253] Vgl. *Hecker* (2000), S. 623.

mensgesamtwerts $((1-\psi)kv(W-S_a))$ sowie des von ihm vereinnahmten privaten Sondervorteils $((1-\psi)AvS_a)$. Das Emissionsvolumen ist das Produkt aus der Anzahl der veräußerten Aktien und dem Wert je Aktie $((A-k)v(W-S_a))$.

Umgeformt ergibt sich folgende Anreizfunktion:

$$\Delta V = v\psi AT + (1-\psi)vAW - I_0$$

Ist nun, wie in der ersten Fallkonstellation angenommen, der Kapitalwert des Investitionsprojekts unabhängig von einer folgenden Übernahme positiv $(0 < -I_0 + AvW)$, dann wird der Unternehmensgründer die Investition unter dem Regime der Gleichbehandlungsregel mit Freeze-out-Option zum *Stand-alone*-Wert stets durchführen. Die Investitionsbereitschaft wird in diesem Setting ex ante also nicht beeinflusst.[1254]

Anders verhält es sich hier allerdings mit dem Emissionsvolumen bzw. mit dem je emittierte Aktie erzielbaren Ausgabepreis $P_E$. Da die (potenziellen) Anleger unter dem Gleichbehandlungsregime mit Freeze-out-Option zum *Stand-alone*-Wert ihren unausweichlichen Ausschluss bei einer erfolgreichen Unternehmensübernahme antizipieren, sind sie auch ex ante, bei Vernachlässigung von Kapitalkosten, lediglich bereit, den zu erwartenden Abfindungspreis je Anteil $(P_E = W - S_a)$ bei der Aktienzeichnung zu zahlen. Das bedeutet für den Unternehmensgründer, dass er, bei gegebener Eigenkapitalausstattung und Investitionsauszahlung, den Anteil emittierter Aktien erhöhen muss, um das Projekt finanzieren zu können.[1255] Da aber die Anreizbedingung, wie oben gezeigt, unabhängig ist von der Emissionsquote, wird er zur Vorteilsmaximierung gerade die Anzahl an Aktien emittieren, die zur Dotierung der Investition ausreicht.[1256] Nichtsdestotrotz erhöhen sich für ein gegebenes Investitionsprojekt unter dem Gleichbehandlungsregime mit Freeze-out-Möglichkeit zum *Stand-alone*-Wert die Kapitalkosten infolge einer erhöhten Emissionsquote. So ergibt sich in Abhängigkeit von dem persönlichen Eigenkapitalanteil des Gründungsunternehmers $\lambda$ folgende (Mindest)-Emissionsquote:

$$(\frac{A-k}{A}) = \frac{(1-\lambda)I_0}{Av(W-S_a)}$$

Je geringer also der erwartete Abfindungswert je Minderheitsaktionärsanteil $(W-S_a)$ bei gegebener Investitionsauszahlung und begrenztem Eigenkapital des Unternehmers

---

1254 Vgl. *Hecker* (2000), S. 623 f.

1255 Vgl. *Hecker* (2000), S. 624.

1256 Vgl. *Hecker* (2000), S. 623.

ist, desto mehr Aktien muss der Entrepreneur bei der Erstemission veräußern, um das Projekt finanzieren zu können.

Im Hinblick auf die zweite Fallkonstellation, in welcher der Kapitalwert des Investitionsprojekts nur aufgrund der antizipierten Unternehmensübernahme positiv ist $(-I_1 + AvW < 0 < -I_1 + AvT)$ wirkt sich das Regime der um eine Freeze-out-Option zum *Stand-alone*-Wert erweiterten Gleichbehandlungsregel auf die Investitionsbereitschaft des Gründers aus. Da das Investitionsprojekt ohne den erwarteten Kontrollwechsel negativ ist, hängt die Vorteilhaftigkeit des Projekts aus Sicht des Entrepreneurs von der Wettbewerbsintensität des Markts für die Kontrolle über die Zielgesellschaft und somit von seiner Verhandlungsstärke $\psi$ ab. Ausgehend von der oben abgeleiteten Anreizbedingung des Gründers ($\Delta V = v\psi AT + (1-\psi)vAW - I_0$) ist unschwer ersichtlich, dass im Extremfall, bei einer geringstmöglichen Wettbewerbsintensität und Verhandlungsstärke des Entrepreneurs von $\psi = 0$, der Bieter in der Lage ist, den Übernahmepreis auf den Grenzpreis des bisherigen Kontrollaktionärs zu drücken und sich die Investition für Letztgenannten nicht mehr lohnt. Im Ergebnis wird der Unternehmensgründer das Projekt, unabhängig von der benötigten Emissionsquote, nur bei jener (Mindest-)Verhandlungsstärke $\psi_{min}$ durchführen, die ihm einen Vermögensvorteil von $\Delta V = 0$ gewährt. Durch Nullsetzung der Anreizbedingung und Auflösung nach $\psi$ ergibt sich somit folgende Mindestverhandlungsstärke:

$$\psi_{\min} = \frac{I_0 - AvW}{Av(T - W)}.$$ [1257]

### V.3.3.2. Abfindung zum Übernahmepreis

Kann der Übernehmer, bei nach wie vor unterstellter Gleichbehandlungspflicht, die Minderheitsaktionäre im Anschluss an die Kontrollerlangung zu dem Wert je Aktie ausschließen, den er an den bisherigen Hauptgesellschafter zahlt, ergeben sich in Abhängigkeit von der Größenrelation der Minderheitsaktienwerte vor und nach der Übernahme unterschiedliche Effekte.

Ist der Minderheitsaktienwert nach der Übernahme höchstens so hoch wie vorher $(T - S_n \leq W - S_a)$ und ist der durch den neuen Kontrollaktionär generierbare private Sondervorteil $S_n$ größer als der des bisherigen Mehrheitsgesellschafters $S_a$, dann wird der Übernehmer im Anschluss an die Transaktion indifferent sein zwischen dem Ausschluss der Minderheitsaktionäre zum Übernahmepreis und dem Ausschlussverzicht;

[1257] Vgl. *Hecker* (2000), S. 624 f.

denn in dieser Situation werden die Minderheitsaktionäre ohnehin stets von ihrem Gleichbehandlungsrecht Gebrauch machen und das Pflichtangebot des Kontrollaktionärs annehmen, da der Wert je Aktie bei Aufrechterhaltung des Anteilsbesitzes $(T - S_n)$ kleiner ist als der Grenzpreis des bisherigen Mehrheitsgesellschafters $(W + \frac{A-k}{k} S_a)$, den der Übernehmer mindestens entrichten muss, damit der Kontrollwechsel überhaupt zustande kommt.[1258]

Unter Berücksichtigung der Grenzpreise sowohl des Übernehmers als auch des bisherigen Kontrollaktionärs, der Wettbewerbsintensität auf dem Markt für Unternehmenskontrolle sowie der Erfolgswahrscheinlichkeit des Investitionsprojekts kann der Entrepreneur einen Emissionspreis je Aktie $P_E$ erzielen in Höhe von:[1259]

$$P_E = \psi v T + (1-\psi) v (W - S_a) + (1-\psi) v \frac{A-k}{k} S_a$$

Dieser erzielbare Emissionspreis entspricht dabei dem Erwartungswert der Anleger im Moment der Aktienzeichnung. Demzufolge ist der Unternehmensgründer zur Finanzierung des geplanten Investitionsprojekts, bei gegebenem Eigenkapitalanteil $\lambda$ sowie feststehender Investitionsauszahlung $I_0$, auf eine Emissionsquote angewiesen von:[1260]

$$(\frac{A-k}{A}) = \frac{(1-\lambda) I_0}{A P_E}$$

Überschreitet die zur Projektfinanzierung notwendige Emissionsquote $\frac{A-k}{A}$ jenen kritischen Wert, bei dem der Grenzpreis des Übernehmers für den Kontrollblock unter dem Grenzpreis des Verkäufers liegt, dann kommt die Übernahme nicht zustande. Diese kritische Emissionsquote kann durch das Gleichsetzen der beiden Grenzpreise und Auflösung nach $\frac{A-k}{A}$ ermittelt werden:[1261]

$$GP_a = GP_n \Leftrightarrow k(W - S_a) + A S_a = kT \Leftrightarrow \frac{A-k}{A} = \frac{T-W}{T-W+S_a}$$

mit $GP_a$ = Grenzpreis des alten Kontrollaktionärs

---

1258 Mit bloßem Auge ist ersichtlich, dass wegen des unterstellten Größenverhältnisses von $T - S_n \leq W - S_a$ der Wert je Minderheitsaktie nach der Übernahme kleiner ist als der Grenzpreis des alten Mehrheitsgesellschafters $GP_a$: $T - S_n < \frac{GP_a}{k} = W + \frac{A-k}{k} S_a$.

1259 Vgl. *Hecker* (2000), S. 606, 627.

1260 Vgl. *Hecker* (2000), S. 629.

1261 Vgl. *Hecker* (2000), S. 605.

$GP_n$ = Grenzpreis des neuen Kontrollaktionärs

Da die Minderheitsaktionäre bei der Freeze-out-Option zum Kontrollübernahmepreis bei erfolgreicher Unternehmensübernahme für ihre Aktie mehr als den *Stand-alone*-Wert erhalten, sind sie ex ante auch bereit, einen höheren Preis für den Erwerb der Aktien bei Erstemission zu zahlen (siehe oben). Im Hinblick auf die erste Fallkonstellation, in welcher der Kapitalwert des Investitionsprojekts unabhängig von einer folgenden Unternehmensübernahme positiv ist $(\Delta V = -I_0 + AvW)$, und vorausgesetzt, die Wettbewerbsintensität auf dem Markt für Unternehmenskontrolle ist unvollkommen $(\psi < 1)$, dann ist es für den Entrepreneur vorteilhaft, unabhängig von seiner Finanzierungsrestriktion, so viele Aktien wie möglich zu platzieren, um so ex ante einen Großteil des erwarteten Übernahmegewinns der Verhandlungsgrundlage mit dem Bieter zu entziehen. Der Unternehmensgründer würde in diesem Falle den Verkauf von Aktien bis zur kritischen Emissionsquote ausdehnen, sodass der Übernahmepreis dem Grenzpreis des Käufers entspricht und Letzterer aus der Übernahme nur noch einen Gewinn von null erzielen kann. Für den Entrepreneur ergibt sich ein mit der Investition und anschließender Übernahme verbundener Gewinn in Höhe von $\Delta V = -I_0 + AvT$. Aber selbst dann, wenn die beschränkten eigenen finanziellen Mittel des Gründers eine über dem kritischen Wert liegende Emissionsquote zur Durchführung des Projekts erfordern, wird sich der Entrepreneur auch von dem dann ausbleibenden Kontrollwechsel nicht abhalten lassen, sein Investitionsvorhaben umzusetzen, da ihm unter den Voraussetzungen der ersten Fallkonstellation selbst bei nicht erfolgender Übernahme ein positiver Kapitalwert aus dem Projekt in Höhe von $\Delta V = -I_0 + AvW$ bleibt.

Bei Gültigkeit der zweiten Fallkonstellation, in welcher der Kapitalwert des Investitionsprojekts nur unter Berücksichtigung eines erwarteten Kontrollwechsels positiv ist $(\Delta V = -I_0 + AvW < 0 < -I_0 + AvT)$, wird der Entrepreneur die Emissionsquote maximal bis zu dem für die Übernahme kritischen Wert steigern, da jenseits dieser Schwelle der Kapitalwert des Investitionsprojekts aus Sicht des Gründers infolge des ausbleibenden Kontrollwechsels negativ wird. Gelingt es dem Entrepreneur, die kritische Emissionsquote zu erreichen, dann erzielt er auch unter jener Fallkonstellation einen positiven Kapitalwert in Höhe von $\Delta V = -I_0 + AvT$.

Ist der Wert je Minderheitsaktie nach dem Kontrollwechsel höher als vorher $(T - S_n > W - S_a)$ und sind die privaten Sondervorteile des neuen Kontrollaktionärs mindestens so groß wie jene des bisherigen $(S_n \geq S_a)$, kann nicht mehr uneingeschränkt davon ausgegangen werden, dass die Minderheitsaktionäre von der Gleichbehandlungsregel Gebrauch machen und ihre Aktien andienen. So werden die Kleinanleger ihre Anteile für jede die kritische Emissionsquote $\frac{A-k}{A}=\frac{T-W}{T-W+S_a}$ nicht überschreitende Aktienplatzierung nur dann an den Übernehmer veräußern, wenn die Wettbewerbsintensität auf dem Markt für Unternehmenskontrolle vollkommen ist $(\psi=1)$ oder aber der unter dem bisherigen Mehrheitsgesellschafter realisierbare Unternehmensgesamtwert je Aktie *W* mindestens dem Wert je Minderheitsaktie unter dem neuen Kontrollaktionär $(T-S_n)$ entspricht. Sofern der Unternehmenswert je Aktie unter dem Entrepreneur mindestens dem Wert je Minderheitsaktie nach dem Kontrollwechsel entspricht, ist gewährleistet, dass der Grenzpreis des Unternehmensgründers je Anteil $GP_a$, für beliebige Emissionsquoten größer als null, mindestens dem Minderheitsaktienwert unter dem neuen Hauptgesellschafter $(T-S_n)$ entspricht. Aufgrund der Tatsache, dass ein Kontrollwechsel nur dann zustande kommt, wenn der Bieter zumindest den Grenzpreis des Entrepreneurs zu zahlen bereit ist, dieser aber größer ist als der Minderheitsaktienwert unter dem neuen Haupteigentümer, lohnt es sich für die Kleinanleger stets, ihre Aktien zu veräußern. In dieser Konstellation kommen die Minderheitsaktionäre einem Ausschluss durch den Mehrheitsgesellschafter zum Übernahmepreis zuvor. Für den Emissionspreis ergibt sich somit, unter Beachtung der entsprechenden Annahmen bezüglich der Wettbewerbsintensität und des Werts *W*, das bereits bekannte Niveau:[1262]

$$P_E=\psi vT+(1-\psi)v(W-S_a)+(1-\psi)v\frac{A-k}{k}S_a$$

Ein Überschreiten der kritischen Emissionsquote kommt für den Gründer nur in Betracht, wenn, wie in Fallkonstellation eins angenommen, der Kapitalwert des Investitionsprojekts unabhängig von dem Zustandekommen des Kontrollwechsels positiv ist. Ist dahingegen, wie in der zweiten Fallkonstellation unterstellt, der Kapitalwert des Projekts nur dank der erwarteten Unternehmensübernahme positiv, lohnt sich für den Entrepreneur eine über das kritische Niveau hinausgehende Emissionsquote nicht. Überschreitet der Gründerunternehmer die kritische Emissionsquote dennoch, werden die potenziellen Anleger das Ausbleiben der Unternehmensübernahme antizipieren und nur noch bereit sein, den *Stand-alone*-Wert je Aktie zu zahlen.

Bei unvollkommenem Wettbewerb auf dem Kontrollmarkt $(\psi<1)$ sowie einem Wert je Aktie unter dem bisherigen Mehrheitsaktionär, der niedriger ist als der Minderheitsaktienwert unter dem neuen Kontrollaktionär $(W<T-S_n)$, antizipieren die Minderheitsaktionäre, bei einer Aktienplatzierung unterhalb der kritischen Emissionsquote, dass

[1262] Vgl. *Hecker* (2000), S. 612, 629.

der Übernehmer nach der Transaktion stets dann von seinem Ausschlussrecht Gebrauch macht, wenn er in der Lage ist, den Übernahmepreis auf den Grenzpreis des Unternehmenskontrollverkäufers zu drücken. Da der Grenzpreis des Entrepreneurs je Aktie ($GP_a = W + \frac{A-k}{k} S_a$) niedriger ist als der Wert je Minderheitsaktie unter dem neuen Haupteigentümer ($T - S_n$), werden die Kleinanleger das Pflichtangebot in Höhe von $GP_a$ je Aktie nicht annehmen und stattdessen durch die Aufrechterhaltung des Anteilsbesitzes eine Wertsteigerung ihrer Vermögensanlage realisieren wollen. Die Minderheitsaktionäre werden, den Zwangsausschluss vorausahnend, ihre Ex-ante-Zahlungsbereitschaft in dem Emissionspreis $P_E$ zum Ausdruck bringen, der im Übrigen jenem Wert entspricht, den sie auch bei vollständiger Konkurrenz auf dem Kontrollmarkt bzw. einem entsprechend hohen Unternehmenswert je Aktie $W$ zu zahlen bereit sind:[1263]

$$P_E = \psi v T + (1-\psi) v (W - S_a) + (1-\psi) v \frac{A-k}{k} S_a$$

Analog ergibt sich eine zur Finanzierung des Projekts benötigte Mindestemissionsquote von:

$$\frac{A-k}{A} = \frac{(1-\lambda) I_0}{A P_E}$$

Sofern dem Gründungsgesellschafter im Zusammenhang mit der Unternehmenskontrollschwelle keine anderweitigen Grenzen gesetzt sind,[1264] wird er, unabhängig von der Finanzierungsrestriktion, stets bemüht sein, das für die Übernahme kritische Emissionsniveau zu erzielen.

### V.3.3.3. Zwischenfazit

Hinsichtlich der Höhe der mit einer Erstemission verbundenen Kapitalkosten ist die Gleichbehandlungsregel mit Freeze-out-Option zum Übernahmepreis der Gleichbehandlungsregel mit Squeeze-out-Möglichkeit zum *Stand-alone*-Wert überlegen. Die Dominanz der Freeze-out-Option zum Übernahmepreis drückt sich in dem nachgewiesenen höheren Emissionpreis $P_E$ aus, den der Entrepreneur im Vergleich zu dem Regime einer Ausschlussregel zum *Stand-alone*-Wert je Aktie vereinnahmen kann. Ist

---

[1263] Vgl. *Hecker* (2000), S. 632.

[1264] So muss gewährleistet sein, dass er nach der Erstemission nach wie vor die zur Kontrolle über die Gesellschaft berechtigende Beteiligung hält. Ist $\frac{A-k}{A} < \frac{T-W}{T-W+S_a}$, dann reduziert sich die aus Sicht des Gründers optimale Emissionsquote.

$P_{E_{\ddot{U}}}$ der Emissionspreis, welcher unter der Gleichbehandlungsregel mit Freeze-out-Option zum Übernahmepreis realisierbar ist, und $P_{E_{S-A}}$ der Emissionspreis, der unter der Gleichbehandlungsregel mit Freeze-out-Möglichkeit zum *Stand-alone*-Wert erzielbar ist, dann gilt folgendes Ungleichungsverhältnis:

$$P_{E_{\ddot{U}}} = \psi vT + (1-\psi)v(W - S_a) + (1-\psi)v\frac{A-k}{k}S_a > P_{E_{S-A}} = W - S_a .$$

Demzufolge ist der Gründungsaktionär unter der Freeze-out-Regel zum Übernahmepreis auf eine niedrigere Emissionsquote angewiesen als unter der Ausschlussregel zum *Stand-alone*-Wert. Ist $(\frac{A-k}{A})_{\ddot{U}}$ die zur Finanzierung des Projekts benötigte (Mindest-)Emissionsquote unter der Freeze-out-Regel zum Übernahmepreis und $(\frac{A-k}{A})_{S-A}$ die entsprechende Quote unter der Ausschlussregel zum *Stand-alone*-Wert, dann gilt für das Verhältnis dieser beiden Werte folgende Ungleichungsbeziehung:

$$(\frac{A-k}{A})_{\ddot{U}} = \frac{(1-\lambda)I_0}{AP_{E_{\ddot{U}}}} < (\frac{A-k}{A})_{S-A} = \frac{(1-\lambda)I_0}{AP_{E_{S-A}}} .$$

Aufgrund der abgeleiteten Differenzen zwischen Emissionspreis und -quote kann festgehalten werden, dass die Kapitalkosten unter der Gleichbehandlungsregel mit Freeze-out-Option zum Übernahmepreis niedriger sind als jene unter der Gleichbehandlungsregel mit Squeeze-out-Möglichkeit zum *Stand-alone*-Wert.

Im Zusammenhang mit den Investitionsanreizen des Gründers ist eine leichte Überlegenheit der Freeze-out-Regel zum *Stand-alone*-Wert gegenüber jener zum Übernahmepreis zu konstatieren. Während unter der Gleichbehandlungsregel mit Freeze-out zum Übernahmepreis bei Überschreiten der kritischen Emissionsquote kein Kontrollwechsel mehr zustande kommt, weil die auch an die Minderheitsaktionäre zu zahlenden privaten Sondervorteile des bisherigen Hauptgesellschafters das Vorteilhaftigkeitsvorzeichen des potenziellen Übernehmers in das Negative verkehren, existiert unter der Gleichbehandlungsregel mit Freeze-out zum *Stand-alone*-Wert keine derartige kritische Emissionsquote. Somit werden unter der Freeze-out-Regel mit Besitzstandswahrung wertsteigernde Kontrollwechsel ermöglicht, die unter der Freeze-out-Regel zum Übernahmepreis dann nicht gelingen, wenn die Emissionsquote über dem kritischen Niveau liegt.

Die Ausführungen in Anlehnung an das Modell von *Hecker* haben vergegenwärtigt, dass durch den Zwangsausschluss von Minderheitsaktionären nicht zu unterschätzende Impulse auf die Funktionsfähigkeit des Kapitalmarkts ausgestrahlt werden können. So wurde deutlich, dass mit sinkenden Abfindungsbeträgen über steigende Kapitalkosten

Investitionsanreize zurückgehen, was im Ergebnis zu einem Unterinvestitionsproblem und somit zu einer ineffizienten Ressorcenallokation innerhalb einer Volkswirtschaft führen kann.

Die hier gewonnenen kapitalmarkttheoretischen Erkenntnisse bestätigen im Übrigen das in Kapitel V.3.2 gewonnene Resultat, wonach eine Angemessenheit gewährleistende Abfindung idealiter nicht ohne die Einbeziehung sowohl mittelbarer als auch unmittelbarer Wertbeiträge festgestellt werden darf, die in Abhängigkeit von der Wettbewerbsintensität des Markts für die Zielgesellschaftskontrolle über den als Abfindungswert dienenden Übernahmepreis vergütet werden können.

### V.3.4. Quantifizierung der unmittelbaren und mittelbaren Wertbeiträge

Da moderne Unternehmensbewertungsmethoden auf die Zahlungsströme abstellen, welche die Anteilseigner zukünftig dank ihrer Unternehmensbeteiligung vereinnahmen, kommt es auch bei der Quantifizierung der mit einem Zwangsausschluss verbundenen Wertbeiträge auf in der Zukunft liegende Cashflows an. Wie jede Prognose über kommende Ereignisse ist auch die Schätzung eben jener mit dem Squeeze-out einhergehender Ergebniseffekte mit Unsicherheiten behaftet und stellt den Bewerter vor eine komplexe Aufgabe. Dabei setzt die Messung dieser Effekte zunächst eine qualitative Erfassung der wertrelevanten Komponenten voraus.

Relativ einfach erscheint die Quantifizierung bei den unmittelbaren Wertbeiträgen.[1265] Die in diesem Kontext identifizierten einsparungsfähigen Publizitäts- und Hauptversammlungskosten können in einem ersten Schritt aus den entsprechenden (Unter-)Konten der Gewinn- und Verlustrechnung abgelaufener Geschäftsjahre erfasst werden; ausgehend von den aufgedeckten Vergangenheitsdaten lassen sich die durch den Ausschluss zukünftig vermeidbaren Publizitäts- und Hauptversammlungskosten in einem nächsten Schritt mit Hilfe einer für beide Kosten durchgeführten Regressionsanalyse,[1266] mit dem Zeitfaktor als erklärende Variable,[1267] ermitteln.[1268] Merkmal der

---

[1265] Zu den unmittelbaren Wertbeiträgen vgl. Kapitel V.3.2.2.

[1266] Zur Regressionsanalyse vgl. u. a. *Bomsdorf* (1994), S. 104 ff., 148 ff.

[1267] Um eine möglichst glatte Regressionsgerade zu gewährleisten, sollten möglichst viele zurückliegende Daten einbezogen werden. Als denk- und begründbare Ausgangslage wäre z. B. die Umsetzung des Zweiten Finanzmarktförderungsgesetzes im Jahre 1994 zu wählen, aus dem das Wertpapierhandelsgesetz hervorging, das seinerseits die zentralen kapitalmarktrechtlichen Publizitätsvorschriften bereithält. Das WpHG wurde dann 1998 durch das Dritte Finanzmarktförderungsgesetz grundlegend überarbeitet.

[1268] *Gampenrieder* (2004), S. 118-121, verzichtet in seiner kleinen Umfrage betreffend die Quantifizierung von Publizitäts- und Beschlussfassungskosten auf eine Regressionsanalyse.

Regressionsanalyse ist, dass sie aus chronologisch sortierten Beobachtungsdaten der zu schätzenden Variablen einen idealtypischen Kurvenverlauf abbildet.

Eine Besonderheit gilt es bei der Regression der Publizitätskosten zu beachten: Da von im Zeitverlauf ansteigenden Publizitätspflichten ausgegangen werden kann, die im Wesentlichen auf zeitlich nicht gleichmäßig anfallende Gesetzesnovellen zurückzuführen sind und die ceteris paribus die Berichtskosten erhöhen,[1269] kann die Regressionsgleichung um jene möglicherweise stark schwankenden Effekte verzerrt werden. Von einer Bereinigung wird hier dennoch abgesehen, weil jene Publizitätskostenbestandteile für wesentlich gehalten werden. Weitere abhängige Variablen in der Regressionsgleichung sind die entsprechend anfallenden Personalkosten, Prüfungskosten, etwaige Druck- und EDV-Kosten sowie einschlägige, für die Verbreitung der Unternehmensnachrichten entstehende Aufwendungen.

Schließlich ist in einem letzten Schritt der Barwert der einsparungsfähigen Publizitäts- und Hauptversammlungskosten als Verteilungsmasse zu ermitteln. Hier ist der Barwert der mit Hilfe der Regressionsanalyse gewonnenen periodischen Kostenprognosen zu berechnen. Da hier von einer sicheren Zahlungsreihe ausgegangen werden kann, ist es zulässig, einen risikolosen Kalkulationszinssatz zugrunde zu legen.

Deutlich schwieriger gestaltet sich dahingegen die Identifizierung und Messung der mittelbar mit einem Squeeze-out einhergehenden Gewinne. Zu differenzieren ist hier in Anlehnung an Kapitel V.3.2.3 zwischen den von den Minderheitsaktionären antizipierten Wertbeiträgen sowie den nur dem Hauptaktionär bekannten wertschaffenden Maßnahmen. Während die bereits bekannten bzw. von den betroffenen Minderheitsaktionären prognostizierten Gewinnmöglichkeiten Eingang sowohl in die deren Grenzpreisermittlung zugrunde liegende Unternehmensbewertung finden als auch sogar von einem neutralen Bewertungsgutachter im objektivierten Unternehmenswert abgebildet werden können, indem sie in der Zählergröße der Kapitalwertformel über die erwarteten, von dem Unternehmen realisierbaren Cashflows berücksichtigt werden,[1270] können die von dem Hauptaktionär vorenthaltenen Transaktionen aufgrund ihrer fehlenden Bekanntheit nicht gemessen werden. Zur Erfassung letzterer Beiträge bedarf es vielmehr funktionierender Publizitätspflichten bzw., wie noch zu zeigen sein wird,[1271] eines alternativen Abfindungsinstruments. Einen Sonderfall stellen hier die im Zu-

[1269] Durch eine zunehmende Verbreitung der Unternehmenspublizität via Internet sinken hier indes die Grenzkosten der Berichterstattung.

[1270] Zur Bestimmung bzw. Prognose der Zählergröße in der Unternehmensbewertung vgl. die Ausführungen in Kapitel V.4.1.3.2.

[1271] Vgl. Kapitel V.3.8.

sammenhang mit Unternehmenskontrollwechseln gezahlten Übernahmeprämien dar; akzeptiert man, wie in Kapitel V.4.2.4 noch zu prüfen sein wird, Vorerwerbspreise bei der Abfindung, ist das Ermittlungsproblem gelöst.

## V.3.5. Verteilungsregeln

In der Vergangenheit sind von Seiten der Betriebswirtschaftslehre verschiedene Regeln zur Aufteilung von im Zusammenhang mit Unternehmenskonzentrationsmaßnahmen entstandenen Verbundvorteilen[1272] in Abfindungssituationen postuliert worden, die allesamt eines gemeinsam haben: Sie lassen sich nicht willkürfrei und logisch begründbar ableiten, weil regelmäßig eine verursachungsgerechte Zuordnung der Verbundeffekte schwierig bis gar nicht möglich ist.[1273] Vielmehr handelt es sich primär um Fairnessüberlegungen entsprungene heuristische Verteilungsregeln.

Diese vorgetragenen Regeln, die sich im Wesentlichen auf Unternehmensakquisitionen bzw. Fusionen beziehen, reichen von einer hälftigen Teilung des absoluten Verbundvorteils[1274] über eine Verteilung nach dem Ex-ante-Verhältnis der jeweiligen Ertragswerte der Beteiligten[1275] bis hin zu der Distribution in Relation zu den jeweiligen Ertragswertzuwächsen.[1276] Um einer zumindest pauschalen Verursachungsgerechtigkeit Genüge zu tun, wird an einer Stelle eine Verteilung des Verbundvorteils gefordert, wonach der Unternehmenskäufer als Initiator der Wertsteigerung 2/3 bis 3/4 des absoluten Mehrwerts erhalten soll.[1277]

Die hälftige Teilung des mit dem Zwangsausschluss verbundenen absoluten Wertbeitrags[1278] kann spieltheoretisch in einem Zwei-Personen-Kontext mit Hilfe des *Shapely*-

---

[1272] Hierunter können auch, wie in der vorliegenden Arbeit, die mittelbar und unmittelbar aus einem Zwangsausschluss realisierbaren Wertbeiträge subsumiert werden.

[1273] Vgl. *Moxter* (1983), S. 93, 96; *Ossadnik* (1990), S. 467; *Wiechers* (2002), S. 459; so ähnlich auch *Drukarczyk* (2003), S. 133.

[1274] Vgl. *Eisenführ* (1971), S. 475; *Krag* (1978), S. 260; *Küting* (1981), S. 189; *Dirrigl* (1990), S. 191; *Ossadnik* (1990), S. 468; *Böcking* (1993), S. 18; *Ossadnik* (1995), S. 76.

[1275] Vgl. *Eisenführ* (1971), S. 475; *Dirrigl* (1990), S. 186; *Ossadnik* (1990), S. 468; *Ossadnik* (1995), S. 76; *Angermayer/Oser* (2002), S. 712.

[1276] Vgl. *Eisenführ*, (1971), S. 477; *Ossadnik* (1990), S. 468 f.; *Wiechers* (2002), S. 460. Für eine ausführliche Darstellung unterschiedlichster Aufteilungsregeln vgl. *Matschke* (1979), S. 305-345.

[1277] Vgl. *Großfeld* (2002), S. 68.

[1278] Sofern nicht besonders hervorgehoben, umfasst der absolute Wertbeitrag sowohl die unmittelbaren als auch die mittelbaren Komponenten.

Index[1279] bestätigt werden. Der *Shapely*-Index ordnet in kooperativen Spielen (so genannten Koalitionsspielen) jedem Spieler einen Wert zu, der jeweils seinen Einfluss (Macht) auf den Wert des Spiels innerhalb einer bestimmten Entscheidungssituation ausdrückt. In mathematischer Form lässt sich der *Shapely*-Index $S$ des Gesellschafters $j$ wie folgt darstellen:

$$S_j = \sum_{G \subset M} \frac{(g-1)!(m-g)!}{m!}.$$

$S_j$ *Shapely*-Index des $j$-ten Gesellschafters

$M$ Klasse sämtlicher Mitglieder

$G$ Gewinnende Koalition mit $j$ als Drehpunkt (minimal gewinnende Koalition des Spielers $j$)

$g$ Anzahl der Mitglieder von $G$

$m$ Gesamtzahl der Gesellschafter

Hierbei stellt $(g-1)!$ die Anzahl der Permutationen der Mitglieder einer minimal gewinnenden Koalition ohne Berücksichtigung des jeweils betrachteten Gesellschafters dar. Im Gegenzug ist $(m-g)!$ die Anzahl der maximal verlierenden Koalitionen, welche durch alle Anordnungsmöglichkeiten derjenigen Gesellschafter repräsentiert wird, die nicht Teil der minimal gewinnenden Koalition sind. Das Produkt dieser beiden Elemente gibt Aufschluss darüber, wie viele Möglichkeiten es gibt, eine Koalition zustande kommen zu lassen. Dieses wird dann in Bezug zu $m!$, also zu allen möglichen Permutationen aller beteiligten Gesellschafter, gesetzt und über alle minimal gewinnenden Koalitionen $G$ aufsummiert.

Gegeben sei nun eine Situation, in der es einen nicht näher definierten Gewinn zwischen zwei Akteuren zu verteilen gibt. Dieses Beispiel lässt sich übertragen auf eine (dominierte) Abfindungssituation, in der die Abfindungsbewertung und somit auch die Verteilung der mittelbaren und unmittelbaren Gewinnbeiträge auf der Grundlage einer hypothetischen, durch Informationssymmetrie gekennzeichneten freiwilligen Marktsituation erfolgen soll. Unterstellt wird, dass die beiden Spieler kooperieren müssen, damit es überhaupt zu einer Aufteilung kommt. Beide Parteien verfügen über die gleiche Macht in der Verhandlungssituation.

---

[1279] Bei dem *Shapely*-Index handelt es sich originär um einen Machtindex, der den Einfluss einzelner Akteure auf die jeweils möglichen Koalitionslösungen ermittelt. Grundlegend hierzu und zu dem Folgenden vgl. *Shapely* (1953), S. 307 ff., im Besonderen S. 311.

Ergo ergibt sich ein *Shapely*-Index in Höhe von $\frac{(2-1)!(2-2)!}{2} = \frac{1!*0!}{2} = \frac{1}{2}$.

Der *Shapely*-Wert von 1/2 entspricht dem in diesem Setting einschlägigen Aufteilungsverhältnis. Da keine der beiden Parteien in der Lage ist, alleine über die Distribution des ‚Kuchens' zu entscheiden und beide gleich bedeutend für die Kooperationslösung sind, erhalten sie auch beide den äquivalenten Anteil.

Bedeutsame Eigenschaft des *Shapely*-Werts in diesem Zusammenhang ist, dass er für einfache Spiele, das heißt für Verhandlungsspiele mit gegebenen Konfliktauszahlungen und transferierbaren Nutzen, gleichzeitig ein *Nash*-Gleichgewicht repräsentiert.[1280] Dies basiert auf der Überlegung, dass beide Lösungskonzepte, *Nash*-Gleichgewicht und *Shapely*-Index, auf den weiteren Wertzuwachs abstellen, den ein Spieler $j$ für eine Koalition $G$ erbringt und der diesem zugerechnet wird. Induzieren zwei Spieler einen Auszahlungszuwachs für eine Koalition, dann wird er entsprechend der *Nash*-Lösung, bei Unterstellung übertragbarer Nutzen, halbiert. Dies entspricht, wie gezeigt, auch dem *Shapely*-Wert des isoliert betrachteten Spiels, denn beide Spieler sind entscheidend für je eine Permutation in Bezug auf den Auszahlungszuwachs.[1281]

Gegen die Übertragbarkeit einer hälftigen Teilung des Wertbeitrags auf die Situation des Zwangsausschlusses von Minderheitsaktionären muss eingewendet werden, dass eine derartige Lösung sich nicht mit den bei der Bewertung zugrunde zu legenden Beteiligungsverhältnissen vereinbaren lässt; denn selbst, wenn die Minderheitsaktionäre nicht ausgeschlossen werden und z. B. die Rationalisierungsmaßnahme[1282] dennoch durchgeführt wird, partizipieren sie an den zukünftigen Erfolgen auch nur in Höhe ih-

---

1280 Des Weiteren entspricht der *Shapley*-Wert, bei unterstellter Risikoneutralität der Spieler, auch dem Erwartungswert der Akteure nach *von Neumann* und *Morgenstern*. Zur Beweisführung ausführlich vgl. *Roth* (1977), S. 657 ff.

1281 Vgl. für die Beweisführung ausführlich *Harsanyi* (1977), S. 226 ff.; *Hart/Mas-Colell* (1996), S. 357 ff. Die Übereinstimmung von *Shapely*-Index, erwartetem Nutzen nach *von Neumann/Morgenstern* sowie *Nash*-Gleichgewicht ermöglicht, dass die hier ermittelten A-priori-Abstimmungsstärken, welche den Akteuren innerhalb eines Abstimmungsgremiums zugeordnet werden können, als Prognosewerte eines mittelwertigen Verhandlungsergebnisses und der Indexwert des jeweils Handelnden als Ausmaß seiner persönlichen Verhandlungsstärke gedeutet werden können. Weiter folgt aus der Entsprechung von *Nash*-Lösung und *Shapely*-Index für einfache Verhandlungsspiele mit übertragbaren Nutzen, dass der *Shapely*-Wert die *Nash*-Axiome erfüllt sowie die geforderten Charakteristika annimmt: (1) Irrelevanz bezüglich äquivalenter Nutzenübertragung; (2) *Pareto*-Optimalität; (3) Unabhängigkeit von irrelevanten Alternativen; (4) Symmetrie. Zu den *Nash*-Axiomen erstmals vgl. *Luce/Raiffa* (1957), S. 126 f. Sind diese Eigenschaften im Hinblick auf eine Verteilung von Leistungen bzw. von Vermögen erstrebenswert, dann kann auf den *Shapely*-Wert als faire Distributionsregel rekurriert werden.

1282 Bei unmittelbaren Wertbeiträgen ist diese Betrachtungsweise nicht möglich, da diese erst durch den Zwangsausschluss entstehen.

rer Beteiligungsquote. Schließlich ist eine proportionale Aufteilung auch aus Gerechtigkeitssicht die einzig legitimierbare Lösung dieses Verteilungsproblems.[1283]

### V.3.6. Minderheitsabschlag

Ein vornehmlich im US-amerikanischen Schrifttum diskutiertes, abfindungsrelevantes Thema ist die Berücksichtigung von Minderheitsabschlägen bei der Anteilsbewertung. Minderheitsabschläge repräsentieren dabei das Risiko der Minderheitsaktionäre, selber keinen oder nur einen sehr geringen Einfluss auf die Unternehmensgeschehnisse ausüben zu können und somit weitestgehend den Entscheidungen der Geschäftsleitung und/oder des Kontrollaktionärs ausgeliefert zu sein.[1284] Die Ermittlung von Minderheitsabschlägen kann sowohl auf explizite als auch auf implizite Art und Weise erfolgen: Bei der expliziten Methode wird zunächst der Anteilswert auf Grundlage des Ertragswertverfahrens bzw. der DCF-Verfahren bestimmt; anschließend wird dann dieser Referenzwert um einen bestimmten Prozentsatz, den Minderheitsabschlag, gekürzt. Dahingegen erfolgt die implizite Abschlagsermittlung über den Einsatz von Marktpreisen bzw. von marktnahen Verhältniskennzahlen; da der Markt die mit den Minderheitsanteilen verbundenen geringeren Einflussmöglichkeiten der betroffenen Aktionäre reflektiert, erfolgt die Gewinnung des Minoritätsdiskonts hier implizit.[1285]

Während die Meinung US-amerikanischer Gerichte über die Berücksichtigungsnotwendigkeit von Minderheitsabschlägen in dominierten Konfliktsituationen durchaus heterogen ist,[1286] richtet sich die deutsche Rechtsprechung ganz überwiegend gegen eine solche Einbeziehung. Die ablehnende Haltung deutscher Jurisprudenz gegenüber Minderheitsabschlägen ist auf die überragende Bedeutung der aktienrechtlichen Gleichbehandlungspflicht gemäß § 53 a AktG zurückzuführen, wonach den Vermö-

---

[1283] Vgl. dazu Kapitel III.4.3. Für eine quotale Aufteilung des absoluten Verbundvorteils bei Verschmelzungen plädieren ebenfalls *Brudney/Chirelstein* (1974), S. 313-325, und *Dirrigl* (1990), S. 186.

[1284] Vgl. u. a. *Coates* (1999), S. 1262 f.; *Pratt/Reilly/Schweihs* (2000), S. 364; *Booth* (2001), S. 129 f.; *Gaughan* (2002), S. 574.

[1285] Vgl. *Coates* (1999), S. 1264 f.; *Pratt/Reilly/Schweihs* (2000), S. 378; *Gaughan* (2002), S. 575.

[1286] Für eine Aufstellung einschlägiger Gerichtsurteile, die für und gegen die Einbeziehung von Minoritätsabschlägen waren, vgl. *Booth* (2001), S. 132-136, sowie insbesondere S. 158-160. Ebenfalls einen profunden Überblick über die Inkonsistenz der US-amerikanischen Rechtsprechung in diesem Kontext liefert *Coates* (1999), S. 1257-1287, sowie insbesondere S. 1353-1359. Dahingegen kommt *Orlopp* (2003), S. 255, zu dem falschen Schluss, dass sich die Rechtsprechung in den USA ganz überwiegend ablehnend gegenüber der Berücksichtigung von Minderheitsabschlägen äußert.

gensinteressen der Kleinaktionäre, relativ betrachtet, kein geringerer Wert beigemessen werden darf als den Belangen des Kontrollaktionärs.[1287]

Auch außerhalb verbandsrechtlicher Begründung sind die Argumente gegen eine Einbeziehung von Minderheitsabschlägen niederschmetternd: An erster Stelle der gegen Minderheitsabschläge gerichteten Kritikpunkte rangiert die Übervorteilungsgefahr der betroffenen Kleinaktionäre. So steigt mit dem Ansatz von Minderheitsabschlägen die Wahrscheinlichkeit, mit der die Ausgeschlossenen durch Vermögensumverteilungen zugunsten des Mehrheitsaktionärs geschädigt werden, was sich unter Einbeziehung von Ex-post- und Ex-ante-Transaktionskosten selbst aus konservativer, orthodoxer *Kaldor-Hicks*-Sicht in einer Senkung der gesamtwirtschaftlichen Wohlfahrt niederschlagen kann.[1288]

Ex post entstehen den Minderheitsaktionären infolge des Ausschlusses z. B. Steueraufwendungen sowie Kosten im Zusammenhang mit der Reinvestition der freigewordenen Mittel. Aus Ex-ante-Sicht fallen Kosten durch eine suboptimale Kapitalallokation an. Angenommen die auf dem Kapitalmarkt notierten Unternehmen lassen sich einteilen in solche, für die später ein Aktionärsausschluss betrieben wird, und solche, die nicht Gegenstand eines Squeeze-out sein werden. Da die Investoren nicht wissen, welche Korporationen Objekt eines Zwangsausschlusses sein werden, können sie sich lediglich eine durchschnittliche Erwartung darüber bilden, was im Ergebnis über einen möglichen Kapitalkosten- und Selektionseffekt zu Fehlallokationen und somit zu einer Beeinträchtigung der Funktionsfähigkeit des Kapitalmarkts führen kann.[1289]

Die Möglichkeit eines Minderheitsabschlags bei der Abfindungswertermittlung würde diesen Effekt in zweifacher Hinsicht verstärken:

Zum einen würde der Minderheitsdiskont dazu führen, dass die durchschnittlich auf dem Kapitalmarkt erzielbare Rendite über das niedrigere Kursniveau sinken würde; dieser Effekt einer sinkenden Rendite ergibt sich allerdings nur für die bereits existenten Anleger, die den Minderheitsabschlag in ihre Ex-ante-Zahlungsbereitschaft nicht einbezogen haben. Zum anderen steigt durch die Zulässigkeit von Minderheitsabschlägen ceteris paribus die Attraktivität des Zwangsausschlusses aus Sicht des Hauptaktionärs, was sich über eine steigende Anzahl der Freeze-outs, analog zu oben, ebenfalls in

1287 Vgl. u. a. *OLG Hamm*, Beschluss vom 30.4.1960 – 8 AR 1/58; *OLG Düsseldorf*, Beschluss vom 27.11.1962 – 6 Spruchverfahren 1/60; *OLG Düsseldorf*, Beschluss vom 8.6.1973 – 19 W 21/72. Vgl. für das juristische Schrifttum stellvertretend *Piltz* (1994), S. 236; *Großfeld* (2002), S. 230.

1288 Vgl. *Coates* (1999), S. 1311-1325, im Besonderen S. 1323-1325.

1289 Unterstellt wird ferner, dass die Investoren rationale und risikoneutrale Akteure sind und der Kapitalmarkt effizient im halbstrengen Sinne ist.

einer aus ökonomischer Sicht schädlichen Senkung der durchschnittlichen Kapitalmarktrenditen niederschlagen würde. Im schlechtesten Fall würde diese Entwicklung zu einer adversen Selektion führen, die durch einen Rückzug all jener Gesellschaften geprägt wäre, deren Hauptaktionäre partout keinen Ausschluss betreiben wollen; deren Kapitalkosten wären infolge des sinkenden Kursniveaus zu hoch. Übrig blieben auf dem Kapitalmarkt schließlich nur solche Korporationen, für die ohnehin ein Squeeze-out geplant war, sowie jene Unternehmungen, bei denen die Ausschlussentscheidung das Ergebnis des Ausleseprozesses ist.

Des Weiteren ist das Problem der Abschlagsquantifizierung als Kritikpunkt vorzutragen. Selbst wenn ein effizienter Kapitalmarkt unterstellt und der Ansatz von Marktpreisen als Gegenleistung akzeptiert wird,[1290] ist die Quantifizierung von Minderheitsabschlägen mit Ungenauigkeiten verbunden bzw. beinahe unmöglich. Einige Autoren gehen davon aus, dass der Minderheitsabschlag das negative Korrelat zur Kontrollprämie ist und rekurrieren bei der Abschlagsermittlung auf empirisch beobachtete realisierte Übernahmeprämien.[1291] Auf Basis von zwischen 1980 und 2000 identifizierten, auf dem US-amerikanischen Kapitalmarkt gezahlten Kontrollprämien wird an einer Stelle ein durchschnittlicher Minderheitsabschlag von 29% ermittelt.[1292] Der Zusammenhang zwischen Minderheitsabschlag und Kontrollprämie ist allerdings nicht unumstritten und entspricht auch nicht zu beobachtender Evidenz. So werden die von den Minderheitsaktionären auf dem offenen Kapitalmarkt erlittenen Minderheitsabschläge in keiner Weise durch einen korrespondierenden Gewinn des Kontrollaktionärs kompensiert.[1293] In einer anderen Untersuchung werden für sechs in den USA ergangene Gerichtsurteile Minderheitsabschläge zwischen 15% und 25% angegeben, ohne auf die Ermittlungsart hinzuweisen.[1294]

In Anbetracht der hier geäußerten Kritik, kann an dieser Stelle nur der in Deutschland herrschenden Rechtsprechung gefolgt und ein Verbot der Berücksichtigung von Minderheitsabschlägen gefordert werden. Die Übervorteilungsgefahr, welche von einer Einbeziehung jener Abschläge auf die Minderheitsaktionäre ausstrahlen würde, dominiert in diesem Kontext eindeutig die Diskussion. Gerade weil eine Ablehnung

[1290] Vgl. hierzu ausführlich Kapitel V.4.2.3.

[1291] Geht man von der Wechselbeziehung zwischen Minderheitsabschlag und Kontrollprämie aus, dann ergibt sich der Minoritätsabschlag formal wie folgt: Minderheitsabschlag = 1 – [1 / (1 + beobachtete durchschnittliche Kontrollprämie)]. Vgl. z. B. *Coates* (1999), S. 1278; *Gaughan* (2002), S. 575.

[1292] Vgl. *Gaughan* (2002), S. 575, dessen Ergebnisse sich auf Daten von Mergerstat Review 2001 stützen.

[1293] Vgl. *Coates* (1999), S. 1279 f.; *Booth* (2001), S. 131.

[1294] Vgl. *Coates* (1999), S. 1353-1359.

niert in diesem Kontext eindeutig die Diskussion. Gerade weil eine Ablehnung von Minderheitsabschlägen die Umsetzung effizienter Unternehmensübernahmen nach Transaktionskosten nicht verhindert, sondern vielmehr solche Transaktionen unterbindet, die ausschließlich durch die mit dem Abschlag verbundenen Vermögensumverteilungen zulasten der Minderheitsaktionäre motiviert sind, wird hier die Ansetzung von Minderheitsabschlägen bei der Barabfindungsermittlung kategorisch abgelehnt.

### V.3.7. Empirische Bestandsaufnahme

Die Frage, ob Minderheitsaktionäre durch den Zwangsausschluss übervorteilt werden oder nicht, kann nicht ohne empirische Bestandsaufnahme beantwortet werden.

Seit der aktienrechtlichen Einführung des Squeeze-out im Jahre 2002 haben in Deutschland bereits mehr als 250 Hauptaktionäre von diesem Recht Gebrauch gemacht,[1295] davon alleine 122 Investoren börsennotierter AG innerhalb der ersten beiden Jahre (2002 und 2003).[1296] Somit überrascht es auch nicht, dass bereits einige empirische Studien auf dem deutschen Kapitalmarkt entstanden sind, die sowohl etwaig gezahlte Abfindungsprämien als auch die mit der Ausschlussankündigung verbundenen Kursreaktionen untersuchen. Auch wenn sich die rechtlichen Squeeze-out-Möglichkeiten sowie die institutionellen Kapitalmarktvoraussetzungen in den USA von denen in Deutschland unterscheiden, werden im Folgenden vereinzelte US-amerikanische empirische Studien einbezogen, weil sich jene Untersuchungen im Vergleich zu den deutschen Auswertungen durch deutlich umfangreichere Stichproben auszeichnen, was insgesamt die Repräsentativität deutlich erhöht.

#### V.3.7.1. Übernahmeprämien bei der Abfindung von Minderheitsaktionären

Die vorliegenden empirischen Befunde deuten auf eine durchschnittlich positive Abfindungsprämie bei Minderheitsaktionärsausschlüssen hin;[1297] im Einzelnen ergeben sich folgende konkrete Ergebnisse:

Für die in dem Zeitraum von Januar bis Oktober 2002 identifizierte Stichprobe von 57 durchgeführten bzw. verbindlich angekündigten Squeeze-outs aus börsennotierten

---

1295 Vgl. *Pfeil/Mönnighoff* (2004), S. 38.

1296 Vgl. *Elsland/Weber* (2004), S. 7.

1297 Die in Kapitel IV.1.3.2 untersuchten Studien betrachten zwar im Rahmen von Going Privates geleistete Übernahmeprämien. Allerdings müssen diese nicht zwangsläufig im Zusammenhang mit Zwangsausschlüssen stehen, sondern können auch auf freiwillige öffentliche Übernahmeangebote zurückzuführen sein. Aus diesem Grund erfolgt an dieser Stelle die Auswertung von auf Abfindungsfällen fokussierten Arbeiten.

deutschen AG ermittelt *Helmis* bezogen auf den Börsenschlusskurs des letzten Handelstages vor der Verkündung des Ausschlusses ($t$ = -1) eine durchschnittliche Abfindungsprämie in Höhe von 10,4% (Median = 1,5%). Unter Berücksichtigung der durchschnittlichen Börsenschlusskurse der letzten 60 Handelstage vor der Bekanntmachung des Squeeze-out ($t$ = [-60; -1]) ergibt sich, der Studie zufolge, eine durchschnittliche Abfindungsprämie von 14,7% (Median = 3,7%).[1298]

Das Intervall der identifizierten Abfindungsbeträge ist dabei beträchtlich und umschließt bezogen auf den Kurs in $t$ = -1 einen Bereich von -69,6% bis +100,0%, bei einer Standardabweichung von 28,0%; bezogen auf das Zeitfenster $t$ = [-60; -1] liegen die Prämien zwischen -69,9% und +106,3%, bei einer Standardabweichung von 31,5.[1299]

Insgesamt zahlten 61,4% ($t$ = -1) bzw. 70,2% ($t$ = [-60; -1]) der Hauptaktionäre eine positive Prämie; umgekehrt weisen immerhin 36,8% ($t$ = -1)[1300] bzw. 29,8% ($t$ = [-60; -1]) der Squeeze-out-Fälle eine negative Abfindungsprämie auf. Mit 45,6% der Fälle bewegt sich der Großteil der Abfindungsprämien bezogen auf das Zeitfenster $t$ = [-60; -1] in dem Intervall von -5% bis +5%.[1301] Die -10% ($t$ = -1) unterschreitenden Abfindungsprämien sind mit 5,3% der Fälle vergleichsweise gering, aber nicht vernachlässigbar; auf der anderen Seite zahlten 19,3% der Hauptgesellschafter einen 20% übersteigenden Aufschlag ($t$ = [-60; -1]).

Zu einem vergleichbaren Ergebnis, da annähernd die gleiche Stichprobe berücksichtigend, kommen *Hecker/Kaserer* für die bis zum 31.12.2002 angekündigten 55 Zwangsausschlüsse nach §§ 327 a ff. AktG.[1302] Sie ermitteln bezogen auf die durchschnittlichen Börsenschlusskurse von sechs bis zwei Handelstagen vor der Ankündigung des Squeeze-out ($t$ = [-6; -2]) eine durchschnittliche Abfindungsprämie von 17,0%, bei einem Median von 4,3%. Unter Berücksichtigung der durchschnittlichen Börsenkurse von 44 bis 40 Handelstagen vor der Bekanntmachung des Zwangsausschlusses ($t$ = [-44; -40]) kommen die Autoren auf eine durchschnittliche Abfindungsprämie von 24,0%, bei einem Median von 6,7%.[1303] Ebenso wie bei *Helmis* ist auch

[1298] Vgl. *Helmis* (2003), S. 164 f.

[1299] Eigene Berechnung aus den Daten der zugrunde liegenden Studie.

[1300] In einem Fall war die Abfindungsprämie ($t$ = -1) null.

[1301] Vgl. *Helmis* (2003), S. 165.

[1302] Vgl. *Hecker/Kaserer* (2003), S. 146 f.

[1303] Vgl. *Hecker/Kaserer* (2003), S. 150.

hier die Schwankungsbreite der festgestellten Abfindungsprämien sehr hoch; sie reicht von -18,3% bis +150,9% ($t$ = [-6; -2]), bei einer Standardabweichung von 31,7.[1304]

Ebenso wie *Helmis* ermitteln *Hecker/Kaserer* mit 20% (11 von 55) aller Squeeze-out-Fälle eine nicht zu vernachlässigende Zahl negativer Prämien ($t$ = [-6; -2]). Dabei liegen die meisten Abfindungsprämien (23) zwischen 0% und +10% ($t$ = [-6; -2]). Insgesamt unterschreiten allerdings lediglich 4% der 55 Abfindungsfälle die -10%-Grenze, wohingegen 24% aller Hauptgesellschafter einen über 20% hinausgehenden Aufschlag zahlten ($t$ = [-6; -2]).

In einer nicht explizit auf Squeeze-outs fokussierten empirischen Untersuchung[1305] von Abfindungsprämien betrachtet *Hecker* für eine Stichprobe von zwischen 1978 und 1992 gemäß § 291 AktG abgeschlossenen Unternehmensverträgen das Verhältnis zwischen der von der Muttergesellschaft angebotenen, auf den Ereignistag abgezinsten Abfindung und dem entsprechend auf diesen Tag aufgezinsten Börsenkurs.[1306] Sowohl für einen zwei ($t$ = -2) als auch 40 ($t$ = -40) Tage vor der Ankündigung zugrunde gelegten Referenzkurs ist in 41 von 63 Fällen (65%) die angebotene Abfindungszahlung unterhalb des Vergleichskurses.[1307] Der Wert der angebotenen Kompensationszahlung liegt für die Stichprobe bei einem Vergleichskurs von $t$ = -2 Tage und bei einer Verzinsung von 7,5% durchschnittlich 11,6% unterhalb des Referenzbörsenkurses; wählt man dahingegen den Börsenkurs $t$ = -40 Tage als Vergleichgröße, ergibt sich bei gleicher Verzinsung eine negative Prämie von -8,8%.[1308]

*Dörfler et al.* ermitteln in einer zwischen 1980 und 1992 durchgeführten Studie für eine 30 Abfindungsangebote umfassende Stichprobe,[1309] bezogen auf den Durch-

---

[1304] Eigene Berechnung auf der Grundlage der Daten der Studie. Da die Autoren lediglich die Durchschnittskurse für $t$ = [-6; -2] angeben, erfolgt hier keine weitere Berechnung der Standardabweichung für die weiter zurückliegenden Vergleichskurse.

[1305] Auch wenn sich die von *Hecker* (2000) untersuchten Abfindungen nicht auf Squeeze-out-Fälle beziehen, so können sie dennoch als Grundlage für die Beurteilung der deutschen Bewertungspraxis in dominierten Konfliktsituationen dienen.

[1306] Vgl. *Hecker* (2000), S. 252. Dabei entspricht der Ereignistag demjenigen Datum, an dem das gesetzlich geforderte Abfindungsangebot öffentlich bekannt gemacht wurde. Vgl. *Hecker* (2000), S. 244 ff.

[1307] Dies gilt für einen Zinssatz von 7,5%. Für einen veranschlagten Zinssatz von 9% ist in 43 Fällen eine Unterschreitung zu konstatieren. Vgl. *Hecker* (2000), S. 252.

[1308] Vgl. *Hecker* (2000), S. 259.

[1309] Es handelt sich dabei um gesetzlich geforderte Abfindungsangebote, zu denen keine Squeeze-outs gemäß §§ 327 a ff. AktG zählen. Vgl. *Dörfler et al.* (1994), S. 157. Für die Einbeziehung dieser, keine Squeeze-outs umfassende Untersuchung spricht die in FN 1305 vorgebrachte Argumentation.

schnittsbörsenkurs am Tag der Offerte als Referenzgröße, eine (ungewogene) durchschnittliche negative Prämie von -8,2%.[1310]

Wenngleich die für den US-amerikanischen Kapitalmarkt vorliegenden empirischen Erhebungen aufgrund der rechtlichen Unterschiede sowohl bezüglich der Freeze-out-Voraussetzungen als auch hinsichtlich der Abfindungsermittlung nicht oder nur eingeschränkt mit jenen den deutschen Markt betreffenden empirischen Befunden vergleichbar sind, vermögen sie dennoch für die Bewertung der Ausbeutungsgefahr der Minderheitsaktionäre einen bedeutenden Anhaltspunkt zu geben.

In einer jüngst erschienen, für den US-amerikanischen Kapitalmarkt durchgeführten Studie stellt *Subramanian* für eine zwischen dem 19.6.2001 und dem 31.12.2003 aufgestellte, 96 angekündigte Freeze-outs aus in Delaware registrierten börsennotierten Unternehmen umfassende Untersuchungsgruppe, verglichen mit den deutschen Ergebnissen, deutlichere Abfindungsprämien fest. Bezogen auf den Börsenschlusskurs von einem Handelstag vor der Bekanntmachung des Zwangsausschlusses ermittelt der Autor eine durchschnittliche Abfindungsprämie von 45%, bei einem Median von 34,4%; dieses Ergebnis bestätigt sich annähernd sowohl für den eine Woche vor der Freeze-out-Verkündung liegenden Referenzkurs (Mittelwert = 43,8%, Median = 32,6%) als auch für den vier Wochen vor der Bekanntmachung festgestellten Kurs (Mittelwert = 44,4%, Median = 39,6%).[1311]

*Bates*, *Lemmon* und *Linck* untersuchen u. a. die geleisteten Abfindungsprämien für eine Stichprobe von 269 in dem Zeitraum von 1988 bis 2001 angekündigten sowie abgeschlossenen Freeze-outs aus auf dem US-amerikanischen Kapitalmarkt notierten Korporationen. 256 dieser Squeeze-outs zeichnen sich dabei durch eine Ursprungsbeteiligung des Hauptgesellschafters aus, die bei mindestens 50%, aber unterhalb von 89,5% des Grundkapitals liegt (so genannte *cash-out-mergers*). Den restlichen 13 Aktionärsausschlüssen liegt dahingegen eine mindestens 89,5%ige Ausgangsbeteiligung des Kontrollaktionärs zugrunde (so genannte *short-form-mergers*).[1312] Die dabei aus Zielgesellschafts- und Bietergesellschaftsperspektive ermittelten Ergebnisse verglei-

---

[1310] Vgl. *Dörfler et al.* (1994), S. 157-159.

[1311] Vgl. *Subramanian* (2004a), S. 43.

[1312] Vgl. *Bates/Lemmon/Linck* (2004b), S. 10 f.; *Bates/Lemmon/Linck* (2004a), S. 10 f. Die Differenzierung in Abhängigkeit von der Ausgangsbeteiligung nehmen die Autoren deshalb vor, weil dies Einfluss auf die Ausschlusstechnik hat. So kann der Hauptaktionär, zumindest im Bundesstaat Delaware, bei einer mindestens 89,5%igen Beteiligung die Minderheitsaktionäre mit Hilfe eines *short-form-merger* ausschließen, während er für eine zwischen 50% und unter 89,5% liegende Anteilsquote regelmäßig einen *cash-out-merger* motivieren muss. Zu den US-amerikanischen Praktiken des Aktionärsausschlusses vgl. die Ausführungen in Kapitel II.2.1.

chen die Autoren mit der Performance von im gleichen Zeitraum identifizierten Unternehmensübernahmen, bei denen der Bieter im Vorfeld der Transaktion entweder keine (390 Übernahmen) oder aber eine Beteiligung von weniger als 50% (4166 Übernahmen) an der Zielgesellschaft hält.[1313]

Die Autoren ermitteln für die 269 Freeze-outs eine durchschnittlich positive Abfindungsprämie[1314] bezogen auf den Börsenschlusskurs 42 Handelstage vor der Bekanntgabe des Ausschlusses in Höhe von 41,6%, bei einem Median von 35,5%.[1315] Interessant erscheint in diesem Zusammenhang die Feststellung, dass die Abfindungsprämie mit zunehmender Ausgangsbeteiligung des Hauptgesellschafters sinkt: Für die 256 Freeze-outs, in denen der Hauptaktionär weniger als 89,5% des Grundkapitals hielt, geben die Autoren, bei unverändertem Referenzkurs, eine durchschnittliche Abfindungsprämie von 41,7% an. Dahingegen zahlten die Hauptgesellschafter in den 13 Transaktionen, in denen sie mindestens 89,5% der Anteile hielten, einen durchschnittlichen Aufschlag von 39,1%.[1316]

### V.3.7.2. Überrenditen von Squeeze-out-Kandidaten

In der bis dato umfangreichsten, den deutschen Kapitalmarkt betreffenden empirischen Studie, die sich mit den Ankündigungseffekten[1317] von Squeeze-outs gemäß §§ 327 a ff. AktG auf den Börsenkurs auseinandersetzt, ermitteln *Elsland* und *Weber* für den Zeitraum vom 1.1.2002 bis zum 31.12.2003 insgesamt 122 börsennotierte AG, für die der Hauptaktionär einen Zwangsausschluss bekanntgab; da einige dieser Korporationen über mehrere Aktiengattungen verfügten, kommen die Autoren schließlich auf eine 131 Squeeze-outs umfassende Stichprobe (S 1). Aufgrund des unterschiedlichen Informationsniveaus über die einzelnen Transaktionen bilden sie für 64 Freeze-outs

---

[1313] Dabei handelt es sich ebenfalls um auf dem US-Kapitalmarkt notierte Gesellschaften. Vgl. *Bates/Lemmon/Linck* (2004b), S. 11.

[1314] Die Übernahmeprämie wird hier ausgedrückt als Quotient der tatsächlich gezahlten Gegenleistung und dem Marktwert 42 Handelstage vor der Ankündigung minus eins. Vgl. *Bates/Lemmon/Linck* (2004b), S. 14, 34; *Bates/Lemmon/Linck* (2004a), S. 37.

[1315] Die Durchschnittswerte wurden vom Autor unter Zuhilfenahme der Angaben von *Bates/Lemmon/Linck* (2004a), S. 37, ermittelt.

[1316] Vgl. *Bates/Lemmon/Linck* (2004a), S. 37. In einer älteren Studie kommen *DeAngelo/DeAngelo/Rice* (1984), S. 392, für 57 in dem Zeitraum von 1973 - 1980 im Wege von Freeze-outs durchgeführte Going Privates zu einer Abfindungsprämie von durchschnittlich 56,3%. Vgl. hierzu bereits Tabelle 2.

[1317] Untersuchungen von Börsenkursreaktionen basieren regelmäßig auf Eventstudien. Ausführlich zu dieser Methodik vgl. *MacKinlay* (1997), S. 13 ff.

der Gesamtstichprobe S 1, für die umfangreiche Informationen zugänglich waren, eine zweite Untersuchungsgruppe (S 2).[1318]

Für die Grundgesamtheit (S 1) ermitteln *Elsland/Weber* bezogen auf den Tag der Freeze-out-Bekanntmachung ($t = 0$) eine auf die Ausschlussankündigung zurückzuführende durchschnittliche abnormale Aktienrendite von 5,1%, und für S 2, deren Inhalt ebenfalls in S 1 eingeht, kommen sie auf einen Mittelwert von 4,9%. Jenes Ergebnis wird durch eine andere Studie erhärtet, welche für 17 zwischen Ende 2001 und dem 31.3.2002 festgestellte Squeeze-out-Ankündigungen für in Deutschland börsennotierte Gesellschaften eine auf den Ankündigungstag ($t = 0$) bezogene abnormale Aktienrendite von durchschnittlich 2,7% (Median = 0,8%) offenbart.[1319]

Dass die Marktteilnehmer bereits im Vorfeld der Squeeze-out-Ankündigung diese relevante Information antizipieren, wird durch eine für die Stichprobe S 2 ermittelte durchschnittliche kumulierte abnormale Aktienrendite von 6,5%, die in dem Zeitraum von 40 bis 1 Handelstag vor der Bekanntmachung errechnet wurde ($t = [-40; -1]$), belegt.[1320] Im Anschluss an die Freeze-out-Verkündung steigt die kumulierte abnormale Aktienrendite für S 2 dahingegen nicht weiter an, sodass davon ausgegangen werden muss, dass die Marktakteure nach dem Event keine positiven, den aktuellen Börsenkurs übertreffenden Erwartungen mehr in die Gesellschaft bzw. in eine positive Abfindungsbetragsentwicklung haben.

Die 31 Squeeze-outs aus der Stichprobe 2 (S 2), denen binnen eines Jahres vor der Ausschlussverkündung eine Abfindung bedingt durch entweder einen Gewinnabführungs- und/oder Beherrschungsvertrag[1321] oder eine auf dem WpÜG basierende Transaktion vorausging, weisen gegenüber den (33) Freeze-outs, denen keine als Orientierung dienende Abfindung voranschritt, eine bezogen auf den Ankündigungstag durchschnittlich 2,4% niedrigere abnormale Aktienrendite auf.[1322] Dahingegen steigen die durchschnittlichen kumulierten abnormalen Aktienrenditen bezogen auf das Zeitfenster $t = [-90; -60]$ schneller an, wenn für den Zwangsausschluss eine als Benchmark

---

[1318] Vgl. *Elsland/Weber* (2004), S. 8.

[1319] Die Studie belegt für die untersuchte Stichprobe im Übrigen auch für das Zeitfenster $t = [-1; 1]$ mit durchschnittlich 5,4% (Median = 1,8%) eine positive kumulierte Überrendite. Vgl. *Moser/Prüher* (2002), S. 363-365.

[1320] Vgl. *Elsland/Weber* (2004), S. 14.

[1321] Allgemein zu Gewinnabführungs- und Beherrschungsverträgen vgl. u. a. *Kübler* (1998), S. 365-368; *Schmidt* (2002), S. 925. Beide Unternehmensverträge konstituieren gemäß § 304 AktG einen gesetzlich legitimierten angemessenen Ausgleich bzw. gemäß § 305 AktG, im Falle des freiwilligen Ausscheidens der betroffenen Aktionäre, eine angemessene Abfindung.

[1322] Vgl. *Elsland/Weber* (2004), S. 15.

dienende Kompensationszahlung existiert;[1323] indes vermögen *Elsland/Weber* weder für den Zeitraum 90 bis 1 Handelstag vor der Ankündigung noch für das Zeitintervall 2 bis 40 Handelstage nach der Bekanntmachung unterschiedliche durchschnittliche kumulierte abnormale Aktienrenditen für die beiden Unterstichproben zu verkünden.[1324]

Weiterhin differenzieren die Autoren S 2 hinsichtlich des Informationsgehalts der ersten Bekanntmachung; dabei unterscheiden sie jene Ankündigungen, in denen bereits genaue Angaben über die Abfindungshöhe gemacht werden (28), und solche, in denen nur allgemein gehaltene Auskünfte über die intendierte Ausschließung offen gelegt werden (36). Entgegen der aufgestellten Hypothese, wonach das Ausmaß der Aktienkursreaktion von dem Informationsgehalt der Ankündigung abhängt, kommen sie zu dem Ergebnis, dass die Marktteilnehmer auch in den Fällen, in denen die Abfindungshöhe zunächst nicht bekannt gemacht wurde, die zu erwartende Kompensation, wenngleich in geringerem Ausmaß als in den Fällen der Abfindungsbekanntmachung,[1325] antizipierten.[1326] Dieser Effekt kann auf entsprechende Informationsdiffusionen, die mit Spekulationsgeschäften auf dem Kapitalmarkt zusammenhängen, zurückgeführt werden. Die Kursstreuung, gemessen als Varianz, ist allerdings, bezogen auf das Zeitfenster $t$ = [+2; +40], in den Fällen, in denen die Ankündigung der Abfindungshöhe fehlte, größer.

In einem nächsten Schritt betrachten *Elsland/Weber* den Einfluss der zeitlichen Squeeze-out-Voraussetzungserfüllung auf den Ankündigungseffekt. Hierzu unterteilen sie S 2 in zwei Gruppen: In einer Gruppe (G 1) sind alle Freeze-outs, in denen der Hauptgesellschafter die benötigte 95%-Mehrheit bereits mehr als ein Jahr vor der Einführung der §§ 327 a ff. AktG erwarb; in der zweiten Gruppe (G 2) sind jene Fälle, in denen

---

[1323] Vgl. die grafische Veranschaulichung bei *Elsland/Weber* (2004), S. 35.

[1324] Vgl. *Elsland/Weber* (2004), S. 16. Des Weiteren finden sie heraus, dass die kumulierten abnormalen Renditen in dem Intervall $t$ = [-90; 0] bei Gesellschaften, deren Vereinbarung über einen Gewinnabführungs- bzw. Beherrschungsvertrag länger als ein Jahr zurück liegt, deutlich positiv ausfallen, während sie für Unternehmen, bei denen die Vereinbarung nicht weiter als ein Jahr zurück liegt, negativ sind. Vgl. hierzu die Grafik bei *Elsland/Weber* (2004), S. 36.

[1325] In Fällen der Abfindungsbekanntmachung beträgt der Median der abnormalen Aktienrendite 2,8% ($t$ = 0).

[1326] In $t$ = 0 beträgt der Median der Überrendite in Fällen ohne Abfindungsbekanntmachung immerhin 0,5%. Bezogen auf das Intervall $t$ = [+2; +40] identifizieren sie für Ankündigungen mit Angabe der Abfindungshöhe sogar eine negative durchschnittliche kumulierte abnormale Aktienrendite in Höhe von -2,1%, obwohl intuitiv mit einem Anstieg zu rechnen war. Dahingegen kommen sie für Squeeze-out-Bekanntmachungen ohne Angabe der Abfindungshöhe für das gleiche Zeitfenster zu einer durchschnittlichen kumulierten Überrendite von etwa 0%, obwohl intuitiv damit zu rechnen war, dass die Kursreaktionen zumindest in jenen Fällen höher ausfallen würde, bei denen die Abfindung in diesem Zeitraum veröffentlicht wurde. Vgl. *Elsland/Weber* (2004), S. 18.

der Hauptanteilseigner die erforderliche Kapitalquote erst kurz vor der Ausschlussverkündung erreichte. Sowohl G 2 als auch G 1 erzielen am Tag der Squeeze-out-Ankündigung durchschnittlich positive abnormale Renditen, wobei jene von G 1 mit 3,6% um etwa 3% höher ist als die von G 2.[1327] Der stärkere Kurseffekt lässt auf eine von den Marktakteuren niedriger eingeschätzte Squeeze-out-Wahrscheinlichkeit für die Gesellschaften schließen, an denen der Hauptaktionär bereits seit längerer Zeit über die erforderliche Beteiligungsquote verfügt (G 1), von seinem Ausschlussrecht allerdings bisher noch nicht Gebrauch gemacht hat.

Bezogen auf das Zeitintervall $t$ = [-90; -1] ist des Weiteren ein auf der Ausschlussverkündung beruhender positiver Zusammenhang zwischen der Liquidität der Aktie und der durchschnittlichen kumulierten Überrendite festzustellen:[1328] Sind die dem Ausschluss zugrunde liegenden Anteilspapiere liquide, entspricht die ermittelte kumulierte abnormale Rendite 10,5%, während sie für als illiquide eingestufte Kandidaten mit 1,9% deutlich niedriger liegt.[1329] Dieses Ergebnis deutet darauf hin, dass die Ausschlusswahrscheinlichkeit bei liquiden Titeln von den Marktteilnehmern höher eingeschätzt wird als bei illiquiden Aktien und hierdurch höhere Spekulationsanreize gesetzt sind. Da mit der Marktliquidität auch die Präsenz von *noise traders*[1330] ceteris paribus zunimmt, haben die Anleger, welche auf mit Squeeze-outs zusammenhängende Wertsteigerungen spekulieren, einen höheren Anreiz, in die Aktie zu investieren, da deren Marktdispositionen nicht so leicht erkennbar sind. Schließlich kann davon ausgegangen werden, dass es sich möglicherweise bei den als liquide gruppierten Kandidaten um durchschnittlich größere Unternehmen handelt, bei denen sowohl ceteris paribus die Handelsaktivitäten höher sind als auch durch eine größere Medienpräsenz eine ausgeprägte Informationsdiffusion stattfindet.

Eine ebenfalls den deutschen Kapitalmarkt betreffende, von *Hecker* und *Kaserer* durchgeführte Studie[1331] untersucht die Ankündigungseffekte von Public-to-Privates, die im Wege eines Squeeze-out gemäß §§ 327 a ff. AktG bis zum 31.12.2002 be-

---

[1327] Langfristig, das heißt für das Intervall $t$ = [+2; +40], ergeben sich keine unterschiedlichen kumulierten abnormalen Aktienrenditen für die beiden Gruppen. Die Anpassungsgeschwindigkeit ist allerdings bei G 1 höher als bei G 2. Vgl. *Elsland/Weber* (2004), S. 19.

[1328] Sofern in dem Intervall $t$ = [-5; 5] an 2/3 der Handelstage ein Handel in den Aktien stattfindet, wird der Squeeze-out als liquide eingruppiert (48); ist diese Bedingung nicht erfüllt, gelangt der Ausschluss in die illiquide Gruppe (16). Vgl. *Elsland/Weber* (2004), S. 20.

[1329] Für das Intervall t = [+2; +40] sind die kumulierten abnormalen Aktienrenditen dahingegen nicht signifikant verschieden. Vgl. *Elsland/Weber* (2004), S. 20.

[1330] Zu *noise traders* und deren Bedeutung für den Markt für Unternehmenskontrolle vgl. die Ausführungen in Kapitel IV.1.2.2.5.7.

[1331] Vgl. *Hecker/Kaserer* (2003), S. 137 ff.

kanntgemacht wurden.[1332] Für eine Stichprobe von 25 mit Hilfe eines Squeeze-out durchgeführte Going Privates, bei denen der Ankündigungszeitpunkt des Ausschlussvorhabens vor dem Tag der konkreten Abfindungsbekanntmachung lag, ermitteln die Autoren eine auf der Squeeze-out-Bekanntmachung basierende durchschnittliche Kursreaktion von 8,8%, bei einem Median von 3,8%.[1333]

*Helmis* überprüft ebenfalls für den deutschen Kapitalmarkt die These, ob die Ankündigung eines Squeeze-out das Anlageverhalten der Marktteilnehmer bezüglich anderer (potenzieller) Ausschlusskandidaten beeinflusst und somit einen entscheidungsrelevanten Informationszufluss darstellt.[1334] Die relevante Stichprobe von 48 börsennotierten Ausschlusskandidaten[1335] erzielt dabei bezogen auf den Ankündigungstag ($t = 0$) eine durchschnittliche abnormale Aktienrendite von 0,7%, die auf die Ankündigung von 16 ausgewählten, nicht in der Stichprobe enthaltenen Squeeze-outs kapitalmarktnotierter deutscher Unternehmen zwischen dem 1.1. und dem 1.8.2002 zurückzuführen ist.[1336]

Entscheidenden Einfluss auf die skizzierten Überrenditen hat dabei das Vorzeichen der gezahlten Abfindungsprämie: Zahlt der Hauptgesellschafter eine positive Prämie, ist die durchschnittliche abnormale Rendite der Stichprobe an den 16 Ereignistagen mit 1,1% deutlich höher als in den Fällen, in denen bei der Kompensation ein Abschlag angesetzt wird (-0,2%).[1337]

Insgesamt kann den deutschen Kapitalmarkt betreffend somit festgehalten werden, dass die Ankündigung eines Minderheitsaktionärsausschlusses einen Informationszu-

---

[1332] Selbstverständlich handelt es sich bei der identifizierten Stichprobe ausschließlich um Gesellschaften, die vor dem Ausschluss börsennotiert waren.

[1333] *Hecker* und *Kaserer* untersuchen den Ankündigungseffekt auf der Basis von Durchschnittskursen. Dabei stellen sie die zwischen 6 und 2 Tagen vor der Bekanntmachung, um Dividendeneffekte bereinigten durchschnittlichen Aktienkurse jenen Durchschnittskursen gegenüber, die zwischen 1 und 5 Tagen nach der Ankündigung feststellbar waren. Vgl. *Hecker/Kaserer* (2003), S. 150.

[1334] Vgl. *Helmis* (2003), S. 169.

[1335] Entscheidend für die Berücksichtigung in der Stichprobe war die Erfüllung der gesetzlich geforderten Mindestkapitalquote eines Hauptgesellschafters von 95% am 1.1.2002. Vgl. *Helmis* (2003), S. 170.

[1336] Ebenfalls positiv sind die durchschnittlichen Überrenditen der Stichprobe für die Zeitintervalle $t = [0; 1]$ sowie $t = [-1; 1]$ mit jeweils 0,6%. Vgl. *Helmis* (2003), S. 172.

[1337] Das Ergebnis bestätigt sich auch für die weiteren Zeitintervalle: Für $t = [0; 1]$ ist der Durchschnittswert 1,2% bei positiver und -0,2% bei negativer Prämie; für $t = [-1; 1]$ ist der Mittelwert 1,0% bzw. -0,2%. Vgl. *Helmis* (2003), S. 172. Im Übrigen vermag auch die Reduzierung der Stichprobe um jene 24 Ausschlusskandidaten, die während des Betrachtungshorizonts (1.1. bis 1.8.2002) selbst Gegenstand einer Squeeze-out-Ankündigung waren, das Ergebnis in der Tendenz nicht zu verändern. Vgl. *Helmis* (2003), S. 174.

gewinn aus Sicht der Marktakteure darstellt, da die Nachricht von einem bevorstehenden Squeeze-out das Kursniveau der übrigen börsennotierten Ausschlusskandidaten in plausibler Richtung, signifikant zu beeinflussen vermag. Besonders deutlich fällt die Marktreaktion dabei an dem Tag der Bekanntmachung des Freeze-out aus. Auch wenn es für das Verhalten der Anleger keine rationale Erklärung geben mag, verdeutlicht das Ergebnis die Beachtlichkeit von Squeeze-out-Ankündigungen für den Kapitalmarkt.

*Bates/Lemmon/Linck*[1338] betrachten ebenfalls die durchschnittlichen kumulierten abnormalen Aktienrenditen der Ziel- und Bietergesellschaftsaktionäre, die auf die Ankündigung der Unternehmenstransaktion zurückzuführen sind. Bezogen auf das Zeitintervall $t$ = [-1; 1] Tage um den Ankündigungstag ($t$ = 0) kommen sie aus Sicht der Zielgesellschaftsaktionäre für die *Short-form-merger*-Ankündigungen[1339] zu einer um 12,1%[1340] niedrigeren durchschnittlichen kumulierten abnormalen Aktienrendite als für die Ankündigungen der Unternehmensübernahmen ohne Ex-ante-Beteiligung.[1341] Die Autoren widerlegen anschließend die nahe liegende Vermutung, wonach sich die bei Aktionärsausschlüssen niedrigere Überrendite der Zielgesellschaftsaktionäre auf bereits vorab im Börsenkurs inkorporierte Erwartungseffekte zurückführen lasse, indem sie insbesondere sowohl die Aktienkursveränderungen während der Handelstage $t$ = [-42; -2] als auch die Marktwertkennziffer Tobin's Q[1342] der Zielgesellschaften in ihrer Regression abbilden. Das divergierende Ergebnis lässt sich auf eine im Vergleich zu freiwilligen Übernahmeangeboten von Seiten der Anleger erwartete geringere Gegenleistung (Abfindungsprämie) bei Squeeze-outs zurückführen, was zumindest als empirischer Anhaltspunkt für eine antizipierte Übervorteilungsgefahr bei Zwangsausschlüssen gewertet werden kann. Konsistenterweise gelangen *Bates/Lemmon/Linck* aus

1338 Zu den Grundlagen dieser Studie vgl. bereits die Ausführungen in Kapitel V.3.7.1.

1339 Dabei handelt es sich um die ex ante höchste Eigentumskonzentration, die der in Deutschland gemäß § 327 a AktG geforderten sehr ähnlich ist.

1340 Das Ergebnis ist statistisch signifikant bei einem Niveau von 10%. Vgl. *Bates/Lemmon/Linck* (2004b), S. 36 f.

1341 Vgl. *Bates/Lemmon/Linck* (2004b), S. 37. Weiterhin zeigen sie, dass Zielgesellschaftsaktionäre bei *cash-out-mergers* eine ca. 6,1% niedrigere Überrendite als bei Übernahmen ohne Ex-ante-Beteiligung des Bieters erzielen, während sie bei Übernahmen, bei denen der Bieter ursprünglich eine 50% nicht überschreitende Anteilsquote hält, um immerhin 4,9% geringer ausfällt. Vgl. *Bates/Lemmon/Linck* (2004b), S. 17, 37.

1342 Tobin's Q drückt den Unternehmenswert bezogen auf eine Geldeinheit investierten Kapitals anhand des Verhältnisses zwischen Markt- und Buchwert des Unternehmensvermögens aus. Vgl. *Tobin* (1969), S. 15 ff.

Sicht der Bietergesellschaftsaktionäre zumindest[1343] für *cash-out-mergers* zu einer um 2,2% statistisch signifikant höheren Überrendite als bei Übernahmen ohne Ex-ante-Beteiligung.[1344]

### V.3.7.3. Verteilung der Wertbeiträge

*Bates/Lemmon/Linck*[1345] betrachten die Verteilung des im Zuge der jeweiligen Unternehmenstransaktionen entstandenen Wertbeitrags, der selbstverständlich positiv und negativ sein kann.[1346] Interessanterweise ermitteln sie für die *short-form-mergers* zunächst einen negativen absoluten Gesamtwertbeitrag in Höhe von $ -125,3 Mio., der zu 103,3% von den Bietergesellschaftsaktionären getragen wird. Das bedeutet analog, dass die Zielgesellschaftsaktionäre immerhin, trotz des insgesamt verlustigen Geschäfts, einen positiven Wertbeitrag von 3,3% bezogen auf den Gesamtwerteffekt zulasten der Käufer realisieren. Relativiert wird das Ergebnis durch das zugrunde gelegte kurze Zeitfenster von $t$ = [-1; 1], innerhalb dessen die Wertbeitragsbemessung stattfand. Im Vergleich zu den anderen Unternehmensübernahmeformen, die sich, wie gezeigt, jeweils durch unterschiedliche Ursprungsbeteiligungen des Bieters auszeichnen, ist die Teilhabe der Zielgesellschaftsaktionäre an den mit der Transaktion zusammenhängenden Wertbeiträgen in Höhe von +3,3% bei den *short-form-mergers* als sehr niedrig einzustufen. So kann festgehalten werden, dass mit abnehmender Ausgangsbeteiligung des Übernehmers der Gewinnanteil der Zielgesellschaftsaktionäre an den insgesamt durch die Transaktion erzielten Wertbeiträgen zunimmt.[1347] Konnte durch Unternehmensübernahmen, bei denen der Bieter ex ante überhaupt keine Anteile an der Zielgesellschaft besaß, eine Gesamtmarktwertsteigerung in Höhe von durchschnittlich $ 13,3 Mio. erzielt werden, partizipierten die Zielgesellschaftsaktionäre an dieser, so die Autoren, mit einem Anteil von sage und schreibe +1005,6%, während die Bietergesellschaftsaktionäre demnach einen damit korrespondierenden Verlust in Höhe von -905,6% bezogen auf die Wertsteigerung realisierten.[1348]

---

1343 Für *short-form-mergers* können sie keine statistisch signifikante Erhöhung der kumulierten Überrendite der Bietergesellschaftsaktie feststellen. Vgl. *Bates/Lemmon/Linck* (2004b), S. 37.

1344 Vgl. *Bates/Lemmon/Linck* (2004b), S. 18, 37.

1345 Zu den Grundlagen dieser Studie vgl. Kapitel V.3.7.1.

1346 Der Gesamtwertbeitrag aus einer Transaktion ergibt sich aus der Summe der transaktionsbedingten Veränderungen des Bietergesellschafts- und Zielgesellschaftsmarktwerts. Vgl. *Bates/Lemmon/Linck* (2004b), S. 18 f., 38.

1347 Vgl. *Bates/Lemmon/Linck* (2004b), S. 38.

1348 Bei *cash-out-mergers* erzielen die Zielgesellschaftsaktionäre bezogen auf einen Gesamtwertbeitrag von absolut $ +37,5 Mio. einen 71,5%igen Gewinn, wohingegen die Bietergesellschaftsaktio-

Weil die Zielgesellschaftsaktionäre durch *short-form-mergers* sowie durch *cash-out-mergers* einen geringeren Gewinnanteil aus der gegenständlichen Transaktion erzielen als bei Unternehmensübernahmen, bei denen der Bieter vorher keine bzw. nur eine geringe Beteiligung an der Korporation hält, schließen *Bates/Lemmon/Linck* auf eine den ersten beiden Transaktionsformen innewohnende Übervorteilungsgefahr der Zielgesellschaftsaktionäre.[1349] Auch wenn diese Auffassung zunächst kontraintuitiv wirken mag, erzielen die Zielgesellschaftsaktionäre doch auch bei dem *short-form-merger* immerhin noch einen Gewinn bezogen auf den negativen Gesamtwertbeitrag, so kann doch der Effekt einer unterschiedlich starken Verhandlungs- und Dispositionsfreiheit zwischen den beiden Extrempositionen, keine Ex-ante-Beteiligung auf der einen und mindestens 89,5%ige Ex-ante-Anteilsquote auf der anderen Seite, nicht verkannt werden. Schließlich kann selbst eine bei einer insgesamt negativen Gesamtmarktwertveränderung erzielte positive (3,3%) Wertsteigerung aus Sicht der Zielgesellschaftsaktionäre immer das Ergebnis einer vorweggenommenen Umverteilung zukünftiger Gewinnsteigerungen sein. Lassen sich z. B. im Anschluss an den Ausschluss gewinnbringende Restrukturierungen der Zielgesellschaft umsetzen, vereinnahmt der dann alleinige Gesellschafter 100% dieser Wertsteigerungen.

Keine Unterstützung erfährt hier übrigens die wie so oft Chicago-School-lastige Begründungslinie von *Easterbrook* und *Fischel*, die eine Übervorteilung der Minderheitsaktionäre durch einen Zwangsausschluss mit dem Diversifikationsargument legitimieren.[1350] Demnach sei ein der Portfolio-Theorie entsprechend diversifizierter Anleger in wechselnden Fällen sowohl auf der Verlierer- als auch auf der Gewinnerseite,[1351] sodass sich gegenläufige Effekte kompensieren. Dieses auf das Generalkompensationskriterium zurückzuführende Argument, das in seiner abstrakten Form bereits in Kapitel III.2.1 mit guten Gründen abgelehnt wurde, kann auch im hier speziellen Falle nicht überzeugen, da weder davon auszugehen sein wird, dass alle betroffenen Anleger im neoklassischen Sinne diversifiziert sind, noch, selbst bei unterstellter Diversifikation, eine entsprechend vollumfängliche Kompensation jemals erreicht werden kann.[1352]

---

näre einen Anteil von 28,5% vereinnahmen. In den Fällen, in denen der Bieter einen Anteil von weniger als 50% vor der Übernahme hielt, erhalten die Zielgesellschaftsaktionäre +332,6% des Gesamtbeitrags in Höhe von $ +40,8 Mio., während die Bietergesellschaftsaktionäre bezogen auf diesen Betrag einen Verlust von -232,6% realisieren. Vgl. *Bates/Lemmon/Linck* (2004b), S. 38.

1349 Vgl. *Bates/Lemmon/Linck* (2004b), S. 19 f.

1350 Vgl. *Easterbrook/Fischel* (1982), S. 711-714.

1351 Bei diesen die gegenläufigen Effekte auslösenden Transaktionen muss es sich nicht zwangsläufig um Squeeze-outs handeln; vielmehr, so die Autoren, führen eventuell auch andere Maßnahmen zu den positiven Kompensationseffekten.

1352 Vgl. hierzu *Brudney* (1983), S. 1099.

### V.3.7.4. Bedeutung des Anlegerschutzes

Auch aus empirischer Sicht deutet ganz allgemein Vieles darauf hin, dass sich mit zunehmendem Anlegerschutz, dessen Ziel es u. a. ist, die Kapitalmarktteilnehmer vor Übervorteilungen zu schützen, die Funktionsfähigkeit der Kapitalmärkte verbessert.[1353] *La Porta et al.*[1354] untersuchen in ihrer 49 Länder umfassenden, 1998 veröffentlichten Studie u. a. die regionalen Unterschiede der de lege lata geltenden Anlegerschutzvorschriften für börsennotierte Kapitalgesellschaften sowie die Differenzen in der Rechtsdurch- bzw. -umsetzung.

Bezogen auf einen unterschiedlichste etablierte Investorrechte abbildenden Index[1355] kommen sie zu dem Ergebnis, dass in durch Richterrecht geprägten Regelkreisen des *common law* die Anlegerschutzbestimmungen umfangreicher ausgestaltet sind als in Staaten, deren Rechtsordnung auf römischer Rechtstradition basiert. Dabei unterscheiden die Autoren zwischen der römischen Rechtstradition deutscher, skandinavischer und französischer Prägung und identifizieren die Rechtskreise französischen Ursprungs als die dem Investorenschutz die geringste Bedeutung beimessenden Regime; deutsch und skandinavisch orientierten Regelkreisen attestieren sie dabei eine zwischen *common law* und französischer Rechtstradition liegende Position.[1356]

Des Weiteren bestätigen *La Porta et al.* für jene Länder, die sich durch einen ausgeprägten Investorenschutz hervortun, auch eine effiziente Rechtsdurch- und -umsetzung, wobei hier allerdings die skandinavischen und deutschen Regeln das Ranking anführen.[1357] Schließlich weisen die Verfasser der Studie noch einen positiven Zusammenhang zwischen dem Reichtum eines Landes, gemessen an dem Pro-Kopf-Bruttosozialprodukt, und der Qualität der Rechtsdurch- bzw. -umsetzung nach, mit den durch *common law* geprägten Regelkreisen an der Spitze, gefolgt von den skandina-

---

[1353] Zu diesem Argument aus kapitalmarkt*theoretischer* Sicht vgl. Kapitel III.2.4.

[1354] Vgl. *La Porta et al.* (1998), S. 1113 ff.

[1355] In den Index gehen u. a. die geltenden Abstimmungsregeln auf Gesellschafterversammlungen, Ausschüttungsvorschriften sowie Zwangsmaßnahmen gegen Minderheitsaktionäre durch die Geschäftsleitung ein. Für einen Überblick über die gesamten einbezogenen Schutzvorkehrungen vgl. *La Porta et al.* (1998), S. 1130 f.

[1356] Vgl. *La Porta et al.* (1998), S. 1126-1134.

[1357] Vgl. *La Porta et al.* (1998), S. 1140-1145. Zu den Indikatoren für die Rechtsdurch- und -umsetzung fungieren u. a. das Ausbeutungsrisiko der Minderheitsaktionäre, die Effizienz des Rechtssystems sowie die Korruption. Für eine vollständige Übersicht vgl. *La Porta et al.* (1998), S. 1142 f.

visch und deutsch orientierten Rechtskreisen in der Mitte und mit auf der französischen Rechtstradition basierenden Ländern als Schlusslicht.[1358]

Letzter Punkt stützt tendenziell das von *de Soto* ebenfalls empirisch festgestellte Phänomen, wonach es in Ländern der Dritten Welt sowie in den ehemaligen Staaten des Ostblocks regelmäßig an transparenten und durchsetzungserprobten Eigentumsordnungen mangelt. Jene Eigentumsordnungen ermöglichen es, die vorhandenen Vermögenswerte marktgängig zu machen sowie dem willkürlichen Zugriff Dritter zu entziehen und somit in Kapital umzuwandeln. Sofern in den ärmsten Ländern dieser Welt eine Eigentumsordnung existiert, komme sie, so *de Soto*, ausschließlich einer privilegierten Oberschicht zugute.[1359]

In einer weiteren, 1997 veröffentlichten empirischen Studie knüpfen *La Porta et al.*,[1360] dieselbe Stichprobe nutzend, an die Ergebnisse der oben vorgestellten, länderübergreifenden und die Rechtssystematik in den Vordergrund stellenden Untersuchung an.[1361] Dabei betrachten sie die Möglichkeit börsennotierter Unternehmen zur Gewinnung externen Kapitals (Eigen- und Fremdkapital) in Abhängigkeit von dem zugrunde liegenden rechtlichen Umfeld. Die Autoren weisen u. a. nach, dass in Ländern mit *Common-law*-Tradition das Verhältnis zwischen der Marktkapitalisierung des von Unternehmensoutsidern gehaltenen Eigenkapitals und dem Bruttosozialprodukt, auf der Basis des Jahres 1994, als Indikator für die Investitionsbereitschaft auf dem organisierten Eigenkapitalmarkt sowie die Bewertung der dort gehandelten Unternehmen, mit durchschnittlich 60% am höchsten ist, gegenüber 46% in den von dem deutschen, 30% in den von dem skandinavischen und 21% in den von dem französischen Rechtssystem geprägten Staaten. Ein vergleichbares Bild ergibt die Auswertung der durchschnittlichen Pro-Kopf-Zahl der in den jeweiligen Regelkreissystemen ansässigen börsennotierten Unternehmen für das Jahr 1994 sowie die Pro-Kopf-Anzahl der Börsengänge zwischen Sommer 1995 und Sommer 1996.[1362]

Darüber hinaus ermitteln die Autoren, regelkreisunabhängig, mit Hilfe einer Regressionsanalyse ein positives Verhältnis zwischen der Qualität der Anlegerschutzrechte und

---

1358 Vgl. *La Porta et al.* (1998), S. 1144 f.

1359 Vgl. *de Soto* (2002), S. 30-49.

1360 Vgl. *La Porta et al.* (1997), S. 1131 ff.

1361 Zwar wurde die oben bereits dargelegte Studie in 1998 veröffentlicht; sie wurde allerdings bereits 1996 angefertigt. Die Untersuchung von *La Porta et al.* (1997) wurde darauf folgend durchgeführt.

1362 Vgl. *La Porta* et al. (1997), S. 1137 f. Die Pro-Kopf-Zahl der Börsengänge ist allerdings auf Wachstumsmärkten verständlicherweise größer als auf reifen Märkten.

dem Marktkapitalisierungsverhältnis (Marktkapitalisierung des von außenstehenden Anlegern gehaltenen Eigenkapitals zu Bruttosozialprodukt).[1363] Des Weiteren wirken sich ein starker Investorenschutz sowie eine qualitativ hochwertige Rechtsdurchsetzung positiv auf die Anzahl sowohl der börsennotierten Unternehmen als auch der Börsengänge aus.[1364]

Dieser insgesamt positive Effekt des Investorenschutzes auf die Funktionsfähigkeit der Kapitalmärkte findet auch in weiteren empirischen Untersuchungen Unterstützung:

So besteht ein positiver Zusammenhang zwischen dem Anlegerschutz und der Größe börsennotierter Unternehmen im Hinblick auf Umsatzvolumina bzw. Vermögenswerte.[1365] Des Weiteren kann mit zunehmendem Investorenschutz eine höhere Bewertung kapitalmarktnotierter Gesellschaften, ausgedrückt als Verhältnis zwischen Marktkapitalisierung und Wiederbeschaffungskosten der Vermögenswerte (Tobin's Q), ermittelt werden.[1366] Schließlich lässt sich empirisch ein positiver Einfluss von Anlegerschutzbestimmungen auf das Ausmaß der Dividendenzahlungen konstatieren.[1367]

Im Ergebnis lässt sich nunmehr nach der Auswertung der untersuchten Studien festhalten, dass dem Anlegerschutz eine fundamentale positive Bedeutung für die Funktionsfähigkeit der organisierten Kapitalmärkte zukommt. Aus der Perspektive der Kapitalmarktfunktionsfähigkeit lassen sich demnach für die Beurteilung des Squeeze-out wichtige Implikationen ableiten: Wenngleich keine der präsentierten empirischen Studien den Ausschluss von Minderheitsaktionären explizit in das Untersuchungsdesign einbezieht, kann ganz allgemein zunächst der Schluss gezogen werden, dass es aus der Sicht funktionsfähiger Kapitalmärkte geboten erscheint, die Vermögensposition der Ausgeschlossenen nicht zu sehr zu strapazieren. Somit kommt der Ausgestaltung des Squeeze-out-Verfahrens sowie der damit eng verbundenen Abfindungsregel aus – einer nunmehr auch empirisch gesicherten – Kapitalmarktperspektive große Bedeutung zu.

### V.3.7.5. Zwischenfazit

Die Ausführungen über die empirischen Befunde haben zunächst verdeutlicht, dass in Abfindungsfällen sowohl bezogen auf den Börsenkurs des Ankündigungstags als auch

---

1363 Vgl. *La Porta et al.* (1997), S. 1141.

1364 Vgl. *La Porta et al.* (1997), S. 1143 f.

1365 Vgl. *Kumar/Rajan/Zingales* (1999), S. 17-19, 34.

1366 Vgl. *Claessens et al.* (2002), S. 2751-2760; *La Porta et al.* (2002), S. 1162 f.

1367 Vgl. *La Porta et al.* (2000), S. 15-23.

bezogen auf durchschnittliche, vor der Bekanntmachung des Ausschlusses liegende Marktpreise im Durchschnitt positive Abfindungsprämien an die Minderheitsaktionäre gezahlt werden. Dabei handelt es sich indes weder um ein sicheres noch um ein stabiles Ergebnis, was in den hohen Standardabweichungen der zutage geförderten Ergebnisse zum Ausdruck kommt.

Bestätigt wird dieses auf den ersten Blick zumindest durchschnittlich positive Ergebnis durch die mit der Squeeze-out-Bekanntmachung hervorgerufenen Kursreaktionen. So sind nicht nur im Zeitpunkt der Ausschlussankündigung, sondern auch bereits davor signifikante Überrenditen mit den Anteilen der jeweiligen Squeeze-out-Kandidaten zu erzielen. Die bereits vor der offiziellen Verkündung der Ausschlussabsicht zu verzeichnenden abnormalen Renditen sind dabei entweder auf die Ausnutzung von Insiderwissen oder aber auf die im Markt vorherrschenden Spekulationen über einen bevorstehenden Freeze-out zurückzuführen.

Ebenfalls kapitalmarkttheoretisch relevante Implikationen liefert die Beobachtung, dass statistisch gesehen dann höhere Überrenditen erzielbar sind, wenn die 95%ige Mindestkapitalquote von dem Hauptaktionär nicht erst unmittelbar vor dem Ausschluss erreicht wurde. Dieses Phänomen verdeutlicht die im Vergleich zu einer zeitlich weit zurückliegenden Voraussetzungserfüllung höhere Erwartungshaltung der Marktakteure bezüglich des Eintritts eines Minderheitsaktionärsausschlusses, die vor der Bekanntmachung bereits im Börsenkurs inkorporiert ist.

Der Blick auf die empirischen Befunde betreffend die Aktienkursreaktionen durch Squeeze-out-Ankündigungen hat verdeutlicht, dass der Kapitalmarkt sehr wohl die Information über den Ausschluss verarbeitet. Ob er dabei, wie die Theorie effizienter Kapitalmärkte induziert, gewährleistet, dass sich der Marktwert eines Ausschlusskandidaten dessen Fundamentalwert annähert, ist empirisch nicht belegt; eine dem inneren Wert entsprechende Kapitalmarktbewertung erscheint in Anbetracht der mit der Eigentumskonzentration jener Gesellschaften verbundenen Illiquidität der Anteile jedoch sehr zweifelhaft. An dieser Stelle kann also lediglich festgehalten werden, dass mit einer gezielt auf Freeze-out-Kandidaten gerichteten Anlagestrategie tendenziell Überrenditen erwirtschaftet werden können; Renditen also, die sich auf bezüglich ihrer Informationsabbildungseigenschaft nicht näher bestimmte Börsenkurse beziehen. Nicht geschlussfolgert werden kann dahingegen, dass die in den Überrenditen ausgedrückten antizipierten Abfindungsprämien auch tatsächlich Aufgelder im Sinne von über dem anteiligen inneren Wert (Fundamentalwert) der Gesellschaft liegenden Zuschlägen darstellen.

Somit lassen sich hierdurch auch keine anderen Erkenntnisse für die Berücksichtigung von Börsenkursen bei der Abfindungswertermittlung ableiten als die Feststellung, dass die Aktienkurse auf eine Ausschlussankündigung sowie in deren Vorfeld tendenziell mit einem über dem Gesamtmarktniveau liegenden Ausmaß reagieren. Dabei könnten die empirisch erhärteten Überrenditen auch Ausdruck einer systematischen Unterbewertung von Squeeze-out-Kandidaten auf dem Kapitalmarkt sein.

Wären die empirisch bestätigten Überrenditen tatsächlich das Resultat systematischer Unterbewertungen auf dem Kapitalmarkt, würde dies analog dazu auch das Urteil über die Höhe der Abfindungsprämien relativieren. Werden nämlich die gezahlten bzw. in Aussicht gestellten Abfindungsbeträge bei der Berechnung etwaiger Prämien auf die (unterbewerteten) Börsenkurse bezogen, dann vermag dies auch, gemessen an dem inneren Wert (Fundamentalwert) der Gesellschaft, das Werturteil über die Kompensationszahlungen zu verzerren. Im Übrigen hängt, unabhängig von einer etwaigen Unterbewertung auf dem Kapitalmarkt, das individuelle Profitabilitätsvorzeichen dieser Transaktion aus Sicht der Minderheitsaktionäre stets von deren ursprünglich gezahltem Kaufpreis je Aktie ab.

Auf eine tendenzielle Übervorteilung aus Sicht der Minderheitsaktionäre deutet der für den US-amerikanischen Kapitalmarkt gewonnene Befund, wonach Zielgesellschaftsaktionäre bei der erzwungenen Aktienübertragung via Squeeze-out einen niedrigeren Anteil an der insgesamt durch die Transaktion erzielbaren Marktwertsteigerung realisieren als bei einer freiwilligen Anteilsveräußerung via öffentliches Übernahmeangebot. Ebenfalls auf eine Benachteiligung der Minderheitsaktionäre deutet die im Vergleich zur Ankündigung freiwilliger (öffentlicher) Übernahmeangebote niedrigere Überrendite im Zusammenhang mit Ausschlussbekanntmachungen hin.

Wenngleich die ausgewerteten empirischen Ergebnisse keine eindeutige Aussage über die Vorteilhaftigkeit eines Zwangsausschlusses aus Sicht der betroffenen Minderheitsaktionäre zulassen, so deutet doch einiges darauf hin, dass, wie oben bereits kurz erwähnt, eine auf Squeeze-out-Kandidaten fokussierte Anlagestrategie erfolgreich sein kann. So überrascht es nicht, mit bestimmter Regelmäßigkeit der Tagespresse zu entnehmen, dass sich die Investition in potenzielle Squeeze-out-Kandidaten durchaus lohne, da hierdurch die Beteiligung an lukrativen Abfindungsprämien winke.[1368] Um langwierige Rechtsstreitigkeiten zu umgehen, so der Tenor, würden die Hauptaktionäre von Squeeze-out-Kandidaten häufig eine Abfindung je Aktie zahlen, die deutlich über deren aktuellem Marktpreis liege. Selbst wenn der Hauptaktionär zunächst kein

[1368] Vgl. *o. V.* (2002), S. 38; *Pfeil* (2002), S. 34; *Drescher/Pfeil* (2003), S. 31; *Pfeil* (2004), S. 36; *Pfeil/Mönnighoff* (2004), S. 38; *Dunzendorfer* (2004), S. 8; *o. V.* (2004e), S. 4.

deutlich über dem Börsenkurs der Aktie liegendes Abfindungsangebot unterbreite, werde dieses, so die Argumentation, regelmäßig per sich anschließendem Gerichtsentscheid im Wege eines Spruchstellenverfahrens in die Höhe getrieben. Angezogen von derartigen Gewinnchancen hat sich derweil eine Anlegerklientel gebildet, die bewusst auf attraktive Barabfindungen spekuliert.[1369]

Inzwischen hat auch die Investmentbranche[1370] auf derartige Spekulationspotenziale des deutschen Aktienmarkts reagiert und ihrer anlagebereiten Kundschaft im Frühjahr 2004 mit einem Basketzertifikat,[1371] das gezielt auf die Gewinnchancen bei Ausschlusskandidaten spekuliert, ein neues Finanzprodukt vorgelegt. Die Emittentin des Zertifikats, das Bankhaus *Sal. Oppenheim jr. & Cie KGaA*, wählt nach eigenem Ermessen aus allen deutschen börsennotierten AG die zehn gewinnversprechendsten Squeeze-out-Kandidaten aus,[1372] damit die Anleger an den vermuteten Börsenkurssteigerungen jener Titel sowie an den etwaig geleisteten Barabfindungen zuzüglich weiterer mit dem Ausschluss zusammenhängender Zahlungen während der bis zum Jahre

---

1369 Vgl. u. a. *Dunzendorfer* (2004), S. 8. Grundsätzlich lassen sich die Squeeze-out-Kandidaten in drei für Spekulanten relevante Zielgruppen unterteilen: In die erste Kategorie fallen all jene Gesellschaften, für die bereits ein Abfindungsangebot vorliegt und bei dem entweder mit einer freiwilligen oder mit einer gerichtlich verfügten Nachbesserung der Offerte gerechnet wird. Zu der zweiten Gruppierung zählen diejenigen Werte, für die zwar noch kein Barabfindungsangebot unterbreitet wurde, der Hauptaktionär allerdings bereits seine Absicht eines zeitnahen Aktionärsausschlusses öffentlich kundgetan hat und eine über dem aktuellen Börsenkurs liegende Abfindung erwartet wird. Schließlich sei noch auf die dritte Klasse von AG verwiesen, für die weder ein Barabfindungsangebot noch eine öffentliche Absichtserklärung des Hauptaktionärs existiert, ein Squeezeout aber dennoch für möglich gehalten wird; bei den diese Erwartungshaltung bildenden Indikatoren handelt es sich z. B. um die Aktionärsstruktur der Gesellschaft bzw. eine geplante oder beschlossene Übernahme.

1370 Nicht nur die Investmentbranche versucht an eventuellen Abfindungsprämien bzw. an auf diesen basierenden Kurssteigerungen zu partizipieren. Seit einiger Zeit betätigen sich sogar so genannte Portfolio-Managementgesellschaften auf diesem Markt, deren operatives Geschäft u. a. darin besteht, mit gezielten Beteiligungen Abfindungsprämien zu erzielen. Prominentes Beispiel ist hier die seit 2000 aktive *Falkenstein Nebenwerte AG.* Zu deren Anlagekonzept vgl. http://www.falkenstein-ag.de.

1371 Zertifikate sind frei handelbare, in ihrer Laufzeit begrenzte oder unbegrenzte von Banken emittierte Anleihen, die keine laufenden Erträge ausschütten. Sie haben einen variablen Wert bzw. Rückzahlungsbetrag, der an die Kursentwicklung des Basistitels gebunden ist. Als Basiswerte (so genannte Underlyings) kommen z. B. Indizes oder Aktienkörbe (Baskets) infrage. Im Gegensatz zu Indexzertifikaten sind Basketzertifikate an einen individuell von der Emittentin zusammengestellten Aktienkorb gekoppelt, dessen Komposition regelmäßig einem speziellen Markttrend unterliegt (hier Squeeze-out-Kandidaten). Ausführlich zu den diversen Ausgestaltungen von Zertifikaten vgl. *BNP Paribas* (o. J.).

1372 Hinsichtlich der Zusammensetzung und auch Gewichtung des Aktienkorbs ist die Emittentin frei. Die sehr aktive Zertifikatsstruktur soll dabei eine möglichst effiziente Anlagestrategie gewährleisten.

2009 befristeten Laufzeit des Anlageprodukts teilhaben können.[1373] Der tagesaktuell ermittelte Wert des Zertifikats basiert im Wesentlichen auf der Summe der gewichteten Börsenkurse der in den Aktienkorb einbezogenen Wertpapiere;[1374] vereinnahmte Barabfindungen werden dabei direkt auf den Wert des Zertifikats anteilig angerechnet und in der Regel erneut angelegt.[1375] Das Gewinnpotenzial der Emittentin kann sich auch sehen lassen: Neben einer Erfolgsvergütung (Performance Fee) in Höhe von 10% der positiven Aktienkorbperformance vereinnahmt die Bank eine Verwaltungsgebühr (Management Fee) von jährlich 1,25% bezogen auf den Basketwert;[1376] zudem partizipiert die Emittentin an der konstanten Geld-/Briefspanne in Höhe von € 1.[1377]

Zwar kann nicht von der Hand gewiesen werden, dass durchaus in Bezug auf den Marktpreis mit positiven Abfindungsprämien im Zusammenhang mit Squeeze-outs gerechnet werden und eine auf Squeeze-out-Kandidaten gerichtete Anlagepolitik erfolgreich sein kann; *Sal. Oppenheim jr. & Cie. KGaA* erzielte beispielsweise mit seinem Squeeze-out-Basket-Zertifikat zwischen der Erstemission, dem 28.4.2004, und dem 31.12.2004 eine nicht unbeträchtliche Kurssteigerung von beinahe 10%.[1378] Dennoch ist vor dem insbesondere in der Tagespresse zu konstatierenden Euphemismus zu warnen, wonach die Investition in Ausschlusskandidaten eine sichere und uneingeschränkt Gewinn versprechende Anlagestrategie darstelle. So ist nämlich davon auszugehen, dass durch eine zunehmende Verbreitung dieser neuen Spielart des Anlagemanagements deren Lukrativität sukzessive zurückgehen wird; denn je mehr Anleger ihr Glück bzw. Anlagegeschick in jenen Werten suchen, desto geringer werden dabei die erzielbaren Arbitragegewinne ausfallen. Weiterhin sei an dieser Stelle noch auf die mitunter sehr langen Zeiträume bis zur endgültigen Abfindungsauszahlung verwiesen, die ebenfalls die Vorteilhaftigkeit einer Spekulation in Squeeze-out-Werten relativieren. Da nämlich in Abfindungsfällen regelmäßig im Wege des gerichtlichen Spruchstellenverfahrens eine Überprüfung der Angemessenheit der Kompensationshöhe von den betroffenen Minderheitsaktionären angestrengt wird, die, bezogen auf die Rechts-

---

[1373] Vgl. *Sal. Oppenheim jr. & Cie KGaA* (2004), S. 9.

[1374] Vgl. *Sal. Oppenheim jr. & Cie. KGaA* (2004), S. 9.

[1375] Eine Anrechnung von Dividendenzahlungen erfolgt dahingegen nicht. Vgl. *Sal. Oppenheim jr. & Cie. KGaA* (2004), S. 6. Die ausbleibende Dividendenanrechnung ist allerdings ein typisches Merkmal von Zertifikaten. Vgl. *BNP Paribas* (o. J.), S. 46.

[1376] Vgl. *Sal. Oppenheim jr. & Cie KGaA* (2004), S. 10.

[1377] Vgl. die Kursdaten bei http://zertifikate.onvista.de.

[1378] Die Wertsteigerung ist auf einen Schlusskurs am 31.12.2004 von € 111,01, bei einem Erstemissionskurs von € 101,00 zurückzuführen. Historische Kurse können abgefragt werden unter: http://www.finanztreff.de.

ordnung vor dem 1.9.2003,[1379] einer empirischen Untersuchung zufolge, durchschnittlich 10,2 Jahre dauert,[1380] könnte die Investition verfügbarer Finanzmittel in andere Anlageformen eine bessere, das heißt Rendite optimale Alternative sein.

Aus Sicht einer über den Gesamtmarkt gebildeten Durchschnittsliquidität schließlich ist die Möglichkeit des Zwangsausschlusses tendenziell positiv zu bewerten, da alleine aufgrund der geforderten Mindestkapitalquote von 95% wohl nur ein geringer Handel in den Squeeze-out-Werten stattfinden wird und das gemittelte Liquiditätsniveau des Kapitalmarkts verbessert werden kann.

### V.3.8. Alternativer Lösungsansatz zur Gewährleistung einer angemessenen Abfindung

Wie erläutert, ist die Festlegung eines angemessenen Abfindungsbetrags der Minderheitsaktionäre mit großen Schwierigkeiten versehen und kann unter Inkaufnahme zahlreicher Objektivierungserfordernisse dem bewertungstheoretischen Ideal eines hypothetischen (typisierten) Minderheitsaktionärsgrenzpreises nicht gerecht werden; im Ergebnis steigert dies ceteris paribus auch die Möglichkeit eines Vermögensnachteils aus der Perspektive der Ausgeschlossenen.

Zur Relativierung dieser Ermittlungs- bzw. Genauigkeitsschwierigkeiten wird in dieser Arbeit ein alternativer Lösungsvorschlag unterbreitet, nach dem die Minderheitsaktionäre bei bestehender Unsicherheit über die Angemessenheit der angebotenen objektivierten Barabfindung eine alternative Kompensationsform wählen können, dank der sie an den zukünftigen Erfolgen der Gesellschaft teilhaben können. Eine Beteiligung an den Verlusten ist deshalb geboten, weil diese auch in den der Barabfindung zugrunde liegenden unsicheren Zukunftserfolgswert eingehen.

Sollten die betroffenen Anleger mit der angebotenen Barabfindung des Hauptaktionärs nicht einverstanden sein, können sie alternativ für die Herausgabe ihrer Aktien Ge-

---

[1379] Durch die Neuordnung des Spruchstellenverfahrens durch das SpruchG, das für Anträge ab dem 1.9.2003 einschlägig ist, wird, wie in Kapitel II.1.1.3 gezeigt, eine erhebliche Verfahrensbeschleunigung erwartet. Zu dieser neuen Rechtsordnung existiert allerdings noch kein empirischer Befund.

[1380] Der empirischen Untersuchung liegt eine Stichprobe von 59 zwischen 1978 und 1992 geschlossenen Unternehmensverträgen (gemäß § 291 AktG) zugrunde, bei denen in 54 Fällen Spruchstellenverfahren angestrengt wurden. Da bis zum Jahre 2001 immer noch 13 Verfahren anhängig waren, gehen die Verfasser von einer unterstellten Restdauer von vier Jahren für erstinstanzliche und von zwei Jahren für zweitinstanzliche Verfahren aus. Vgl. *Wenger/Kaserer/Hecker* (2001), S. 328. In der dieser Untersuchung zugrunde liegenden Studie von *Hecker*, die sich auf die gleiche Stichprobe bezieht, ergibt sich für die bis zum 31.3.1997 beendeten 30 Verfahren eine durchschnittliche Prozessdauer von 5,83 Jahren. Vgl. *Hecker* (2000), S. 308-310.

nussrechte[1381] an der Unternehmung fordern. Da die Genussscheine, der herrschenden Meinung folgend, von Emittenten jedweder Rechtsform ausgegeben werden dürfen,[1382] können sie auch in jenen Fällen als Kompensationsleistung zum Einsatz kommen, in denen der Hauptaktionär im Anschluss an den Squeeze-out einen Rechtsformwechsel anstrebt. Um den mit einer Kapitalmarktnotierung verbundenen (kapitalmarktrechtlichen) Publizitätspflichten zu entgehen, sollten die zur Abfindung eingesetzten Genussrechte nicht börsennotiert sein.

Für Genussrechte hält das deutsche Gesellschaftsrecht keine Legaldefinition bereit; der Begriff findet in den §§ 160 Abs. 1 Nr. 6, 221 Abs. 3 AktG lediglich Erwähnung. Da der Gesetzgeber der Entwicklung von Instrumenten zur Kapitalaufbringung keine allzu großen Schranken setzen wollte, sind die Parteien bei der Ausgestaltung von Genussrechten relativ frei. Dennoch haben sich aus Gründen einer besseren Greifbarkeit zentrale Definitionsmerkmale in der Literatur herausgeschält. Demnach handelt es sich bei Genussrechten um aktionärstypische vermögensrechtliche Ansprüche, wobei insbesondere der Beteiligung am Gewinn und/oder am Liquidationserlös praktische Relevanz zukommt.[1383] Weiterhin charakteristisch für Genussrechte ist, dass sie keine Mitgliedschaft in dem Unternehmensverband und somit auch keine aktionärstypischen Mitwirkungs- und Kontrollrechte begründen.[1384] Nicht ausgeschlossen ist dahingegen die vertragliche Gewährung von Auskunftsrechten auf, Teilnahmerechten an und Rederechten auf einer Hauptversammlung; hierbei handelt es sich allerdings um *Kann*-Vorschriften.[1385]

Obwohl der Squeeze-out ein (erzwungenes) Rechtsgeschäft zwischen dem Hauptaktionär und den Minderheitsanteilseignern ist, bedarf es bei der Gewährung von Genussrechten als Gegenleistung für die aufzugebenden Aktien der Zwischenschaltung der Zielgesellschaft als Emittentin. Anteile von Minderheitsaktionären, die das Genussscheinangebot annehmen, werden, so der Vorschlag, gemäß § 237 i. V. m. § 222 AktG nach Erwerb durch die Gesellschaft eingezogen; notwendige Voraussetzung für die Aktieneinziehung ist die verhältnismäßige Herabsetzung des Grundkapitals. Als Gegenleistung erhalten die betroffenen Anleger gemäß dem um einen Fungibilitäts-

---

[1381] Alternativ ist auch von Genussscheinen die Rede. Genussscheine sind verbriefte Genussrechte.

[1382] Vgl. hierzu m. w. N. *Frantzen* (1993), S. 25.

[1383] Vgl. u. a. *Feddersen/Knauth* (1988), S. 17 f.; *Frantzen* (1993), S. 2-6; *Hüffer* (2002), § 221 Rn. 25; *Schmidt* (2002), S. 521; *Habersack* (2005), § 221 Rn. 64 f.

[1384] Vgl. *Frantzen* (1993), S. 9-14; *Lutter* (1993b), S. 305; *Feddersen/Meyer-Landrut* (1993), S. 313; *Hüffer* (2002), § 221 Rn. 26; *Habersack* (2005), § 221 Rn. 65, 86, 119.

[1385] Vgl. *Hüffer* (2002), § 221 Rn. 26; *Habersack* (2005), § 221 Rn. 120.

zuschlag korrigierten Umtauschverhältnis Genussrechte. Somit ändert sich zwar die Grundkapitalbasis der Gesellschaft, nicht jedoch das bilanzielle Eigenkapital, da, wie noch zu zeigen sein wird, die begebenen Titel eigenkapitalähnlichen Charakter aufweisen. Im Ergebnis hält der Hauptaktionär schließlich sämtliche Aktien und damit 100% des Grundkapitals in seinen Händen.

Aufgrund der diversen Ausgestaltungsmöglichkeiten von Genussrechten, die eine eindeutige Zuordnung zu Fremd- oder Eigenkapital nicht erlauben, sind sie hybrider Natur. In der Literatur hat sich in der Vergangenheit die Einteilung in obligationsähnliche,[1386] aktiengleiche[1387] und aktienähnliche[1388] Genussrechte bewährt.

Da die Zulässigkeit aktiengleicher Genussrechte wegen ihrer Ähnlichkeit mit den stimmrechtslosen Vorzugsaktien[1389] in der Literatur sehr umstritten ist[1390] und auch die Rechtsprechung dieses Thema noch nicht aufgegriffen, geschweige denn geklärt hat, wird an dieser Stelle als Gegenleistung für die von den Minderheitsaktionären abzugebenden Aktien die Ausgabe von aktienähnlichen Genussrechten vorgeschlagen. Die Aktienähnlichkeit wird hier dadurch erreicht, dass die ehemaligen Minderheitsaktionäre alternativ zur Barabfindung Genussrechte erhalten können, die sich insbesondere durch eine unbegrenzte Laufzeit sowie eine Beteiligung an den Gewinnen und Verlusten der Gesellschaft auszeichnen.

Das Umtauschverhältnis zwischen Aktien und Genussscheinen ist, bezogen auf das Grundkapital, im Verhältnis 1:1 anzusetzen; ausgehend von einem Nennbetrag je Aktie bzw. Grundkapitalanteil bei Stückaktien von einem Euro, würden die verlustigen

---

1386 Obligationsähnliche Genussrechte zeichnen sich durch einen festen, durch Verluste nicht beeinträchtigten Rückzahlungsanspruch aus. Hinsichtlich der Vergütung sind feste Zinszahlungen, Gewinn orientierte Zinszahlungen sowie eine Mischung aus fester und variabler Verzinsung denkbar. Vgl. *Habersack* (2005), § 221 Rn. 77.

1387 Aktiengleiche Genussrechte begründen vor der Auflösung der Gesellschaft keinen Rückzahlungsanspruch der Einlage und sind im Falle einer Liquidation und Insolvenz im gleichen Rang wie die auf Aktien basierenden Ansprüche. Vgl. *Feddersen/Meyer-Landrut* (1993), S. 313; *Habersack* (2005), § 221 Rn. 78.

1388 Aktienähnliche Genussrechte liegen hinsichtlich ihrer Ausgestaltung zwischen obligationsähnlichen und aktiengleichen Genussrechten; sie zeichnen sich regelmäßig durch eine begrenzte Laufzeit, ein Kündigungsrecht des Anteilsinhabers oder durch eine im Insolvenz- und Liquidationsfall vorrangige Behandlung gegenüber den Aktionären aus. Vgl. *Habersack* (2005), § 221 Rn. 79.

1389 Eine zur Barabfindung alternative Ausgabe von stimmrechtslosen Vorzugsaktien scheidet hier aus, weil Inhaber stimmrechtsloser Vorzugsaktien gemäß § 140 Abs. 1 AktG, bis auf die Stimmrechtslosigkeit, die gleichen Rechte wie Stammaktionäre haben. Hat das Unternehmen Vorzugsaktionäre, gelten also auch die unveränderten Publizitäts- und Hauptversammlungspflichten.

1390 Für die Zulässigkeit aktiengleicher Genussrechte sprechen sich u. a. aus: *Ernst* (1967), S. 75; *Claussen* (1985), S. 78 f.; *Hammen* (1988), S. 2553; *Feddersen/Knauth* (1988), S. 21-24. Gegen die Zulässigkeit sind u. a. *Reuter* (1985), S. 105; *Habersack* (1991), S. 385 f.

Anteilseigner jeweils einen Genussschein mit einem Nominalwert von ebenfalls einem Euro erhalten.[1391] Aufgrund der Tatsache, dass die hier vorgeschlagene Ausgestaltung der Genussscheine möglichst aktienähnlich erfolgen soll, kann, gängiger finanzierungstheoretischer Erkenntnis zufolge, von einem angemessenen Umtauschverhältnis ausgegangen werden, da sich der Wert eines Finanztitels, also auch der eines Genussscheins, über den Kapitalwert der erwarteten Zahlungsströme ermitteln lässt. Wegen der Genussscheinen immanenten und gegenüber Aktien deutlich geringeren Fungibilität[1392] ist das Umtauschverhältnis entsprechend zu korrigieren. Für die Quantifizierung des Fungibilitätsnachteils von nicht kapitalmarktnotierten Aktien gegenüber kapitalmarktnotierten Titeln im Allgemeinen und erst recht von Genussscheinen gegenüber an organisierten Märkten handelbaren Aktien im Besonderen hält die ökonomische bzw. betriebswirtschaftliche Forschung kein Patentrezept bereit. In den USA haben sich zwei empirisch motivierte Untersuchungsdesigns und ein kapitalmarkttheoretischer Ansatz zur Messung des Fungibilitätsabschlags (*lack of marketability discount*) herausgebildet.

Der prominentere empirische Ansatz quantifiziert den Fungibilitätsabschlag als Preisdifferenz zwischen zum Börsenhandel zugelassenen und nicht am organisierten Sekundärmarkt teilnehmenden Aktien derselben Korporation. Bei Letzteren handelt es sich um so genannte *restricted stocks*, welche, bis auf die – regelmäßig befristete – fehlende Börsennotierung, die gleichen Charakteristika aufweisen wie die kapitalmarktnotierten Titel;[1393] der Handel in *restricted stocks* findet nur außerbörslich statt (so genannte Over-The-Counter-Geschäfte).

---

[1391] Der Mindestnennbetrag von Nennwertaktien sowie der Mindestanteil am Grundkapital von Stückaktien beträgt gemäß § 8 Abs. 2 AktG ein Euro.

[1392] Ein Wertpapier ist fungibel, wenn es die gleichen Rechte und Pflichten verbrieft wie die Wertpapiere der gleichen Art und Gattung, sodass es im Ergebnis für den Investor egal ist, welches Wertpapierstück er erwirbt. Vgl. *Perridon/Steiner* (1995), S. 171, 353, die unter Fungibilität eines Wertpapiers den Grad seiner Verwertbarkeit verstehen. Vgl. auch *Franke/Hax* (2004), S. 59.

[1393] Börsennotierte Gesellschaften emittieren *restricted stocks* häufig zur Finanzierung von Unternehmensakquisitionen, zur Gewinnung privaten Kapitals sowie im Rahmen von Mitarbeiteraktienprogrammen. Vgl. *Pratt/Reilly/Schweihs* (2000), S. 395.

Folgende tabellarische Übersicht illustriert den bis dato vorliegenden empirischen Befund über *restricted stocks*:[1394]

| *Studie* | *Untersuchungszeitraum* | *Stichprobenumfang* | *Durchschnittlicher Abschlag* |
|---|---|---|---|
| *SEC (1971)* | 1966 - 1969 | 398 | 25,8% |
| *Gelman (1972)* | 1968 - 1970 | 89 | 33,0% |
| *Trout (1977)* | 1968 - 1972 | 60 | 33,5% |
| *Moroney (1973)* | k. A. | 146 | 35,6% |
| *Maher (1976)* | 1969 - 1973 | k. A. | 35,4% |
| *Pittock/Stryker (1983)* | 1978 - 1982 | 28 | 45,0% |
| *Willamette Management Associates*[1395] | 1981 - 1984 | 33 | 31,2% |
| *Silber (1991)* | 1981 - 1988 | 69 | 33,8% |
| *Hall/Polacek (1994)* | 1979 - 1992 | >100 | 23,0% |
| *Oliver/Meyers (2000)* | 1980 - 1996 | 53 | 27,0% |

*Tabelle 4: Fungibilitätsabschläge unter Berücksichtigung von zum Börsenhandel zugelassenen Aktien*

Die zweite Familie der empirischen Ansätze zur Quantifizierung von Fungibilitätsabschlägen vergleicht die realisierten Aktienpreise vor und nach Börseneinführung; dabei wird konkret der Emissionspreis demjenigen gewichteten Preis gegenübergestellt, der binnen einer bestimmten Zeit vor der Börseneinführung erzielt wurde.

Einen Überblick über den empirischen Befund liefert folgende tabellarische Darstellung:[1396]

| *Studie* | *Untersuchungszeitraum* | *Stichprobenumfang* | *Referenzzeitraum vor Börseneinführung* | *Durchschnittlicher Abschlag* |
|---|---|---|---|---|
| *Emory*[1397] | 1985 - 1997 | 297 | 5 Monate | 44,0% |
| *Emory* | 1980 - 1981 | 60 | 5 Monate | 60,0% |
| *Willamette Management Associates*[1398] | 1975 - 1995 | 941 | 36 Monate | 40,3% |

*Tabelle 5: Fungibilitätsabschläge unter Berücksichtigung von Börseneinführungen*

1394 Die Ergebnisse wurden entnommen aus *Pratt/Reilly/Schweihs* (2000), S. 396-404.

1395 Die Studie ist unveröffentlicht. Die Ergebnisse sind aber bei *Pratt/Reilly/Schweihs* (2000), S. 400, einsehbar.

1396 Die Ergebnisse wurden entnommen aus *Pratt/Reilly/Schweihs* (2000), S. 403-411.

1397 *Emory* hat eine insgesamt acht Untersuchungen umfassende Studienserie zwischen 1980 und 1997 durchgeführt, deren Ergebnisse allesamt in *Emory* (1997), S. 125, einsehbar sind. Hier wurden die zwischen 1985 und 1997 durchgeführten Studien zusammengefasst.

1398 Die Ergebnisse sind unveröffentlicht und beziehen sich auf insgesamt 16 vorgenommene Untersuchungen, die hier aufgrund der zeitlichen Zusammenhänge zusammengefasst wurden. Zu den Einzelergebnissen vgl. *Pratt/Reilly/Schweihs* (2000), S. 408-410.

Auch wenn die US-amerikanischen empirischen Befunde aufgrund des unterschiedlichen rechtlichen und institutionellen Kapitalmarktumfelds nicht vorbehaltlos auf deutsche Verhältnisse übertragen werden sollten, so lassen sie doch zumindest tendenzielle Aussagen über die Höhe des Fungibilitätsabschlags nicht börsennotierter Aktien sowie aktienähnlicher Genussscheine zu.

Nicht verschwiegen werden soll an dieser Stelle auch die Kritik an einem grundsätzlichen Transfer der Befunde auf zukünftige Bewertungssituationen. So handelt es sich, insbesondere bei den Studien über die *restricted stocks*, um zeitlich weit zurückliegende Ergebnisse, die zudem unternehmensspezifische Merkmale beinhalten und deren Übertragung auf andere Sachverhalte daher zu einem verzerrten Bild führen kann.

Schließlich liefert die Optionspreistheorie eine kapitalmarkttheoretisch fundierte Möglichkeit zur Messung von Fungibilitätsabschlägen.[1399] Mit Hilfe des *Black/Scholes*-Optionspreismodells[1400] gelingt es, unter Berücksichtigung strenger Annahmen, den Abschlag für die fehlende Marktgängigkeit eines Wertpapiers als Preis einer Put-Option[1401] auszudrücken. Vorausgesetzt der Inhaber eines nicht börsennotierten Finanztitels kennt dessen Wert $Y$ im zukünftigen Zeitpunkt $t$, den er auf einem (hypothetischen) hoch liquiden Markt erlösen könnte, dann repräsentiert der Preis, den der Investor für die Put-Option bezahlen würde, die ihm eine Veräußerung des nicht kapitalmarktnotierten Wertpapiers zu dem Wert $Y$ (Bezugskurs) im Zeitpunkt $t$ ermöglicht,[1402] den anzusetzenden Abschlag aufgrund fehlender Fungibilität.

*Chaffee* ermittelt für Unternehmen verschiedener Volatilitätsklassen und für eine auf zwei Jahre befristete Handelsbeschränkung (Laufzeit der Put-Option) eine Fungibilitätsabschlagsbandbreite (Put-Optionspreis im Verhältnis zum hypothetischen Marktpreis) von 26% bis 41%; für eine einjährige Laufzeit kommt er mit Hilfe des *Black/Scholes*-Optionspreismodells auf ein Abschlagsintervall von 21% bis 31%.[1403]

Kritisch anzumerken ist, dass mit der Optionspreisformel von *Black* und *Scholes* ein speziell für den Kapitalmarkt entwickeltes Modell zur Bewertung nicht börsennotierter

---

1399 Grundlegend zu diesem Ansatz der Fungibilitätsabschlagsbestimmung vgl. *Chaffee* (1993), S. 1-7.

1400 Vgl. *Black/Scholes* (1973), S. 637 ff.

1401 Eine Put-Option legitimiert deren Käufer zur Veräußerung eines Geschäftsobjekts zu einem festen Preis an einem bestimmten Zeitpunkt (europäische Option) oder innerhalb einer bestimmten Frist (amerikanische Option) an den Verkäufer der Option. Der für die Option gezahlte Preis ist die Optionsprämie. Vgl. *Büschgen* (1992), S. 1596; *Hull* (2000), S. 6.

1402 Hierbei handelt es sich um eine europäische Put-Option. Für amerikanische Put-Optionen existiert keine eindeutige analytische Preisbestimmungsmöglichkeit. Vgl. *Hull* (2000), S. 251 f.

1403 Vgl. *Chaffee* (1993), S. 5.

Wertpapiere verwendet wird und somit modellimmanente Annahmen zur Geltung kommen,[1404] die auf dem außerbörslichen Wertpapiermarkt keine Gültigkeit beanspruchen.

Nichtsdestotrotz kommen die mit Hilfe des Optionspreismodells gewonnenen Ergebnisse den empirischen Befunden zu den *restricted stocks* sowie zu den Aktienemissionen sehr nahe.

Da der Markt für die Aktien der Zielgesellschaft vor dem Squeeze-out wahrscheinlich sehr illiquide sein wird und die Aktien somit ex ante bereits über eine wohl nur begrenzte Fungibilität verfügen, erscheint ein Zuschlag in Höhe von 40% bis 60%, wie in den Studien zu den Börseneinführungen ermittelt, unangemessen hoch. Zwar wird hier ein Zuschlag von 30% befürwortet, der im Übrigen sowohl in den empirischen Untersuchungen über die *restricted stocks* als auch optionspreistheoretisch bestätigt wird. Ein höherer Zuschlag wird hier auch deshalb abgelehnt, weil die Genussscheininhaber, wie unten noch zu erläutern sein wird, über ein einseitiges Kündigungsrecht verfügen, das ihnen zumindest die Rückzahlung des Nominalkapitals sichert; indes lässt sich dieser vorgeschlagene Wert, wie jeder pauschale Zuschlagssatz, nicht ökonomisch begründen und muss als heuristische Annäherung verstanden werden.

Damit die Minderheitsaktionäre, wie gefordert,[1405] an den zukünftigen mittelbaren bzw. unmittelbaren Wertbeiträgen des Squeeze-out sowie an den grundsätzlich erwarteten Unternehmensgewinnen und -verlusten[1406] partizipieren, sollte sich die jährliche Verzinsung der Genussrechte an dem handelsrechtlichen Jahresergebnis oder dem Bilanzgewinn[1407] der Unternehmung orientieren;[1408] jedenfalls sollte sie sich an einer Größe ausrichten, die weitestgehend transparent und objektivierbar ist, das heißt nach bekannten Regeln ermittelt wird. Den aktienähnlichsten Charakter hat wohl eine Bezugnahme auf den Bilanzgewinn, da über dessen Verwendung, Ausschüttung und wei-

---

1404 So unterstellte *Chaffee* in seiner Studie eine immens hohe Volatilität, keine Dividendenzahlungen, einen bekannten hypothetischen Marktpreis der Aktie sowie Optionslaufzeiten von lediglich einem, zwei und vier Jahren. Vgl. *Chaffee* (1993), S. 1-7.

1405 Vgl. hierzu die Ausführungen der Kapitel V.3.2.2, V.3.2.3.

1406 Eine Verlustpartizipation bei Genussrechten ist nicht zwangsläufig gegeben; vielmehr bedarf es ihrer expliziten Vereinbarung. Vgl. *Frantzen* (1993), S. 122; *Habersack* (2005), § 221 Rn. 101.

1407 Der Bilanzgewinn/-verlust ist gemäß § 58 AktG der um einen Gewinn-/Verlustvortrag sowie um die von dem Vorstand der AG vorgenommenen Zuführungen bzw. Auflösungen der gesetzlichen Rücklagen und Gewinnrücklagen bereinigte Jahresüberschuss/-fehlbetrag.

1408 Zu denkbaren und in der Praxis etablierten Bemessungsgrundlagen für die Gewinn- und Verlustbeteiligung ausführlich vgl. *Frantzen* (1993), S. 102-112, 122-128.

tere Gewinnrücklagenzuführung bzw. -auflösung schließlich die Gesellschafterversammlung auf Vorschlag der Geschäftsleitung entscheidet.

Steht mit dem Bilanzgewinn/-verlust die Bemessungsgrundlage für die Verzinsung bzw. Verlustbeteiligung der Genussscheininhaber fest, stellt sich nunmehr die Frage nach deren Aufteilung. Im Falle eines Bilanzgewinns wird hier eine Zinszahlung an die Genussrechteinhaber gefordert, die das Verhältnis zwischen Grundkapital und Genusskapital widerspiegelt. Verfügt die Gesellschaft z. B. über 100 Mio. Euro Grundkapital und 5,26 Mio. Euro Genusskapital, entfallen 5% des Bilanzgewinns auf die Genussscheininhaber. Um zu verhindern, dass sich dieses Verhältnis für die Genussrechtsbesitzer durch Kapitalmaßnahmen, wie z. B. eine Kapitalerhöhung, des Unternehmenseigners verschlechtert, müssen die Genussscheininhaber im Falle einer Kapitalerhöhung ebenfalls in gleicher Relation ein Bezugsrecht auf weitere Genussrechte erhalten.[1409]

Weist die Unternehmung dahingegen keinen Bilanzgewinn aus, erhalten die Genussscheininhaber auch keine Verzinsung. Hinsichtlich einer Verlustbeteiligung wird hier eine Kopplung an das Grundkapital vorgeschlagen. Sollte z. B. zum Verlustausgleich eine Grundkapitalherabsetzung durchgeführt werden, ist das Genusskapital in gleicher Weise hiervon betroffen. Für den Fall, dass das Genusskapital aufgezehrt ist, erlöschen die Genussrechte nicht. Ebenfalls eine Gleichbehandlung zwischen Genussscheininhabern und Aktionären wird im Falle der Liquidation bzw. Insolvenz der Gesellschaft gefordert: So sind die Ansprüche der Genussrechtsbesitzer und der Aktionäre gleichrangig und gegenüber den Forderungen der Kreditoren nachrangig zu behandeln.

Damit die Genussscheininhaber das Zustandekommen des Bilanzergebnisses und somit ihrer Bemessungsgrundlage nachvollziehen können, hat die Gesellschaft ihnen ein Exemplar des testierten Jahresabschlusses auszuhändigen. Weitere Auskunfts- sowie Teilnahme- und Rederechte können, müssen aber, wie bereits betont, nicht vereinbart werden. Da davon auszugehen ist, dass der alleinige Anteilseigner keine Haupt- bzw. Gesellschafterversammlung einberufen lassen wird, sollte auch hier von extra für die Genussscheininhaber organisierten Versammlungen abgesehen werden. Alles in allem kann die betroffene Unternehmung also auch hier entscheidende Publizitäts- und Beschlussfassungskosten einsparen, wenngleich der Umfang sicherlich geringer ausfällt als bei einer bar geleisteten Abfindungszahlung.

Aufgrund der begrenzten Fungibilität der Titel wird zusätzlich zu dem im Umtauschverhältnis abgebildeten Zuschlag ein einseitiges Kündigungsrecht der Genussrechtsin-

[1409] Im Falle einer Kapitalherabsetzung hat ebenfalls eine analoge Anpassung zu erfolgen.

haber vorgeschlagen, mit dem die vorzeitige Rückzahlung des nominalen Genusskapitals erreicht werden kann; durch die Begründung der Kündigungsmöglichkeit wird auch die umstrittene Aktien*gleichheit* zugunsten der Aktien*ähnlichkeit* aufgegeben.

Zugegebenermaßen wird durch das hier vorgeschlagene Abfindungswahlrecht nicht gerade die Komplexität des Verfahrens reduziert. So bedarf es keiner gewagten Prophezeiungen, dass diese Kompensationsregel mit dem Hinweis prohibitiv hoher Transaktionskosten zurückgewiesen werden wird, entstehen doch einerseits durch die Emission neuer Finanzierungstitel (Genussscheine) sowie andererseits durch die Ermittlung des Umtauschverhältnisses zusätzliche Kosten. Da aber die Ausgeschlossenen durch die (wahlweise) Bezugsmöglichkeit aktienähnlicher Genussrechte sowohl an den mittelbaren als auch an den unmittelbaren Erfolgen im Zusammenhang mit dem Squeeze-out partizipieren können und ferner die Chance auf Beteiligung an unerwarteten und regelmäßig nicht in der Zukunftserfolgswertsermittlung abgebildeten Unternehmenswertsteigerungen und -senkungen haben, was alles in allem der hier geforderten angemessenen Abfindung sehr nahe kommt, wird hier der Trade-off zwischen angemessener bzw. fairer Abfindungsalternative einerseits und transaktionskostenoptimaler Kompensationsregel andererseits zugunsten der Genussscheine entschieden.

Durch die vom Gesetzgeber und von der Rechtsprechung (noch) gewährleisteten mannigfaltigen Ausgestaltungsmöglichkeiten von Genussrechten sind unter Beachtung der für die Aktienähnlichkeit relevanten Voraussetzungen nahezu beliebige Modifikationen denkbar, die insbesondere vor dem Hintergrund des Anlegerschutzes diskussionswürdig sind, hier jedoch den Rahmen der Abhandlung sprengen würden.

Solange die Rechtsprechung und der Gesetzgeber indes weiter an der durch zahlreiche Typisierungen gekennzeichneten objektivierten Wertfigur festhalten, werden weiterhin mit den Zukunftserfolgswertverfahren sowie der Berücksichtigung von Marktpreisen ausschließlich traditionelle Bewertungsverfahren bei der Abfindungsermittlung zum Einsatz kommen. Da die Ausgeschlossenen, der hier postulierten Kompensationsregel zufolge, ein Wahlrecht haben, ist auch weiterhin die Ermittlung einer angemessenen Barabfindung vonnöten.

## V.4. Analyse alternativer Abfindungswertbestimmungsverfahren

### V.4.1. Abfindung auf Grundlage von Zukunftserfolgswertverfahren

#### V.4.1.1. Grundlagen

Bei der in dominierten Konfliktsituationen einschlägigen objektivierten Unternehmensbewertung[1410] kommen Gesamtbewertungsverfahren zum Einsatz, die sich dadurch auszeichnen, dass sie das Unternehmen als Ganzes betrachten und dessen künftige Ertragskraft ermitteln.[1411] Die aus dem betriebsnotwendigen Vermögen resultierende Ertragskraft des Unternehmens wird ergänzt durch den Liquidationswert (Veräußerungswert) des nicht betriebsnotwendigen Vermögens.[1412]

Zur Ermittlung des die künftige Ertragskraft der Gesellschaft ausdrückenden Zukunftserfolgswerts kommen dem Ertragswertverfahren sowie den DCF-Varianten in der Bewertungspraxis die entscheidende Bedeutung zu.[1413]

Gemein ist beiden Verfahren, dass sie die Zahlungen, die der aktuelle bzw. potenzielle Eigentümer dank seiner Gesellschafterstellung aus der Unternehmung bezieht, mit der Renditemöglichkeit einer optimalen Alternativanlage vergleichen. Dabei werden die künftigen Zahlungsströme, welche an den Eigentümer aus seiner Unternehmensbeteiligung fließen, auf den Bewertungsstichtag diskontiert; der angewendete Diskontierungszinssatz repräsentiert dabei die in dem Vergleichsanlageobjekt zum Ausdruck kommende Alternativverzinsung.[1414]

---

[1410] Zum objektivierten Unternehmenswert vgl. Kapitel V.2. Zur Rechtfertigung des auf Typisierungen basierenden objektivierten Unternehmenswerts in Abfindungsfällen vgl. Kapitel V.3.1.

[1411] Vgl. *Mandl/Rabel* (1997), S. 31.

[1412] Die Trennung zwischen betriebsnotwendigem und nicht betriebsnotwendigem Vermögen ist nicht eindeutig. Dem Berufsstand der Wirtschaftsprüfer zufolge sind all jene Vermögensteile, die veräußert werden können, ohne die originäre Unternehmensaufgabe zu beeinträchtigen, zu den nicht betriebsnotwendigen Vermögenswerten zu zählen. Vgl. *IDW* (2000b), Rn. 64-68; *IDW* (2005a), Rn. 68-72; *IDW* (2005b), Rn. 67-71.

[1413] Vgl. u. a. *Mandl/Rabel* (1997), S. 31; *IDW* (2000b), Rn. 106; *Großfeld* (2002), S. 46-48; *IDW* (2005a), Rn. 111; *IDW* (2005b), Rn. 110.

[1414] Um eine Vergleichbarkeit, das heißt Äquivalenz zwischen Unternehmens- und Alternativerträgen herzustellen, müssen geeignete Anpassungen entweder bei den Unternehmenszahlungsströmen oder bei der Alternativrendite vorgenommen werden.

Beide auf dem Kapitalwertkalkül basierenden Verfahren lassen sich unter bestimmten Annahmen, insbesondere bezüglich der Finanzierung, ineinander überführen,[1415] sodass sie dasselbe Ergebnis zutage fördern. Während das Ertragswertverfahren, historisch bedingt, das vom Berufsstand der Wirtschaftsprüfer präferierte Bewertungsverfahren ist, bevorzugt die Unternehmensberater- und Investmentbankbranche die Anwendung der DCF-Verfahren.[1416] Da sich aber die DCF-Verfahren sowohl in der Rechtsprechung[1417] als auch in der wirtschaftsprüfenden Zunft[1418] stetig größer werdender Beliebtheit erfreuen, bilden sie den Schwerpunkt folgender Ausführungen. Nichtsdestotrotz soll zunächst allerdings auf die Besonderheiten des Ertragswertverfahrens aufmerksam gemacht werden.

### V.4.1.2. Ertragswertverfahren

Das Ertragswertverfahren ist seiner Natur nach ein subjektives Netto-Bewertungsverfahren, das unmittelbar an die künftig an die Eigentümer fließenden, unsicheren Zahlungsströme anknüpft. Die unsicherheitsbehafteten künftigen Zahlungsströme, bei denen es sich um nichts anderes als Wahrscheinlichkeitsverteilungen handelt, lassen sich entweder in Sicherheitsäquivalente[1419] oder aber in Erwartungswerte transformieren.

Bei dem zunächst noch unterstellten Fall einer ewigen Rente ergibt sich der Ertragswert (*EW*) der unsicheren künftigen Ausschüttungen (*AU*) an die Eigentümer durch die

---

1415 Vgl. u. a. *Ballwieser* (1995), S. 123 f.; *Drukarczyk* (1995), S. 329 ff.; *IDW* (2000b), Rn. 106; *IDW* (2005a), Rn. 111; *IDW* (2005b), Rn. 110. Kritisch zur Überführbarkeit äußerten sich jüngst *Hering/Brösel* (2004), S. 937.

1416 Vgl. u. a. *Drukarczyk* (1995), S. 329, m. w. N.

1417 Vgl. *Großfeld* (2002), S. 159.

1418 Die voranschreitende Bedeutung der DCF-Verfahren innerhalb des Berufsstands der Wirtschaftsprüfer wird deutlich durch die im „*IDW*-Standard: Grundzüge zur Durchführung von Unternehmensbewertungen (*IDW* S 1)“ zum Ausdruck gebrachte Gleichstellung von Ertragswert- und DCF-Verfahren. Vgl. *IDW* (2000b), Rn. 7, 105 f., 124 ff.; ebenso der jüngst, am 18.10.2005 von dem Hauptfachausschuss verabschiedete, novellierte IDW-Standard: Grundsätze zur Durchführung von Unternehmensbewertungen (*IDW* S 1)“. Vgl. *IDW* (2005b), Rn. 7, 110 f., 134 ff. In der Vorgängerregelung des *IDW* S 1 a.F., der Stellungnahme HFA 2/1983, legitimiert der Berufsstand noch ausschließlich das Ertragswertverfahren. Vgl. *IDW* (1983), S. 469 ff.

1419 Das Sicherheitsäquivalent repräsentiert denjenigen sicheren Betrag, bei dem der Entscheider (Bewerter) indifferent zu der (unsicheren) Wahrscheinlichkeitsverteilung ist. Vgl. *Eisenführ/Weber* (1994), S. 213.

Diskontierung des dieser Wahrscheinlichkeitsverteilung zugrunde liegenden, subjektbezogenen Sicherheitsäquivalents (*SÄ*(*AU*)) mit dem sicheren Basiszins $r_f$.[1420]

$$EW = \frac{SÄ(AU)}{r_f}$$

Der Ertragswert auf Basis der Sicherheitsäquivalenzmethode lässt sich ebenfalls auf Grundlage der Erwartungswerte (*E*(*AU*)) des unsicheren Zahlungsstromprofils darstellen.

Dazu wird, bei nach wie vor unterstelltem Rentenfall, der unsichere Erwartungswert mit dem um einen äquivalenten Risikozuschlag *z*[1421] erweiterten sicheren Basiszinssatz diskontiert (so genannte Risikozuschlagsmethode):[1422]

$$EW = \frac{SÄ(AU)}{r_f} = \frac{E(AU)}{r_f + z}$$

Da die Sicherheitsäquivalenzmethode die Kenntnis der Risikonutzenfunktion des Bewertungssubjekts bzw. diejenige des typisierten Minderheitsaktionärs im Falle einer objektivierten Wertermittlung voraussetzt, diese aber realiter kaum ermittelbar ist, erfolgt die Anwendung des Ertragswertverfahrens regelmäßig auf Basis der Risikozuschlagsmethode.[1423]

Die Ermittlung des Kapitalisierungszinssatzes bei der Risikozuschlagsmethode ist vergleichbar mit der Gewinnung des Eigenkapitalkostensatzes bei den DCF-Verfahren, sodass hierzu auf die in Kapitel V.4.1.3.3 folgenden Ausführungen verwiesen wird.

---

[1420] Vgl. *Moxter* (1983), S. 155; *Mandl/Rabel* (1997), S. 220 f.; *Peemöller/Kunowski* (2002), S. 233. Zu der Gewinnung des sicheren Basiszinssatzes in der Unternehmensbewertung vgl. Kapitel V.4.1.3.3.2.

[1421] Zur Ermittlung des Risikozuschlags vgl. Kapitel V.4.1.3.3.2. Getreu der Formel „Bewerten ist Vergleichen" bedarf es zur Herstellung der Vergleichbarkeit zwischen Bewertungs- und Alternativanlageobjekt diverser Anpassungen mit Hilfe so genannter Äquivalenzprinzipien, wobei insbesondere die zwischen Bewertungs- und Alternativanlageobjekt unterschiedliche Unsicherheit auszugleichen ist. Dabei handelt es sich um das Risikoäquivalenzprinzip. Weitere etablierte Äquivalenzprinzipien sind die Laufzeitäquivalenz, Verfügbarkeitsäquivalenz, Kaufkraftäquivalenz sowie Arbeitseinsatzäquivalenz. Vgl. zu den Äquivalenzprinzipien im Allgemeinen *Ballwieser/Leuthier* (1986), S. 607-609. Die Einbeziehung der Verfügbarkeits-, Risiko- sowie Laufzeitäquivalenz in die Eigenkapitalkostensatzbestimmung erfolgt exemplarisch bei den DCF-Verfahren in Kapitel V.4.1.3.3.2. Auf die Arbeitseinsatzäquivalenz wird in dieser Arbeit nicht einzugehen sein, da die Minderheitsaktionäre im Rahmen ihrer Beteiligung regelmäßig keine geschäftsführenden Aufgaben wahrnehmen und somit gegenüber der Alternativanlage, die in der Regel durch eine Anlage auf dem Kapitalmarkt repräsentiert wird, keine Unterschiede in puncto Arbeitseinsatz bestehen.

[1422] Vgl. *Moxter* (1983), S. 155 f.; *Ballwieser* (1987), S. 176; *IDW* (2002), S. 70.

[1423] Vgl. *Mandl/Rabel* (1997), S. 221 f.; *IDW* (2002), S. 70 f.; *Peemöller/Kunowski* (2002), S. 234.

### V.4.1.3. Discounted-Cashflow-Verfahren

Bei den DCF-Verfahren handelt es sich um marktobjektivierte Unternehmensbewertungsmethoden. Die Wertermittlung basiert dabei auf zukünftig erzielbaren unternehmerischen Zahlungsstromgrößen, welche mit einer risikoäquivalenten Alternativanlagerendite verglichen, das heißt diskontiert werden. Bei den DCF-Verfahren handelt es sich deshalb um marktobjektivierte Wertfeststellungen, weil bei der Gewinnung der alternativen Anlagemöglichkeiten bzw. der dabei erzielbaren Renditen auf den Kapitalmarkt zurückgegriffen wird. Dies ist auch der zentrale Unterschied gegenüber dem Ertragswertverfahren, das sich, zumindest in der Theorie, bei der Bestimmung der Alternativanlagerendite durch seinen stark subjektiven Charakter auszeichnet, indem es auf die (angepasste)[1424] bewertungssubjektindividuelle Alternative abstellt; in der Praxis wird der Kapitalisierungszinssatz bei den Ertragswertverfahren allerdings, wie oben bereits erwähnt, ebenfalls unter Berücksichtigung des Kapitalmarkts ermittelt.

Grundsätzlich lassen sich die DCF-Verfahren unterteilen in Brutto- (Entity-) und Netto- (Equity-) Ansätze. Ziel aller DCF-Verfahren ist dabei die Gewinnung des Eigenkapitalmarktwerts des Unternehmens. Die Bruttoverfahren ermitteln im ersten Schritt zunächst den Marktwert des Gesamtkapitals, indem die künftigen Zahlungsüberschüsse, die sowohl den Eigen- als auch den Fremdkapitalgebern zur Anspruchsbefriedigung zur Verfügung stehen, mit der Rendite der Alternativanlage verglichen werden. Im zweiten Schritt wird der Marktwert des Eigenkapitals durch Subtraktion des Fremdkapitalmarktwerts von dem Gesamtkapitalmarktwert berechnet.[1425] Den Nettoverfahren zufolge ergibt sich der Marktwert des Eigenkapitals in nur einem Schritt, indem die nur den Eigenkapitalgebern zustehenden zukünftigen Cashflows (so genannter *Flow-to-Equity*-Ansatz) mit der ermittelten Alternative verglichen werden.[1426]

Sowohl in der Bewertungstheorie als auch in der Bewertungspraxis haben sich vier Verfahren herausgebildet. Dabei handelt es sich um das *Free-Cashflow*-Verfahren, das *Total-Cashflow*-Verfahren, das *Adjusted-Present-Value*-Verfahren sowie das *Flow-to-Equity*-Verfahren.[1427]

---

[1424] So sind Anpassungen hinsichtlich der unterschiedlichen Äquivalenzprinzipien vorzunehmen, um eine Vergleichbarkeit zu gewährleisten. Vgl. FN 1421.

[1425] Vgl. u. a. *Mandl/Rabel* (1997), S. 38-40; *Baetge/Niemeyer/Kümmel* (2002), S. 268 f.; *Großfeld* (2002), S. 161.

[1426] Vgl. u. a. *Mandl/Rabel* (1997), S. 40 f.; *Baetge/Niemeyer/Kümmel* (2002), S. 268.

[1427] *Free-Cashflow-*, *Total-Cashflow-* und *Adjusted-Present-Value*-Verfahren sind der Gruppe der Bruttoverfahren zuzuordnen, während es sich bei dem *Flow-to-Equity*-Verfahren um ein Nettoverfahren handelt. Vgl. *Baetge/Niemeyer/Kümmel* (2002), S. 268.

Da eine ausführliche Darstellung und Würdigung aller vier DCF-Verfahren den Rahmen dieser Arbeit sprengen würden, wird im Folgenden mit dem *Free-Cashflow*-Ansatz die in der Bewertungspraxis am weitesten verbreitete Alternative vorgestellt.[1428]

### V.4.1.3.1. Free-Cashflow-Verfahren

Bei dem *Free-Cashflow*-Verfahen, das auch unter dem Namen *WACC*-Ansatz[1429] bekannt ist, wird in einem ersten Schritt der Marktwert des Gesamtkapitals durch die Diskontierung der periodenspezifischen künftigen *Free-Cashflows* (*FCF*) mit dem gewogenen durchschnittlichen Kapitalkostensatz ermittelt. Die *FCF* sind die Einzahlungsüberschüsse, welche das Unternehmen im operativen Geschäftsbereich unter der Prämisse einer vollständigen Eigenkapitalfinanzierung nach Unternehmenssteuern erwirtschaftet; somit handelt es sich hier um jene Zahlungsstromgröße, die für die Anspruchsbefriedigung sowohl der Fremd- als auch der Eigenkapitalgeber zur Verfügung steht.[1430]

Da mit zunehmendem Prognosezeithorizont die Genauigkeit der generierten *FCF* sinkt, erfolgt regelmäßig eine Unterteilung in zwei Phasen:[1431] In der ersten Phase, der Detailplanungsphase, die regelmäßig drei bis fünf Jahre umfasst, werden die *FCF* periodenspezifisch genau geschätzt; dahingegen wird in der zweiten Phase, die sich der Detailplanungsphase unmittelbar anschließt, wegen der großen Prognoseunsicherheit in der Regel von konstanten, ewig anfallenden Zahlungsüberschüssen ausgegangen.

Der Marktwert des Gesamtkapitals *GK* ergibt sich somit wie folgt:[1432]

$$GK = \sum_{t=1}^{Z} \frac{FCF_t}{(1+k_{WACC})^t} + \frac{FCF_{Z+1}}{k_{WACC}(1+k_{WACC})^Z}$$

mit $GK$ = Marktwert des Gesamtkapitals

$FCF_t$ = *Free-Cashflow* in der Periode $t$

---

[1428] Vgl. *Mandl/Rabel* (1997), S. 311; *Baetge/Niemeyer/Kümmel* (2002), S. 270. Für einen profunden Überblick über alle vier DCF-Verfahren inklusive Beispielrechnungen vgl. *Baetge/Niemeyer/Kümmel* (2002), S. 263-360.

[1429] *WACC* steht dabei für Weighted-Average-Cost-of-Capital, den gewogenen durchschnittlichen Kapitalkostensatz.

[1430] Vgl. *Mandl/Rabel* (1997), S. 316-320; *Baetge/Niemeyer/Kümmel* (2002), S. 281.

[1431] Vgl. *IDW* (2000b), Rn. 82 f.; *IDW* (2002), S. 60 f.; *IDW* (2005a), Rn. 86 f.; *IDW* (2005b), Rn. 85 f.

[1432] Vgl. u. a. *Mandl/Rabel* (1997), S. 314; *IDW* (2002), S. 112; *Baetge/Niemeyer/Kümmel* (2002), S. 271.

$k_{WACC}$ = Gewogener durchschnittlicher Kapitalkostensatz

$t$ = Periodenindex

$Z$ = Detailplanungshorizont

Dabei ergibt sich der Kapitalkostensatz $k_{WACC}$, indem die Renditeforderung der Eigentümer sowie der Fremdkapitalgeber mit den zu Marktwerten bewerteten Eigen- und Fremdkapitalquoten der Unternehmung gewichtet werden:

$$k_{WACC} = r_{EK} \frac{EK}{GK} + r_{FK}(1-s)\frac{FK}{GK}$$

mit $r_{FK}$ = Risikoangepasster Fremdkapitalkostensatz

$r_{EK}$ = Risikoangepasster Eigenkapitalkostensatz

$s$ = Unternehmenssteuersatz

$FK$ = Marktwert des Fremdkapitals

$EK$ = Marktwert des Eigenkapitals

Die Gewinnung der einzelnen Komponenten des Kapitalisierungszinsfußes, wie Fremdkapitalzinssatz, Eigenkapitalkostensatz sowie Unternehmenssteuern, wird in Kapitel V.4.1.3.3 näher vorgestellt.

### V.4.1.3.2. Prognose der Free-Cashflows

Ausgangspunkt einer Prognose[1433] der in den *FCF* zum Ausdruck kommenden wirtschaftlichen Leistungsfähigkeit der Gesellschaft ist die Vergangenheitsanalyse. Die Vergangenheitsanalyse sollte sich mindestens auf die drei zurückliegenden Wirtschaftsjahre beziehen[1434] und dabei die diversen Erfolgsquellen der Unternehmung identifizieren, um eine Trennung der nachhaltigen und kurzfristigen Erfolgspotenziale zu ermöglichen. Der Vergangenheitsanalyse zugrunde zu legen sind dabei die Jahresabschlüsse sowie die Informationen über die allgemeinen realwirtschaftlichen und rechtlichen Verhältnisse des Unternehmens der abgelaufenen Jahre.[1435]

---

1433 Terminologisch zum Prognosebegriff vgl. *Bretzke* (1975), S. 116-118.

1434 Wie weit die Vergangenheitsanalyse zurückreichen sollte, wird in der Literatur nicht einheitlich beantwortet. So werden u. a. fünf, aber auch sieben Jahre vorgeschlagen. Vgl. *Moxter* (1983), S. 99, der insbesondere bei zeitlich weit zurückliegendem Datenmaterial zur größten Sorgfalt und Gründlichkeit ermahnt, um „Fehlhypothesen" zu vermeiden. Vgl. zudem *Peemöller* (2002), S. 36.

1435 Vgl. *Peemöller* (2002), S. 36; *Popp* (2002), S. 102; *IDW* (2002), S. 56 f.

Aufbauend auf den Vergangenheitswerten und dem Ist-Zustand erfolgt in einem nächsten Schritt eine integrierte Finanzplanung, in der für die Detailplanungsphase aufeinander abgestimmte Plan-Bilanzen, Plan-Gewinn- und Verlustrechnungen sowie Plan-Kapitalflussrechnungen aufgestellt werden.[1436] Das Abstellen auf die geplante Vermögens-, Erfolgs- und Finanzlage bei der Aufbereitung einer integrierten Finanzplanungsrechnung soll Widersprüchen, unrealistischen Prämissen sowie Planungsfehlern vorbeugen.

Die schließlich für die letzte Periode der Detailplanungsphase geschätzten Daten werden regelmäßig von diesem Zeitpunkt an pauschal bis in die Ewigkeit fortgeschrieben.

Da es sich bei der Abfindungsbewertung um eine typisierte, weil objektivierte Unternehmensbewertung handelt, wird bei der Planung davon ausgegangen, dass sich die strategische Ausrichtung des Unternehmens in Zukunft nicht graduell vom Ist-Zustand unterscheiden wird.[1437] Nichtsdestotrotz müssen die im Zuge der integrierten Finanzplanung getroffenen Annahmen hinsichtlich Konsistenz und Plausibilität einer Überprüfung unterzogen werden.

Während sich die Konsistenzprüfung einer Planung auf die Abstimmung der logischen sowie materiellen Schlüssigkeit quantitativer Verhältnisse der jeweiligen Planungselemente bezieht und regelmäßig keine Probleme bereitet,[1438] ist die Plausibilitätskontrolle ungleich schwieriger und komplexer. Im Rahmen der Plausibilitätsprüfung werden die Hypothesen über die zukünftige Entwicklung der einzelnen Planungselemente auf ihren Realitätsgehalt hin untersucht. Dabei werden u. a. die angenommenen Marktwachstumsraten, die unterstellten Marktanteile sowie die angenommenen Umsatz- bzw. Kapitalrenditen betrachtet.

Typischerweise kommen zur Überprüfung der Realitätsnähe und somit der Plausibilität der Zukunftsplanungen im Rahmen der Unternehmensbewertung Lebenszykluskonzepte,[1439] Instrumente der Portfolioplanung, wie z. B. Portfoliomatrizen,[1440] Wert-

---

[1436] Vgl. *Mandl/Rabel* (1997), S. 158-160; *IDW* (2000b), Rn. 80-85; *Peemöller/Kunowski* (2002), S. 243-246; *IDW* (2005a), Rn. 84-89; *IDW* (2005b), Rn. 83-88.

[1437] So wird insbesondere ein konstantes Verhalten bezüglich Produktsortiment, Personalpolitik, Finanzierungsstrategie, Produkttechnologie sowie Wettbewerbsstrategie angenommen. Man spricht bei diesen Konstanzannahmen auch von Trägheitsprojektion. Vgl. m. w. N. *Ballwieser* (1987), S. 83.

[1438] In der Konsistenzprüfung werden z. B. bestimmte Erfolgs- und Aufwandsgrößen zueinander ins Verhältnis gesetzt und mit branchentypischen Werten verglichen etc.

[1439] Zu Produktlebenszykluskonzepten vgl. *Porter* (1987), S. 209-215.

[1440] Grundlegend zu dem Einsatz der Portfolioplanung sowie von Produktlebenszykluskonzepten in der Unternehmensbewertung vgl. *Ballwieser* (1987), S. 94-149.

treibermodelle[1441] sowie sich in der Literatur und Praxis herausgebildete Normstrategien[1442] zum Einsatz. Diesen Verfahren häufig übergeordnet wird zudem noch eine Szenarioanalyse durchgeführt. Dabei handelt es sich im Gegensatz zu den anderen genannten Verfahren um ein mehrwertiges Prognoseinstrument, das zumindest für zwei alternativ mögliche Zukunftsentwicklungspfade (Szenarien) Strategiepläne entwickelt, die dann mit Hilfe weiterer strategischer Planungsinstrumente zu Finanzplänen verdichtet werden können.[1443]

Die einer Konsistenzprüfung und Plausibilitätsbeurteilung unterzogenen Plan-Bilanzen, Plan-Gewinn- und Verlustrechnungen sowie Plan-Kapitalflussrechnungen bilden schließlich die Grundlage für die Ableitung der periodenspezifischen *FCF*. Auf der Fremdfinanzierung basierende Unternehmenssteuerersparnisse werden aus den *FCF* herausgerechnet, weil diese im Kapitalisierungszinssatz berücksichtigt werden.[1444]

### V.4.1.3.3. Komponenten des Kapitalisierungszinssatzes

Bevor auf die einzelnen Komponenten des Kapitalisierungszinssatzes eingegangen wird, soll an dieser Stelle noch einmal der bei dem *FCF*-Verfahren zum Einsatz kommende gewogene durchschnittliche Kapitalisierungszinssatz rekapituliert werden, um die benötigten Bestandteile zu vergegenwärtigen:

$$k_{WACC} = r_{EK}\frac{EK}{GK} + r_{FK}(1-s)\frac{FK}{GK}$$

Folglich kommt bei der Ermittlung des Kapitalisierungszinssatzes den risikoäquivalenten Eigenkapitalkosten, den risikoäquivalenten Fremdkapitalkosten, der Kapitalstruktur sowie den Unternehmenssteuern Bedeutung zu, die es im Folgenden näher zu bestimmen gilt.

---

[1441] Prominente Werttreibermodelle, die der Shareholder-Value-Diskussion entstammen, sind die Konzepte von *Stewart* (1991), S. 299 f., *Copeland/Koller/Murrin* (1998), S. 155-179, sowie von *Rappaport* (1999), S. 39-70. Für eine Übersicht dieser drei Modelle vgl. *Mandl/Rabel* (1997), S. 335-345.

[1442] Die in Literatur und Praxis am häufigsten Erwähnung und Verwendung findenden Normstrategien sind die Kostenführerschaft, die Differenzierung sowie die Fokussierung auf Kernkompetenzen. Vgl. *Porter* (1987), S. 62-70.

[1443] Allgemein zur Szenarioanalyse monografisch vgl. *Götze* (1991); *Mißler-Behr* (1993); im Zusammenhang mit der Unternehmensbewertung vgl. *Kuhner/Maltry* (2005), Kapitel 4.3.1.

[1444] Ausführlich zur *FCF*-Ableitung in Anlehnung an Plan-Jahresabschlüsse vgl. *Mandl/Rabel* (1997), S. 316-320; *Copeland/Koller/Murrin* (1998), S. 160-162; *Baetge/Niemeyer/Kümmel* (2002), S. 281 f.

#### V.4.1.3.3.1. Fremdkapitalkosten

Der Fremdfinanzierung ist im Rahmen der Unternehmensbewertung deshalb große Beachtung zu schenken, weil sich in Deutschland viele Branchen durch eine hohe Fremdkapitalquote auszeichnen. Dabei setzt sich der Gesamtbestand des Fremdkapitals regelmäßig aus verschiedenen Positionen zusammen, die unterschiedliche Kapitalkosten verursachen.

Auf der Grundlage einer als konstant unterstellten zukünftigen Zusammensetzung des Gesamtfremdkapitalbestands der Unternehmung können die in den Kapitalisierungszinssatz Eingang findenden Fremdkapitalkosten $r_{FK}$ aus Vereinfachungsgründen als gewichteter durchschnittlicher Zinssatz ermittelt werden.[1445] Alternativ dazu, aber mit beträchtlichem Mehraufwand verbunden, wäre eine separate Berücksichtigung der unterschiedlichen Fremdkapitalpositionen sowie deren Kosten im *WACC* möglich.[1446]

Ebenfalls im Zusammenhang mit den Fremdkapitalkosten zu nennen ist die Unternehmenssteuerersparnis (so genanntes *Tax Shield*), die sich aus der steuerlichen Abzugsfähigkeit von auf Fremdkapital gezahlten Zinsen ergibt und bei dem *FCF*-Verfahren im Kapitalisierungszinssatz Berücksichtigung findet.[1447]

#### V.4.1.3.3.2. Eigenkapitalkosten

Der Eigenkapitalkostensatz $r_{EK}$ repräsentiert, wie schon gesagt, die um diverse Äquivalenzprinzipien bereinigte Renditeforderung der Anteilseigner, die diese mit einer bzw. der alternativen Kapitalanlage erzielen können. Ausgangspunkt einer jeden Eigenkapitalkostensatzermittlung ist der „sichere“ Basiszinssatz, der insbesondere um die der Unternehmung innewohnenden Risiken,[1448] aber auch um persönliche Steuern sowie Kaufkraftäquivalenz anzupassen ist.

---

[1445] Vgl. *Mandl/Rabel* (1997), S. 326; *Peemöller* (2002), S. 39.

[1446] Vgl. *Mandl/Rabel* (1997), S. 326.

[1447] Dabei handelt es sich im Übrigen um den einzigen Unterschied zwischen *FCF*- und *Total-Cashflow*-Verfahren. Letzteres berücksichtigt die Unternehmenssteuerersparnis aus der Fremdfinanzierung nämlich nicht im Kapitalisierungszinssatz, sondern in den abzuzinsenden Cashflows. Vgl. u. a. *Baetge/Niemeyer/Kümmel* (2002), S. 272.

[1448] Bei der Eigenkapitalkostensatzermittlung wird zwischen operativen und finanzwirtschaftlichen Risiken unterschieden. Während das operative Risiko die Unsicherheit der künftigen Zahlungsüberschüsse aus der laufenden Geschäftstätigkeit beschreibt, resultiert das finanzwirtschaftliche bzw. Kapitalstrukturrisiko aus der Fremdfinanzierung des Unternehmens; so sind die Eigentümer Residualanspruchsberechtigte, deren Ansprüche erst nach Bedienung der Fremdkapitalgeber berücksichtigt werden. Vgl. *Baetge/Niemeyer/Kümmel* (2002), S. 296; *IDW* (2002), S. 72.

### *a) Basiszinssatz*

Den Startpunkt bei der Ermittlung des Kapitalisierungszinssatzes in der Unternehmensbewertung markiert die Bestimmung des risikolosen Basiszinsfußes, der bei der langfristigen Kapitalanlage sicher zu erzielen ist.[1449] Dieser Zinssatz repräsentiert dabei, dem *IDW* zufolge, die Mindestrenditeforderung eines jeden Investors und entspricht dem landesüblichen Zinssatz.[1450] Unter dem landesüblichen Zinssatz wird in der Regel die Rendite langfristiger festverzinslicher Bundeswertpapiere verstanden.

Problematisch ist bei der Basiszinsermittlung die Herstellung der geforderten Laufzeitäquivalenz. So müssen Bewertungsobjekt (das Unternehmen) und Alternativanlagemöglichkeit (Bundesanleihe) in zeitlicher Hinsicht vergleichbare Anlageformen sein, was in Anbetracht der regelmäßig unterstellten unbegrenzten Lebensdauer von Unternehmen nicht der Fall ist, zumal die Laufzeit von festverzinslichen Wertpapieren des Bundes grundsätzlich 30 Jahre nicht überschreitet. Aus Vereinfachungsgründen geht die Bewertungspraxis bei der Basiszinsermittlung daher in einem ersten Schritt in der Regel von Bundesanleihen mit einer langen Restlaufzeit von z. B. zehn oder mehr Jahren aus und ergänzt diese Rendite um die durch eine Anschlussinvestition erzielbare Effektivverzinsung.[1451] Die Wiederanlagekonditionen sollen, so neuerdings der Berufsstand der Wirtschaftsprüfer,[1452] unter Zuhilfenahme der Zinsstruktur des Bewertungsstichtags ermittelt werden.

Sowohl im Schrifttum als auch im Berufsstand der Wirtschaftsprüfer hat sich jedoch inzwischen die Überzeugung durchgesetzt, dass der Basiszinssatz vollends, das heißt ohne die Zergliederung in Bundesanleihe mit langer Restlaufzeit und Wiederanlagekonditionen, über die Zinsstrukturkurve abgeleitet werden könne.[1453]

Auf seiner 86. Sitzung hat der *Arbeitskreis „Unternehmensbewertung"* des *IDW* am 29.6.2005 den Basiszinssatz exemplarisch mit Hilfe der so genannten *Svensson*-Methode ermittelt, die auf der Grundlage der Zinsstrukturkurve fristadäquate Zero-

---

[1449] Die Sicherheit bezieht sich dabei sowohl auf die Zins- als auch auf die Tilgungsleistung. Vgl. *IDW* (2002), S. 102.

[1450] Vgl. *Moxter* (1983), S. 147; *IDW* (2002), S. 102.

[1451] Vgl. *IDW* (2002), S. 103 f.; *Baetge/Niemeyer/Kümmel* (2002), S. 285; *IDW* (2005b), Rn. 127.

[1452] Vgl. *IDW* (2005b), Rn. 127.

[1453] Vgl. *Gebhardt/Daske* (2005), S. 649 ff.; *Arbeitskreis „Unternehmensbewertung"* (2005b), S. 555 f.

bondzinssätze zutage fördert.[1454] Mit Hilfe dieser Methode wurde ein Basiszinssatz in Höhe von 4,25% errechnet.[1455]

*b) Risikozuschlag*

Die zukünftig an die Anteilseigner fließenden *FCF* sind unsicher und können bestenfalls als Wahrscheinlichkeitsverteilung ausgedrückt werden. Aufgrund der Tatsache, dass das Bewertungsobjekt (die Unternehmung) und die Alternativanlage bezüglich des Risikos zukünftiger Zahlungsströme äquivalent sein müssen, bedarf es bei der Ermittlung des Kapitalisierungszinsfußes einer Anpassung des sicheren Basiszinssatzes um die den *FCF* innewohnende Unsicherheit.[1456] Dieser Risikozuschlag ist dabei Repräsentant des operativen und finanzwirtschaftlichen Risikos des Bewertungsobjekts.

Alle DCF- und somit auch das *WACC*-Verfahren ermitteln die Risikozuschläge auf Grundlage des Kapitalmarkts und verwenden dabei das *Capital Asset Pricing Model* (*CAPM*).[1457] Ziel der Rekurrierung auf den Kapitalmarkt ist die Gewährleistung von Marktgerechtigkeit durch die kapitalmarktinduzierte Objektivierung bei der Bestimmung des Kapitalisierungszinssatzes. Die von den Eigentümern geforderte risikoadjustierte Rendite lässt sich formal wie folgt ausdrücken:

$$r_{EK_i} = r_f + (r_M - r_f)\beta_i$$

| | | | |
|---|---|---|---|
| mit | $r_{EK_i}$ | = | Risikoangepasste Eigenkapitalkosten des Bewertungsobjekts *i* |
| | $r_f$ | = | Risikoloser Basiszinssatz |
| | $r_M$ | = | Erwartete Rendite aus dem Marktportfolio |
| | $(r_M - r_f)$ | = | Marktrisikoprämie bei Investition in das risikobehaftete Marktportfolio anstatt in risikolose Anlagemöglichkeit |
| | $\beta_i$ | = | Betafaktor der Alternativanlage *i* |

Der risikoadjustierte Kapitalisierungszinssatz ergibt sich also aus dem sicheren Basiszins und einem Risikozuschlag, welcher sich multiplikativ aus der systematischen Risikoklasse des Bewertungsobjekts (Betafaktor) und der Risikoprämie ergibt. Die Risi-

---

[1454] Vgl. *Arbeitskreis „Unternehmensbewertung"* (2005b), S. 555 f.

[1455] Auf seiner 84. Sitzung hat der *Arbeitskreis „Unternehmensbewertung"* des *IDW* am 10.12.2004 noch eine ab dem 1.1.2005 zu veranschlagende Basisverzinsung von 5% vorgeschlagen. Vgl. *Arbeitskreis „Unternehmensbewertung"* (2005a), S. 70.

[1456] Je unsicherer die künftigen *FCF* sind, desto höher ist der anzusetzende Risikozuschlag.

[1457] Grundlegend zum *CAPM* vgl. *Sharpe* (1964), S. 425-442; *Lintner* (1965), S. 13-37; *Mossin* (1966), S. 768-783. Für eine gelungene Gesamtdarstellung inklusive Herleitung vgl. *Perridon/Steiner* (1995), S. 237-245. Eine weitere in der Literatur diskutierte Möglichkeit zur Risikozuschlagsbestimmung ist die Sicherheitsäquivalenzmethode. Vgl. *Ballwieser* (2002), S. 738; *Baetge/Niemeyer/Kümmel* (2002), S. 287; *Drukarczyk* (2003), S. 338-340, 363-365.

koprämie erzielt man in der Regel dann, wenn man sein Vermögen in alle verfügbaren riskanten Anlagemöglichkeiten investiert anstatt in den risikolosen Basiszins. Dabei vergütet die Risikoprämie lediglich das systematische, nicht durch Diversifikation zu eliminierende Risiko.

Grundsätzlich umfasst die erwartete Rendite aus dem Marktportfolio $r_M$ alle riskanten Anlagemöglichkeiten, deren Berücksichtigung allerdings praktisch unmöglich ist; daher wird regelmäßig von einem Aktienindex als Marktportfolio ausgegangen. Schließlich wird für die erwartete Rendite aus dem Marktportefeuille jene Rendite zugrunde gelegt, die erzielt worden wäre, wenn das Anlagekapital in einen bekannten Aktienindex, wie z. B. den DAX®- oder den FAZ-Aktienindex, investiert worden wäre.[1458]

Der Betafaktor drückt die Empfindlichkeit der Rendite des Bewertungsobjekts gegenüber allgemeinen Marktschwankungen aus; das $\beta$ ist demnach ein Maß für die Bestimmung des systematischen Risikos, welches nicht durch Diversifizierung eliminiert werden kann.[1459] Formal lässt sich das $\beta$ wie folgt darstellen:[1460]

$$\beta_i = \frac{COV(r_i, r_M)}{VAR(r_M)}$$

mit $COV(r_i, r_M)$ = Kovarianz der Rendite des Bewertungsobjekts *i* mit der Rendite des Marktportfolios

$VAR(r_M)$ = Varianz der Rendite des Marktportfolios

$r_i$ = Rendite des Bewertungsobjekts *i*

Für Zwecke der Unternehmensbewertung bedarf es grundsätzlich der Prognose der zukünftigen Betafaktoren des Bewertungsobjekts. Die Bewertungspraxis geht indes regelmäßig von auf Vergangenheitsdaten basierenden Betawerten aus, indem diese mit Hilfe einer Regressionsanalyse für die Zukunft extrapoliert werden.[1461]

Die reale Gültigkeit von auf Basis des *CAPM* abgeleiteten Eigenkapitalkosten ist jedoch wegen der strikten Modellannahmen nur begrenzter Natur. So fordert das *CAPM* die Existenz eines Kapitalmarktgleichgewichts, dessen Realitätsgehalt gering ist.[1462]

---

[1458] Vgl. *Ballwieser* (1995), S. 123.

[1459] Im Gegensatz dazu ist das unsystematische Risiko durch geeignete Diversifizierungsstrategien der Anleger versicherbar. Vgl. u. a. *Perridon/Steiner* (1995), S. 244; *Franke/Hax* (2004), S. 277.

[1460] Vgl. u. a. *Perridon/Steiner* (1995), S. 243; *Franke/Hax* (2004), S. 352.

[1461] Vgl. *Mandl/Rabel* (1997), S. 297-299; *Baetge/Niemeyer/Kümmel* (2002), S. 291.

[1462] Das *CAPM* fordert z. B. die vollständige Diversifizierung der Kapitalmarktteilnehmer, damit gewährleistet ist, dass das unsystematische Risiko erlischt; weiters dürfen weder Steuern, Transaktionskosten noch Informationsasymmetrien bestehen; zudem umschließt es einen einperiodischen Kalkül, und es werden normalverteilte Erträge sowie identische Erwartungen der Marktakteure unterstellt. Hierzu sowie für eine vollständige Übersicht über die notwendigen Annahmen vgl.

Indes ist mangels Alternativen derzeit kein besser geeignetes Verfahren in Sicht, sodass dem *CAPM* in der Bewertungspraxis eine herausgehobene Bedeutung zukommt.

Eine für die Abfindungsbewertung in Squeeze-out-Fällen bedeutsame Einschränkung ist die Tatsache, dass sich das systematische Risiko ($\beta$) des Bewertungsobjekts mit Hilfe des *CAPM* grundsätzlich nur für börsennotierte Kapitalgesellschaften valide ermitteln lässt;[1463] allerdings handelt es sich bei dem Squeeze-out um ein auch für nicht börsennotierte AG geltendes Rechtsinstitut. Obwohl die hier gegenständliche Analyse des Squeeze-out, wie eingangs der Arbeit erläutert,[1464] auf börsennotierte Kapitalgesellschaften begrenzt ist, soll im Folgenden in Form eines kleinen Exkurses die Überwindung dieses *CAPM*-Anwendungsproblems kurz vorgestellt werden.

Bei der Schätzung des Betawerts für nicht börsennotierte Unternehmen rekurriert die Bewertungspraxis in der Regel auf branchen- und risikoäquivalente kapitalmarktnotierte Vergleichsunternehmen.[1465] Zur Gewährleistung der Risikoäquivalenz müssen sich sowohl das operative als auch das Kapitalstruktur- bzw. Finanzierungsrisiko ähneln. Da davon auszugehen ist, dass bei einem branchengleichen Vergleichsunternehmen das in dessen Betafaktor zum Ausdruck kommende operative Risiko annähernd demjenigen des Bewertungsobjekts entspricht, bedarf es lediglich noch einer Anpassung des Kapitalstrukturrisikos:[1466]

Da die Kapitalstruktur des Vergleichs- und des Bewertungsobjekts verschieden sind, wird der am Kapitalmarkt beobachtbare Betafaktor des verschuldeten Vergleichsunternehmens unter Berücksichtigung seiner zu Marktwerten bewerteten Kapitalstruktur und seines Unternehmenssteuersatzes in seinen Betafaktor bei vollständiger Eigenfinanzierung transformiert:

$$\beta_{u_j} = \frac{\beta_{v_j}}{1 + (1 - s)\frac{FK_j}{EK_j}}$$

mit $\beta_{u_j}$ = Betafaktor des fiktiv unverschuldeten Vergleichsunternehmens $j$

$\beta_{v_j}$ = Betafaktor des verschuldeten Vergleichsunternehmens $j$

---

*Perridon/Steiner* (1995), S. 238 f. Im Übrigen würde sich bei Erfüllung der Kapitalmarktgleichgewichtsannahmen eine Bewertungsnotwendigkeit erübrigen. Vgl. hierzu *Ballwieser* (2002), S. 738. Für weitere Kritikpunkte vgl. *Ballwieser* (1998), S. 83.

1463 Vgl. *Baetge/Niemeyer/Kümmel* (2002), S. 293.

1464 Vgl. Kapitel I.1.

1465 Vgl. *Mandl/Rabel* (1997), S. 309; *Baetge/Niemeyer/Kümmel* (2002), S. 293 f.

1466 Vgl. *Drukarczyk* (2003), S. 381.

$FK_j$ = Marktwert des Fremdkapitals des Vergleichsunternehmens *j*

$EK_j$ = Marktwert des Eigenkapitals des Vergleichsunternehmens *j*

Dieser Betafaktor des unverschuldeten Vergleichsunternehmens wird dann mit Hilfe der zu Marktwerten bewerteten Kapitalstruktur des Bewertungsobjekts in den gesuchten Betafaktor bei Fremdfinanzierung umgewandelt.

Der schließlich von der Kapitalstruktur und somit von der Verschuldung abhängige Betafaktor des Bewertungsobjekts lässt sich formal wie folgt beschreiben und ist dementsprechend periodisch anzupassen:[1467]

$$\beta_{v_i} = \beta_{u_j}\left[1 + (1 - s)\frac{FK_i}{EK_i}\right]$$

mit $\beta_{v_i}$ = Betafaktor des verschuldeten Bewertungsobjekts *i*

$FK_i$ = Marktwert des Fremdkapitals des Bewertungsobjekts *i*

$EK_i$ = Marktwert des Eigenkapitals des Bewertungsobjekts *i*

Insbesondere wegen der zugrunde liegenden realitätsfernen Annahmen der *Modigliani/Miller*-Welt ist diese Vorgehensweise allerdings kritisch zu bewerten.[1468]

*c) Kapitalstrukturrisiko*

Da sich die Kapitalstruktur eines Unternehmens auf die Renditeforderung der Eigenkapitalgeber auswirkt, gilt es, diese entsprechend bei der Gewinnung des Eigenkapitalkostensatzes zu berücksichtigen.[1469] Da die Eigenkapitalgeber Residualgewinnempfänger sind, steigt mit zunehmender Verschuldung des Unternehmens ceteris paribus die Renditeforderung der Anteilseigner.[1470] Der Kapitalstruktureffekt auf den Unternehmenswert wird bei den Bruttokapitalisierungsverfahren, wie schon erwähnt, im Kapitalisierungszinssatz abgebildet.

Bei der Berücksichtigung des Kapitalstrukturrisikos werden in einem ersten Schritt die Kapitalkosten eines fiktiv vollständig eigenfinanzierten Vergleichsunternehmens ermittelt, die in einem zweiten Schritt an die Finanzierungsstruktur des Bewertungsob-

---

1467 Vgl. *Mandl/Rabel* (1997), S. 300; *Baetge/Niemeyer/Kümmel* (2002), S. 294; mit einer Herleitung *Drukarczyk* (2003), S. 383. Diese Vorgehensweise beruht auf der Gültigkeit der Annahmen und Wirkungsweise der *Modigliani/Miller*-Welt. Vgl. dazu *Modigliani/Miller* (1958), S. 261 ff; *Perridon/Steiner* (1995), S. 456 ff.

1468 Vgl. hierzu *Ballwieser* (1998), S. 91 f.

1469 Vgl. *IDW* (2002), S. 105; *IDW* (2005a), Rn. 110; *IDW* (2005b), Rn. 109..

1470 Dies ist der so genannte Leverageeffekt. Vgl. hierzu u. a. *Perridon/Steiner* (1995), S. 445-451; *Franke/Hax* (2004), S. 481-484.

jekts angepasst werden. Die Eigenkapitalkosten des vollständig eigenkapitalfinanzierten Vergleichsunternehmens werden über die bereits bekannte Anpassung des auf dem Kapitalmarkt beobachtbaren Betafaktors des verschuldeten Vergleichsunternehmens $\beta_{v_j}$ gewonnen.[1471]

Aus dem ermittelten Betafaktor des unverschuldeten Vergleichsunternehmens $\beta_{u_j}$[1472] lässt sich aus bekannter Formel dann folgender Eigenkapitalkostensatz ableiten:

$$r^{u}_{EK_j} = r_f + (r_M - r_f)\beta_{u_j}$$

mit $r^{u}_{EK_j}$ = Risikoangepasster Eigenkapitalkostensatz des fiktiv unverschuldeten Vergleichsunternehmens $j$

In der Bewertungstheorie unterscheidet man mit der autonomen und unternehmenswertorientierten Finanzierungsstrategie zwei unterschiedliche Kapitalstrukturkonzepte:

Die *autonome Finanzierungsstrategie* legt im Bewertungszeitpunkt das absolute Fremdkapitalvolumen für die Zukunft fest. Dabei entstehen zwei für den *WACC* bedeutende Anpassungsnotwendigkeiten: Zum einen muss die sich ändernde, zu Marktwerten bewertete Kapitalstruktur angepasst werden; zum anderen bedarf es einer Modifizierung der geforderten Eigenkapitalrendite. Dank des bereits ermittelten Kapitalkostensatzes bei vollständiger Eigenkapitalfinanzierung lässt sich die an die Finanzstruktur angepasste Renditeforderung der Eigenkapitalgeber des verschuldeten Unternehmens wie folgt bestimmen:[1473]

$$r^{v}_{EK_{t+1}} = r^{u}_{EK_j} + (r^{u}_{EK_j} - r_f)\frac{FK_t - \Delta TS_t}{EK_t}$$

mit $r^{v}_{EK_{t+1}}$ = Risikoangepasste Eigenkapitalkosten des verschuldeten Bewertungsobjekts in Periode $t+1$

$FK_t$ = Marktwert des Fremdkapitals in $t$

$EK_t$ = Marktwert des Eigenkapitals in $t$

$\Delta TS_t$ = Wertbeitrag der Unternehmenssteuerersparnis aus Fremdfinanzierung in $t$

Da die absoluten Fremdkapitalbestände am Bewertungsstichtag bekannt sind, lassen sich diese und auch der daraus resultierende Steuervorteil problemlos angeben. Schwieriger ist dabei die Bezugnahme auf den *Marktwert* des Eigenkapitals, handelt es

[1471] Vgl. hierzu die in FN 1467 genannten Quellen.

[1472] Vgl. dazu bereits Untergliederungspunkt *b)* in diesem Kapitel.

[1473] Vgl. u. a. *Drukarczyk* (2003), S. 263 f. Die Darstellung bezieht sich auf den Nicht-Rentenfall.

sich doch bei der in dem *WACC* benötigten Größe $EK_t$ um den im Rahmen der Unternehmensbewertung erst zu ermittelnden Wert. Dieses Zirkularitätsproblem kann mittels rekursiver Berechnung bzw. Iteration gelöst werden.[1474]

Bei der so genannten *atmenden* oder *unternehmenswertorientierten Finanzierungsstrategie* wird die Kapitalstruktur für die künftigen Perioden bereits im Bewertungszeitpunkt festgelegt, wobei entweder von einer konstanten oder aber von im Zeitverlauf variierenden Verschuldungsgraden ausgegangen werden kann.[1475]

Ausgehend von dem realistischeren Fall von im Zeitverlauf variierenden Kapitalstrukturen, ergeben sich in Anlehnung an *Miles/Ezzell* periodenspezifische verschuldungsgradabhängige Eigentümerrenditeforderungen:[1476]

$$r^{v}_{EK_{t+1}} = r^{u}_{EK_j} + (r^{u}_{EK_j} - r_f)\frac{1 + r_f(1-s)}{1 + r_f}\frac{FK_t}{EK_t}$$

Im Ergebnis kann der Unternehmenswert bei variierender Finanzierungsstrategie zirkularitätsfrei ermittelt werden;[1477] dies allerdings nur dann, wenn die tatsächliche unternehmerische Finanzierungspolitik den ex ante geplanten periodenspezifischen Kapitalstrukturen entspricht.

*d) Persönliche Steuern*

Da die aus der Unternehmensbeteiligung erzielbaren Gewinne der Anteilseigner der persönlichen Steuerpflicht unterliegen, ist aus Vergleichbarkeitsgründen eine Äquivalenz der Steuerbelastung zwischen dem Bewertungsobjekt und der Alternativanlage herzustellen.[1478] Für die Berücksichtigung persönlicher Steuern hat das *IDW* in seinem am 18.10.2005 verabschiedeten Neufassung des *IDW* Standards: „Grundsätze zur Durchführung von Unternehmensbewertungen“[1479] die Anwendung des *Tax-CAPM*[1480]

---

[1474] Ausführlich zum Zirkularitätsproblem vgl. u. a. *Hachmeister* (1996), S. 257 f.; *Baetge/Niemeyer/Kümmel* (2002), S. 305.

[1475] Vgl. *Drukarczyk* (2003), S. 276.

[1476] Vgl. *Miles/Ezzell* (1980), S. 719-730; *Baetge/Niemeyer/Kümmel* (2002), S. 306; *Drukarczyk* (2003), S. 276-279. Die Darstellung gilt ebenfalls für den Nicht-Rentenfall.

[1477] Im Gegensatz zur autonomen Finanzpolitik sind hier die sich verändernden und zu Marktwerten bewerteten Kapitalstrukturen ex ante bereits bekannt.

[1478] Zum Steueräquivalenzprinzip vgl. u. a. *Moxter* (1983), S. 177-180.

[1479] Vgl. *IDW* (2005b). Der dieser Neufassung vorausgegangene Entwurf wurde am 9.12.2004 verabschiedet. Das *IDW* empfahl die Anwendung des Entwurfs bereits mit dessen Veröffentlichung. Vgl. *IDW* (2005a), S. 14.

[1480] Das *Tax-CAPM* basiert auf einer Arbeit von *Brennan*, der Bruttorenditen unter der Annahme differenzierter Einkommensbesteuerung erklärt. Vgl. *Brennan* (1970), S. 417-427.

empfohlen.[1481] Das *Tax-CAPM* trage, so der Berufsstand, dem Umstand Rechnung, dass die mit der Alternativinvestition in ein Aktienportfolio erzielbaren finanziellen Überschüsse (Kursgewinne, Dividenden) einer unterschiedlichen einkommensteuerlichen Behandlung unterliegen[1482] und sei deswegen dem Standard-*CAPM*, das von persönlichen Steuern abstrahiert, überlegen.[1483] Im Gegensatz zu dem Entwurf *IDW* S 1 geht der *IDW* S 1 in der alten Fassung von einer risikolosen Alternativinvestition mit einem festen Zinssatz aus, der um einen entsprechenden Risikozuschlag zu erhöhen ist. Der Berufsstand der Wirtschaftsprüfer fordert im Rahmen der objektivierten Unternehmensbewertung die Berücksichtigung eines typisierten persönlichen Steuersatzes von 35%, der im Übrigen auch die Kirchensteuer und den Solidaritätszuschlag beinhaltet.[1484] Da seit 2001 Gewinne aus der Beteiligung an Kapitalgesellschaften mit In-Kraft-Treten des Halbeinkünfteverfahrens nur zur Hälfte der persönlichen Einkommensteuer unterliegen, fällt sowohl beim Bewertungsobjekt als auch bei der Alternativanlage in ein Aktienportfolio eine persönliche Besteuerung der realisierten Dividendenerträge in Höhe von 17,5% an. Vereinfachend geht das *IDW* davon aus, dass „Kursgewinne für einen typisierten Anteilseigner regelmäßig nicht der Einkommensteuer“[1485] unterliegen.

Durch eine Überleitung der bei *Brennan* (1970) zugrunde gelegten Bruttorenditen ergibt sich folgender risikoadjustierter Eigenkapitalkostensatz nach persönlichen Einkommensteuern:[1486]

$$r_{EK_j}^{nSt} = r_f(1-s_p) + (r_M^{vSt} - d_M \frac{s_p}{2} - r_f(1-s_p))\beta_j$$

| | | | |
|---|---|---|---|
| mit | $r_{EK_j}^{nSt}$ | = | Risikoangepasste Eigenkapitalrendite nach persönlichen Steuern des Alternativanlageobjekts $j$ |
| | $s_p$ | = | Typisierter persönlicher Einkommensteuersatz |
| | $r_M^{vSt}$ | = | Rendite des Marktportfolios vor persönlichen Steuern |
| | $d_M$ | = | Dividendenrendite des Marktportfolios |
| | $\beta_j$ | = | Betafaktor des risikoäquivalenten Alternativanlageobjekts $j$ |

1481 Vgl. *IDW* (2005a), Rn. 101; *IDW* (2005b), Rn. 100. Bei dem *Tax-CAPM* handelt es sich indes nur um eine Empfehlung, sodass nach wie vor auch das Standard-*CAPM* angewendet werden kann. Zum Standard-*CAPM* vgl. V.4.1.3.3.2 b).

1482 Vgl. *IDW* (2005a), Rn. 102; *IDW* (2005b), Rn. 101.

1483 Vgl. *IDW* (2005a), Rn. 130; *IDW* (2005b), Rn. 129; *Wagner et al.* (2004), S. 892.

1484 Vgl. *IDW* (2000b), Rn. 51; *IDW* (2005a), Rn. 54; *IDW* (2005b), Rn. 53.

1485 *IDW* (2005a), Rn. 103; *IDW* (2005b), Rn. 102.

1486 Vgl. *Jonas/Löffler/Wiese* (2004), S. 904; *Wagner et al.* (2004), S. 893; *Kunowski* (2005), S. 572 f.; *Peemöller/Beckmann* (2005), S. 92 f.; *Beyer/Gaar* (2005), S. 242 f.; *Gampenrieder* (2005), S. 113.

Die durch das *Tax-CAPM* abgeleitete Marktrisikoprämie setzt sich zusammen aus der dem Kapitalmarkt zu entnehmenden Marktportfoliorendite vor Steuern $r_M^{vSt}$, die sich aus Kursgewinnen und Dividenden zusammensetzt, vermindert um die auf die Dividendenausschüttung aus dem Marktportefeuille anfallenden Einkommensteuern $d_M s_p/2$ sowie abzüglich des um die persönlichen Steuern bereinigten risikolosen Zinssatzes $r_f(1 - s_p)$. Eine jüngst erstellte Studie ermittelt für den CDAX® im Zeitraum von 1955 bis 2003 eine arithmetisch gemittelte Risikoprämie nach Einkommensteuern von 6,66%.[1487]

*e) Ausschüttungsverhalten*

Bei der Ermittlung des hier gegenständlichen objektivierten Unternehmenswerts wurde bisher grundsätzlich von der Vollausschüttung jener finanziellen Überschüsse ausgegangen, „die nach Berücksichtigung des unveränderten Unternehmenskonzepts [...] und rechtlicher Restriktionen [...] zur Ausschüttung zur Verfügung stehen."[1488] Da sich die Vollausschüttungshypothese regelmäßig weder für das Bewertungs- noch für das Alternativanlageobjekt empirisch bestätigen lässt[1489] und nach Einführung des Halbeinkünfteverfahrens die Thesaurierung von Gewinnen aus steuerlicher Sicht deutlich an Lukrativität gewonnen hat,[1490] fordert der Berufsstand der Wirtschaftsprüfer neuerdings eine Berücksichtigung des Ausschüttungsverhaltens.[1491]

So sind in der *Detailplanungsphase* die Ausschüttungen des Bewertungsobjekts „auf der Basis des individuellen Unternehmenskonzeptes und unter Berücksichtigung der bisherigen und geplanten Ausschüttungspolitik, der Eigenkapitalausstattung und der steuerlichen Rahmenbedingungen zu bestimmen."[1492] Für den Fall, dass keine konkreten Planungsunterlagen hinsichtlich der Verwendung thesaurierter Mittel vorliegen, ist vereinfachend eine kapitalwertneutrale Anlage der thesaurierten Beträge zu dem Eigenkapitalkostensatz vor Steuern zu unterstellen.[1493] Trotz der Kapitalwertneutralität thesaurierter Beträge ergibt sich durch die zeitliche Verzögerung der Ausschüttungs-

---

[1487] Für den DAX ergibt sich, selbiger Studie zufolge, eine durchschnittliche Risikoprämie von 7,04%. Vgl. *Stehle* (2004), S. 921.

[1488] *IDW* (2000b), Rn. 44.

[1489] Der Vergleich eines voll ausschüttenden Bewertungsobjekts mit einem nicht voll ausschüttenden Alternativanlageobjekt führt zu einer Ergebnisverzerrung.

[1490] Vgl. *Hötzel/Beckmann* (2000), S. 698; *Kohl/Schulte* (2000), S. 1159; *Wagner et al.* (2004), S. 894, m. w. N.

[1491] Vgl. *IDW* (2005a), Rn. 46 f.; *IDW* (2005b), Rn. 45 f.

[1492] *IDW* (2005a), Rn. 47; *IDW* (2005b), Rn. 46.

[1493] Vgl. *IDW* (2005a), Rn. 47; *IDW* (2005b), Rn. 46.

besteuerung einbehaltener Gewinne ein Werteffekt, der mit der Thesaurierungsquote steigt.[1494]

Der für die Wiederanlage thesaurierter Gewinne benötigte Kapitalisierungszinssatz vor Steuern ergibt sich aus dem Kapitalisierungszinssatz nach Steuern und der auf die Dividendenrendite der Alternativanlage gezahlten Steuer:[1495]

$$r_{EK_j}^{vSt} = r_{EK_j}^{nSt} + d_j \frac{s_p}{2}$$

mit $r_{EK_j}^{vSt}$ = Risikoangepasste Eigenkapitalrendite (Dividenden und Kursgewinne) vor persönlichen Steuern der Alternativanlage $j$

$d_j$ = Dividendenrendite der Alternativanlage $j$

Für die sich der Detailplanungsphase anschließende *ewige Rentenphase* wird schließlich von einer Äquivalenz zwischen der Ausschüttungspolitik des Bewertungs- und des Alternativanlageobjekts ausgegangen, wobei hier auf die Ausschüttungsquote der Alternativanlage abzustellen ist.

Die gesuchte Quote ergibt sich aus dem Verhältnis der Dividendenrendite der Alternativanlage und deren Gesamtrendite (Dividenden und Kursgewinne) vor Steuern:[1496]

$$Q = \frac{d_j}{r_{EK_j}^{vSt}}$$

mit $Q$ = Ausschüttungsquote der Alternativanlage $j$

Durch die grundsätzlich kapitalwertneutrale Berücksichtigung[1497] der anteiligen Thesaurierung wird ceteris paribus mit sinkenden Unternehmenswerten zu rechnen sein; das umso mehr, je höher die Quote der einbehaltenen Gewinne ist.[1498] Auf der anderen Seite führen Gewinneinbehaltungen zu ceteris paribus steigenden Ausschüttungen in der Zukunft. Infolge der Thesaurierung zukünftig wachsende Dividenden können in der ewigen Rente des Phasenmodells in Form eines Wachstumsabschlags im Kapitalisierungszinssatz berücksichtigt werden.

---

[1494] Vgl. *Wagner et al.* (2004), S. 895; *Gampenrieder* (2005), S. 115; *Beyer/Gaar* (2005), S. 244.

[1495] Vgl. *Wagner et al.* (2004), S. 896; *Beyer/Gaar* (2005), S. 244.

[1496] Vgl. *Wagner et al.* (2004), S. 897; *Beyer/Gaar* (2005), S. 244.

[1497] Nur für den Fall, dass konkrete Aufzeichnungen vorliegen, wird in der Detailplanungsphase von der Kapitalwertneutralität abgewichen.

[1498] Vgl. *Gampenrieder* (2005), S. 116.

### *f) Wachstumsabschlag*

Nicht selten wird der um einen Risikozuschlag erweiterte Basiszinssatz um einen Wachstumsabschlag gemindert. Der Wachstumsabschlag, häufig auch Geldentwertungsabschlag genannt, drückt ein konstantes, periodisches, unendliches Wachstum der Zahlungsüberschüsse aus, das auf Preis-, Mengen- sowie Strukturveränderungen zurückzuführen ist und zwischen Bewertungs- und Alternativanlageobjekt divergieren kann.[1499]

Der Wachstumsabschlag wird, dem *IDW* zufolge, regelmäßig erst in der zweiten, ewigen Prognosephase veranschlagt;[1500] dabei mindert die Wachstumsrate den um Risiko und persönliche Steuern modifizierten Kapitalisierungszinssatz,[1501] während in der Detailplanungsphase dahingegen eine Nominalrechnung erfolgt. Im Schrifttum ist diese Vorgehensweise aus entscheidungstheoretischer Sicht kritisiert worden, da von einem konstanten und sicheren Wachstumsabschlag ausgegangen wird und sich dies nicht mit den unsicheren, zu diskontierenden Zahlungsüberschüssen vertrage.[1502] Ferner kann das mit der Gewinnthesaurierung zusammenhängende künftige Dividendenwachstum über den Wachstumsabschlag abgebildet werden, indem man ein valides Ausschüttungsverhalten als nachhaltiges Wachstum begreift.[1503]

Zur Ermittlung des Wachstumsabschlags gibt es keine heilbringende Methode. Vielmehr ist im Einzelfall zu prüfen, ob und inwiefern das Unternehmen in der Lage ist, eine Steigerung des Nominalergebnisses zu erzielen. In der Bewertungspraxis werden häufig Wachstumsabschläge angesetzt, die unterhalb der tatsächlichen Geldentwertung liegen. So überwiegt in der Rechtsprechung eine Wachstumsrate zwischen 0,5% und 2,0%.[1504]

Für eine Stichprobe von 20 Squeeze-outs, die bis September 2002 beschlossen wurden, kamen, bei einer Ausnahme, Abschläge zwischen 0,5% und 1,0% zum Einsatz.[1505]

---

1499 Vgl. *Moxter* (1983), S. 185-192, der hier von dem Homogenitätsprinzip spricht, sowie *IDW* (2000b), Rn. 101-104; *IDW* (2005a), Rn. 104-108; *IDW* (2005b), Rn. 103.107.

1500 Vgl. *IDW* (2000b), Rn. 104; *IDW* (2005a), Rn. 108; *IDW* (2005b), Rn. 107.

1501 Der Wachstumsabschlag gibt dabei an, inwiefern das Unternehmen in der Lage ist, zukünftige Preissteigerungen an seine Abnehmer weiterzugeben. Vgl. *Wilts/Schaldt/Nottmeier* (2002), S. 628.

1502 Vgl. z. B. *Ballwieser* (1981), S. 106-112; *Ballwieser* (2002), S. 742; *Drukarczyk* (2003), S. 501-517.

1503 Vgl. *Wagner et al.* (2004), S. 895.

1504 Mit Nennung zahlreicher Gerichtsurteile vgl. *IDW* (2002), S. 108.

1505 Vgl. *Wilts/Schaldt/Nottmeier* (2002), S. 628.

### V.4.1.4. Ergebnis der Analyse von Abfindungen auf Grundlage von Zukunftserfolgswerten

Grundsätzlich ist die Unternehmensbewertung auf der Grundlage von Zukunftserfolgswerten geeignet, den inneren Wert einer Korporation zu ermitteln. Allerdings können bei der Bewertung nicht unerhebliche Fehler begangen werden, die insbesondere vor dem Hintergrund der hier gegenständlichen dominierten Konfliktsituation unerwünscht sind. Probleme treten dabei insbesondere bei der Prognose der zu diskontierenden zukünftigen Zahlungsströme sowie bei der Ermittlung des Risikozuschlags auf den sicheren Basiszinssatz auf.

Die zum Teil nur schwer verifizierbaren Ermittlungsschritte können dem Bewerter dabei nicht unerhebliche Gestaltungsmöglichkeiten eröffnen, den Wert zu seinen Gunsten zu beeinflussen. Da einer von Gerichts wegen unternommenen Bewertung dieses missbräuchliche Verhalten regelmäßig nicht innewohnt, kann zumindest eine *bewusst* „falsche“ Wertfindung nahezu ausgeschlossen werden. Nicht ausgeschlossen werden können indes die Fehler bei der Zahlungsstromprognose sowie bei der Kapitalkostensatzermittlung.

Zudem ist der Bewerter, hier der Wirtschaftsprüfer, von den wertrelevanten Unternehmensinformationen abhängig, die ihm der Hauptaktionär möglicherweise vorenthält. Bedingt durch diese Informationsasymmetrie kann die Abfindungswertfindung entsprechend zulasten der Minderheitsaktionäre verzerrt werden. Zwar ist theoretisch auch der umgekehrte Fall einer den Hauptaktionär benachteiligenden gutachterlichen Wertfeststellung denkbar. Da der Hauptaktionär es allerdings mehr oder weniger selber in der Hand hat, gute wie schlechte Unternehmensinformationen weiterzuleiten, wird er stets bemüht sein, zumindest die aus seiner Sicht nachteiligen Unternehmensnachrichten bekannt zu geben.

Zwar ist grundsätzlich die Einbeziehung mittelbarer und unmittelbarer Squeeze-out-Wertbeiträge in die Zukunftserfolgswertverfahren möglich; aber insbesondere die Berücksichtigung der mittelbaren Wertfaktoren ist ganz wesentlich von der Informationsweitergabebereitschaft des Hauptaktionärs bzw. der Unternehmensleitung abhängig.

Aus bewertungstheoretischer Sicht erscheint demnach vor dem Hintergrund einer Angemessenheit gewährleistenden Gegenleistung die in Kapitel V.3.8 postulierte Abfindung auf Grundlage von Genussrechten der Kompensation auf Basis von Zukunftserfolgswerten überlegen.

Inwiefern durch die Berücksichtigung von Marktpreisen eine alternative, ökonomisch sinnvolle sowie gerechte Abfindung gewährleistet werden kann, soll in dem folgenden Kapitel erörtert werden.

## V.4.2. Abfindung auf Grundlage von Marktpreisen

### V.4.2.1. Grundlagen

Die Debatte über die Abfindung von Aktionären auf der Grundlage von Marktpreisen bzw. Börsenkursen ist nicht neu und beschäftigt Ökonomen wie Juristen gleichermaßen, mit Unterbrechung, bereits seit etwa sieben Jahrzehnten.[1506] Während Rechtsprechung und rechtswissenschaftliche Literatur sich lange Zeit schwer taten, den Börsenkurs bei der Feststellung der Abfindung zu berücksichtigen,[1507] wurde von Seiten des betriebswirtschaftlichen Schrifttums bereits frühzeitig die Einbeziehung von Aktienkursen gefordert;[1508] neuerdings zeichnet sich allerdings ein Paradigmenwechsel in der Jurisprudenz hinsichtlich der Beachtlichkeit von Marktpreisen in Abfindungsfällen ab.[1509] Im Folgenden wird zunächst ein Überblick über die aktuell geltende Rechtslage betreffend die Relevanz von Marktpreisen in dominierten Konfliktsituationen gegeben, um dann sowohl aus ökonomischer Sicht als auch aus Gerechtigkeitsperspektive zu untersuchen, inwiefern eine an dem Börsenkurs orientierte Abfindung in Squeeze-out-Fällen geboten und legitim erscheint.

---

[1506] So forderten bereits *Buwert* (1938), S. 148, sowie *Rieger* (1938), S. 256 f., den Ansatz von Börsenkursen bei der Abfindung von Aktionären kapitalmarktnotierter Gesellschaften.

[1507] Stellvertretend für die Rechtsprechung vgl. *BGH*, Urteil vom 30.3.1967 – II ZR 141/64 – (KG Berlin), S. 264, sowie für das juristische Schrifttum *Piltz* (1994), S. 225, m. w. N.; *Riegger* (1999), S. 1889 f., der insbesondere auf die hohe Manipulationsanfälligkeit des Aktienkurses abstellt.

[1508] Aus der Betriebswirtschaftslehre wurden jene Forderungen bereits frühzeitig von *Busse von Colbe* (1964), S. 263-267, sowie von *Drukarczyk* (1973), S. 362, vorgebracht. Jüngst gesellten sich u. a. noch *Böcking/Nowak* (2000a), S. 19 f.; *Böcking/Nowak* (2000b), S. 134 f.; *Böcking* (2003), S. 85 f., zu den Protagonisten der Börsenkursberücksichtigung hinzu. Abweichend von dem herrschenden betriebswirtschaftlichen Meinungsstand äußerte sich zuletzt *Olbrich* (2000), S. 463, der zusammenfassend feststellt: „Einen aussagekräftigen, ökonomisch sinnvollen Unternehmungswert vermögen die Methoden der kursgestützten Bewertung [...] nicht zu generieren, denn der Kurs der Aktie erlaubt keinen Rückschluß auf den Wert der Unternehmung." Ebenfalls skeptisch ist *Ruhnke* (2003), S. 92 f.

[1509] Vgl. u. a. *Aha* (1997), S. 28; *Rodloff* (1999), S. 1150 f.; *Luttermann* (1999), S. 45-52; *Großfeld* (2000), S. 266; *Großfeld* (2002), S. 186.

### V.4.2.2. Relevanz von Marktpreisen in Abfindungsfällen de lege lata

Die Bedeutung von Börsenkursen bei der Abfindung von Minderheitsaktionären in dominierten Konfliktsituationen war bis Ende des letzten Jahrhunderts durch eine ablehnende Haltung der deutschen Rechtsprechung[1510] geprägt.[1511] Stellvertretend für die Marktpreise negierende Ansicht der Gerichte sei hier das Urteil des *BGH* aus dem Jahre 1967 erwähnt, in dem die Berücksichtigung von Börsenkursen in dominierten Konfliktsituationen aus verschiedenen Gründen abgelehnt wurde:[1512]

„Der Börsenkurs kann sich mit dem wahren Wert der Aktien decken, er kann aber auch niedriger oder höher sein. Er ergibt sich aus dem im Augenblick der Kursbildung vorhandenen Verhältnis von Angebot und Nachfrage, das von der Größe oder Enge des Marktes, von zufallsbedingten Umsätzen, von spekulativen Einflüssen und sonstigen nicht wertbezogenen Faktoren wie politischen Ereignissen, Gerüchten, Informationen, psychologischen Momenten oder einer allgemeinen Tendenz abhängt. Außerdem unterliegt der Börsenkurs unberechenbaren Schwankungen und Entwicklungen, wie die Aktienkurse der letzten Jahre besonders deutlich gemacht haben. Das schließt

---

1510 In der US-amerikanischen Rechtsprechung nahm der Börsenkurs bis zum Ende der siebziger Jahre eine dominante Rolle bei der Abfindungswertermittlung ein. So galt die so genannte *market exception rule*, wonach Aktionären das Rechtsbehelfsverfahren (*appraisal remedy*) stets dann nicht offen stand, wenn die gegenständlichen Aktien auf dem Kapitalmarkt gehandelt und ein Börsenkurs festgestellt werden konnte, sodass dieser stets als Angemessenheit gewährleistende Abfindung anerkannt wurde. 1978 wurde diese Regelung allerdings aus dem *Model Business Corporation Act* entfernt und in dessen Gefolge auch von der Rechtsprechung mehr und mehr in den Hintergrund gedrängt. Seither erfolgt in den meisten aller Abfindungsfällen, unabhängig davon, ob das Unternehmen börsennotiert ist oder nicht, eine Bewertung auf Basis der DCF. Zur *market exception rule* paradigmatisch vgl. *Manning* (1962), S. 231 f. Zu den neuesten Entwicklungen in der US-amerikanischen Rechtsprechung betreffend die Ermittlung einer angemessenen Abfindung vgl. Kapitel II.2.1.3.2 sowie *Werthelmer* (1998), S. 626-640.

1511 Der im Folgenden u. a. gewürdigte Meinungsstand der Rechtsprechung bezieht sich auf Urteile, die nicht explizit über eine Abfindung in Squeeze-out-Fällen zu entscheiden hatten. So weit ersichtlich, existieren (noch) keine rechtskräftigen Urteile, die sich mit der Angemessenheit der Barabfindung bei Squeeze-outs auseinandersetzten. Die in diesem Kapitel gegenständlichen Gerichtsentscheide behandeln dahingegen die Abfindungsbewertung anderer dominierter Konfliktsituationen, wie z. B. den Ausgleich bei Unternehmensverträgen gemäß § 304 AktG sowie die Abfindung in Aktien und in bar bei Unternehmensverträgen und Mehrheitseingliederungen gemäß §§ 305, 320 b AktG. Jene Entscheidungen, dabei ist insbesondere die Barabfindung bei einer Mehrheitseingliederung hervorzuheben, lassen sich auf die gemäß §§ 327 a ff. AktG einschlägigen Zwangsausschlüsse übertragen, weil sie die grundsätzliche Sichtweise der Rechtsprechung in Abfindungsfällen verdeutlichen und es zudem keinen Anlass zu der Vermutung gibt, dass die Judikatur die Abfindung bei Squeeze-outs anders beurteilen wird. Vgl. hierzu u. a. *Vetter* (2001b), S. 1351.

1512 Vgl. *BGH*, Urteil vom 30.3.1967 – II ZR 141/64 – (KG Berlin), S. 264. Ebenfalls mit einer ablehnenden Grundhaltung gegenüber dem Börsenkurs vgl. *LG Dortmund*, Beschluss vom 31.10.1980 – 18 Akt E 2/79, S. 237; *LG Köln*, Beschluss vom 16.12.1992 – 91 O 204/88, S. 217.

es aus, der Berechnung der angemessenen Abfindung den Börsenkurs zugrunde zu legen."

Erst im Jahr 1998, in dem im Übrigen das *OLG Celle* eine Abfindung unterhalb des Börsenkurses noch mit dem Hinweis der Eigentumsneutralität legitimierte,[1513] sprach sich mit dem *BayObLG* erstmals ein deutsches Gericht explizit für die Einbeziehung von Marktpreisen aus, da der Börsenkurs zeige, „wie die Aktie bewertet wird."[1514]

Mit dem bereits in Kapitel II.1.3.3 vorgestellten Beschluss des *BVerfG* vom 27.4.1999 wurde schließlich der Widerstand gegen die Marktpreisberücksichtigung in Abfindungsfällen gebrochen.[1515] Da die Verfassungshüterin die grundrechtlich geforderte volle Entschädigung der Minderheitsaktionäre nur bei einer dem „wahren" bzw. „wirklichen" Wert der Unternehmensbeteiligung entsprechenden Gegenleistung gewährleistet sieht, „[...] muß die Abfindung so bemessen sein, daß die Minderheitsaktionäre jedenfalls nicht weniger erhalten, als sie bei einer freien Deinvestitionsentscheidung [...] erlangt hätten."[1516] Diese im Rahmen einer freien Verkaufsentscheidung erzielbare Gegenleistung kann, so das *BVerfG*, unmöglich ohne Blick auf den Börsenkurs der Aktie festgestellt werden.[1517]

Die von dem *BVerfG* geforderte Berücksichtigung des Börsenkurses stimmt grundsätzlich überein mit der hier vorgeschlagenen (typisierten) Grenzpreisbetrachtung aus Sicht des Abzufindenden. So ist nämlich der von den Minderheitsaktionären durch den Ausschluss erlittene Vermögensnachteil in dem Verlust des Verkehrswerts der Aktie begründet, der in der Regel ihrem Börsenkurs entspricht. Da aber die Abfindung nicht unterhalb des Verkehrswerts liegen darf, „steht es mit [dem] Grundrecht grundsätzlich nicht in Einklang, [...] eine Barabfindung festzusetzen, die niedriger ist als der Bör-

---

[1513] Vgl. *OLG Celle*, Beschluss vom 31.7.1998 – 9 W 128/97, S. 129.

[1514] *BayObLG*, Beschluss vom 29.9.1998 – 3 Z BR 159/94, S. 45. Weiterhin führte das Gericht aus, dass „[d]ie Aktie [...] heute ein in weiten Bevölkerungsschichten verbreitetes Wertpapier [ist], die Umsätze an den Aktienmärkten [...] sprunghaft zugenommen [haben]. Es ist ferner zu bedenken, daß im Kurs der Aktie ein spekulatives Element steckt, das die Markterwartung über die Unternehmensentwicklung allgemein und im besonderen wiedergibt, was in die Bewertungsgutachten weitgehend mit dem Begriff des nachhaltigen Zukunftsertrages einfließt. Der Senat verkennt nicht, daß der Börsenkurs von vielen Faktoren und Zufälligkeiten beeinflußt sein kann. Das nimmt aber schon jeder Aktienerwerber bewußt in Kauf. Hat die Aktie, deren Wert festgestellt werden soll, einen Börsenkurs, der auch aussagekräftig ist, weil er nicht von einem zu engen Markt oder von Manipulationen beeinflußt wird, so wird er in der Regel den „Verkehrswert" mindestens ebenso zutreffend angeben, wie eine langwierige Berechnung des Unternehmenswertes durch Sachverständige nach der Ertragswertmethode." [Einfügungen durch den Verfasser].

[1515] Vgl. *BVerfG*, Beschluss vom 27.4.1999 – 1 BvR 1613/94.

[1516] *BVerfG*, Beschluss vom 27.4.1999 – 1 BvR 1613/94, S. 1695.

[1517] Vgl. *BVerfG*, Beschluss vom 27.4.1999 – 1 BvR 1613/94, S. 1695.

senkurs."[1518] Demzufolge dient der Börsenkurs grundsätzlich als Wertuntergrenze bei der Abfindungsbestimmung börsennotierter Unternehmen.[1519] Dies bedeutet, dass eine alleine auf den Aktienkurs abstellende Abfindungsbewertung von den Gerichten nicht gewollt ist und somit dem Börsenkurs im Ergebnis stets ein auf Basis von Zukunftserfolgswertverfahren gebildeter Anteilswert gegenübergestellt werden muss, wobei hier ausdrücklich mit dem Ertragswert- und den DCF-Verfahren die prominentesten Vertreter angegeben werden.[1520] Aufgrund der verfassungsrichterlich bestätigten Unbedenklichkeit einer *Überschreitung* des Börsenkurses bei der Abfindungsbemessung,[1521] kann daraus, wie auch hier gefordert, implizit die Zulässigkeit der vollständigen oder teilweisen Einbeziehung von mittelbaren und unmittelbaren Wertbeiträgen gefolgert werden.[1522] Indes räumt das *BVerfG* ein, dass es verfassungsrechtliche Gründe für eine Unterschreitung des Marktpreises geben könne, sofern der Aktienkurs nicht den Verkehrswert des Finanztitels widerspiegele.[1523]

Die Frage, welcher Börsenkurs in zeitlicher Hinsicht als Referenzpreis zugrunde zu legen ist, lässt das *BVerfG* offen. Es überlässt diese Entscheidung den Zivilgerichten mit der Begründung, dass diese im Einzelfall entscheiden müssen, welcher Kurs den angemessenen Verhältnissen der Gesellschaft im Zeitpunkt der Beschlussfassung im Sinne von § 327 b Abs. 1 Satz 1 AktG entspreche. Dem *BVerfG* zufolge ist es nicht erforderlich, für die Ermittlung des den angemessenen Verhältnissen der Gesellschaft entsprechenden Abfindungsbetrags auf den Stichtagskurs der Beschlussfassung abzustellen. So könnten die Minderheitsaktionäre in Kenntnis ihres drohenden Ausschlus-

---

1518 *BVerfG*, Beschluss vom 27.4.1999 – 1 BvR 1613/94, S. 1695 f. [Einfügung durch den Verfasser].

1519 Für den Börsenkurs als Wertuntergrenze vgl. zudem *Busse von Colbe* (1964), S. 264; *Drukarczyk* (1973), S. 362 f.; *Götz* (1996), S. 265; *Rodloff* (1999), S. 1153; *Erb* (2001), S. 524; wohl auch *Hüttemann* (2001), S. 458; *Böcking/Nowak* (2000a), S. 17; *Böcking* (2003), S. 78. Auch der Berufsstand der Wirtschaftsprüfer tritt für einen Börsenkurs als Wertuntergrenze in Abfindungsfällen ein. Vgl. *IDW* (2000b), Rn. 14-16; *IDW* (2005a), Rn. 14-16; *IDW* (2005b), Rn. 14-16. Anderer Auffassung vgl. *Albach* (1966), S. 185; *Riegger* (1999), S. 1889, die ihre ablehnende Haltung mit der Spekulations- und Manipulationsanfälligkeit von Börsenkursen begründen; *Ruhnke* (2003), S. 91 f.

1520 Vgl. *Großfeld* (2002), S. 159, der darauf hinweist, dass in der gegenwärtigen Rechtsprechung das Ertragswertverfahren noch immer die dominante Bewertungsformel ist, die allerdings zunehmender Konkurrenz durch die DCF-Verfahren ausgesetzt ist. Zu den beiden Bewertungsverfahren vgl. Kapitel V.4.1.

1521 Vgl. *BVerfG*, Beschluss vom 27.4.1999 – 1 BvR 1613/94, S. 1696.

1522 Insoweit, aber nicht differenzierend auf die mittelbaren und unmittelbaren Wertbeiträge abstellend vgl. *Böcking/Nowak* (2000a), S. 21; *Böcking/Nowak* (2000b), S. 137; *Böcking* (2003), S. 75.

1523 Vgl. *BVerfG*, Beschluss vom 27.4.1999 – 1 BvR 1613/94, S. 1696. Die Verfassungshüterin nennt hier lediglich die Marktenge sowie den fehlenden Handel in den betroffenen Titeln als Beispiele für die Notwendigkeit einer Unterschreitung des Börsenkurses.

ses und des Beschlusstages der Hauptversammlung den Börsenkurs zu ihren Gunsten manipulieren; auf den umgekehrten und, wie noch zu zeigen sein wird,[1524] realistischeren Fall der Kursbeeinflussung durch den Hauptgesellschafter geht das *BVerfG* erstaunlicherweise nicht ein.[1525] Wegen dieser Manipulationsanfälligkeit können die Zivilgerichte, so die Verfassungshüterin, durchaus auch einen Durchschnittskurs ansetzen.[1526] Das *BVerfG* unterlässt jedoch die Angabe eines bei der Durchschnittskursermittlung zu veranschlagenden Referenzzeitraums.

Der *BGH* entschied in diesem Zusammenhang, dass es aus Gründen der Rechtssicherheit geboten sei, einen Durchschnittskurs für die Abfindung heranzuziehen. Dieser sei auf den Zeitpunkt der Beschlussfassung zu beziehen. Der zu berücksichtigende Referenzzeitraum erstreckt sich, dem Beschluss zufolge, auf die drei Monate, die unmittelbar der beschlussfassenden Hauptversammlung vorausgehen.[1527] Mit dem Abstellen auf den der beschlussfassenden Hauptversammlung vorausgehenden Dreimonatszeitraum bezieht der *BGH* grundsätzlich all jene Kurseffekte mit in den Abfindungswert ein, die im Anschluss an die Bekanntmachung des Squeeze-out bis zur Versammlung eintreten und möglicherweise auf spekulativem Anlegerverhalten beruhen.[1528] Allerdings sind, so der *BGH*, „außergewöhnliche Tagesausschläge oder sprunghafte Entwicklungen binnen weniger Tage, die sich nicht verfestigen – gleichgültig, ob es sich um steigende oder fallende Kurse handelt –“ zu eliminieren.[1529] Anderer Auffassung im Zusammenhang mit der Festlegung des Referenzzeitpunkts für den anzusetzenden

---

[1524] Vgl. die Ausführungen zum opportunistischen Verhalten des Hauptaktionärs in Kapitel V.4.2.3.2. *Beckmann* (2004), S. 624 f., sieht in der Manipulation durch die Minderheitsaktionäre auch die bedeutendere Gefahr der Kursbeeinflussung mit der Begründung, dass der vom Hauptaktionär festgelegte Abfindungsbetrag ohnehin von einem Wirtschaftsprüfer gemäß 327 c Abs. 2 AktG auf seine Angemessenheit hin zu prüfen sei. *Beckmann* verwechselt hier indes die außenstehenden Aktionäre (Minderheitsaktionäre) mit potenziellen Spekulanten bzw. Arbitrageuren. Aufgrund der vermutlich eher geringen Vermögensausstattung der Kleinanleger wird hier trotz der vermeintlichen Marktenge die Gefahr der Kursbeeinflussung durch die Minderheitsaktionäre nicht als besonders hoch bewertet. Spekulation und Arbitrage sind im Übrigen nicht gleichzusetzen mit Manipulation und sind, der hier vertretenen Ansicht zufolge, mit in die Abfindungsbemessung auf Grundlage von Marktpreisen einzubeziehen.

[1525] So aber *Busse von Colbe* (1964), S. 267.

[1526] Vgl. *BVerfG*, Beschluss vom 27.4.1999 – 1 BvR 1613/94, S. 1696.

[1527] Vgl. *BGH*, Beschluss vom 12.3.2001 – II ZB 15/00, S. 971 f. Vorausgegangen waren dem *BGH*-Beschluss zwei divergierende Entscheidungen des *OLG Stuttgart*, das für einen achtmonatigen Referenzzeitraum plädierte, und des *OLG Düsseldorf*, das sich für den Ansatz des Bewertungsstichtagskurses aussprach. Vgl. *OLG Stuttgart*, Beschluss vom 4.2.2000 – 4 W 15/9, S. 429; *OLG Düsseldorf*, Beschluss vom 25.5.2000 – 19 W 1/93 AktE, S. 1855.

[1528] Vgl. hierzu den Überblick über die empirischen Befunde der Kursreaktionen in Kapitel V.3.7.2

[1529] *BGH*, Beschluss vom 12.3.2001 – II ZB 15/00, S. 972.

Durchschnittskurs ist neben diversen Gerichten[1530] die in § 5 Abs. 1, 3 WpÜG-AV für Übernahmeangebote geltende, für den Squeeze-out aber nicht einschlägige Vorschrift der Börsenkursberücksichtigung. Demnach ist der umsatzgewichtete Durchschnittskurs der letzten drei Monate vor dem Tag der Angebotsbekanntmachung zugrunde zu legen.[1531] Folgt man der Sichtweise des *BGH* und stellt auf den Tag der beschlussfassenden Hauptversammlung als Endzeitpunkt ab, dann ergibt sich das praktische Problem, dass den Aktionären gemäß § 327 c Abs. 1 Nr. 2 AktG bereits vor der Versammlung die Höhe der Abfindung mitzuteilen ist, diese aber vor der Gesellschafterversammlung noch nicht ermittelt werden kann.[1532]

Die zwischen der *BGH*-Rechtsprechung und der WpÜG-AV zu verzeichnende Abweichung ist in der Literatur zurecht auf Kritik gestoßen, weil es nicht einsichtig ist, bei der Ermittlung einer angemessenen Gegenleistung von auf Freiwilligkeit basierenden Aktienübertragungen anders zu verfahren als bei der Feststellung einer angemessenen Abfindung in Squeeze-out-Fällen.[1533] Im Gegensatz zur Literaturmeinung[1534] wird hier allerdings keine Angleichung der für die Abfindungsermittlung einschlägigen *BGH*-Rechtsprechung an die WpÜG-AV gefordert, sondern umgekehrt eine Modifizierung der Gesetzesvorschrift für Übernahmeangebote postuliert; durch eine Verzögerung des für die Durchschnittskursbildung relevanten Endzeitpunkts sind umfangreichere Informationen über die mit dem Ausschluss zusammenhängenden Wertbeiträge im Marktpreis enthalten, was aus der Perspektive der in dieser Arbeit abgeleiteten angemessenen Abfindung zu begrüßen ist, wenngleich es für die Minderheitsaktionäre regelmäßig schwierig sein wird, die genaue Ausprägung der künftigen Wertpotenziale

[1530] Das *LG Dortmund* forderte z. B. den Durchschnittskurs der letzten drei Monate vor der Bekanntmachung der Abfindungsbedingungen. Vgl. *LG Dortmund*, Beschluss vom 18.11.2000 – 20 AktE 8/94, S. 546. Das *OLG Düsseldorf* korrigierte die Entscheidung des *LG Dortmund* in der nächsten Instanz, indem es sich der Meinung des *BGH*-Beschlusses vom 12.3.2001 anschloss und als Referenzstichtag den Termin der Hauptversammlung zugrunde legte. Vgl. *OLG Düsseldorf*, Beschluss vom 31.1.2003 – 19 W 9/00 AktE, S. 330. Zu dem gleichen Ergebnis kamen das *OLG Frankfurt am Main*, Beschluss vom 9.1.2003 – 20 W 434/93 und 20 W 425/93, S. 582; *OLG Düsseldorf*, Beschluss vom 4.6.2003 – 19 W 3/03 AktE, S. 508; *LG Frankfurt am Main*, Beschluss vom 6.2.2002 – 3/3 O 150/94, S. 360.

[1531] Ebenfalls auf den Bekanntmachungstermin abstellend vgl. *Bungert/Eckert* (2000), S. 1849, die einen Durchschnittskurs bezogen auf ein Jahr vor der Transaktionsankündigung fordern. Ebenfalls für den Bekanntgabezeitpunkt plädieren *Drukarczyk* (1973), S. 362 f.; *Wilm* (2000), S. 239; *Vetter* (2001b), S. 1349; *Böcking* (2003), S. 83 f. Ebenfalls für den Tag der Bekanntmachung ist *Hüttemann* (2001), S. 463, der allerdings keinen Durchschnittskurs fordert, sondern für einen Stichtagskurs plädiert.

[1532] Vgl. *Meilicke/Heidel* (2001), S. 975; *Bungert* (2003), S. 701; *BayObLG*, Beschluss vom 18.12.2002 – 3Z BR 116/00, S. 279.

[1533] Vgl. *Vetter* (2001b), S. 1349; *Böcking* (2003), S. 83.

[1534] Vgl. hierzu die entsprechenden Verweise aus FN 1533.

zu erkennen, was sich dann auch in einer ungenauen Börsenkursabbildung niederschlägt.[1535] Deswegen aber von vornherein den Marktpreis als Indikator für die Abfindungsfeststellung abzulehnen, wäre verfehlt. Vielmehr ist dafür Sorge zu tragen, dass der Börsenkurs auch den bewertungsrelevanten Informationsvorsprung des Hauptaktionärs im Bewertungszeitpunkt widerspiegeln kann. Bewusst in Kauf genommen wird in dieser Arbeit dabei das oben skizzierte Problem, dass der auf den Hauptversammlungszeitpunkt abstellende Durchschnittskurs nicht vorzeitig ermittelt, geschweige denn bekanntgemacht werden kann. Die Chance der Einbeziehung der mit dem Squeeze-out verbundenen Wertbeiträge wird hier stärker gewichtet. Außerdem wird das Ermittlungsproblem hier nicht als so groß erachtet, da spätestens bei der gerichtlichen Angemessenheitsprüfung auch die Börsenkurse bis zum Beschlussfassungszeitpunkt bekannt sind. Demzufolge bietet sich eine entsprechende Modifizierung des § 327 c Abs. 1 Nr. 2 AktG an.

Auch über die Länge des für die Durchschnittskursbildung relevanten Referenzzeitraums herrscht nicht nur in der Rechtsprechung, sondern auch in der Literatur Uneinigkeit. So schlagen einige Autoren einen Zeithorizont von zwei bis drei Jahren vor,[1536] während andere wiederum von einer mindestens[1537] bzw. genau[1538] einjährigen Periode ausgehen; ferner wird ein 30- bzw. 100-tägiges Zeitfenster für die Mittelwertbildung postuliert.[1539] Vereinzelt wird sogar der Ansatz eines Stichtagskurses empfohlen, der die dem Durchschnittskurs immanente Benachteiligung der einen oder anderen Partei verhindere.[1540] Da, so zumindest der empirische Befund,[1541] die Nachricht über den Ausschluss der Minderheitsaktionäre bereits vor ihrer eigentlichen Bekanntmachung in dem Kapitalmarkt diffundiert und beachtliche Überrenditen ermöglicht, auf der anderen Seite aber auch aufgrund der für Squeeze-out-Kandidaten typischen Marktenge die Gefahr transitorischer Kursbeeinflussungen hoch einzuschätzen ist, erscheint das Abstellen auf einen Durchschnittskurs sinnvoll, wenn man denn auf die Berücksichtigung von Marktpreisen nicht verzichten will.[1542] Hinsichtlich der Länge

---

[1535] In etwa der gleichen Meinung ist *Götz* (1996), S. 264.

[1536] Vgl. *Luttermann* (1999), S. 51.

[1537] Vgl. *Wilm* (2000), S. 239.

[1538] Vgl. *Bungert/Eckert* (2000), S. 1849.

[1539] Vgl. hierzu die Nachweise bei *Bungert/Eckert* (2000), S. 1848.

[1540] Vgl. *Hüttemann* (2001), S. 463 f., der bei Manipulationsverdacht für einen „nicht zu lang[en]" Durchschnittskurs stimmt; *Piltz* (2001), S. 200 f., der bei einer erkennbaren Kursmanipulation eine entsprechende Bereinigung vorschlägt.

[1541] Vgl. Kapitel V.3.7.2.

[1542] Zu einer Analyse aus sozialökonomischer Sicht vgl. Kapitel V.4.2.3.

der für die Durchschnittskursbildung zu veranschlagenden Referenzperiode ist sinnvollerweise nicht auf ein pauschales Zeitintervall, sondern vielmehr auf eine börsenkursindividuelle Lösung hinzuwirken.[1543]

Vorab der Bestimmung eines Durchschnittskurses gilt es allerdings zu klären, ob der Börsenwert der Unternehmung auch tatsächlich ihrem Verkehrswert entspricht. In diesem Zusammenhang ist, so der *BGH*, zu hinterfragen, ob „[...] eine Marktenge bestanden hat, die lediglich einen marginalen Handel mit diesen Aktien ermöglicht hätte, sodass der aufgrund derartiger Marktumstände gebildete Börsenpreis den Verkehrswert der Aktie nicht widerspiegeln könne."[1544] In dem zu verhandelnden Sachverhalt begnügte sich der *BGH* seinerzeit damit, dass an 40 Tagen der zugrunde gelegten vier Monate ein Handel in den Aktien der betreffenden Gesellschaft stattfand.[1545] Ferner stellt der *BGH* in seinem Beschluss nicht auf das tatsächliche Handelsvolumen ab[1546] und lehnt gar „[s]chematisierende Betrachtungen, die ein Mindesthandelsvolumen von 3% bis 5% und einen Handel an mindestens jedem zweiten Tage im Monat fordern"[1547], kategorisch ab.[1548] Schließlich sieht das Gericht auch bei einem potenziell für den Handel verfügbaren Volumen von weniger als 8,69% des Aktienkapitals, wie in dem zu entscheidenden Fall, die grundsätzliche Veräußerungsmöglichkeit über den Kapitalmarkt nicht gefährdet.[1549]

Einen detaillierten und möglicherweise für die Abfindungsfälle brauchbaren Ansatz liefert § 5 Abs. 4 WpÜG-AV im Zusammenhang mit den Vorschriften einer Angemessenheit gewährleistenden Gegenleistung bei Unternehmensübernahmen. Demnach ist

---

1543 Vgl. *IDW* (2000b), Rn. 16; *Großfeld* (2002), S. 193, 195; *IDW* (2005a), Rn. 16; *IDW* (2005b), Rn. 16. Gleichermaßen argumentiert *Hüttemann* (2001), S. 470 f., der zudem darauf aufmerksam macht, dass es sich bei der Diskussion über den *BVerfG*- sowie den korrespondieren *BGH*-Beschluss um die Frage des Börsenkurses als *Wertuntergrenze* der Abfindung handelt und nicht, wie z. B. von *Aha* (1997), S. 28, *Rodloff* (1999), S. 1153, und *Steinhauer* (1999), S. 307, gefordert, um eine *ausschließlich* Aktienkurs basierte Kompensation, für die zurecht andere Maßstäbe, wie z. B. die Mitgliedschaft in einem großen Börsenindex, zu gelten haben.

1544 *BGH*, Beschluss vom 12.3.2001 – II ZB 15/00, S. 973.

1545 Vgl. *BGH*, Beschluss vom 12.3.2001 – II ZB 15/00, S. 973.

1546 So fordert *Wilm* (2000), S. 238, dass innerhalb des letzten Jahres vor Bekanntmachung der Transaktion das Umsatzvolumen der betroffenen Aktie in etwa der Anzahl der zur Abfindung berechtigenden Wertpapiere der Minderheitsaktionäre entsprechen solle. Darüber hinaus schlägt er ein Mindesthandelsvolumen der ausgegebenen Anteile von 3% bis 5% sowie einen durchschnittlich an jedem zweiten Börsentag stattfindenden Handel vor.

1547 *BGH*, Beschluss vom 12.3.2001 – II ZB 15/00, S. 973.

1548 Ebenfalls ablehnend vgl. *Piltz* (2001), S. 202.

1549 Bei 8,69% handelbarem Aktienkapital ergab sich für das der Entscheidung beachtliche Jahr 1988 lediglich ein tatsächliches Handelsvolumen zwischen 2,5% und 3,7%. Vgl. *BGH*, Beschluss vom 12.3.2001 – II ZB 15/00, S. 973.

von dem Börsenkurs als Gegenleistung Abstand zu nehmen, wenn binnen der letzten drei Monate vor der Bekanntmachung der Übernahme an weniger als einem Drittel der Handelstage Kurse festgestellt wurden und einige aufeinander folgende Börsenkurse mehr als fünf Prozent voneinander abwichen. In diesen Fällen ist die angemessene Gegenleistung im Rahmen eines Bewertungsgutachtens auf Basis von Zukunftserfolgswertverfahren festzustellen.

Ausdrücklich nicht zu bereinigen ist, dem *BGH* zufolge, der für die Abfindung relevante Börsenkurs um so genannte „Abfindungsspekulationen",[1550] sofern sie nicht auf Marktpreismanipulationen beruhen. Begründet wird der Bereinigungsverzicht mit dem die Marktpreisbildung bestimmenden Angebots- und Nachfrageverhalten der Kapitalmarktteilnehmer, das eben auch die Erwartungen über eine günstige Abfindungszahlung berücksichtigt und des Weiteren die Einschätzung des Markts über etwaig erwartete echte und unechte Verbundvorteile ausdrückt.[1551] Der *BGH* bejaht ferner ausdrücklich die Berücksichtigung eventueller Synergieeffekte bei der Abfindungsermittlung: „Der Beschluss des Bundesverfassungsgerichts schließt die Berücksichtigung derartiger [Synergieeffekte] nicht aus, sondern schreibt die Entschädigung zum Börsenkurs als Untergrenze ohne eine derartige Einschränkung vor."[1552] Begründet wird die Einbeziehung damit, dass jene Effekte über die Marktpreisbildung in den Aktienkurs eingehen und es nur schwer festgestellt werden könne, in welchem Ausmaße der Börsenkurs von Synergiepotenzialen beeinflusst worden ist.[1553] In der Literatur wird die Reflexion von Verbundvorteilen in Börsenkursen angezweifelt, weil die Kapitalmarktteilnehmer, so die Argumentation, regelmäßig zwar die Existenz derartiger Effekte vermuten, allerdings weder über das Ausmaß der Synergiechancen noch über die konkreten Managementpläne vollumfänglich informiert sind.[1554] Diesem Zweifel ist

[1550] Die Bereinigung des Aktienkurses um derartige Abfindungsspekulationen fordern *Wilm* (2000), S. 239, sowie *Meilicke/Heidel* (2001), S. 974 f., die hier von „Hoffnungswert" sprechen.

[1551] Vgl. *BGH*, Beschluss vom 12.3.2001 – II ZB 15/00, S. 972. Kritisch hierzu äußert sich *Ruhnke* (2003), S. 91, der einen Widerspruch darin sieht, dass der *BGH* einerseits die Unzulässigkeit von manipulierten Börsenkursen als Wertuntergrenze fordert, andererseits aber durch Spekulationen erhöhte Aktienkurse bewusst in Kauf nimmt.

[1552] *BGH*, Beschluss vom 12.3.2001 – II ZB 15/00, S. 972 [Einfügung durch den Verfasser].

[1553] Relativiert wird die Aussage des *BGH* in dem Nichtannahmebeschluss des *BVerfG* im *MotoMeter*-Fall: Danach liegen „[b]loße, in dem aktuellen Wert des konkreten Eigentums noch nicht abgebildete Gewinnerwartungen und in der Zukunft liegende Verdienstmöglichkeiten sowie Chancen und Gegebenheiten, innerhalb derer ein Unternehmer seine Tätigkeit entfaltet, [...] grundsätzlich außerhalb des Schutzbereichs der Eigentumsgarantie." Dies gelte auch für das Aktieneigentum, sodass hier im Grunde von einer Einbeziehung zukünftiger im Zusammenhang mit Struktur- oder Übernahmemaßnahmen verbundenen Gewinnerwartungen (Synergieeffekten) Abstand zu nehmen wäre. Vgl. *BVerfG*, Beschluss vom 23.8.2000 – 1 BvR 68/95 und 147/97, S. 43.

[1554] Vgl. *Böcking* (2003), S. 82 f.; *Ruhnke* (2003), S. 90.

allerdings entgegenzuhalten, dass die Genauigkeit der Abbildung von Synergiepotenzialen in Börsenkursen zwar sicherlich infrage zu stellen ist; eine ungenaue Verarbeitung und somit Abfindungswertbeachtlichkeit ist aber immer noch besser als eine konsequente Ignoranz gegenüber einer aus ökonomischen und Gerechtigkeitsgründen sinnvollen Berücksichtigung.

Abschließend ist zu konstatieren, dass die genannten Gerichtsurteile durchaus auf die Abfindungsermittlung in Squeeze-out-Situationen übertragen werden können. So werden die Anforderungen an eine Abfindung ausgeschlossener Minderheitsaktionäre, zumindest aus richterrechtlicher Sicht, nicht anders zu beurteilen sein als in den bereits einschlägig ergangenen Urteilen zur Mehrheitseingliederung, dem Abschluss von Unternehmensverträgen sowie der übertragenden Auflösung.

### V.4.2.3. Analyse der Eignung von Marktpreisen als Gegenleistung

#### V.4.2.3.1. Ausgangspunkt der Überlegungen

Als Ausgangspunkt sollen zunächst die ökonomischen Argumente vorgetragen werden, die für eine Abfindung ausgeschlossener Minderheitsaktionäre zum Börsenkurs sprechen. Grundlage der folgenden Ausführungen ist die im US-amerikanischen Schrifttum viel beachtete spieltheoretische Arbeit von *Hermalin* und *Schwartz*.[1555]

*Hermalin* und *Schwartz* gehen in ihrer Untersuchung von einer börsennotierten Korporation aus,[1556] deren Eigentümer sich in zwei Klassen einteilen lassen: einen Hauptaktionär sowie eine Vielzahl von Minderheitsaktionären.[1557] Der Hauptaktionär hat private Informationen über ein unternehmenswertsteigerndes Projekt, dessen Umsetzung seinen persönlichen, Kosten verursachenden Einsatz verlangt. Ferner hat der Mehrheitseigner die Möglichkeit, die Minderheitsaktionäre gegen ihren Willen auszuschließen, um somit den aus der Projektrealisierung resultierenden Nutzenbeitrag alleine zu vereinnahmen. Es handelt sich um ein einperiodiges Spiel, an dessen Ende das Unternehmen liquidiert wird und die Anteilseigner an dem Liquidationserlös *pro rata* beteiligt werden. Der Hauptaktionär macht annahmegemäß in dem Moment von seinem

---

[1555] Vgl. *Hermalin/Schwartz* (1996), S. 351 ff.

[1556] Sie unterstellen ferner eine Informationseffizienz des Kapitalmarkts in halbstrenger Form. Vgl. *Hermalin/Schwartz* (1996), S. 356. Zur Informationseffizienz vgl. Kapitel III.2.4.

[1557] Vgl. *Hermalin/Schwartz* (1996), S. 356.

Ausschlussrecht Gebrauch, in dem ihm der Wert aus dem Projekt sicher bekannt ist.[1558]

Zunächst zeigen die Autoren, dass der Hauptaktionär nur dann dazu bereit ist, die den Unternehmenswert maximierende Projektanstrengung auf sich zu nehmen, wenn er den dadurch erzielbaren Mehrwert nicht mit den Minderheitsaktionären teilen muss. Aus diesem Befund leiten sie schließlich die Notwendigkeit einer Squeeze-out-Regel ab.[1559] Dabei kommen die Autoren zu der Erkenntnis, dass der Mehrheitsaktionär stets dann den aus Grenzkosten-/ Grenznutzenerwägungen optimalen Einsatz in die Projektumsetzung investiert, wenn die von ihm an die Minderheitsaktionäre zu leistende Abfindung höchstens dem Wert je Aktie entspricht, den sie vor dem Projektbeginn hatte.[1560]

*Hermalin/Schwartz* zeigen nun weiter, dass der Marktpreis bzw. Börsenkurs je Aktie vor Durchführung des wertsteigernden Projekts als idealer Schätzer für den Unternehmenswert vor Investitionsbeginn geeignet ist. Unter der Voraussetzung eines im halbstrengen Sinne effizienten Kapitalmarkts übersteige, so die Autoren, jener Marktpreis im Gleichgewicht niemals den korrespondierenden (inneren) Unternehmenswert je Aktie. Aus diesem Grund sei zumindest gewährleistet, dass der Ex-ante-Börsenkurs je Aktie als Gegenleistung die Investitionsanreize des Hauptaktionärs nicht schmälert.[1561]

Aus Ex-ante-Perspektive bedeutet diese Abfindungsregel, dass die Anleger höchstens bereit sein werden, den Barwert des zukünftig im Rahmen eines Ausschlusses erzielbaren Gegenwerts für die Aktienzeichnung zu zahlen.[1562] Da die maximale Finanzierungsmöglichkeit des Unternehmens auf den organisierten Eigenkapitalmärkten sowohl vom Emissionspreis, der, wie gezeigt, dem Barwert der erwarteten Abfindungsgegenleistung entspricht, als auch von der Emissionsquote[1563] abhängt und somit nach oben hin begrenzt ist, fordern *Hermalin/Schwartz* den Gesetzgeber dazu auf, den Gesellschaften die Möglichkeit einzuräumen, den Abfindungspreis und somit auch die Emissionsbedingungen individuell über die Satzung regeln zu können, sodass im Er-

---

[1558] Vgl. *Hermalin/Schwartz* (1996), S. 356 f.

[1559] Vgl. *Hermalin/Schwartz* (1996), S. 358. Insofern ist das Ergebnis vergleichbar mit dem bei *Grossman/Hart* (1980). Vgl. zu Letzterem Kapitel IV.1.2.2.2 und IV.1.2.2.3.

[1560] Vgl. *Hermalin/Schwartz* (1996), S. 359 f.

[1561] Vgl. *Hermalin/Schwartz* (1996), S. 360 f.

[1562] Dabei gehen die Autoren implizit von einem einperiodigen Spiel aus, in dem der Ausschluss am Ende der Periode stattfindet.

[1563] Der Unternehmensgründer wird annahmegemäß die Kontrolle über die Gesellschaft behalten; unterstellt man eine zur Kontrolle über die Unternehmung berechtigende Kapitalquote von mindestens 50%, dann wird er maximal die Hälfte des Eigenkapitals verkaufen.

gebnis auch ein Abweichen von dem Börsenkurs als Abfindungsgrundlage möglich wäre.[1564]

Ferner werden die gegenüber Bewertungsgutachten niedrigen Transaktionskosten sowie die hohe Transparenz bei einer auf Börsenkursen basierenden Abfindung als entscheidende Vorteile genannt. So sind insbesondere die regelmäßig angestrengten Spruchstellenverfahren zur gerichtlichen Überprüfung der Angemessenheit der angebotenen Abfindung sehr langwierig und verursachen nicht unerhebliche Kosten, die, entsprechende Eignung vorausgesetzt, bei der Börsenkursberücksichtigung nicht in dem Maße anfallen.[1565]

### V.4.2.3.2. Opportunistisches Verhalten des Hauptaktionärs

Selbst bei unterstellter halbstrenger Informationseffizienz des Kapitalmarkts basiert die Abfindung der Minderheitsaktionäre ausschließlich auf öffentlich zugänglichen Informationen. Für den Hauptaktionär, der gegenüber den Minderheitsaktionären anerkanntermaßen über einen Informationsvorteil verfügt,[1566] eröffnen sich dadurch Möglichkeiten für Renten suchendes Verhalten, das zulasten der Kleinanleger geht.

Der die Kontrolle ausübende Aktionär hat zunächst die Möglichkeit, bei unterstellter Eigenkapitalbeteiligung von mindestens 95%, den Zeitpunkt des Zwangsausschlusses der Minderheitsanteilseigner zu bestimmen. Somit hat er die grundsätzliche Chance, die Restaktionäre dann auszuschließen, wenn er dank seines Informationsvorteils erkennt, dass der Marktpreis der Korporation niedriger ist als ihr innerer Wert.[1567] Obwohl die neue Ad-hoc-Publizitätsvorschrift des § 15 WpHG[1568] eine Erweiterung der meldepflichtigen Unternehmensinsiderinformationen konstituiert und somit sicherlich einen Großteil dieses Opportunismuspotenzials einschränkt, so kann der Hauptaktionär[1569] *legalerweise* dennoch von der Geheimhaltung von für sich betrachtet nicht Kurs

[1564] Vgl. *Hermalin/Schwartz* (1996), S. 365-367.

[1565] Vgl. *Rodloff* (1999), S. 1151 f.; *Steinhauer* (1999), S. 304-306; *Hüttemann* (2001), S. 475 f.; *Ruhnke* (2003), S. 92.

[1566] Vgl. *Clark* (1986), S. 507 f.: „Insiders occasionally have insight into their companies' futures that is better than the market's because of continual exposure to numerous bits and pieces of information and opinion that come their way […]." Vgl. hierzu auch *Bebchuk/Kahan* (2000), S. 251.

[1567] Vgl. *Clark* (1986), S. 507: „At what time is likely to stage a freezeout? The answer is clear: when he [the controlling shareholder] knows that the company is really worth more than its current market price." [Einfügung durch den Verfasser].

[1568] Vgl. hierzu die Ausführungen in Kapitel V.3.2.3.

[1569] Wie bereits betont, gilt die Ad-hoc-Publizitätspflicht für die Gesellschaft und bindet den Hauptaktionär somit nur, wenn er gleichzeitig die Geschäftsleitung ausübt. Ferner greift diese Publizitätsbeeinflussenden Informationen profitieren, die ihm aber in der Summe einen gegenüber den Minderheitsaktionären deutlichen Informationsvorteil bei der Einschätzung des inneren Unternehmenswerts gewähren.[1570] Eingeschränkt werden könnte ein derart gelagertes opportunistisches Verhalten möglicherweise durch die (neue) Insiderhandelsverbotsvorschrift des § 14 WpHG. Allerdings dürfte der Nachweis eines im Zeitpunkt des Ausschlusses beim Hauptaktionär bereits vorliegenden Informationsvorteils mit nicht zu unterschätzenden Problemen behaftet sein.[1571]

Darüber hinaus kann der Hauptaktionär durch gezieltes opportunistisches Verhalten den inneren Wert der Unternehmung negativ beeinflussen, was sich dann auch im Marktpreis der Gesellschaft und somit in der darauf basierenden Abfindungszahlung an die Minderheitsaktionäre widerspiegelt.[1572] Grundsätzlich lassen sich in diesem Zusammenhang drei unterschiedliche Transaktionstechniken festmachen, mit denen er den Unternehmenswert und Marktpreis drücken kann: So kann der Hauptaktionär durch eine Unterinvestition in Projekte mit positivem Kapitalwert, durch die Investition in Projekte mit negativem Kapitalwert sowie durch die Vernachlässigung gewöhnlicher Geschäftsleitungs- bzw. Aufsichtsfunktionen den inneren Wert und demzufolge auch den Börsenkurs der Gesellschaft senken.[1573]

Jede dieser drei genannten Einflussmöglichkeiten kann unterteilt werden in Maßnahmen, die zu umkehrbaren und nicht umkehrbaren Unternehmenswertminderungen führen.[1574]

Auch wenn die Phantasie bei der Auswahl von Maßnahmen, die zu einer vollständig umkehrbaren Wertminderung führen, begrenzt ist,[1575] so ist dennoch – zumindest theoretisch – ein derartiges Szenario denkbar. Vorausgesetzt nur der Hauptaktionär kennt ein nur einmal durchführbares, zeitunabhängiges Projekt mit einem positiven Kapital-

pflicht, wenn der Kontrollaktionär die Geschäftsleitung entsprechend in Kenntnis setzt. Vgl. dazu Kapitel V.3.2.3.

1570 Zudem sei hier auf die Ausnahmetatbestände der Ad-hoc-Publizitätspflicht des § 15 Abs. 3 WpHG verwiesen, durch die es dem Hauptaktionär möglich ist, auf die Veröffentlichung zu verzichten.

1571 Vgl. hierzu bereits Kapitel V.3.2.3.

1572 Vgl. *Brudney* (1978), S. 71: "The parent can, and if it contemplates absorbing the subsidiary by merger it is not unlikely to, control both the use of accounting conventions and the release of operating or financial information so as to diminish the market price of the subsidiary's stock below its intrinsic value [...]." Vgl. hierzu auch *Brudney* (1983), S. 1099.

1573 Vgl. *Coates* (1999), S. 1316. So ähnlich bereits *Busse von Colbe* (1964), S. 267, der zudem auf eine gezielt angelegte restriktive Dividendenpolitik verweist, die es dem Hauptaktionär ermöglicht, Einfluss auf den Aktienkurs zu nehmen.

1574 Vgl. *Subramanian* (2004b), S. 27.

1575 Vgl. *Hermalin/Schwartz* (1996), S. 363.

wert, sodass es sich noch nicht im Marktpreis widerspiegelt. Dann wird der Hauptaktionär, sofern möglich, mit der Projektumsetzung solange warten, bis er die Minderheitsaktionäre ausgeschlossen hat, um nicht mit diesen den Mehrwert aus der unternehmerischen Maßnahme teilen zu müssen.

Im Gegensatz zu dem genannten Beispiel werden in der Realität indes eher Fälle von nicht vollständig umkehrbaren Wertvernichtungen zu konstatieren sein. Dies ist beispielsweise stets dann gegeben, wenn eine bestimmte unternehmerische Geschäftsmöglichkeit zeitlich befristet ist. In Situationen nur teilweise umkehrbarer Unternehmenswertsenkungen sind die Anreize des Kontrolle ausübenden Aktionärs im Gegensatz zu vollständig reversiblen Maßnahmen nicht eindeutig; denn die nicht umkehrbaren Teile der Wertvernichtungen gehen auch immer zulasten des Hauptaktionärs, und zwar in Höhe seiner Beteiligungsquote vor dem Ausschluss der Minderheitsaktionäre. Dennoch wird in der Regel davon auszugehen sein, dass es dem Mehrheitsaktionär gelingen wird, auch aus nur zu partiell umkehrbaren Wertvernichtungen führenden Transaktionen Nutzen zu ziehen. So wird der die Unternehmenskontrolle innehabende Gesellschafter stets den auf ihn entfallenden Teil der nicht reversiblen Unternehmenswertsenkung mit dem erzielbaren Nutzen der durch diese Maßnahme herbeigeführten niedrigeren Abfindung vergleichen.[1576]

Aus Effizienzgesichtspunkten, das heißt in diesem Fall aus Unternehmenswertperspektive, stellen die nicht reversiblen Wertvernichtungen Wohlfahrtsverluste dar,[1577] da der Hauptaktionär, wie gezeigt, stets dann einen Anreiz zur Durchführung irreversibler Unternehmenswertsenkungen hat, wenn der mit dem anschließenden Squeeze-out verbundene Nutzenbeitrag die auf ihn entfallenden Verluste mindestens kompensiert. Insgesamt handelt es sich bei jenen Maßnahmen selbst aus der hier nicht angestrengten

---

1576 Angenommen ein börsennotiertes Unternehmen hat einen Wert von € 1.000 und einen Hauptaktionär, dem 95% des Grundkapitals und somit € 950 des Unternehmenswerts gehören. Der Mehrheitseigner ist in der Lage, die Minderheitsaktionäre zu einem Wert von € 50 auszuschließen und mit der Durchführung eines Investitionsprojekts € 100 zu verdienen, also netto € 50 zu gewinnen. Weiterhin sei unterstellt, dass der Kontrollaktionär den Unternehmenswert um € 200 senken kann, indem er z. B. die Geschäftsleitung veranlasst, das Computersystem, das einen Beitrag zum Unternehmenswert von € 300 liefert, für € 100 zu verkaufen. Schließlich sei unterstellt, dass das Computersystem durch neueste, von der hauseigenen IT-Abteilung zutage geförderte Entwicklungen, im Anschluss an den Squeeze-out, für zusätzliche Kosten von € 50 neuwertig und bei gleicher Leistungsstärke ersetzt werden kann, sodass der Hauptaktionär lediglich diesen Betrag zu tragen hat. Im Ergebnis kann der Mehrheitsaktionär die Minderheitseigner zu einem Preis von insgesamt € 40 ausschließen und erzielt dabei einen Nettogewinn in Höhe von € 10 (€ 100 – (€ 50 + € 40)). So ähnlich vgl. *Coates* (1999), S. 1316.

1577 Die vollständig umkehrbaren Wertverzehrungen sind dahingegen aus strikter, auf den Unternehmenswert fokussierter Sichtweise nicht negativ zu bewerten; vielmehr sind jene Maßnahmen ungerecht, weil es sich um eindeutige Vermögensumverteilungen zulasten der Minderheitsaktionäre handelt.

orthodoxen *Kaldor-Hicks*-Betrachtung um Effizienzverluste, wenn der den Minderheitsaktionären entstehende Verlust größer ist als der Gewinn des Hauptaktionärs. Unter Beachtung des hier einschlägigen *Pareto*- bzw. *Kaldor-Hicks*-Kriteriums mit Kompensation handelt es sich schon wegen der Verluste, die die Ausgeschlossenen realisieren, um ineffiziente Maßnahmen.

Ferner ist es aus Effizienzgesichtspunkten problematisch, wenn der Hauptaktionär in der Lage ist, die Minderheitsaktionäre zu einem Preis auszukaufen, der unterhalb des inneren Unternehmenswerts liegt. In diesem Fall kann der Mehrheitsaktionär auch ineffiziente, das heißt wertvernichtende, Unternehmenstransaktionen durchführen, solange er die mit dieser unternehmerischen Maßnahme verbundenen Verluste durch jene Gewinne ausgleichen kann, die er durch eine gesunkene Abfindung und somit durch eine Vermögensumverteilung zu seinen Gunsten erzielt. Als Beispiel wäre an einen Börsenrückzug zu denken, der an sich aus ökonomischen Gründen für die Gesellschaft keinen Vorteil bringt,[1578] sich für den Hauptaktionär aber dennoch lohnt, weil er die Minderheitsaktionäre zu einem Preis ausschließen kann, der niedriger ist als der innere Unternehmenswert. Durch die Möglichkeit einer Abfindung unterhalb des inneren Unternehmenswerts kann eine aus wohlfahrtsökonomischer Sicht unerwünschte Transaktion also deshalb zustande kommen, weil der Mehrheitsaktionär die ihm entstehenden Verluste aus dem Börsenrückzug kompensieren kann. Im Ergebnis kann demnach der Squeeze-out die Umsetzung ökonomisch ineffizienter Transaktionen begünstigen.[1579]

Schließlich kann der Hauptaktionär durch gezielte Falschinformationen bzw. irreführende Verkaufsempfehlungen sowie durch Leerverkäufe direkten Einfluss auf das Absinken des Börsenkurses nehmen.[1580] Derartige Börsenkursmanipulationen unterliegen gemäß § 20 a WpHG einem Verbot und dürften somit nur begrenzt geeignet sein, den Marktpreis im Sinne einer niedrigen Abfindungszahlung zu senken. Denn anders als bei Insiderhandelsgeschäften müsste der Hauptaktionär in manipulierender Absicht Aktivitäten, wie z. B. die Verbreitung von Fehlinformationen sowie das Tätigen von Leerverkäufen, ausführen, die ihm leichter nachzuweisen wären.

---

1578 Das Going Private kann z. B. aus unternehmensindividuellen Finanzierungsgründen sowie aus Gründen einer aktienbasierten Managemententlohnung keinen Sinn machen.

1579 Vgl. *Subramanian* (2004b), S. 28. Im Zusammenhang mit Unternehmensübernahmeangeboten kann ein Squeeze-out über den Annahmezwang ebenfalls zur Durchführung ineffizienter Transaktionen beitragen. Vgl. Kapitel IV.1.2.2.4.

1580 Für einen profunden systematischen Überblick über eine Vielzahl von gegen § 20 a WpHG verstoßenden Marktpreismanipulationstechniken, die allerdings aufgrund der hier thematisierten Squeeze-out-Situation nicht alle einschlägig sind, vgl. *Vogel* (2003), Rn. 33-115.

### V.4.2.3.3. Adverse Selektion

*Bebchuk* und *Kahan* zeigen anhand eines spieltheoretischen Modells, dass eine Squeeze-out-Regel, die als Abfindung den Marktpreis vor der Ausschlusstransaktion zulässt, adverse Selektionseffekte[1581] auf den Börsenkurs auslösen kann, die diesen unaufhaltsam nach unten drücken.[1582] Im Ergebnis wird der Marktpreis des Unternehmens deutlich unterhalb seines erwarteten inneren Werts notieren, der sich bei Abwesenheit einer Ausschlussoption ergeben würde. Zynischerweise beruht dieser Effekt, wie noch zu zeigen sein wird, auf der halbstrengen Informationseffizienz.

Dieser adverse Selektionseffekt ist auf die realistischerweise unterstellte Informationsasymmetrie zwischen Hauptaktionär und Minderheitsaktionären zurückzuführen. Der die Unternehmenskontrolle innehabende Gesellschafter verfügt demnach über private Informationen über den Wert der Korporation, welche der Öffentlichkeit und somit den Restaktionären nicht bekannt sind.

Bei Abwesenheit einer Squeeze-out-Option führen die privaten Informationsvorteile dazu, dass der Aktienkurs, bei unterstellter halbstrenger Informationseffizienz, gemessen an seinem inneren Wert entweder zu hoch oder zu niedrig ist, aber eben nicht einer systematischen Fehlbewertung unterliegt. So wird der Marktpreis stets als bester Schätzer für den inneren Wert der Minderheitsanteile fungieren, der sich anhand der öffentlich verfügbaren Informationen zusammensetzt.

Hat der Hauptaktionär allerdings die Möglichkeit, die Minderheitsaktionäre zu dem Marktpreis vor dem Squeeze-out auszuschließen, dann wird er von dieser Option stets nur dann Gebrauch machen, wenn ihm seine privaten Informationen Anlass zu der Vermutung geben, dass der innere Wert der Minderheitsanteile höher ist als der korrespondierende Börsenkurs. Dieses aus der Marktpreisabfindungsregel resultierende strategische Verhalten des Mehrheitsaktionärs führt im Endeffekt zu einem adversen Selektionseffekt, der den Marktpreis der Minderheitsaktien drückt.[1583]

In ihren modelltheoretischen Überlegungen gehen die Autoren von einer börsennotierten Korporation aus, die sich im Eigentum eines die Unternehmenskontrolle innehabenden Hauptaktionärs sowie einer Vielzahl von Streubesitzaktionären befindet; sie unterstellen, dass weniger als 50% des Eigenkapitals in den Händen der Minderheits-

[1581] Grundlegend zur adversen Selektion vgl. *Akerlof* (1970), S. 488 ff.

[1582] Vgl. *Bebchuk/Kahan* (2000), S. 247 ff.

[1583] Vgl. *Bebchuk/Kahan* (2000), S. 250 f.

aktionäre liegt, sodass implizit von einer zum Zwangsausschluss legitimierenden Anteilsquote des Mehrheitsgesellschafters von mindestens 50% ausgegangen wird.[1584]

Das hier gegenständliche Spiel[1585] umfasst drei Perioden. In der ersten Periode wird unterstellt, dass ein Minderheitsaktionär aus Liquiditätsgründen eine Aktie veräußern muss. Auf der Nachfragerseite treten mindestens zwei Bieter für die Anteile der Gesellschaft auf, die annahmegemäß noch über keine Aktien der Zielgesellschaft verfügen. Der Marktpreis der Unternehmensanteile bildet sich nach den Regeln einer Englischen Auktion.[1586] Die Nachfrager (Bieter), bei denen es sich ebenfalls um potenzielle Minderheitsaktionäre handelt, kennen dabei lediglich die Verteilung des inneren Unternehmenswerts und verfügen somit nur über einen Erwartungswert.

In der zweiten Periode erhält der Hauptaktionär annahmegemäß ein exklusives Signal, das ihm Rückschlüsse auf den inneren Unternehmenswert zulässt; auf dieser Grundlage bildet er seinen nur ihm bekannten Erwartungswert. Das dem Kontrollaktionär zukommende Signal ist eine stochastische, zwischen null und eins verteilte Größe; je größer der Wert des Signals innerhalb des Skalierungsintervalls, desto höher ist der tatsächliche innere Unternehmenswert. Nach Erhalt des Signals muss sich der Mehrheitsaktionär entscheiden, ob er die Minderheitsaktionäre zum aktuellen Marktpreis ausschließt oder nicht. Die Verteilung des privaten Signals ist den Marktteilnehmern im Übrigen bekannt.

Schließlich erfolgt in dem dritten Zeitabschnitt die Liquidation der Gesellschaft; der tatsächliche innere Unternehmenswert wird dabei *pro rata* auf die Eigentümer aufgeteilt.

Die Autoren gehen ferner von risikoneutralen Aktionären, einem Kapitalisierungszinssatz von null Prozent sowie der Abwesenheit von Transaktionskosten aus.

In einem ersten Untersuchungsschritt verdeutlichen *Bebchuk* und *Kahan* für ein Regime ohne Squeeze-out-Möglichkeit, dass auf Basis aller öffentlich verfügbaren Informationen der Marktpreis des Unternehmens im Gleichgewicht genau dem Bieter-Erwartungswert über den inneren Wert der Gesellschaft entspricht, da aus Sicht eines

---

[1584] Das Modell wäre ebenfalls bei einer dem deutschen Recht entsprechenden, ex ante bereits vorhandenen Anteilsquote von mindestens 95% des Hauptaktionärs denkbar.

[1585] Für die Annahmen des Modells vgl. *Bebchuk/Kahan* (2000), S. 252 f.

[1586] Im Rahmen einer Englischen Auktion werden aufsteigende Gebote abgegeben, bis kein Gebot mehr vorgelegt wird. Der Bieter des letzten und somit höchsten Gebots erhält dann den Zuschlag.

jeden Auktionsteilnehmers das Gebot des erwarteten inneren Werts einer Aktie die dominante Strategiealternative ist.[1587]

Als nächstes zeigen die Autoren, dass sich der Marktpreis des Unternehmens bei Existenz einer Squeeze-out-Option des Hauptaktionärs im Gleichgewicht auf dem niedrigstmöglichen Wert einpendelt, der sich aus der Verteilung des privaten Signals ergibt.[1588] Das Ergebnis lässt sich darauf zurückführen, dass die Minderheitsaktionäre im Falle eines Squeeze-out in der zweiten Periode als Gegenleistung den anteiligen Marktpreis der Unternehmung erhalten und der Hauptaktionär nur dann von seinem Ausschlussrecht Gebrauch macht, wenn der von ihm dank des empfangenen Signals eingeschätzte innere Unternehmenswert höher ist als der korrespondierende Marktpreis. Erfolgt also in der zweiten Periode kein Ausschluss, dann folgern die Minderheitsaktionäre daraus, dass der innere Wert der Unternehmung und somit ihrer Anteile, unter Berücksichtigung der dem Hauptaktionär verfügbaren superioren Informationen, niedriger ist als der aktuelle Marktpreis. Im Ergebnis erwarten sie daher in der dritten Periode einen unterhalb des Marktpreises liegenden Erlös; sie gehen gar niemals von einem höheren realisierbaren Liquidationsgegenwert als dem Börsenkurs aus, da sie in dem Fall stets mit dem Ausschluss rechnen müssen.[1589]

Wird nun von einem Börsenkurs der Zielgesellschaftsaktien ausgegangen, zu dem der Hauptaktionär mit positiver Wahrscheinlichkeit keinen Ausschluss vornimmt, dann wird der final erwartete realisierbare Gegenwert der Minderheitsaktionäre unterhalb dieses Marktpreises liegen. Bei jenem Börsenkurs kann es sich allerdings in der ersten Periode unmöglich um den Gleichgewichtspreis handeln, denn kein Aktienkäufer wird bereit sein, einen höheren Wert als den auf Basis der Verteilung des privaten Signals niedrigstmöglichen erwarteten zu zahlen. Für jeden Gegenwert, der diesen untersten erwarteten inneren Wert überschreitet, erleidet der Nachfrager (Bieter) schließlich einen zu erwartenden Verlust. Dieser Effekt sei anhand eines kleinen Beispiels verdeutlicht:[1590]

---

[1587] Ein Abweichen von dieser Strategie, das heißt ein höheres oder niedrigeres Angebot als der erwartete innere Wert je Aktie, bedeutet stets, dass es gegenüber diesem eine bessere Alternative gibt, die genau zwischen dem Erwartungswert und dem Gebot liegt. Im Gleichgewicht muss der Marktpreis schließlich genau dem Erwartungswert entsprechen. Vgl. *Bebchuk/Kahan* (2000), S. 253 f.

[1588] Der Marktpreis erreicht somit den Wert, der sich unter der Annahme eines privaten, an den Hauptaktionär gerichteten Signals mit der Skalierung von null ergibt. Das gleiche Ergebnis bestätigt *Maug* (2004), S. 6 f.

[1589] Vgl. *Bebchuk/Kahan* (2000), S. 255.

[1590] Dieses Beispiel beruht auf *Bebchuk/Kahan* (2000), S. 251 f.; lediglich die Zahlen wurden verändert.

Angenommen der innere Wert einer Aktie liegt zwischen € 500 und € 1.000. Auf Basis öffentlich zugänglicher Informationen kann jeder Wert innerhalb dieses Intervalls mit der gleichen Wahrscheinlichkeit erzielt werden. Demnach ergibt sich ein erwarteter innerer Wert in Höhe von € 750. Unterstellt sei ferner, dass der Mehrheitsaktionär den genauen inneren Wert kennt und er zudem die Minderheitsaktionäre zum Marktwert ausschließen kann. Sofern er sie nicht ausschließt, erhalten alle Anleger im Rahmen der Liquidation ihren *pro rata* Anteil. Das bedeutet, dass im Gleichgewicht der Marktpreis je Aktie dem gewichteten durchschnittlichen Wert entsprechen muss, den die Minderheitsaktionäre durch einen Ausschluss und eine Liquidation erzielen können.[1591]

Im Folgenden soll nun geprüft werden, ob der erwartete Wert in Höhe von € 750 der gleichgewichtige Marktpreis sein kann:

Der Mehrheitsaktionär wird dann einen Ausschluss initiieren, wenn der tatsächliche innere Unternehmenswert höher ist als € 750 et vice versa. Sollte es zu keinem Squeeze-out kommen, dann werden die Minderheitsaktionäre im Liquidationsfall € 625 erwarten.[1592] Unter Berücksichtigung der Möglichkeit eines Squeeze-out bilden sie einen Erwartungswert in Höhe von € 687,50;[1593] die zuvor ermittelten € 750 repräsentieren also keinen gleichgewichtigen Marktpreis.

Aus den gleichen Gründen handelt es sich bei den € 687,50 ebenfalls nicht um den gesuchten Gleichgewichtspreis. So wird der Hauptaktionär nur dann von seinem Ausschlussrecht Gebrauch machen, wenn der innere Wert je Aktie höher ist als diese € 687,50. Für den Fall, dass kein Squeeze-out veranlasst wird, erwarten die Restaktionäre im Liquidationsfall einen Rückfluss von € 593,75.[1594] Unter Berücksichtigung des möglichen Ausschlusses vermuten die Minderheitsaktionäre demzufolge eine Realisierung von € 652,34 je Aktie.[1595] Ergo vermögen auch die € 687,5 nicht in die Rolle des Gleichgewichtsmarktpreises zu schlüpfen.

---

[1591] Bei dem Ausschluss sowie der Liquidation handelt es sich um die beiden möglichen Alternativen aus Sicht der Minderheitsaktionäre.

[1592] Die Minderheitsaktionäre erwarten im Liquidationsfall niemals einen höheren Wert als € 750, da sie bei einem höheren Wert ausgeschlossen würden; somit bilden sie nun ihren Erwartungswert für das Intervall [500; 750]. Bei unterstellten gleichen Wahrscheinlichkeiten ergibt sich hier ein Erwartungswert von € 625.

[1593] Der Erwartungswert unter Berücksichtigung eines Squeeze-out und einer Liquidation ergibt sich aus dem Durchschnitt: (750 + 625)/2 = 687,50.

[1594] (500 + 687,5)/2 = 593,75.

[1595] Der Erwartungswert von € 687,50 wird mit 62,5%iger Wahrscheinlichkeit überschritten, sodass ein Ausschluss stattfindet. Mit der Umkehrwahrscheinlichkeit von 37,5% ist der tatsächliche inne-

Ist der innere Wert je Aktie höher als € 652,34, dann wird der Mehrheitsaktionär die Minderheit ausschließen. Im Liquidationsfalle erwarten die Kleinanleger € 576,17.[1596] Im Ergebnis resultiert unter Berücksichtigung der Ausschlussoption ein Erwartungswert in Höhe von € 629,13.[1597] Somit handelt es sich bei den € 652,34 erneut nicht um den Gleichgewichtspreis.

Folgt man dieser abwärts gerichteten Spiralbewegung, gelangt man unweigerlich zu dem Resultat, dass der höchstmögliche Gleichgewichtspreis genau den € 500 je Aktie und somit dem niedrigstmöglichen erwarteten Wert entspricht, der sich auf der Grundlage eines mit null skalierten privaten Signals ergeben würde. Für jeden Marktpreis je Aktie über € 500 werden die Minderheitsaktionäre den dann gültigen Marktpreis erhalten, wenn der Hauptaktionär den tatsächlichen Wert höher einschätzt und sie ausgeschlossen werden; manchmal werden sie allerdings auch weniger als den Marktpreis erhalten, nämlich dann, wenn der Mehrheitsaktionär den tatsächlichen Wert niedriger einstuft. Das bedeutet, dass die Restaktionäre im Durchschnitt stets weniger erhalten als den Marktpreis, und im Ergebnis ist kein anderer gleichgewichtiger Börsenkurs denkbar als die Untergrenze von € 500, zu dem die auf dem Kapitalmarkt auftretenden Nachfrager bereit sind, Anteile zu erwerben.

Entspricht der Marktpreis € 500, dann wird der Hauptaktionär stets einen Ausschluss durchführen, sodass die Minderheitsaktionäre lediglich die € 500 erhalten. Für den Fall, dass der innere Wert je Aktie genau € 500 ausmacht, ist der Mehrheitsaktionär dahingegen indifferent. Da es sich bei den € 500 in diesem Beispiel um den Gleichgewichtsmarktpreis handelt, wird der Hauptaktionär von seinem Ausschlussrecht Gebrauch machen.

Eine Übertragung dieses Szenarios auf die Realität kann natürlich, wie so oft bei modelltheoretisch gewonnenen Erkenntnissen, nur in Form von tendenziellen Aussagen erfolgen. So würde die von *Bebchuk* und *Kahan* abgeleitete adverse Selektion im Endeffekt dazu führen, dass die Kapitalmärkte unter einer auf Marktpreisen basierenden Squeeze-out-Regelung zusammenbrechen; davon aber ist, und das zeigt der US-

re Wert niedriger als der Erwartungswert von € 687,50, sodass kein Squeeze-out durchgeführt wird. Als (neuer) Erwartungswert ergibt sich ergo: 0,625*687,50 + 0,375*593,75 = 652,34.

1596 (500 + 652,34)/2 = 576,17.

1597 Der Erwartungswert von € 652,34 wird mit 69,5%iger Wahrscheinlichkeit überschritten, sodass ein Squeeze-out erfolgt. Mit 30,5%iger Wahrscheinlichkeit liegt der innere Wert unterhalb von € 652,34, und kein Ausschluss findet statt. Der angepasste Erwartungswert resultiert also aus: 0,695*652,34 + 0,305*576,17 = 629,13.

amerikanische Kapitalmarkt, auf dem die Marktpreise in Abfindungsfällen eine – wenngleich nicht übergeordnete – Rolle spielen,[1598] allerdings nicht auszugehen.

#### V.4.2.3.4. Bewertung des adversen Selektionseffekts

*Goshen* und *Wiener*[1599] greifen den grundsätzlichen, auf Marktpreise zurückzuführenden, von *Bebchuk/Kahan* identifizierten adversen Selektionseffekt auf und quantifizieren mit Hilfe der Optionspreistheorie den auf jener Abfindungsregel gegründeten Börsenkursabschlag der Minderheitsanteile.

Analog zu *Bebchuk/Kahan* gehen *Goshen* und *Wiener* von einer börsennotierten Gesellschaft aus, die einen die Kontrolle ausübenden Aktionär hat, der über einen privaten Informationsvorteil verfügt und zudem in der Lage ist, die Minderheitsaktionäre zum Marktpreis auszuschließen. Der Informationsvorteil des Mehrheitsaktionärs bezieht sich dabei auf die zukünftige Ausprägung bzw. Entwicklung des Börsenkurses im Anschluss an den Freeze-out. Weiterhin gehen die Autoren ebenfalls von einem im halbstrengen Sinne effizienten Kapitalmarkt aus.[1600]

Die Möglichkeit des Hauptaktionärs, die Kleinanleger auszuschließen, lässt sich als Call-Option darstellen. Bei der Freeze-out-Option handelt es sich um ein zeitlich unbefristetes Recht des Mehrheitseigners,[1601] die restlichen Anteile der Minderheitsaktionäre zu dem Marktpreis am Tag der Ausschlussentscheidung (Ausübungspreis) zu erwerben.[1602] Der Hauptaktionär macht von seinem Ausschlussrecht allerdings nicht im ersten Moment Gebrauch, in dem der dank seines Informationsvorteils voraussehbare Unternehmenswert den aktuellen Börsenkurs übersteigt; vielmehr versucht er den Zeitpunkt der größtmöglichen Divergenz zwischen aktuellem und zukünftigem Marktwert für den Ausschluss zu nutzen. Aufgrund der Tatsache, dass die Börsenkursentwicklung einem zufälligen Verlauf folgt, deren Schwankungen innerhalb eines kurzen Zeitintervalls, ähnlich wie bei einer arithmetischen Brownschen Bewegung, normalverteilt sind,[1603] gehen alle denkbaren – und somit auch die extremen – Unterneh-

---

[1598] Vgl. dazu FN 1510.

[1599] Vgl. *Goshen/Wiener* (2000), S. 1 ff.

[1600] Vgl. *Goshen/Wiener* (2000), S. 9-11.

[1601] Die Squeeze-out-Option ist annahmegemäß zeitlich unbefristet, da davon ausgegangen wird, dass der Mehrheitsaktionär die für den Ausschluss benötigte Beteiligungsquote nicht aufgibt.

[1602] Vgl. *Goshen/Wiener* (2000), S. 13.

[1603] Vgl. *Goshen/Wiener* (2000), S. 14. Dabei handelt es sich um eine für die Optionspreistheorie typische Annahme. Vgl. *Franke/Hax* (2004), S. 380 f. Die Optionspreistheorie von *Black/Scholes* geht

menswertausprägungen in den Optionspreis ein. Der Optionspreis lässt sich dabei als Abschlag von dem potenziellen, ohne Freeze-out-Option geltenden Unternehmenswert bzw. Börsenkurs[1604] begreifen. Der Abschlag ist dabei Ausdruck des von den Kapitalmarktteilnehmern antizipierten Risikos, in Zukunft zu einem für sie unlukrativen Wert ausgeschlossen zu werden.

In einem ersten Schritt untersuchen *Goshen/Wiener* den Einfluss einer auf modellexogenen Marktpreisen basierenden Abfindungsregel. Modellexogen soll hier heißen, dass der abfindungsrelevante Marktpreis nicht durch die Existenz der Freeze-out-Option beeinflusst und somit frei von dem Effekt der adversen Selektion ist. Um dies zu gewährleisten, gehen die Autoren von einer in jeglicher Hinsicht vergleichbaren Unternehmung aus, deren Marktpreis als fairer Abfindungswert von den Gerichten zugrunde gelegt wird. Im Unterschied zu der Zielgesellschaft ist das Vergleichsunternehmen allerdings in einem Gesellschaftsrechts- bzw. Kapitalmarktrechtsregime notiert, das keinen Ausschluss der Minderheitsaktionäre gestattet. Der Effizienz des Kapitalmarkts im halbstrengen Sinne zufolge reflektiert der Marktpreis des Vergleichsunternehmens dessen und somit auch den inneren Wert der Zielgesellschaft unter Berücksichtigung aller öffentlich verfügbaren Informationen.[1605]

*Goshen* und *Wiener* differenzieren in dem marktpreisexogenen Setting die zeitliche Voraussagefähigkeit des Hauptaktionärs den zukünftigen Börsenkurs betreffend. So ermitteln sie den Preis der Freeze-out-Option zum einen für ein eintägiges und zum anderen für ein mehrtägiges, maximal 100-tägiges Vorhersagefenster des Hauptaktionärs.

Der Preis der Squeeze-out-Option ist dabei eine Funktion der randomisierenden, normalverteilten Kursänderungen, des Kapitalmarktzinssatzes sowie des zugrunde gelegten Zeitintervalls.

Für die eintägige Freeze-out-Option ermitteln die Autoren unter Berücksichtigung eines Kapitalmarktzinses von 10%, einer die Kursvolatilität ausdrückenden Standardabweichung von 40% sowie einer unterstellten Kursveränderung von 15% einen Preis und somit Abschlag von dem unbeeinflussten Börsenkurs in Höhe von 6% und eine Wahrscheinlichkeit, mit der am folgenden Tag (der Voraussichtsfähigkeit entspre-

allerdings von einer geometrischen Brownschen Bewegung aus, in der nicht die Kursschwankungen, sondern die Renditen normalverteilt sind.

1604 Ohne Freeze-out-Option ist der Börsenkurs gleich dem inneren Wert der Aktie, weil der Kapitalmarkt annahmegemäß effizient im halbstrengen Sinne ist.

1605 Vgl. *Goshen/Wiener* (2000), S. 6.

chend) ein Ausschluss erfolgt, von 0,26%.[1606] Dieses niedrige Ergebnis erscheint plausibel. So wird in der Realität auch nicht davon auszugehen sein, dass, unter Berücksichtigung des regelmäßig mehrmonatigen Freeze-out-Prozesses sowie der immanenten Transaktionsrisiken, überhaupt jemand bereit sein wird, einen solch kurzfristig reichenden Informationsvorteil auszunutzen.

Bei der Bewertung der mehrtägigen Ausschlussoption beziehen die Autoren realistischerweise einen Wahrscheinlichkeitsfaktor mit ein, der die Unsicherheit über die tatsächliche Voraussicht zum Ausdruck bringt. Dies bedeutet, dass der Hauptaktionär im Falle eines als ausreichend erachteten Optionspreises (bzw. Aktienabschlags) nur mit einer bestimmten Wahrscheinlichkeit von seinem Ausschlussrecht Gebrauch machen wird; ist der Preisanstieg der Option dahingegen aus Erwartungswertmaximierungssicht nicht groß genug, wird der Mehrheitsaktionär sein Recht nicht ausüben.[1607]

Bezogen auf die 60-tägige Ausschlussoption kommen die Autoren unter denselben Annahmen wie bei der eintägigen Berechnung auf einen Abschlag von dem nicht durch das Squeeze-out-Recht beeinflussten Börsenkurs von 15%.[1608]

Für einen Kapitalisierungszinssatz von 10%, eine Volatilität (Standardabweichung) von 40%, einen unterstellten Kursanstieg von 15% sowie eine angenommene Voraussichtswahrscheinlichkeit von 1 ergibt sich in Abhängigkeit von der Voraussichtsfähigkeit des Hauptaktionärs, ausgedrückt in Tagen, folgender konkaver Optionspreisverlauf, ausgedrückt als *O*:

1606 Vgl. *Goshen/Wiener* (2000), S. 16.

1607 Vgl. *Goshen/Wiener* (2000), S. 19 f.

1608 Vgl. *Goshen/Wiener* (2000), S. 22.

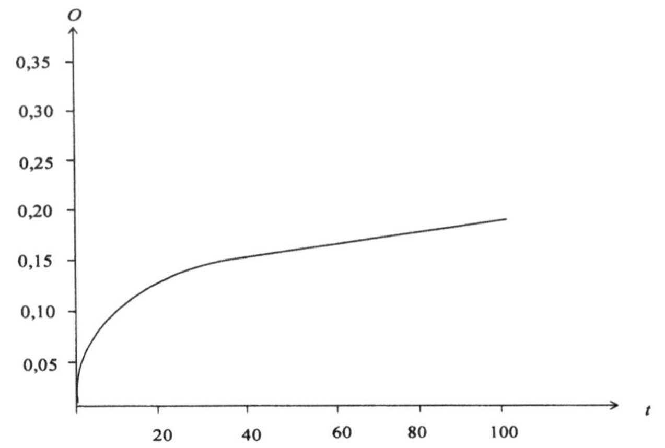


*Abbildung 2: Wertverlauf einer mehrtägigen Ausschlussoption*[1609]

Gegenüber der eintägigen Freeze-out-Option weisen mehrtägige Ausschlussoptionen deutlich höhere Werte auf. Bei mehrtägigen Ausschlussrechten hat der Optionsinhaber die Möglichkeit, weiter in die Zukunft zu blicken und den Börsenkurs mehrere Tage im Voraus zu erkennen. Diese bessere Voraussicht steigert die Fähigkeit des Hauptaktionärs, die maximale Differenz zwischen dem aktuellen und zukünftigen Marktpreisen zu erfassen und somit seinen Gewinn aus dem Ausschlussrecht zu steigern. Je zeitlich länger also die Kursvorhersagefähigkeit des Mehrheitsaktionärs reicht, desto höher ist folglich der Optionspreis und somit der Abschlag auf den Börsenkurs.[1610]

In einem zweiten Schritt erweitern *Goshen/Wiener* das oben skizzierte Grundmodell. Zunächst gehen sie dabei von einer börsennotierten Kapitalgesellschaft aus, die alle erzielten Gewinne und Verluste unverzüglich auf die Anteilseigner verteilt, sodass der Marktwert der Unternehmung bei einer unterstellten halbstrengen Informationseffizienz des Kapitalmarkts unveränderlich ist und annahmegemäß konstant den Wert 1 hat. Die Gewinne und Verluste sind dabei, zumindest bezogen auf ein kurzes Zeitintervall, normalverteilt im Sinne einer standardisierten arithmetischen Brownschen Be-

---

[1609] Abbildung mit Änderungen entnommen aus *Goshen/Wiener* (2000), S. 21.

[1610] Vgl. *Goshen/Wiener* (2000), S. 18.

wegung.[1611] Demzufolge weisen auch die zwischen den Eigentümern und der Gesellschaft fließenden Zahlungen Eigenschaften einer Normalverteilung auf.

Weiterhin gehen sie von zwei in unterschiedlichen Staaten domizilierenden, hinsichtlich Größe, Branche und Unternehmensrisiko identischen Korporationen aus, die, sofern sie jeweils nur einen alleinigen Eigentümer hätten, keine Unterscheidungsmerkmale aufweisen würden. Allerdings, und in diesem Punkt unterscheiden sich die beiden Gesellschaften zumindest indirekt, ist in einem Land (Land 1) der Zwangsausschluss von Minderheitsaktionären möglich, wohingegen diese Option in dem anderen Regelkreis (Land 2) untersagt ist. Das in Land 1 domizilierende Unternehmen hat zwei unterschiedliche Aktiengattungen A und B, die jeweils von nur einem Eigentümer gehalten werden. Für beide Aktiengattungen existiert jeweils nur ein Anteil, wobei jeder dieser Anteile 50% des Grundkapitals repräsentiert. Der Eigentümer der A-Aktie kann den Eigentümer der B-Aktie gegen seinen Willen ausschließen. Eine A-Aktie der Unternehmung lässt sich demnach abbilden als eine Aktie des Unternehmens in Land 2 plus eine Kaufoption auf die B-Aktie. Da der Inhaber der A-Aktie die Möglichkeit hat, sich via Freeze-out-Option einen Teil der auf die B-Aktie entfallenden zukünftigen Gewinnansprüche anzueignen, hat die A-Aktie einen Marktpreis, der größer als 0,5 ist; die B-Aktie hat einen entsprechend geringeren Gegenwert.[1612]

Bei der Entscheidung über die Optionsausübung vergleicht der A-Aktionär die mit der Geltendmachung seines Rechts verbundenen Renditemöglichkeiten mit jenen, die er bei der Nichtwahrnehmung vereinnahmen kann. Sind $B_A$ und $B_B$ die Marktpreise der A- und B-Aktie, für die gilt: $B_A + B_B = 1$, ist $F$ der hier noch nicht näher bestimmte Abfindungspreis für die B-Aktie und steht $ü$ für die (normal-)verteilte Ergebnis- und somit Ausschüttungsgröße, dann hat der Optionsinhaber folgende Gleichung zu lösen:[1613]

$$B_A + \frac{ü}{2} = B_A + B_B - F + ü$$

Der Gleichung zufolge erhält der A-Aktionär bei Nichtausübung seiner Option seinen Anteil am Unternehmenswert $B_A$ sowie die Hälfte der Gewinne $ü/2$. Für den Fall der Optionsausübung erhält er dahingegen den gesamten Unternehmenswert ($B_A + B_B = 1$)

[1611] Mit zunehmender Zeit steigt das durchschnittliche Ergebnis und die zugehörige Standardabweichung seiner Verteilung. Vgl. *Goshen/Wiener* (2000), S. 23.

[1612] Vgl. *Goshen/Wiener* (2000), S. 23-25.

[1613] Vgl. *Goshen/Wiener* (2000), S. 25.

sowie den gesamten Gewinn *ü* bei einer Gegenleistung von *F*. Der gleichgewichtige Ausübungspreis $ü^*$ ergibt sich nach Auflösung der Gleichung als:[1614]

$$ü^* = 2(F - B_B)$$

Ausgehend von den skizzierten erweiterten Modellannahmen untersuchen *Goshen* und *Wiener* zunächst den Einfluss endogener Marktpreise auf den Wert der Squeeze-out-Option; anschließend bewerten sie die Ausschlussoption unter der Prämisse, dass sowohl eine auf endogenen als auch auf exogenen Marktpreisen basierende Gegenleistung bzw. eine Mischung aus beiden Komponenten[1615] als Kompensation von dem zuständigen Gericht festgelegt werden kann.[1616]

Für den rein marktpreisendogenen Fall, in dem die Abfindung genau dem Marktpreis der B-Aktie entspricht, wird der A-Aktionär sofort, wenn die Korporation einen Gewinn erzielt, den Ausschluss betreiben. In diesem Fall nimmt nämlich $ü^*$ den Wert null an, weil die Abfindungszahlung *F* genau dem Marktpreis $B_B$ entspricht. Im Ergebnis führt diese Erkenntnis zu dem von *Bebchuk* und *Kahan* identifizierten Effekt der adversen Selektion, da nunmehr jeder, der die B-Aktie ex ante kauft, entweder einen Verlust erleidet oder aber lediglich seinen Kaufpreis zurückerhält. Es kommt schließlich zu einem Austrocknen des Kapitalmarkts in den Titeln der Gesellschaft.

Schließlich betrachten *Goshen/Wiener* den Freeze-out-Optionspreis für den Fall einer alternativ entweder endogen oder exogen bestimmten Marktpreisabfindungsregel. Die Entscheidung des Gerichts bezüglich des Einsatzes marktpreisendogener bzw. -exogener Abfindungen wird durch einen zusätzlichen Wahrscheinlichkeitsfaktor ausgedrückt, der festlegt, mit welcher Probabilität der verantwortliche Richter in der dominierten Konfliktsituation den (exogenen) Marktpreis des Vergleichs- bzw. Referenzunternehmens ansetzt; die Gegenwahrscheinlichkeit drückt analog die Unsicherheit über die Verwendung des (endogenen) Börsenkurses $B_B$ aus. Des Weiteren berücksichtigen die Autoren auch hier die Wahrscheinlichkeit, mit welcher der A-Aktionär tatsächlich über die relevanten privaten Informationen verfügt, die ihm eine Voraussicht überhaupt erst ermöglichen.[1617]

---

[1614] Vgl. *Goshen/Wiener* (2000), S. 25.

[1615] Eine gemischt marktpreisendogen und -exogen bestimmte Abfindungsbewertung wäre z. B. die Anwendung der *Delaware-Block-Method*. Vgl. zu dieser Methode die Ausführungen in Kapitel II.2.1.3.2.2.

[1616] Erwähnenswert ist an dieser Stelle, dass die Autoren auch für die Modellerweiterung den Einfluss exogener Börsenkurse isoliert untersuchen. Dabei kommen sie konsistenterweise zu dem gleichen Ergebnis wie in dem oben vorgestellten Grundmodell. Vgl. *Goshen/Wiener* (2000), S. 26 f.

[1617] Vgl. *Goshen/Wiener* (2000), S. 28 f.

Das erzielte Ergebnis ist wenig überraschend: Je größer die Wahrscheinlichkeit, mit der das Gericht die Gegenleistung marktpreisendogen bestimmt, bzw. je größer die gewählte Gewichtung endogener Marktpreise in einer gemischten Abfindungsbewertung ausfällt, desto größer ist der Wert der Ausschlussoption und somit der Abschlag von dem Börsenkurs der Zielgesellschaft. Für den unrealistischen Fall einer randomisierenden, das heißt zufälligen, Berücksichtigung endogener Marktpreise ergibt sich grundsätzlich nur ein verhältnismäßig geringer Abschlag von den Minderheitsaktien, der allerdings mit zunehmendem Informationsvorteil des Hauptaktionärs steigt; der Informationsvorteil des Mehrheitsgesellschafters steigt zum einen mit der Wahrscheinlichkeit der Voraussichtsfähigkeit und zum anderen mit der Länge des Zeithorizonts, für den er die zukünftigen Börsenkurse erkennt.[1618]

Wird mit 40%iger Wahrscheinlichkeit die Abfindungszahlung unter Berücksichtigung des Börsenkurses der B-Aktie und mit 60%iger Wahrscheinlichkeit auf marktpreisexogener Grundlage bestimmt, unterstellt man ferner einen Kapitalmarktzinssatz von 10%, eine Standardabweichung (Volatilität) von 40% und eine Wahrscheinlichkeit, mit welcher der Hauptaktionär die zukünftigen Marktpreise erkennen kann, von 50% (gestrichelte Linie) sowie von 100% (durchgehende Linie), dann ergibt sich in Abhängigkeit von dem Voraussichtszeithorizont *t* (in Jahren ausgedrückt) folgender Optionspreisverlauf *O*:

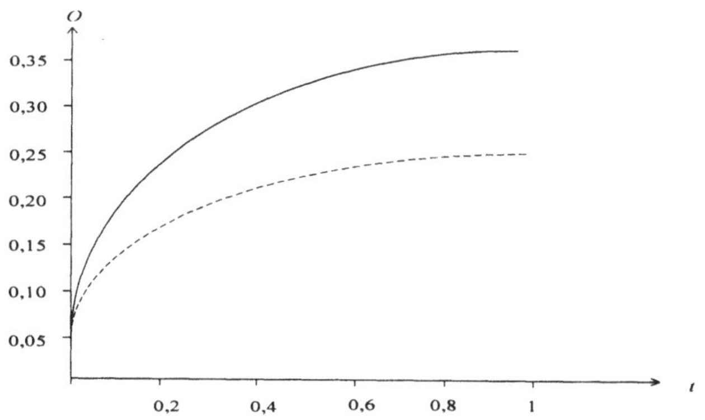


*Abbildung 3: Optionspreisverlauf unter Berücksichtigung marktpreisendogen und -exogen bestimmter Abfindungszahlungen*[1619]

[1618] Vgl. *Goshen/Wiener* (2000), S. 30.

[1619] So ähnlich vgl. *Goshen/Wiener* (2000), S. 30.

Festgehalten werden kann das Resultat, wonach jede systematisch erfolgende Berücksichtigung von endogenen Marktpreisen mit einer bestimmten Wahrscheinlichkeit bzw. die (gewichtete) Einbeziehung von Marktpreisen in ein gemischtes Bewertungsverfahren zu einem Abschlag auf den Aktienkurs jener Unternehmen führen, die Gegenstand eines Aktionärsausschlusses sein können; dabei fällt der Marktpreisdiskont in diesen Fällen höher aus als bei einer nur zufällig (randomisierend) erfolgenden Verwendung von Marktpreisen der B-Aktie.[1620]

Je mehr Gewicht die Gerichte also den Marktpreisen der Zielgesellschaft bei der Abfindung in konsistenter und voraussehbarer Weise beimessen, desto höher ist der Preis der Freeze-out-Option und somit der Abschlag von dem Börsenkurs et vice versa.

*Goshen/Wiener* bringen ihr Ergebnis prägnant auf folgenden Nenner: „[I]ronically, the less reliance courts put on market prices, the more accurate are market prices as a reflection of fair value. But, if courts will increase their use of market prices in their valuations, the quality of market prices as indication of fair value will deteriorate."[1621]

Schließlich kann dank der hier vorgestellten Erkenntnisse und Wirkungszusammenhänge geschlussfolgert werden, dass ein in geringem Maße erfolgendes Abstellen auf den (endogenen) Marktpreis in Abfindungsfällen nicht gleich zu einem Zusammenbruch des Kapitalmarkts führt. Somit kann zumindest nicht von der Hand gewiesen werden, dass der Aktienkurs, für den Fall des informationseffizienten Kapitalmarkts im halbstrengen Sinne, grundsätzlich alle öffentlich verfügbaren Informationen inkorporiert und demnach als Indikator für den *fair value* geeignet sein kann. Der Börsenkurs sollte, und das kann als Empfehlung an den Gesetzgeber verstanden werden, zumindest bei der Plausibilisierung von auf Basis von Diskontierungsverfahren bestimmten Abfindungsbeträgen eingesetzt werden und wenigstens als Untergrenze einer angemessenen Gegenleistung fungieren.

Relativiert werden die skizzierten Ergebnisse allerdings insbesondere durch die getroffene unrealistische Annahme der Börsenkursvorhersagefähigkeit des Mehrheitsaktionärs. Realiter wird nämlich nicht davon auszugehen sein, dass der Hauptgesellschafter den Börsenkurs für mehrere Tage im Voraus erkennen kann; eine Tatsache, die sich, wie in der Grafik gezeigt, abschlagsmindernd auswirkt.

In welcher Form auch immer der Börsenkurs der Zielgesellschaft in die Abfindungsbewertung einbezogen wird, es hat in jedem Fall eine Korrektur des Marktpreises in Form einer Hinzurechnung des Minderheitsabschlags zu erfolgen, da der Ansatz von

1620 Vgl. *Goshen/Wiener* (2000), S. 30.

1621 *Goshen/Wiener* (2000), S. 31.

Minderheitsabschlägen, wie in Kapitel V.3.6 erörtert, weder mit de lege lata geltendem Recht vereinbar noch ökonomisch sinnvoll, geschweige denn gerecht ist.

### V.4.2.3.5. Markteffizienz

Bei Gültigkeit der Markteffizienzhypothese entspricht der Preis eines Unternehmens seinem inneren Wert, sodass eine auf Börsenkursen basierende Abfindungswertermittlung in diesen Fällen durchaus eine sinnvolle, vor allem Transaktionskosten sparende Komplexitätsreduktion darstellen würde. Aufgrund der Tatsache, dass an die Markteffizienzhypothese allerdings die realiter selten anzutreffende Erfüllung strikter Annahmen geknüpft ist, wie z. B. freier Informationsfluss, zahlreiche Marktteilnehmer, Abwesenheit institutioneller Defizite, Unmöglichkeit von Manipulationen sowie ökonomisch rationales Anlegerverhalten, kann es zu gravierenden Disparitäten zwischen Marktpreis und innerem Unternehmenswert kommen.

Aus Abfindungsbewertungssicht konfligiert die Marktpreisberücksichtigung allerdings mit dem hier zugrunde gelegten angemessenen Wert. Selbst wenn die Informationseffizienz des Kapitalmarkts bejaht wird, so muss doch festgestellt werden, dass dies lediglich, zumindest in den USA und in weiten Teilen Europas, dem empirischen Befund zufolge, auf die öffentlich verfügbaren Informationen und somit auf die Effizienz im halbstrengen Sinne zutrifft. Für den deutschen Kapitalmarkt wird gar nur die Informationseffizienz in ihrer schwachen Form bestätigt.[1622] Wird dann aber, wie in dieser Arbeit, von einer Einbeziehungsnotwendigkeit zukünftiger mittelbarer Wertbeiträge bei der Ermittlung des angemessenen Abfindungswerts ausgegangen, greift der auf öffentlich verfügbare Informationen zugreifende Börsenkurs zu kurz, handelt es sich bei jenen Wertkomponenten doch regelmäßig um Insiderwissen, das nicht Eingang in den Marktpreis findet.[1623]

Weiterhin wird die Berücksichtigungsfähigkeit von Börsenkursen bei der Abfindungswertermittlung in Squeeze-out-Fällen durch den möglicherweise begrenzten Liquiditätsgrad der Zielgesellschaftsaktie eingeschränkt. Wäre nämlich, wie in Squeeze-out-Situationen zu vermuten, der Liquiditätsgrad der betroffenen Anteile niedrig, würde dies das Potenzial transitorischer, das heißt liquiditätsinduzierter Kursschwankungen erhöhen. Diese transitorischen Kursbewegungen würden ihrerseits zum einen die

[1622] Für eine Übersicht über die empirischen Befunde zur Informationseffizienz von Kapitalmärkten vgl. *Kress* (1996), S. 48-59.

[1623] Anders verhält es sich bei den ebenfalls einbeziehungspflichtigen unmittelbaren Wertfaktoren, die regelmäßig einfacher ermittelbar sind und somit eher den Charakter öffentlich verfügbarer Informationen haben.

Manipulationsanfälligkeit des Aktienkurses steigern sowie zum anderen, unabhängig von der Manipulationsanfälligkeit,[1624] die Annäherung des Marktpreises an den Fundamentalwert der Unternehmung gefährden.[1625] In der Literatur wurde kürzlich die *abnormal performance*[1626] der Aktie innerhalb der letzten zwölf Monate vor der Abfindung als Maßstab zur Beurteilung manipulierter Börsenkurse in dominierten Konfliktfällen vorgeschlagen.[1627] Bei einer identifizierten *abnormal performance*, so die Idee, solle lediglich ein Durchschnittsbörsenkurs als Wertuntergrenze fungieren. Grundsätzlich ist gegen den Vorschlag eines durchschnittlichen Aktienkurses als Abfindungsuntergrenze nichts einzuwenden; er wird hier sogar ausdrücklich begrüßt. Verfehlt ist allerdings die Analogie, mit der eine *abnormal performance* zwangsläufig Ausdruck manipulierter Börsenpreise sei; festgestellte Überrenditen könnten in dieser Situation (sehr wahrscheinlich) auch auf die bereits im Markt verarbeiteten Informationen über bevorstehende Abfindungszahlungen zurückzuführen sein. Diese gilt es, zumindest der hier vertretenen Auffassung zufolge, nicht zu bereinigen geschweige denn zu verhindern.

Aufgrund der schwierigen Messung des Liquiditätsgrads eines Finanztitels ist der Bewerter bei der Beurteilung der Einbeziehungsfähigkeit von Aktienkursen im Rahmen der Abfindungsermittlung auf einzelfallabhängige Analysen der individuellen Wertpapierhandelsdaten angewiesen. Einen ersten Anhaltspunkt dürfte hier der sich im Streubesitz befindende Aktienanteil (so genannter *Free Float*) liefern. Je höher nämlich der *Free Float* der Unternehmensaktien, desto größer ist der Kapitalbedarf zur Beeinflussung des Kursniveaus et vice versa. Da der Anteil an Streubesitzaktien aber noch nichts darüber aussagt, ob diese auch tatsächlich zur Kompensation von transitorischen Kursschwankungen am Markt verwendet werden, wird zudem das Handelsvolumen als zusätzlicher Indikator heranzuziehen sein.[1628] In der Literatur kursieren Heuristiken, dic zumindest bei Unternehmen großer Börsenindizes, wie z. B. DAX®, MDAX®; TecDAX®, HDAX®, Midcap-Market-Index® sowie SDAX®[1629] die notwendige Liqui-

---

[1624] Eine erhöhte Manipulationsanfälligkeit erhöht ceteris paribus die Wahrscheinlichkeit, mit der der Börsenkurs nicht den Fundamentalwert der Gesellschaft repräsentiert.

[1625] Vgl. u. a. *Brudney* (1978), S. 66.

[1626] Zur *abnormal performance* vgl. FN 975.

[1627] Vgl. *Böcking/Nowak* (2000a), S. 20; *Böcking/Nowak* (2000b), S. 135.

[1628] Vgl. m. w. N. *Krog* (2000), S. 286.

[1629] Bei den genannten Indizes handelt es sich um von der *Deutsche Börse AG* geschützte Marken. Vgl. *Deutsche Börse AG* (2005), S. 12

dität gewährleistet sehen.[1630] Da die Voraussetzung einer Aufnahme in einen der genannten Indizes (so genannte Auswahlindizes) u. a. an einen Mindeststreubesitz (*Free Float*) von 5% gebunden ist,[1631] der Hauptaktionär für den Squeeze-out aber mindestens 95% des Grundkapitals halten muss, wird in der Regel nicht davon auszugehen sein, dass ein Ausschlusskandidat Mitglied eines der genannten Indizes der *Deutschen Börse AG* sein wird.

Tendenziell ist zu erwarten, dass aufgrund des in Deutschland de lege lata vorgeschriebenen maximalen Streubesitzes von 5% in Squeeze-out-Fällen die Liquidität in den Titeln der Zielgesellschaft nicht ausreichend ist, um transitorische Kursbewegungen zu überwinden. Im Ergebnis wird dann der sich einstellende Preis unter asymmetrischer Informationsverteilung zustande kommen, sodass der Marktpreis der Aktie ceteris paribus nicht ihrem inneren Wert entspricht.

Des Weiteren bleibt festzuhalten, dass der vom *BGH* ausdrücklich geforderte Ansatz eines *durchschnittlichen* Aktienkurses nicht mit der Theorie informationseffizienter Märkte übereinstimmt. Der Theorie zufolge entspricht der aktuelle, nicht aber der auf Basis vergangener Daten ermittelte Börsenkurs dem Marktpreis der Aktie.[1632]

Im Übrigen wird die Eignung des Börsenkurses bei der Abfindungswertermittlung durch die Theorie der Behavioral Finance implizit infrage gestellt. Bei der Behavioral Finance handelt es sich um eine auf verhaltenswissenschaftlichen Erkenntnissen basierende Forschungsrichtung, deren Ziel es ist, das Anlegerverhalten sowie die Marktpreisbildung zu erklären. Zentrales Charakteristikum ist dabei die Verwerfung bzw. Relativierung der traditionellen (neoklassischen) Informationseffizienzhypothese, wobei insbesondere das den Marktakteuren unterstellte ökonomisch rationale Verhalten im Sinne der auf *von Neumann/Morgenstern* zurückzuführenden Risikonutzentheorie sowie die Gültigkeit der Informationsverarbeitung *Bayesianischer* Prägung infrage gestellt werden.[1633] Tatsächlich ist das Verhalten der Anleger, so die Protagonisten dieses Ansatzes, durch die beschränkten kognitiven Fähigkeiten des Menschen und die damit verbundenen Verhaltensheuristiken, durch Selbstüberschätzung der eigenen

---

[1630] Vgl. *Großfeld* (2002), S. 188, m. w. N. *Aha* (1997), S. 28; *Rodloff* (1999), S. 1153; *Steinhauer* (1999), S. 307; *Wilm* (2000), S. 238; *Vetter* (2001b), S. 1351, beziehen sich auf den DAX®-100 als Referenzindex.

[1631] Weitere Voraussetzung für die Aufnahme in einen der Auswahlindizes ist das Listing im Prime-Standard-Segment, die fortlaufende Notierung im Xetra®-Handel, ein Unternehmenssitz in Deutschland sowie die Zugehörigkeit der Unternehmung zu einem der klassischen Industriezweige. Vgl. *Deutsche Börse AG* (2005), S. 15 f.

[1632] Vgl. *Böcking/Nowak* (2000a), S. 20; *Böcking/Nowak* (2000b), S. 135.

[1633] Vgl. hierzu *Shleifer* (2000), S. 10 f., m. w. N.

Kompetenzen hinsichtlich z. B. der Prognose der künftigen Kursentwicklung (so genannte *overconfidence*) sowie durch emotional geprägte Entscheidungen gekennzeichnet.[1634] Dieses gegen die neoklassischen ökonomischen Modellprämissen verstoßende Verhalten wird im Schrifttum als *investor sentiment* bezeichnet und führt zu empirisch bestätigten Über- oder Unterreaktionen auf dem Kapitalmarkt.[1635] Diese Kurseffekte können im Ergebnis dazu führen, dass der Aktienkurs der Zielgesellschaft nicht seinem Fundamentalwert entspricht, wodurch die Eignung des Börsenkurses als Indikator für die Abfindung der Minderheitsaktionäre deutlich eingeschränkt sein dürfte.

Die alleinige Berücksichtigung von (durchschnittlichen) Börsenkursen bei der Abfindungswertermittlung wird daher sowohl aus Sicht der Informationseffizienzhypothese als auch aus der Perspektive der Behavioral Finance abgelehnt. Sollte wider Erwarten in den Aktien der Zielgesellschaft bis zum Bewertungsstichtag ein im Verhältnis zum Streubesitz angemessener Handel stattfinden, sollte der Börsenkurs jedoch zur Plausibilitätskontrolle für den mit Hilfe des Zukunftserfolgswertverfahrens ermittelten Abfindungswert sowie als Wertuntergrenze in die Bewertung miteinbezogen werden.[1636]

### V.4.2.4. Sonderfall: Relevanz von Vorerwerbspreisen

Ist dem Squeeze-out ein erfolgreiches öffentliches Übernahmeangebot vorausgegangen, stellt sich unweigerlich die Frage, ob der im Rahmen der Offerte gezahlte Preis je Aktie für die Bemessung der Minderheitsaktionärsabfindung beachtlich ist. Gerade vor dem Hintergrund des europäischen Rechtsvergleichs und spätestens seit der mit dem 20.5.2004 in Kraft getretenen ÜRL[1637] ist das Thema des seinerzeit nicht in Gesetz gegossenen § 327 b Abs. 1 Satz 3 AktG-RegE[1638] weiterhin bzw. wieder aktuell.

---

[1634] Vgl. ausführlich hierzu *Hirshleifer* (2001), S. 1539-1552.

[1635] Für einen Überblick über die empirischen Befunde vgl. *Fama* (1998), S. 285-288; *Shleifer* (2000), S. 114-127.

[1636] Vgl. zur Wertuntergrenze-Funktion bereits die Ausführungen in Kapitel V.4.2.2. Insofern zustimmend vgl. *IDW* (2000b), Rn. 16; *Vetter* (2001b), S. 1351; *Ruhnke* (2003), S. 93; *IDW* (2005a), Rn. 16; *IDW* (2005b), Rn. 16.

[1637] Für einen Rechtsvergleich siehe die Ausführungen in Kapitel II.2.

[1638] Der Regierungsentwurf sah mit dem § 327 b Abs. 1 Satz 3 AktG-RegE noch vor, dass ein Übernahme- bzw. Pflichtangebot nach den Vorschriften des WpÜG, welches binnen sechs Monaten vor dem Squeeze-out-Hauptversammlungsbeschluss abgegeben wurde, dann *unwiderlegbar* als angemessen zu bewerten sei, wenn diese Offerte von mindestens 90% der Aktionäre, an die es gerichtet war, angenommen wurde. Die Angemessenheit wurde in der Entwurfsbegründung von der Bundesregierung als unwiderlegliche Vermutung aufgefasst, was einige Stimmen im Schrifttum mit verfassungsrechtlichen Bedenken quittierten. Der Bundesrat führte dann die *widerlegbare* Angemessenheitsvermutung eines vorhergehenden Angebots ein, und der Finanzausschuss schaffte die Regelung schließlich gänzlich ab. Zum RegE vgl. *BegrRegE,* BT-Drucks. 14/7034, S. 72; zur

Auf der einen Seite kann der Argumentation, wonach ein öffentliches Übernahmeangebot,[1639] das, wie sowohl in Art. 15 ÜRL als auch in Sections 428 ff. Companies Act 1985 (Großbritannien) gefordert, von Aktionären angenommen worden ist, die mindestens 90% des außenstehenden Aktienkapitals besitzen,[1640] dem Grundsatz einer freiwilligen Markttransaktion entspricht und somit die Beachtlichkeit des gegenständlichen Übernahmepreises für die Abfindung der Ausgeschlossenen suggeriert, auf den ersten Blick gefolgt werden.[1641] Bei näherem Hinsehen fällt auf der anderen Seite allerdings der möglicherweise im Zuge dieser Abfindungsregel entstehende Annahmezwang der Zielgesellschaftsaktionäre negativ auf. So entsteht für die Zielgesellschaftsaktionäre immer dann ein Zwang zur Annahme der unterbreiteten Offerte, wenn es keinen einzelnen Aktionär bzw. keine kooperierende Aktionärsgruppe gibt, die aufgrund ihrer Kapitalbeteiligung in der Lage sind, die für den Bieter notwendige 90%ige Annahmeschwelle zu verhindern. Ist diese Beteiligungskonstellation gegeben, werden einzelne Aktionäre, die eigenhändig den Erfolg der Offerte nicht abwenden können und tendenziell davon ausgehen, dass der Bieter mit seinem Angebot erfolgreich sein wird, ihre Aktien während der Angebotsannahmefrist andienen. Zwar würden die das Angebot ablehnenden Anteilseigner bei einem sich anschließenden Ausschluss ebenfalls den Übernahmepreis für die Hingabe ihrer Aktien erhalten; da aber der Zwangsausschluss dem öffentlichen Übernahmeangebot zeitlich deutlich nachgelagert stattfindet, werden die Zielgesellschaftsaktionäre aufgrund des mit dem Squeeze-out verbundenen Zinsverlusts ihre Anteile andienen.[1642] Im theoretisch zu Ende gedachten Extremfall könnte der sich der quotalen Verteilung des Streubesitzes bewusste Bieter diesen Effekt im Rahmen seines öffentlichen Übernahmeangebots ausnutzen, indem er einen gemessen an einer „reinen“ freiwilligen Markttransaktion zu niedrigen Preis offeriert.

---

widerlegbaren Vermutung vgl. Stellungnahme des Bundesrats, *BR-Drucks.* 574/01, S. 7 f.; zur Argumentation des Finanzausschusses vgl. Bericht des Finanzausschusses, *BT-Drucks.* 14/7477, S. 46, 72. Zur Kritik an dem RegE vgl. *Wenger/Kaserer/Hecker* (2001), S. 332; *Heidel/Lochner* (2001), S. 2031-2034; *Habersack* (2001), S. 1238; *Rühland* (2001), S. 453 f.; *Vetter* (2002), S. 188; *Heidel/Lochner* (2003), § 327 b Rn. 8; *Rühland* (2003), S. 230-234. Anderer Auffassung vgl. *Krieger* (2002), S. 57; *Hasselbach* (2003), § 327 b Rn. 26.

[1639] Dabei muss es sich um ein auf alle außenstehenden Aktien beziehendes Übernahmeangebot handeln, sodass wirklich alle Zielgesellschaftsaktionäre ihre Anteile zu den Konditionen der Offerte veräußern können.

[1640] § 327 b Abs. 1 Satz 3 AktG-RegE nahm Bezug auf mindestens 90% der außenstehenden *Aktionäre*. Durch das Abstellen auf Köpfe statt auf Kapitalanteile wird die Bildung von Sperrminoritäten erschwert.

[1641] So z. B. bei *Prantl* (1994), S. 262 f.; *Rühland* (2000), S. 1886; *Rühland* (2001), S. 454; *Habersack* (2001), S. 1235; *Sieger/Hasselbach* (2002), S. 148; *Fleischer* (2002), S. 782 f.

[1642] Vgl. zu diesem Punkt bereits *Wenger/Kaserer/Hecker* (2001), S. 331.

Der hier skizzierte Annahmezwang steht dabei realiter wahrscheinlich in einem positiven Verhältnis zur Ex-ante-Beteiligung des Bieters. Aus diesem Grund sollten Vorerwerbspreise, sofern darauf nicht verzichtet werden soll, nur in solchen Fällen beachtlich sein, in denen der Bieter die für den Ausschluss gemäß § 327 a AktG benötigte 95%-Schwelle erst durch das Übernahmeangebot erreicht.[1643] Hält der Bieter bereits mindestens 95% des Grundkapitals in seinen Händen, erweckt ein öffentliches Übernahmeangebot im Vorfeld eines ohnehin schon möglichen Squeeze-out den Eindruck einer Sachverhaltsgestaltung, die wohl mit der Hoffnung verbunden ist, dass die Zielgesellschaftsaktionäre einen vermeintlich niedrig gewählten Übernahmepreis nicht als solchen identifizieren und somit auf eine mögliche gerichtliche Überprüfung verzichten. Anders stellt sich die Beurteilung einer ex ante bereits vorhandenen Bieterbeteiligung von mindestens 95% aus Sicht der britischen und der EU-Ausschlussregelung dar, weil hier ohne ein vorausgehendes Übernahmeangebot kein Zwangsausschluss möglich ist.

Wichtig in diesem Zusammenhang ist noch die Feststellung, dass es sich, analog zu der britischen Lösung, bei den im Rahmen von öffentlichen Übernahmeangeboten gezahlten Preisen nur um eine widerlegbare Vermutung[1644] dergestalt handeln darf, als dass es auf Betreiben der betroffenen Minderheitsaktionäre stets zu einer gerichtlichen Überprüfung der Angemessenheit des gegenständlichen Vorerwerbspreises kommen muss.[1645]

Unbeachtlich ist der Annahmezwang dahingegen, wenn ein einziger bzw. eine kleine Anzahl organisierter Anteilseigner über mehr als 10% des außenstehenden Grundkapi-

---

[1643] Anderer Auffassung sind *Wenger/Kaserer/Hecker* (2001), S. 332, und *Gampenrieder* (2004), S. 138 f., die in dieser konzentrierten Eigentümerkonstellation erst recht die Marktbestätigung als nötig erachten. Dabei lassen sie allerdings den in dieser Situation als besonders hoch eingestuften Annahmezwang außer Acht.

[1644] Zur Abgrenzung der Rechtstermini „widerlegbare" und „unwiderlegbare Vermutung" aus Sicht der ZPO vgl. mit entsprechenden Nachweisen *Rühland* (2001), S. 454 f.; *Rühland* (2003), S. 235-237.

[1645] § 327 b Abs. 1 Satz 3 AktG-RegE ging bei den Vorerwerbspreisen noch von einer unwiderlegbaren Vermutung für eine Angemessenheit gewährleistende Abfindungszahlung aus, sodass es hier nicht zu einer gerichtlichen Überprüfung der Angemessenheit im Wege eines Spruchstellenverfahrens gekommen wäre. Für die widerlegbare Vermutung sprachen sich seinerzeit auch aus: *Ehricke/Roth* (2001), S. 1123; *Rühland* (2001), S. 455; im Ergebnis wohl auch *Wenger/Kaserer/Hecker* (2001), S. 332; *Fleischer* (2002), S. 782 f.; *Krieger* (2002), S. 57.

tals[1646] verfügen und somit zumindest opportunistisches Gestaltungspotenzial des Hauptaktionärs mit auf Vorerwerbspreisen basierten Abfindungen verhindern können.

Da die ausgeschlossenen Minderheitsaktionäre im Ergebnis regelmäßig ein Spruchstellenverfahren zur Überprüfung der Angemessenheit des Vorerwerbspreises anstrengen werden, wird an dieser Stelle nicht von einer spürbaren Transaktionskostensenkung durch diese Abfindungsform ausgegangen.

Probleme bei dem Abstellen auf den von 90% des außenstehenden Grundkapitals bestätigten Übernahmepreis können sich in der Einbeziehung mittelbarer, aber auch unmittelbarer Wertbeiträge ergeben. So wird zumindest, wie in Kapitel V.3.2 angedeutet, von einer nur partiellen Abbildung jener Wertfaktoren in der Übernahmeofferte ausgegangen; mithin kann es sich hierbei lediglich um einen Kompromiss handeln. Etwas anders gestaltet sich da die Berücksichtigung eines im Wege eines privaten Kontrollblocktransfers gezahlten Übernahmepreises; da der Kontrollverkäufer als Verhandlungspartner deutlich bessere Informationen über die unternehmensindividuellen Gestaltungsmöglichkeiten hat als die 90% des außenstehenden Grundkapitals besitzenden Aktionäre, wird ceteris paribus, sofern opportunistisch motivierte Absprachen der Kontraktpartner ausbleiben, eine umfangreichere Inkorporation mittelbarer und unmittelbarer Ausschlusseffekte zu erwarten sein. Die Berücksichtigung dieser Wertbeiträge ist dabei eine positive Funktion der Verhandlungsstärke des Kontrollveräußerers.[1647]

Vor dem Hintergrund des möglichen Annahmezwangs sowie der Unsicherheiten in Bezug auf die Einbeziehung mittelbarer und unmittelbarer Wertbeiträge erscheint es ratsam, die im Rahmen von Übernahmeangeboten geleisteten Preise für die Abfindungsbemessung bei sich anschließenden Squeeze-outs nur als Untergrenze bzw. als Plausibilisierungsmaß einzusetzen.[1648]

### V.4.3. Vergleich zwischen marktpreis- und zukunftserfolgswertinduzierten Abfindungsermittlungen: Eine modelltheoretische Gegenüberstellung

Im Folgenden werden die beiden in der Praxis etablierten und in den vorangehenden Kapiteln gewürdigten Bewertungsmethoden, Zukunftserfolgswertverfahren sowie Marktpreise, im Rahmen einer auf *Maug*[1649] zurückzuführenden modelltheoretischen

---

[1646] Hält der Hauptaktionär z. B. bereits 97% des Grundkapitals, kann ein Minderheitsaktionär, der mehr als 0,3% des Grundkapitals besitzt, die Abfindung auf Grundlage von Vorerwerbspreisen verhindern.

[1647] Vgl. dazu ausführlich Kapitel V.3.3.

[1648] So in etwa auch, allerdings unbegründet, *Vetter* (2002), S. 188.

[1649] Vgl. *Maug* (2004), S. 1 ff.

Gegenüberstellung vor dem Hintergrund einer ökonomisch sinnvollen und gerechten Abfindungsermittlung verglichen.

*Maug* vergleicht in einem jüngst erschienenen Beitrag sowohl aus Effizienz- als auch aus Fairnesssicht die Auswirkungen von auf Börsenkursen basierenden Abfindungen mit unter Zuhilfenahme von Zukunftserfolgswertverfahren[1650] ermittelten Kompensationen.[1651] Ausgangspunkt der Überlegung ist eine börsennotierte Kapitalgesellschaft, die einen zum Squeeze-out berechtigten Hauptaktionär sowie zahlreiche Minderheitsgesellschafter hat, wobei der Kontrollaktionär zu Beginn des Spiels (Periode 1) ein exklusives Signal über die am Ende des Spiels (3. Periode) zu verteilenden Zahlungsströme erhält; die Minderheitsaktionäre kennen lediglich die unterstellte gleichmäßige Verteilung des zukünftigen Zahlungsstroms. In Abhängigkeit von seiner Erwartungswertbildung befindet der Mehrheitsgesellschafter über den Ausschluss der Minderheitsaktionäre in Periode 2; am Ende der dritten Periode erfolgt schließlich die Liquidierung der Gesellschaft und die *pro rata* Zahlungsstromverteilung unter den Aktionären.

Für beide Abfindungsregeln untersucht er dabei die mit dem Zwangsausschluss verbundene Veränderung des inneren Unternehmenswerts als Indikator für das ökonomische Effizienzziel; der innere Unternehmenswert setzt sich zusammen aus dem Erwartungswert der im Endzeitpunkt des Modells realisierbaren Zahlungsströme sowie dem mit der Squeeze-out-Wahrscheinlichkeit gewichteten positiven bzw. negativen Wertbeitrag des Freeze-out. Als Effizienzmaßstab fungiert dabei die Wahrscheinlichkeit, mit der die Kapitalmarktakteure einen Freeze-out erwarten:[1652] Ist der mit dem Zwangsausschluss zu erwartende Wertbeitrag positiv, gilt es die Ausschlusswahrscheinlichkeit zu steigern; bei einem erwarteten negativen Ausschlusseffekt sollte die Freeze-out-Wahrscheinlichkeit entsprechend minimiert werden.[1653] Maßstab für die Fairness der Abfindungsregeln ist die Differenz zwischen dem inneren Unternehmenswert, der unter Berücksichtigung aller vor dem Ausschluss verfügbarer öffentli-

---

[1650] Hierunter werden die DCF- bzw. das Ertragswertverfahren verstanden. Vgl. Kapitel V.4.1.

[1651] Vgl. *Maug* (2004), S. 6-11.

[1652] Der Hauptaktionär macht nur dann von seinem Ausschlussrecht Gebrauch, wenn der dank seines Informationsvorteils gebildete Erwartungswert dieser Maßnahme positiv ist. Da die Kapitalmarktakteure, zu denen auch die Minderheitsaktionäre gehören, den Erwartungswert des Hauptaktionärs nicht kennen, bilden sie die für die Squeeze-out-Wahrscheinlichkeit benötigte Vorteilhaftigkeitsabwägung des Mehrheitsgesellschafters in Abhängigkeit von den ihnen (öffentlich) bekannten Informationen über die Verteilung des Unternehmenswerts.

[1653] Vgl. *Maug* (2004), S. 4 f.

cher Informationen zustande kommt, sowie dem zeitgleichen Börsenkurs.[1654] Bei der ermittelten Differenz handelt es sich um den auf die Ausschlussoption zurückzuführenden Abschlag auf den Marktpreis, der als Indikator für potenzielle Vermögensverwässerungen zulasten der Minderheitsaktionäre fungiert.[1655] Das von *Maug* gewählte Fairnessverständnis, das auf den inneren Wert abstellt, der unter Beachtung aller öffentlich verfügbaren Informationen zustande gekommen ist,[1656] weicht von dem dieser Arbeit zugrunde liegenden Gerechtigkeitsgedanken ab. Dieser Arbeit zufolge haben die Minderheitsaktionäre einen Anspruch sowohl auf die öffentlich bekannten als auch auf die Insiderinformationen des Hauptaktionärs, um zu gewährleisten, dass sie an den mittelbaren und unmittelbaren Wertbeiträgen partizipieren können.

Für eine auf Marktpreisen basierende Abfindungsregel gelangt der Autor, zumindest für den Fall eines positiven Freeze-out-Wertbeitrags, zunächst zu dem gleichen Ergebnis wie bereits *Bebchuk* und *Kahan*,[1657] wonach sich der Börsenkurs im Gleichgewicht wegen des adversen Selektionseffekts auf dem niedrigstmöglichen Niveau einpendelt und der Ausschluss schließlich mit einer Wahrscheinlichkeit von eins durchgeführt wird.[1658] Sofern der Squeeze-out zu einer Wertvernichtung führt, kommt es mit positiver Wahrscheinlichkeit, die allerdings kleiner als eins ist,[1659] zu einem (ökonomisch ineffizienten) Zwangsausschluss, wenn die Kapitalmarktbewertung des Unternehmens im Vergleich zu dem auf privaten Informationen basierenden Erwartungswert des Hauptaktionärs niedriger ist.

Bei der auf Zukunftserfolgswertverfahren beruhenden Abfindungsbemessung wird davon ausgegangen, dass ein gerichtlich bestellter Gutachter in der Lage ist, den inneren Wert der Unternehmung auf der Grundlage aller ex ante öffentlich verfügbaren Informationen zu bestimmen. Annahmegemäß werden die mit dem Squeeze-out erzielbaren Wertbeiträge nicht mit in die Abfindungszahlung einbezogen, was, wie be-

---

[1654] *Maug* zufolge ist die Abfindung dann fair, wenn sie dem anteiligen inneren Wert vor dem Squeeze-out entspricht, wobei der innere Wert auf Grundlage der nur öffentlich zugänglichen Informationen bestimmt wird. Vgl. *Maug* (2004), S. 6.

[1655] Zu diesem Effekt vgl. Kapitel V.4.2.3.3 sowie für die Bewertung des Abschlags Kapitel V.4.2.3.4.

[1656] Vgl. *Maug* (2004), S. 6.

[1657] Für die Ergebnisse bei *Bebchuk/Kahan* (2000), die nicht, wie *Maug*, zwischen positiven und negativen Wertbeiträgen von Freeze-outs differenzieren, sondern implizit von positiven Effekten ausgehen, vgl. Kapitel V.4.2.3.3.

[1658] Vgl. *Maug* (2004), S. 6 f.

[1659] Die Wahrscheinlichkeit ist kleiner als eins, weil nicht bei allen wertvernichtenden Squeeze-outs gewährleistet ist, dass der dem Hauptaktionär dank seines privaten Informationsvorteils bekannte Erwartungswert, in den der negative Squeeze-out-Wertbeitrag eingeht, größer ist als der Marktpreis.

reits betont, im Widerspruch zu der in Kapitel V.3 hergeleiteten, Angemessenheit gewährenden Abfindung steht.[1660]

Wird die Abfindung auf diese Weise von einem Gutachter ermittelt, dann ist die Wahrscheinlichkeit, mit der ein Squeeze-out unabhängig von dem Vorzeichen des durch ihn verursachten Wertbeitrags durchgeführt wird, zwar positiv, aber kleiner als eins. Die Wahrscheinlichkeit ist deshalb kleiner eins, weil es Situationen geben wird, in denen der gutachterlich festgelegte Gegenwert höher ist als der von dem Hauptaktionär dank seines Informationsvorteils wahrgenommene innere Unternehmenswert,[1661] sodass der Mehrheitsaktionär diese Möglichkeit in seine Erwartungsbildung mit einbeziehen wird. Somit fällt auch der auf die Informationsasymmetrie zugunsten des Kontrollaktionärs zurückzuführende Abschlag auf den Aktienkurs geringer aus als bei einer Abfindung zu Marktpreisen; obwohl die Minderheitsaktionäre nicht den genauen inneren Unternehmenswert, wohl aber ihren grundsätzlichen Informationsnachteil gegenüber dem Hauptaktionär kennen, wissen sie, dass sie bei einem Zwangsausschluss eben jenen (aus ihrer Sicht unsicheren) anteiligen inneren Wert erhalten; dieser ist aber mit positiver Wahrscheinlichkeit größer als die untere Grenze der den Restaktionären bekannten Fundamentalwertverteilung, womit der Abschlag auf den Börsenkurs in dieser Konstellation geringer ausfällt als bei einer ausschließlich auf Marktpreisen gründenden Abfindung.

Bezogen auf das Vorzeichen des durch den Zwangsausschluss zutage geförderten Wertbeitrags ergeben sich in Abhängigkeit von der Squeeze-out-Wahrscheinlichkeit unterschiedliche Konsequenzen für den Börsenkursabschlag bei einer Abfindung auf Grundlage von Zukunftserfolgswerten: So sinkt der Aktienkursabschlag in Fällen erwarteter positiver Ausschlussbeiträge mit steigender Freeze-out-Wahrscheinlichkeit,[1662] da dann die Zahl der Marktteilnehmer steigt, die sich eine Beteiligung an dem positiven Wertbeitrag in Form einer erwarteten Abfindungsprämie erhoffen. Umgekehrt, in dem Fall eines erwarteten negativen Squeeze-out-Wertbeitrags, steigt der Aktienkursabschlag dahingegen analog.[1663]

Aus der Gegenüberstellung der beiden Abfindungsregeln lassen sich aus Effizienz- und Fairnessperspektive folgende Ergebnisse festhalten:

---

[1660] Vgl. *Maug* (2004), S. 7.

[1661] Vgl. *Maug* (2004), S. 8.

[1662] Eine steigende Squeeze-out-Wahrscheinlichkeit drückt die Ansicht des Markts aus, dass die Lukrativität eines Ausschlusses aus Sicht des Hauptaktionärs zunimmt.

[1663] Vgl. *Maug* (2004), S. 8.

Für den Fall, dass der mit dem Squeeze-out realisierbare Wertbeitrag positiv ist, ist aus ökonomisch-effizienter Betrachtungsweise die auf Börsenkurse rekurrierende Abfindungswertermittlung der auf Zukunftserfolgswertverfahren basierenden überlegen; die Überlegenheit ist darauf zurückzuführen, dass die Wahrscheinlichkeit, mit der ein Zwangsausschluss betrieben wird, bei der Marktpreisregel mit dem Wert eins definitiv höher ist als bei der auf Zukunftserfolgswerten beruhenden, kleiner als eins ausfallenden Freeze-out-Wahrscheinlichkeit. Bei einem negativen Werteffekt des Zwangsausschlusses gilt eine umgekehrte Vorziehenswürdigkeit. Hier verhindert die Zukunftserfolgswertermittlungsregel in größerem Umfang wertvernichtende Ausschlüsse als die Börsenkursregel, weil auch hier für den Mehrheitsaktionär das Risiko besteht, im Falle eines Ausschlusses eine über dem inneren Wert der Aktie liegende Abfindung zu zahlen.

Vordergründig, so die Ergebnisse bei *Maug*, werden zwar alle so genannten werterhöhenden Zwangsausschlüsse bei einer Abfindung zu Marktpreisen dank des adversen Selektionseffekts mit einer Wahrscheinlichkeit von eins ausgeführt, was den Autor dazu veranlasst, jene Kompensationsregel unter der Bedingung einer wertsteigernden Ausschlussmaßnahme als die ökonomisch überlegene im Vergleich zur Zukunftserfolgswertmethode zu identifizieren. Allerdings, und das verkennt *Maug*, führt eben jene Abfindungsregel im theoretischen Extremfall zum Austrocknen der Kapitalmärkte, mithin zu Marktversagen, was schließlich die Finanzierungsmöglichkeiten von Unternehmungen auf dem Eigenkapitalmarkt verhindert.[1664]

Aus der Fairnessperspektive stellt sich die Rangfolge der beiden Abfindungsregeln genau diametral entgegengesetzt dar: Da der Abschlag von dem Börsenkurs bei der Marktpreisregel ceteris paribus sowohl bei positiven als auch bei negativen Squeeze-out-Wertbeiträgen größer ist als bei der Zukunftserfolgswertregel, ist die Abfindung zum Aktienkurs aus Fairnessgesichtspunkten der Kompensation zum Zukunftserfolgswert unterlegen.[1665]

Wie nicht anders zu erwarten war, besteht zwischen den beiden hier diskutierten Abfindungsregeln ein Trade-off im Hinblick auf deren Effizienz- und Fairnessimplikationen; dieser Trade-off existiert allerdings nur für den Fall eines positiven, durch den Squeeze-out ausgelösten Werteffekts. So wird die in dieser Situation durch die Marktpreisregel induzierte sehr hohe Freeze-out-Wahrscheinlichkeit, die der Effizienz zu-

---

[1664] Ausführlich zu diesem Ex-ante-Effekt vgl. Kapitel V.3.3.

[1665] Vgl. *Maug* (2004), S. 10.

träglich ist, mit einem das Fairnessgebot verletzenden, auf einen ausgeprägten adversen Selektionseffekt zurückzuführenden, hohen Börsenkursabschlag erkauft.

Eine sowohl aus Effizienzsicht als auch aus Fairnessperspektive zu befürwortende Maßnahme ist die Einbeziehung eines Teils der privaten Informationen des Hauptaktionärs über die zukünftige Wertentwicklung der Gesellschaft bei der Bestimmung des Abfindungsbetrags. *Maug* geht hier davon aus, dass der Gutachter die Kompensationszahlung als gewichteten Durchschnitt aus der auf den privaten Informationen des Hauptaktionärs basierenden Bewertung sowie aus der auf öffentlich verfügbaren Informationen beruhenden Wertfeststellung bestimmt.[1666] Das gleichgewichtige Niveau der benötigten privaten Informationen, zu dem alle unternehmenswerterhöhenden Zwangsausschlüsse mit der Wahrscheinlichkeit von eins durchgeführt werden, ist dabei kleiner als eins. Dies bedeutet, dass es zur aus ökonomischer Sicht wünschenswerten Umsetzung aller wertschaffenden Squeeze-outs keines *full-disclosure-scenario* bedarf. Ist dieses Mindestmaß an Information bei der Bewertung gewährleistet, dann kann der Hauptaktionär sicher sein, dass der Gutachter die Abfindungszahlung nicht höher ansetzt als den auf seinem Informationsvorteil beruhenden erwarteten Wert. Da aber auf der anderen Seite auch die Minderheitsaktionäre von einer Abfindung zum anteiligen inneren Unternehmenswert ausgehen dürfen, pendelt sich der Börsenkurs im Gleichgewicht bei eben genau jenem *intrinsic value* ein, sodass im Ergebnis kein adverse-Selektion-induzierter Abschlag von dem Aktienkurs zu konstatieren ist.

Ist der mit dem Freeze-out zu erwartende Unternehmenswertbeitrag dahingegen negativ, wird der Hauptaktionär definitiv nicht von seiner Ausschlussoption Gebrauch machen, weil er in diesem Falle eine Abfindung in Höhe des anteiligen inneren Ex-ante-Unternehmenswerts zahlen müsste, er im Ergebnis allerdings nur einen um den negativen Ausschlusseffekt reduzierten inneren Ex-post-Unternehmenswert realisieren kann; modellkonsistenterweise bleibt der Börsenkurs in dieser Konstellation auf dem Niveau des inneren Unternehmenswerts.

Eine um private Informationen des Hauptaktionärs erweiterte Abfindungswertbestimmung dominiert sowohl die Marktpreisregel als auch die Zukunftserfolgwertermittlung auf Basis öffentlich verfügbarer Informationen:[1667]

---

1666 Vgl. *Maug* (2004), S. 9. Der Gewichtungsfaktor ist der Teil privater Informationen, den der Hauptaktionär preisgibt bzw. preisgeben muss. Gibt der Hauptaktionär die Hälfte seiner privaten Informationen bekannt, würde die Bewertung zu genau je 50% auf Basis privater sowie öffentlicher Informationen durchgeführt werden. Von Messschwierigkeiten bei der Bestimmung des Informationsniveaus wird hier abstrahiert.

1667 Die Dominanz gilt allerdings nur dann, wenn auch tatsächlich gewährleistet ist, dass das gleichgewichtige Niveau privater Informationen zur Verfügung gestellt wird.

Bei einem positiven zu erwartenden Wertbeitrag des Squeeze-out führt die Marktpreisregel zwar zu einem sicheren Ausschluss, während die um private Informationen erweiterte Bewertung nur für den Fall eines gewissen Mindestinformationsniveaus zu dem gleichen Ergebnis kommt; führt der Zwangsausschluss allerdings zu einer Wertvernichtung, ist die um private Informationen erweiterte Bewertung der Marktpreisregel eindeutig überlegen, weil Letztere nicht vollumfänglich in der Lage ist, ineffiziente Squeeze-outs zu verhindern. Verglichen mit dem Zukunftserfolgswertverfahren auf Basis öffentlich verfügbarer Informationen schneidet die um private Informationen ergänzte Variante sowohl für den Fall positiver als auch bei negativen Squeeze-out-Wertbeiträgen besser ab, weil Letztere mit größerer Wahrscheinlichkeit zur Durchführung eines effizienten Ausschlusses führt und zudem mit geringerer Wahrscheinlichkeit ineffiziente Transaktionen begünstigt.[1668] Alles in allem kann also aus ökonomisch-effizienter Sicht von einer Überlegenheit der teilweise um die Informationsvorsprünge des Hauptaktionärs erweiterten Abfindungsbewertung ausgegangen werden.

Ein noch eindeutigeres Bild zeichnet die Gegenüberstellung der Abfindungsverfahren aus Fairnessgesichtspunkten. Hier ist der Börsenkursabschlag infolge der auf Informationsasymmetrien beruhenden adversen Selektion bei einer Einbeziehung der privaten Informationen gegenüber den anderen beiden Varianten am geringsten, weil der Aktienkurs, wie oben gezeigt, im Idealfall dem anteiligen inneren Unternehmenswert entspricht.

Die Ausführungen haben zumindest aus modelltheoretischer Sicht zutage gefördert, dass Zukunftserfolgswertverfahren, wie z. B. die DCF-Verfahren, einer Abfindung zu Marktpreisen insbesondere dann deutlich überlegen sind, wenn dem Hauptaktionär strikte Offenlegungspflichten auferlegt werden. Im Übrigen stützen die von *Maug* gewonnenen Erkenntnisse die hier abgeleitete Notwendigkeit der Einbeziehung mittelbarer und unmittelbarer Wertbeiträge aus dem Zwangsausschluss in die Abfindungsbewertung; mit einer erweiterten Publizitätspflicht des Hauptaktionärs steigt auch die Wahrscheinlichkeit einer Inkorporierung jener Effekte in den Bewertungsprozess.

## V.5. Ergebnis der sozialökonomischen Analyse der Höhe nach

Die den Minderheitsaktionären für ihren Zwangsausschluss zu zahlende Barabfindung darf aus theoretischer Sicht nicht unter Vernachlässigung des Subjektivitätsprinzips der Unternehmensbewertung ermittelt werden, sodass im Ergebnis auf die individuellen Grenzpreise der Beteiligten abzustellen ist.

---

[1668] Vgl. *Maug* (2004), S. 10.

Wegen der auf Informationsasymmetrien beruhenden Ermittlungsschwierigkeiten ist die Bildung aktionärsindividueller Grenzpreise nicht opportun. Somit sind die Interessen bzw. der Grenzpreis der betroffenen Minderheitsaktionäre zu typisieren, was im Ergebnis, wie de lege lata üblich, schließlich auf den objektivierten Unternehmenswert des Berufsstands der Wirtschaftsprüfer hinausläuft. Die Wertfigur des objektivierten Unternehmenswerts hat nicht mehr viel mit der theoretisch richtigen Grenzpreisbasierung der Abfindung zu tun. Insbesondere verneint der objektivierte Unternehmenswert die Berücksichtigung unmittelbarer Wertbeiträge und gestattet zudem lediglich die Einbeziehung jener mittelbaren Wertkomponenten, die im Zeitpunkt des Squeeze-out bereits bekannt, geplant bzw. begonnen wurden. Dabei handelt es sich aus Sicht der hier geführten sozialökonomischen Analyse um nicht zu akzeptierende Vereinfachungen.

Aus Sicht einer nach ökonomischen und Gerechtigkeitserwägungen ermittelten Angemessenheit gewährleistenden Kompensationszahlung müssen vielmehr sowohl die unmittelbar als auch die mittelbar mit dem Zwangsausschluss einhergehenden Wertsteigerungen sowie -minderungen Eingang in die Abfindungsbemessung finden; eine Begrenzung der mittelbaren Wertbestandteile auf bekannte, geplante bzw. in Umsetzung befindliche scheidet dabei aus.

In kapitalmarkttheoretischer Hinsicht lassen sich in Abhängigkeit von der zugrunde gelegten Abfindungsregel nachhaltige Effekte auf die Ex-ante-Zahlungsbereitschaft der Kapitalmarktakteure und somit ein nicht zu vernachlässigender Kapitalkosteneffekt erkennen; dabei steigen die Kapitalkosten mit sinkenden zu erwartenden Abfindungszahlungen, sodass im theoretisch zu Ende gedachten Grenzfall Marktversagen eintreten kann. Bei einer Gegenüberstellung der in Deutschland gemäß §§ 327 a ff. AktG geltenden Abfindung zum *Stand-alone*-Wert und einer Kompensationsregel, die einen vorausgehenden Übernahmepreis einer privaten Kontrollblockveräußerung als Abfindung zugrunde legt, stellt sich heraus, dass Letztere zu aus Kapitalkostengesichtspunkten vorteilhafteren Ergebnissen führt. In Abhängigkeit von der Verhandlungsstärke des Unternehmenskontrollverkäufers ist bei Veranschlagung des Übernahmepreises eine zumindest anteilige Berücksichtigung der mit dem Ausschluss verbundenen unmittelbaren und mittelbaren Wertbeiträge gewährleistet. Dieser Befund bestätigt auch aus kapitalmarkttheoretischer Sicht die Einbeziehungsnotwendigkeit von mit dem Squeeze-out zusammenhängenden Wertfaktoren.

Da die Unternehmensbewertungstheorie keine Antwort auf die Frage der Verteilung der mit einer Ausschlusstransaktion verbundenen Wertbeiträge bereithält, haben sich in der Literatur Heuristiken für die Distribution herausgebildet, die nahezu alle theoretisch nicht fundierbar sind. Lediglich die Regel, wonach es zu einer absoluten hälftigen

Teilung kommt, kann unter bestimmten Annahmen spieltheoretisch mit Hilfe des *Shapely*-Index begründet werden. In Anbetracht der einem Squeeze-out ex ante zugrunde liegenden Eigenkapitalstruktur scheidet allerdings aus ökonomischen Anreiz- und auch aus Gerechtigkeitserwägungen eine hälftige Teilung aus. Vielmehr bietet es sich an, den entstehenden Wertbeitrag *pro rata* unter den beteiligten Parteien aufzuteilen. Eng verbunden mit der Aufteilung des ‚Kuchens' ist die insbesondere in den USA rege diskutierte Berücksichtigung von Minderheitsabschlägen auf den Anteilswert der ausgeschlossenen Gesellschafter. Ein Ansatz scheidet zwar bereits verbandsrechtlich wegen der Verletzung des Gleichbehandlungsgebots aus; allerdings sind auch die ökonomischen und gerechtigkeitsmotivierten Argumente niederschmetternd, weil es infolge einer drohenden Umverteilungsgefahr zulasten der Kleinanleger zu negativen Kapitalmarkteffekten kommen kann.

Der empirische Befund über etwaig gezahlte Abfindungsprämien liefert insofern kein eindeutiges Ergebnis, als dass zwar durchschnittlich Aufschläge auf den Börsenkurs in Squeeze-out-Fällen gezahlt werden, identifizierte hohe Standardabweichungen dieses Resultat allerdings mehr als nur relativieren. Berücksichtigt man ferner noch die potenzielle und wahrscheinliche Gefahr, dass die als Berechnungsgrundlage für die Prämien dienenden Börsenkurse nicht den inneren Wert der in Rede stehenden Aktie repräsentieren, erscheint das identifizierte Durchschnittsergebnis in einem noch getrübteren Lichte; dies gerade auch und insbesondere vor dem Hintergrund der zeitlichen Dispositionsgewalt des Hauptaktionärs, den Squeeze-out zu veranlassen. Ebenso eingeschränkt ist das Urteil über die festgestellten Überrenditen, die sich durch die Squeeze-out-Ankündigung ergeben. So kann nicht geschlussfolgert werden, dass die in den Überrenditen ausgedrückten antizipierten Abfindungsprämien auch tatsächlich Aufschläge im Sinne von über dem anteiligen inneren Wert der Unternehmung liegenden Zuschläge widerspiegeln. Gar auf eine Vermögensumverteilung zulasten der Minderheitsaktionäre deutet die vergleichende Gegenüberstellung von Anteilsübernahmen durch Squeeze-out auf der einen sowie Aktienkäufen ohne Ausgangsbeteiligung des Bieters auf der anderen Seite hin. Die von Minderheitsaktionären im Rahmen eines Zwangsausschlusses erzielten Renditen fallen dabei deutlich geringer aus als jene, die sie im Zuge von freiwilligen Übernahmeangeboten kassieren.

Eine gezielte, auf kurzfristige Arbitragegewinne ausgerichtete Anlagestrategie *kann* auf der anderen Seite aber durchaus von Erfolg gekrönt sein. Dennoch ist vor dem insbesondere in der Tagespresse verbreiteten Euphemismus zu warnen, wonach die Spekulation in Squeeze-out-Kandidaten als lukrative Anlage gepriesen wird. Die zunehmende Verbreitung sowie die regelmäßig langwierigen Abfindungsverfahren relativieren die Renditechancen dabei nicht unwesentlich.

Um den Typisierungen der Bewertungspraxis hin zum objektivierten Unternehmenswert zu begegnen und um gleichzeitig die Quantifizierungsprobleme von mit dem Zwangsausschluss zusammenhängenden mittelbaren Wertbeiträgen im Auge zu behalten, wird mit den Genussrechten eine alternative (optionale) Abfindungsvariante vorgeschlagen. Dieser Vorschlag sieht vor, dass die ausscheidenden Minderheitsaktionäre zwischen einer Barabfindung und Genussrechten an der Gesellschaft wählen können. Die Ermittlung des Umtauschverhältnisses ist zwar wegen des zu berücksichtigenden Fungibilitätsabschlags nicht trivial; allerdings werden die damit einhergehenden Transaktionskosten und Bewertungsunsicherheiten, die im Übrigen der Barabfindung ebenfalls innewohnen, hier bewusst hingenommen, halten sie doch einer Abwägung mit der ausschließlich auf einer Barzahlung beruhenden Kompensation aus Gerechtigkeitsperspektive ohne weiteres stand. Im Ergebnis ist hiermit gewährleistet, dass die Minderheitsaktionäre an den zukünftigen Gewinn- und Verlustchancen der Unternehmung wahlweise partizipieren können, was bei einer auf Basis von Zukunftserfolgswertverfahren ermittelten Barabfindung wegen der Messschwierigkeiten nicht zwangsläufig der Fall ist. Des Weiteren kann auch der Hauptaktionär, der dann die 100%ige Kontrolle über die Gesellschaft ausübt, weitestgehend all jene Vorteile generieren, die er auch bei einer ausschließlich gegen Barabfindung erfolgten Squeeze-out-Transaktion realisieren könnte, nur mit dem Unterschied, dass er diese nun, „in guten wie in schlechten Zeiten“, mit den interessierten Genusskapitalgebern *pro rata* teilen muss.

Die bis heute beliebtesten Unternehmensbewertungsverfahren der Rechtsprechung, das Ertragswertverfahren sowie die DCF-Varianten, bergen Unsicherheiten bei der Ermittlung des inneren Unternehmenswerts, die sich insbesondere bei der Prognose der zukünftigen Zahlungsüberschüsse äußern und hier zu nicht unerheblichen Fehlerrisiken beisteuern; aber auch die Ableitung der in dem Kapitalisierungszinssatz zum Ausdruck kommenden Rendite des alternativen Anlageobjekts bietet genügend Spielräume zur fehlerhaften Wertfeststellung. Ist darüber hinaus nicht auszuschließen, dass der Wertgutachter parteiisch bzw. bestechlich ist, liefern die skizzierten Zukunftserfolgswertverfahren, neben den üblichen Fehlerquellen, genügend Möglichkeiten für die Interessen einer Partei unterstützende Manipulationen.

Nicht zuletzt wegen der den Zukunftserfolgswertverfahren inhärenten Unsicherheiten wird neuerdings, wie in der Betriebswirtschaftslehre bereits seit längerer Zeit, auch von Seiten der Judikatur und der überwiegenden rechtswissenschaftlichen Literaturmeinung die Berücksichtigung von durchschnittlichen Marktpreisen als Bewertungsuntergrenze in Abfindungsfällen gefordert.

Ein alleiniges Abstellen auf den Börsenkurs als Maßstab für die Ermittlung der Barabfindung ist sowohl aus ökonomischen als auch aus Gerechtigkeitsgründen nicht zu befürworten. So schafft es Raum für opportunistisches Verhalten des Hauptaktionärs, das sich nachteilig auf die Vermögensposition der Kleinanleger auswirken kann. Letztere werden dieses Opportunismuspotenzial allerdings bis zu einem gewissen Genauigkeitsgrad antizipieren und im Extremfall den Kapitalmarkt gar ganz meiden. Selbst wenn der Hauptaktionär dabei nicht aktiv den Marktpreis beeinflusst, kann es bei einer rein auf den Börsenkurs fokussierenden Abfindungsbewertung, zumindest aus spieltheoretischer Sicht, zu adversen Selektionseffekten und im Extremfall zu einem Austrocknen des Kapitalmarkts kommen. Der Abschlag auf den Börsenkurs als Indikator für das Risiko, mit dem die Minderheitsaktionäre Opfer opportunistischen Verhaltens seitens des Mehrheitseigners werden, ist dabei, optionspreistheoretischer Modellbetrachtung zufolge, um so größer, je stärker sich der Bewertungsgutachter bei der Abfindungsermittlung auf den Marktpreis verlässt.

Auch aus Sicht informationseffizienter Kapitalmärkte ist die marktpreisinduzierte Abfindung eher nicht zu befürworten. Wegen der bereits vorab eines Squeeze-out stark konzentrierten Eigentümerstruktur scheint es dem Markt regelmäßig an der benötigten Liquidität zu fehlen, der es bedarf, um Marktpreismanipulationen zu absorbieren. Weiterhin muss die Gültigkeit der Informationseffizienzhypothese aus Sicht der Behavioral-Finance-Theorie stark angezweifelt werden, die zu dem Ergebnis kommt, dass Aktienkurse sich im Gleichgewicht eben nicht ihrem inneren Wert annähern, sondern aufgrund der zum Teil irrationalen Verhaltensweisen der Kapitalmarktteilnehmer in Über- oder Unterbewertungen resultieren.

Zusammenfassend erscheint die Berücksichtigung von durchschnittlichen, auf den Hauptversammlungsbeschlussfassungszeitpunkt bezogenen Börsenkursen als Wertuntergrenze und Plausibilisierungsmaßstab der Barabfindung zumindest dann geeignet, wenn bis zu dem Bewertungsstichtag in den betroffenen Aktien im Verhältnis zum Streubesitz ein angemessenes Handelsvolumen umgesetzt wird. Die Angemessenheit des Handelsvolumens lässt sich nur im Einzelfall feststellen, ein pauschales Mindestniveau wird hier nicht befürwortet. Ebenfalls individuell ist die Dauer der für die Durchschnittskursbildung zu veranschlagenden Referenzperiode zu bestimmen.

Das Abstellen auf im Zusammenhang mit Übernahmeangeboten gezahlte und durch eine gewisse Annahmequote bestätigte Vorerwerbspreise wird hier nur eingeschränkt befürwortet. Wegen des möglicherweise hiermit einhergehenden Annahmedrucks für die Zielgesellschaftsaktionäre und des damit verbundenen opportunistischen Handlungspotenzials des Hauptaktionärs können im Vorfeld gezahlte Gegenwerte, analog zu der Argumentation die Einbeziehung von Marktpreisen betreffend, „lediglich" Untergrenze- und Plausibilisierungsaufgaben übernehmen.

Im Rahmen einer vergleichenden (modelltheoretischen) Gegenüberstellung der Zukunftserfolgswertverfahren einerseits und der auf Marktpreisen fußenden Abfindung andererseits wurde deutlich, dass eine Kompensationsregel, die einschlägige Zukunftserfolgswertverfahren verwendet, sowohl aus Gerechtigkeitssicht als auch aus ökonomischer Perspektive stets dann im Vergleich zur Marktpreisregel die dominierende Bewertungsarithmetik liefert, wenn gewährleistet ist, dass der Hauptaktionär einen Teil seiner privaten Informationsvorteile offenbaren muss. Da es aber realiter nur sehr schwer sein wird, dem Hauptaktionär auch tatsächlich diese Informationen abzugewinnen, ist der Bewertungsgutachter auch hier dem bereits an anderer Stelle der Arbeit betonten Ermittlungsproblem ausgesetzt. Schlussendlich deutet das hier unter strengen Annahmen zustande gekommene spieltheoretische Ergebnis auf die Vorteilhaftigkeit jener Abfindungsvariante hin, wonach die ausscheidenden Aktionäre wahlweise Bargeld oder Genussscheine erhalten können und somit implizit an den privaten Informationsvorteilen des Hauptaktionärs partizipieren.

Keine eindeutigen Anhaltspunkte bei der Eignungsbeurteilung von auf Börsenkursen bzw. auf Zukunftserfolgswertverfahren basierenden Abfindungswertermittlungen liefert der empirische Befund. So können die in Kapitel V.3.7.2 ausgewerteten Studien keine allgemeingültige Aussage über die unternehmensindividuelle Fähigkeit des Börsenkurses treffen, mit der dieser den Verkehrswert der Aktie widerspiegelt; denn trotz der identifizierten untersuchungsübergreifenden durchschnittlichen Abweichungen zwischen den Werten (Börsenkurs und anteiliger Zukunftserfolgswert), ist schließlich noch nichts darüber gesagt, ob nun der Marktpreis oder aber der anteilige DCF bzw. Ertragswert von dem tatsächlichen inneren Wert der Aktie abweicht.

Nichtsdestotrotz kann durch die Auswertung der empirischen Evidenz zumindest der Verdacht nicht ausgeräumt werden, dass ein unterhalb des Börsenkurses liegender Abfindungswert je Aktie Ausdruck einer Übervorteilung der Minderheitsaktionäre ist. Somit erscheint, wie von der Rechtsprechung gefordert, bei einer vorherigen genauen Abwägung der titelspezifischen Marktliquidität die Berücksichtigung eines durchschnittlichen Börsenkurses als Plausibilitätsindikator und als Untergrenze bei der Abfindungsbewertung angezeigt.

## VI. Thesenförmige Zusammenfassung

1. Am 1.1.2002 ist die in den §§ 327 a ff. AktG verankerte, durch das Gesetz zur Regelung von öffentlichen Angeboten zum Erwerb von Wertpapieren und von Unternehmensübernahmen eingeführte Möglichkeit des Ausschlusses von Minderheitsaktionären in Kraft getreten. Vornehmlich das juristische Schrifttum ließ weder vor, während, noch nach dem Gesetzgebungsverfahren eine Gelegenheit aus, auf die unternehmenspraktische Wichtigkeit eines derartigen Rechtsinstituts zu bedeuten und ganz zielgerichtet Forderungen an den Gesetzgeber zu adressieren. Ziel der Arbeit ist es, die im Schrifttum seinerzeit wie heute vorgetragenen, weitestgehend unbelegten Argumente für eine Dekretierung des Squeeze-out-Rechts einer sozialökonomischen Würdigung zu unterziehen. Die sozialökonomische Analyse spaltet sich, wenngleich nicht vollends überschneidungsfrei, in eine Analyse dem Grunde nach, die es sich zur Aufgabe macht, die grundsätzliche sozialökonomische Notwendigkeit eines Ausschlussrechts zu bewerten, und eine Analyse der Höhe nach, in der die den ausscheidenden Anteilseignern zustehende angemessene Abfindung einer qualifizierenden sowie quantifizierenden Betrachtung zugeführt wird. Vorab der sozialökonomischen Würdigung erscheint es im konkreten Fall indes geboten, sowohl auf die verbands- als auch auf die verfassungsrechtlichen Unwägbarkeiten oder – besser – Besonderheiten der gegenständlichen Squeeze-out-Regel einzugehen.
2. Die §§ 327 a ff. AktG ermöglichen einem Hauptaktionär, der mindestens 95% des Grundkapitals einer AG oder KGaA hält, die restlichen Aktien mittels Hauptversammlungsbeschluss auch gegen den Willen ihrer Eigentümer durch die Zahlung einer angemessenen Barabfindung zu erwerben. Die Gegenüberstellung der Squeeze-out-Regelung der §§ 327 a ff. AktG und der bereits vor deren Kodifizierung im deutschen Aktienrecht bekannten Ausschlussmöglichkeiten führt zu dem Ergebnis, dass es sich bei der jüngst eingeführten Vorschrift um ein neues und in dieser Form dem deutschen Gesellschaftsrecht unbekanntes Rechtsinstitut handelt. Der Gesetzgeber ist insofern nicht der Regelungsredundanz und somit -ineffizienz verdächtig.
3. Die Frage, ob der von seinem Ausschlussrecht Gebrauch machende Mehrheitseigner gegen seine gegenüber den Minderheitsaktionären geschuldete Treupflicht verstößt, könnte im Einzelfall unter Zuhilfenahme der Instrumentarien der materiellen Beschluss- sowie der Rechtsmissbrauchskontrolle beantwortet werden. Der im Schrifttum verbreiteten konsequenten Ablehnung der materiellen Kontrolle des Squeeze-out-Hauptversammlungsbeschlusses kann hier nicht gefolgt

werden, weil die von dem Mehrheitsentscheid betroffenen Interessen sehr wohl einer Verhältnismäßigkeitsprüfung zugänglich sind, die in Anbetracht der Schwere des Eingriffs in dieser Arbeit auch gefordert wird. Im Übrigen kann auch dem Gesetzgeber keine sorgsam durchgeführte sozialökonomische Analyse der eingeführten Ausschlussregel im Rahmen des Gesetzgebungsverfahrens attestiert werden; zumindest verläuft die Suche nach einer dergestaltigen Aufbereitung des Themas erfolglos. Von einem Rechtsmissbrauch kann indes nicht ausgegangen werden, wenn der Hauptaktionär sein Ausschlussrecht rechtskonform ausübt.

4. Aus Verfassungssicht sind die §§ 327 a ff. AktG nicht zu beanstanden. So fallen sie in formeller Hinsicht zurecht in die konkurrierende Gesetzgebungshoheit des Bundes. Auch materiell erscheint in Analogie sachverhaltsverwandter *BVerfG*-Entscheidungen kein Verstoß gegen das in Art. 14 GG verankerte Eigentumsrecht vorzuliegen, sofern eine angemessene Abfindung gezahlt wird. Hinsichtlich der Höhe der angemessenen Abfindung hält sich das Verfassungsgericht bedeckt; im Rahmen der Bewertung sollen Zukunftserfolgswertmethoden und neuerdings auch der Börsenkurs, sofern er den Verkehrswert der Aktie widerspiegelt, zumindest als Untergrenze für die Kompensationszahlung zugrunde gelegt werden. Weiterhin verstößt der Gesetzgeber wohl auch nicht gegen das die Rechtssicherheit konkretisierende und aus Art. 20 GG abgeleitete Rückwirkungsverbot.

5. Der Rechtsvergleich der Ausschlussregeln hält insbesondere gegenüber den USA fundamentale Differenzierungsmerkmale bereit. Das US-amerikanische Gesellschaftsrecht kennt keine mit den §§ 327 a ff. AktG vergleichbare Aktionärsausschließungsmöglichkeit, mit der sich der Hauptaktionär durch Hauptversammlungsbeschluss der Minderheit entledigen kann; vielmehr sind in den USA Aktionärsausschlüsse grundsätzlich nur im Zusammenhang mit Konzernierungsmaßnahmen, vornehmlich Fusionen, möglich. Die US-amerikanische Rechtsprechung hält mit dem *entire-fairness-test* deutlich stärker aktzentuierte Anlegerschutzvorkehrungen im Zusammenhang mit Squeeze-outs bereit als der deutsche Gesetzgeber.

6. Auch im europäischen Vergleich sind zum Teil gravierende Regelungsdivergenzen auszumachen, die sich insbesondere bei den Merkmalen Börsennotierung als Ausschlussvoraussetzung, Mindestbeteiligungsschwelle, Bindung an ein vorheriges Übernahmeangebot, Existenz eines korrespondierenden Andienungsrechts sowie Berücksichtigung von Börsenkursen bzw. Vorerwerbspreisen bei der Abfindungsbemessung erkennen lassen.

7. Durch die im Frühjahr 2004 auf EU-Ebene verabschiedete ÜRL ergibt sich für den deutschen Gesetzgeber auch bezüglich des Squeeze-out-Rechts Änderungsbedarf. Der Regelgeber muss ein Ausschlussrecht schaffen, das den Erwerber einer börsennotierten AG im Anschluss an ein erfolgreiches Übernahmeangebot berechtigt, die verbliebenen Minderheitsaktionäre gegen ihren Willen auszuschließen. Zudem ist ein damit korrespondierendes Andienungsrecht der Minderheitsaktionäre zu kodifizieren. Anders als in §§ 327 a ff. AktG, muss die spezifische Beteiligungsschwelle nicht nur bezogen auf das Grundkapital, sondern auch bezogen auf die Stimmrechte nachgewiesen werden; ferner sind bei der Abfindungsbewertung geleistete Vorerwerbspreise zu berücksichtigen. Da unter anderen Bedingungen geltendes nationales Ausschließungsrecht von der ÜRL ausdrücklich unberührt ist, wird sich an den §§ 327 a ff. AktG, die den Squeeze-out aus börsennotierten sowie aus nicht börsennotierten AG und KGaA auch ohne vorausgehendes Übernahmeangebot legitimieren, voraussichtlich nichts ändern. Der deutsche Gesetzgeber strebt, Stand März 2006, mit den §§ 39 a ff. WpÜG-RegE die Umsetzung der ÜRL im Übernahmerecht an.

8. Zugrunde gelegt sind der sozialökonomischen Analyse des Ausschlusses von Minderheitsaktionären sowohl Allokations- als auch Gerechtigkeitsziele. Aufgrund der Tatsache, dass die der etablierten neueren Wohlfahrtsökonomik entlehnten Effizienzmaßstäbe wie das *Pareto-* und das *Kaldor-Hicks*-Kriterium unter Beachtung einer Kompensation der Geschädigten kaum operationalisiert werden können, bedarf es der Ableitung bzw. Konkretisierung von Zwischenzielen. Den Ausgangspunkt für die Deduktion jener Zwischenziele markiert dabei die auf der Transaktionskostentheorie basierende Property-Rights-Theorie. Die das Allokations- und Verteilungsoptimum knapper Ressourcen oftmals verhindernden Transaktionskosten repräsentieren dabei in Form einer Sammelgröße die aus ökonomischer Sicht zu minimierende Variable.

9. Als die für den hier gegenständlichen Sachverhalt zentrale, unter das Transaktionskostenargument subsumierbare Zielvorgabe wurde die Senkung von *Agency*-Kosten herausgefiltert. Aus *agency*-theoretischer Sicht bedeutsame und für die Analyse des Squeeze-out dem Grunde nach beachtliche Spannungsverhältnisse lassen sich dabei insbesondere auf dem Markt für Unternehmenskontrolle sowie in der Blockadepolitik einzelner Minderheitsaktionäre ausmachen. Ebenfalls unter die *Agency*-Theorie fassen lässt sich die Gewährleistung einer funktionsfähigen Corporate Governance, insbesondere vor dem Hintergrund von Going Privates.

10. Als neben den Anteilseignern weitere – in Deutschland bedeutsame – Unternehmenskoalitionäre werden die Arbeitnehmer, die Gläubiger sowie der Staat als Steuergläubiger identifiziert, deren Sensibilitäten in Bezug auf eine Ausschlussregelung im Rahmen der Analyse dem Grunde nach untersucht werden.

11. Flankiert werden die aus dem Allokationsziel abgeleiteten Zwischenziele der Analyse dem Grunde nach durch Kriterien der Verfahrensgerechtigkeit. Der Verfahrensgerechtigkeit genügt eine Transaktion stets dann, wenn keiner der beteiligten Akteure gewaltsam oder durch Irreführung zu der Transaktion veranlasst wurde, alle Tauschpartner mit den für ihre Entscheidung benötigten Informationen ausgestattet sind, die Tauschakteure über das für ihre rationale Selbstbestimmung benötigte Vermögen verfügen und zwischen den Tauschpartnern keine Machtdivergenzen bestehen, die es einer Partei ermöglichen würden, die Bedingungen des Tauschs zu diktieren.

12. Die abgeleiteten kapitalmarkttheoretischen Zielsetzungen, wie die Herstellung von Kapitalmarkteffizienz sowie insbesondere die Gewährleistung der Kapitalmarktfunktionsfähigkeit lassen sich ebenfalls transaktionskostentheoretisch begründen und somit unter das Allokationsziel subsumieren. Dabei kommt der kapitalmarkttheoretischen Perspektive im Wesentlichen bei der sozialökonomischen Analyse des Squeeze-out der Höhe nach eine wichtige Rolle zu. Zum einen gilt es zu klären, ob und, wenn ja, inwiefern Börsenkurse bei der Abfindungsbewertung zugrunde zu legen sind. Dabei ist das Hauptaugenmerk dem Preisbildungsprozess auf den organisierten Eigenkapitalmärkten gewidmet. Eng damit zusammenhängend ist zum anderen von Interesse, wie tatsächlich gezahlte Abfindungen in Squeeze-out-Fällen im Vergleich zu den auf dem Markt festgestellten Kursen in dem betreffenden Titel zu beurteilen sind. Schließlich wird der Einfluss zu hinterfragen sein, den eine Ausschlussregelung in Abhängigkeit von der ihr zugrunde liegenden Abfindungsregel auf das Verhalten der Kapitalmarktakteure in Bezug auf ihre Ex-ante-Anlagebereitschaft nimmt und inwiefern dies möglicherweise die Funktionsfähigkeit des Kapitalmarkts beeinflusst.

13. Flankierend bei der sozialökonomischen Analyse der Höhe nach wirkt die Ergebnisgerechtigkeit, die eine verhältnismäßige Gleichheit bei der Behandlung einer Vielzahl von Personen fordert.

14. Die *agency*-theoretische Untersuchung hat zunächst gezeigt, dass es, Distributionseffekte vernachlässigend, zumindest aus Sicht der auf strikten Annahmen beruhenden (spieltheoretischen) Modelltheorie auf dem Markt für Unternehmenskontrolle gute Gründe für die Kodifizierung einer Ausschlussregel gibt, nach der

die Minderheitsaktionäre das Maximum aus dem Ex-ante-Börsenkurs sowie dem Übernahmepreis als Abfindung erhalten. Unter Beachtung jener Squeeze-out-Vorschrift sind auf der einen Seite im Gleichgewicht alle effizienten Unternehmensübernahmen erfolgreich, da hierdurch das identifizierte Trittbrettfahrerverhalten der Minderheitsaktionäre überwunden werden kann; auf der anderen Seite wird ineffizienten Transaktionen der Nährboden entzogen. Bei einer dergestaltigen Kompensationsregel erleiden die Minderheitsaktionäre dabei zumindest keinen Vermögensverlust, da zumindest ihr Status quo gesichert ist.

15. Im Unterschied zu den modelltheoretischen Betrachtungen besteht in Deutschland zwischen der für den Squeeze-out benötigten Mindestgrundkapitalbeteiligungs- und der Kontrollschwelle eine Disparität. Aus diesem Grund kommt es für unbedingte Übernahmeangebote nicht zu einer vollständigen Überwindung des Trittbrettfahrerverhaltens der Zielgesellschaftsaktionäre und somit auch nicht zur Umsetzung sämtlicher wertsteigernder Unternehmenskontrollwechsel. Berücksichtigt man ferner eine ansteigende Aktienangebotskurve, dann wird der Bieter bei einem bedingten Angebot einen infinitesimalen Aufschlag auf den Ex-ante-Wert $W$ je Anteil zahlen müssen, um die Übernahme erfolgreich abzuschließen.

16. Zur Gewährleistung einer symmetrischen Allokation von Verfügungsrechten an Minderheitsaktieneigentum bedarf es zwingend der Normierung eines Sell-out-Rechts, das den Minderheitsaktionären unter den gleichen Bedingungen wie dem Zwangsausschluss den dazu spiegelbildlichen Austritt aus der AG gewährt.

17. Zu uneinheitlichen Ergebnissen führt die Beurteilung der Notwendigkeit einer Freeze-out-Regelung aus Corporate-Governance-Perspektive vor dem Hintergrund von Going-Private-Entscheidungen. In diesem Kontext sollte sich der Gesetzgeber stets daran erinnern, dass der Börsenrückzug formal-rechtlich unabhängig von der Aktionärsstruktur umsetzbar ist und somit originär keines Ausschlusses bedarf. Dient der Börsenrückzug, der hier getroffenen Einteilung folgend, lediglich der Behebung kurzfristiger Ineffizienzen, die in der Regel durch niedrigere Transaktionskosten verursachende Ersatzmaßnahmen bewältigt werden können, ist die Kodifizierung einer Ausschlussregel nicht zu befürworten, weil hier, trotz judikativ etabliertem Pflichtangebot, die Übervorteilungsgefahr der betroffenen Minderheitsaktionäre für zu hoch gehalten wird. Tendenziell anders fällt die Bewertung einer Ausschlussregel für Delistings von Unternehmen aus, die aufgrund zu geringen Wachstums bzw. zu geringer Größe den organisierten Eigenkapitalmärkten den Rücken zuwenden müssen. Hier kann es zumindest im Einzelfall unternehmensexistenzielle Gründe dafür geben, einen Aus-

schluss der verbliebenen Minderheitsaktionäre im Vorfeld eines Börsenrückzugs zu legitimieren.

18. Für die Überwindung von Blockaden hauptversammlungspflichtiger Unternehmensentscheidungen durch einzelne Minderheitsaktionäre ist der Squeeze-out als ein nicht geeignetes Mittel zu disqualifizieren. Die Lösung jener in der Empirie beobachtbaren *Hold-up*-Situationen kann konsistenter- und konsequenterweise nur über eine Reform des Anfechtungsrechts erzielt werden; dabei liefert das im Juni 2005 vom Deutschen Bundestag verabschiedete und voraussichtlich im Herbst desselben Jahres in Kraft tretende UMAG einen ersten und begrüßenswerten Schritt.

19. Die Arbeitnehmerinteressen werden von einer Ausschlussregel nicht unmittelbar und systematisch tangiert. Lediglich im Investor-Relations-Bereich börsennotierter AG, die im Anschluss an einen Squeeze-out den Kapitalmarkt verlassen, ist mit personellen Konsequenzen zu rechnen. Mittelbar können indes, so der US-amerikanische empirische Befund, geringfügige Effekte auf den Arbeitsmarkt nicht ausgeschlossen werden. Auf dem Fremdkapitalmarkt wird mit einer Belebung zu rechnen sein, weil für Unternehmen, die im Anschluss an einen Squeeze-out die Börsennotierung einstellen, die Bedeutung der Fremdfinanzierung ceteris paribus zunehmen wird. Dagegen zu rechnen sind allerdings eventuell steigende Ausfallrisiken bereits ex ante vorhandener Gläubiger sowie etwaige Transaktionskosten, die bei der Anpassung von Kreditverträgen entstehen. Aus Sicht des Staates als Steuergläubiger kann festgehalten werden, dass der Ausschluss von Minderheitsaktionären sehr wohl einkommensteuerliche Zahlungen auslösen wird, wobei hier ausschließlich natürliche Personen als Steuerschuldner betroffen sind. Tatsächliche Barwerteffekte hängen indes von dem Zeitpunkt der einzelnen Steuerzahlungen sowie von den jeweiligen Anschaffungskosten und Abfindungshöhen der betroffenen Aktionäre ab. Die diesen möglicherweise entstehenden steuerlichen Nachteile sind durch die Abfindungszahlung auszugleichen.

20. Die in Deutschland gültige Squeeze-out-Regel erfüllt nicht die Kriterien einer hypothetischen, auf Freiwilligkeit beruhenden Markttransaktion unter vollständigen und symmetrisch verteilten Informationen und verstößt demnach gegen den Grundsatz der Verfahrensgerechtigkeit.

21. Einen Kompromiss in puncto Verfahrensgerechtigkeit auf der einen und Praktikabilität sowie Transaktionskostenerwägungen auf der anderen Seite liefert der Vorschlag de lege ferenda eines zweistufigen Verfahrens, auf dessen erster Stufe

die Zielgesellschaft oder der Hauptaktionär ein unabhängiges Verhandlungsgremium installieren muss, das die Bedingungen des Aktienkaufs mit dem Mehrheitseigner aushandelt und im Anschluss daran den betroffenen Minderheitsaktionären eine Handlungsempfehlung das Angebot betreffend abgibt. Auf der zweiten Stufe können die Minderheitsaktionäre dann über die von dem Hauptaktionär unterbreitete Offerte abstimmen: Votiert eine qualifizierte Mehrheit, z. B. 75%, des an der Abstimmung teilnehmenden, tangierten Aktienkapitals für das Angebot, kommt der (Zwangs-)Ausschluss mit bindender Wirkung für alle Minderheitsaktionäre zustande et vice versa.

22. Als Ergebnis der sozialökonomischen Analyse des Squeeze-out dem Grunde nach kann festgehalten werden, dass, unter Vernachlässigung von Verteilungseffekten, dem Ausschluss von Minderheitsaktionären zum einen auf dem Markt für Unternehmenskontrolle, und das auch nur in Anlehnung an eine auf strengen Annahmen beruhende modelltheoretische Untersuchung, eine gewisse Legitimation nicht abgesprochen werden kann. Zum anderen kann dem Squeeze-out zumindest bei lebenszyklusbedingten Börsenrückzügen eine nicht zu vernachlässigende Bedeutung zukommen. Aus allen anderen hier angestellten Blickwinkeln kann der Verdacht einer möglichen Übervorteilung der Minderheitsaktionäre nicht ausgeräumt werden. Sinnvollerweise ist die Freeze-out-Vorschrift demnach nicht, wie de lege lata der Fall, im Aktienrecht, sondern vielmehr im Übernahmerecht zu platzieren. Außerhalb des Übernahmerechts begehrte Zwangsausschlüsse sollten ausschließlich auf der Grundlage des de lege ferenda postulierten Zweistufenkonzepts erfolgen. Die Verwendung des Zweistufenmodells könnte auf dem Markt für Unternehmenskontrolle wegen des Trittbrettfahrerverhaltens zu unerwünschten Ergebnissen führen. Aus dieser Perspektive erscheint daher die Anwendung des Zweistufenmodells suboptimal, sodass hier eher eine Ausgestaltung im Sinne des Art. 15 ÜRL favorisiert wird.

23. Die den Ausgeschlossenen zu zahlende Barabfindung darf aus bewertungstheoretischer Perspektive nicht ohne Berücksichtigung des Subjektivitätsprinzips der Unternehmensbewertung ermittelt werden. Im Ergebnis ist somit auf die individuellen Grenzpreise der Beteiligten zu rekurrieren. Aus Sicht einer nach ökonomischen und nach Gerechtigkeitskriterien ermittelten Angemessenheit gewährleistenden Kompensationszahlung müssen sowohl die unmittelbar als auch die mittelbar mit dem Zwangsausschluss einhergehenden Wertsteigerungen sowie -minderungen Eingang in die Abfindungsermittlung finden.

24. Aus kapitalmarkttheoretischer Sicht ist dem Squeeze-out-Recht grundsätzlich mit Skepsis zu begegnen. In Abhängigkeit von der zugrunde gelegten Abfindungsre-

gel lassen sich nachhaltige Effekte auf die Ex-ante-Zahlungsbereitschaft der Kapitalmarktakteure und somit ein nicht unerheblicher Kapitalkosteneffekt erkennen; dabei steigen die Kapitalkosten mit sinkenden zu erwartenden Abfindungszahlungen, sodass im theoretischen Grenzfall der Kapitalmarkt austrocknet. Der im Rahmen der kapitalmarkttheoretischen Analyse gewonnene Befund bestätigt die Einbeziehungsnotwendigkeit von mit dem Squeeze-out zusammenhängenden (mittelbaren und unmittelbaren) Wertfaktoren.

25. Die Theorie der Unternehmensbewertung liefert keine adäquaten Regeln zur Verteilung von mit Unternehmenstransaktionen verbundenen Wertbeiträgen. In der Literatur postulierte Distributionsheuristiken haben im Wesentlichen alle eines gemein: Bis auf den *Shapely*-Index sind sie nicht theoretisch fundiert. Sowohl aus ökonomischen als auch aus Gerechtigkeitserwägungen heraus bietet es sich an, den entstehenden Wertbeitrag *pro rata* unter den beteiligten Parteien aufzuteilen. Die insbesondere in den USA rege diskutierte Ansetzung von Minderheitsabschlägen auf den Anteilsmarktwert der ausgeschlossenen Gesellschafter lässt sich weder verbandsrechtlich noch mit ökonomischen geschweige denn mit Fairnessargumenten legitimieren.

26. Im Rahmen der Auswertungen des empirischen Befunds wurden durchschnittlich gezahlte Abfindungsprämien auf den Börsenkurs festgestellt. Das vordergründig positive Ergebnis wird jedoch zum einen durch hohe Standardabweichungen getrübt; zum anderen ist nicht gesichert, dass der Börsenkurs, der als Berechnungsgrundlage für die Aufschläge dient, den inneren Wert der betroffenen Anteile repräsentiert. Ebenfalls eingeschränkte Aussagekraft haben die auf den Squeeze-out-Ankündigungen beruhenden identifizierten Überrenditen. So kann nicht zweifelsfrei geschlussfolgert werden, dass die in den *abnormal performances* zum Ausdruck kommenden Abfindungsprämien auch tatsächlich Aufschläge im Sinne von über dem anteiligen inneren Wert der Unternehmung liegende Zuschläge sind. Eine umfangreiche Studie weist sogar eine konkrete Vermögensverschiebung zulasten der Minderheitsaktionäre nach: Die von Minderheitsaktionären bei einem Zwangsausschluss erzielten Renditen fallen demnach deutlich geringer aus als jene, die sie bei freiwilligen Übernahmeangeboten vereinnahmen.

27. Aufgrund nicht überbrückbarer Informationsasymmetrien scheitert die Bildung aktionärsindividueller Grenzpreise. Durch Typisierungen entsteht somit der de lege lata etablierte objektivierte Unternehmenswert, der nicht mehr viel mit der theoretisch richtigen Grenzpreisbasierung der Abfindung gemein hat. So erlaubt es jene Wertkategorie nicht, unmittelbare und sämtliche mittelbaren Wertbeiträge

in die Wertfindung einzubeziehen. Aus sozialökonomischer Perspektive handelt es sich dabei um nicht zu akzeptierende Vereinfachungen.

28. Um den Typisierungen der Bewertungspraxis, die den Grenzpreis der Minderheitsaktionäre zu dem objektivierten Unternehmenswert denaturieren, zu begegnen und um gleichzeitig aber auch die Quantifizierungsprobleme von mit dem Zwangsausschluss zusammenhängenden mittelbaren Wertbeiträgen aufzugreifen, wird mit der Ausgabe von Genussrechten eine alternative Abfindungsform postuliert. Jener Abfindungsvariante zufolge können die Ausgeschlossenen dabei zwischen einer Abfindung in bar sowie in Genussrechten an der Gesellschaft wählen. Den Minderheitsaktionären wird es so ermöglicht, an den gesamten zukünftigen Unternehmenschancen und -risiken teilzuhaben, was insbesondere vor dem Hintergrund der skizzierten Problematik der Einbeziehung von mittelbaren Wertbeiträgen positiv zu beurteilen ist.

29. Bis heute sind indes das Ertragswert- und die DCF-Verfahren die beliebtesten Unternehmensbewertungsmethoden der Rechtsprechung in dominierten Konfliktsituationen. Beide Zukunftserfolgswertverfahren sind jedoch durch große Unsicherheiten bei der Ermittlung des inneren Unternehmenswerts gekennzeichnet, die sich insbesondere in der Prognose der zukünftigen Zahlungsüberschüsse äußern und zu nicht unerheblichen Fehlerrisiken beisteuern. Ferner existieren auch bei der Ableitung der Alternativrendite genügend Fehlerquellen. Kann nicht ausgeschlossen werden, dass der Gutachter parteiisch bzw. bestechlich ist, kommen neben den üblichen Ermittlungsfehlern noch Möglichkeiten für die Interessen einer Partei unterstützende Manipulationen hinzu.

30. Sowohl von Seiten der Betriebswirtschaftslehre als auch von Seiten der Jurisprudenz wird die Berücksichtigung von durchschnittlichen Marktpreisen als Bewertungsuntergrenze in Abfindungsfällen gefordert, um den den Zukunftserfolgswertverfahen innewohnenden Unsicherheitsfaktoren zu begegnen.

31. Weder aus ökonomischen noch aus Gerechtigkeitsgründen kann der alleinige Ansatz von Marktpreisen bei der Abfindungsbewertung befürwortet werden. Sowohl opportunistisches Verhalten des Hauptaktionärs als auch adverse Selektionseffekte können durch die uneingeschränkte und alternativenlose Berücksichtigung von Börsenkursen bei der Kompensationsbewertung schlechtestenfalls zum Austrocknen des Kapitalmarkts führen. Optionspreistheoretischer Modellbetrachtung zufolge ist der Abschlag auf den Börsenkurs als Indikator für das Risiko, mit dem die Minderheitsaktionäre Opfer opportunistischen Verhaltens seitens

des Mehrheitseigners werden, umso größer, je mehr sich der Bewertungsgutachter bei der Abfindungsermittlung auf den Marktpreis verlässt.

32. Ebenfalls eingeschränkte Befürwortung erfährt die marktpreisinduzierte Abfindungsbewertung aus der Perspektive informationseffizienter Kapitalmärkte. Aufgrund der regelmäßig eingeschränkten Liquidität der Aktien von Squeeze-out-Kandidaten wird der Kapitalmarkt auch nur begrenzt in der Lage sein, Marktpreismanipulationen aufzufangen. Des Weiteren spricht die Theorie der Behavioral Finance tendenziell gegen eine Berücksichtigung von Marktpreisen, weil sich, so die Theorie, die Aktienkurse im Gleichgewicht nicht ihrem inneren Wert annähern, sondern wegen des *investor sentiment* über- oder unterbewertet sind.

33. Im Ergebnis erscheint die Berücksichtigung von durchschnittlichen Börsenkursen als Wertuntergrenze der Barabfindung dennoch zumindest dann angemessen, wenn bis zu dem Bewertungsstichtag in den jeweiligen Titeln in Relation zum Streubesitz ein tolerables Handelsvolumen stattfindet. Die Angemessenheit des Handelsvolumens lässt sich nur im Einzelfall feststellen, ein pauschales Mindestniveau wird hier nicht befürwortet.

34. Die Berücksichtigung von Vorerwerbspreisen bei vorausgehenden erfolgreichen öffentlichen Übernahmeangeboten, die durch eine bestimmte Annahmequote der Zielgesellschaftsaktionäre bestätigt wurden, wird nur eingeschränkt befürwortet. Der mögliche Annahmedruck, opportunistisches Handlungspotenzial des Hauptaktionärs sowie die nicht gesicherte Einbeziehung mittelbarer und unmittelbarer Wertbeiträge relativieren die auf Objektivierbarkeit abzielenden Vorzüge von Vorerwerbspreisen bei Übernahmeangeboten. Bei solchen privaten Kontrollblocktransfers allerdings, die durch eine große Verhandlungsstärke des Veräußerers gekennzeichnet und frei von opportunistischem Verhalten sind, ist eine umfangreiche Berücksichtigung mittelbarer und unmittelbarer Wertbeiträge in dem als Abfindungswert dienenden Übernahmepreis möglich bzw. wahrscheinlich. Aus diesem Grund wird hier im Einzelfall eine Berücksichtigung von Vorerwerbspreisen als Abfindungsuntergrenze, zumindest aber als Plausibilisierungsmaßstab einer auf Basis von Zukunftserfolgswertverfahren ermittelten Abfindung befürwortet.

35. Ist gewährleistet, dass der Hauptaktionär einen Teil seiner privaten Informationsvorteile offenbaren muss, ist die Abfindungsbewertung auf Grundlage von Zukunftserfolgswertverfahren der Kompensation zu Marktpreisen sowohl aus ökonomischer als auch aus Gerechtigkeitssicht überlegen. Da es in der Realität sehr schwer sein wird, den Hauptaktionär zur Teiloffenbarung seines Informations-

vorteils zu bewegen, deutet auch aus dieser Perspektive vieles auf die Vorteilhaftigkeit der in dieser Arbeit abgeleiteten Abfindungsalternative hin, wonach die ausscheidenden Aktionäre wahlweise Bargeld oder Genussscheine erhalten können und somit implizit an den privaten Informationsvorteilen des Hauptaktionärs partizipieren.

## Literaturverzeichnis


*Adams, Michael (1994):* Die Usurpation von Aktionärsbefugnissen mittels Ringverflechtung in der „Deutschland AG“, in: Die Aktiengesellschaft, 39. Jg. (1994), S. 148-158.

*Aha, Christof (1997):* Aktuelle Aspekte der Unternehmensbewertung im Spruchstellenverfahren, in: Die Aktiengesellschaft, 42. Jg. (1997), S. 26-36.

*Ake, Christopher (1975):* Justice as Equality, in: Philosophy & Public Affairs, Vol. 5 (1975), S. 69-89.

*Akerlof, George A. (1970):* The Market for “Lemons”: Quality Uncertainty and the Market Mechanism, in: The Quarterly Journal of Economics, Vol. 84 (1970), S. 488-500.

*Albach, Hans (1966):* Probleme der Ausgleichszahlung und der Abfindung bei Gewinnabführungsverträgen nach dem Aktiengesetz 1965, in: Die Aktiengesellschaft, 11. Jg. (1966), S. 180-186.

*Albert, Hans (1998):* Marktsoziologie und Entscheidungslogik, Tübingen 1998.

*Alchian, Armen A./Demsetz, Harold (1972):* Production, Information Costs, and Economic Organization, in: The American Economic Review, Vol. 72 (1972), S. 777-795.

*Alchian, Armen A./Demsetz, Harold (1973):* The Property Right Paradigm, in: The Journal of Economic History, Vol. 33 (1973), S. 16-27.

*Alchian, Armen A./Woodward, Susan (1988):* The Firm is Dead; Long Live the Firm – A Review of Oliver E. Williamson's The Economic Institutions of Capitalism, in: The Journal of Economic Literature, Vol. 26 (1988), S. 65-79.

*Alexy, Robert (1978):* Theorie der juristischen Argumentation. Die Theorie des rationalen Diskurses als Theorie der juristischen Begründung, Frankfurt am Main 1978.

*Allen, Douglas W. (1991):* What are Transaction Costs?, in: Research in Law and Economics, Vol. 14 (1991), S. 1-18.

*Allen, Franklin/Gale, Douglas (1999):* Diversity of Opinion and Financing of New Technologies, in: Journal of Financial Intermediation, Vol. 8 (1999), S. 68-89.

*American Law Institute (1985):* Principles of Corporate Governance: Analysis and Recommendations (Tentative Draft No. 4), Philadelphia 1985.

*Amihud, Yakov (1989):* Leveraged Management Buyouts and Shareholders' Wealth, in: Leveraged Management Buyouts – Causes and Consequences, ed. by Yakov Amihud, New York 1989, S. 3-24.

*Amihud, Yakov/Kahan, Marcel/Sundaram, Rangarajan K. (2004):* The Foundations of Freezeout Laws in Takeovers, in: The Journal of Finance, Vol. 59 (2004), S. 1325-1344.

*Andersen, Paul Krüger (2002):* Das Konzernrecht in Skandinavien, in: Zeitschrift für Unternehmens- und Gesellschaftsrecht, 31. Jg. (2002), S. 96-119.

*Andres, Christian/Betzer, André/Hoffmann, Mark (2004):* Going Private via LBO - Shareholder Gains in the European Markets, Working Paper, University of Bonn 2004, (abrufbar unter: http://www.ssrn.com).

*Andrews, William D. (1965):* The Stockholder's Right to Equal Opportunity in the Sale of Shares, in: Harvard Law Review, Vol. 78 (1965), S. 505-563.

*Angermayer, Birgit/Oser, Peter (2002):* Die Berücksichtigung von Synergieeffekten bei der Unternehmensbewertung, in: Praxishandbuch der Unternehmensbewertung, 2., aktualisierte und erweiterte Auflage, hrsg. von Volker H. Peemöller, Herne, Berlin 2002, S. 701-715.

*Ansoff, H. Igor (1965):* Corporate Strategy, New York et al. 1965.

*Arbeitskreis „Unternehmensbewertung" (2003):* Basiszinssatz als Bestandteil des Kapitalisierungszinssatzes im Rahmen der Unternehmensbewertung, in: IDW-Fachnachrichten, o. Jg. (2003), Nr. 1-2, S. 26.

*Arbeitskreis „Unternehmensbewertung" (2005a):* Eckdaten zur Bestimmung des Kapitalisierungszinssatzes im Rahmen der Unternehmensbewertung, in: IDW-Fachnachrichten, o. Jg. (2005), Nr. 1-2, S. 70-71.

*Arbeitskreis „Unternehmensbewertung" (2005b):* Eckdaten zur Bestimmung des Kapitalisierungszinssatzes im Rahmen der Unternehmensbewertung – Basiszinssatz, in: IDW-Fachnachrichten, o. Jg., Nr. 8 (2005), S. 555-556.

*Arbeitskreis Bilanzrecht der Hochschullehrer Rechtswissenschaft (2004):* Stellungnahme zum Referentenentwurf eines Bilanzrechtsreformgesetzes, in: Betriebs-Berater, 59. Jg. (2004), S. 546-548.

*ARD (2005):* Online-HV – Wer bietet was?, veröffentlicht am 26.4.2005, (abrufbar unter: http://www.boerse.ard.de).

*Aristoteles (1985):* Nikomachische Ethik. Auf der Grundlage der Übersetzung von Eugen Rolfes, hrsg. von Günther Bien, 4., durchgesehene Auflage, Hamburg 1985.

*Aristoteles (1993):* Rhetorik. Übersetzt, mit einer Bibliographie, Erläuterungen und einem Nachwort von Franz G. Sieveke, 4., unveränderte Auflage, München 1993.

*Arndt, Hans-Wolfgang/Rudolf, Walter (2000):* Öffentliches Recht, 13., überarbeitete Auflage, München 2000.

*Arrow, Kenneth J. (1963a):* Social Choice and Individual Values, 2nd Edition, New Haven 1963.

*Arrow, Kenneth J. (1963b):* Uncertainty and the Welfare Economics of Medical Care, in: The American Economic Review, Vol. 53 (1963), S. 941-973.

*Arrow, Kenneth J. (1985):* The Economics of Agency; in: Principals and Agents, ed. by John W. Pratt, Richard J. Zeckhauser, Boston 1985, S. 37-51.

*Arrow, Kenneth J./Debreu Gerárd (1954):* Existence of an Equilibrium for a Competitive Economy, in: Econometrica, Vol. 22 (1954), S. 265-290.

*Assmann, Heinz-Dieter (1989):* Konzeptionelle Grundlagen des Anlegerschutzes, in: Zeitschrift für Bankrecht und Bankwirtschaft, 1. Jg. (1989), S. 49-63.

*Assmann, Heinz-Dieter (2003):* § 13, in: Kommentar zum Wertpapierhandelsgesetz, 3., neu bearbeitete und erweiterte Auflage, hrsg. von Heinz-Dieter Assmann, Uwe H. Schneider, Köln 2003.

*Assmann, Heinz-Dieter/Bozenhardt, Friedrich (1990):* Übernahmeangebote als Regelungsproblem zwischen gesellschaftsrechtlichen Normen und zivilrechtlich begründeten Verhaltensgeboten, in: Übernahmeangebote, Zeitschrift für Unternehmens- und Gesellschaftsrecht, Sonderheft 9, hrsg. von Reinhard Goerdeler et al., Berlin et al. 1990, S. 1-156.

*Backes-Gellner, Uschi/Lazear, Edward P./Wolff, Birgitta (2001):* Personalökonomik, Stuttgart 2001.

*Baetge, Jörg/Niemeyer, Kai/Kümmel, Jens (2002):* Darstellung der Discounted-Cashflow-Verfahren (DCF-Verfahren) mit Beispielen, in: Praxishandbuch der Unternehmensbewertung, 2., aktualisierte und erweiterte Auflage, hrsg. von Volker H. Peemöller, Herne, Berlin 2002, S. 263-360.

*Bagehot, Walter (1971):* The Only Game in Town, in: Financial Analysts' Journal, Vol. 27 (1971), S. 12-22.

*Bagnoli, Mark/Lipman, Barton L. (1988):* Successful Takeovers without Exclusion, in: The Review of Financial Studies, Vol. 1 (1988), S. 89-110.

*Bainbridge, Stephen M. (2002):* Corporation Law and Economics, New York 2002.

*Baker, C. Edwin (1975):* The Ideology of the Economic Analysis of Law, in: Philosophy & Public Affairs, Vol. 5 (1975), S. 3-48.

*Baker, Malcolm/Savasoglu, Serkan (2002):* Limited Arbitrage in Mergers and Acquisitions, in: Journal of Financial Economics, Vol. 64 (2002), S. 91-116.

*Ballwieser, Wolfgang (1981):* Die Wahl des Kalkulationszinsfußes bei der Unternehmensbewertung unter Berücksichtigung von Risiko und Geldentwertung, in: Betriebswirtschaftliche Forschung und Praxis, 33. Jg. (1981), S. 97-114.

*Ballwieser, Wolfgang (1987):* Unternehmensbewertung und Komplexitätsreduktion, 2., verbesserte und aktualisierte Auflage, Wiesbaden 1987.

*Ballwieser, Wolfgang (1995):* Aktuelle Aspekte der Unternehmensbewertung, in: Die Wirtschaftsprüfung, 48. Jg. (1995), S. 119-129.

*Ballwieser, Wolfgang (1998):* Unternehmensbewertung mit Discounted Cash Flow-Verfahren, in: Die Wirtschaftsprüfung, 51. Jg. (1998), S. 81-92.

*Ballwieser, Wolfgang (2002):* Der Kalkulationszinsfuß in der Unternehmensbewertung: Komponenten und Ermittlungsprobleme, in: Die Wirtschaftsprüfung, 55. Jg. (2002), S. 736-743.

*Ballwieser, Wolfgang/Leuthier, Rainer (1986):* Betriebswirtschaftliche Steuerberatung: Grundprinzipien, Verfahren und Probleme der Unternehmensbewertung (Teil II), in: Deutsches Steuerrecht, 24. Jg. (1986), S. 604-610.

*Barnea, Amir/Haugen, Robert A./Senbet, Lemma W. (1985):* Agency Problems and Financial Contracting, Englewood Cliffs 1985.

*Barry, Brian (1965):* Political Argument, London, New York 1965.

*Barzel, Yoram (1985):* Transaction Costs: Are They Just Costs?, in: The Journal of Institutional and Theoretical Economics, Vol. 141 (1985), S. 4-16.

*Bates, Thomas W./Lemmon, Michael L./Linck, James S. (2004a):* Bid Negotiation and Shareholder Welfare in Minority Freeze-Out Deals, Working Paper, Alfred Lerner College of Business and Economics, University of Delaware et al., June 2004.

*Bates, Thomas W./Lemmon, Michael L./Linck, James S. (2004b):* Shareholder Welfare and Bid Negotiation in Freeze-Out Deals: Are Minority Shareholders Left Out in the Cold?, Working Paper, Alfred Lerner College of Business and Economics, University of Delaware et al., August 2004, (abrufbar unter: http://www.ssrn.com).

*Bauer, Jobst-Hubertus (1996):* Personalpolitische und arbeitsrechtliche Fragen, in: Handbuch des Unternehmens- und Beteiligungskaufs, 4., völlig überarbeitete und erweiterte Auflage, hrsg. von Wolfgang Hölters, Köln 1996, S. 325-473.

*Baumol, William J. (1968):* The Stock Market and Economic Efficiency, New York 1968.

*Baums, Philipp A. (2001)*: Ausschluss von Minderheitsaktionären, Frankfurt am Main et al. 2001.

*Baums, Theodor (2000):* Die Anfechtung von Hauptversammlungsbeschlüssen, Universität Osnabrück, Arbeitspapier Nr. 85, 2000.

*Bayer, Walter (1999):* Kapitalerhöhung mit Bezugsrechtsausschluß und Vermögensschutz der Aktionäre nach § 255 Abs. 2 AktG – Kritische Betrachtung der lex lata und Überlegungen de lege ferenda, in: Zeitschrift für das gesamte Handelsrecht und Wirtschaftsrecht 163. Band (1999), S. 505-553.

*Bayer, Walter (2003):* § 58, in: Münchener Kommentar zum Aktiengesetz, Band 2, §§ 53 a – 75, hrsg. von Bruno Kropff und Johannes Semler, 2. Auflage, München 2003.

*Beaver, William H. (1981):* Market Efficiency, in: The Accounting Review, Vol. 56 (1981), S. 23-37.

*Beaver, William H. (1998):* Financial Reporting – An Accounting Revolution, 3rd Edition, Upper Saddle River 1998.

*Bebchuk, Lucian A. (1980):* The Pursuit of A Bigger Pie: Can Everyone Expect A Bigger Slice?, in: Hofstra Law Review, Vol. 8 (1980), S. 671-709.

*Bebchuk, Lucian A. (1985):* Toward Undistorted Choice and Equal Treatment in Corporate Takeovers, in: Harvard Law Review, Vol. 98 (1985), S. 1693-1808.

*Bebchuk, Lucian A. (1987):* The Pressure to Tender: An Analysis and a Proposed Remedy, in: Delaware Journal of Corporate Law, Vol. 12 (1987), S. 911-949.

*Bebchuk, Lucian A. (1988):* The Sole Owner Standard For Takeover Policy, in: Journal of Legal Studies, Vol. 17 (1988), S. 197-229.

*Bebchuk, Lucian A. (1989):* Takeover Bids below the Expected Value of Minority Shares, in: The Journal of Financial and Quantitative Analysis, Vol. 24 (1989), S. 171-184.

*Bebchuk, Lucian A. (1994):* Efficient and Inefficient Sales of Corporate Control, in: The Quarterly Journal of Economics, Vol. 109 (1994), S. 957-993.

*Bebchuk, Lucian A. (1999):* A Rent-Protection Theory of Corporate Ownership and Control, Working Paper 7203, National Bureau of Economic Research, Cambridge, Massachusetts 1999, (abrufbar unter: http://www.ssrn.com).

*Bebchuk, Lucian A. (2001):* Property Rights and Liability Rules: The Ex Ante View of the Cathedral, in: Michigan Law Review, Vol. 100 (2001), S. 601-639.

*Bebchuk, Lucian A./Hart, Oliver D. (2001):* Takeover Bids vs. Proxy Fights in Contest for Corporate Control; Discussion Paper No. 336, Harvard Law School, Cambridge 2001, (abrufbar unter: http://www.ssrn.com).

*Bebchuk, Lucian A./Kahan, Marcel (2000):* Adverse Selection and Gains to Controllers in Corporate Freezeouts, in: Concentrated Corporate Ownership, ed. by Randall K. Morck, Chicago, London 2000, S. 247-259.

*Becht, Marco/Boehmer, Ekkehart (1999):* Transparency of Ownership and Control in Germany; Working Paper, ECARE and Solvay Business School, Universite Libre de Bruxelles, Humboldt-Universität Berlin 1999, (abrufbar unter: http://www.ssrn.com).

*Becht, Marco/Bolton, Patrick/Röell, Alisa (2002):* Corporate Governance and Control; NBER Working Paper Series 9371, Cambridge, Massachusetts 2002, (abrufbar unter: http://www.ssrn.com).

*Becht, Marco/Röell, Alisa (1999):* Blockholdings in Europe: An International Comparison, in: European Economic Review, Vol. 43 (1999), S. 1049-1056.

*Beck-Dudley, Caryn L./Stephens, Alan A. (1989):* The Efficient Market Theory and Insider Trading: Are We Headed in the Right Direction?, in: American Business Law Journal, Vol. 27 (1989), S. 441-465.

*Becker, Michael (1986):* Der Ausschluß aus der Aktiengesellschaft, in: Zeitschrift für Unternehmens- und Gesellschaftsrecht, 15. Jg. (1986), S. 383-417.

*Beckmann, Klaus (2004):* Zur Relevanz des Börsenkurses bei der Ermittlung des Abfindungsanspruchs beim Ausschluss von Minderheitsaktionären gemäß §§ 327 a ff. AktG, in: Die Wirtschaftsprüfung, 57. Jg. (2004), S. 620-625.

*Behrens, Peter (1986):* Die ökonomischen Grundlagen des Rechts – Politische Ökonomie als rationale Jurisprudenz, Tübingen 1986.

*Bennedsen, Morten/Wolfenzon, Daniel (2000):* The Balance of Power in Closely-Held Corporations, in: Journal of Financial Economics, Vol. 58 (2000), S. 113-139.

*Bergström, Clas/Högfeldt, Peter/Molin, Johan (1997):* The Optimality of the Mandatory Bid Rule, in: The Journal of Law, Economics, & Organization, Vol. 13 (1997), S. 433-451.

*Bericht der Expertengruppe (2002):* Bericht der Hochrangigen Gruppe von Experten auf dem Gebiet des Gesellschaftsrechts über die Abwicklung von Übernahmeangeboten, Jaap Winter et al., Brüssel, 10.1.2002, (abrufbar unter: http://www.europa.eu).

*Berle, Adolf/Means, Gardiner (1991):* The Modern Corporation and Private Property. Originally published in 1932. With a New Introduction by Murray L. Weidenbaum and Mark Jensen, New York 1991.

*Beyer, Sven/Gaar, Andreas (2005):* Neufassung des IDW S 1 "Grundsätze zur Durchführung von Unternehmensbewertungen", in: Finanz Betrieb, 7. Jg. (2005), S. 240-251.

*Bhagat, Sanjai/Shleifer, Andrei/Vishny, Robert W. (1990):* Hostile Takeovers in the 1980s: The Return to Corporate Specialization, in: Brookings Papers on Economic Activity, Special Issue Microeconomics 1990, S. 1-72.

*Bienert, Horst (1996):* Der Marktprozeß an Aktienbörsen – Bewertungseffizienz und Umverteilung, Wiesbaden 1996.

*Bittlingmayer, George (2000):* The Market for Corporate Control (Including Takeovers), in: Encyclopedia of Law and Economics, Vol. III: The Regulation of Contracts, ed. by Bouckaert, Boudewijn and De Geest, Gerrit, Cheltenham 2000, S. 725-771.

*Black, Fischer (1986):* Noise, in: The Journal of Finance, Vol. 41 (1986), S. 529-543.

*Black, Fischer/Scholes, Myron (1973):* The Pricing of Options and Corporate Liabilities, in: Journal of Political Economy, Vol. 81 (1973), S. 637-654.

*Blaurock, Uwe/Jung, Peter (1999):* Das belgische Kapitalgesellschaftsrecht, übersetzt von Jan-Michael Ahrens, 2. Auflage, Baden-Baden 1999.

*Blohm, Hans/Lüder, Klaus (1991):* Investition, 7., überarbeitete und erweiterte Auflage, München 1991.

*BNP Paribas (o. J.):* Zertifikate, Grundlagen – Arten – Funktionsweise – Einsatz, Paris.

*Böcking, Hans-Joachim (1993):* Betriebswirtschaftliche versus rechtliche Unternehmensbewertung, Antrittsvorlesung am 2.7.1993, Hannover.

*Böcking, Hans-Joachim (2003):* Zur Bedeutung des Börsenkurses für die angemessene Barabfindung, in: Kapitalgeberansprüche, Marktwertorientierung und Unternehmenswert, Festschrift für Jochen Drukarczyk zum 65. Geburtstag, hrsg. von Frank Richter et al., München 2003, S. 59-91.

*Böcking, Hans-Joachim/Nowak, Karsten (1998):* Der Beitrag der Discounted Cash Flow-Verfahren zur Lösung der Typisierungsproblematik bei Unternehmensbewertungen - Eine Warnung vor einer „naiven" Übertragung modelltheoretischer Erkenntnisse auf die Bewertungspraxis, in: Der Betrieb, 51. Jg. (1998), S. 685-690.

*Böcking, Hans-Joachim/Nowak, Karsten (2000a):* Die Bedeutung des Börsenkurses bei Unternehmensbewertungen, in: Finanz Betrieb, 2. Jg. (2000), S. 17-24.

*Böcking, Hans-Joachim/Nowak, Karsten (2000b):* Konkretisierung marktorientierter Unternehmensbewertung durch das Bundesverfassungsgericht, in: Werte messen – Werte schaffen, Festschrift für Karl-Heinz Maul zum 60. Geburtstag, hrsg. von Hansjörg Arnold, Joachim Englert und Steffen Eube, Wiesbaden 2000, S. 130-157.

*Bolte, Christian (2001):* Squeeze-out: Eröffnung neuer Umgehungstatbestände durch §§ 327 a ff. AktG? – Herbeiführung des Squeeze-out mittels Zwischenschaltens einer BGB-Gesellschaft bzw. eines Treuhänders? –, in: Der Betrieb, 54. Jg. (2001), S. 2587-2591.

*Bomsdorf, Eckart (1994):* Deskriptive Statistik, 8., überarbeitete Auflage, Bergisch Gladbach, Köln 1994.

*Booth, Richard A. (1984):* The New Law of Freeze-out Mergers, in: Missouri Law Review, Vol. 49 (1984), S. 517-569.

*Booth, Richard A. (2001):* Minority Discounts and Control Premiums in Appraisal Proceedings, in: The Business Lawyer, Vol. 57 (2001), S. 127-161.

*Borden, Arthur M. (1974):* Going Private – Old Tort, New Tort or no Tort?, in: New York University Law Review, Vol. 49 (1974), S. 987-1042.

*Borner, Harald (1999):* Überlegungen zum Markt für Unternehmenskontrolle, in: Jahrbuch für Wirtschaftswissenschaften, hrsg. von Dieter Duwendag et al., Band 50, Göttingen 1999, S. 195-212.

*Börsensachverständigenkommission beim Bundesministerium der Finanzen (1999):* Standpunkte der Börsensachverständigenkommission zur künftigen Regelung von Unternehmensübernahmen, Februar 1999, (abrufbar unter: http://www.deutsche-boerse.com).

*Bott, Claudia (2002):* Aktionärsstruktur, Kontrolle und Erfolg von Unternehmen, Wiesbaden 2002.

*Braun, Siegfried/Eberwein, Wilhelm/Tholen, Jochen (1992):* Belegschaften und Unternehmer – zur Geschichte und Soziologie der deutschen Betriebsverfassung und Belegschaftsmitbestimmung, Frankfurt am Main et al. 1992.

*Brealey, Richard A./Myers, Stewart C. (2000):* Principles of Corporate Finance, Boston 2000.

*Brennan, Geoffrey/Buchanan, James M. (1993):* Die Begründung von Regeln. Konstitutionelle Politische Ökonomie. Übersetzt von Monika Vanberg, Tübingen 1993.

*Brennan, Michael J. (1970):* Taxes, Market Valuation and Corporate Financial Policy, in: National Tax Journal, Vol. 23 (1970), S. 417-427.

*Bretzke, Wolf-Rüdiger (1975):* Das Prognoseproblem bei der Unternehmensbewertung, Düsseldorf 1975.

*Brickey, Kathleen F. (2003):* From Enron to WorldCom and Beyond: Life and Crime after Sarbanes-Oxley; Washington University in St. Louis School of Law, Faculty Working Papers Series, Paper No. 03-06-01, 2003, (abrufbar unter: http://www.ssrn.com).

*Brinkmann, Tomas/Kübler, Friedrich (1981):* Überlegungen zur ökonomischen Analyse von Unternehmensrecht, in: Zeitschrift für die gesamte Sozialwissenschaft, Band 137 (1981), S. 681-688.

*Brown, Charles/Medoff, James L. (1987):* The Impact of Firm Acquisitions on Labor, in: NBER Working Paper Series, Working Paper No. 2273, Cambridge 1987, (abrufbar unter: http://www.ssrn.com).

*Brudney, Victor (1975):* A Note on "Going Private", in: Virginia Law Review, Vol. 61 (1975), S. 1019-1030.

*Brudney, Victor (1978):* Efficient Markets and Fair Values in Parent Subsidiary Mergers, in: The Journal of Corporation Law, Vol. 4 (1978), S. 63-86.

*Brudney, Victor (1983):* Equal Treatment of Shareholders in Corporate Distributions and Reorganizations, in: California Law Review, Vol. 71 (1983), S. 1072-1133.

*Brudney, Victor/Chirelstein, Marvin A. (1974):* Fair Shares in Corporate Mergers and Takeovers, in: Harvard Law Review, Vol. 88 (1974), S. 297-346.

*Brudney, Victor/Chirelstein, Marvin A. (1978):* A Restatement of Corporate Freezeouts, in: The Yale Law Journal, Vol. 87 (1978), S. 1354-1376.

*Brunner, Emil (1943):* Gerechtigkeit – Eine Lehre von den Grundgesetzen der Gesellschaftsordnung, Zürich 1943.

*Buchanan, Allen/Mathieu, Deborah (1986):* Philosophy and Justice, in: Justice, Views from the Social Sciences, ed. by Ronald L. Cohen, New York, London 1986, S. 11-45.

*Buchanan, James M (1987):* Opportunity Cost, in: The New Palgrave: A Dictionary of Economics, ed. by John Eatwell, Murray Milgate, Peter Newman, London 1987, S. 718-721.

*Buchta, Jens/Sasse, Marc (2004):* Freigabeverfahren bei Anfechtungsklagen gegen Squeeze-out-Beschlüsse, in: Deutsches Steuerrecht, 42. Jg. (2004), S. 958-962.

*Bundesministerium der Justiz (2004):* Informationen für die Presse – Entwurf eines Gesetzes zur Unternehmensintegrität und Modernisierung des Anfechtungsrechts (UMAG), Berlin 2004, S. 1-5, (abrufbar unter: http://www.bmj.de).

*Bungert, Hartwin (1995):* Die Treupflicht des Minderheitsaktionärs – Besprechung des BGH-Urteils vom 20.3.1995, Der Betrieb 1995, S. 1064 –, in: Der Betrieb, 48. Jg. (1995), S. 1749-1756.

*Bungert, Hartwin (2003):* Umtauschverhältnis bei Verschmelzungen entspricht nicht den Börsenwerten, in: Betriebs-Berater, 58. Jg. (2003), S. 699-704.

*Bungert, Hartwin (2005):* Verlust der Klagebefugnis für anhängige Anfechtungsklagen nach Wirksamwerden eines Squeeze-out, in: Betriebs-Berater, 60. Jg. (2005), S. 1345-1348.

*Bungert, Hartwin/Eckert, Jan (2000):* Unternehmensbewertung nach Börsenwert: Zivilgerichtliche Umsetzung der BVerfG-Rechtsprechung, in: Betriebs-Berater, 55 Jg. (2000), S. 1845-1849.

*Burghof, Hans-Peter (2004):* Bankkredit und Kreditrisikotransfer, Frankfurt am Main 2004.

*Burghof, Hans-Peter/Rudolph, Bernd (1998):* Innovation und Börse: Ein ökonomisches Modell zur Bedeutung des going public für die Finanzierung junger Technologieunternehmen, in: Innovationsforschung und Technologiemanagement, hrsg. von Nikolaus Franke, Christoph-Friedrich von Braun, Berlin et al. 1998, S. 249-258.

*Burghof, Hans-Peter/Schilling, Dirk (2003):* Going private als Corporate Governance-Transaktion, in: Betriebswirtschaftliche Forschung und Praxis, 55. Jg. (2003), S. 117-136.

*Burkart, Mike/Gromb, Denis/Panunzi, Fausto (1997):* Large Shareholders, Monitoring and the Value of the Firm, in: The Quarterly Journal of Economics, Vol. 112 (1997), S. 693-728.

*Burkart, Mike/Gromb, Denis/Panunzi, Fausto (1998):* Why Higher Takeover Premia Protect Minority Shareholders, in: Journal of Political Economy, Vol. 106 (1998), S. 172-204.

*Büschgen, Hans E. (1971):* Rahmenbedingungen eines funktionsfähigen Kapitalmarkts in der Bundesrepublik Deutschland, in: Neue Betriebswirtschaft, 24. Jg. (1971), S. 1-13.

*Büschgen, Hans E. (1992):* Das kleine Bank-Lexikon, 1. Auflage, Düsseldorf 1992.

*Büschgen, Hans E. (1998):* Bankbetriebslehre, 5., vollständig überarbeitete und erweiterte Auflage, Wiesbaden 1998.

*Bushman, Robert/Smith, Abbie J. (2001):* Financial Accounting Information and Corporate Governance, in: Journal of Accounting and Economics, Vol. 32 (2001), S. 237-333.

*Busse von Colbe, Walther (1964):* Zur Maßgeblichkeit des Börsenkurses für die Abfindung der bei einer Umwandlung ausscheidenden Aktionäre, in: Die Aktiengesellschaft, 9. Jg. (1964), S. 263-267.

*Busse von Colbe, Walther (1994):* Berücksichtigung von Synergien versus Stand-alone-Prinzip bei der Unternehmensbewertung, in: Zeitschrift für Unternehmens- und Gesellschaftsrecht, 23. Jg. (1994), S. 595-609.

*Busse von Colbe, Walther (2000):* Der Vernunft eine Gasse: Abfindung von Minderheitsaktionären nicht unter dem Börsenkurs ihrer Aktien, in: Deutsches und europäisches Gesellschafts-, Konzern- und Kapitalmarktrecht, Festschrift für Marcus Lutter zum 70. Geburtstag, hrsg. von Uwe Schneider et al., Köln 2000, S. 1053-1067.

*Buwert, H. (1938):* Das Problem der Abfindung der ausscheidenden Aktionäre bei der erleichterten Umwandlung, in: Der Wirtschaftstreuhänder, 7. Jg. (1938), S. 145-148.

*Bydlinski, Franz (1988):* Unentbehrlichkeit und Grenzen methodischen Rechtsdenkens, in: Archiv für die civilistische Praxis, Band 188 (1988), S. 447-488.

*Calabresi, Guido (1991):* The Pointlessness of Pareto: Carrying Coase Further, in: The Yale Law Journal, Vol. 100 (1991), S. 1211-1237.

*Calabresi, Guido/Melamed, A. Douglas (1972):* Property Rules, Liability Rules, and Inalienability: One View of the Cathedral, in: Harvard Law Review, Vol. 85 (1972), S. 1089-1128.

*Calio, Joseph Evan (1994):* New Appraisals of Old Problems: Reflections on the Delaware Appraisal Proceeding, in: American Business Law Journal, Vol. 32 (1994), S. 1-68.

*Callahan, Carolyn M./Lee, Charles M. C./Yohn, Teri Lombardi (1997):* Accounting Information and Bid-Ask-Spread, in: Accounting Horizons, Vol. 11 (1997), S. 50-60.

*Cannon, Kimble C. (2003):* Augmenting the Duties of Directors to Protect Minority Shareholders in the Context of Going-Private Transactions: The Case for Obligating Directors to Express a Valuation Opinion in Unilateral Tender Offers after Siliconix, Aquila and Pure Resources, in: Columbia Business Law Review, Vol. 2003 (2003), S. 191-252.

*Carney, William J. (1980):* Fundamental Corporate Changes, Minority Shareholders, and Business Purposes, in: American Bar Foundation Research Journal, Vol. 4 (1980), S. 69-132.

*Cary, William L./Eisenberg, Melvin A (1988):* Cases and Materials on Corporations; 6th Edition-unabridged; Westbury, New York 1988.

*Chaffee, David B. III. (1993)*: Option Pricing as a Proxy for Discount for Lack of Marketability in Private Company Valuations, in: Business Valuation Review, Vol. 12 (1993), S. 1-7.

*Charlesworth, John/Morse, Geoffrey (1991):* Company Law, 14th Edition, London 1991.

*Chen, Josef/Hong, Harrison/Stein, Jeremy C. (2001):* Breadth of Ownership and Stock Returns, NBER Working Paper No. 8151, Cambridge 2001.

*Cicero, Marcus Tullius (1987):* Vom rechten Handeln: lateinisch und deutsch, hrsg. und übersetzt von Karl Büchner, 3., erweiterte Auflage, München, Zürich 1987.

*Cicero, Marcus Tullius (1998):* De Finibus Bonorum Et Malorum, Libri Quinque; recognovit brevique adnotatione critica instruxit Leighton Durham Reynolds, New York 1998.

*Claessens, Stijn/Djankov, Simeon/Fan, Joseph P. H./Lang, Larry H. P. (2002):* Disentangling the Incentive and Entrenchment Effects of Large Shareholdings, in: The Journal of Finance, Vol. 57 (2002), S. 2741-2771.

*Clark, Robert Charels (1986):* Corporate Law, Boston, Toronto 1986.

*Claussen, Carsten P. (1985):* Genuß ohne Reue, in: Die Aktiengesellschaft, 30. Jg. (1985), S. 77-79.

*Coase, Ronald H. (1937):* The Nature of the Firm, in: Economica, Vol. 4 (1937), S. 386-405.

*Coase, Ronald H. (1960):* The Problem of Social Cost, in: The Journal of Law & Economics, Vol. 3 (1960), S. 1-60.

*Coates, John C. IV. (1999):* "Fair Value" as an Avoidable Rule of Corporate Law: Minority Discounts in Conflict Transactions, in: University of Pennsylvania Law Review, Vol. 147 (1999), S. 1251-1359.

*Coenenberg, Adolf G./Sieben, Günter (1976):* Unternehmensbewertung, in: Handwörterbuch der Betriebswirtschaft, 4. Auflage, Wiesbaden 1976, Sp. 4062-4079.

*Cohen, David (1985):* Valuation in the Context of Share Appraisal, in: Emory Law Journal, Vol. 34 (1985), S. 117-155.

*Cohn, Ernst (1930):* Der Grundsatz der gleichmäßigen Behandlung aller Mitglieder im Verbandsrecht, in: Archiv für die civilistische Praxis, Band 132 (1930), S. 129-174.

*Coleman, Jules L. (1980a):* Efficiency, Exchange, and Auction: Philosophic Aspects of the Economic Approach to Law, in: California Law Review, Vol. 68 (1980), S. 221-249.

*Coleman, Jules L. (1980b):* Efficiency, Utility, and Wealth Maximization, in: Hofstra Law Review, Vol. 8 (1980), S. 509-551.

*Collins, Bruce M./Fabozzi, Frank J. (1991):* A Methodology for Measuring Transaction Costs, in: Financial Analysts Journal, Vol. 47 (1991), S. 27-36.

*Cooper, S. Kerry/Groth, John C./Avera, William E. (1985):* Liquidity, Exchange Listing, and Common Stock Performance, in: Journal of Economics and Business, Vol. 37 (1985), S. 19-33.

*Copeland, Tom/Koller, Tim/Murrin, Jack (1998):* Unternehmenswert, Methoden und Strategien für eine wertorientierte Unternehmensführung, 2., aktualisierte und erweiterte Auflage. Aus dem Amerikanischen von Thorsten Schmidt und Friedrich Mader, Frankfurt, New York 1998.

*Cornell, Bradford/Shapiro, Alan C. (1987):* Corporate Stakeholders and Corporate Finance, in: Financial Management, Vol. 16 (1987), S. 5-14.

*Cornelli, Francesca/Li, David D. (2002):* Risk Arbitrage in Takeovers, in: The Review of Financial Studies, Vol. 15 (2002), S. 837-868.

*Cöster, Thilo (1994):* Der Ausschluß lästiger Gesellschafter, Göttingen 1994.

*Cox, John C./Ross, Stephen A./Rubinstein, Mark (1979):* Option Pricing: A Simplified Approach, in: Journal of Financial Economics, Vol. 7 (1979), S. 229-263.

*Creifelds, Carl (2000):* Rechtswörterbuch, begründet von Carl Creifelds, hrsg. von Klaus Weber, bearbeitet von Dieter Guntz et al., 16., neubearbeitete Auflage, München 2000.

*Dallas, Lynn L. (2003);* Law and Socio-Economics in Legal Education, University of San Diego School of Law, Public Law and Legal Theory, Research Paper No. 50, Spring 2003. (abrufbar unter: http://www.ssrn.com).

*Damodaran, Aswath (2000):* The Promise and Peril of Real Options, Working Paper, Stern School of Business, New York 2000, (abrufbar unter: http://www.stern.nyu.edu/~adamodar/).

*De Soto, Hernando (2002):* Freiheit für das Kapital! Warum der Kapitalismus nicht weltweit funktioniert, 1. Auflage. Deutsch von Hainer Kober. Mit einem Vorwort von Lothar Späth, Berlin 2002.

*DeAngelo, Harry/DeAngelo, Linda/Rice, Edward M. (1984):* Going Private: Minority Freezeouts and Stockholder Wealth, in: The Journal of Law & Economics, Vol. 27 (1984), S. 367-401.

*Debreu, Gerárd (1959):* Theory of Value – An Axiomatic Analysis of Economic Equilibrium, New York 1959.

*Decher, Christian (1994):* Information im Konzern und Auskunftsrecht der Aktionäre gem. § 131 Abs. 4 AktG, in: Zeitschrift für das gesamte Handelsrecht und Wirtschaftsrecht, Band 158 (1994), S. 473-494.

*Del Vecchio, Giorgio (1950):* Die Gerechtigkeit, 2. Auflage, Basel 1950.

*Demsetz, Harold (1967):* Toward a Theory of Property Rights, in: The American Economic Review, Papers and Proceedings, Vol. 57 (1967), S. 347-359.

*Demsetz, Harold/Lehn, Kenneth (1985):* The Structure of Corporate Ownership: Causes and Consequences, in: Journal of Political Economy, Vol. 93 (1985), S. 1155-1177.

*Demsetz, Harold/Villalonga, Belén (2001):* Ownership Structure and Corporate Performance, in: Journal of Corporate Finance, Vol. 7 (2001), S. 209-233.

*Denis, David J. (1992):* Corporate Investment Decisions and Corporate Control: Evidence from Going-Private Transactions, in: Financial Management, Vol. 21 (1992), S. 80-94.

*Dennert, Jürgen (1991):* Insider Trading, in: KYKLOS, Vol. 44 (1991), S. 181-202.

*Deutsche Beteiligungs AG (2004):* Economic Impact of Private Equity in Germany. How buy-out investments influence the German economy – an empirical analysis. Finance-Studies – A Series Published by F.A.Z.-Institute, Frankfurt am Main, November 2004.

*Deutsche Börse AG (2005):* Leitfaden zu den Aktienindizes der Deutschen Börse, Version 5.6, Januar 2005, ohne Ort, (abrufbar unter: http://deutsche-boerse.com).

*Dietl, Helmut Max (1991):* Institutionen und Zeit, Tübingen 1991.

*Dirrigl, Hans (1990):* Synergieeffekte beim Unternehmenszusammenschluß und Bestimmung des Umtauschverhältnisses, in: Der Betrieb, 43. Jg. (1990), S. 185-192.

*Dobb, Maurice H. (1973):* Theories of Value and Distribution since Adam Smith – Ideology and Economic Theory, Cambridge 1973.

*Doralt, Peter/Kalss, Susanne (2001):* Konzernrecht und Kapitalmarktrecht in Österreich, in: Konzernrecht für Europa, hrsg. von Peter Hommelhoff et al., München 2001, S. 176-210.

*Dörfler, Wolfgang/Gahler, Wolfgang/Unterstraßer, Stefan/Wirichs, Robert (1994):* Probleme bei der Wertermittlung von Abfindungsangeboten, in: Betriebs-Berater, 49. Jg. (1994), S. 156-162.

*Dreher, Meinrad (1993):* Treuepflichten zwischen Aktionären und Verhaltenspflichten bei der Stimmrechtsbündelung – Gesellschaftsrechtliche und zivilrechtliche Grundlagen, in: Zeitschrift für das gesamte Handelsrecht und Wirtschaftsrecht, Band 157 (1993), S. 150-171.

*Dreier, Peter (2004):* Anmerkung zu LG Mainz, Urteil vom 17.2.2004 - 10 HK O 79/97, in: Der Betrieb, 57. Jg. (2004), S. 808.

*Drescher, Ralf/Pfeil, Marcus (2003):* Firmenübernahmen zahlen sich für Anleger häufig aus. Kleinaktionären winken bei so genanntem Squeeze-out attraktive Abfindungsangebote, in: Handelsblatt vom 9.7.2003, Nr. 129, S. 31.

*Drukarczyk, Jochen (1973):* Zum Problem der angemessenen Barabfindung bei zwangsweise ausscheidenden Anteilseignern, in: Die Aktiengesellschaft, 18. Jg. (1973), S. 357-365.

*Drukarczyk, Jochen (1995):* DCF-Methoden und Ertragswertmethode – einige klärende Anmerkungen, in: Die Wirtschaftsprüfung, 48. Jg. (1995), S. 329-334.

*Drukarczyk, Jochen (2003):* Unternehmensbewertung, 4., überarbeitete und erweiterte Auflage, München 2003.

*Drygala, Tim (2001):* Die Vorschläge der SLIM-Arbeitsgruppe zur Vereinfachung des Europäischen Gesellschaftsrechts, in: Die Aktiengesellschaft, 47. Jg. (2001), S. 291-299.

*Dukes, William P./Frohlich, Cheryl J./Ma, Christopher K. (1992):* Risk Arbitrage in Tender Offers: Handsome Rewards – And Not for Insiders Only, in: The Journal of Portfolio Management, Vol. 19 (1992), S. 47-55.

*Dunzendorfer, Martin (2004):* Mit Squeeze-outs werden nicht nur Karteileichen aussortiert, in: Börsen-Zeitung vom 23.9.2004, Nr. 184, S. 8.

*Dworkin, Ronald (1980a):* Is Wealth a Value?, in: The Journal of Legal Studies, Vol. 9 (1980), S. 191-226.

*Dworkin, Ronald (1980b):* Why Efficiency? A Response to Professors Calabresi and Posner, in: Hofstra Law Review, Vol. 8 (1980), S. 563-590.

*Easterbrook, Frank H. (1984):* Two Agency-Cost Explanations of Dividends, in: The American Economic Review, Vol. 74 (1984), S. 650-659.

*Easterbrook, Frank H. (1991a):* Close Corporations and Agency Costs, in: Stanford Law Review, Vol. 38 (1991), S. 271-301.

*Easterbrook, Frank H. (1991b):* High-Yield Debt as an Incentive Device, in: International Review of Law and Economics, Vol. 11 (1991), S. 183-201.

*Easterbrook, Frank H./Fischel, Daniel R. (1982):* Corporate Control Transaction, in: The Yale Law Journal, Vol. 91 (1982), S. 698-737.

*Easterbrook, Frank H./Fischel, Daniel R. (1998):* The Economic Structure of Corporate Law, 4th Printing, Cambridge et al. 1998.

*Eberhardt, Stefan (1998):* Wertorientierte Unternehmensführung – Der modifizierte Stakeholder-Value-Ansatz, Wiesbaden 1998.

*Edwards, Jeremy S. S./Weichenrieder, Alfons J. (2003):* Ownership Concentration and Share Valuation, Working Paper, revised, February 2003, Unversity of Cambridge and Goethe University Frankfurt, (abrufbar unter: http://www.ssrn.com).

*Eggertsson,Thráinn (1990):* Economic behavior and institutions, New York et al. 1990.

*Ehrhardt, Olaf/Nowak, Eric (2001):* Private Benefits and Minority Shareholder Expropriation – Empirical Evidence from IPOs of German Family-Owned Firms, Center for Financial Studies, No. 2001/10, Frankfurt am Main 2001.

*Ehricke, Ulrich/Roth, Markus (2001):* Squeeze-out im geplanten deutschen Übernahmerecht, in: Deutsches Steuerrecht, 39. Jg. (2001), S. 1120-1127.

*Eidenmüller, Horst (1993):* Ökonomische Effizienzkonzepte in der Rechtsandwendung, in: Jahrbuch Junger Zivilrechtswissenschaftler 1992: Rechtsfortbildung jenseits klassischer Methodik: Privatautonomie zwischen Status und Kontrakt – Privatrecht und Europa, hrsg. von Stephan Breidenbach et al., Stuttgart 1993, S. 11-28.

*Eidenmüller, Horst (1998):* Effizienz als Rechtsprinzip: Möglichkeiten und Grenzen der ökonomischen Analyse des Rechts, 2. Auflage, Tübingen 1998.

*Eisele, Florian/Walter, Andreas (2003):* Kurswertreaktionen auf die Ankündigung von Going Private-Transaktionen am deutschen Kapitalmarkt, Wirtschaftswissenschaftliche Fakultät der Eberhard-Karls-Universität Tübingen, Tübinger Diskussionsbeitrag Nr. 274, Dezember 2003.

*Eisenführ, Franz (1971):* Preisfindung für Beteiligungen mit Verbundeffekt, in: Zeitschrift für betriebswirtschaftliche Forschung, 23. Jg. (1971), S. 467-479.

*Eisenführ, Franz/Weber, Martin (1994):* Rationales Entscheiden, 2., verbesserte Auflage, Berlin et al. 1994.

*Ekkenga, Jens (1998):* Anlegerschutz, Rechnungslegung und Kapitalmarkt: eine vergleichende Studie zum europäischen, deutschen und britischen Bilanz-, Gesellschafts- und Kapitalmarktrecht, Tübingen 1998.

*Elsland, Silvia/Weber, Martin (2004):* Squeeze-outs in Germany: Determinants of the Announcement Effects, University of Mannheim 2004.

*Emmerich, Volker/Habersack, Mathias (2001):* Aktien- und GmbH-Konzernrecht, 2., überarbeitete Auflage, München 2001.

*Emory, John D. (1997):* The Value of Marketability as Illustrated in Initial Public Offerings of Common Stock, November 1995 through April 1997, in: Business Valuation Review, September, o. Jg. (1997), S. 123-131.

*Engels, Wolfram (1980):* Börsen- und Börsengeschäfte, in: Handwörterbuch der Wirtschaftswissenschaften, Band 2, hrsg. von Willi Albers et al., Stuttgart 1980, S. 56-69.

*Engisch, Karl (1971):* Auf der Suche nach der Gerechtigkeit. Hauptthemen der Rechts-philosophie, München 1971.

*Erb, Günther (2001):* Der Börsenkurs als Untergrenze der Abfindung auch in Verschmelzungsfällen, in: Der Betrieb, 54. Jg. (2001), S. 523-524.

*Ernst, Tassilo (1967):* Der Genußschein als Kapitalbeschaffungsmittel, in: Die Aktiengesellschaft, 12. Jg. (1967), S. 75-81.

*Esser, Josef (1972):* Möglichkeiten und Grenzen des dogmatischen Denkens im modernen Zivilrecht, in: Archiv für die civilistische Praxis, Band 172 (1972), S. 97-130.

*Ewert, Ralf/Wagenhofer, Alfred (1992):* Unternehmenspublizität und Konkurrenzwirkung, in: Zeitschrift für Betriebswirtschaft, 62. Jg. (1992), S. 297-324.

*Falkenhausen, Bernhard von (1963):* Aktienrecht und Verfassungsrecht – Einige Betrachtungen zu dem „FELDMÜHLE-Urteil“ des Bundesverfassungsgerichts, in: Die Aktiengesellschaft, 8. Jg. (1963), S. 178-179.

*Falkenhausen, Bernhard von (1967):* Verfassungsrechtliche Grenzen der Mehrheitsherrschaft nach dem Recht der Kapitalgesellschaften (AG und GmbH), Karlsruhe 1967.

*Fama, Eugene F. (1970):* Efficient Capital Markets: A Review of Theory and Empirical Work, in: The Journal of Finance, Vol. 25 (1970), S. 383-417.

*Fama, Eugene F. (1998):* Market Efficiency, Long-Term Returns, and Behavioral Finance, in: Journal of Financial Economics, Vol. 49 (1998), S. 283-306.

*Fama, Eugene F./Jensen, Michael C. (1983a):* Separation of Ownership and Control, in: The Journal of Law & Economics, Vol. 26 (1983), S. 301-325.

*Fama, Eugene F./Jensen, Michael C. (1983b):* Agency Problems and Residual Claims, in: The Journal of Law and Economics, Vol. 26 (1983), S. 327-349.

*Farrar, John H./Hannigan, Brenda/Furey, Nigel E./Wylie, Philip (1998):* Farrar's Company Law, 4th Edition, London et al. 1998.

*Fechner, Erich (1942):* Die Treubindungen des Aktionärs, Weimar 1942.

*Fechner, Erich (1962):* Das Umwandlungsgesetz und das Bundesverfassungsgericht – Kritische Bemerkungen zum Urteil des BVerfG im Feldmühle-Fall, in: Die Aktiengesellschaft, 7. Jg. (1962), S. 229-233.

*Feddersen, Dieter/Knauth, Klaus-Wilhelm (1988):* Eigenkapitalbildung durch Genußscheine, Frankfurt am Main 1988.

*Feddersen, Dieter/Meyer-Landrut, Andreas (1993):* Mehr Rechtssicherheit für Genußscheine, in: Zeitschrift für Unternehmens- und Gesellschaftsrecht, 22. Jg. (1993), S. 312-320.

*Fischel, Daniel R. (1978):* Efficient Capital Market Theory, the Market for Corporate Control, and the Regulation of Cash Tender Offers, in: Texas Law Review, Vol. 57 (1978), S. 1-46.

*Fisher, Irving (1923):* Elementary Principles of Economics, New York 1923.

*Fishman, Michael J. (1988):* A Theory of Preemptive Takeover Bidding, in: RAND Journal of Economics, Vol. 19 (1988), S. 88-101.

*Fleischer, Holger (1997):* Die Barabfindung außenstehender Aktionäre nach den §§ 305 und 320 b AktG: Stand-alone-Prinzip oder Verbundberücksichtigungsprinzip?, in: Zeitschrift für Unternehmens- und Gesellschaftsrecht, 26. Jg. (1997), S. 368-400.

*Fleischer, Holger (2000):* BVerfG-Beschluss vom 23.8.2000 – 1 BvR 68/95 und 147/97 (Moto Meter AG), Anmerkung, in: Deutsche Notarzeitschrift, Heft 11, o. Jg. (2000), S. 868-880.

*Fleischer, Holger (2002a):* Das neue Recht des Squeeze out, in: Zeitschrift für Unternehmens- und Gesellschaftsrecht, 31. Jg. (2002), S. 757-789.

*Fleischer, Holger (2002b):* Empfiehlt es sich, im Interesse des Anlegerschutzes und zur Förderung des Finanzplatzes Deutschland das Kapitalmarkt- und Börsenrecht neu zu regeln?, Kapitalmarktrechtliches Teilgutachten F für den 64. Deutschen Juristentag, München 2002.

*Flume, Werner (1958):* Der Referentenentwurf eines Aktiengesetzes, in: Schriftenreihe „Handelsblatt", Düsseldorf 1958.

*Forum Europaeum Konzernrecht (1998):* Konzernrecht für Europa, in: Zeitschrift für Unternehmens- und Gesellschaftsrecht, 27. Jg. (1998), S. 672-772.

*Frank, Robert H. (1987):* If Homo Economicus Could Choose His Own Utility Function, Would He Want One with a Conscience?, in: The American Economic Review, Vol. 77 (1987), S. 593-604.

*Franke, Günter/Hax, Herbert (2004):* Finanzwirtschaft des Unternehmens und Kapitalmarkt, 5., überarbeitete Auflage, Berlin et al. 2004.

*Frankfurter, George M./Gunay, Erdal (1992):* Management Buy-outs: The Sources and Sharing of Wealth between Insiders and Outside Shareholders, in: The Quarterly Review of Economics and Finance, Vol. 32 (1992), S. 82-95.

*Franks, Julian/Mayer, Colin (2001):* Ownership and Control of German Corporations, in: The Review of Financial Studies, Vol. 14 (2001), S. 943-977.

*Frantzen, Christopher (1993):* Genußscheine: Zugleich eine Analyse der Genußscheinbedingungen deutscher Unternehmen, Köln et al. 1993.

*Fudenberg, Drew/Tirole, Jean (1998):* Game Theory, 6th Printing, Cambridge, London 1998.

*Furubotn, Eirik G./Pejovich, Svetozar (1972):* Property Rights and Economic Theory: A Survey of Recent Literature, in: Journal of Economic Literature, Vol. 10 (1972), S. 1137-1162.

*Furubotn, Eirik G./Pejovich, Svetozar (1974):* Introduction: The New Property Rights Literature, in: The Economics of Property Rights, ed. by Eirik G. Furubotn, Svetozar Pejovich, Cambridge 1974, S. 1-9.

*Gampenrieder, Peter (2004):* Squeeze-out – Rechtsvergleich, empirischer Befund und ökonomische Analyse, Frankfurt am Main et al. 2004.

*Gampenrieder, Peter (2005):* Auswirkungen der beabsichtigten Neufassung des IDW S 1 auf die angemessene Abfindung von außen stehenden Aktionären, in: Unternehmensbewertung & Management, o. Jg. (2005), Heft 4, S. 110-116.

*Garbade, Kenneth D. (1982):* Securities Markets, New York 1982.

*Gaughan, Patrick A. (2002):* Mergers, Acquisitions, and Corporate Restructurings, 3rd Edition, New York 2002.

*Gebhardt, Günther/Daske, Holger (2005):* Kapitalmarktorientierte Bestimmung von risikofreien Zinssätzen für die Unternehmensbewertung, in: Die Wirtschaftsprüfung, 58. Jg. (2005), S. 649-655.

*Geibel, Stephan (2002):* § 18 WpÜG: „Bedingungen; Unzulässigkeit des Vorbehalts des Rücktritts und des Widerrufs, in: Wertpapiererwerbs- und Übernahmegesetz (WpÜG), Kommentar, hrsg. von Stephan Geibel, Rainer Süßmann, München 2002.

*Gelman, Milton (1972):* An Economist-Financial Analyst's Approach to Valuing Stock of a Closely Held Company, in: Journal of Taxation, June 1972, S. 353-354.

*Gerke, Wolfgang/Rapp, Heinz-Werner (1994):* Strukturveränderungen im internationalen Börsenwesen, in: Die Betriebswirtschaft, 54. Jg. (1994), S. 5-23.

*Gesman-Nuissl, Dagmar (2002):* Die neuen Squeeze-out-Regeln im Aktiengesetz, in: Wertpapier-Mitteilungen, 56. Jg. (2002), S. 1205-1211.

*Gilson, Ronald J./Black, Bernard S. (1995):* The Law and Finance of Corporate Acquisitions, New York 1995.

*Gilson, Ronald J./Gordon, Jeffrey N. (2003):* Controlling Controlling Shareholders, in: University of Pennsylvania Law Review, Vol. 152 (2003), S. 785-843.

*Goldberg, Victor (1976):* Regulation and Administered Contracts, in: The Bell Journal of Economics, Vol. 7 (1976), S. 426-448.

*Goldberg, Victor (1989):* Production Functions, Transaction Costs, and the New Institutionalism, in: Readings in the Economics of Contract Law, ed. by Victor Goldberg, New York, Cambridge 1989, S. 21-33.

*Gomes, Armando (2001):* Takeovers, Freezeouts, and Risk Arbitrage; University of Pennsylvania Law School, Institute for Law and Economics, Research Paper No. 01-10 and PIER Working Paper No. 01-027, 2001, (abrufbar unter: http://www.ssrn.com).

*Gomes, Armando/Novaes, Walter (2001):* Sharing of Control as a Corporate Governance Mechanism, Working Paper, Wharton School, University of Pennsylvania 2001, (abrufbar unter: http://www.ssrn.com).

*Goshen, Zohar/Wiener, Zvi (2000):* The Value of the Freezeout Option, Columbia Law School, The Center for Law and Economic Studies, New York 2000, Working Paper No. 260, (abrufbar unter: http://www.ssrn.com).

*Gotthold, Jürgen (1980):* Zur ökonomischen „Theorie des Eigentums“ – Eine kritische Einführung, in: Zeitschrift für das gesamte Handelsrecht und Wirtschaftsrecht, Band 144 (1980), S. 545-562.

*Götz, Hans Norbert (1996):* Entschädigung von Aktionären abseits der Kapitalmarktbewertung?, in: Der Betrieb, 49. Jg. (1996), S. 259-265.

*Götze, Uwe (1991):* Szenario-Technik in der strategischen Unternehmensplanung, Wiesbaden 1991.

*Greene, Edward F. (1976):* Corporate Freeze-out Mergers: A Proposed Analysis, in: Stanford Law Review, Vol. 28 (1976), S. 487-519.

*Grinblatt, Mark/Titman, Sheridan (1998):* Financial Markets and Corporate Strategy, Boston et al. 1998.

*Großfeld, Bernhard (2000):* Börsenkurs und Unternehmenswert, in: Betriebs-Berater, 55. Jg. (2000), S. 261-266.

*Großfeld, Bernhard (2002):* Unternehmens- und Anteilsbewertung im Gesellschaftsrecht, 4., völlig neu überarbeitete Auflage, Köln 2002.

*Grossman, Sanford J. (1976):* On the Efficiency of Competitive Stock Markets Where Traders Have Diverse Information, in: The Journal of Finance, Vol. 31 (1976), S. 573-585.

*Grossman, Sanford J. (1981):* An Introduction to the Theory of Rational Expectations Under Asymmetric Information, in: The Review of Economic Studies, Vol. 48 (1981), S. 541-559.

*Grossman, Sanford J./Hart, Oliver D. (1980):* Takeover Bids, the Free-rider Problem, and the Theory of the Corporation, in: The Bell Journal of Economics, Vol. 11 (1980), S. 42-64.

*Grossman, Sanford J./Hart, Oliver D. (1981):* The Allocational Role of Takeover Bids in Situations of Asymmetric Information, in: The Journal of Finance, Vol. 36 (1981), S. 253-270.

*Grossman, Sanford J./Hart, Oliver D. (1986):* The Costs and Benefits of Ownership: A Theory of Vertical and Lateral Integration, in: Journal of Political Economy, Vol. 94 (1986), S. 691-719.

*Grossman, Sanford J./Hart, Oliver D. (1988):* One Share-One Vote and the Market for Corporate Control, in: Journal of Financial Economics, Vol. 20 (1988), S. 175-202.

*Grossman, Sanford J./Stiglitz, Joseph E. (1976):* Information and Competitive Price Systems, in: The American Economic Review, Vol. 66 (1976), S. 246-253.

*Grunewald, Barbara (1987):* Der Ausschluß aus Gesellschaft und Verein, Köln et al. 1987.

*Grunewald, Barbara (2002):* Die neue Squeeze-out-Regelung, in: Zeitschrift für Wirtschaftsrecht, 23. Jg. (2002), S. 18-22.

*Grzimek, Philipp (2002):* §§ 327 a - 327 f AktG, in: Wertpapiererwerbs- und Übernahmegesetz (WpÜG), Kommentar, hrsg. von Stephan Geibel, Rainer Süßmann, München 2002.

*Habersack, Mathias (1991):* Genußrechte und sorgfaltswidrige Geschäftsführung, in: Zeitschrift für das gesamte Handelsrecht und Wirtschaftsrecht, Band 155 (1991), S. 378-401.

*Habersack, Mathias (2001):* Der Finanzplatz Deutschland und die Rechte der Aktionäre – Bemerkungen zur bevorstehenden Einführung des „Squeeze-Out", in: Zeitschrift für Wirtschaftsrecht, 22. Jg. (2001), S. 1230-1239.

*Habersack, Mathias (2005):* § 221, in: Münchener Kommentar zum Aktiengesetz, Band 6, §§ 179-221, 2. Auflage, hrsg. von Bruno Kropff und Johannes Semler, München 2005.

*Hachmeister, Dirk (1996):* Die Abbildung der Finanzierung im Rahmen verschiedener Discounted Cash Flow-Verfahren, in: Zeitschrift für betriebswirtschaftliche Forschung, 48. Jg. (1996), S. 251-277.

*Hadding, Walther (1990):* Verfügungen über Mitgliedschaftsrechte, in: Festschrift für Ernst Steindorff zum 70. Geburtstag am 13. März 1990, hrsg. von Jürgen F. Bauer et al., Berlin et al. 1990, S. 31-44.

*Hall, Lance S./Polacek, Timothy C. (1994):* Strategies for Obtaining the Largest Valuation Discounts, in: Estate Planning, January/February 1994, S. 38-44.

*Halpern, Paul/Kieschnick, Robert/Rotenberg, Wendy (1999):* On the Heterogeneity of Leveraged Going Private Transactions, in: The Review of Financial Studies, Vol. 12 (1999), S. 281-309.

*Hamann, Axel (2003):* Minderheitenschutz beim Squeeze-out-Beschluss, Materielle Rechtmäßigkeitskontrolle des gemäß §§ 327a Abs. 1 S. 1 AktG zu fassenden Hauptversammlungsbeschlusses, Köln 2003.

*Hamann, Thomas (1993):* Simulation von Informationsprozessen auf idealtypischen Börsen-märkten, Heidelberg 1993.

*Hammen, Horst (1988):* Unzulässigkeit aktiengleicher Genußrechte?, in: Der Betrieb, 41. Jg. (1988), S. 2549-2554.

*Handelsrechtsausschuss des Deutschen Anwaltsvereins e.V. (1999):* Stellungnahme zur Ergänzung des AktG durch einen Titel „Aktienerwerb durch den Hauptaktionär“, in: Neue Zeitschrift für das Gesellschaftsrecht, 2. Jg. (1999), S. 850-852.

*Handelsrechtsausschuss des Deutschen Anwaltsvereins e.V. (2001a):* Stellungnahme zum Referentenentwurf des BMF für ein Gesetz zur Regelung von öffentlichen Angeboten zum Erwerb von Wertpapieren und von Unternehmensübernahmen (WÜG), in: Neue Zeitschrift für das Gesellschaftsrecht, 4. Jg. (2001), S. 420-432.

*Handelsrechtsausschuss des Deutschen Anwaltsvereins e.V. (2001b):* Stellungnahme zum Regierungsentwurf für ein Gesetz zur Regelung von öffentlichen Angeboten zum Erwerb von Wertpapieren und von Unternehmensübernahmen (WpÜG), in: Neue Zeitschrift für das Gesellschaftsrecht, 4. Jg. (2001), S. 1003-1008.

*Hansmann, Henry (1988):* Ownership of the Firm, in: The Journal of Law, Economics, & Organization, Vol. 4 (1988), S. 267-304.

*Harrington, Joseph E. Jr./Prokop, Jacek (1993):* The Dynamics of the Free-Rider Problem in Takeovers, in: The Review of Financial Studies, Vol. 6 (1993), S. 851-882.

*Harris, Milton/Raviv, Artur (1988):* Corporate Governance: Voting Rights and Majority Rules, in: Journal of Financial Economics, Vol. 20 (1988), S. 203-236.

*Harsanyi, John C. (1976):* Essays on Ethics, Social Behavior, and Scientific Explanations, Dordrecht, Boston 1976.

*Harsanyi, John C. (1977):* Rational Behavior and Bargaining Equilibrium in Games and Social Situations, Cambridge et al. 1977.

*Hart, H. L. A. (1961):* The Concept of Law, Oxford 1961.

*Hart, Oliver (1989):* Incomplete Contracts, in: The New Palgrave: Allocation Information and Markets, Vol. I: Economics, Markets, ed. by John Eatwell and Murray Milgate, London 1989, S. 163-179.

*Hart, Oliver (1995):* Corporate Governance: Some Theory and Implications, in: The Economic Journal, Vol. 105 (1995), S. 678-689.

*Hart, Oliver/Moore, John (1990):* Property Rights and the Nature of the Firm, in: Journal of Political Economy, Vol. 98 (1990), S. 1119-1158.

*Hart, Sergiu/Mas-Colell, Andreu (1996):* Bargaining and Value, in: Econometrica, Vol. 64 (1996), S. 357-380.

*Hartmann-Wendels, Thomas/Pfingsten, Andreas/Weber, Martin (2000):* Bankbetriebslehre, 2., überarbeitete Auflage, Berlin et al. 2000.

*Hasbrouck, Joel/Schwartz, Robert A. (1988):* Liquidity and Execution Costs in Equity Markets, in: The Journal of Portfolio Management, Vol. 14 (1988), S. 10-16.

*Hasselbach, Kai (2003):* §§ 327a - 327f AktG: „Ausschluss von Minderheitsaktionären"; § 18 WpÜG: „Bedingungen; Unzulässigkeit des Vorbehalts des Rücktritts und des Widerrufs; § 19 WpÜG: Zuteilung bei einem Teilangebot, in: Kölner Kommentar zum WpÜG, hrsg. von Heribert Hirte, Christoph von Bülow, Köln et al. 2003.

*Häuser, Karl (1976):* Kapitalmarkt, in: Handwörterbuch der Finanzwirtschaft, hrsg. von Hans E. Büschgen, Stuttgart 1976, Sp. 1058-1075.

*Hayek, Friedrich A. von (1945):* The Use of Knowledge, in: The American Economic Review, Vol. 35 (1945), S. 519-530.

*Hayek, Friedrich A. von (1976):* Law, Legislation and Liberty, Vol. 2: The Mirage of Social Justice, Chicago, London 1976.

*Hayek, Friedrich A. von (1977):* Drei Vorlesungen über Demokratie, Gerechtigkeit und Sozialismus, Tübingen 1977.

*Hazen, Thomas Lee (2002):* The Law of Securities Regulation, 4th Edition, St. Paul, Minnesota 2002.

*Hecker, Renate (2000):* Regulierung von Unternehmensübernahmen und Konzernrecht, Teil I: empirische Analyse des aktienrechtlichen Minderheitenschutzes im Vertragskonzern; Teil II: Modelltheoretische Analyse alternativer Übernahme- und Abfindungsregeln, Wiesbaden 2000.

*Hecker, Renate (2004):* Das Pflichtangebot im deutschen Übernahmegesetz – Anmerkungen aus modelltheoretischer Sicht, in: Wirtschaftswissenschaftliches Studium, 33. Jg. (2004), S. 198-204.

*Hecker, Renate/Kaserer, Christoph (2003):* Going Private im Wege des Minderheitenausschlusses: Eine empirisch orientierte Bestandsaufnahme, in: Betriebswirtschaftliche Forschung und Praxis, 55. Jg. (2003), S. 137-162.

*Hefermehl, Wolfgang (1994):* § 237 AktG, in: Kommentar zum Aktiengesetz, 16. Lieferung, §§ 221-240, hrsg. von Ernst Geßler, Wolfgang Hefermehl et al., München 1994.

*Hefermehl, Wolfgang/Bungeroth, Erhard (1989):* § 186 AktG, in: Kommentar zum Aktiengesetz, hrsg. von Ernst Geßler, Wolfgang Hefermehl, Ulrich Eckardt und Bruno Kropff, 12. Lieferung, §§ 179-191 AktG, München 1989.

*Hefermehl, Wolfgang/Spindler, Gerald (2004):* § 76, in: Münchner Kommentar zum Aktiengesetz, Band 3, §§ 76-117 AktG, MitbestG, § 76 BetrVG 1952, hrsg. von Bruno Kropff, Johannes Semler, 2. Auflage, München 2004.

*Heidel, Thomas/Lochner, Daniel (2001):* Squeeze-out ohne hinreichenden Eigentumsschutz, in: Der Betrieb, 54. Jg. (2001), S. 2031-2034.

*Heidel, Thomas/Lochner, Daniel (2003):* § 327 b, in: Anwaltkommentar Aktienrecht, hrsg. von Thomas Heidel, Bonn 2003.

*Heinsheimer, Karl (1913):* Mitgliedschaft und Ausschließung in der Praxis des Reichsgerichts. Ein kritischer Beitrag zum inneren Vereinsrecht, Berlin 1913.

*Heise, Carsten/Dreier, Peter (2004):* Wegfall der Klagebefugnis bei Verlust der Aktionärseigenschaft im Anfechtungsprozess, in: Betriebs-Berater, 59. Jg. (2004), S. 1126-1129.

*Helmis, Sven (2003):* Der Ausschluss von Minderheitsaktionären, in: Zeitschrift für Bankrecht und Bankwirtschaft, 15. Jg. (2003), S. 161-176.

*Helmis, Sven/Kemper, Oliver (2002):* Squeeze-out in Deutschland, in: Die Betriebswirtschaft, 62. Jg. (2002), S. 512-532.

*Helms, Dietmar (2001):* Konzernrecht und Kapitalmarktrecht in Frankreich, in: Konzernrecht für Europa, hrsg von. Peter Hommelhoff et al., München 2001, S. 69-97.

*Helmstädter, Ernst (1997):* Über die Gerechtigkeit gerechter Regeln, in: Normative Grundfragen der Ökonomik: Folgen für die Theoriebildung, hrsg. von Martin Held, Frankfurt am Main, New York 1997, S. 41-57.

*Helmstädter, Ernst (1999):* Gerechtigkeit und Fairneß in Wirtschaft und Gesellschaft, Nordrhein-Westfälische Akademie der Wissenschaften: Natur-, Ingenieur- und Wirtschafts-wissenschaften, 441. Sitzung am 4. November 1998 in Düsseldorf, Wiesbaden 1999.

*Hennrichs, Joachim (1995):* Treupflichten im Aktienrecht, in: Archiv für die civilistische Praxis, Band 195 (1995), S. 221-273.

*Henze, Hartwig (1991):* Zur Treupflicht unter Aktionären, in: Festschrift für Alfred Kellermann zum 70. Geburtstag am 29. November 1990, hrsg. von Reinhard Goerdeler et al., Berlin et al. 1990, S. 141-152.

*Henze, Hartwig (1996):* Die Treupflicht im Aktienrecht – Gedanken zur Rechtsprechung des Bundesgerichtshofes von „Kali und Salz" über „Linotype" und „Kochs Adler" bis zu „Girmes", in: Betriebs-Berater, 51. Jg. (1996), S. 489-499.

*Henze, Hartwig (1998):* Treupflichten der Gesellschafter im Kapitalgesellschaftsrecht, in: Zeitschrift für das gesamte Handelsrecht und Wirtschaftsrecht, Band 162 (1998), S. 186-196.

*Hering, Thomas/Brösel, Gerrit (2004):* Der Argumentationswert als „blinder Passagier" im *IDW S 1* – Kritik und Abhilfe, in: Die Wirtschaftsprüfung, 57. Jg. (2004), S. 936-942.

*Herkenroth, Klaus E. (1994):* Konernierungsprozesse im Schnittfeld von Konzernrecht und Übernahmerecht: rechtsvergleichende Untersuchung der Allokationseffizienz unterschiedlicher Spielregeln von Unternehmensübernahmen, Berlin 1994.

*Hermalin, Benjamin/Schwartz, Alan (1996):* Buyouts in Large Companies, in: The Journal of Legal Studies, Vol. 25 (1996), S. 351-370.

*Herzel, Leo (1992):* Corporate Governance, in: The New Palgrave Dictionary of Money & Finance, Vol. 1, ed. by Peter Newman et al., New York 1992, S. 472-475.

*Herzel, Leo/Colling, Dale E. (1984):* Establishing Procedural Fairness in Squeeze-Out Mergers after Weinberger v. UOP; The Business Lawyer, Vol. 39 (1984), S. 1525-1539.

*Herzog, Roman (2003):* Art. 20, in: Kommentar zum Grundgesetz, hrsg. von Theodor Maunz et al., München 2003.

*Hesse, Günter (1983):* Zur Erklärung der Änderung von Handlungsrechten mit Hilfe ökonomischer Theorie, in: Property rights und ökonomische Theorie, hrsg. von Alfred Schüller, München 1983, S. 79-110.

*Hey, Johanna (1998):* Die rückwirkende Abschaffung der Sonderabschreibungen auf Schiffsbeteiligungen, in: Betriebs-Berater, 53. Jg. (1998), S. 1444-1451.

*Hicks, John R. (1939):* The Foundations of Welfare Economics, in: The Economic Journal, Vol. 49 (1939), S. 696-712.

*Hirschberger, Max/Weiler, Lothar (2004):* Das Freigabeverfahren für Hauptversammlungsbeschlüsse nach dem UMAG-Entwurf (§ 246a AktG-E) – Ein Aus für „räuberische" Aktionäre?, in: Der Betrieb, 57. Jg. (2004), S. 1137-1139.

*Hirshleifer, David (2001):* Investor Psychology and Asset Pricing, in: The Journal of Finance, Vol. 56 (2001), S. 1533-1597.

*Hirshleifer, David/Titman, Sheridan (1990):* Share Tendering Strategies and the Success of Hostile Takeover Bids, in: Journal of Political Economy, Vol. 98 (1990), S. 295-324.

*Hirshleifer, Jack (1973):* Where are We in the Theory of Information?, in: The American Economic Review, Papers and Proceedings, Vol. 63 (1973), S. 31-39.

*Hirte, Heribert (1986):* Bezugsrechtsausschluss und Konzernbildung, Köln 1986.

*Hirte, Heribert (1988):* Mißbrauch aktienrechtlicher Anfechtungsklagen, in: Betriebs-Berater, 43. Jg. (1988), S. 1469-1477.

*Hirte, Heribert (2003):* Einleitung, in: Kölner Kommentar zum WpÜG, hrsg. von Heribert Hirte und Christoph von Bülow, Köln et. al. 2003.

*Hitz, Jörg-Markus (2005):* Rechnungslegung zum fair value. Konzeption und Entscheidungsnützlichkeit, Frankfurt am Main et al. 2005.

*Hobart, Geoffrey E. (1984):* Casenotes: Delaware Improves Its Treatment of Freezeout Mergers: Weinberger v. UOP, Inc., in: Boston College Law Review, Vol. 25 (1984), S. 685-723.

*Hobbes, Thomas (1966):* Leviathan. Herausgegeben und eingeleitet von Iring Fletscher. Übersetzt von Walter Euchner, Neuwied, Berlin 1966.

*Holderness, Clifford G./Sheehan, Dennis P. (1988):* The Role of Majority Shareholders in Publicly Held Corporations: An Explanatory Analysis, in: The Journal of Financial Economics, Vol. 20 (1988), S. 317-346.

*Holderness, Clifford G./Sheehan, Dennis P. (1998):* Constraints on Large-Block Shareholders, NBER Working Paper No. 6765, Cambridge 1998, (abrufbar unter: http://www.ssrn.com).

*Holderness, Clifford G./Sheehan, Dennis P. (2000):* Constraints on Large-Block Shareholders, in: Concentrated Corporate Ownership, ed. by Randall K. Morck, Chicago, London 2000, S. 139-168.

*Holler, Manfred J./Illing, Gerhard (2003):* Einführung in die Spieltheorie, 5., überarbeitete Auflage, Berlin et al. 2003.

*Holmström, Bengt (1979):* Moral Hazard and Observability, in: The Bell Journal of Economics, Vol. 10 (1979), S. 74-91.

*Holmström, Bengt (1982):* Moral Hazard in Teams, in: The Bell Journal of Economics, Vol. 13 (1982), S. 324-340.

*Holmström, Bengt/Nalebuff, Barry (1992):* To the Raider Goes the Surplus? A Reexamination of the Free-Rider Problem, in: Journal of Economics and Management Strategy, Vol. 1 (1992), S. 37-62.

*Hommel, Michael/Braun, Inga/Schmotz, Thomas (2001):* Neue Wege in der Unternehmensbewertung?, in: Der Betrieb, 54. Jg. (2001), S. 341-347.

*Hommelhoff, Peter (2000):* Anlegerinformationen im Aktien-, Bilanz- und Kapitalmarktrecht, in: Zeitschrift für Unternehmens- und Gesellschaftsrecht, 29. Jg. (2000), S. 748-775.

*Hopt, Klaus J. (1975):* Der Kapitalanlegerschutz im Recht der Banken, München 1975.

*Hopt, Klaus J. (2001):* Anlegerschutz, in: Handwörterbuch des Bank- und Finanzwesens, 3., völlig überarbeitete und erweiterte Auflage, hrsg. von Wolfgang Gerke, Manfred Steiner, Stuttgart 2001, Sp. 114-126.

*Hopt, Klaus J. (2002):* Grundsatz- und Praxisprobleme nach dem Wertpapiererwerbs- und Übernahmegesetz, in: Zeitschrift für das gesamte Handelsrecht und Wirtschaftsrecht, Band 166 (2002), S. 383-432.

*Hopt, Klaus J./Prigge, Stefan (1998):* Preface, in: Comparative Corporate Governance – The State of the Art and Emerging Research –, ed. by Klaus J. Hopt et al., Oxford, New York 1998, S. v-x.

*Hoshi, Takeo (1998):* Japanese Corporate Governance as a System, in: Comparative Corporate Governance – The State of the Art and Emerging Research –, ed. by Klaus J. Hopt et al., Oxford, New York 1998, S. 847-875.

*Hötzel, Oliver/Beckmann, Klaus (2000):* Einfluss der Unternehmenssteuerreform 2001 auf die Unternehmensbewertung, in: Die Wirtschaftsprüfung, 53. Jg. (2000), S. 696-701.

*Hueck, Alfred (1947):* Der Treuegedanke im modernen Privatrecht; Sitzungsbericht der Bayerischen Akademie der Wissenschaften, Philosophisch-historische Klasse, Jg. 1944/46, Heft 7, München 1947.

*Hueck, Alfred (1968):* §§ 1, 54, in: Beck`scher Kurzkommentar zum Aktiengesetz, begründet von Adolf Baumbach, fortgeführt von Alfred Hueck und Götz Hueck, 13., völlig neu bearbeitete Auflage, München 1968.

*Hueck, Götz (1958):* Der Grundsatz der gleichmäßigen Behandlung im Privatrecht, München 1958.

*Hüffer, Uwe (1984):* § 243, in: Kommentar zum Aktiengesetz, 9. Lieferung, §§ 241-261, hrsg. von Ernst Geßler et al., München 1984.

*Hüffer, Uwe (1990):* Zur gesellschaftsrechtlichen Treupflicht als richterrechtliche Generalklausel, in: Festschrift für Ernst Steindorff zum 70. Geburtstag am 13. März 1990, hrsg. von Jürgen F. Bauer et al., Berlin, New York 1990, S. 59-78.

*Hüffer, Uwe (2001):* §§ 243, 245, 271, in: Münchener Kommentar zum Aktiengesetz, Band 7, §§ 222-277, hrsg. von Bruno Kropff, Johannes Semler, 2. Auflage, München 2001.

*Hüffer, Uwe (2002):* Kurzkommentar zum Aktiengesetz, 5., neubearbeitete Auflage, München 2002.

*Hull, John C. (2000):* Options, Futures, & Other Derivatives, 4$^{th}$ Edition, London et al. 2000.

*Hume, David (1973):* Ein Traktat über die menschliche Natur (A Treatise of Human Nature), Buch I-III. Deutsch mit Anmerkungen und Register von Theodor Lipps. Mit einer Einführung neu herausgegeben von Reinhard Brandt, Hamburg 1973.

*Hundsdoerfer, Jochen (2001):* Beteiligungsaufwendungen im Halbeinkünfteverfahren, in: Betriebs-Berater, 56. Jg. (2001), S. 2242-2250.

*Hüttemann, Rainer (2001):* Börsenkurs und Unternehmensbewertung, in: Zeitschrift für Unternehmens- und Gesellschaftsrecht, 30. Jg. (2001), S. 454-478.

*Hüttemann, Rainer (2004):* BB-Gesetzgebungsreport: Internationalisierung des deutschen Handelsbilanzrechts im Entwurf des Bilanzrechtsreformgesetzes, in: Betriebs-Berater, 59. Jg. (2004), S. 203-209.

*IDW (1983):* Stellungnahme HFA 2/1983: Grundsätze zur Durchführung von Unternehmensbewertungen, in: Die Wirtschaftsprüfung, 36. Jg. (1983), S. 468-480.

*IDW (2000a):* Wirtschaftsprüfer-Handbuch, Band I, bearbeitet von Gerd Geib et al., 12. Auflage, Düsseldorf 2000.

*IDW (2000b):* IDW-Standard: Grundsätze zur Durchführung von Unternehmensbewertungen (IDW S 1), in: Die Wirtschaftsprüfung, 53. Jg. (2000), S. 825-842.

*IDW (2002):* Wirtschaftsprüfer-Handbuch, Band II, bearbeitet von Hans Friedrich Gelhausen et al., 12. Auflage, Düsseldorf 2002.

*IDW (2005a):* Entwurf einer Neufassung des IDW Standard: Grundsätze zur Durchführung von Unternehmensbewertungen (IDW ES 1 n. F.), Stand: 9.12.2004, in: IDW-Fachnachrichten, o. Jg. (2005), Nr. 1-2, S. 13-42.

*IDW (2005b):* IDW-Standard: Grundsätze zur Durchführung von Unternehmensbewertungen (IDW S 1), in: Die Wirtschaftsprüfung, 58. Jg. (2005), S. 1303-1321.

*Immenga, Ulrich (1970):* Die personalistische Kapitalgesellschaft, Bad Homburg vor der Höhe 1970.

*Jahn, Joachim (2004):* Ein Kleinaktionär kann ein Unternehmen in den Ruin treiben, in: Frankfurter Allgemeine Zeitung, 25. November 2004, Nr. 276, S. 24.

*Jahn, Joachim (2005):* UMAG: Das Aus für „räuberische Aktionäre“ oder neues Erpressungspotenzial?, in: Betriebs-Berater, 60. Jg. (2005), S. 5-13.

*Janke, Matthias (2003):* Gesellschaftsrechtliche Treuepflicht – Neubewertung der richterrechtlichen Generalklausel im Rahmen einer rechtsvergleichenden und ökonomischen Analyse –, Frankfurt am Main et al. 2003.

*Jennings, Richard W. (1956):* Trading in Corporate Control, in: California Law Review, Vol. 44 (1956), S. 1-39.

*Jensen, Michael C. (1983):* Organization Theory and Methodology, in: The Accounting Review, Vol. 58 (1983), S. 319-339.

*Jensen, Michael C. (1986):* Agency Costs of Free Cash Flow, Corporate Finance, and Takeovers, in: The American Economic Association Papers and Proceedings, Vol. 76 (1986), S. 323-329.

*Jensen, Michael C. (1988a):* Takeovers: Their Causes and Consequences, in: The Journal of Economic Perspective, Vol. 2 (1988), S. 21-48.

*Jensen, Michael C. (1988b):* The Takeover Controversy: Analysis and Evidence, in: Knights, Raiders, and Targets – The Impact of the Hostile Takeover, ed. by John C. Coffee, Jr. et al., New York 1988, S. 316-354.

*Jensen, Michael C. (1989)* The Eclipse of the Public Corporation, in: Harvard Business Review, Vol. 67 (1989), S. 61-74.

*Jensen, Michael C. (1992):* Arbitrage, Information Theft and Insider Trading, in: The New Palgrave Dictionary of Money & Finance, ed. by Peter Newman et al., Vol. 1, New York 1992, S. 50-52.

*Jensen, Michael C./Meckling, William H. (1976):* Theory of the Firm: Managerial Behavior, Agency Costs and Ownership Structure, in: Journal of Financial Economics, Vol. 3 (1976), S. 305-360.

*Jensen, Michael C./Ruback, Richard S. (1983):* The Market for Corporate Control – The Scientific Evidence, in: Journal of Financial Economics, Vol. 11 (1983), S. 5-50.

*Jindra, Jan/Walkling, Ralph (2001):* Speculation Spreads and the Market Pricing of Proposed Acquisitions, Working Paper, Ohio State University 2001, (abrufbar unter: http://www.ssrn.com).

*Jonas, Martin/Löffler, Andreas/Wiese, Jörg (2004):* Das CAPM mit deutscher Einkommensteuer, in: Die Wirtschaftsprüfung, 57. Jg. (2004), S. 898-906.

*Joussen, Peter (2000):* Der Auskunftsanspruch des Aktionärs – Versuch einer Neuorientierung, in: Die Aktiengesellschaft, 45. Jg. (2000), S. 241-257.

*Kahan, Marcel (1993):* Sales of Corporate Control, in: The Journal of Law, Economics, & Organization, Vol. 9 (1993), S. 368-379.

*Kaldor, Nicholas (1939):* Welfare Propositions of Economics and Interpersonal Comparisons of Utility, in: The Economic Journal, Vol. 49 (1939), S. 549-552.

*Kallmeyer, Harald (1999):* Ausschluß von Minderheitsaktionären, in: Die Aktiengesellschaft, 44. Jg. (1999), S. 59-61.

*Kalss, Susanne/Zollner, Johannes (2004):* Kapitalmarktrechtliche Überlegungen zum „Squeeze out" börsennotierter Unternehmen, in: Österreichisches Bankarchiv, 52. Jg. (2004), S. 237-252.

*Kann, Jürgen/Hirschmann, Jörn (2003):* Das neue Spruchverfahrensgesetz – Konzentration und Beschleunigung einer bewährten Institution, in: Deutsches Steuerrecht, 41. Jg. (2003), S. 1488-1494.

*Kant, Immanuel (1965):* Grundlegung zur Metaphysik der Sitten, hrsg. von Karl Vorländer, 3. Auflage, Hamburg 1965.

*Kaplan, Steven (1989a):* Management Buyouts: Evidence on Taxes as a Source of Value, in: The Journal of Finance, Vol. 44 (1989), S. 611-632.

*Kaplan, Steven (1989b):* The Effects of Management Buyouts on Operating Performance and Value, in: Journal of Financial Economics, Vol. 24 (1989), S. 217-254.

*Kaplan, Steven (1991):* The Staying Power of Leveraged Buyouts, in: Journal of Financial Economics, Vol. 29 (1991), S. 287-313.

*Kaplow, Louis/Shavell, Steven (1996):* Property Rules Versus Liability Rules: An Economic Analysis, in: Harvard Law Review, Vol. 109 (1996), S. 713-790.

*Karolyi, Andrew/Shannon, John (1999):* Where's the Risk in Risk Arbitrage?, in: Canadian Investment Review (1999), (abrufbar unter: http://www.investmentreview.com/archives/1999/).

*Kaufmann, Arthur (1977):* Recht und Gerechtigkeit in schematischer Darstellung, in: Einführung in Rechtsphilosophie und Rechtstheorie der Gegenwart, hrsg. von Arthur Kaufmann und Winfried Hassemer, Heidelberg, Karlsruhe 1977, S. 273-302.

*Kelsen, Hans (1960):* Reine Rechtslehre, 2. Auflage, Wien 1960.

*Kemper, Oliver/Schiereck, Dirk (2002)* Going Privates in Deutschland (I), in: WISU, 31. Jg., S. 88-92; Teil (II), in: Das Wirtschaftsstudium (WISU), 31. Jg. (2002), S. 217-223.

*Kempf, Alexander (1999):* Wertpapierliquidität und Wertpapierpreise, Wiesbaden 1999.

*Kersting, Wolfgang (1994):* Die Politische Philosophie des Gesellschaftsvertrags, Darmstadt 1994.

*Kindler, Peter (1998):* Bezugsrechtsausschluß und unternehmerisches Ermessen nach deutschem und europäischem Recht, in: Zeitschrift für Unternehmens- und Gesellschaftsrecht, 27. Jg. (1998), S. 35-68.

*Kindler, Peter (2001):* Konzernrecht und Kapitalmarktrecht in Italien, in: Konzernrecht für Europa, hrsg. von Peter Hommelhoff et al., München 2001, S. 123-167.

*Kindler, Peter/Horstmann, Hendrik (2004):* Die EU-Übernahmerichtlinie – Ein „europäischer" Kompromiss, in: Deutsches Steuerrecht, 42. Jg. (2004), S. 866-873.

*Kini, Omesh/Kracaw, William/Mian, Shehzad (1995):* Corporate Takeovers, Firm Performance, and Board Composition, in: Journal of Corporate Finance, Vol. 1 (1995), S. 383-412.

*Kirchgässner, Gebhard (2000):* Homo Oeconomicus – Das ökonomische Modell individuellen Verhaltens und seine Anwendung in den Wirtschafts- und Sozialwissenschaften, 2. Auflage, Tübingen 2000.

*Kittner, Michael/Kohler, Thomas C. (2000):* Kündigungsschutz in Deutschland und den USA, in: Betriebs-Berater, Beilage 4, 55. Jg. (2000), S. 1-29.

*Klein, Benjamin/Crawford, Robert G./Alchian, Armen A. (1978):* Vertical Integration, Appropriable Rents, and the Competitive Contracting Process, in: The Journal of Law & Economics, Vol. 21 (1978), S. 297-326.

*Koch, Stefan (2005):* Neuerungen im Insiderrecht und der Ad-hoc-Publizität, in: Der Betrieb, 58. Jg. (2005), S. 267-274.

*Kohl, Torsten/Schulte, Jörn (2000):* Ertragswertverfahren und DCF-Verfahren – Ein Überblick vor dem Hintergrund der Anforderungen des IDW S 1, in: Die Wirtschaftsprüfung, 53. Jg. (2000), S. 1147-1164.

*Köke, F. Jens (2001):* New Evidence on Ownership Structures in Germany, in: Kredit und Kapital, 34. Jg. (2001), S. 257-292.

*Koller, Peter (2001):* Soziale Gerechtigkeit – Begriff und Begründung, Vienna Working Papers in Legal Theory, Political Philosophy, and Applied Ethics, No. 24, ed. by Nikolaus Forgó and Alexander Somek, Wien 2001.

*Kort, Michael (1990):* Zur Treuepflicht des Aktionärs, in: Zeitschrift für Wirtschaftsrecht, 11. Jg. (1990), S. 294-297.

*Kossmann, Alfred (1999):* Ausschluß („Freeze-out") von Aktionären gegen Barabfindung, in: Neue Zeitschrift für das Gesellschaftsrecht, 2. Jg. (1999), S. 1198-1203.

*Kraft, Alfons (1976):* § 237 AktG, in: Kölner Kommentar zum Aktiengesetz, Band 2, 4. Lieferung, hrsg. von Wolfgang Zöllner, Köln et al. 1976.

*Kraft, Alfons (1988):* § 11 AktG, in: Kölner Kommentar zum Aktiengesetz, Band 1, §§ 1 – 75 AktG, 2., neubearbeitete und erweiterte Auflage, hrsg. von Wolfgang Zöllner, Köln et al. 1988.

*Kraft, Gerhard/Bäuml, Swen Oliver (2004):* Verfassungswidrigkeit der Spekulationsgewinnbesteuerung bei Wertpapieren: Eine Analyse der jüngsten Urteile des BVerfG und des BFH sowie ihrer Folgen für die Konzeption der Besteuerung privater Veräußerungsgeschäfte, in: Der Betrieb, 57. Jg. (2004), S. 615-620.

*Krag, Joachim (1978):* Lösungsvorschlag zur Bestimmung einer angemessenen Barabfindung nach § 305 AktG, in: Betriebswirtschaftliche Forschung und Praxis, 30. Jg. (1978), S. 254-261.

*Krag, Joachim (1993):* Unternehmensbewertung (Sammelrezension), in: Die Betriebswirtschaft, 53. Jg. (1993), S. 683-694.

*Krauss, Michael I. (2000):* Property Rules vs. Liability Rules, in: Encyclopedia of Law and Economics, Volume II, Civil Law and Economics, ed. by Boudewijn Bouckaert, Gerrit De Geest, Cheltenham 2000, S. 782-794.

*Kress, Sabine L. (1996):* Effizienzorientierte Kapitalmarktregulierung, Wiebaden 1996.

*Krieger, Gerd (2000):* Beschlusskontrolle bei Kapitalherabsetzungen, in: Zeitschrift für Unternehmens- und Gesellschaftsrecht, 29. Jg. (2000), S. 885-907.

*Krieger, Gerd (2002):* Squeeze-out nach neuem Recht: Überblick und Zweifelsfragen, in: Betriebs-Berater, 57. Jg. (2002), S. 53-62.

*Krog, Markus (2000):* Marktorientierung und gesellschaftsrechtliche Unternehmensbewertung, Wiesbaden 2000.

*Kronman, Anthony T. (1980):* Wealth Maximization as a Normative Principle, in: The Journal of Legal Studies, Vol. 9 (1980), S. 227-242.

*Kropff, Bruno (1965):* Aktiengesetz, Düsseldorf 1965.

*Krüsselberg, Hans-Günter (1983):* Property Rights-Theorie und Wohlfahrtsökonomik, in: Property Rights und ökonomische Theorie, hrsg. von Alfred Schüller, München 1983, S. 45-77.

*Kubis, Dietmar (2004):* § 131, in: Münchener Kommentar zum Aktiengesetz, Band 4, §§ 118-147, hrsg. von Bruno Kropff und Johannes Semler, 2. Auflage, München 2004.

*Kübler, Friedrich (1990):* Effizienz als Rechtsprinzip – Überlegungen zum rechtspraktischen Gebrauch ökonomischer Argumente, in: Festschrift für Ernst Steindorff zum 70. Geburtstag am 13. März 1990, hrsg. von Jürgen F. Bauer et al., Berlin, New York 1990, S. 687-704.

*Kübler, Friedrich (1998):* Gesellschaftsrecht – Die privatrechtlichen Ordnungsstrukturen und Regelungsprobleme von Verbänden und Unternehmen, 5., neubearbeitete und erweiterte Auflage, Heidelberg 1998.

*Kuhner, Christoph (1998):* Verfügungsrechte an Unternehmensinformationen – Die Verrechtlichung des Informationsflusses zwischen Unternehmen und Kapitalmarkt im Blickfeld ökonomischer Analysen, München 1998.

*Kuhner, Christoph (2004a):* Unternehmensinteresse vs. Shareholder Value als Leitmaxime kapitalmarktorientierter Aktiengesellschaften, in: Zeitschrift für Unternehmens- und Gesellschaftsrecht, 33. Jg. (2004), S. 244-279.

*Kuhner, Christoph (2004b):* Ökonomische Analyse des Rechts, in: Handwörterbuch der Unternehmensführung und Organisation, 4. Auflage, hrsg. von Georg Schreyögg, Axel v. Werder, Stuttgart 2004, Sp. 957-966.

*Kuhner, Christoph/Maltry, Helmut (2005):* Grundzüge der Unternehmensbewertung, Köln 2005. (erscheint in 2006).

*Kuhner, Christoph/Schilling, Dirk (2002):* Maßnahmen der Unternehmensleitung zur Abwehr von Unternehmensübernahmen in der rechts- und wirtschaftspolitischen Diskussion, in: Betriebswirtschaftliche Forschung und Praxis, 54. Jg. (2002), S. 445-477.

*Külp, Bernhard (1975):* Wohlfahrtsökonomik I: Die Wohlfahrtskriterien, Tübingen 1975.

*Kumar, Krishna B./Rajan, Raghuran G./Zingales, Luigi (1999):* What Determines Firm Size?, University of Chicago Graduate School of Business, The Center for Research in Security Prices, Working Paper No. 496, 1999, (abrufbar unter: http://www.ssrn.com).

*Kunowski, Stefan (2005):* Änderung des IDW-Standards zu den Grundsätzen zur Durchführung von Unternehmensbewertungen, in: Deutsches Steuerrecht, 43. Jg. (2005), S. 569-573.

*Kuthe, Thorsten (2004a):* BB-Gesetzgebungsreport: Die Fortsetzung der Aktienrechtsreform durch den Entwurf eines Gesetzes zur Unternehmensintegrität und Modernisierung des Anfechtungsrechts, in: Betriebs-Berater, 59. Jg. (2004), S. 449-451.

*Kuthe, Thorsten (2004b):* Änderungen des Kapitalmarktrechts durch das Anlegerschutzverbesserungsgesetz, in: Zeitschrift für Wirtschaftsrecht, 25. Jg. (2004), S. 883-888.

*Küting, Karlheinz (1981):* Zur Bedeutung und Analyse von Verbundeffekten im Rahmen der Unternehmensbewertung, in: Betriebswirtschaftliche Forschung und Praxis, 33. Jg. (1981), S. 175-189.

*Küting, Karlheinz (2003):* Der Ausschluss von Minderheiten nach altem und neuem Recht – unter besonderer Berücksichtigung des „Squeeze Out", in: Deutsches Steuerrecht, 41. Jg. (2003), S. 838-844.

*Kyle, Albert S. (1985):* Continuous Auctions and Insider Trading, in: Econometrica, Vol. 53 (1985), S. 1315-1335.

*Kyle, Albert S./Vila, Jean-Luc (1991):* Noise Trading and Takeovers, in: The RAND Journal of Economics, Vol. 22 (1991), S. 54-71.

*La Porta, Rafael/Lopez-de-Silanes, Florencio/Shleifer, Andrei (1999):* Corporate Ownership Around the World, in: The Journal of Finance, Vol. 54 (1999), S. 471-517.

*La Porta, Rafael/Lopez-de-Silanes, Florencio/Shleifer, Andrei/Vishny, Robert W. (1998):* Law and Finance, in: Journal of Political Economy, Vol. 106 (1998), S. 1113-1155.

*La Porta, Rafael/Lopez-de-Silanes, Florencio/Shleifer, Andrei/Vishny, Robert W. (1997):* Legal Determinants of External Finance, in: The Journal of Finance, Vol. 52 (1997), S. 1131-1150.

*La Porta, Rafael/Lopez-de-Silanes, Florencio/Shleifer, Andrei/Vishny, Robert W. (2002):* Investor Protection and Corporate Valuation, in: The Journal of Finance, Vol. 57 (2002), S. 1147-1170.

*La Porta, Rafael/Lopez-de-Silanes, Florencio/Shleifer, Andrei/Vishny, Robert W. (2000):* Agency Problems and Dividend Policies Around the World, in: The Journal of Finance, Vol. 55 (2000), S. 1-33.

*Land, Volker/Hasselbach, Kai (2000):* „Going Private" und „Squeeze-out" nach deutschem Aktien-, Börsen- und Übernahmerecht, in: Der Betrieb, 53. Jg. (2000), S. 557-562.

*Larenz, Karl/Canaris, Claus-Wilhelm (1995)*: Methodenlehre der Rechtswissenschaft, 3. Auflage, Berlin et al. 1995.

*Lehn, Kenneth/Poulsen, Annette (1989):* Free Cash Flow and Stockholder Gains in Going Private Transactions, in: The Journal of Finance, Vol. 44 (1989), S. 771-787.

*Lenel, Hans Otto (1992):* Über den Markt für Unternehmenskontrolle, in: Der Markt für Unternehmenskontrolle, hrsg. von Helmut Gröner, Berlin 1992, S. 9-26.

*LeRoy, Stephen F. (1976):* Efficient Capital Markets: Comment, in: The Journal of Finance, Vol. 31 (1976), S. 139-141.

*LeRoy, Stephen F. (1989):* Efficient Capital Markets and Martingales, in: Journal of Economic Literature, Vol. 27 (1989), S. 1583-1621.

*Lev, Baruch (1988):* Toward a Theory of Equitable and Efficient Accounting Policy, in: The Accounting Review, Vol. 63 (1988), S. 1-22.

*Leventhal, Gerald S. (1980):* What Should Be Done with Equity Theory? New Approaches to the Study of Fairness in Social Relationships, in: Social Exchange, Advances in Theory and Research, ed. by Kenneth J. Gergen, Martin S. Greenberg and Richard H. Willis, New York, London 1980, S. 27-55.

*Lichtenberg, Frank R./Siegel, Donald (1989):* The Effect of Takeovers on the Employment and Wages of Central-Office and other Personnel, in: NBER Working Paper Series, Working Paper No. 2895, Cambridge 1989, (abrufbar unter: http://www.ssrn.com).

*Lichtenberg, Frank R./Siegel, Donald (1990):* The Effects of Leveraged Buyouts on Productivity and Related Aspects of Firm Behavior, in: Journal of Financial Economics, Vol. 27 (1990), S. 165-194.

*Lintner, John (1965):* The Valuation of Risk Assets and the Selection of Risky Investments in Stock Portfolios and Capital Budgets, in: The Review of Economics and Statistics, Vol. 47 (1965), S. 13-37.

*Little, I. M. D. (1957):* A Critique of Welfare Economics, 2nd Edition, Oxford 1957.

*Locke, John (1967):* Zwei Abhandlungen über die Regierung. Hrsg. und eingeleitet von Walter Euchner, Frankfurt am Main 1967.

*Löhr, Dirk/Rams, Andreas (2000):* Unternehmensbewertung mit Realoptionen – Berücksichtigung strategisch-dynamischer Flexibilität, in: Betriebs-Berater, 55. Jg. (2000), S. 1983-1989.

*Luce, R. Duncan/Raiffa, Howard (1957):* Games and Decisions, New York 1957.

*Luhmann, Niklas (1974):* Rechtssystem und Rechtsdogmatik, Stuttgart et al. 1974.

*Luhmann, Niklas (1993):* Das Recht der Gesellschaft, 1. Auflage, Frankfurt am Main 1993.

*Lukas (1980):* Lukas-Evangelium, in: Die Bibel, Altes und Neues Testament, Einheitsübersetzung, hrsg. im Auftrag der Bischöfe Deutschlands et al., Freiburg et al. 1980.

*Lutter, Marcus (1976):* Zur Treuepflicht des Großaktionärs, in: Juristen Zeitung, 31. Jg. (1976), S. 225-233.

*Lutter, Marcus (1978):* Die entgeltliche Ablösung von Anfechtungsrechten - Gedanken zur aktiven Gleichbehandlung im Aktienrecht, in: Zeitschrift für Unternehmens- und Gesellschaftsrecht, 7. Jg. (1978), S. 347-372.

*Lutter, Marcus (1979):* Materielle und förmliche Erfordernisse eines Bezugsrechtsausschlusses – Besprechung der Entscheidung BGHZ 71, 40 (Kali + Salz) –, in: Zeitschrift für Unternehmens- und Gesellschaftsrecht, 8. Jg. (1979), S. 401-418.

*Lutter, Marcus (1980):* Theorie der Mitgliedschaft – Prolegomena zu einem Allgemeinen Teil des Korporationsrechts -, in: Archiv für die civilistische Praxis, Band 180 (1980), S. 84-159.

*Lutter, Marcus (1981):* Zur inhaltlichen Begründung von Mehrheitsentscheidungen – Besprechung der Entscheidung BGH WM 1980, 378 –, in: Zeitschrift für Unternehmens- und Gesellschaftsrecht, 10. Jg. (1981), S. 171-182.

*Lutter, Marcus (1988a):* § 58 AktG, in: Kölner Kommentar zum Aktiengesetz, Band 1, §§ 1-75 AktG, 2., neubearbeitete und erweiterte Auflage, hrsg. von Wolfgang Zöllner, Köln et al. 1988.

*Lutter, Marcus (1988b):* Zur Abwehr räuberischer Aktionäre, in: 40 Jahre Der Betrieb, Stuttgart 1988, S. 193-210.

*Lutter, Marcus (1989):* Die Treupflicht des Aktionärs – Bemerkungen zur Linotype-Entscheidung des BGH –, in: Zeitschrift für das gesamte Handelsrecht und Wirtschaftsrecht, Band 153 (1989), S. 446-471.

*Lutter, Marcus (1990):* § 186 AktG, in: Kölner Kommentar zum Aktiengesetz, Band 5, 1. Lieferung, §§ 179-220, 2., neubearbeitete und erweiterte Auflage, hrsg. von Wolfgang Zöllner, Köln et al. 1990.

*Lutter, Marcus (1993a):* § 237 AktG, in: Kölner Kommentar zum Aktiengesetz, Band 5, 2. Lieferung, §§ 221-240, 2., neubearbeitete und erweiterte Auflage, hrsg. von Wolfgang Zöllner, Köln et al. 1993.

*Lutter, Marcus (1993b):* Genußrechtsfragen – Besprechung der Entscheidungen BGH ZIP 1992, 1542 (Klöckner) und BGH ZIP 1992, 1728 (Bremer Bankverein) –, in: Zeitschrift für Unternehmens- und Gesellschaftsrecht, 22. Jg. (1993), S.291-311.

*Lutter, Marcus (1998):* Treupflichten und ihre Anwendungsprobleme, in: Zeitschrift für das gesamte Handelsrecht und Wirtschaftsrecht, Band 162 (1998), S. 164-185.

*Lutter, Marcus/Drygala, Tim (1997):* Die Übertragende Auflösung: Liquidation der Aktiengesellschaft oder Liquidation des Minderheitenschutzes?, in: Aktien- und Bilanzrecht: Festschrift für Bruno Kropff, hrsg. von Karl-Heinz Forster et al., Düsseldorf 1997, S. 191-223.

*Lutter, Marcus/Leinekugel, Rolf (1999):* Planmäßige Unterschiede im umwandlungsrechtlichen Minderheitenschutz?, in: Zeitschrift für Wirtschaftsrecht, 20. Jg. (1999), S. 261-267.

*Luttermann, Claus (1999):* Zum Börsenkurs als gesellschaftsrechtliche Bewertungsgrundlage, in: Zeitschrift für Wirtschaftsrecht, 20. Jg. (1999), S. 45-52.

*MacKinlay, Graig A. (1997):* Event Studies in Economics and Finance, in: Journal of Economic Literature, Vol. 35 (1997), S. 13-39.

*Maher, J. Michael (1976):* Discounts for Lack of Marketability for Closely-Held Business Interests, in: Taxes, Vol. 54 (1976), S. 562-571.

*Maihofer, Werner (1965):* Die Natur der Sache, in: Die ontologische Begründung des Rechts, hrsg. von Arthur Kaufmann, Darmstadt 1965, S. 52-86.

*Mandl, Gerwald/Rabel, Klaus (1997):* Unternehmensbewertung – Eine praxisorientierte Einführung, Wien 1997.

*Manne, Henry G. (1965):* Mergers and the Market for Corporate Control, in: Journal of Political Economy, Vol. 73 (1965), S. 110-120.

*Manning, Bayless (1962):* The Shareholder's Appraisal Remedy: An Essay for Frank Coker, in: The Yale Law Journal, Vol. 72 (1962), S. 223-265.

*Marais, M. Laurentius/Schipper, Kathrine/Smith, Abbie J. (1988):* Wealth Effects of Going Private for Senior Securities, in: Journal of Financial Economics, Vol. 23 (1988), S. 155-191.

*Marris, Robin A. (1963):* A Model of the "Managerial" Enterprise, in: The Quarterly Journal of Economics, Vol. 77 (1963), S. 185-209.

*Marsch-Barner, Reinhard (1993):* Treuepflichten zwischen Aktionären und Verhaltenspflichten bei der Stimmrechtsbündelung – Prinzipienbildung und Differenzierung in der Praxis, in: Zeitschrift für das gesamte Handelsrecht und Wirtschaftsrecht, Band 157 (1993), S. 172-195.

*Martens, Klaus-Peter (1979):* Der Ausschluß des Bezugsrechts: BGHZ 33, S. 175 – Zum Interesse an wirtschaftlicher Selbständigkeit, in: Festschrift für Robert Fischer, hrsg. von Marcus Lutter et al., Berlin 1979, S. 437-460.

*Martens, Klaus-Peter (1990):* Die Treuepflicht des Aktionärs, in: Rechtsdogmatik und Rechtspolitik, hrsg. von Karsten Schmidt, Berlin 1990, S. 251-267.

*Matschke, Manfred Jürgen (1979):* Funktionale Unternehmensbewertung, Band II: Der Arbitriumwert, Wiesbaden 1979.

*Matschke, Manfred Jürgen (1981):* Unternehmensbewertung in dominierten Konfliktsituationen am Beispiel der Bestimmung der angemessenen Barabfindung für den ausgeschlossenen oder ausscheidungsberechtigten Minderheits-Kapitalgesellschafter, in: Betriebswirtschaftliche Forschung und Praxis, 33. Jg. (1981), S. 115-129.

*Maug, Ernst (2001):* Ownerhsip Structure and the Life-Cycle of the Firm: A Theory of the Decision to Go Public, Working Paper, Fuqua School of Business – Duke University 2001, (abrufbar unter: http://www.konzern-management.de/papers/ipo.pdf).

*Maug, Ernst (2004):* Efficiency and Fairness in Minority Freezeouts: Takeovers, Overbidding, and the Freeze-in Problem, Working Paper, School of Business and Economics, Humboldt Universität zu Berlin 2004.

*Maul, Silja/Muffat-Jeandet, Danièle (2004):* Die EU-Übernahmerichtlinie – Inhalt und Umsetzung in nationales Recht (Teil I), in: Die Aktiengesellschaft, 49. Jg. (2004), S. 221-234, (Teil II), S. 306-318.

*Mayer-Maly, Theo (1983):* Eigentum und Verfügungsrechte in der neueren deutschen Rechtsgeschichte, in: Ansprüche, Eigentums- und Verfügungsrechte, Arbeitstagung des Vereins für Socialpolitik, Gesellschaft für Wirtschafts- und Sozialwissenschaften in Basel vom 26.-28. September 1983, hrsg. von Manfred Neumann, Berlin 1983, S. 25-40.

*Meilicke, Wienand/Heidel, Thomas (2001):* Anmerkung zum BGH-Beschluss vom 12.3.2001 – II ZB 15/00, in: Der Betrieb, 54. Jg. (2001), S. 973-975.

*Meilicke, Wienand/Heidel, Thomas (2003):* Das neue Spruchverfahren in der gerichtlichen Praxis, in: Der Betrieb, 56. Jg. (2003), S. 2267-2275.

*Meilicke, Wienand/Heidel, Thomas (2004):* UMAG: „Modernisierung" des Aktienrechts durch Beschränkung des Eigentumsschutzes der Aktionäre, in: Der Betrieb, 57. Jg. (2004), S. 1479-1487.

*Mellerowicz, Konrad (1952):* Der Wert der Unternehmung als Ganzes, Essen 1952.

*Menge, Hermann (1960):* Menge – Güthling, Enzyklopädisches Wörterbuch der lateinischen und deutschen Sprache, 1. Teil – Lateinisch – Deutsch, 12. Auflage, Berlin 1960.

*Menge, Hermann (1962):* Menge – Güthling, Enzyklopädisches Wörterbuch der griechischen und deutschen Sprache, 1. Teil – Griechisch – Deutsch, 17. Auflage, Berlin 1962.

*Merkt, Hanno (1991):* US-amerikanisches Gesellschaftsrecht, Heidelberg 1991.

*Mertens, Hans-Joachim (1988):* § 76, in: Kölner Kommentar zum Aktiengesetz, Band 2, 1. Lieferung, §§ 76-94, 2., neubearbeitete und erweiterte Auflage, hrsg. von Wolfgang Zöllner, Köln et al. 1988.

*Mertens, Hans-Joachim (1992):* Zur Geltung des Stand-alone-Prinzips für die Unternehmensbewertung bei der Zusammenführung von Unternehmen, in: Die Aktiengesellschaft, 37. Jg. (1992), S. 321-335.

*Mertens, Kai (2002):* Der Auskauf von Minderheitsaktionären in gemeinschaftlich beherrschten Unternehmen, in: Die Aktiengesellschaft, 47. Jg. (2002), S. 377 – 383.

*Merton, Robert C. (1973):* Theory of Rational Option Pricing, in: The Bell Journal of Economics, Vol. 4 (1973), S. 141-183.

*Mestmäcker, Ernst-Joachim (1958):* Verwaltung, Konzerngewalt und Rechte der Aktionäre – Eine rechtsvergleichende Untersuchung nach deutschem Aktienrecht und dem Recht der Corporations in den Vereinigten Staaten, Karlsruhe 1958.

*Meyer, Willi (1983):* Entwicklung und Bedeutung des Property Rights-Ansatzes in der Nationalökonomie, in: Property Rights und ökonomische Theorie, hrsg. von Alfred Schüller, München 1983, S. 1-43.

*Miles, James A./Ezzell, John R. (1980):* The Weighted Cost of Capital, Perfect Capital Markets, and Project Life: A Clarification, in: The Journal of Financial and Quantitative Analysis, Vol. 15 (1980), S. 719-730.

*Miller, Edwards (1977):* Risk, Uncertainty, and the Divergence of Opinions, in: The Journal of Finance, Vol. 32 (1977), S. 1151-1168.

*Mises, Ludwig von (1949):* Human Action – A Treatise on Economics, New Haven 1949.

*Mißler-Behr, Magdalena (1993):* Methoden der Szenarioanalyse, Wiesbaden 1993.

*Mitchell, Mark/Pulvino, Todd (2001):* Characteristics of Risk and Return in Risk Arbitrage, in: The Journal of Finance, Vol. 56 (2001), S. 2135-2175.

*Modigliani, Franco/Miller, Merton H. (1958):* The Cost of Capital, Corporation Finance, and the Theory of Investment, in: The American Economic Review, Vol. 48 (1958), S. 261-297.

*Möllers, Thomas M. J. (1997):* Anlegerschutz durch Aktien- und Kapitalmarktrecht – Harmonisierungsmöglichkeiten nach geltendem und künftigem Recht –, in: Zeitschrift für Unternehmens- und Gesellschaftsrecht, 26. Jg. (1997), S. 334-367.

*Moroney, Robert E. (1973):* Most Courts Overvalue Closely Held Stocks, in: Taxes, Vol. 51 (1973), S. 144-154.

*Moser, Ulrich/Prüher, Markus (2002):* Vorteilhaftigkeit von Squeeze-outs am deutschen Markt, in: Finanz Betrieb, 4. Jg. (2002), S. 361-366.

*Mossin, Jan (1966):* Equilibrium in a Capital Asset Market, in: Econometrica, Vol. 34 (1966), S. 768-783.

*Moxter, Adolf (1983):* Grunsätze ordnungsmäßiger Unternehmensbewertung, 2., vollständig umgearbeitete Auflage, Wiesbaden 1983.

*Mülbert, Peter O. (1996):* Aktiengesellschaft, Unternehmensgruppe und Kapitalmarkt, 2., unveränderte Auflage, München 1996.

*Mülbert, Peter O. (1997):* Shareholder Value aus rechtlicher Sicht, in: Zeitschrift für Unternehmens- und Gesellschaftsrecht, 26. Jg. (1997), S. 129-172.

*Müller, Holger M./Panunzi, Fausto (2004):* Tender Offers and Leverage, in: The Quarterly Journal of Economics, Vol. 129 (2004), 1217-1248.

*Müller, Jürgen/Vogelsang, Ingo (1979):* Staatliche Regulierung: Regulated Industries in den USA und Gemeinwohlbindung in wettbewerblichen Ausnahmebereichen in der Bundesrepublik Deutschland, Baden Baden 1979.

*Müller-Erzbach, Rudolf (1948):* Das private Recht der Mitgliedschaft als Prüfstein eines kausalen Rechtsdenkens, Weimar 1948.

*Müntefering, Franz (2005):* Rede des SPD-Parteivorsitzenden Franz Müntefering auf dem 3. Programmforum der SPD: „Demokratie. Teilhabe, Zukunftschancen, Gerechtigkeit", am Mittwoch, dem 13. April 2005, Willy-Brandt-Haus, Berlin, (abrufbar unter: http://www.spd.de).

*Myers, Stewart C. (1977):* Determinants of Corporate Borrowing, in: Journal of Financial Economics, Vol. 5 (1977), S. 147-176.

*Myers, Stewart C. (2000):* Outside Equity, in: The Journal of Finance, Vol. 55 (2000), S. 1005-1037.

*Nabben, Stefan/Rudolph, Bernd (1994):* Funktionen der Börse als Marktplatz und Dienstleister, in: Schriften des Instituts für Kapitalmarktforschung der Johann Wolfgang Goethe-Universität, Frankfurt am Main 1994, Beiträge zur Theorie der Finanzmärkte Nr. 6.

*Nelson, Leonard (1924):* System der philosophischen Rechtslehre und Politik, Leipzig 1924.

*Neumann, John von/Morgenstern, Oskar (1947):* Theory of Games and Economic Behavior, 2nd Edition, Princeton 1947.

*Neumann, Lothar F. (1983):* Rechtssicherheit, soziale Sicherheit, ökonomische Sicherheit: Sozialökonomische Lösungsversuche des Problems nicht beabsichtigter Folgen sozialen Handelns, Hannover 1983.

*Neumann, Lothar F. (2005):* There's no such thing as a free lunch – Allokation, Management von Risiken und Finanzierung von Familieneinkommen im Lebenszyklus, in: Wirtschaftspolitik in offenen Demokratien, Festschrift für Uwe Jens, hrsg. von Lothar F. Neumann, Hajo Romahn, Marburg 2005, S. 317-338.

*Neumann, Lothar F. (2006):* Kosmopoliten im Global Village. Shareholder, Stakeholder, Index-Tracker, Bondholder, Frankfurt am Main et al. 2006.

*Neus, Werner (1989):* Ökonomische Agency-Theorie und Kapitalmarktgleichgewicht, Wiesbaden 1989.

*Neye, Hans-Werner (2002):* Spruchverfahrensneuordnungsgesetz, in: Zeitschrift für Wirtschafts-recht, 23. Jg. (2002), S. 2097-2108.

*O. V. (2002):* Beim Squeeze-out winkt eine Extra-Prämie. Spekulation auf Abfindung kann sich lohnen, in: Handelsblatt vom 17.10.2002, Nr. 200, S. 38.

*O. V. (2004a):* Eine handvoll Opponenten blockiert das Sanierungskonzept von Karstadt-Quelle, in: Frankfurter Allgemeine Zeitung, 24. November 2004, Nr. 275, S. 15.

*O. V. (2004b):* Karstadt-Sanierung, Rettung in letzter Minute, in: Spiegel Online, 26. November 2004, S. 1-2, (abrufbar unter: http://www.spiegel.de/wirtschaft/0,1518,329716,00.html).

*O. V. (2004c):* Milliardenkredit für Karstadt-Quelle ist gesichert, in: FAZ.NET, 26. November 2004, S. 1-2, (abrufbar unter: http://www.faz.net).

*O. V. (2004d):* Aktionärsschützer gegen Satzungsänderung bei Infineon, in: Frankfurter Allgemeine Zeitung, 11. Dezember 2004, Nr. 290, S. 16.

*O. V. (2004e):* Bei Übernahmen automatisch Lästigkeitsprämien kassieren, in: Zertifikate-Journal, Heft 17/2004, S. 4-5.

*O. V. (2005):* Wirbel um „Heuschrecken-Liste", in: Financial Times Deutschland, 29.4.2005, (abrufbar unter: http://ftd.de/pw/de/5321.html).

*Oechsler, Jürgen (2001):* § 237, in: Münchener Kommentar zum Aktiengesetz, Band 7, §§ 222-277, hrsg. von Bruno Kropff und Johannes Semler, 2. Auflage, München 2001.

*Okun, Arthur M. (1975):* Equality and Efficiency – The Big Tradeoff, Washington D.C. 1975.

*Olbrich, Michael (2000):* Zur Bedeutung des Börsenkurses für die Bewertung von Unternehmungen und Unternehmungsanteilen, in: Betriebswirtschaftliche Forschung und Praxis, 52. Jg. (2000), S. 454-465.

*Oliver, Robert/Meyers, Roy (2000):* Discounts Seen in Private Placements of Restricted Stock: The Management Planning, Inc., Long-Term Study (1980-1996), in: The Handbook of Advanced Business Valuation, ed. by Robert F. Reilly, Robert P. Schweihs, New York 2000, S. 97-116.

*Orlopp, Bettina (2003):* Abfindungen von Minderheitsaktionären, Frankfurt am Main et al. 2003.

*Ossadnik, Wolfgang (1990):* Die Zurechnung von Synergieeffekten bei der Verschmelzung von Kapitalgesellschaften – Anmerkungen zur Bestimmung eines „angemessenen" Umtauschverhältnisses der Gesellschaftsanteile, in: Betriebswirtschaftliche Forschung und Praxis, 42. Jg. (1990), S. 457-471.

*Ossadnik, Wolfgang (1995):* Aufteilung von Synergieeffekten bei Verschmelzungen, in: Zeitschrift für Betriebswirtschaft, 65. Jg. (1995), S. 69-88.

*Pagano, Marco (1993):* The Flotation of Companies on the Stock Market – a Coordination Failure Model, in: European Economic Review, Vol. 37 (1993), S. 1101-1125.

*Papier, Hans-Jürgen (2003):* Artikel 14, in: Kommentar zum Grundgesetz, hrsg. von Theodor Maunz et al., München 2003.

*Pareto, Vilfredo (1971):* Manual of Political Economy. Translated by Ann S. Schwier, ed. by Ann S. Schwier, Alfred N. Page, London 1971.

*Parsons, Talcott (1949):* The Structure of Social Action – A Study in Social Theory with Special Reference to a Group of Recent European Writers, 2nd Edition, Glencoe 1949.

*Peemöller, Volker H. (2002):* Grundlagen der Unternehmensbewertung, Teil A: Wert und Werttheorien, Teil B: Anlässe der Unternehmensbewertung, Teil C: Grundsätze ordnungsmäßiger Unternehmensbewertung, in: Praxishandbuch der Unternehmensbewertung, 2., aktualisierte und erweiterte Auflage, hrsg. von Volker H. Peemöller, Herne, Berlin 2002, S. 1-14 (Teil A), S. 16-25 (Teil B), und S. 36-45 (Teil C).

*Peemöller, Volker H./Beckmann, Christoph (2005):* Einsatz eines Nachsteuer-CAPM bei der Bestimmung objektivierter Unternehmenswerte – eine kritische Analyse des IDW ES 1 n.F., in: Betriebs-Berater, 60. Jg. (2005), S. 90-96.

*Peemöller, Volker H./Kunowski, Stefan (2002):* Ertragswertverfahren nach IDW, in: Praxishandbuch der Unternehmensbewertung, 2., aktualisierte und erweiterte Auflage, hrsg. von Volker H. Peemöller, Herne, Berlin 2002, S. 199-261.

*Peifer, Karl-Nikolaus (2005):* § 186, in: Münchener Kommentar zum Aktiengesetz, Band 6, §§ 179-221, hrsg. von Bruno Kropff und Johannes Semler, 2. Auflage, München 2005.

*Pejovich, Svetozar (1990):* The Economics of Property Rights: Towards a Theory of Comparative Systems, Dordrecht et al. 1990.

*Pellens, Bernhard/Fülbier, Rolf-Uwe/Gassen, Joachim (2004):* Internationale Rechnungslegung, 5., überarbeitete und erweiterte Auflage, Stuttgart 2004.

*Peltzman, Sam (1976):* Toward a More General Theory of Regulation, in: The Journal of Law and Economics, Vol. 19 (1976), S. 211-240.

*Perelman, Chaïm (1967):* Über die Gerechtigkeit, München 1967.

*Peris, Juan Ignacio Ruiz (2001):* Konzernrecht und Kapitalmarktrecht in Spanien, in: Konzernrecht und Kapitalmarktrecht, Band I, hrsg. von Peter Hommelhoff, Klaus J. Hopt, Marcus Lutter, München 2001, S. 243-278.

*Perridon, Louis/Steiner, Manfred (1995):* Finanzwirtschaft der Unternehmung, 8., überarbeitete Auflage, München 1995.

*Pfeil, Marcus (2002):* Erfolgreiche Squeeze-out-Spekulation bei Apcoa Parking. Salamander bessert nach, in: Handelsblatt vom 28.10.2002, Nr. 207, S. 34.

*Pfeil, Marcus (2004):* Ein Papier mit Tücken, in: Handelsblatt vom 10.5.2004, Nr. 90, S. 36.

*Pfeil, Marcus/Mönnighoff, Peter (2004):* Nicht jeder Abschied muss schwer fallen, Anleger spekulieren bei einem Abfindungsangebot eines Großaktionärs oft auf saftige Abfindungen – Häufig mit Erfolg, in: Handelsblatt vom 22.10.2004, Nr. 206, S. 38.

*Phan, Phillip H./Hill, Charles W. L. (1995):* Organizational Restructuring and Economic Performance in Leveraged Buyouts: An Ex Post Study, in: The Academy of Management Journal, Vol. 38 (1995), S. 704-739.

*Phillips, Michael (1986):* Weinberger to Rabkin: Fine Tuning the Doctrine of Corporate Mergers, in: Delaware Journal of Corporate Law, Vol. 11 (1986), S. 839-859.

*Picot, Arnold (1982):* Transaktionskostenansatz in der Organisationstheorie: Stand der Diskussion und Aussagewert, in: Die Betriebswirtschaft, 42. Jg. (1982), S. 267-284.

*Picot, Arnold (1991):* Ökonomische Theorien der Organisation – Ein Überblick über neuere Ansätze und deren betriebswirtschaftliches Anwendungspotential, in: Betriebswirtschaftslehre und Ökonomische Theorie, hrsg. von Dieter Ordelheide, Bernd Rudolph, Elke Büsselmann, Stuttgart 1991, S. 143-170.

*Picot, Gerhard/Müller-Eising, Karsten (1998):* Teil II. Gesellschaftsrecht, in: Unternehmenskauf und Restrukturierung, hrsg. von Gerhard Picot, verfasst von Gerhard Picot et al., 2., vollständig überarbeitete und erweiterte Auflage, München 1998, S. 119-368.

*Pies, Ingo (1995):* Theoretische Grundlagen demokratischer Wirtschafts- und Gesellschaftspolitik – Der Beitrag der Gerechtigkeitstheorie, in: John Rawls' politischer Liberalismus, hrsg. von Ingo Pies, Martin Leschke, Tübingen 1995, S. 1-19.

*Pigou, Arthur C. (1924):* The Economics of Welfare, London 1924.

*Piltz, Detlev J. (1994):* Die Unternehmensbewertung in der Rechtsprechung, 3., neu bearbeitete Auflage, Düsseldorf 1994.

*Piltz, Detlev J. (2001):* Unternehmensbewertung und Börsenkurs im aktienrechtlichen Spruchstellenverfahren, in: Zeitschrift für Unternehmens- und Gesellschaftsrecht, 30. Jg. (2001), S. 185-213.

*Piltz, Detlev J. (2002):* Die Rechtsprechung zur Unternehmensbewertung, in: Praxishandbuch der Unternehmensbewertung, 2., aktualisierte und erweiterte Auflage, hrsg. von Volker H. Peemöller, Herne, Berlin 2002, S. 717-734.

*Pittock, William F./Stryker, Charles H. (1983):* Revenue Ruling 77-287 Revisited, in: SRC Quarterly Reports, Spring 1983, S. 1-3.

*Platon (2000):* Der Staat (Politeia). Griechisch – deutsch, übersetzt von Rüdiger Rufener, Einführung, Erläuterungen, Inhaltsübersicht und Literaturhinweise von Thomas A. Szlezák, Düsseldorf, Zürich 2000.

*Pluskat, Sorika (2001):* Das geplante neue Übernahmerecht nach dem Referentenentwurf des BMF, in: Deutsches Steuerrecht, 39. Jg. (2001), S. 897-901.

*Polinsky, A. Mitchell (1972):* Probalistic Compensation Criteria, in: The Quarterly Journal of Economics, Vol. 86 (1972), S. 407-425.

*Pontiff, Jeffrey/Shleifer, Andrei/Weisbach, Michael S. (1990):* Reversions of Excess Pension Assets after Takeovers, in: The RAND Journal of Economics, Vol. 21 (1990), S. 600-613.

*Popp, Matthias (2002):* Vergangenheits- und Lageanalyse, in: Praxishandbuch der Unternehmensbewertung, 2., aktualisierte und erweiterte Auflage, hrsg. von Volker H. Peemöller, Herne, Berlin 2002, S. 99-131.

*Porter, Michael E. (1987):* Wettbewerbsstrategie, Methoden zur Analyse von Branchen und Konkurrenten, 4. Auflage. Deutsche Übersetzung von Volker Brandt und Thomas C. Schwoerer, Frankfurt am Main, New York 1987.

*Posner, Richard A. (1974):* Theories of Economic Regulation, in: The Bell Journal of Economics and Management Science, Vol. 5 (1974), S. 335-358.

*Posner, Richard A. (1979):* Utilitarian, Economics, and Legal Theory, in: The Journal of Legal Studies, Vol. 8 (1979), S. 103-140.

*Posner, Richard A. (1980):* The Ethical and Political Basis of the Efficiency Norm in Common Law Adjudication, in: Hofstra Law Review, Vol. 8 (1980), S. 487-507.

*Posner, Richard A. (2002):* Economic Analysis of Law, 6th Edition, New York 2002.

*Pötzsch, Thorsten/Möller, Andreas (2000):* Das künftige Übernahmerecht – Der Diskussionsentwurf des Bundesministeriums der Finanzen zu einem Gesetz zur Regelung von Unternehmensübernahmen und der Gemeinsame Standpunkt des Rates zur europäischen Übernahmerichtlinie -, in: Wertpapier-Mitteilungen-Sonderbeilage Nr. 2, 54. Jg. (2000), S. 2-38.

*Prantl, Johannes (1994):* Konzernbildung, Konzernrecht und Minderheitenschutz in Deutschland – eine ökonomische Analyse, Frankfurt am Main et al. 1994.

*Pratt, John W./Zeckhauser, Richard J. (1985):* Principals and Agents: An Overview, in: Principals and Agents: The Structure of Business, ed. by John W. Pratt, Richard J. Zeckhauser, Boston, Massachusetts 1985, S. 1-36.

*Pratt, Shannon P./Reilly, Robert F./Schweihs, Robert, P. (2000):* Valuing a Business – The Analysis and Appraisal of Closely Held Companies, 4th Edition, New York et al. 2000.

*Prigge, Stefan (1998):* A Survey of German Corporate Governance, in: Comparative Corporate Governance – The State of the Art and Emerging Research –, ed. by Klaus J. Hopt et al., Oxford, New York 1998, S. 943-1044.

*Pritchard, Adam C. (2004):* Tender Offers by Controlling Shareholders: The Specter of Coercion and Fair Price, University of Michigan, John M. Olin Center for Law and Economics, Paper #3-018, 2004, (abrufbar unter: http://www.ssrn.com).

*Prüher, Markus/Rudolph, Bernd (1999):* Unternehmensfinanzierung in einem dynamischen Kontext, in: ifo-Studien, 45. Jg. (1999), S. 573-589.

*Radbruch, Gustav (1963):* Rechtsphilosophie, 6. Auflage, Stuttgart 1963.

*Raiser, Thomas (2001):* Recht der Kapitalgesellschaften: ein Handbuch der Praxis und Wissenschaft; Aktiengesellschaft, Kommanditgesellschaft auf Aktien, Gesellschaft mit beschränkter Haftung, Kapitalgesellschaft & Co., Umwandlungsrecht, Konzernrecht, internationales Gesellschaftsrecht, unter Mitwirkung von Thomas Veil, 3., neubearbeitete Auflage, München 2001.

*Rajan, Raghuram G./Zingales, Luigi (1995):* The Tyranny of the Inefficient: An Enquiry into the adverse Consequences of Power Struggles; NBER Working Paper Series, Working Paper No. 5396, Cambridge, Massachusetts 1995, (abrufbar unter: http://www.ssrn.com).

*Rajan, Raghuram G./Zingales, Luigi (1998):* Power in a Theory of the Firm, in: The Quarterly Journal of Economics, Vol. 113 (1998), S. 387-432.

*Rams, Andreas (1999):* Realoptionsbasierte Unternehmensbewertung, in: Finanz Betrieb, 1. Jg. (1999), S. 349-364.

*Rappaport, Alfred (1999):* Shareholder Value, 2., vollständig überarbeitete und aktualisierte Auflage. Aus dem Amerikanischen von Wolfgang Klein, Stuttgart 1999.

*Rathausky, Uwe (2004):* Empirische Untersuchung zur Frage der ökonomischen Vorteilhaftigkeit des Squeeze-out in Deutschland, in: Finanz Betrieb, 5. Jg. (2004), S. 107-114.

*Rawls, John (1975):* Eine Theorie der Gerechtigkeit. Aus dem Amerikanischen von Hermann Vetter, Kulmbach 1975.

*Reinisch, Armin (1992):* Der Ausschluss von Aktionären aus der Aktiengesellschaft, Köln 1992.

*Resnick, Brian M. (2003):* Recent Delaware Decisions May Prove to be "Entirely Unfair" to Minority Shareholders in Parent Merger with Partially Owned Subsidiary, in: Columbia Business Law Review, Vol. 2003 (2003), S. 253-283.

*Reul, Jürgen (1991):* Die Pflicht zur Gleichbehandlung der Aktionäre bei privaten Kontrolltransaktionen – Eine juristische und ökonomische Analyse, Tübingen 1991.

*Reuter, Dieter (1985):* Genuß ohne Reue, in: Die Aktiengesellschaft, 30. Jg. (1985), S. 104-107.

*Ribstein, Larry E. (2002):* Market vs. Regulatory Responses to Corporate Fraud: A Critique of the Sarbanes-Oxley Act of 2002, in: The Journal of Corporation Law, Vol. 28 (2002), S. 1-67.

*Richard, Jörg/Weinheimer, Stefan (1999):* Der Weg zurück: Going Private, in: Betriebs-Berater, 54. Jg. (1999), S. 1613-1620.

*Richter, Rudolf (1991):* Institutionenökonomische Aspekte der Theorie der Unternehmung, in: Betriebswirtschaftslehre und Ökonomische Theorie, hrsg. von Dieter Ordelheide, Bernd Rudolph, Elke Büsselmann, Stuttgart 1991, S. 395-429.

*Richter, Rudolf/Furubotn, Eirik G. (1999):* Neue Institutionenökonomik – Eine Einführung und kritische Würdigung, 2., durchgesehene und ergänzte Auflage, Tübingen 1999.

*Rieck, Christian (1993):* Spieltheorie – Einführung für Wirtschafts- und Sozialwissenschaftler, Wiesbaden 1993.

*Rieckers, Oliver/Spindler, Gerald (2004):* Corporate Governance: Legal Aspects, in: The German Financial System, ed. by Jan Pieter Krahnen, Reinhard H. Schmidt, Oxford, New York 2004, S. 350-385.

*Rieger, Wilhelm (1938):* Zur Frage der angemessenen Abfindung der bei der Umwandlung ausscheidenden Minderheitsaktionäre, in: Der Wirtschaftstreuhänder, 7. Jg. (1938), S. 256-258.

*Riegger, Bodo (1999):* Der Börsenkurs als Untergrenze der Abfindung?, in: Der Betrieb, 52. Jg. (1999), S. 1889-1891.

*Ritzer-Angerer, Petra (2004):* Angemessenheit von Barabfindungen bei Squeeze-out, in: Finanz Betrieb, 5. Jg. (2004), S. 285-293.

*Rizzo, Mario J. (1980):* The Mirage of Efficiency, in: Hofstra Law Review, Vol. 8 (1980), S. 641-658.

*Robbins, Lionel (1935):* An Essay on the Nature and Significance of Economic Science, 2nd Edition, London.

*Rodloff, Frank (1991):* Ungeschriebene sachliche Voraussetzungen der aktienrechtlichen Mehrheitseingliederung, Berlin 1991.

*Rodloff, Frank (1999):* Börsenkurs statt Unternehmensbewertung – Zur Ermittlung der Abfindung in Spruchstellenverfahren, in: Der Betrieb, 52. Jg. (1999), S. 1149-1153.

*Roll, Richard (1986):* The Hubris Hypothesis of Corporate Takeovers, in: The Journal of Business, Vol. 59 (1986), S. 197-216.

*Rose, Gerd (2004):* Ertragsteuern, 18., erheblich überarbeitete Auflage, Berlin 2004.

*Rose-Ackerman, Susan (1985):* Inalienability and the Theory of Property Rights, in: Columbia Law Review, Vol. 85 (1985), S. 931-969.

*Rosen, Rüdiger von (2001):* Börsen und Börsenhandel, in: Handwörterbuch des Bank- und Finanzwesens, 3., völlig überarbeitete und erweiterte Auflage, hrsg. von Wolfgang Gerke, Manfred Steiner, Stuttgart 2001, Sp. 356-374.

*Ross, Stephen A. (1973):* The Economic Theory of Agency: The Principal's Problem, in: The American Economic Review, Vol. 63 (1973), S. 134-139.

*Roth, Alvin E. (1977):* The Shapley Value as a von Neumann-Morgenstern Utility, in: Econometrica, Vol. 45 (1977), S. 657-664.

*Rousseau, Jean-Jaques (1795):* Du contrat social, ou principes du droit politique, Hambourg 1795.

*Rubinstein, Mark (1975):* Securities Market Efficiency in an Arrow-Debreu Economy, in: The American Economic Review, Vol. 65 (1975), S. 812-824.

*Rühland, Philipp (2000):* Die Abfindung von aus der Aktiengesellschaft ausgeschlossenen Minderheitsaktionären – Ein Diskussionsbeitrag zum Entwurf eines Übernahmegesetzes vom Bundesministerium der Finanzen vom 29.6.2000 –, in: Wertpapier-Mitteilungen, 54. Jg. (2000), S. 1884-1888.

*Rühland, Philipp (2001):* Der squeezeout nach dem RefE zum Wertpapiererwerbs- und Übernahmegesetz vom 12.3.2001, in: Neue Zeitschrift für das Gesellschaftsrecht, 4. Jg. (2001), S. 448-455.

*Rühland, Philipp (2003):* Der Ausschluß von Minderheitsaktionären aus der Aktiengesellschaft (Squeeze-out), Baden-Baden 2003.

*Ruhnke, Klaus (2003):* Bedeutung des Börsenkurses bei Unternehmensevaluationen, in: Unternehmen bewerten, hrsg. von Markus Heintzen, Lutz Kruschwitz, Berlin 2003, S. 75-99.

*Sal. Oppenheim jr. & Cie KGaA (2004):* Basket-Zertifikate, Verkaufsprospekt, 27.4.2004, Informationsmemorandum/Nachtrag Nr. 1 zum Verkaufsprospekt vom 25. März 2004, (abrufbar unter: http://www.oppenheim.de).

*Salanié, Bertrand (2002):* The Economics of Contracts, A Primer, Cambridge, London 2002.

*Sametz, Arnold (1964):* Trends in the Volume and Composition of Equity Finance, in: The Journal of Finance, Vol. 19 (1964), S. 450-469.

*Samuelson, Paul A./Nordhaus, William D. (1992):* Economics, 14th Edition, New York et al. 1992.

*Schäfer, Hans-Bernd/Ott, Claus (2000):* Lehrbuch der ökonomischen Analyse des Zivilrechts, 3., überarbeitete und erweiterte Auflage, Berlin et al. 2000.

*Scharfstein, David (1988):* The Disciplinary Role of Takeovers, in: The Review of Economic Studies, Vol. 55 (1988), S. 185-199.

*Scheifele, Bernd (1989):* Der Ausschluß aus der Gesellschaft als ultima ratio?, in: Betriebs-Berater, 39. Jg. (1989), S. 792-795.

*Schelling, Thomas C. (1984):* Choice and Consequence, Cambridge, London 1984.

*Schiessl, Maximilian (1999):* Ist das deutsche Aktienrecht kapitalmarkttauglich?, in: Die Aktiengesellschaft, 44. Jg. (1999), S. 442-452.

*Schildbach, Thomas (1993):* Kölner versus phasenorientierte Funktionenlehre der Unternehmensbewertung, in: Betriebswirtschaftliche Forschung und Praxis, 45. Jg. (1993), S. 25-38.

*Schildbach, Thomas (1995):* Der Verkäufer und das Unternehmen „wie es steht und liegt", in: Zeitschrift für betriebswirtschaftliche Forschung, 47. Jg. (1995), S. 620-632.

*Schilling, Wolfgang (1972):* Gesellschaftstreue und Konzernrecht – Zur Auslegung des § 243 Abs. 2 AktG, in: Freundesgabe für Hans Hengeler zum 70. Geburtstag am 1. Februar 1972, hrsg. von Wolfgang Bernhardt et al., Berlin et al. 1972, S. 226-239.

*Schmidt, Hartmut/Prigge, Stefan (2002):* Übernahmekonzeptionen und Übernahmegesetz, in: Die Betriebswirtschaft, 62. Jg. (2002), S. 225-241.

*Schmidt, Karsten (1991):* Die Vereinsmitgliedschaft als Grundlage von Schadensersatzansprüchen – Positive „Vertragsverletzung" und „sonstiges Recht" im Innenrecht des Vereins -, in: Juristen Zeitung, 46. Jg. (1991), S. 157-162.

*Schmidt, Karsten (1995):* § 243, in: Großkommentar zum Aktiengesetz, 4. Auflage, §§ 241-255, hrsg. von Klaus J. Hopt und Herbert Wiedemann, Berlin et al. 1995.

*Schmidt, Karsten (2002):* Gesellschaftsrecht, 4. völlig neu bearbeitete und erweiterte Auflage, Köln et al. 2002.

*Schmidt, Reinhard H. (1997):* Corporate Governance: The Role of Other Constituencies; Johann Wolfgang Goethe- Universität, Frankfurt am Main, Fachbereich Wirtschaftswissenschaften, Working Paper Series: Finance & Accounting No. 3, 1997.

*Schmidt, Reinhard H. (2003):* Corporate Governance in Germany: An Economic Perspective, Center for Financial Studies, Working Paper No. 2003/36, Frankfurt am Main 2003.

*Schmidt, Reinhard H./Tyrell, Marcel (1997):* Financial Systems, Corporate Finance and Corporate Governance, in: European Financial Management, Vol. 3 (1997), S. 333-361.

*Schmidt, Reinhard H./Weiß, Marco (2003):* Shareholder vs. Stakeholder: Ökonomische Fragestellungen, in: Handbuch Corporate Governance, hrsg. von Peter Hommelhoff et al., Köln 2003, S. 107-127.

*Schneider, Dieter (1992):* Investition, Finanzierung und Besteuerung, 7., vollständig überarbeitete und erweiterte Auflage, Wiesbaden 1992.

*Schulz, Marion (2004):* Wandelanleihen am europäischen Kapitalmarkt – Ein hybrides Finanzierungsinstrument, Münchner Betriebswirtschaftliche Beiträge, Dezember 2004.

*Schumacher, Rudolf (2002):* Private Veräußerungsgeschäfte nach § 23 EStG für Minderheitsaktionäre als steuerliche Folge beim sog. „Squeeze-out"?, in: Der Betrieb, 55. Jg. (2002), S. 1626-1629.

*Schüppen, Matthias (2006):* WpÜG-Reform: Alles Europa, oder was? Der Referentenentwurf eines ÜbernahmeRL-UmsetzungsG lässt viele Fragen und Wünsche offen, in: Betriebs-Berater, 61. Jg. (2006), S. 165-171.

*Schütz, Carsten (2004):* Neuerungen im Anfechtungsrecht durch den Referentenentwurf des Gesetzes zur Unternehmensintegrität und Modernisierung des Anfechtungsrechts (UMAG), in: Der Betrieb, 57. Jg. (2004), S. 419-426.

*Schwark, Eberhard (1979):* Anlegerschutz durch Wirtschaftsrecht: Entwicklungslinien, Prinzipien und Fortbildung des Anlegerschutzes, zugleich ein Beitrag zur Überlagerung bürgerlich-rechtlicher Regelung und gewerbepolizeilicher Überwachung durch Wirtschaftsrecht, München 1979.

*Scitovszky, Tibor de (1941):* A Note on Welfare Propositions in Economics, in: The Review of Economic Studies, Vol. 9 (1941), S. 77-88.

*SEC (1971):* Institutional Investor Study Report of the Securities and Exchange Commission, Chapter XIV, Section F.8., "Discounts Involved in Purchases of Common Stocks", H.R. Doc. No. 64, Part 5, 92d Congress, 1st Session, New York 1971, S. 2444-2456.

*Seiler, Hans Hermann (1990):* Rechtsgeschichte und Rechtsdogmatik, in: Rechtsdogmatik und Rechtspolitik: Hamburger Ringvorlesung, hrsg. von Karsten Schmidt, Berlin 1990, S. 109-123.

*Sethe, Rolf (1998):* Aktien ohne Vermögensbeteiligung? – Zur privatautonomen Beschränkung der Vermögensrechte eines Aktionärs, in: Zeitschrift für das gesamte Handelsrecht und Wirtschaftsrecht, Band 162 (1998), S. 474-490.

*Shapely, L. S. (1953):* A Value for n-Person Games, in: Contributions to the Theory of Games, Vol. II, Annals of Mathematical Studies, ed. by. H. W. Kuhn, A. W. Tucker, Princeton 1953, S. 307-317.

*Sharpe, William F. (1964):* Capital Asset Prices: A Theory of Market Equilibrium under Conditions of Risk, in: The Journal of Finance, Vol. 19 (1964), S. 425-442.

*Shleifer, Andrei (2000):* Inefficient Markets – An Introduction to Behavioral Finance, Oxford, New York 2000.

*Shleifer, Andrei/Summers, Lawrence H. (1987):* Breach of Trust in Hostile Takeovers, in: NBER Working Paper Series, Working Paper No. 2342, Cambridge 1987, (abrufbar unter: http://www.ssrn.com).

*Shleifer, Andrei/Summers, Lawrence H. (1990):* The Noise Trader Approach to Finance, in: The Journal of Economic Perspectives, Vol. 4 (1990), S. 19-33.

*Shleifer, Andrei/Vishny, Robert (1986):* Large Shareholders and Corporate Control, in: Journal of Political Economy, Vol. 94 (1986), S. 461-488.

*Shleifer, Andrei/Vishny, Robert W. (1997):* A Survey of Corporate Governance, in: The Journal of Finance, Vol. 52 (1997), S. 737-783.

*Sidak, J. Gregory (2003):* The Failure of Good Intentions: The WorldCom Fraud and the Collapse of American Telecommunications after Deregulation, in: Yale Journal on Regulation, Vol. 20 (2003), S. 207-267.

*Sieben, Günter (1966):* Der Anspruch auf angemessene Abfindung nach § 12 UmwG (Teil I), in: Die Aktiengesellschaft, 11. Jg. (1966), S. 6-13.

*Sieben, Günter (1976):* Der Entscheidungswert in der Funktionenlehre der Unternehmensbewertung, in: Betriebswirtschaftliche Forschung und Praxis, 28. Jg. (1976), S. 491-504.

*Sieben, Günter (1993):* Unternehmensbewertung, in: Handwörterbuch der Betriebswirtschaft, Teilband 3 (R-Z). 5., völlig neu gestaltete Auflage, hrsg. von Waldemar Wittmann, Stuttgart 1993, Sp. 4315-4331.

*Sieger, Jürgen J./Hasselbach, Kai (2002):* Der Ausschluss von Minderheitsaktionären nach den neuen §§ 327a ff AktG, in: Zeitschrift für Unternehmens- und Gesellschaftsrecht, 31. Jg. (2002), S. 120-162.

*Silber, William L. (1991):* Discounts on Restricted Stocks: The Impact of Illiquidity on Stock Prices, in: Financial Analysts Journal, Vol. 47 (1991), S. 60-64.

*Silver, Carol B. (1984):* Fair Dealing Comes of Age in the Regulation of Going Private Transaction, in: The Journal of Corporation Law, Vol. 94 (1984), S. 385-454.

*Simon, Herbert A. (1955):* A Behavioral Model of Rational Choice, in: The Quarterly Journal of Economics, Vol. 69 (1955), S. 99-118.

*Simon, Herbert A. (1979):* Rational Decision Making in Business Organizations, in: The American Economic Review, Vol. 69 (1979), S. 493-513.

*Skog, Rolf (2001):* Konzernrecht und Kapitalmarktrecht in Schweden, in: Konzernrecht und Kapitalmarktrecht, Band I, hrsg. von Peter Hommelhoff, Klaus J. Hopt, Marcus Lutter, München 2001, S. 211-225.

*Smith, Abbie J. (1990):* Corporate Ownership Structure and Performance, in. Journal of Financial Economics, Vol. 27 (1990), S. 143-164.

*Smith, Adam (1937):* An Inquiry into the Nature and Causes of the Wealth of Nations, ed. with an Introduction, Notes, Marginal Summary and an Enlarged Index by Edwin Cannan, New York 1937.

*Smith, Thomas A. (1999):* The Efficient Norm For Corporate Law: A Neotraditional Interpretation of Fiduciary Duty, in: Michigan Law Review, Vol. 98 (1999), S. 214-268.

*Sohmen, Egon (1976):* Allokationstheorie und Wirtschaftspolitik, Tübingen 1976.

*Soufleros, Ilias (1983):* Ausschließung und Abfindung eines GmbH-Gesellschafters, Köln 1983.

*Spence, Andrew Michael (1973):* Job Market Signaling, in: The Journal of Quarterly Economics, Vol. 87 (1973), S. 355-374.

*Spremann, Klaus (1996):* Investition und Finanzierung, 5., verbesserte Auflage, München et al. 1996.

*Starck, Christian (1989):* Rechtsdogmatik und Gesetzgebung im Verwaltungsrecht, in: Gesetzgebung und Dogmatik, hrsg. von Otto Behrends und Wolfgang Henckel, Abhandlungen der Akademie der Wissenschaften in Göttingen, Philologisch-Historische Klasse. 3. Folge. Nr. 178, Göttingen 1989.

*Stehle, Richard (2004):* Die Festlegung der Risikoprämie von Aktien im Rahmen der Schätzung des Wertes von börsennotierten Kapitalgesellschaften, in: Die Wirtschaftsprüfung, 57. Jg. (2004), S. 906-927.

*Steinberg, Marc I./Lindahl, Evalyn N. (1984):* The New Law of Squeeze-Out Mergers, in: Washington University Law Quarterly; Vol. 62 (1984), S. 351-414.

*Steinhauer, Carsten (1999):* Der Börsenpreis als Bewertungsgrundlage für den Abfindungsanspruch von Aktionären, in: Die Aktiengesellschaft, 44. Jg. (1999), S. 299-308.

*Stern, Paul C. (1993):* The Socio-Economic Perspective and its Institutional Prospects, in: Journal of Socio-Economics, Vol. 22 (1993), S. 1-11.

*Stewart, G. Bennett III. (1991):* The Quest for Value, New York 1991.

*Stigler, George J. (1943):* The New Welfare Economics, in: The American Economic Review, Vol. 33 (1943), S. 355-359.

*Stigler, George J. (1971):* The Theory of Economic Regulation, in: The Bell Journal of Economics and Management Science, Vol. 2 (1971), S. 3-21.

*Stiglitz, Joseph E. (1983):* Risk, Incentives and Insurance: The Pure Theory of Moral Hazard, in: Geneva Papers on Risk and Insurance, Vol. 8 (1983), S. 4-33.

*Stoffels, Mario (2002):* Umweltorientierte Investor-Relations, Lohmar 2002.

*Struck, Gerhard (1975):* Dogmatische Diskussion über Dogmatik, in: Juristen Zeitung, 30. Jg. (1975), S. 84-88.

*Strunk, Günther/Bös, Sylvia (2003):* Steuerliche Aspekte beim Squeeze-Out für die Minderheits- wie Mehrheitsgesellschafter, in: Finanz Betrieb, 4. Jg. (2003), S. 601-605.

*Stulz, René M. (1988):* Managerial Control of Voting Rights: Financing Policies and the Market for Corporate Control, in: Journal of Financial Economics, Vol. 20 (1988), S. 25-54.

*Stützel, Wolfgang (1960):* Aktienrechtsreform und Konzentration, in: Schriften des Vereins für Socialpolitik, Gesellschaft für Wirtschafts- und Sozialwissenschaften, Neue Folge Band 20/II, Die Konzentration in der Wirtschaft, 2. Band, Ursachen der Konzentration, hrsg. von Helmut Arndt, Berlin 1960, S. 909-987.

*Subrahmanyam, Avanidhar/Titman, Sheridan (1999):* The Going Public Decision and the Development of Financial Market, in: The Journal of Finance, Vol. 54 (1999), S. 1045-1082.

*Subramanian, Guhan (2001):* The Influence of Antitakeover Statutes on Incorporation Choice: Evidence on the „Race“ Debate and Antitakeover Overreaching; Harvard NOM Research Paper No. 01-10, 2001, (abrufbar unter: http://www.ssrn.com).

*Subramanian, Guhan (2004a):* Post-*Siliconix* Freeze-Outs: Theory, Evidence & Policy, Harvard Law School, Working Paper, 2004, (abrufbar unter: http://www.ssrn.com).

*Subramanian, Guhan (2004b):* Fixing Freezeouts, Discussion Paper No. 501, December 2004, Harvard Law School, Cambridge, 2004, (abrufbar unter: http://www.ssrn.com).

*Süchting, Joachim (1989):* Zur Funktionsfähigkeit des deutschen Kapitalmarkts, in: Strukturwandel am deutschen Kapitalmarkt, hrsg. von Georg Bruns, Karl Häuser, Frankfurt am Main 1989, S. 155-171.

*Suhrbier-Hahn, Ute (2003):* Besteuerung von Spekulationserträgen – Vorschläge zur Neugestaltung, in: Deutsches Steuerrecht, 41. Jg. (2003), S. 354-361.

*Tammelo, Ilmar (1971):* Rechtslogik und materiale Gerechtigkeit. Beiträge zur Rechtsphilosophie und zur Theorie des Völkerrechts, Frankfurt am Main 1971.

*Than, Jürgen (1997):* Zwangsweises Ausscheiden von Minderheitsaktionären nach Übernahmeangebot?, in: Festschrift für Carsten Peter Claussen zum 70. Geburtstag, hrsg. von Klaus-Peter Mertens et al., Köln 1997, S. 405-422.

*Thompson, Robert B. (1984):* Squeeze-Out Mergers and the "New" Appraisal Remedy, in: Washington University Law Quarterly, Vol. 62 (1984), S. 415-434.

*Thompson, Robert B. (2003):* Corporate Governance after Enron: The First Year; Vanderbilt University Law School, Law & Economics, Working Paper Number 03-13, 2003, (abrufbar unter: http://www.ssrn.com).

*Tilch, Horst/Arloth, Frank (2001):* Deutsches Rechts-Lexikon, Band 3 (Q-Z), 3. Auflage, München 2001.

*Timm, Wolfram (1987):* Zur Sachkontrolle von Mehrheitsentscheidungen im Kapitalgesellschaftsrecht, in: Zeitschrift für Unternehmens- und Gesellschaftsrecht, 16. Jg. (1987), S. 403-442.

*Timm, Wolfram (1990):* Mißbräuchliche Aktionärsklage einschließlich Abfindungsregeln, in: Mißbräuchliches Aktionärsverhalten, hrsg. von Wolfram Timm, Köln 1990, S. 1-33.

*Timmermann, Levinius (2001):* Konzernrecht und Kapitalmarktrecht in den Niederlanden, in: Konzernrecht und Kapitalmarktrecht, Band I, hrsg. von Peter Hommelhoff, Klaus J. Hopt, Marcus Lutter, München 2001, S. 169-176.

*Tipke, Klaus/Lang, Joachim (2002):* Steuerrecht, 17., völlig überarbeitete Auflage, Köln 2002.

*Tobin, James (1969):* A General Equilibrium Approach to Monetary Theory, in: Journal of Money, Credit, and Banking, Vol. 1 (1969), S. 5-29.

*Tobit (1980):* Das Buch Tobit, in: Die Bibel, Altes und Neues Testament, Einheitsübersetzung, hrsg. im Auftrag der Bischöfe Deutschlands et al., Freiburg et al. 1980.

*Tollison, Robert D. (1982):* Rent Seeking: a Survey, in: Kyklos, Vol. 35 (1982), S. 575-602.

*Toms, Bate C. III (1978):* Compensating Shareholders Frozen Out in Two-Step Mergers, in: Columbia Law Review, Vol. 78 (1978), S. 548-586.

*Torabzadeh, Khalil M./Bertin, William J. (1987):* Leveraged Buyouts and Shareholder Returns, in: The Journal of Financial Research, Vol. 10 (1987), S. 313-319.

*Torres, W. Randolph (1986):* Minority Shareholder Protection in Leveraged Buyouts, in: Securities Regulation Law Journal, Vol. 13 (1986), S. 356-378.

*Travlos, Nickolaos G./Cornett, Marcia Millon (1993):* Going Private Buyouts and Determinants of Shareholders' Returns, in: Journal of Accounting, Auditing & Finance, Vol. 8 (1993), S. 1-25.

*Trout, Robert R. (1977):* Estimation of the Discount Associated with the Transfer of Restricted Securities, in: Taxes, Vol. 55 (1977), S. 381-385.

*Tschentscher, Axel (2000):* Prozedurale Theorien der Gerechtigkeit, Baden Baden 2000.

*Tuchtfeldt, Egon (1978):* Kapitalmarkt, in: Handwörterbuch der Wirtschaftswissenschaften, Band 4, hrsg. von Willi Albers et al., Stuttgart 1978, S. 432-439.

*Valcárcel, Sylvia (2002):* Theorie der Unternehmung und Corporate Governance: eine vertrags- und ressourcenbezogene Betrachtung, 1. Auflage, Wiesbaden 2002.

*Varian, Hal R. (1992):* Microeconomic Analysis, 3rd Edition, New York, London 1992.

*Veljanovski, Cento G. (1981):* Wealth Maximization, Law and Ethics – On the Limits of Economic Efficiency, in: International Review of Law and Economics, Vol. 1 (1981), S. 5-28.

*Verrechia, Robert E. (1979):* A Proof of the Existence of „Consensus Beliefs“, in: The Journal of Finance, Vol. 34 (1979), S. 957-963.

*Verrechia, Robert E. (1980):* Consensus Beliefs, Information Acquisition, and Market Information Efficiency, in: The American Economic Review, Vol. 70 (1980), S. 874-884.

*Vetter, Eberhard (2000):* Squeeze-out in Deutschland, in: Zeitschrift für Wirtschaftsrecht, 21. Jg., S. 1817-1824.

*Vetter, Eberhard (2001a):* Squeeze-out nur durch Hauptversammlungsbeschluss?, in: Der Betrieb, 54. Jg. (2001), S. 743-747.

*Vetter, Eberhard (2001b):* Börsenkurs und Unternehmensbewertung, in: Der Betrieb, 54. Jg. (2001), S. 1347-1353.

*Vetter, Eberhard (2002):* Squeeze-out: Der Ausschluß der Minderheitsaktionäre aus der Aktiengesellschaft nach den §§ 327 a - 327 f AktG, in: Die Aktiengesellschaft, 47. Jg. (2002), S. 176-190.

*Vogel, Joachim (2003):* § 20 a, in: Kommentar zum Wertpapierhandelsgesetz, 3., neu bearbeitete und erweiterte Auflage, hrsg. von Heinz-Dieter Assmann, Uwe H. Schneider, Köln 2003.

*Volhard, Rüdiger (2004):* § 134, in: Münchener Kommentar zum Aktiengesetz, Band 4, §§ 118-147, hrsg. von Bruno Kropff und Johannes Semler, 2. Auflage, München 2004.

*Wagenhofer, Alfred/Ewert, Ralf (2003):* Externe Unternehmensrechnung, Berlin et al. 2003.

*Wagner, Franz W. (1984):* Anteilsbewertung und Gesamtbewertung von Unternehmen, in: Handbuch der Unternehmensbewertung, hrsg. von Volker H. Peemöller, Landsberg am Lech 1984, Kapitel I.6, S. 1-8.

*Wagner, Wolfgang/Jonas, Martin/Ballwieser, Wolfgang/Tschöpel, Andreas (2004):* Weiterentwicklung der Grundsätze zur Durchführung von Unternehmensbewertungen *(IDW S 1)*, in: Die Wirtschaftsprüfung, 57. Jg. (2004), S. 889-898.

*Walzer, Michael (1987):* Interpretation and Social Criticism, Cambridge, London 1987.

*Walzer, Michael (1992):* Sphären der Gerechtigkeit. Ein Plädoyer für Pluralität und Gleichheit. Aus dem Englischen von Hanne Herkommer, Frankfurt, New York 1992.

*Wang, Ning (2003):* Measuring Transaction Costs: An Incomplete Survey; Working Paper, The University of Chicago 2003, (abrufbar unter: http://www.coase.org).

*Wardenbach, Frank (1991):* Aktiengesellschaften im Zielfeld räuberischer Aktionäre, in: Betriebs-Berater, 46. Jg. (1991), S. 485-489.

*Weber, Martin (1999):* Vormitgliedschaftliche Treubindungen – Begründung, Reichweite und Vorauswirkung gesellschaftsrechtlicher Treuepflichten –, München 1999.

*Weidig, Tom/Mathonet, Pierre-Yves (2004):* The Risk Profiles of Private Equity, Working Paper, Luxembourg, January 2004, (abrufbar unter: http://www. ssrn. com).

*Weiss, Elliott J. (1981):* The Law of Take Out Mergers: A Historical Perspective, in: New York University Law Review, Vol. 56 (1981), S. 624-692.

*Weisser, Gerhard (1949):* Form und Wesen der Einzelwirtschaften, Theorie und Politik ihrer Stile, 1. Band, 2., unveränderte Auflage, Göttingen 1949.

*Weizsäcker, Carl Christian von (1982)*: Staatliche Regulierung – positive und normative Theorie, in: Schweizerische Zeitschrift für Volkswirtschaft und Statistik, 118. Jg. (1982), S. 325-343.

*Weizsäcker, Carl Christian von (1983):* Was leistet die Property Rights Theorie für aktuelle wirtschaftspolitische Fragen?, in: Arbeitstagung des Vereins für Socialpolitik, Gesellschaft für Wirtschafts- und Sozialwissenschaften in Basel, Ansprüche, Eigentums- und Verfügungsrechte, hrsg. von Manfred Neumann, Berlin, 1983 S. 123-152.

*Weizsäcker, Carl Christian von (1988):* Effizienz und Verteilungsgerechtigkeit: Ein Widerspruch?, in: Ethische Grundlagen der Wirtschafts- und Rechtsordnung, hrsg. von Rainer Ansorge et al., Berlin, Hamburg 1988, S. 23-49.

*Wenger, Ekkehard/Hecker, Renate/Knoesel, Jochen (1997):* Abfindungsregeln und Minderheitenschutz bei börsennotierten Kapitalgesellschaften, in: Finanzmärkte, hrsg. von Bernhard Gahlen, Helmut Hesse, Hans Jürgen Ramser, Tübingen 1997, S. 93-145.

*Wenger, Ekkehard/Kaserer, Christoph/Hecker, Renate (2001):* Konzernbildung und Ausschluss von Minderheiten im neuen Übernahmerecht: Eine verpasste Chance für einen marktorientierten Minderheitenschutz, in: Zeitschrift für Bankrecht und Bankwirtschaft, 13. Jg. (2001), S. 317-334.

*Werder, Axel von (2003):* 3. Zusammenwirken von Vorstand und Aufsichtsrat, in: Kommentar zum Deutschen Corporate Governance Kodex, hrsg. von Henrik-Michael Ringleb et al., München 2003, Rn. 236-416.

*Werner, Winfried (1993):* Zur Treupflicht des Kleinaktionärs, in: Festschrift für Johannes Semler zum 70. Geburtstag am 28. April 1993, Unternehmen und Unternehmensführung im Recht, hrsg. von Marcus Bierich et al., Berlin, New York 1993, S. 419-437.

*Wertheimer, Barry M. (1998):* The Shareholders' Appraisal Remedy and How Courts Determine Fair Value, in: Duke Law Journal, Vol. 47 (1998), S. 613-715.

*Wessling, Ewald (1991):* Individuum und Information – Die Erfassung von Information und Wissen in ökonomischen Handlungstheorien, Tübingen 1991.

*West, Richard R. (1975):* On the Difference Between Internal and External Market Efficiency, in: Financial Analysts Journal, Vol. 31 (1975), S. 30-34.

*West, Richard R./Tinic, Seha M. (1974):* Corporate Finance and the Changing Stock Market, in: Financial Management, Vol. 3, Issue 3 (1974), S. 14-23.

*Wiechers, Klaus (2002):* Anteilsbewertung, in: Praxishandbuch der Unternehmensbewertung, 2., aktualisierte und erweiterte Auflage, hrsg. von Volker H. Peemöller, Herne, Berlin 2002, S. 455-462.

*Wiedemann, Herbert (1978):* Das Abfindungsrecht – ein gesellschaftsrechtlicher Interessenausgleich, in: Zeitschrift für Unternehmens- und Gesellschaftsrecht, 7. Jg. (1978), S. 477-497.

*Wiedemann, Herbert (1980a):* Gesellschaftsrecht, Band I – Grundlagen, München 1980.

*Wiedemann, Herbert (1980b):* Rechtsethische Maßstäbe im Unternehmens- und Gesellschaftsrecht, in: Zeitschrift für Unternehmens- und Gesellschaftsrecht, 9. Jg. (1980), S. 147-176.

*Wiedemann, Herbert (1991):* Zu den Treuepflichten im Gesellschaftsrecht, in: Festschrift für Theodor Heinsius zum 65. Geburtstag am 25. September 1991, hrsg. von Friedrich Kübler et al., Berlin, New York 1991, S. 949-966.

*Wiedemann, Herbert (1999):* Minderheitsrechte ernstgenommen, Gedanken aus Anlaß der Magna Media-Entscheidung, BayObLG ZIP 1998, 2002; in: Zeitschrift für Unternehmens- und Gesellschaftsrecht, 28. Jg. (1999), S. 857-872.

*Wieland, Aglaia/Dahlheim, Christian (2003):* Unternehmerische Finanzierungspolitik unter Berücksichtigung von Realoptionen, in: Reale Optionen, Konzepte, Praxis und Perspektiven strategischer Unternehmensfinanzierung, hrsg. von Ulrich Hommel, Martin Scholich, Philipp Baecker, Berlin et al. 2003, S. 97-119

*Williamson, Oliver E. (1990):* Die ökonomischen Institutionen des Kapitalismus, Unternehmen, Märkte, Kooperationen. Aus dem Amerikanischen übersetzt von Monika Streissler, Tübingen 1990.

*Willms, Michael (1999):* Auflösung einer Kapitalgesellschaft und Vermögensübernahme durch den Mehrheitsgesellschafter oder dessen Tochtergesellschaft, Frankfurt am Main et al. 1999.

*Wilm, Daniel (2000):* Abfindung zum Börsenkurs – Konsequenzen der Entscheidung des BVerfG, in: Neue Zeitschrift für Gesellschaftsrecht, 3. Jg. (2000), S. 234-240.

*Wilsing, Hans-Ulrich/Kruse, Tobias (2002):* Anfechtbarkeit von Squeeze-out- und Eingliederungsbeschlüssen wegen abfindungswertbezogener Informationsmängel?, in: Der Betrieb, 54. Jg. (2002), S. 1539-1543.

*Wilts, Rainer/Schaldt, Klaus/Nottmeier, Andreas (2002):* Unternehmensbewertung im Rahmen von Squeeze-outs, in: Finanz Betrieb, 4. Jg. (2002), S. 621-628.

*Wirth, Gerhard/Arnold, Michael (2002):* Anfechtungsklagen gegen Squeeze-out-Hauptversammlungsbeschlüsse wegen angeblicher Verfassungswidrigkeit – Zugleich Anmerkung zu dem Urteil und dem Beschluss des LG Osnabrück, jeweils am 5.7.2002, in: Die Aktiengesellschaft, 47. Jg. (2002), S. 503-507.

*Witt, Peter (2003):* Die Bedeutung des Realoptionsansatzes für Gründungsunternehmen, in: Reale Optionen, Konzepte, Praxis und Perspektiven strategischer Unternehmensfinanzierung, hrsg. von Ulrich Hommel, Martin Scholich, Philipp Baecker, Berlin et al. 2003, S. 121-141.

*Wittmann, Waldemar (1959):* Unternehmung und unvollkommene Information, Köln et al. 1959.

*Wymeersch, Eddy (2001):* Konzernrecht und Kapitalmarktrecht in Belgien; in: Konzernrecht für Europa, hrsg. von Peter Hommelhoff et al., München 2001, S. 1-30.

*Yarrow, George K. (1985):* Shareholder Protection, Compulsory Acquisition and the Efficiency of the Takeover Process, in: The Journal of Industrial Economics, Vol. 34 (1985), S. 3-16.

*Zingales, Luigi (1998):* Corporate Governance, in: The New Palgrave Dictionary of Economics and the Law, ed. by Peter Newman, New York 1998, S. 497-503.

*Zöllner, Wolfgang (1963):* Die Schranken mitgliedschaftlicher Stimmrechtsmacht bei den privatrechtlichen Personenverbänden, München 1963.

*Zöllner, Wolfgang (1973):* § 134, in: Kölner Kommentar zum Aktiengesetz, hrsg. von Wolfgang Zöllner, Band 1, 5. Lieferung, Köln et al. 1973.

*Zöllner, Wolfgang (1976):* §§ 243, 245, in: Kölner Kommentar zum Aktiengesetz, Band 2, 4. Lieferung, §§ 241-290, hrsg. von Wolfgang Zöllner, Köln et al. 1976.

*Zöllner, Wolfgang (1984):* Einleitung, in: Kölner Kommentar zum Aktiengesetz, Einleitungs-Band, Text des Aktiengesetzes, Einleitung, Sachregister zum Gesamtwerk, hrsg. von Wolfgang Zöllner, Köln et al. 1984.

*Zöllner, Wolfgang (1994):* Aktienrechtsreform in Permanenz – Was wird aus den Rechten des Aktionärs?, in: Die Aktiengesellschaft, 39. Jg. (1994), S. 336-342.

*Zöllner, Wolfgang (1998):* Treupflichtgesteuertes Aktienkonzernrecht, in: Zeitschrift für das gesamte Handelsrecht und Wirtschaftsrecht, Band 162 (1998), S. 235-248.

*Zypries, Brigitte (2005):* UMAG ist ein gutes Signal für die Reformfähigkeit unseres Wirtschaftsrechts, in: Pressemitteilungen des Bundesministeriums der Justiz vom 16.6.2005, Berlin, (abrufbar unter: http://www.bmj.de).

## Rechtsquellenverzeichnis

Inland

Abgabenordnung vom 14.12.1976, in der Fassung der Bekanntmachung vom 1.10.2002 (BGBl. I, S. 3866 ff., berichtigt 2003, S. 61 ff., zuletzt geändert durch Gesetz vom 21.6.2005 (BGBl. I, S. 1818 ff.)

Aktiengesetz vom 6.9.1965 (BGBl. I, S. 1089 ff., zuletzt geändert durch Gesetz vom 15.12.2004 (BGBl. I, S. 3408 ff.).

Bilanz-Richtliniengesetz vom 19.12.1985 (BGBl. I, S. 2355 ff.).

Börsengesetz vom 21.6.2002 (BGBl. I, S. 2010 ff.), zuletzt geändert durch Gesetz vom 22.6.2005 (BGBl. I, S. 1698 ff.).

Deutscher Bundesrat, Stellungnahme des Bundesrats vom 27.9.2001 zu einem Entwurf eines Gesetzes zur Regelung von öffentlichen Angeboten zum Erwerb von Wertpapieren und von Unternehmensübernahmen, BR-Drucks. 574/01. (Stellungnahme des Bundesrats, *BR-Drucks*. 574/01).

Deutscher Bundestag, 14. Wahlperiode, 5.10.2001, Gesetzesentwurf der Bundesregierung – Entwurf eines Gesetzes zur Regelung von öffentlichen Angeboten zum Erwerb von Wertpapieren und von Unternehmensübernahmen, BT-Drucks. 14/7034. (*BegrRegE*, BT-Drucks. 14/7034).

Deutscher Bundestag, 15. Wahlperiode, 24.5.2004, Gesetzesentwurf der Bundesregierung – Entwurf eines Gesetzes zur Verbesserung des Anlegerschutzes (Anlegerschutzverbesserungsgesetz – AnSVG), BT-Drucks. 15/3174. (*BegrRegE*, BT-Drucks. 15/3174).

Deutscher Bundestag, Beschluss des Finanzausschusses, 14. Wahlperiode, 14.11.2001, Beschlussempfehlung und Bericht des Finanzausschusses (7. Ausschuss) zu einem Entwurf eines Gesetzes zur Regelung von öffentlichen Angeboten zum Erwerb von Wertpapieren und von Unternehmensübernahmen, BT-Drucks. 14/7477. (Bericht des Finanzausschusses, *BT-Drucks*. 14/7477).

Entwurf eines Gesetzes zur Umsetzung der Richtlinie 2004/25/EG des Europäischen Parlaments und des Rates vom 21. April 2004 betreffend Übernahmeangebote (Übernahmerichtlinie-Umsetzungsgesetz) (mit Begründung).

Entwurf eines Gesetzes zur Unternehmensintegrität und Modernisierung des Anfechtungsrechts (UMAG), Gesetzesentwurf der Bundesregierung vom 17.11.2004. (abrufbar unter: http://www.bmj.de).

Gesetz betreffend die Gesellschaften mit beschränkter Haftung vom 20.4.1892 (RGBl., S. 477 ff.), in der Fassung der Bekanntmachung vom 20.5.1898 (RGBl., S. 846 ff.) (BGBl. III FNA 4123-1), zuletzt geändert durch Gesetz vom 22.3.2005 (BGBl. I, S. 837 ff.

Gesetz über den Wertpapierhandel (Wertpapierhandelsgesetz – WpHG) vom 9.9.1998 (BGBl. I, S. 2708 ff.), zuletzt geändert durch Art. 10 a des Gesetzes vom 22.5.2005 (BGBl. I, S. 1373 ff.).

Gesetz über den Wertpapierhandel und zur Änderung börsenrechtlicher und wertpapierrechtlicher Vorschriften (Zweites Finanzmarktförderungsgesetz) vom 26.7.1994 (BGBl. I, S. 1749 ff.).

Gesetz zur Bereinigung des Umwandlungsrechts vom 28.10.1994 (BGBl. I, S. 3210 ff.).

Gesetz zur Einführung internationaler Rechnungslegungsstandards und zur Sicherung der Qualität der Abschlussprüfung (Bilanzrechtsreformgesetz – BilReG) vom 4.12.2004 (BGBl. I, S. 3166 ff.).

Gesetz zur Neuordnung des gesellschaftsrechtlichen Spruchverfahrens (Spruchverfahrens-neuordnungsgesetz vom 12.6.2003 (BGBl. I, S. 838 ff.), zuletzt geändert durch Gesetz vom 22.12.2004 (BGBl. I, S. 3675 ff.).

Gesetz zur Verbesserung des Anlegerschutzes (Anlegerschutzverbesserungsgesetz – AnSVG) vom 28.10.2004 (BGBl. I, S. 2630 ff.).

Gesetz zur weiteren Fortentwicklung des Finanzplatzes Deutschland (Drittes Finanzmarktförderungsgesetz vom 24.3.1998 (BGBl. I, S. 529 ff.).

Handelsgesetzbuch vom 10.5.1897 (RGBl., S. 219 ff.) (BGBl. III FNA 4100-1), zuletzt geändert durch Gesetz vom 15.12.2004 (BGBl. I, S. 3408 ff.).

Kündigungsschutzgesetz vom 10.8. 1951 (BGBl. I, S. 499 ff.), in der Fassung der Bekanntmachung vom 25.8.1969 (BGBl. I, S. 1317 ff.), zuletzt geändert durch Gesetz vom 19.11.2004 (BGBl. I, S. 2902 ff.).

Steuerentlastungsgesetz 1999/2000/2002 vom 24.3.1999, BGBl. I, S. 402 ff.

Umwandlungsgesetz vom 28.10.1994 (BGBl. I, S. 3210 ff., berichtigt 1995 S. 428 ff.), zuletzt geändert durch Gesetz vom 9.12.2004 (BGBl. I, S. 3214 ff.).

Verordnung über den Inhalt der Angebotsunterlage, die Gegenleistung bei Übernahmeangeboten und Pflichtangeboten und die Befreiung von der Verpflichtung zur Veröffentlichung und zur Abgabe eines Angebots vom 27.12.2001 (BGBl. I, S. 4263 ff.), zuletzt geändert durch Gesetz vom 22.6.2005 (BGBl. I, S. 1698 ff.).

Wertpapiererwerbs- und Übernahmegesetz vom 20.12.2001 (BGBl. I, S. 3822 ff.), zuletzt geändert durch Gesetz vom 25.11.2003 (BGBl. I, S. 2304 ff.).

Zivilprozessordnung, in der Fassung der Bekanntmachung vom 12.9.1950 (BGBl. I, S. 533), zuletzt geändert durch Gesetz vom 21.4.2005 (BGBl. I, S. 1073 ff.).

Ausland

Achte Richtlinie 84/253/EWG des Rates vom 10.4.1984 aufgrund von Artikel 54 Abs. 3 Buchstabe g) des Vertrages über die Zulassung der mit der Pflichtprüfung der Rechnungslegungsunterlagen beauftragten Personen, Amtsblatt L 126 vom 12.5.1984, S. 20-26.

Aktiebolagslag vom 15.12.1975, zuletzt geändert durch Gesetz vom 2.12.2004. (Schweden).

Bundesgesetz über die Börsen und den Effektenhandel vom 24.3.1995, zuletzt geändert durch Gesetz vom 22.4.1999. (Schweiz).

Bundesgesetz über die Umwandlung von Handelsgesellschaften vom 28.6.1996, zuletzt geändert durch Gesetz vom 6.12.1996. (Österreich).

Burgerlijk Wetboek, Boek 2 vom 18.6.1976, zuletzt geändert durch Gesetz vom 17.3.2005. (Niederlanden).

California Corporation Code (abrufbar unter: http://leginfo.ca.gov/cgi-bin/calawquery?codesection=corp&codebody=&hits=20, Stand 27.6.2005).

City Code on Takeovers and Mergers, in: Wertpapiererwerbs- und Übernahmegesetz (WpÜG), Gesetzestexte, Quellen, Materialen, hrsg. von Heribert Hirte, Köln, S. 349-515. (Großbritannien).

Delaware General Corporation Law, Chapter I, including all acts up to and including 75 Del. Laws, c. 40, effective May 25, 2005. (abrufbar unter: http://www. delcode.state.de.us/title8/c001/).

Lois Consolidées sur les Sociétés Commerciales vom 30.11.1935, zuletzt geändert durch Gesetz vom 3.5.1999. (Belgien).

Model Business Corporation Act, 3rd Edition, Official Text, Revised through 2002, adopted by the Committee on Corporate Laws of the Section of Business Law with support of the American Bar Foundation. (abrufbar unter: http://washburnlaw.edu/centers/transactional/statutes/mbca2002.pdf).

New York Business Corporation Law (abrufbar unter: http://www.law.cornell.edu/ny/statutes/buscorp.htm).

Règlement Général Conseil des Marchés Financiers vom 3.3.1997, zuletzt geändert durch Gesetz vom 25.7.2003, Bekanntmachung am 14.8.2003. (Frankreich).

Richtlinie 2004/25/EG des Europäischen Parlaments und des Rates vom 21. April 2004 betreffend Übernahmeangebote, Amtsblatt L 142 vom 30.4.2004, S. 12-23.

Siebente Richtlinie 83/349/EWG des Rates vom 13.6.1983 aufgrund von Artikel 54 Abs. 3 Buchstabe g) des Vertrages über den konsolidierten Abschluss, Amtsblatt L 193 vom 18.7.1983, S. 1-17.

Testo Unico delle disposizioni in materia di mercati finanziari vom 6.2.1996, zuletzt geändert durch Gesetz vom 24.2.1998, Bekanntmachung am 26.3.1998. (Italien).

United States Securities and Exchange Comission: Rule 13e-3 – Going Private Transaction, 8.8.1979, last update: 11.2.2002. (abrufbar unter: http://www.sec.gov/divisions/ corpfin/forms/13e3.htm).

United States Securities and Exchange Comission: Schedule 13E-3 – Transaction Statement Pursuant to Section 13(e) of the Securities Exchange Act of 1934 and Rule 13e-3 thereunder, 8.8.1979, last update: 23.2.2000. (abrufbar unter: http://www.sec.gov/about/forms/sched13e-3.pdf).

United States Securities and Exchange Commission: Rule 10b-5 – Employment of Manipulative and Deceptive Devices, 22.12.1948, las updated 11.8.1951. (abrufbar unter: http://www.law.uc.edu/CCL/34ActRls/rule10b-5.html).

Vierte Richtlinie 78/660/EWG des Rates vom 25.7.1978 aufgrund von Artikel 54 Abs. 3 Buchstabe g) des Vertrages über den Jahresabschluss von Gesellschaften bestimmter Rechtsform, Amtsblatt L 222/vom 14.8.1978, S. 11-13.

Zweite Richtlinie 77/91/EWG des Rates vom 13.12.1976 aufgrund von Artikel 58 Abs. 2 des Vertrages im Interesse der Gesellschafter sowie Dritter für die Gründung der Aktiengesellschaft sowie für die Erhaltung und Änderung ihres Kapitals vorgeschrieben sind, um diese Bestimmungen gleichwertig zu gestalten, Amtsblatt Nr. L 026 vom 31.1.1977, S. 1-13.

## Rechtsprechungsverzeichnis

### Inland

*Bundesverfassungsgericht:*

*BVerfG*, Beschluss vom 31.5.1960 – 2 BvL 4/59, in: BVerfGE 11, S. 139-167.
*BVerfG*, Urteil vom 19.12.1961 – 2 BvL 6/59, in: BVerfGE 13, S. 261-284.
*BVerfG*, Urteil vom 7.8.1962 – 1 BvL 16/60, in: Der Betrieb, 15. Jg. (1962), S. 1073-1076.
*BVerfG*, Beschluss vom 14.5.1986 – 2 BvL 2/83, in: BVerfGE 72, S. 200-278.
*BVerfG*, Beschluss vom 3.12.1997 – 2 BvR 882/97, in: Der Betrieb, 51. Jg. (1998), S. 653-658.
*BVerfG*, Beschluss vom 27.4.1999 – 1 BvR 1613/94, in: Der Betrieb, 52. Jg. (1999), S. 1693-1697.
*BVerfG*, Beschluss vom 20.9.1999, 1 BvR 169/93; abrufbar unter: http://www.bverfg.de.
*BVerfG*, Beschluss vom 20.9.1999, 1 BvR 636/95; abrufbar unter: http://www.bverfg.de.
*BVerfG*, Beschluss vom 23.8.2000, 1 BvR 68/95 und 1 BvR 147/97, in: Die Aktiengesellschaft, 46. Jg. (2001), S. 42-44.
*BVerfG*, Urteil vom 9.3.2004 – 2 BvL 17/02, in: Der Betrieb, 57. Jg. (2004), S. 628-630.

*Bundesfinanz- und Bundesgerichtshof/Reichsgericht*

*RG*, Urteil vom 8.4.1908 – Rep. I. 595/07, in: RGZ 68, S. 235-247.
*RG*, Urteil vom 31.3.1931 – II 222/30, in: RGZ 132, S. 149-166.
*BGH*, Urteil vom 1.4.1953 – II ZR 235/52, in: BGHZ 9, S. 157-179.
*BGH*, Urteil vom 27.10.1955 – II ZR 310/53, in: BGHZ 18, S. 350-366.
*BGH*, Urteil vom 30.3.1967 – II ZR 141/64 (KG Berlin), in: Die Aktiengesellschaft, 12. Jg. (1967), S. 264.
*BFH*, Beschluss vom 16.1.1973 – VIII R 96/70, in: BStBl. 1973 II, S. 445 ff.
*BGH*, Urteil vom 5.6.1975, II ZR 23/74, in: Betriebs-Berater, 30. Jg. (1975), S. 1450-1451.
*BGH*, Urteil vom 19.12.1977 – II ZR 136/76, in: Der Betrieb, 31. Jg. (1978), S. 244-246.
*BGH*, Urteil vom 13.3.1978 – II ZR 142/76; in: Der Betrieb, 31. Jg. (1978), S. 974-977.
*BGH*, Urteil vom 16.2.1981 – II ZR 168/79, in: BGHZ 80, S. 69-76.
*BGH*, Urteil vom 19.4.1982 – II ZR 55/81, in: Der Betrieb, 35. Jg. (1982), S. 1313-1315.
*BGH*, Urteil vom 1.2.1988, II ZR 75/87, in: Der Betrieb, 41. Jg. (1988), S. 593-595.

*BGH*, Urteil vom 22.5.1989 – II ZR 206/88, in: Der Betrieb, 42. Jg. (1989), S. 1664-1666.
*BGH*, Urteil vom 7.3.1994 – II ZR 52/93, in: BGHZ 125, S. 239-251.
*BGH*, Urteil vom 20.3.1995, II ZR 205/94, in: Der Betrieb, 48. Jg. (1995), S. 1064-1071.
*BGH*, Urteil vom 23.6.1997 – II ZR 132/93, in: Der Betrieb, 50. Jg. (1997), S. 1760-1762.
*BGH*, Urteil vom 9.2.1998 – II ZR 278/96, in: Der Betrieb, 51. Jg. (1998), S. 918-920.
*BGH*, Urteil vom 5.7.1999, II ZR 126/98, in: Deutsches Steuerrecht, 37. Jg. (1999), S. 1449-1450.
*BFH*, Beschluss vom 21.10.1999 – I R 43 44/98, in: BStBl. 2000 II, S. 427 ff.
*BGH*, Beschluss vom 29.1.2001 – II ZR 368/98, in: Der Betrieb, 54. Jg. (2001), S. 471-474.
*BGH*, Beschluss vom 12.3.2001 – II ZB 15/00, in: Der Betrieb, 54. Jg. (2001), S. 969-973.
*BFH*, Beschluss vom 16.7.2002 – IX R 62/99, in: Der Betrieb, 55. Jg. (2002), S. 2354-2362.
*BGH*, Urteil vom 25.11.2002 – II ZR 133/01, in: Die Aktiengesellschaft, 48. Jg. (2003), S. 273-276.

*Oberlandesgerichte:*

*OLG Hamm*, Beschluss vom 30.4.1960 – 8 AR 1/58, in: Die Aktiengesellschaft, 6. Jg. (1961), S. 74-75.
*OLG Düsseldorf*, Spruchstelle, Beschluss vom 27.11.1962 – 6 Spruchverfahren 1/60, in: Die Aktiengesellschaft, 8. Jg. (1963), S. 159-162.
*OLG Düsseldorf*, Beschluss vom 8.6.1973 – 19 W 21/72, in: Die Aktiengesellschaft, 18. Jg. (1973), S. 282-285.
*Hanseatisches OLG Hamburg*, Beschluss vom 17.8.1979 – 11 W 2/79, in: Die Aktien-gesellschaft, 25. Jg. (1980), S. 163-165.
*OLG Stuttgart*, Urteil vom 21.12.1993, 10 U 48/93, in: Der Betrieb, 47. Jg. (1994), S. 205-208.
*BayObLG*, Beschluss vom 19.10.1995 – 3 Z BR 17/90, in: Die Aktiengesellschaft, 53. Jg. (1996), S. 127-131.
*OLG Celle*, Beschluss vom 31.7.1998 – 9 W 128/97, in: Die Aktiengesellschaft, 44. Jg. (1999), S. 128-131.
*BayObLG*, Beschluss vom 17.9.1998, 3 Z BR 37/98, in: Die Aktiengesellschaft, 44. Jg. (1999), S. 185-188.
*BayObLG*, Beschluss vom 29.9.1998 – 3 Z BR 159/94, in: Die Aktiengesellschaft, 44. Jg. (1999), S. 43-46.
*OLG Stuttgart*, Urteil vom 12.5.1999 – 20 U 62/98 (nicht rechtskräftig), in: Die Aktiengesellschaft, 45. Jg. (2000), S. 229-232.
*OLG Stuttgart*, Beschluss vom 4.2.2000 – 4 W 15/98, in: Die Aktiengesellschaft, 45. Jg. (2000), S. 428-432.
*OLG Düsseldorf*, Beschluss vom 25.5.2000 – 19 W 1/93 AktE, in: Der Betrieb, 53. Jg. (2000), S. 1854-1856.

*OLG Oldenburg*, Beschluss vom 30.9.2002 – 1 W 45/02; abrufbar unter: http://www.oberlandes-gericht-oldenburg.niedersachsen.de.

*BayObLG*, Beschluss vom 18.12.2002 – 3Z BR 116/00, in: Betriebs-Berater, 58. Jg. (2003), S. 275-280.

*OLG Frankfurt am Main*, Beschluss vom 9.1.2003 – 20 W 434/93 und 20 W 425/93, in: Die Aktiengesellschaft, 48. Jg. (2003), S. 581-583.

*OLG Düsseldorf*, Beschluss vom 31.1.2003 – 19 W 9/00 AktE, in: Die Aktiengesellschaft, 48. Jg. (2003), S. 329-334.

*OLG Hamburg*, Urteil vom 11.4.2003 – 11 U 215/02, in: Der Betrieb, 56. Jg. (2003), S. 1499-1502.

*OLG Düsseldorf*, Beschluss vom 4.6.2003 – 19 W 3/03 AktE, in: Die Aktiengesellschaft, 48. Jg. (2003), S. 507-510.

*OLG Hamburg*, Urteil vom 8.8.2003 – 11 U 45/03, in: Neue Zeitschrift für das Gesellschafts-recht, Heft 20 (2003), S. 978-981.

*OLG Celle*, Urteil vom 29.9.2003 – 9 U 55/03, in: Die Aktiengesellschaft, 49. Jg. (2004), S. 206-207.

*OLG Köln*, Beschluss vom 6.10.2003 – 18 W 35/03, in: Betriebs-Berater, 58. Jg. (2003), S. 2307-2310.

*OLG Stuttgart*, Beschluss vom 3.12.2003 – 20 W 6/03, in: Der Betrieb, 57. Jg. (2004), S. 60-64.

*OLG Düsseldorf*, Beschluss vom 16.1.2004 – I –16 W 63/03, in: Der Betrieb, 57. Jg. (2004), S. 590-591.

*OLG Düsseldorf*, Urteil vom 14.1.2005 – I – 16 U 59/04, in: Die Aktiengesellschaft, 50. Jg. (2005), S. 293-298.

*OLG Koblenz*, Urteil vom 27.1.2005 – 6 U 342/04, in: Der Betrieb, 58. Jg. (2005), S. 878-879.

*Land-/Finanz- und Kammergerichte:*

*LG Dortmund*, Beschluss vom 31.10.1980 – 18 Akt E 2/79, S. 239, in: Die Aktiengesellschaft, 26. Jg. (1981), S. 236-240.

*LG Köln*, Beschluss vom 16.12.1992 – 91 O 204/88, in: Der Betrieb, 46. Jg. (1993), S. 217-218.

*LG Dortmund*, Beschluss vom 14.2.1996 – 20 AktE 3/94, in: Die Aktiengesellschaft, 41. Jg. (1996), S. 278-281.

*LG Karlsruhe*, Beschluss vom 6.11.1997 – O 43/97 KfH I, in: Die Aktiengesellschaft 43. Jg. (1998), S. 99-103.

*FG Schleswig-Holstein*, Urteil vom 23.9.1999 – V 7/99, EFG, S. 178.

*LG Dortmund*, Beschluss vom 18.11.2000 – 20 AktE 8/94, in: Die Aktiengesellschaft, 46. Jg. (2001), S. 544-548.

*LG Frankfurt am Main*, Beschluss vom 8.8.2001 – 3/8 O 69/97, in: Die Aktiengesellschaft, 47. Jg. (2002), S. 357-358.

*LG Frankfurt am Main*, Beschluss vom 6.2.2002 – 3/3 O 150/94, in: Die Aktiengesellschaft, 47. Jg. (2002), S. 358-360.

*LG Osnabrück*, Urteil vom 5.7.2002 – 13 O 177/02, in: Die Aktiengesellschaft, (2001), S. 527.

*LG Berlin*, Urteil vom 17.2.2003 – 99 O 111/02, in: Der Betrieb, 56. Jg. (2003), S. 707-708.

*LG Frankfurt am Main*, Beschluss vom 14.5.2003 – 3-13 O 22/03, in: Der Betrieb, 56. Jg. (2003), S. 1726-1727.

*LG Wuppertal*, Beschluss vom 6.11.2003 – 12 O 119/03, in: Die Aktiengesellschaft, 49. Jg. (2004), S. 161-162.

*LG Bonn*, Urteil vom 4.2.2004 – 16 O 49/03, abrufbar unter: http://www.justiz.nrw.de.

*LG Mainz*, Urteil vom 17.2.2004 – 10 HK O 79/97, in: Der Betrieb, 57. Jg. (2004), S. 807-808.

*LG Düsseldorf*, Beschluss vom 4.3.2004 – 31 O 144/03, abrufbar unter: http://www.rws-verlag.de.

*LG Stuttgart*, Urteil vom 29.9.2004 – 39 O 49/03 KfH, in: Der Betrieb, 58. Jg. (2005), S. 327-328.

*KG Berlin*, Urteil vom 25.11.2004 – 2 U 44/03, in: Betriebs-Berater, 59. Jg. (2004), S. 2774-2775.

Ausland

*Delaware Court of Chancery*, 1989, *Pinson vs. Campbell-Taggart, Inc.*, No. 7499.

*Delaware Court of Chancery*, 1990, *Harris vs. Carter*, 582 A.2d 234 ff.

*Delaware Court of Chancery*, 1990, *Neal vs. Alabama By-Products Corp.*, C.A. No. 8282.

*Delaware Court of Chancery*, 1997, *Charles L. Grimes vs. Vitalink Communications Corp.*, C.A. No. 12334.

*Delaware Court of Chancery*, 2001, *In re Siliconix, Inc. Shareholders Litigation*, No. 18700, 2001 WL 716787.

*Delaware Court of Chancery*, 2002, *In re Aquila, Inc. Shareholders Litigation*, No. 19237, 2002 WL 27815.

*Delaware Court of Chancery*, 2002, *In re Pure Resources, Inc., Shareholder Litigation*, 808 A.2d 421 ff.

*Delaware Supreme Court*, 1950, *Tri-Continental vs. Battye*, 74 A.2d 71 ff.

*Delaware Supreme Court*, 1952, *Sterling vs. Mayflower Hotel Corp.*, 93 A.2d 107 ff.

*Delaware Supreme Court*, 1977, *Singer vs. Magnavox Co.*, 380 A.2d 969 ff.

*Delaware Supreme Court*, 1983, *Weinberger vs. UOP, Inc.*, 457 A.2d 701 ff.

*Delaware Supreme Court*, 1985, *Rosenblatt vs. Getty Oil Corp.*, 493 A.2d 929 ff.

*Delaware Supreme Court*, 1991, *Kahn vs. Household Acquisition Corp.*, 591 A.2d 166 ff.

*Delaware Supreme Court*, 1992, *In re Shell Oil, Corp.*, 607 A.2d 1213 ff.

*Delaware Supreme Court*, 1992, *Rapid American Corp. vs. Harris*, 603 A.2d 796 ff.

*Delaware Supreme Court*, 1994, *Kahn vs. Lynch Communications Systems, Inc.*, 638 A.2d 1110 ff.

*Delaware Supreme Court*, 1995, *Kahn vs. Lynch Communication Systems*, 669 A.2d 79 ff.

*Delaware Supreme Court*, 2001, *Glassman vs. Unocal Exploration Corp.*, 777 A.2d 242 ff.

*US Supreme Court*, 1977, *Santa Fe Industries, Inc. vs Green*, 430 U.S. 462 ff.

Kolibri 360 GmbH
Ferdinand-Jühlke-Straße 7
99095 Erfurt, Deutschland
produktsicherheit@kolibri360.de